95

CB031431

CONTRATOS EMPRESARIAIS

M333c   Mariani, Irineu
        Contratos empresariais: atualizados pelo Código Civil 2002
e leis posteriores / Irineu Mariani. – Porto Alegre: Livraria do
Advogado Editora, 2007.
        419 p.; 23 cm.

        ISBN 978-85-7348-464-9

        1. Contrato comercial. I. Título.

                        CDU - 347.74

        Índice para o catálogo sistemático:

Contrato comercial

(Bibliotecária responsável: Marta Roberto, CRB-10/652)

IRINEU MARIANI

CONTRATOS EMPRESARIAIS

- Compra e Venda Empresarial
- Alienação Fiduciária em Garantia Mobiliária (Comum e Especial) e Imobiliária
- *Leasing* Mobiliário e Imobiliário – Arrendamento Empresarial
- *Factoring* – Fomento Empresarial
- *Franchising* – Franquia Empresarial

Atualizados pelo
Código Civil 2002 e leis posteriores

livraria
DO ADVOGADO
editora

Porto Alegre, 2007

© Irineu Mariani, 2007

Revisão de
Rosane Marques Borba

Capa, projeto gráfico e diagramação de
Livraria do Advogado Editora

Direitos desta edição reservados por
Livraria do Advogado Editora Ltda.
Rua Riachuelo, 1338
90010-273 Porto Alegre RS
Fone/fax: 0800-51-7522
editora@livrariadoadvogado.com.br
www.doadvogado.com.br

Impresso no Brasil / Printed in Brazil

Para
Nilce Florinda,
Orontes Pedro,
Chantós Guilherme
e Tiságoras Felício.

UMA IDÉIA

Um livro é como um pássaro que alça vôo. Ele não
precisa de porto nem pouso: alimenta-se
da própria energia inesgotável.

UM LEMA DE VIDA

A paixão é a alma da ciência: vamos nos apaixonar.

DO AUTOR AO LEITOR

Este livro, em linguagem denotativa e enxuta, vai sempre direto ao ponto, do qual, ao estilo dos acórdãos nos tribunais – o que é inédito numa obra dessa natureza – põe-se à vista, no início e em destaque, a ementa ou a essência do tema ou subtema focado.

As pessoas em geral, inclusive operadoras do Direito, não mais dispõem de tempo largo. Por isso, impomo-nos um desafio: dizer muito, se possível tudo, em poucas palavras, e sempre o suficiente em termos nucleares.

Foi o norte que nos permitiu tratar de muitos aspectos em pouco espaço, o que enseja uma leitura dinâmica, ainda mais ligando-se um tema a outro mediante remissões.

Ao fim, entre itens e subitens, são aproximadamente:

- 24 no Cap. I (Generalidades),
- 35 no Cap. II (Compra e venda empresarial),
- 234 no Cap. III (Alienação fiduciária em garantia mobiliária e imobiliária),
- 177 no Cap. IV (*Leasing* mobiliário e imobiliário),
- 104 no Cap. V (*Factoring*)
- 116 no Cap. VI (*Franchising*),

Totalizando 690 pontos, indo direto ao ponto.

SUMÁRIO

Capítulo I – Generalidades 13

Capítulo II – Compra e venda empresarial 26

Capítulo III – Alienação fiduciária em garantia mobiliária
(comum e especial) e imobiliária 45

Capítulo IV – *Leasing* mobiliário e imobiliário – arrendamento empresarial 187

Capítulo V – *Factoring* – fomento empresarial 288

Capítulo VI – *Franchising* – franquia empresarial 361

Bibliografia 405

Tábua sistemática das matérias 407

Capítulo I

GENERALIDADES

1. *Nome*. Contratos empresariais.

Tendo em conta que, relativamente à atividade econômica, o Código Civil de 2002 adotou a teoria dos *atos empresariais*, adequada se mostra a adjetivação *empresariais*. A adjetivação histórica *mercantis*, decorrente da teoria dos *atos comerciais*, adotada pelo Código Comercial de 1850, perdeu atualidade.

2. *Ato jurídico*. Antes de tudo, o contrato empresarial é um ato jurídico.

Antes de tudo, o contrato empresarial é um ato jurídico, assim entendido o ato que cria, modifica, conserva, transfere ou extingue obrigações, como dizia o art. 81 do CC/1916. O CC/2002 não reeditou a definição no art. 185, mas nem por isso ela deixa de ser verdadeira.

O ato jurídico pode ser simples e complexo.

O *ato jurídico simples* pode ser unilateral e bilateral. O *unilateral* tem um só pólo quando do surgimento; o outro depende de evento futuro, como a promessa de recompensa a quem achar coisa perdida. Traduz declaração da vontade de apenas uma parte. É unipolar. Já o *simples bilateral* tem dois pólos quando do surgimento. Traduz a convergência de vontades de duas partes. É bipolar.

O *ato jurídico complexo*, por sua vez, tem mais de dois pólos contratuais. Traduz a convergência da vontade de mais de duas partes. É pluripolar.

Não confundir *pólos contratuais* e *efeitos contratuais*, visto que estes podem ser unilaterais. Também não confundir *sinalagma*, que significa obrigações recíprocas, e *comutatividade*, que significa obrigações recíprocas *equivalentes*. Então, pode-se afirmar: todo contrato comutativo é sinalagmático, mas nem todo sinalagmático é comutativo.

3. *Origem quanto à forma*. Sempre em ato jurídico pelo me nos bilateral.

Os contratos empresariais se originam sempre em ato jurídico pelo menos bilateral ou bipolar. Não confundir – reitera-se – com os efeitos, os quais podem ser unilaterais.

4. *Origem quanto ao conteúdo*. Os contratos empresariais têm origem nos atos da atividade-fim ou a ela relacionados.

Os contratos empresariais se originam sempre no exercício da atividade econômica, chamada atividade-fim, ou a ela relacionados.

Isso significa dizer, na *classificação geral dos atos comerciais* – por natureza, acessórios ou conexos e por força de lei –, que os contratos empresariais têm origem: *(a)* na prática de atos comerciais por natureza (os que constituem o objeto social do empresário ou

CONTRATOS EMPRESARIAIS   **13**

atividade-fim); e *(b)* na prática de atos acessórios ou conexos (os que instrumentalizam a atividade-fim, como a compra dos equipamentos necessários ao respectivo exercício).

5. *Requisitos.* Requisitos gerais; requisitos especiais.

5.1. *Requisitos gerais.* São agente capaz, objeto lícito e forma prescrita ou não defesa em lei.

Conforme o art. 104 do CC/02, todo ato jurídico requer agente capaz, objeto lícito e forma prescrita em lei (determinada) ou não-defesa em lei (não-proibida). Às vezes, a forma no Direito Comercial, inclusive de texto, é da essência do ato, como é o caso dos títulos de crédito. Quanto aos contratos, como regra, vigora o princípio da informalidade. Salvo quando a lei exige, não há forma rígida, podendo inclusive ser verbal, o que é bastante comum.

A forma pública da escritura para a aquisição do domínio de imóvel é exemplo de forma prescrita em lei. Ela é da essência ou da substância do ato (CC/02, art. 108). A herança de pessoa viva é exemplo de objeto ilícito. Ela não pode ser pactuada (CC/02, art. 426). Ainda, pelo art. 109 as partes podem eleger a forma pública, caso em que será essencial.

5.2. *Requisitos especiais.* Salvo exceção legal, pelo menos num pólo um empresário no exercício da atividade.

Para que o contrato seja *empresarial*, salvo exceção legal, é necessário: *(a)* que em pelo menos num dos pólos haja um empresário; e *(b)* que esteja no exercício da respectiva atividade.

Há contrato em que o empresário no exercício da atividade deve constar num pólo definido, por exemplo, de arrendante no de *leasing*, de mandante no de mandato mercantil, de comitente no de concessão mercantil, de representado no de representação comercial e de credor fiduciário no de alienação fiduciária especial.

Por exceção legal, há contrato em que deve constar empresário no exercício da atividade em ambos os pólos, por exemplo, no de concessão mercantil, e também há contrato em que pode não constar empresário algum, como eventualmente acontece no de *franchising* quando envolve *atividades não-empresariais*, porém mesmo assim, *ex vi legis*, continua sendo empresarial, o mesmo ocorrendo nas alienações fiduciárias comum (regida pelo CC/02) e imobiliária (regida pela Lei 9.514/97).

6. *Definição.* Salvo exceção legal, é empresarial o contrato que tem por objeto *ato empresarial*, assim entendido aquele do qual participa ao menos um empresário no exercício da atividade-fim.

Carvalho de Mendonça desenvolve a matéria sustentando, em resumo, que é mercantil o contrato que tem por objeto *ato comercial*.[1]

Fazendo a adequação, a partir do CC/02, salvo exceção legal, é empresarial o contrato que tem por objeto *ato empresarial*, assim entendido aquele do qual participa ao menos um empresário no exercício da atividade-fim (ato por natureza) ou a ela relacionado (ato acessório ou conexo).

7. *Classificação conforme a técnica empresarial.* Grupo dos agentes compradores; grupo dos agentes não-compradores; grupo dos agentes

---

[1] Carvalho de Mendonça, *Tratado de Direito Comercial*, vol. I, nº 293 e ss.

compradores com cessão de marcas e patentes; grupo dos agentes financeiros.

O empresário vai à frente criando as técnicas, abrindo os caminhos, segundo as necessidades; inspirado nele, o jurista faz a pavimentação, ou seja, estrutura os princípios.

Assim surgiram os diversos tipos societários, exceto a limitada, e assim surgiram e foram estruturadas as quatro técnicas empresariais básicas de atuação entre o produtor e o consumidor, que formam quatro grupos.

7.1. *Grupo dos agentes compradores*. Compram para revender, acrescendo, ou não, assistência técnica.

Pertencem a esse grupo os agentes que compram para revender, acrescendo, ou não, assistência técnica. Exemplo de contrato empresarial sem assistência técnica é o de compra e venda sem regência do Código de Defesa do Consumidor, e com assistência é o ocorrente na concessão empresarial, especificamente automóveis.

7.2. *Grupo dos agentes não-compradores*. São mediadores típicos. Intervêm no negócio por conta de outrem.

Pertencem a esse grupo os agentes mediadores típicos. Eles intervêm no negócio por conta de outrem. São exemplos o mandato empresarial e a representação empresarial (também chamado contrato de agência). Os agentes exercem atividade auxiliar, com ou sem representação.

7.3. *Grupo dos agentes compradores com cessão de marcas e patentes*. Compram para revender, produzem ou oferecem serviços e utilidades, mas apoiados em cessão de marca, nome comercial, patente, etc.

Pertencem a esse grupo os agentes que compram para revender, os que produzem ou oferecem serviços e utilidades, mas – e aqui a diferença com o grupo dos compradores – apoiados em cessão de marca, nome comercial, patente, etc. Como exemplo, temos o contrato de *franchising* (franquia empresarial).

7.4. *Grupo dos agentes financeiros*. Não exercem função intermediadora, mas auxiliar, na área do financiamento e da cobrança de títulos decorrentes da compra e venda.

Pertencem a esse grupo os agentes que não exercem função intermediadora – vale dizer, não atuam no campo da compra e venda *lato sensu* –, mas função auxiliar, no campo do financiamento e da cobrança de títulos decorrentes da compra e venda, a fim de a empresa recuperar capital de giro. Como exemplo, temos o contrato de *factoring* (fomento empresarial).

8. *Espécies de contratos empresariais*. Exemplos: de compra e venda, de comissão empresarial, de representação empresarial, de concessão empresarial, de cédula de crédito rural, de cédula de crédito industrial e comercial, de *leasing*, de *factoring*, de *franchising* e de alienação fiduciária especial.

Dentre as diversas espécies de contratos empresariais (antigos mercantis), abrangendo de modo puro ou misto as quatro técnicas antes arroladas, podemos citar o contrato de *compra e venda*, o mais antigo e representativo de todos; o de *comissão empresarial*, no qual o comissário recebe o *del credere* (seguro solvabilidade ou fiança remunerada); o de *representação empresarial*, também chamado contrato *de agência* (Lei 4.886/65, art. 1º, com as modificações da Lei 8.420/92; CC/02, arts. 710-21); o de *concessão empresarial, especial aos veículos automotores (Lei 6.729/79); o de cédula de crédito rural* (DL 167/67); o de *cédula de crédito industrial e comercial* (DL 413/69 e Lei 6.840/80); o de *leasing* (arrendamenton empresarial, Lei 6.099/74, com as modificações da Lei 7.132/83, e Lei 9.514/97, com as modificações da Lei 10.931/04); o de *factoring* (fomento empresarial, Projeto de Lei 230/95); o de *franchising* (franquia empresarial, Lei 8.955/95); e o de *alienação fiduciária especial* (art. 66-B da Lei 4.728/65 e DL 911/69, com as modificações e acréscimos da Lei 10.931/04).

9. *Regime jurídico*. Antes do CDC/91, regime do Código Comercial ou das leis especiais; após, incidência do CDC quando houver relação de consumo. Com o advento do CC/02, mantida a incidência do CDC na relação de consumo, regime do novo Código ou das leis especiais.

Antes do CDC (Lei 8.078/91), os contratos mercantis *típicos* (com previsão legal), hoje mais adequadamente empresariais, estavam sob o regime jurídico do Código Comercial (arts. 121 *usque* 282) ou das respectivas leis especiais. Quanto aos *atípicos* (sem previsão legal), normalmente derivados de contratos matrizes, eram regidos pelos princípios gerais de direito, mais proximamente os princípios dos matrizes.

Após o CDC, a regência, quando houver *relação de consumo*, passou ao respectivo Estatuto, o que pode abranger total ou parcialmente o contrato empresarial (nº 11 *infra*).

Com o advento do CC/02, considerando a revogação da 1ª Parte do Código Comercial (*Do comércio em geral*), e preservada a incidência do CDC, os contratos empresariais ou *(a)* permaneceram sob o regime das respectivas leis especiais, assim como d'antes, ou *(b)* passaram ao regime do novo Código, sejam os típicos (nele previstos), sejam também os atípicos (sem previsão legal), estes quanto aos princípios gerais, conforme o art. 425.

Por fim, oportuno é registrar as diferenças mais visíveis entre os contratos civis comuns e os civis empresariais: *(a)* quanto aos sujeitos, os empresariais exigem que em ao menos num dos pólos haja um empresário no exercício da atividade, restando aos civis comuns, por princípio residual, todas as demais situações; e *(b)* quanto à incidência do CDC, ocorre nos *civis empresariais*, e não ocorre nos *civis comuns*, porque nestes inexiste a figura do fornecedor.

10. *Inadimplência*. Em princípio, a do *vendedor* enseja perdas e danos, e a do *comprador*, a cobrança do preço.

A *inadimplência do vendedor*, em princípio, assim como nos contratos civis comuns, enseja perdas e danos, máxime se o objeto não foi entregue. Contudo, impõe-se ressalvar a possibilidade, sempre que possível, da execução específica: *(a)* do objeto de *relação de consumo* (nº 11 *infra*, e nº 12.1.2 do Cap. II); e *(b)* de todo contrato (art. 466-B do CPC, acrescido pela Lei 11.232, de 22-12-05, para vigorar a partir de 23-6-06).

A *inadimplência do comprador*, em princípio, enseja a cobrança do preço, máxime se o objeto já foi entregue, ressalvadas as situações que na falência justificam a restituição. Se ainda não houve entregua, o vendedor pode suspendê-la, no caso de o comprador, após o negócio, sofrer notório abalo em seu estado e não se dispuser a prestar garantia idônea (CC/02, art. 477). Portanto, modificação superveniente das condições de fato que vigiam à época em que foi celebrada a compra e venda (nº 12.2.1 do Cap. II). Incide a cláusula *rebus sic stantibus* inerente a todo contrato.

11. *Aplicação difusa do Código de Defesa do Consumidor*. Fornecedor; consumidor; relação de consumo.

11.1. *Fornecedor.* **Pertence à cadeia ascendente (dos vendedores). A responsabilidade é objetiva. Para excluí-la** *inteiramente,* **cabe-lhe provar a** *culpa exclusiva* **do consumidor. Uma vez não excluída inteiramente, por não provada a exclusividade da culpa do consumidor, resta-lhe a proporção por eventual culpa concorrente.**

Fornecedor é toda pessoa, natural ou jurídica, pública ou privada, nacional ou estrangeira, bem como o ente despersonalizado, que desenvolve atividade de oferecimento de bens ou de serviços ao mercado, tais como "produção, montagem, criação, construção, transformação, importação, exportação, distribuição ou comercialização" (art. 3º).

Como se vê, em *primeiro lugar,* o rol dos abrangidos pela condição de fornecedor é meramente exemplificativo, e não exaustivo; em *segundo,* a responsabilidade civil decorrente da condição de fornecedor se estende a toda a cadeia ascendente. Porém, no que tange ao comerciante, há responsabilidade exclusiva quando não houver identificação do fornecedor, ou não for possível identificá-lo, e quando não tiver conservado adequadamente produtos perecíveis (art. 13).

Importante alertar que não se deve confundir as situações de responsabilidade exclusiva dos fornecedores do vendedor (comerciante), que funciona para fins de direito de regresso entre eles, com a responsabilidade deles face ao consumidor, disciplinada no art. 18. Como ensina a boa doutrina, "importa esclarecer que no pólo passivo desta relação de responsabilidade se encontram todas as espécies de fornecedores, coobrigados e solidariamente responsáveis pelo ressarcimento dos vícios de qualidade e/ou de quantidade eventualmente apurados no fornecimento de bens ou serviços. (*omissis*). Se o comerciante, em primeira intenção, responder pelos vícios de qualidade ou quantidade – nos termos do § 1º do art. 18 – poderá exercitar seus direitos regressivos contra o fabricante, produtor ou importador, no âmbito da *relação interna* que se instaura após o pagamento, com vista à recomposição do *status quo ante*".[2]

Ademais, em todas as situações, vigora para o fornecedor a *responsabilidade objetiva* (arts. 12-25), quer dizer, responde independentemente de culpa tanto pelos produtos quanto pelos serviços, exceto aos profissionais liberais (art. 14, § 4º).

Na *responsabilidade objetiva,* a inversão do ônus da prova ocorre *ope legis.* Ela é automática. Ao consumidor cabe provar o nexo etiológico e o dano (causa e efeito), e ao fornecedor, a excludente, isto é, a culpa exclusiva do consumidor ou de terceiro, rompendo com isso a relação causal. A *culpa exclusiva* do consumidor ou de terceiro signnifica apenas pressupostos à integral exclusão do fornecedor. Não elimina a responsabilidade proporcional pela culpa concorrente, quando esta não for exclusiva do consumidor ou de terceiro. Na *responsabilidade subjetiva,* como é, por exemplo, a dos profissionais liberais (art. 4º, § 4º), a inversão não é automática. Em tais casos, e nos de *consumidor atípico* (nº 12.1.2 do Cap. II), a inversão pode ocorrer *ope judici,* por hipossuficiência do consumidor ou por verossimilhança da alegação. É a aplicação que sobeja ao art. 6º, VIII.

11.2. *Consumidor.* **Pertence à cadeia descendente (dos compradores). O conceito legal é objetivo e tão-só econômico. Não leva em conta as condições sociológicas, psicológicas, culturais e a hipossuficiência do consumidor.**

---

[2] Ada Pellegrini Grinover, *et alii, Código Brasileiro de Defesa do Consumidor,* Forense Universitária, 2ª ed., 1992, p. 99-100.

CONTRATOS EMPRESARIAIS

Consumidor é toda pessoa natural ou jurídica que "adquire ou utiliza produto ou serviço como destinatário final" (art. 2º). O conceito legal adotado é objetivo e de caráter exclusivamente econômico. Leva em conta apenas quem no mercado de consumo adquire bens ou contrata a prestação de serviços como destinatário final. Desconsidera as condições sociológicas, psicológicas, culturais e a hipossuficiência do consumidor.

Quanto à hipossuficiência ou vulnerabilidade, ao dispensá-la, extravasou da compreensão tradicional de consumidor. Embora isso, Ada Pellegrini Grinover insiste que o conceito de consumidor é indissociável da hipossuficiência, e escreve: "Assim, como bem ponderado pelo Prof. Fábio Konder Comparato (*A Proteção ao Consumidor: Importante Capítulo do Direito Econômico, in* Revista de Direito Mercantil, nºs 15/16, ano XIII, 1974), os *consumidores* são aqueles 'que não dispõem de controle sobre bens de produção e, por conseguinte, devem se submeter ao poder dos titulares destes', enfatizando ainda que 'o consumidor é, pois, de modo geral, aquele que se submete ao poder de controle dos titulares de bens de produção, isto é, os empresários'".[3]

Assim, considerando que a hipossuficiência não integra o conceito de consumidor e que, salvo exceção, o fornecedor responde objetivamente – logo, inversão automática do ônus da prova –, o art. 6º, VIII, do CPC, aí não se aplica, sob pena de o hipossuficiente, o que mais precisa de proteção do Código, ser discriminado. Por isso, a inversão, mediante pronunciamento judicial, prevista no citado dispositivo, reconhecendo a hipossuficiência do consumidor ou a verossimilhança do alegado, fica restrita aos casos de responsabilidade subjetiva, como é, por exceção, a dos profissionais liberais (art. 14, § 4º), e aos casos de *consumidor atípico*, o que veremos (nº 12.1.2 do Cap. II).

11.3. *Relação de consumo*. O CDC não rege *contrato de consumo*, e sim *relação de consumo* inserida em contrato. Não há *contrato de consumo* como ente autônomo ou específico, mas incidência específica do CDC sobre *relação de consumo*, a qual surge de maneira difusa nos contratos, independentemente da espécie.

A *relação de consumo* pressupõe: *(a)* na linha ascendente (dos vendedores), a presença de um *fornecedor*, assim entendido o que exerce atividade econômica ou profissional sobre o bem ou serviço, tanto atividade de *natureza empresarial* (diversas etapas econômicas, desde a produção, inclusive dos que promovem a sua circulação), por meio de firmas ou sociedades empresárias, quanto de *natureza não-empresarial*, por meio individual ou sociedade simples, desde que seja *obrigação de resultado*, como eventualmente acontece nas atividades previstas no parágrafo único do art. 966 do CC/02, o que define os profissionais, pessoas naturais e jurídicas, como *fornecedores*; e *(b)* na linha descendente (dos compradores), a presença de um *consumidor* (destinatário final de produto ou serviço), seja pessoa natural, seja jurídica.

Havendo a cumulação de tais requisitos, prevalece a condição de fornecedor e de consumidor, sem que o contrato, na raiz ou origem, deixe de ser empresarial ou civil (nº 1 do Cap. II).

Com efeito, resulta do exposto que não há *contrato de consumo* como ente autônomo ou específico, mas incidência específica do CDC sobre *relação de consumo*, a qual surge de maneira difusa nos contratos, independentemente da espécie. A falta dessa clareza tem alimentado controvérsias acerca da sujeição do contrato *X*, ou do *Y*, ao CDC. No entanto, na realidade, ele não rege *contrato de consumo*, e sim *relação de consumo* inserida em contrato.

---

[3] Ada Pellegrini Grinover *et alii, Código Brasileiro de Defesa do Consumidor*, Forense Universitária, 2ª ed., 1992, p. 27.

Portanto, a *relação de consumo* nasce de questões pontuais no microssistema ou sistema capilar das relações estabelecidas pelo contrato. Nesse sentido já sinalizou o STF: "É indiferente a espécie de contrato firmado, bastando que seja uma relação de consumo".[4]

A abrangência será total se o contrato coincidir com a própria relação de consumo, por exemplo, na compra e venda empresarial ao consumidor; e será parcial se a relação de consumo se restringir a determinado aspecto, por exemplo, no *leasing* financeiro relativamente à qualidade do objeto, e no operacional relativamente à qualidade dos serviços de assistência. No respectivo âmbito, há os elementos típicos da relação de consumo; logo, no respectivo limite, incide o CDC. Aí a incidência do CDC ocorre em questões pontuais ou dimensões específicas do contrato.

Chega-se, desse modo, à conclusão de que todo empresário é fornecedor, mas nem todo fornecedor é empresário. Ou seja, o conceito de fornecedor é mais amplo que o de empresário, pois abrange também as atividades não-empresariais, desde que prestadas em caráter econômico ou profissional.

Concluindo, no rigor técnico não há lugar, por exemplo, ao empresário que, no exercício da atividade, compra para revender, pois não cabe no conceito de consumidor. Mas se a lei afirma a existência de um *consumidor* que, pelos requisitos, pode ser considerado *típico*, não se pode excluir, *a priori*, a possibilidade de surgirem situações especiais que, exatamente pela compreensão histórica de consumidor – aquela da hipossuficiência ou vulnerabilidade –, permite afirmar a existência de um consumidor *atípico* (nº 12.1.2 do Cap. II).

12. *Funções dos contratos.* **Função social; função ética; função econô-mica.**

Miguel Reale, Supervisor da Comissão Revisora e Elaboradora do CC/02, enumera três princípios fundamentais do novo Estatuto: a *eticidade*, a *socialidade* e a *operabilidade*.[5] Os primeiros estudaremos nas *funções* dos contratos, e o último, para não deixar *in albis*, significa adoção de soluções normativas de modo a facilitar sua interpretação e aplicação pelo operador do Direito, eliminando, por exemplo, dúvidas que haviam persistido durante a aplicação do Código anterior.

12.1. *Função social.* **Tipos legais abertos; papel do intérprete; conteúdo da expressão.**

12.1.1. *Tipos legais abertos.* **O legislador, face às constantes mutações sociais, usa expressão de conteúdo vago ou indeterminado, e delibe - radamente não revela na própria lei o que buscou dizer e tampouco promete fazê-lo noutra. Com isso, delega a missão ao intérprete.**

O legislador, cada vez mais, utiliza a técnica dos *tipos legais abertos* ou das *cláusulas gerais*, contrastando com os *tipos legais fechados* ou *cláusulas específicas*. Isso se deve à velocidade das mutações sociais, com freqüência tornando-os superados, fenômeno ocorrente de modo especial a partir de meados do séc. XX.

Então, como ensina Teresa Arruda Alvim Wambier,[6] o legislador usa linguagem aberta, mediante conceitos vagos ou indeterminados. Por exemplo, união estável, interesse público, verossimilhança e *função social*. São expressões cujos teores qualita-

---

[4] STF, AgRg no AgIn 491.195-7, 1ª Turma, Rel. Min. Sepúlveda Pertence, RT 828, p. 164.

[5] Miguel Reale, *Visão Geral do Novo Código Civil*, artigo publicado na RT 808/11, p. 13-6, item 3.

[6] Teresa Arruda Alvim Wambier, *Uma reflexão sobre as "cláusulas gerais" do Código Civil de 2002 – A função social do contrato*, artigo publicado na RT 831/59.

tivos e quantitativos não são nítidos no mundo dos fatos. Com isso, a norma assimila permanentemente as – digamos – *novas verdades sociais*. Tais normas incorporam princípios jurídicos, que por sua vez incorporam valores sociais.

Às vezes, o legislador revela, na própria lei, o que se deve entender pela expressão; às vezes promete fazê-lo noutra lei, como acontece amiúde nas Constituições, com o dizer *nos termos da lei*, gerando norma não-auto-aplicável; e às vezes silencia intencionalmente, resultando norma programática, com o que delega ao intérprete a missão de revelar ou identificar os teores no mundo dos fatos.

12.1.2. *Papel do intérprete*. Tendo a missão de revelar a norma de conteúdo vago ou indeterminado no mundo dos fatos, ao intérprete compete fazê-lo segundo os usos, costumes e caracteres humanos dominantes *na sociedade*, e não segundo os seus. A interpretação da norma não é atividade livre, mas vinculada à ordem jurídica.

Tratando-se de *tipo legal aberto*, se o legislador não reservou, de algum modo, a si próprio, a tarefa de colmatar ou de preencher a lacuna, então delegou-a ao intérprete para fazê-lo no mundo dos fatos, assimilando permanentemente as *novas verdades sociais*.

Quando tal ocorre, eleva-se ainda mais o papel do intérprete, especialmente do Juiz, por meio dos precedentes, até formar jurisprudência que delimita o território em extensão e profundidade, revelando os conteúdos qualitativos e quantitativos. Escreve Teresa Arruda Alvim Wambier que "o uso de determinado conceito jurídico, durante um espaço de tempo razoavelmente longo, pode fazer com que ele deixe de ser vago, ou, pelo menos, que diminua o grau de sua indeterminação. Os conceitos jurídicos 'amadurecem', se o desenvolvimento social reclama muito freqüentemente sua utilização".[7]

É oportuno lembrar que a interpretação da norma não é uma atividade livre, mas vinculada à ordem jurídica. Descabe, pois, no exercício da arte de interpretar as normas, revelar o valor próprio. Não. O valor a ser revelado é o da norma. A interpretação não pode se constituir em ato legiferante. Certas interpretações criam regra nova, aquela que o intérprete faria se legislador fosse. Em vez de o meio justificar o fim, ele inverte as coisas. O fim (aquilo que ele quer) justifica os meios (a regra nova por meio da interpretação). O intérprete deve evitar tortura as leis, para não torturar os homens, daí por que não deve forçar a exegese, suscitando teses pelas quais se apaixonou, nem externar idéias que, a despeito de brilhantes, só existem no seu cérebro, não na lei. Não quer isso dizer que não pode louvá-la ou criticá-la. Não é isso. O que ele não pode é deturpar o seu conteúdo. Enfim, o intérprete, com base em suas preferências, ogerizas e preconceitos, não pode colocar na lei aquilo que na lei não está, nem tirar ou esconder aquilo que nela se encontra só porque não lhe agrada.

Muito oportunos os ensinamentos de Teresa Arruda Alvim Wambier quando refere que o *ethos* jurídico é o dominante *na comunidade* (usos, costumes, caracteres humanos), *verbis*: "Os vetores orientativos das valorações do juiz devem ser extraídos do *ethos* jurídico dominante na comunidade, cuja fonte de conhecimento, por excelência, são os princípios constitucionais. (...). É necessário deixar claro que uma norma como a do art. 421 não significa portas abertas para que o juiz possa sonhar com a sociedade ideal, e, em nome e por causa deste dispositivo, decidir, muito bem

---

[7] Teresa Arruda Alvim Wambier, *Uma reflexão sobre as "cláusulas gerais" do Código Civil de 2002 – A função social do contrato*, artigo publicado na RT 831/59, p. 62, item 2.

intencionadamente, sem fundamentar adequadamente (no sistema como um todo e não só na cláusula geral do art. 421) a sua conclusão."

12.1.3. *Conteúdo da expressão.* **Consideração inicial; pelo prisma do motivo social de o contrato existir; pelo prisma das partes.**

12.1.3-A. *Consideração inicial.* **O Direito deslocou o foco principal da** *função econômica* **para a** *função social.* **A do contrato é um dos braços dessa mudança. O CC/02 adotou a** *socialidade contratual,* **contrastando com o** *individualismo contratual.* **Ela está relacionada à liberdade para contratar. Na prática, apenas mitiga o princípio** *pacta sunt servada.* **Não é, pois, artifício para desfigurar o contrato.**

A expressão *função social* do contrato radica na própria mudança do Direito que, modernamente, deslocou o foco principal da *função econômica* para a *função social.* Assim, para exemplificar, temos o braço da *função social da propriedade* (CF, art. 5º, XXIII), o da *função social da empresa* (Lei 6.404/76, art. 154) e, a partir do CC/02, oficialmente o braço da *função social do contrato.*

Diz o art. 421: "A *liberdade* para contratar será exercida em razão e nos limites da *função social do contrato."*

Pelo dispositivo, a *função social* está relacionada à *liberdade* para contratar, envolvendo o contrato privado, o que não afasta de todo a invocação subsidiária, como princípio geral, em situações especiais, no contrato público ou administrativo. As partes são livres, nos limites da *função social* do contrato. Mitiga, pois, o princípio *pacta sunt servanda.* Apenas *mitiga,* abranda, amansa, convém alertar. Portanto, a *função social* do contrato não é artifício para desfigurá-lo. Ele era e continua sendo acordo de vontades que deve gerar compromissos e resultados práticos.

Teresa Arruda Alvim Wambier leciona que, se afastarmos o princípio *pacta sunt servanda,* "o contrato deixará de ser um contrato. Trata-se de avença que deve ser cumprida, nos termos em que tudo foi combinada. O contrato não pode se transformar naquilo que não é, nem é vocacionado a ser, sob pretexto da função social que deva ter".[8] Também Arruda Alvim observa que "um contrato, no fundo, apesar dessas exceções que foram apostas ao princípio do *pacta sunt servanda,* é uma manifestação da vontade que deve levar a determinados resultados práticos, resultados práticos esses que são representativos das vontades de ambos os contratantes, tais como declaradas e que se conjugam e se expressam na parte dispositiva do contrato. Nunca se poderia interpretar o valor da função social como valor destrutivo do contrato. (...). Desta forma, o problema, vamos dizer, é de circunstâncias que podem incidir na medida do sistema positivo, mas nunca poder-se-ia, no meu entender, em nome da função social, provocar uma verdadeira disfunção e uma negativa da própria razão de ser do contrato".[9]

Assim, o novo Código adotou a *socialidade contratual,* abandonando o *individualismo contratual* que, como princípio, até então vigorava tanto no CC/1916 quanto no CCm/1850.

E o que vem a ser a *função social* do contrato? Será favorecer o mais fraco, alcançando-lhe alguma vantagem, como prêmio pelo fato de ser mais fraco? Será desfavorecer o mais forte, impondo-lhe alguma desvantagem, como castigo pelo fato

---

[8] Teresa Arruda Alvim Wambier, *Uma reflexão sobre as "cláusulas gerais" do Código Civil de 2002 – A função social do contrato,* artigo publicado na RT 831/11, p. 76, item 10.

[9] Arruda Alvim, *A Função Social dos Contratos no Novo Código Civil,* artigo publicado na RT 815/11, p. 30.

CONTRATOS EMPRESARIAIS

de ser mais forte? Será garantir às partes a comutatividade, a equivalência, o equilíbrio de direitos e obrigações na medida em que o contrato, como entidade jurídica, deve conciliar interesses e necessidades sociais?

Com efeito, a questão deve ser vista pelos prismas do *motivo social de o contrato existir* e das *partes*.

12.1.3-B. *Pelo prisma do motivo social de o contrato existir.* Cumpre-se a *função social* do contrato pela preservação da sua existência como entidade jurídica hábil a conciliar interesses e necessidades das pes - soas em geral. Isso significa identificar o motivo pelo qual é admitido e quais as condições para ter sua viabilidade existencial, e desse modo a sociedade poder usufruí-lo como um *produto* disponível no mercado.

Começo com dois exemplos. A fim de que as pessoas em geral, naturais e jurídicas públicas e privadas, possam contrair empréstimos, é necessário garantir condições atrativas a quem empresta, sob pena de não existir oferta, e com isso restar prejudicada toda a sociedade. Eis, pois, a *função social* do mútuo: possibilitar acesso a quem, no momento, não dispõe de dinheiro. A fim de que as pessoas em geral possam comprar a crédito, é necessário garantir condições atrativas a quem vende, sob pena de não existir oferta, e com isso restar prejudicada toda a sociedade. Eis, pois, a *função social* do crédito: acesso aos bens da vida a quem não tem condições de comprar à vista.

Dessarte, a observância da *função social* do contrato está conectada à razão pela qual ele existe na sociedade como alternativa ou utilidade para conciliar interesses e necessidades das pessoas, portanto instrumento de circulação de bens ou riquezas.

Sílvio Rodrigues ensina, baseado em Messineo, que a *função social* do contrato consiste em ser "instrumento prático que realiza o mister de harmonizar interesses não coincidentes. (...) É ele o veículo da circulação da riqueza (...). O contrato vai ser o instrumento imprescindível e o elemento indispensável à circulação dos bens".[10]

Na essência, isso tudo se movimenta a partir do binômio *interesses e necessidades*, sendo que, no que tange a estas, novas vão surgindo, ensejando novas práticas para satisfazê-las. Não por outro motivo, e de modo especial no Brasil, na medida em que a estrutura social foi se tornando mais complexa, foram sendo adotados novos contratos empresariais, como a alienação fiduciária em garantia, o *leasing*, o *factoring* e o *franchising*. Por quê? Para atender a novas necessidades sociais. Ao mesmo tempo, figuras outras, como a anticrese e o fideicomisso foram caindo no esquecimento, e até não mais prevista no atual Código Civil como é o caso da enfiteuse. Por quê? Porque, em razão das novas necessidades, ou perderam ou está reduzidíssima a *função social*.

É nesse âmbito, pois, que se estabelece a mitigação da liberdade de contratar para os fins da *função social* prevista no art. 421 do CC/02, entenda-se, para que possa cumprir o seu papel no sentido de ser uma utilidade, no sentido de atender a uma necessidade da população. Assim, e retornando ao exemplo do mútuo, para que seja preservado como alternativa a quem precisa, o grau de proteção a quem empresta não pode ser tal que se torne inacessível a quem precisa tomar emprestado, nem o de proteção a quem precisa tomar emprestado pode ser tal que não haja quem queira emprestar.

Enfim, e considerando que devemos reduzir o mais possível a imprevisibilidade da expressão, a fim de aumentar o mais possível a segurança jurídica, temos – pelo

---

[10] Sílvio Rodrigues, *Direito Civil*, vol. 3, 11ª ed., 1981, p. 11, nº 4.

prisma do motivo social de o contrato existir – que o cumprimento da sua *função social* acontece pela preservação da sua existência como entidade jurídica hábil a conciliar interesses e necessidades das pessoas em geral. Isso significa identificar o motivo pelo qual é admitido e quais as condições para ter sua viabilidade existencial, e desse modo a sociedade poder usufruí-lo como um *produto* disponível no mercado.

12.1.3-C. *Pelo prisma das partes.* Não há confundir *função social* do contrato e *condição social* dos contratantes, pois não é artifício para alcançar ao mais fraco vantagem, como prêmio por ser mais fraco, nem para impor ao mais forte desvantagem, como castigo por ser mais forte. No âmbito das partes, ela ocorre pela garantia do equilíbrio de direitos e obrigações, dentro de parâmetros *vigentes na sociedade* e basicamente institutos que já se encontram no Código. Normalmente, a função social atua na *supressio* (supressão de um direito estabelecido na qualidade e/ou na quantidade), mas também pode na *surrectio* (surgimento de direito não estabelecido).

Escreve Teresa Arruda Alvim Wambier que "realmente não se pode entender que esta regra tenha sentido de que os poderosos terão sempre de estar em *condições desfavoráveis,* deverão sempre abrir mão, pelo menos em parte, de sua condição de superioridade, sempre arcar com algum tipo de *desvantagem,* como uma espécie de 'punição' por terem melhores condições." E cita o exemplo dos bancos, os quais não podem ser obrigados a abrir mão das garantias, "sob pena de inviabilizar a concessão de crédito com juros razoáveis, o que acaba por resultar em prejuízo para a própria sociedade."

E conclui: "Numa sociedade onde os poderosos são perseguidos, não há crédito, não há emprego, não há circulação de bens de consumo. Então, cuidado! A proteção exagerada faz 'sair o tiro pela culatra'. Se a licença-maternidade for de um ano, mulheres não terão emprego!"[11]

Arruda Alvim escreve que "o grande espaço da função social, de certa maneira e em escala apreciável, já se encontra no próprio Código de 2002, através exatamente desses institutos que amenizam, vamos dizer, a dureza da visão liberal do contrato (...). ... se um juiz decide numa relação contratual *pietatis causa* – porque ficou com pena do devedor – perguntar-se-ia, então: esse juiz está cumprindo a função social do contrato? (...) Acho que isso é, também, agir contra a função social do contrto, ou, uma das facetas da função social do contrato".[12]

Portanto, não se deve confundir *função social* do contrato e *condição social* dos contratantes, e tampouco se pode relacioná-la com o *poder de fogo* de cada qual, se mais forte ou mais fraco, e sim, como visto antes, com o motivo de sua existência, no sentido de ser instrumento conciliador de interesses e necessidades da população. A *função social* não é palco para discurso fácil nem para ideologias festivas com o que é dos outros. Não é artifício para alcançar ao mais fraco alguma vantagem, como prêmio pelo fato de ser mais fraco, nem para impor ao mais forte alguma desvantagem, como castigo pelo fato de ser mais forte.

No âmbito das partes, a *função social* do contrato ocorre pela garantia da comutatividade, ou equivalência, ou eqüidade, ou equilíbrio de direitos e obrigações, dentro

---

[11] Teresa Arruda Alvim Wambier, *Uma reflexão sobre as "cláusulas gerais" do Código Civil de 2002 – A função social do contrato,* artigo publicado na RT 831/59, p. 71-2, item 7.

[12] Arruda Alvim, *A Função Social dos Contratos no Novo Código Civil,* artigo publicado na RT 815/11, p. 30.

de parâmetros orientativos vigentes na comunidade, os quais podem não coincidir com os vigentes no cérebro do aplicador do Direito.

No fundo, o que temos é a chamada *homeostasia jurídica* ou *princípios homeostáticos* do Direito, vale dizer, normas, fatos e valores vigentes no momento. Em poucas palavras, os organismos vivos mantêm-se em estado de equilíbrio interno por meio de recursos próprios, os quais Walter B. Canon chamou de homeostáticos.[13] *Homeostasis*, do grego, significa estado de equilíbrio do organismo vivo em relação às suas várias funções. Assim também o Direito, como ciência, tal como um organismo vivo, mantém-se em *estado de equilíbrio* em relação às suas funções, mediante a perfeita dosagem de tais elementos, melhor alcançando o seu ideal, que é a justiça.

Descobrir onde está o *ponto de equilíbrio* para manter esse organismo com saúde é o desafio do aplicador do Direito. É preciso conciliar, por exemplo, de um lado, os interesses da sociedade, com suas carências, reclamando acesso a bens de consumo para melhoria da qualidade de vida, e de outro, os interesses das entidades creditícias, as quais só existem se protegidas com direitos especiais.

Veramente, a compreensão da função social do contrato no âmbito das partes radica, não na eventual diferença do *status* social entre elas, mas na idéia de manutenção, implantação e restabelecimento do *equilíbrio contratual*; não segundo o arbítrio do operador do Direito, mas nos termos já definidos, em grande escala, pelo próprio Código nas diversas espécies de contrato.

Assim, na prática, resta pouco espaço à aplicação difusa do princípio. Esta é a mensagem do próprio Miguel Reale, Supervisor da Comissão Revisora do CC/02, quando escreve: "Alguns dos exemploes dados já consagram, além da exigência da ética, o imperativo da *socialidade*".[14] Os exemplos citados, além do art. 421, que afirma o princípio, são do art. 423 (cláusulas ambíguas ou contraditórias no contrato de adesão), do art. 1.238 (usucapião de imóvel em quinze anos, independentemente de título e boa-fé, podendo ser reduzido para dez), do art. 1.239 (usucapião de imóvel em cinco anos, até 50ha, rural ou urbano, tornando-o produtivo), do art. 1.242 (usucapião de imóvel em dez anos, com justo título e boa-fé), e dos §§ 4º e 5º do art. 1.228 (poder expropriatório do juiz por interesse social e econômico relevante, nas circunstâncias apontadas).

Na mesma linha, o entendimento de Calixto Salomão Filho: "A tarefa de reequilíbrio contratual já está bem atribuída a princípios como a boa-fé objetiva (art. 422 do CC) e cláusula *rebus sic stantibus*. Andar além disso não é possível, ao menos em base casuística." Ensina que o *reequilíbrio* na verdade nem deve se operar no âmbito das partes, e sim *das categorias*, por exemplo, a dos consumidores, e complementa: "Trata-se aqui necessariamente de uma política pública de reequilíbrio que deve partir de iniciativas legistativas e ter certo grau de coerência. Admitir um reequilíbrio difuso, além de provavelmente não garantir qualquer reditribuição de riqueza efetiva – exatamente por ser assistemático – criaria situação de insegurança jurídica, extremamente danosa para os contratos".[15]

Em conclusão, tudo começa com manutenção, implantação ou restabelecimento do *equilíbrio contratual*, gerando vantagem a uma das partes visivelmente fora dos padrões de normalidade vigentes no ambiente social, caracterizando enriquecimento sem causa de uma parte, com o conseqüente empobrecimento injustificado da outra,

---

13 Walter B. Canon, *apud* Edward J. Murray, *Motivação e Emoção*, p. 40-3.

14 Miguel Reale, *Visão Geral do Novo Código Civil*, artigo publicado na RT 808/11, p. 14, item 3.2.

15 Calixto Salomão Filho, *Função Social do Contrato: Primeiras Anotações*, artigo publicado na RT 823/67, p. 84, item 4.

desimportando quem seja ela. Isso viola a função social do contrato, pois socialmente ele não existe para isso, o que autoriza a redução da vantagem a patamares normais. Se determinada cláusula caracterizar pacto potestativo ou leonino, pode até ser inteiramente excluída.

Normalmente, a função social atua na *supressio* (supressão de um direito estabelecido na qualidade e/ou na quantidade), mas não se pode descartar a possibilidade de atuar também na *surrectio* (surgimento de direito não estabelecido), se as partes, embora não tendo escrito, passam a adotar ou tolerar, na execução, práticas ou comportamentos que geram direitos e obrigações novos, os quais podem ser considerados integrantes do pacto, pois entende-se que tais são, no âmbito das partes, o melhor modo pelo qual o contrato cumpre a sua *função social*.

12.2. *Função ética*. É como os sujeitos devem se comportar (confiança, lealdade, boa-fé).

O art. 422 do CC/02 fala que os contratantes "são obrigados a guardar, assim na conclusão do contrato, como em sua execução, os princípios da probidade e boa-fé." O art. 113 diz que os negócios jurídicos "devem ser interpretados conforme a boa-fé e os usos do lugar de sua celebração." E o art. 187 diz que comete ato ilícito o titular de um direito "que, ao exercê-lo, excede manifestamente os limites impostos pelo seu fim econômico ou social, pela boa-fé ou pelos bons costumes."

Com efeito, a *função ética* do contrato dirige-se às partes. A eticidade valoriza a conduta dos sujeitos de direito. Diz respeito à forma como os sujeitos do contrato devem se comportar quanto à confiança, à lealdade e à boa-fé.

A boa-fé, por sua vez, pode ser objetiva e subjetiva.

Quanto à *boa-fé objetiva*, opera-se no campo da conduta ou comportamento nos negócios jurídicos. É a boa-fé na conclusão e execução do contrato. Exemplos: agir conforme os costumes, não mudar o comportamento usual, não agir com surpresa, não abusar da confiança. Tudo o que contraria isso caracteriza conduta maliciosa, feridora da boa-fé objetiva.

Quanto à *boa-fé subjetiva*, também chamada psicológica, vem a ser o estado de espírito ou crença das pessoas de que estão agindo corretamente e sem obstáculo legal. Exemplos: casamento putativo, posse de boa-fé, pagamento de boa-fé ao credor aparente.

12.3. *Função econômica*. Em termos gerais, vem a ser a sua utilidade como instrumento de circulação de bens e riquezas.

Enquanto a *função social* do contrato está relacionada à importância de sua existência para que a população possa satisfazer, de determinada forma, determinado tipo de necessidade, a *função econômica*, sem adentrar em situações específicas de cada espécie contratual – como veremos, sempre que necessário –, vem a ser a sua utilidade como instrumento de circulação de bens e riquezas. É o *fato econômico* em si, a *circulação econômica* ou *circulação jurídica*. Por exemplo, no contrato de mútuo, é a transferência da propriedade do dinheiro do mutuante ao mutuário; na compra e venda empresarial, é a transferência da propriedade da mercadoria do vendedor ao comprador.

CONTRATOS EMPRESARIAIS

Capítulo II

COMPRA E VENDA EMPRESARIAL

1. *Espécies de compra e venda.* **Antes do CDC/91,** *civil* **e** *mercantil;* **depois, preservando a raiz ou origem do contrato, e considerando que o CDC não rege** *contrato de consumo,* **e sim** *relação de consumo* **inserida em contrato, a qual surge de maneira difusa independentemente da espécie, passou a existir cada qual na forma pura e com o comple - mento** *ao consumidor.* **Com o advento do CC/02, em substância nada mudou, exceto a nomenclatura. Então:** *(a)* **compra e venda civil;** *(b)* **civil ao consumidor;** *(c)* **compra e venda empresarial; e** *(d)* **empresarial ao consumidor.**

Antes do CDC (Lei 8.078/91), havia duas espécies de compra e venda: civil e mercantil.

Civil, desde que: *(a)* quanto aos *sujeitos,* nenhum exercesse atividade econômica (profissional) sobre o objeto, conseqüentemente vendedor não-fornecedor, embora comprador-consumidor; e *(b)* quanto ao *objeto,* bens de qualquer natureza, incluídos os imóveis.

Mercantil, desde que: *(a)* quanto aos *sujeitos,* pelo menos num dos pólos um empresário no exercício da atividade-fim, conseqüentemente atividade econômica sobre o objeto, que são atos comerciais por natureza, ou a ela relacionados, que são atos comerciais acessórios ou conexos (nº 4 do Cap. I); e *(b)* quanto ao *objeto,* bens de qualquer natureza, excluídos os imóveis, salvo quando objeto de sociedade anônima (Lei 6.404/76, art. 2º, § 1º).

Depois do CDC, a *relação de consumo* passou a ter disciplina própria, caracterizada quando: *(a)* na *linha ascendente,* presença de *fornecedor,* como tal considerados todos que exercem atividade econômica, ou lucrativa, ou em caráter profissional (meio de vida), sobre o bem ou serviço objeto da relação (CDC, art. 3º); e *(b)* na *linha descendente,* presença de *consumidor,* como tal considerado o destinatário final, o que adquire o bem para uso próprio, e não para revenda, tirando-o, pois, de circulação (art. 2º).

Ensina Fábio Ulhoa Coelho[16] que surgiu daí mais uma espécie, a *compra e venda ao consumidor,* desde que: *(a)* quanto aos *sujeitos,* presença de *fornecedor* na linha ascendente (dos vendedores), e de *consumidor* na descendente (dos compradores); e *(b)* quanto ao *objeto,* qualquer produto ou serviço.

No entanto, há notar que o CDC não rege *contrato de consumo,* e sim *relação de consumo* inserida em contrato. Na realidade, não existe *contrato de consumo* como ente autônomo ou específico, mas incidência específica do CDC sobre *relação de consumo,*

---

16 Fábio Ulhoa Coelho, *Manual de Direito Comercial,* 6ª ed., 1995, p. 414, ou *Curso de Direito Comercial,* vol. III, 3ª ed., 2002, p. 164, nº 1.

a qual nasce difusamente nos contratos, dentro do microssistema ou sistema capilar das relações estabelecidas, independentemente da espécie, podendo abrangê-los total ou parcialmente (nº 11 do Cap. I).

Por isso, preferimos estruturar a matéria de modo a preservar a raiz ou a origem do contrato, motivo pelo qual entendemos mais adequado dizer que a partir do CDC passou a existir cada espécie de compra e venda na forma pura (civil e empresarial) e com o complemento *ao consumidor.*

Com o advento do CC/02, no que tange ao ponto, em substância nada mudou, exceto a nomenclatura, em razão da teoria dos atos empresariais. Então: *(a)* compra e venda civil; e *(b)* civil ao consumidor; *(c)* compra e venda empresarial; e *(d)* empresarial ao consumidor.

Contudo, há duas novidades importantes: *(a)* a unificação do regime jurídico da compra e venda civil e da empresarial, quer dizer, ressalvadas as leis especiais e observada a incidência do CDC nas relações de consumo, os direitos e obrigações passaram a ser os mesmos, diferenciando-se apenas quanto à qualidade dos sujeitos; e *(b)* os bens imóveis e os serviços, antes excluídos da atividade empresarial, salvo se exercida por sociedade anônima (Lei 6.404, art. 2º, § 1º), passaram a fazer parte da atividade empresarial (nº 5.2 *infra*).

Os exemplos a seguir elucidam as espécies de compra e venda.

A, sem exercer atividade econômica no ramo de informática (não-empresário), vende um computador a *B*.

Se *B* compra como pessoa natural para uso na residência, temos uma *compra e venda civil.*

Se *B* for empresário e compra no exercício da respectiva atividade, seja para revender (ato comercial por natureza) seja para uso na empresa (ato comercial acessório ou conexo), temos uma *compra e venda empresarial*, porquanto basta haver num dos pólos um empresário no exercício da atividade para que a operação seja qualificada como tal.

Embora *B*, quando comprou para uso na residência e na empresa, caiba no conceito de consumidor, *A* em nenhum dos casos cabe no de fornecedor porque não exerce atividade econômica sobre o bem.

Se *A*, exercendo atividade econômica sobre o aparelho, vende-o a *B*, que também exerce igual atividade (compra-o para revendê-lo), temos igualmente uma *compra e venda empresarial* e de igual modo sem relação de consumo.

Embora *A*, o vendedor, caiba no conceito de fornecedor, o comprador *B* não cabe no de consumidor.

Se *A*, exercendo atividade econômica sobre o bem, vende-o a *B*, o qual adquire-o como empresário para uso na empresa, ou adquire-o como pessoa natural para uso na residência, temos uma *compra e venda empresarial ao consumidor* porque o vendedor cabe no conceito de fornecedor, e o comprador, seja como empresário, seja como pessoa natural, cabe no de consumidor.

Se *A*, como pessoa natural ou sociedade simples (antiga civil), no exercício de atividade econômica artística de pintor, vende a *B* uma tela sem as qualidades pactuadas (obrigação de resultado), adquirida na condição de pessoa natural ou de sociedade simples, a fim de ornamento na residência ou na sede, temos uma *compra e venda civil ao consumidor.* Assim é porque *A* cabe no conceito de fornecedor, e *B* no de consumidor, e a atividade artística, salvo quando *elemento de empresa*, não é atividade empresarial (CC/02, art. 966, parágrafo único).

Finalmente, pode existir, a partir da hipossuficiência ou vulnerabilidade, *consumidor atípico* (nº 12.1.2 *infra*), modificando, em tal caso, o panorama dos exemplos, pelo

CONTRATOS EMPRESARIAIS

reconhecimento, em caráter excepcional, de relação de consumo, ainda que o comprador tenha adquirido como varejista, portanto para revender.

2. *Finalidade*. Comprar *para* revender.

Comprar *para* revender, isso no exercício de atividade econômica. É o *elemento finalístico*. A revenda pode ser da mesma mercadoria, como acontece normalmente no comércio, e também pode ocorrer após transformação, como acontece na indústria, em relação à matéria-prima, tudo feito para a reinclusão na cadeia de circulação de riquezas, como nova mercadoria.

3. *Classificação como ato comercial lato sensu*. É o mais representativo ato comercial por natureza.

Há atos não-jurídicos e jurídicos; nestes, há os não-comerciais e os comerciais *lato sensu*; estes, podem ser por natureza, acessórios ou conexos e por força de lei. A compra e venda empresarial (antes mercantil) é o mais representativo ato comercial por natureza.

4. *Regime jurídico*. Com o CC/2002, cessou o regime especial do CCm/1850.

Com o CC/2002, cessou o regime especial do CCm/1850. A compra e venda empresarial está sob o regime único do direito das obrigações (arts. 233 e seguintes), mais precisamente dos contratos em geral (arts. 421 e seguintes) e da compra e venda em particular (arts. 481 e seguintes), bem assim ao regime do direito das coisas (arts. 1.196 e seguintes), mais precisamente da propriedade em geral (arts. 1.228 e seguintes).

5. *Elementos do contrato*. Partes (requisito subjetivo) e empresariedade ou comercialidade; objeto (requisito objetivo); preço.

5.1. *Partes (requisito subjetivo) e empresariedade ou comercialidade*. Com o advento do CC/02, o regime jurídico passou a ser único, mas sem extinguir a alternatividade. Continua suficiente num dos pólos contratuais um empresário (requisito subjetivo) no exercício da ativi - dade para a empresariedade colorir todo o ato.

Quanto às partes (requisito subjetivo), Fábio Ulhoa Coelho[17] refere que antes do CC/02 bastava um dos sujeitos ser comerciante para a compra e venda ser mercantil, e que a partir dele é imprescindível que ambos sejam empresários.

Com efeito, o art. 191 do CCm/1850, que disciplinava a compra e venda mercantil, dizia: "... contanto que nas referidas transações o comprador *ou* o vendedor seja comerciante." Estabelecia alternatividade. Bastava o comprador *ou* o vendedor ser comerciante no exercício da atividade para a operação ser mercantil.

É verdade que agora, sem lei especial, a compra e venda empresarial é regida pelas normas gerais e específicas do CC/2002, particularmente pelos arts. 481 e seguintes, nos quais não há a alternatividade prevista no art. 191 do CCm/1850, e nem poderia, pois na *teoria da empresa* vigora, como princípio, o regime único.

Mas nem por isso as coisas se modificaram.

Em *primeiro lugar* – e com isso adentramos na questão da *comercialidade* ou, agora, *empresariedade* –, existem diversos contratos empresariais que exigem um empresário no exercício da atividade num determinado pólo, não perdendo a qualificação quando

---

17 Fábio Ulhoa Coelho, *Curso de Direito Comercial*, vol. III, 3ª ed., 2002, p. 55, nº 1.

o mesmo não acontece no outro. Por exemplo, e conforme já arrolamos (nº 8 do Cap. I), o de *leasing*, o de mandato empresarial, o de concessão empresarial, o de representação empresarial e o de alienação fiduciária. Se assim continua sendo em relação a diversos contratos empresariais, não há por que ser diferente na compra e venda, isto é, não há por que se exigir neste a presença em ambos os pólos de empresários no exercício da atividade.

Em *segundo*, a compreensão de que à empresariedade é suficiente um empresário no exercício da atividade, encontra apoio em dois princípios que não foram apagados pelo CC/02: *(a)* da *integridade*, unidade, unicidade ou unitariedade do ato comercial (não temos atos bifrontes ou mistos, isto é, civis numa face e comerciais *lato sensu* noutra); e *(b)* da *especialidade*, fazendo com que o Direito Comercial, que subsiste como um ramo especial do direito privado, continue a exercer *vis atractiva*, assim como d'antes.

Basta, pois, que num dos pólos contratuais haja um empresário (requisito subjetivo) no exercício da atividade para a empresariedade, ou comercialidade, ou mercantilidade, colorir todo o ato, como vimos sustentando (nº 1 *supra*, e nºs 5.2 e 6 do Cap. I).

Subsiste – insistimos – a *vis atractiva* exercida pelo Direito Comercial.

5.2. Objeto (requisito objetivo). Bens móveis e semoventes; bens imóveis; coisas futuras.

5.2.1. Bens móveis e semoventes. Antes do CC/02, como regra só eram admitidos como objeto de compra e venda empresarial bens móveis e semoventes, decorrência da teoria dos atos comerciais; imóveis, apenas por exceção.

Antes do CC/02, só os bens *móveis* (que são movidos), os *semoventes* (que se movem) e as *coisas futuras*, que são bens ainda inexistentes (nº 5.2.3 *infra*), nesse contexto inserido-se os bens corpóreos (concretos) e os incorpóreos (abstratos), podiam ser objeto (requisito objetivo) de compra e venda mercantil. Era decorrência do modelo francês – *teoria dos atos comerciais* –, adotada pelo Código Napoleônico de 1807, ao qual se filiou o nosso Código Comercial de 1850, expresso na 2ª parte do art. 191: "É unicamente considerada mercantil a compra e venda de efeitos móveis ou semoventes".

Nesse sentido, ensinamentos de Fábio Ulhoa Coelho: "No sistema francês, excluem-se atividades de grande importância econômica – como a prestação de serviços, agricultura, pecuária, *negociação imobiliária* – do âmbito de incidência do direito mercantil, ao passo que, no italiano, se reserva uma disciplina específica para algumas atividades de menor expressão econômica, tais as dos profissionais liberais ou dos pequenos comerciantes".[18] Também Fran Martins, quando refere que, por exceção, "no Brasil, as empresas de construção de imóveis foram consideradas comerciais (Lei nº 4.068, de 9 de junho de 1962)".[19]

Assim, até a entrada em vigor do CC/02, em princípio, só bens móveis e semoventes, concretos ou abstratos; imóveis, apenas por exceção, como no *leasing* e na alienação fiduciária a partir da Lei 9.514/97, com as modificações da Lei 10.931/04, e na sociedade anônima, por ser mercantil, independentemente do objeto (Lei 6.404/76, art. 2º, § 1º).

---

[18] Fábio Ulhoa Coelho, *Curso de Direito Comercial*, Vol. I, 6ª ed., 2002, p. 17-8, nº 5.

[19] Fran Martins, *Curso de Direito Comercial*, 28ª ed., 2002, p. 59, nº 59.

5.2.2. *Bens imóveis*. Depois do CC/02, em princípio, são admitidos os imóveis, decorrência da *teoria dos atos empresariais*. Ampliou-se a compreensão de empresariedade, comercialidade ou mercantilidade. Não é mais imprescindível que tenha o objeto a qualidade da circula - ção física. Bastam a circulação jurídica (transferência de propriedade) e o caráter econômico (*animus lucrandi*).

Depois da entrada em vigor do CC/02, com a adoção do modelo italiano – *teoria dos atos empresariais* – nada obsta que também os imóveis, como regra, sejam objeto de compra e venda empresarial.

É importante salientar que o Direito Comercial brasileiro não abandonou a *teoria dos atos comerciais*, da escola francesa, nem adotou a *dos atos empresariais*, da escola italiana, repentinamente. O distanciamento e a aproximação aconteceram de modo gradativo. Começou na década de 1960, com o Projeto de Código das Obrigações, cuja parte negocial esteve a cargo de Sylvio Marcondes, e depois com o Projeto de novo Código Civil, de Miguel Reale, no Congresso Nacional desde 1975. Em 1991, veio o CDC (Lei 8.078), que submeteu ao mesmo regime todos os fornecedores, independentemente da espécie ou tipo de atividade, inclusive os do *ramo imobiliário,*[20] bem assim a nova Lei do Inquilinato (Lei 8.245, art. 51, § 4°), que estendeu o direito de renovar a locação às sociedades civis com fins lucrativos (hoje sociedades simples), o que antes era restrito às atividades mercantis. Em 1994, veio a Lei do Registro de Empresas e Atividades Afins (Lei 8.934); antes, chamava-se Registro de Comércio.

Fran Martins comenta que a idéia de comercialidade "está presa à de circulação: os bens comerciais *circulam*, dando-se ao termo *circulação* não apenas o sentido usual de transferência material da coisa pela tradição, mas o de transferência de proprieda-de, como acontece com os imóveis". Mas também se imprime na *comercialidade* – continua – "o sentido econômico, isto é, a transferência de bens com o intuito de lucro ou não. Tradicionalmente, entende-se que na comercialização deve haver o intuito de lucro, *animus lucrandi*, visto que a atividade comercial sempre foi especula-tiva." E um pouco adiante refere a integração dos imóveis ao Direito Comercial na própria França, berço da teoria dos atos comerciais: "A exploração do mercado imobiliário já marcha para se reger pelas leis comerciais: no Brasil, as empresas de construção de imóveis foram consideradas comerciais (Lei n° 4.068, de 9 de junho de 1962) e na França qualquer compra de imóveis para revenda está categorizada, por lei, como comercial (Lei n° 70.601, de 9 de julho de 1970, art. 23)".[21]

Enfim, com a *teoria da empresa*, os bens imóveis ganharam a condição de *bens comerciais* ou de *mercadorias*, ou ganharam empresariedade, ou comercialidade, ou mer-cantilidade.

Antes, exigia-se a *circulação econômica*, como tal entendida a operação com o intuito de lucro (*animus lucrandi*), como característica da atividade empresarial, e ainda que tivesse o objeto a qualidade da *circulação física* ou deslocamento material, daí admitir-se, como regra, apenas os bens móveis e semoventes; agora, tal qualidade deixou de ser imprescindível. É suficiente a *circulação jurídica*, como tal entendida a que transfere a propriedade.

Com isso, inverteu-se a regra: antes, os imóveis só eram incluídos por exceção; agora, só por exceção podem ser excluídos.

---

[20] Fábio Ulhoa Coelho, *Curso de Direito Comercial*, vol. I, 6ª ed., 2002, p. 25, n° 7.

[21] Fran Martins, *Curso de Direito Comercial*, 28ª ed., 2002, p. 59, n° 59.

Qual a repercussão prática?

Até o CC/02, em termos de *contratos empresariais*, só eram admitidos imóveis por exceção, como na alienação fiduciária e no *leasing*, a partir da Lei 9.514/97, com as modificações da Lei 10.931/04; em termos de *sociedade empresária*, só a anônima, por ser mercantil independentemente do objeto (Lei 6.404/76, art. 2º, § 1º), podia ter como finalidade a compra e venda de imóveis. Por inferência, os atos negociais – compra e venda de imóveis – traduziam *ex vi legis* operações mercantis. Fora da anônima, apenas a então *sociedade civil*, portanto não-empresária.

A partir do CC/02, com a inversão da regra, todo contrato empresarial, em tese, pode ter imóvel por objeto. Por exemplo, sem levar em conta o regramento, mas tão-só a necessidade de previsão legal, perdeu atualidade a permissão no que tange à alienação fiduciária, bem assim ao próprio *leasing* a Lei 9.514/97 (Dispõe sobre o Sistema de Financiamento Imobiliário, institui a alienação fiduciária de coisa imóvel e dá outras providências), com as alterações da Lei 10.931/04.

No que tange às sociedades, o que no rol das sociedades empresárias era restrito à anônima, ampliou-se para todas as demais. Por exemplo, nada obsta que uma limitada tenha por objeto social a compra e venda de imóvel ou a intermediação.

Aliás, tal objeto passou a ser necessariamente de *sociedade empresária*, na medida em que o da *sociedade simples* (antiga civil) é exclusivamente das atividades intelectuais de natureza científica, literária e artística (CC/02, art. 966, parágrafo único).

Por conseqüência, nas respectivas operações empresariais que forem celebradas no exercício da atividade, seja como sociedade, seja como firma individual, os contratos resultantes serão de *compra e venda empresarial de imóvel*. Isso não é destituído de conseqüências relevantes face à possibilidade de existir uma *relação de consumo* (nº 11 do Cap. I), o que afirma direitos e obrigações diferenciados.

Óbvio que envolvendo imóvel, resta prejudicado o *princípio da informalidade* que marca a compra e venda empresarial. Impõe-se a escritura pública sempre que o valor ultrapassar trinta vezes o maior salário mínimo vigente no país e a transcrição no Registro de Imóveis para a aquisição da propriedade (CC/02, arts. 108 e 1.245).

5.2.3. *Coisas futuras*. O objeto não precisa existir no momento da contratação. Basta que o vendedor, em razão da atividade e analisadas as circunstâncias, esteja em condições de comprá-lo ou de fabricá-lo. Vigora o *princípio da factibilidade*.

A venda de *coisas futuras* é comum nos contratos empresariais de execução continuada, como acontece no de *fornecimento* (nº 9.3 *infra*).

Exemplificando, quando a siderúrgica contrata com a metalúrgica, dificilmente dispõe das milhares de toneladas de ferro, aço, etc., que assumiu entregar num determinado período – logo, vendeu-se *coisa futura* –, mas em razão da atividade e analisadas as circunstâncias, está-se em condições de adquiri-las ou fabricá-las. O objeto é factível, é realizável, tem viabilidade tanto pela quantidade quanto pela técnica disponível. O mesmo acontece com os fornecedores de produtos perecíveis aos supermercados. No momento, não dispõem das milhares de toneladas de alfaces e tomates (produtos altamente perecíveis) que assumem vender num determinado período, mas em razão da atividade e da produção a *coisa futura* é factível.

A *coisa futura* não-factível, irrealizável, inviável, verifica-se caso a caso, conforme as circunstâncias, seja pela quantidade de produto, pela qualidade e técnica disponível, seja pelas condições limitadas do próprio vendedor, etc. Imaginemos uma grande quantidade de certa fruta, com propriedades especiais e exclusivas em razão do solo, produzida apenas em determinado país, o qual raramente abre oportunidade ao mercado externo.

No que tange, pois, às *coisas futuras*, ou bens ainda inexistentes, o objeto da compra e venda empresarial não precisa existir no momento da contratação. Basta que o vendedor, em razão da atividade, esteja em condições de comprá-lo ou de fabricá-lo, conforme o pactuado. Aí vigora o *princípio da factibilidade.*

5.3. Preço. Preços estimado e praticado e o fenômeno da reificação; preço livre; mecanismos de controle pelo Poder Público.

5.3.1. *Preços estimado e praticado e o fenômeno da reificação.* O preço inicia pela relação custo-benefício; a partir daí fica à mercê do mercado, no qual importa a resultante final da globalidade das operações. Por isso, fracassou o determinismo do *fenômeno da reificação*, pelo qual o objeto não tem apenas um *custo* em si, mas um *valor* em si, que impede negociação por preço abaixo deste.

A definição do preço inicia pela relação custo-benefício. Isso agrega ao objeto ou produto um *valor intrínseco*, portanto independente da vontade humana, chamado por Karl Marx de *fenômeno da reificação*. Na reificação há um determinismo, pois as mercadorias se desumanizam e comandam nossas vidas. Elas têm um valor em si mesmas que suprimem a liberdade de negociação.

Essa teoria fracassou porque o *preço estimado*, definido a partir da relação custo-benefício, normalmente não é o *preço praticado* no mercado. O preço na realidade fica à mercê da dinâmica própria do mercado, sensível a muitos fatores e interesses. Se, por um lado, é verdade que, na formação do preço, inicialmente estimado e finalmente praticado, não é comum romper-se por completo o determinismo do vínculo objetivo do custo mais o benefício necessário (lucro), por outro, também é verdade que na maioria das vezes é bastante desconsiderado, tudo em função de circunstâncias mercadológicas.

O produto, uma vez no mercado, tem um *custo* em si, e não um *valor* em si, o que possibilita negociação abaixo deste, anulando o empecilho criado pelo determinismo da reificação. No mercado negocia-se tudo, até abaixo do custo. Assim como na hidráulica existe o princípio dos vasos comunicantes, na atividade empresarial existe o das vantagens e desvantagens comunicantes, fazendo-se a compensação. Importa é a resultante final, não da individualidade, e sim da globalidade das operações.

Na relação custo-benefício, apenas o *custo* se agrega à coisa, como algo objetivo; o benefício ou lucro flutua ao sabor de múltiplas circunstâncias estranhas a ela, chegando mesmo à subjetividade. Por exemplo, de tanto ver uma tonelada de trigo ser trocada por certa quantidade de ouro, as pessoas acreditam que existe uma equivalência natural entre as duas coisas.

Ensina Fábio Ulhoa Coelho que na definição do preço "exsurgem os cálculos dos contratantes como o exclusivo fator de valoração das coisas que se trocam no comércio. Em outros termos, a compra e venda realiza-se porque o vendedor calcula que ter o dinheiro correspondente ao preço contratado é mais vantajoso que continuar tendo a coisa vendida, e o comprador, por sua vez, calcula que passar a ter o produto em lugar daquele dinheiro atende ao seu interesse (cf. Ferreira, 1963:38). Nada mais, a rigor, interfere no preço".[22]

---

[22] Fábio Ulhoa Coelho, *Curso de Direito Comercial*, vol. III, 3ª ed., 2002, p. 59-60, nº 2.

Conclusivamente, na prática, o vendedor considera decisivo o que pode fazer com o dinheiro. Uma pechincha subseqüente pode compensar uma venda antecedente sem lucro ou abaixo do custo, ou a final pode ser mais barato para livrar-se de uma dívida com encargos expressivos, recuperando a perda noutras operações. É o princípio das vantagens e desvantagens comunicantes. Também o comprador faz essa avaliação, admitindo pagar mais tendo em conta uma utilidade imediata ou uma renegociação, ou porque o melhor preço noutra cidade não compensa o tempo e a despesa da viagem.

5.3.2. *Preço livre*. Salvo exceções, vigora, como princípio, a liberdade de preço, conforme os interesses das partes e os humores do mercado. É decorrência de uma economia fundada na livre iniciativa.

Numa economia fundada na *livre iniciativa* (CF, art. 170), o princípio é o da liberdade de preço, composto pelas partes conforme os interesses e os humores do mercado (nº 5.3.1 *supra*), salvo controle direto ou indireto do Poder Público (nº 5.3.3 *infra*).

O exercício da liberdade de preço como princípio, inclui a possibilidade de transferir a definição ao *arbítrio de terceiro* (CC/02, art. 485), bem assim para a *taxa do mercado ou da bolsa* em dia certo (art. 486). Não havendo fixação de preço nem tabelamento oficial, o preço é o *corrente nas vendas habituais do vendedor* (art. 488). Só há nulidade quando a definição fica ao *arbítrio exclusivo de uma das partes* (art. 489).

5.3.3. *Mecanismos de controle pelo Poder Público*. O preço livre, como princípio, não exclui a possibilidade de o Poder Público estabelecer mecanismos de controle, os quais podem ser diretos e indiretos.

A economia baseada na livre iniciativa estabelece a liberdade de preço apenas como princípio. Não exclui a possibilidade de o Poder Público instituir mecanismos de controle, diretos e indiretos, conforme Fábio Ulhoa Coelho.[23]

O *modo direto*, é feito por meio de: *(a) congelamento* (bloqueio de elevação de preços praticados em determinadas datas); *(b) tabelamento* (fixação do preço máximo para venda ao consumidor); *(c) autorização* ou *homologação* (licenças administrativas para aumento dos preços em segmentos estratégicos da economia); e *(d) monitoramento* (comunicação dos aumentos praticados para a autoridade administrativa).

O *modo indireto*, é feito por meio de *influência* nos preços praticados no mercado: *(a)* mediante *incentivos fiscais*; *(b)* mediante *política monetária* de ampliação ou de restrição da disponibilidade do meio circulante ou do crédito; e *(c)* mediante a manutenção e administração de estoques reguladores.

6. *Condições*. Moeda; modo de pagamento; juros; capitalização dos juros.

6.1. *Moeda*. Nacional, salvo importação e exportação.

O preço deve ser pago em moeda nacional, salvo importação e exportação (DL 857/69, art. 2º, I).

6.2. *Modo de pagamento*. Conforme o contratado.

O modo de pagamento ocorre à vista ou a prazo, conforme exclusivamente o que for contratado.

---

[23] Fábio Ulhoa Coelho, *Curso de Direito Comercial*, vol. III, 3ª ed., 2002, p. 58, nº 2.

CONTRATOS EMPRESARIAIS

6.3. *Juros*. Diferenças necessárias; juros moratórios ou de mora; juros compensatórios ou reais; capitalização dos juros.

6.3.1. *Diferenças necessárias*. Multas moratória ou sancionatória, compensatória ou ressarcitória e multa penal ou punitiva, e juros moratórios e compensatórios.

A princípio, convém lembrar as diferenças entre as espécies de multas e as de juros.

No *direito privado*, existe a *multa moratória* ou sancionatória, que objetiva coagir o devedor a se esforçar para não cair na inadimplência. Traduz, pois, *efeito instantâneo* da mora por não-pagamento de dívida, que é *obrigação de dar*, no prazo estabelecido. Existe a multa diária ou *astreinte* (constrangimento), que objetiva coagir o devedor a que adimpla *obrigação de fazer*, ou seja, traduz *efeito permanente* da mora. Existe a *multa compensatória* ou ressarcitória, que objetiva tarifar (arbitrar), por antecipação, os prejuízos sofridos decorrentes do inadimplemento, evitando-se com isso os incômodos, delongas e canseiras da prova e da liquidação. Por isso, diz-se *a forfait*, do francês, *for* (no sentido de preço), mais *fait* (feito), em suma, *preço feito*. Traduz, pois, desfalque patrimonial fixado por antecipação, enfim, *perdas e danos*. E existe a *multa penal* ou punitiva, que objetiva desestimular ou prevenir fatos e condutas censuráveis, com qualificadoras especiais agregadas, seja ao fato, seja à conduta, normalmente resultantes de fraude, dolo, etc., inclusive arrependimento, caso em que é denominada *multa penitencial*.

Por exemplo, pela litigância de *má-fé* no processo de conhecimento, a parte responde por multa não excedente a um por cento do valor da causa (CPC, art. 18, *caput*), e pela *má-fé* (atos atentatórios à dignidade da justiça) no processo de execução, a parte responde por multa de até vinte por cento do valor do débito (CPC, art. 601), portanto em ambos os casos *multas penais* ou punitivas, pois reprimem condutas processualmente dolosas. Já pelos *prejuízos*, o juiz pode fixar desde logo quantia não excedente a vinte por cento do valor da causa, ou mandar a liquidação por arbitramento (CPC, art. 18, § 2º), portanto *multa compensatória* ou ressarcitória, pois repõe desfalque patrimonial ou perdas e danos.

Prosseguindo nas diferenças necessárias, existem os *juros compensatórios* ou reais, que objetivam a justa compensação ou lucro que se deve ter dos dinheiros aplicados em negócios, especialmente empréstimos ou financiamentos. Traduzem, pois, lucro. E existem os *juros moratórios* ou de mora, que objetivam continuar coagindo o devedor, a fim de que saia da inadimplência o quanto antes. Traduzem, pois, *efeito permanente* da mora por não-pagamento de dívida, que é *obrigação de dar*, no prazo estabelecido.

No *direito tributário*, é um pouco diferente. Existe a *multa penal* ou punitiva, que tem como causa qualificativos da conduta do agente ou do fato praticado, normalmente envolvendo sonegação, fraude, dolo, etc. Não existe multa compensatória porque assim optou o legislador, e existe *multa moratória*, cujo objetivo coincide com a do direito privado (*efeito instantâneo*). Não existem juros compensatórios porque não existe a figura do tributo rentável, podendo até caracterizar vulneração do art. 150, I, da CF, e existem *juros moratórios*, cujo objetivo coincide com a do direito privado (*efeito permanente* da mora).

Assim sendo, tanto no direito privado quanto no tributário, não há falar em *bis in idem* seja entre as multas compensatória, moratória e penal, seja entre os juros compensatórios e moratórios, seja entre as multas compensatória e moratória e os juros compensatórios e moratórios, pois cada qual se baseia em fato típico autônomo, e autônoma é a função econômica de cada qual.

---

34   *Irineu Mariani*

6.3.2. *Juros moratórios ou de mora.* Quanto ao objetivo; quanto à taxa.

6.3.2-A. *Quanto ao objetivo.* A função dos *juros moratórios* é coagir o devedor a sair da inadimplência o quanto antes. Traduzem *efeito permanente* da mora. São devidos a partir de quando ela resta caracterizada.

Como vimos no item anterior, enquanto no direito privado a *multa moratória* exerce a função de coagir o devedor a não cair na inadimplência (*efeito instantâneo* da mora), os *juros moratórios* ou de mora exercem a de continuar a coagi-lo, a fim de que saia dela o quanto antes. Traduzem, pois, *efeito permanente* da mora em dever de pagamento, que é *obrigação de dar*, não podendo ser confundidos com a multa *astreinte* (constrangimento), que exerce a mesma função na *obrigação de fazer*.

E não obstante seja uma evidência, é oportuno lembrar que os juros moratórios, diferentemente dos compensatórios, como logo veremos, incidem a partir de quando resta caracterizada a mora, bastante comum na compra e venda empresarial a prazo ou parcelada.

6.3.2-B. *Quanto à taxa.* A partir do CC/02, o quadro é o seguinte: *(a)* quando não há contratação, *(b)* quando há contratação, mas sem taxa definida, e *(c)* quando há lei específica, mas de igual modo sem taxa definida, a que vigora aos juros moratórios é a mesma dos impostos devidos à Fazenda Nacional, a qual, salvo lei diversa, é de um por cento ao mês. Na contratação, recomenda-se, a fim de prevenir argüição de abusividade, que a taxa não se aparte da habitual na praça.

Na vigência do CC/1916, a taxa de juros moratórios era de 0,5% (meio por cento) ao mês (art. 1.062), podendo ser convencionada para até 1% (um por cento) mensal (Decreto 22.626/33, art. 1º). Com o CC/2002, o art. 406 estabelece "a taxa que estiver em vigor para a mora do pagamento de impostos devidos à Fazenda Nacional", mas só vale quando "os juros moratórios não forem convencionados, ou forem sem taxa estipulada, ou quando provierem de determinação da lei".

Assim, atualmente, o quadro é o seguinte: *(a)* quando não há contratação, *(b)* quando há contratação, mas sem taxa definida, e *(c)* quando há lei específica, mas de igual modo sem taxa definida, a que vigora aos juros moratórios é a mesma dos impostos devidos à Fazenda Nacional, o que nos remete ao art. 161, § 1º, do CTN, o qual dispõe: "Se a lei não dispuser de modo diverso, os juros de mora são calculados à base de 1% (um por cento) ao mês."

Este é o arquétipo legal, valendo recomendar, na contratação, a fim de prevenir argüição de abusividade, que a taxa não se aparte da habitualmente praticada na praça.

6.3.3. *Juros compensatórios ou reais.* Quanto ao objetivo; quanto à taxa.

6.3.3-A. *Quanto ao objetivo.* Os juros compensatórios traduzem justa compensação, lucro ou renda que se deve ter dos dinheiros aplicados em negócios, especialmente empréstimos ou financiamentos. São devidos a partir da aplicação, ou data posterior convencionada.

No direito privado, enquanto o objetivo da *multa compensatória* é tarifar (arbitrar) por antecipação, ou *a forfait*, desfalque patrimonial, prejuízo ou perdas e danos, evitando-se os inconvenientes da liquidação, o dos *juros compensatórios*, ou reais ou remuneratórios, é a justa compensação que se deve ter dos dinheiros aplicados em negócios, especialmente empréstimos ou financiamentos. Traduzem, pois, não reposição de prejuízo, mas renda, lucro, remuneração do capital.

É sabido que praxe empresarial, nas vendas a prazo, consagrou a estratégia de esconder os juros compensatórios e a própria correção monetária incorporando-os previamente ao preço, a fim de cativar o cliente com o discurso do parcelamento sem acréscimo e do desconto no pagamento à vista, dando margem à negociação.

Não obstante seja uma evidência, é oportuno lembrar que os juros compensatórios, diferentemente dos moratórios, como vimos, incidem a partir da aplicação dos dinheiros, ou data posterior convencionada.

Por fim, se os juros moratórios são cobráveis a partir da caracterização da inadimplência e objetivam continuar coagindo o devedor ao adimplemento (nº 6.3.1 *supra*), nada obsta que no mútuo a fins econômicos e situações equivalentes haja, como forma de ressarcimento por lucro cessante, cumulação dos moratórios e dos compensatórios, pois exercem funções diversas, questão que – há reconhecer – ainda não foi devidamente argüida perante os tribunais.

> **6.3.3-B.** *Quanto à taxa.* **A** *taxa* **dos juros compensatórios pode ser pactuada, sendo que, quando regidos pelo CC/02, não pode exceder a dos moratórios. Na pactuação, recomenda-se, a fim de prevenir argüição de abusividade, seja eleito parâmetro ou indicador existente no mercado, por exemplo, a** *Taxa SELIC,* **caso em que se exclui a correção monetária como rubrica autônoma, sob pena de haver dupla cobrança.**

No que se refere à *taxa*, em *primeiro lugar*, a limitação a 12% (doze por cento) está superada, desde a revogação do art. 192, § 3º, da CF, pela EC 40/03; em *segundo*, o art. 591 do CC/02 estabelece que os juros compensatórios, "sob pena de redução, não poderão exceder a taxa a que se refere o art. 406", o qual, consoante visto acima, estabelece "a taxa que estiver em vigor para a mora do pagamento de impostos devidos à Fazenda Nacional", mas só vale quando "os juros moratórios não forem convencionados, ou forem sem taxa estipulada, ou quando provierem de determinação da lei".

A possível dúvida é relativa ao alcance da expressão "taxa a que se refere o art. 406", usada pelo art. 591. Cabe indagar: refere-se a toda taxa que resulta do art. 406, convencionada ou não, de tal modo que os compensatórios regidos pelo CC/02 jamais podem exceder aos moratórios? Refere-se apenas à taxa que vigora aos impostos devidos à Fazenda Nacional, de tal modo que, salvo lei diversa, jamais podem exceder a 1% (um por cento) ao mês?

A interpretação literal induz a que, salvo lei diversa, os juros compensatórios mensais não podem exceder a 1% (um por cento), pois a única taxa referida explicitamente no art. 406 é a dos impostos devidos à Fazenda Nacional. As demais situações são para quando não houver taxa definida.

Porém, não é a compreensão que se deve ter do art. 591, e por duas razões: *(a)* porque, via artifício de interpretação, reinstitui-se o limite de 12% (doze por cento) anuais, ignorando-se a sua impraticabilidade, motivadora da revogação do § 3º do art. 192 da CF pela EC 40/03; e *(b)* porque a possibilidade de os juros moratórios, quando contratados, serem superiores aos compensatórios vai de encontro à tradição inversa, ou seja, os compensatórios superiores aos moratórios, inclusive com taxa flutuante, conforme as oscilações do mercado, o que é razoável.

Dessarte, com a taxa dos juros compensatórios, desde que – atente-se – regida pelo CC/02, ocorre o seguinte: *(a)* não sofre o limite de 1% (um por cento) ao mês porque isso seria, por artifício de interpretação, reinstituir os 12% (doze por cento) ao ano; mas *(b)* não pode exceder a taxa dos moratórios, a qual, como vimos, pode ser pactuada.

Assim como no item anterior, este é o arquétipo legal.

No que tange à pactuação dos juros compensatórios – os quais, reitera-se, quando regidos pelo Código Civil, não podem ultrapassar a taxa dos moratórios – recomenda-se, a fim de prevenir argüição de abusividade, seja eleito parâmetro ou indicador existente no mercado, por exemplo, a *Taxa SELIC* (Sistema Especial de Liquidação e Custódia), instituída pela Lei 9.250/95 (altera a legislação do imposto de renda das pessoas naturais e dá outras providências), como entende Fábio Ulhoa Coelho, comentando a compra e venda empresarial, ao escrever que eles inclusive "não podem ser contratados senão à taxa SELIC".[24]

No entanto, é oportuno registrar que o STJ, interpretando o art. 39, § 4º, da mencionada Lei, concluiu que a *Taxa SELIC* é composta de *juros remuneratórios* e de *correção monetária*.[25] Outro aspecto que envolve a referida taxa é a inconstitucionalidade do § 4º, conforme também já decidiu o STJ,[26] pois cria na prática a anômala figura do *tributo rentável* (os juros remuneratórios significam renda, lucro); logo, caracteriza aumento de tributo sem lei específica, o que vulnera o art. 150, I, da CF, uma vez que ela é fixada pelo BACEN, e também o princípio da indelegabilidade da competência para legislar.

Considerando que as eivas reconhecidas pelo STJ dizem respeito apenas aos tributos, nada obsta a sua contratação pelas partes, desde que, então, seja excluída a correção monetária como rubrica autônoma, sob pena de haver dupla cobrança.

6.3.4. *Capitalização dos juros*. A capitalização só existe relativamente aos juros compensatórios, e salvo disposição legal diversa, só é possível uma vez por ano.

Capitalização, seja no sentido jurídico, seja no econômico, significa a *conversão* dos frutos ou rendimentos de um capital *em capital*, unindo-se ao principal, fundindo-se ou acumulando-se a ele.

Quanto aos *juros moratórios*, descarta-se. Como só é possível *converter* em capital frutos ou rendimentos *do capital*, pois na essência capital são, não há falar em capitalização de juros moratórios, porquanto são de outra natureza. Objetivam coagir permanentemente o devedor a sair da inadimplência (nº 6.3.1 *supra*). Capitalizar juros moratórios não é cobrar juros *de capital*, mas juros *de juros*. É o anatocismo no sentido pejorativo.

Quanto aos *juros compensatórios*, a capitalização era prevista no CC/1916 (art. 1.062), restando proibida, exceto os vencidos "aos saldos líquidos em conta-corrente de ano a ano" (Decreto 22.626/33, art. 4º). Já o CC/2002 refere apenas que nos mútuos presumem-se devidos juros, "permitida a capitalização anual" (art. 591).

Se envolve juros vencidos, não há lugar à capitalização nas prestações mensais com inclusão dos exigíveis até então. Diferente será, por exemplo, se a prestação for bimestral. Em tese, é possível capitalizar no segundo mês os juros vencidos no primeiro, a fim de que, desde logo, passem a render frutos, e assim sucessivamente na prestação quadrimestral, semestral, anual, etc.

---

24 Fábio Ulhoa Coelho, *Curso de Direito Comercial*, vol. III, 3ª ed., 2002, p. 60, nº 2.

25 STJ, Resp. 210645-PR, 2ª T., Rel. Min. Aldir Passarinho Júnior, em 15-05-99, e Resp. 215881-PR, 2ª T., Rel. Min. Franciulli Netto, em 13-06-2000, DJU de 19-06-2000, p. 133.

26 STJ, Resp. 218881-PR, 2ª T., Rel. Min. Franciulli Netto, em 13-06-2000, DJU de 19-06-2000, p. 133.

A questão que se coloca, agora, é se o art. 591 do CC/02, ao dizer *permitida a capitalização anual*, apenas institui a capitalização anual quando de outro modo não convencionaram as partes, ou se limitou a capitalização a apenas uma vez por ano.

Com efeito, em teor, o art. 591 do CC/02 apenas repete o art. 4º do Decreto 22.626/33, o qual permitia *juros compostos* – contrastando com *juros simples* – nos saldos líquidos em conta-corrente "de ano a ano", originando a Súmula 121 do STF, excluindo a possibilidade de pactuação diversa. Porém, relativamente às instituições financeiras, considerando que o art. 4º, IX, da Lei 4.595/64 (Reforma Bancária) outorga ao Conselho Monetário Nacional competência para limitar os juros, passou-se a entender a elas não mais se aplicar a restrição, originando a Súmula 596 do STF.

Conseqüentemente, subsiste o princípio geral de que a capitalização dos juros compensatórios, salvo lei que excepcione, só é possível uma vez por ano.

Exemplos de exceções são o art. 5º do DL 167/67, o art. 5º do DL 413/69 e o art. 5º da Lei 6.840/80 (cédulas de crédito rural, comercial e industrial), os quais prevêm capitalização em 30 de junho e 31 de dezembro, originando a Súmula 93 do STJ. Outro exemplo de exceção é o Sistema de Financiamento Imobiliário – SFI –, integrado pela alienação fiduciária, pois o art. 5º da Lei 9.514/97 estabelece que as operações "serão livremente pactuadas", observadas algumas "condições essenciais", dentre elas a "capitalização dos juros".

7. *Consumação do contrato*. A compra e venda empresarial reputa-se perfeita e acabada assim que as partes estiverem conformes quanto ao objeto, preço e condições. Trata-se, pois, de contrato consensual. A entrega do objeto não é ato de conclusão, e sim de execução do contrato.

Dispunha o art. 191 do CCm: "O contrato de compra e venda mercantil é perfeito e acabado logo que o comprador e o vendedor se acordam na coisa, no preço e nas condições". Não é diferente no art. 482 do CC/02, pelo qual a compra e venda reputa-se perfeita e acabada assim que o comprador e o vendedor estiverem conforme quanto ao objeto e ao preço.

Portanto, não se trata de contrato real, mas consensual. Quer dizer: a entrega do objeto não é ato de conclusão, e sim de execução do contrato. Para que se aperfeiçoe, para que se conclua o contrato, a entrega do objeto só é imprescindível nos contratos reais, por exemplo, o de mútuo.

Ensina Orlando Gomes: "A classificação dos contratos em *consensuais* e *reais* não anula o princípio do consensualismo. Em princípio, o consentimento é bastante para formar o contrato, mas alguns tipos contratuais exigem que se complete com a entrega da coisa que será objeto da restituição. Esses contratos são chamados *reais*, em contraposição aos que se formam *solo consensu*, os *simplesmente consensuais* que se tornam perfeitos e acabados por efeito exclusivo da integração das duas declarações de vontade".[27]

8. *Espécies diferenciadas de contratos quanto à consumação*. Venda por amostra; venda a contento; venda em consignação.

8.1. *Venda por amostra*. Consumação à vista da qualidade do produto de amostra.

Na venda por amostra, a consumação do contrato ocorre à vista da qualidade do produto de amostra (CC/02, art. 484).

---

[27] Orlando Gomes, *Contratos*, 8ª ed., 1981, p. 88, nº 55.

8.2. *Venda a contento*. Consumação condicionada à aprovação do comprador. O negócio fica sob condição suspensiva.

Na venda a contento, a consumação do contrato fica condicionada à aprovação do comprador (CC/02, arts. 509-12). O comprador confere os atributos do bem, o que só pode ocorrer mediante teste físico-químico, degustativo ou outro. É muito comum no ramo de bebidas e de vestuário.

O negócio fica sob condição suspensiva, isto é, não se estabelece o vínculo jurídico. O contrato não se forma, não se conclui enquanto não acontecer o evento futuro estabelecido. Para contrastar, vale o registro de que na condição resolutiva o vínculo jurídico se estabelece, por exemplo, na alienação fiduciária e na retrovenda (possibilidade de readquirir, no prazo decadencial de três anos).

8.3. *Venda em consignação*. Consumação condicionada à revenda. O varejista recebe a posse precária do atacadista. O contrato entre ambos vai se concretizando relativamente a cada unidade de produto na medida em que o varejista revende.

Na venda em consignação, a consumação do contrato é fracionada. Ocorre na medida em que o varejista revende. O varejista, que oferta o produto, tem a posse precária. O contrato entre o varejista e o atacadista se aperfeiçoa na medida em que o consumidor adquire. É também chamado contrato estimatório (CC/02, arts. 534-37). É muito comum no ramo de discos.

O varejista recebe como depositário – digamos – 500 *CDs* lançado por determinado artista. A compra e venda dele face ao fornecedor acontece relativamente a cada unidade de produto na medida em que ele revende. No final de certo período, conforme o combinado, apura-se a quantidade vendida (diferença entre o volume recebido e o ainda existente em estoque) e faz-se o pagamento.

9. *Espécies de contratos quanto à forma de execução*. De execução imediata; de execução diferida; de execução continuada.

9.1. *De execução imediata*. Tão logo concluído, cumpre-se o contrato.

Tão logo concluído o contrato, cumpre-se o que nele foi estabelecido, gerando a sua extinção. É também chamado contrato de execução instantânea.

9.2. *De execução diferida*. Estabelece-se data futura para a execução.

É estabelecida data futura para o cumprimento do contrato. A execução é diferida, adiada, postergada.

9.3. *De execução continuada*. Prolonga-se no tempo, desdobrando-se em diversos atos.

A execução do contrato se prolonga no tempo, desdobrando-se em diversos atos. É também chamado contrato de execução permanente. É o que acontece nos contratos de fornecimento.

O contrato envolve *relação jurídica continuativa*, expressão usada pelo art. 471, I, do CPC (nenhum juiz decidirá novamente questões já decididas, salvo tratando-se de *relação jurídica continuativa*, sobrevier modificação no estado de fato ou de direito).

10. *Obrigações do vendedor*. Transferir o domínio; responder por vícios redibitórios; responder pela evicção; pagar as despesas da tradição.

10.1. *Transferir o domínio.* **Imóvel pela transcrição, e móvel pela tradição, que pode ser real ou simbólica. Se omisso o contrato, dá-se no lugar onde se encontrava ao tempo da venda.**

Se imóvel, a transferência do domínio ocorre pela transcrição do título no Registro de Imóveis, e se móvel pela tradição (CC/02, arts. 1.245 e 1.267).

A tradição, por sua vez, pode ser por *entrega real.* Por exemplo, quando o comprador assume o compromisso de retirar o objeto na sede do vendedor, ou quando o vendedor assume o compromisso de entregá-la na sede do comprador. Ambos são atos de tradição. Também pode ocorrer por *entrega simbólica.* Por exemplo, quando combinado que o vendedor fará a remessa da fatura ao comprador, representativa da operação, mas manterá guardadas as mercadorias à espera de instruções sobre a retirada ou entrega.

Especificamente quanto à *entrega simbólica* ou também *tradição simbólica,* subsistem os exemplos do art. 200 do CCm/1850: *(a)* a entrega das chaves do armazém, loja, ou caixa em que se achar a mercadoria ou objeto vendido; *(b)* o ato de o comprador colocar a sua marca nas mercadorias compradas na presença do vendedor ou com o seu consentimento; *(c)* a remessa e aceitação da fatura, sem oposição imediata do comprador; *(d)* a cláusula "por conta" lançada no conhecimento ou cautela de remessa, não sendo reclamada pelo comprador dentro de três dias úteis; e *(e)* a declaração ou averbação em livros ou despachos das estações públicas a favor do comprador, com acordo de ambas as partes.

Se o contrato for omisso quanto à tradição, "dar-se-á no lugar onde ela se encontrava, ao tempo da venda" (CC/02, art. 493).

10.2. *Responder por vícios redibitórios.* **Diz respeito ao bem e configura-se quando ele é inapto ao uso legitimamente esperado, por deficiência na qualidade, na quantidade, ou o entregue vale menos que o comprado.**

Se o bem for inapto ao uso que o comprador pode legitimamente esperar, seja porque há deficiência de qualidade ou de quantidade, seja porque o entregue vale menos que o comprado, mesmo que tenha a mesma qualidade e quantidade, configura-se o vício redibitório. Note-se, o vício redibitório diz respeito ao bem, ao produto.

O comprador pode optar entre desfazer o contrato (ação redibitória) ou reduzir proporcionalmente o preço (ação estimatória ou *quanti minoris*), no prazo decadencial de trinta dias, isso tratando-se de móvel, quando o vício é manifesto; se oculto, conta-se prazo a partir da manifestação, mas não pode ultrapassar cento e oitenta dias da efetiva entrega (CC/02, arts. 441-6). Por exemplo, se a entrega ocorreu em 1º de março, o prazo termina em 28 de agosto, mesmo se o vício se manifestar no dia 15. Tratando-se de imóvel, o prazo é de um ano. Se o comprador já estava na posse, os prazos são reduzidos pela metade. Ainda, os prazos não fluem na constância de cláusula de garantia, mas o comprador deve denunciar o vício ao vendedor em trinta dias, sob pena de decadência.

É oportuno lembrar que envolvendo *relação consumo* a regência é do CDC, cujo art. 26 estabelece prazo de trinta dias no fornecimento de serviços e de produtos não duráveis, e de noventa no fornecimento de serviços e de produtos duráveis.

10.3. *Responder pela evicção.* **Enquanto no vício redibitório doente é o bem, na evicção doente é a relação jurídica. O vício se desloca do bem para a relação jurídica. O vendedor responde se o comprador**

Irineu Mariani

perder o bem por reivindicação de terceiros. A cláusula pode ser reforçada, diminuída ou excluída.

Diferentemente do vício redibitório, onde doente é o bem, na evicção doente é a relação jurídica. O vício se desloca do bem para a relação jurídica. O vendedor responde pelas conseqüências se o comprador perdê-lo por reivindicação de terceiros.

Responder pela evicção significa defender a venda perante terceiros reivindicantes, respondendo pelas conseqüências caso o comprador se tornar evicto contra o evencente. A cláusula pode ser reforçada, diminuída, ou excluída (art. 448), e não pode ser invocada quando o adquirente sabia que o bem era alheio ou litigioso (art. 457).

10.4. *Pagar as despesas da tradição*. Salvo combinação diversa, devem ser suportadas pelo vendedor.

Salvo combinação diversa entre as partes, cabe ao vendedor custear as despesas da tradição (CC/02, art. 490), como o acondicionamento adequado, armazenagem, transporte até o estabelecimento do comprador, com os custos decorrentes, como imposto, seguro e pedágios rodoviários (na verdade *rodágios*).

Sem dúvida, para que não haja redução do lucro, a ponto de o negócio não ser vantajoso ao vendedor, esses custos são embutidos no preço, portanto na prática são repassados ao comprador. Isso não é ilícito. Ao comprador compete suportar todos os custos e o lucro de todos que intervieram nas etapas econômicas anteriores para a mercadoria chegar às suas mãos.

11. *Obrigações do comprador*. Pagar o preço; receber a mercadoria.

11.1. *Pagar o preço*. É a principal obrigação do comprador. Pode ser antecipado, à vista e a prazo.

Pagar o preço é a principal obrigação do comprador. O pagamento pode ser: *(a)* antecipado, ou seja, antes da entrega da mercadoria; *(b)* à vista, ou seja, no ato da entrega da mercadoria, caso em que, pela ordem, o comprador paga antes e recebe depois, isto é, passa no caixa e no setor de entrega, onde o vendedor transfere-lhe o domínio (art. 491); e *(c)* a prazo, ou seja, após a entrega da mercadoria, o que pode ocorrer num único desembolso ou em prestações.

11.2. *Receber a mercadoria*. É obrigado a receber a mercadoria no tempo, lugar e modo contratados.

O comprador deve receber a mercadoria no tempo, lugar e modo contratados, sob pena de incorrer em mora, ensejando inclusive consignação judicial (CC/1916, art. 973, II; CC/2002, art. 335, II; CPC, art. 890).

12. *Inadimplência*. Do vendedor; do comprador.

12.1. *Do vendedor*. Situações comuns em que pode ocorrer inadimplência; com relação de consumo; sem relação de consumo.

12.1.1. *Situações comuns em que pode ocorrer inadimplência*. A não-entrega do bem e os vícios redibitórios.

As situações comuns de inadimplência do vendedor são a não-entrega do bem e os vícios redibitórios, estes por inaptidão ao uso legitimamente esperado pelo comprador, tanto por deficiência de qualidade ou de quantidade, quanto por valer o entregue menos que o comprado (nº 10.2 *supra*).

12.1.2. *Com relação de consumo.* Há diversos remédios jurídico-processuais, inclusive a execução específica, salvo impossibilidade ou outra opção do consumidor, restando sempre como princípio geral as perdas e danos. Existência de consumidor *típico* e *atípico.*

Havendo *relação de consumo* (nº 1 *supra*, e nº 11 do Cap. I), o leque de opções do comprador é bastante amplo, seja na omissão de entrega da mercadoria, seja nos vícios redibitórios, só se resolvendo em perdas e danos quando esta for a opção do consumidor ou quando impossível a execução específica, por exemplo, falência do fornecedor.

O consumidor, observados os prazos, pode ajuizar *ação redibitória*. Isso quer dizer desfazimento do negócio por *vício do bem*. Aliás, *redibir* significa anular judicialmente por motivo de defeito do bem, e *redibição* significa devolução por motivo de defeito. Também pode ajuizar *ação estimatória* ou *quanti minoris*. Isso quer dizer redução proporcional do preço. Pode igualmente ajuizar *execução específica* ou *ação ex empto*. Isso quer dizer substituição do bem ou a eliminação do vício (CDC, arts. 83-4). Diga-se que *emptio* significa objeto comprado ou simplesmente compra. Tratando-se de serviço, o fornecedor fica obrigado à reexecução. Finalmente, se impossível a tutela específica, ou se esta não for do interesse do consumidor, cabe-lhe indenização por *perdas e danos* (CDC, art. 84, § 1º; e CC/02, art. 247).

Quanto a esses remédios jurídico-processuais, não há dificuldade tratando-se de *consumidor típico* (CDC, art. 2º). Mas não se pode, em princípio, excluir a possibilidade de surgirem situações especiais, relacionadas à hipossuficiência ou vulnerabilidade, que permitem afirmar a existência de *consumidor atípico*, hipótese de inversão do ônus da prova mediante decisão judicial (CDC, art. 6º, VIII), como vimos (nºs 11.1 e 11.2 do Cap. I).

Tal exceção pode acontecer na chamada *economia de massa*, em que impera o contrato de adesão, diga-se, onde não há margem à negociação. Imaginemos uma pequena metalúrgica negociando com uma grande siderúrgica a compra de ferro, aço, etc., ou um pequeno comerciante negociando com uma grande indústria de carnes embutidas a compra de seus diversos produtos. A ascendência dos vendedores é manifesta. Ou os compradores aceitam as condições impostas pelos vendedores, ou não sai negócio, pondo em risco a continuação das respectivas atividades.

O problema que ora focamos não está na imposição das condições pelos vendedores, mas na inadimplência deles. É plausível, em tais circunstâncias, converter a relação jurídica de empresarial comum para empresarial *ao consumidor*, com todas as decorrências. Os compradores não são *consumidores típicos*, assim entendidos os que preenchem os requisitos do art. 2º do CDC, mas sem dúvida são *consumidores atípicos*, assim entendidos, segundo a compreensão histórica ou tradicional, conforme já demonstramos (nº 11.2 do Cap. I), os que se encontram em condição de hipossuficiência ou vulnerabilidade face ao fornecedor. Há em tais circunstâncias uma *relação de consumo atípica*. Nesse sentido, a abalizada opinião de Fábio Ulhoa Coelho.[28]

12.1.3. *Sem relação de consumo.* Na omissão de entrega, cabe perdas e danos, salvo tutela específica ou execução com base no art. 466-B do CPC; nos vícios redibitórios, cabe ação redibitória ou estimatória.

Não havendo *relação de consumo*, as alternativas são restritas. Nos casos de não-entrega do bem, resta ao comprador o princípio geral das perdas e danos (CC/02, art. 247), salvo tutela específica ou execução com base no art. 466-B do CPC,

---

[28] Fábio Ulhoa Coelho, *Curso de Direito Comercial*, vol. III, 3ª ed., 2002, p. 167, nº 2.

acrescido pela Lei 11.232, de 22-12-05, para vigorar a partir de 23-6-06 (nº 10 do Cap. I).

Já nos de vícios redibitórios as opções do comprador são as mesmas do consumidor. Observados os prazos, pode optar entre desfazer o contrato (ação redibitória) ou reduzir proporcionalmente o preço (ação estimatória ou *quanti minoris*).

12.2. *Do comprador*. Quanto ao preço; quanto ao não-recebimento do bem.

12.2.1. *Quanto ao preço*. Se inadimplência anterior à *entrega real*, enseja ao vendedor a suspensão ou exigência de garantia idônea; se posterior, resta-lhe a cobrança, ou a restituição, quando possível, havendo falência.

Ocorrendo inadimplência do comprador quanto ao pagamento do preço, há distinguir se anterior ou posterior à *entrega real* do bem.

Se *anterior*, o que acontece quando ocorreu apenas *entrega simbólica* (nº 10.1 *supra*), ou sequer esta, o vendedor pode suspender a entrega real, salvo da parte cujo preço já recebeu, se possível o fracionamento, e exigir garantia idônea. Incide o princípio da *excepcio non adimpleti contratus* (CC/1916, art. 1.092, 2ª parte; CC/2002, arts. 476-7).

A suspensão também pode ocorrer antes do próprio inadimplemento do preço se, após o negócio, o comprador sofrer notório abalo em seu estado, e não se dispuser prestar garantia idônea, isso tendo em conta a superveniente modificação das condições de fato que vigiam à época em que foi celebrada a compra e venda. Incide a cláusula *rebus sic stantibus* inerente a todo contrato.

Se o inadimplemento é *posterior* à entrega real, o que acontece na venda a prazo, ao vendedor resta a cobrança judicial (execução, se dispuser de título executivo). Em caso de falência, é possível a ação de restituição dos bens vendidos a crédito "até 15 (quinze) dias antes ao requerimento de sua falência, se ainda não alienada" (Lei 11.101/05, art. 85, parágrafo único). Se não mais existirem ou se já vendidos, o credor faz jus ao valor atualizado (art. 86, I). Em ambos os casos, mercadorias ou dinheiro, não integram o quadro de credores, pois são considerados bens que não pertencem à massa (não são de sua propriedade).

12.2.2. *Quanto ao não-recebimento do bem*. A inadimplência do comprador enseja ao vendedor, no âmbito extrajudicial, entregá-lo ao comprador ou depositá-lo num armazém-geral, com ressarcimento das despesas; no judicial, a ação de consignação.

Ocorrendo inadimplência do comprador quanto ao recebimento do bem, por exemplo, o comprador não o recebe em sua sede, ou não o retira da sede do vendedor, este pode cobrar estadia. Se a demora for demasiada, o vendedor pode, no âmbito extrajudicial, para evitar maiores prejuízos, após notificação, mandar entregar a mercadoria no estabelecimento do comprador, ou num depósito ou num armazém-geral das proximidades, com direito ao ressarcimento das despesas, conforme lições de Fábio Ulhoa Coelho.[29]

No âmbito judicial, cabe a ação de consignação (CC/1916, art. 973, II; CC/2002, art. 335, II; CPC, art. 890).

---

[29] Fábio Ulhoa Coelho, *Curso de Direito Comercial*, vol. III, 3ª ed., 2002, p. 70, nº 5.

13. *Mora.* **Havendo data certa, o simples inadimplemento constitui o devedor da obrigação em mora (mora *ex re*); não havendo data certa, o credor deve constituir o devedor em mora (mora *ex persona*).**

Como regra, a mora acontece de modo automático pelo simples inadimplemento. Uma vez não pago o preço ou não recebida a coisa no tempo, lugar e forma que a lei ou a convenção estabelecer, o devedor da obrigação entra em mora (CC/1916, arts. 955 e 960; CC/2002, arts. 394 e 397). Vigora o princípio *dies interpellat pro homine*, isto é, o termo, o prazo, a data certa estabelecida, interpela a parte devedora pela parte credora. É a mora *ex re*, quer dizer, o devedor tem dia sabido para cumprir a obrigação.

No entanto, não se pode excluir, como exceção, a possibilidade de ocorrência da mora *ex persona*, ou seja, o devedor não tem dia sabido para cumprir a obrigação. É o caso, por exemplo, da *entrega simbólica* (nº 10.1 *supra*), em que o comprador tem o compromisso de retirar a mercadoria da sede do vendedor quando concluída a fabricação do lote comprado. Se não foi estabelecido prazo, e se a demora for excessiva, o vendedor deve constituir o comprador em mora, mediante notificação, que não precisa ser judicial, dando-lhe prazo razoável (alguns dias, conforme as circunstâncias), para efetivar a retirada, sob pena de incorrer em mora.

O mesmo pode ser dito relativamente ao vendedor quando não se definiu data para o envio das mercadorias e, pelas circunstâncias, está a ocorrer demora excessiva.

Capítulo III

ALIENAÇÃO FIDUCIÁRIA EM GARANTIA MOBILIÁRIA (COMUM E ESPECIAL) E IMOBILIÁRIA

1. *Alienação fiduciária em garantia no concerto dos contratos empresariais*. Pertence ao grupo dos agentes financeiros.

Existem, entre o produtor e o consumidor, quatro técnicas empresariais, que formam quatro grupos de agentes: dos compradores, dos não-compradores, dos compradores com cessão de marcas ou patentes e dos financeiros. A alienação fiduciária pertence ao grupo dos agentes financeiros (nº 7.4 do Cap. I).

2. *Negócio fiduciário*. Alienação fiduciária; alienação fiduciária em garantia; cessão fiduciária de crédito.

A princípio, cabe salientar que, embora a doutrina em geral refira negócio fiduciário e alienação fiduciária como sinônimos, preferimos, para fins didáticos, classificar *negócio fiduciário* como gênero, do qual são espécies: *(a)* a alienação fiduciária; *(b)* a alienação fiduciária em garantia, que pode ser mobiliária, que por sua vez pode ser comum e especial, e imobiliária; e *(c)* a cessão fiduciária de crédito. *Fiduciário*, deriva de *fidúcia confiança*.

As espécies *alienação* têm dois elementos comuns: *(a)* a fidúcia, a confiança que o fiduciante (o confiante ou aquele que confia) deposita no fiduciário (o confiado ou aquele em quem se confia); e *(b)* o fato de que o bem alienado serve de garantia ou responde pelo débito.

2.1. *Alienação fiduciária*. Há duas partes: uma *real* (transmissão do direito ou da propriedade), e outra *obrigacional* ou pessoal (dever de restituição ao transmitente ou terceiro), ou seja, garante o débito, mas não o retorno da propriedade à esfera patrimonial do fiduciante, pois não há a condição resolutiva, ou retrotransferência *ipso iure* ou reversão automática.

Ensina Paulo Restiffe Neto: "O negócio fiduciário – *o que classificamos como alienação fiduciária* – só existe como tal pela característica do fator confiança e da existência destes dois elementos: de natureza real e de natureza obrigacional. O primeiro compreende a transmissão do direito ou da propriedade, e o segundo relaciona-se com a sua restituição ao transmitente ou a terceiros após exaurido o objeto do contrato".[30]

---

[30] Paulo Restiffe Neto, *Garantia Fiduciária*, 1975, p. 4.

CONTRATOS EMPRESARIAIS

45

Escreve Celso Marcelo de Oliveira que "o fator confiança é uma característica marcante, pois o devedor fiduciante acredita que o credor fiduciário, quitada a dívida, retransmitirá o bem dado em garantia, devendo, desse modo, confiar na lealdade deste, já que a pretensão restitutória, neste caso, será sempre de natureza obrigacional".[31]

Noutras palavras, no contrato de alienação fiduciária há duas partes: uma *real* (transmissão do direito ou da propriedade) e outra *obrigacional* ou pessoal (dever de restituição ao transmitente ou terceiro), ou seja, a propriedade transmitida garante o débito (o vocábulo *alienação* garante o débito), mas não há a garantia de retorno da propriedade à esfera patrimonial do devedor-fiduciante porque não há a condição resolutiva, ou retrotransferência *ipso iure* ou reversão automática.

Cumpre lembrar que a condição resolutiva extingue, para todos os efeitos, o direito a que ela se opõe (CC/1916, art. 119; CC/2002, arts. 128 e 1.359-60).

2.2. *Alienação fiduciária em garantia*. Pode ser *(a)* mobiliária, que por sua vez pode ser comum e especial, e *(b)* imobiliária. O vocábulo *garantia* tanto pode ser compreendido como garantia *do débito*, reforçando o sentido do vocábulo *alienação*, quanto como garantia *de retorno* da propriedade, tendo em conta a condição resolutiva.

Tanto pode ser *mobiliária*, que por sua vez pode ser comum e especial, quanto pode ser imobiliária (nºs 19.1 e 19.2 *infra*). A alienação fiduciária *em garantia* tem o vocábulo *garantia* que tanto pode ser compreendido como garantia *do débito*, reforçando o sentido do vocábulo *alienação*, conseqüentemente protege o fiduciário, quanto como garantia *de retorno* da propriedade do bem após paga a dívida, conseqüentemente protege o fiduciante.

Quer isso dizer que, uma vez pago o débito, a propriedade reingressa, retorna à esfera patrimonial do fiduciante, e isso – aí a diferença – é *garantido*, visto que independe da vontade do fiduciário, pois tal ocorre em razão da condição resolutiva expressa. Acontece a reversão automática ou retrotransferência *ipso iure* (CC/1916, art. 119; CC/2002, arts. 128 e 1.359-60). Como o retorno da propriedade é garantido, o direito real do fiduciário sobre o bem não é pleno, e sim *relativo* ou *limitado*.

Portanto, diferentemente da espécie *alienação fiduciária*, na espécie *em garantia* o direito de recuperar a propriedade refoge do direito obrigacional ou pessoal, sendo abrangido pelo direito real, constituído por meio do registro do contrato (nº 12.3.2 *infra*), o que autoriza execução específica, inclusive face a terceiros, pois a eficácia *erga omnes* confere ao fiduciante *direito de seqüela* (direito de apreensão da coisa em poder de quem quer que seja).

Do que antecede, conclui-se que se é assegurado ao fiduciante o *direito real* de recuperar a propriedade do bem, o elemento *fidúcia* na prática não existe. A rigor, pois, teríamos que dizer apenas *alienação em garantia*, e não alienação *fiduciária* em garantia.

Por isso há entendimento de que o contrato de alienação fiduciária assim estruturado, carecendo exatamente do elemento *fidúcia*, sequer é negócio fiduciário, por exemplo, Frederico Henrique Viegas de Lima, transcrito por Marcelo Ribeiro de Oliveira, *verbis*: "Trata-se por conseguinte, de negócio jurídico típico de direito civil, mais concretamente, de direitos reais – afastando-se a noção romana ou mesmo germânica de fidúcia –, onde a confiança deixa de ser fator relevante para a contratação (...)".[32]

---

[31] Celso Marcelo de Oliviera, *Alienação Fiduciária em Garantia*, 2003, p. 42.

[32] Frederico Henrique Viegas de Lima, *apud* Marcelo Ribeiro de Oliveira, *Prisão Civil na Alienação Fiduciária em Garantia*, 2000, p. 25.

Stricto sensu trata-se, portanto, de *alienação em garantia*, e não de alienação *fiduciária* em garantia. Como sustenta Marcelo Ribeiro de Oliveira, "a confiança só existe como elemento contratual quando é da substância do ato", existindo apenas a boa-fé "imanente a todo e qualquer contrato",[33] prevista, diga-se, no art. 422 do CC/02. Enfim, a *fidúcia* deixou de ser elemento formador do contrato.

No entanto, prevalece a compreensão *lato sensu* de alienação fiduciária, isto é, transmissão da propriedade sem a intenção de transmiti-la em caráter definitivo, e sim provisório. Noutras palavras, apenas com a intenção de que sirva a negócio diverso – chamado *negócio acessório* –, qual seja a *garantia de débito*. Conforme Pontes de Miranda, citado por Celso Marcelo de Oliveira, "sempre que a transmissão tem um fim que não é a transmissão mesma, de modo que ela serve a negócio jurídico que não é o de alienação àquele a quem se transmite, diz-se que há fidúcia ou negócio jurídico fiduciário".[34]

2.3. *Cessão fiduciária de crédito*. Tema desenvolvido no n° 4.4 *infra*.

3. *Raízes históricas do negócio fiduciário*. No direito romano; no direito germânico.

3.1. *No direito romano*. É o berço da espécie *alienação fiduciária*. Havia a *in jure cessio* (caráter não-definitivo da alienação), na qual existia a *fiducia cum creditore*, que deu origem à *alienação fiduciária*, a qual traduz *direito real* na transferência da propriedade, e *direito pessoal* na retrotransferência.

O direito romano é o berço do negócio fiduciário *espécie* alienação fiduciária.

Havia duas formas de adquirir a propriedade: a *res mancipatio*, quando a alienação tinha caráter definitivo, sem qualquer condição, e a *in jure cessio*, quando em caráter provisório, para o fim de garantir dívida, estabelecendo as partes um pacto adjeto chamado *fiducia*, portanto baseado na confiança (direito obrigacional ou pessoal), pelo qual, uma vez verificada a condição estabelecida (pagamento da dívida), o comprador devia retransmitir a propriedade ao vendedor.

Já àquela época havia necessidade de ser incrementada a produção agropecuária. Para tanto, os produtores necessitavam de crédito, mas quem podia concedê-lo tinha receio de perder tudo, necessitando, por isso, de uma garantia. Foi assim que surgiram inicialmente a *hipoteca*, e depois, com origem na *in jure cessio*, a *alienação fiduciária*. Vê-se, pois, já pela origem histórica, ser o financiamento, o empréstimo, o mútuo a força motriz do negócio.

Na realidade, explica Mônica Alves Costa Ribeiro baseada em diversos outros autores,[35] a alienação fiduciária, tendo por objeto bens móveis, era um gênero composto por duas espécies que nos interessam: *(a)* a *fiducia cum amico*, pela qual uma pessoa transferia a propriedade a outra para que a cuidasse durante a sua ausência, confiando na retrotransferência ao voltar, logo, não garantia dívida; e *(b)* a *fiducia cum creditore* ou *fiducia pignoris causa creditore*, pela qual o devedor transferia a propriedade ao credor, confiando na retrotranserência após o pagamento da dívida, logo, garantia dívida.

Identificam-se, portanto, duas características comuns: *(a)* a transferência sob confiança da propriedade plena, ou seja, sem condição resolutiva, ou sem retrotrans-

---

[33] Marcelo Ribeiro de Oliveira, *Prisão Civil na Alienação Fiduciária em Garantia*, p. 25, n° 1.2.

[34] Pontes de Miranda, *apud* Celso Marcelo de Oliveira, *Alienação Fiduciária em Garantia*, 2003, p. 30.

[35] Mônica Alves Costa Ribeiro, *A Prisão Civil na Alienação Fiduciária*, 2003, p. 11-2.

CONTRATOS EMPRESARIAIS

ferência *ipso iure*, ou sem reversão automática, pelo fiduciante ao fiduciário; e *(b)* a natureza dúplice da alienação fiduciária, ou seja, *direito real* na transferência da propriedade, e *direito pessoal* ou obrigacional na retrotransferência.

Tratando-se de compromisso de caráter obrigacional, a violação da confiança de parte do fiduciário ensejava ao fiduciante tão-só perdas e danos, como registra Marcelo Terra,[36] exatamente decorrência do fato de que não havia a resolutividade. Pontes de Miranda afirma: "No direito romano só havia a transmissão incondicional".[37]

Como características específicas da *fiducia com creditore*, porquanto apenas esta nos interessa, pois só esta, conforme Celso Marcelo de Oliveira, se assemelha à alienação fiduciária em garantia,[38] há quatro que são em última análise as do atual negócio fiduciário *espécie* alienação fiduciária: *(a)* a garantia de um débito; *(b)* a vantagem ao devedor de continuar na posse do bem, erigindo-se um *constituto possessório*, quer dizer, a posse exercida *pro suo* passa a ser *pro alieno*; *(c)* a vantagem ao credor de não concorrer com os demais credores em caso de falência do devedor; e *(d)* o direito de o credor vender o bem em caso de inadimplência do devedor, inclusive cobrando a diferença na hipótese de a venda ser inferior ao débito.

Escreve Mário Júlio de Almeida Costa que "na *fiducia* do tipo romano, o fiduciário ficava investido de um poder jurídico pleno do ponto-de-vista real, embora limitado pelas partes através da obrigação resultante do *pactum fiduciae*, para o conseguimento de um escopo mais restrito".[39]

Dessarte, pelo Direito romano, constata-se uma *unidade contratual*, mas envolvendo elementos de mais dois pactos, sendo *um* o de alienação, com direito real na ida ou transferência, e pessoal na vinda ou retrotransferência, e *outro* o de financiamento, força motriz de tudo, isto é, a alienação fiduciária acontecendo sempre a partir da necessidade de o fiduciante contrair um empréstimo, no qual entra o bem como abonador.

3.2. No direito germânico. É o berço da espécie *alienação fiduciária em garantia*. Havia a *condição resolutiva*, isto é, uma vez cumprida a condição pelo devedor-fiduciante, este recuperava *ipso jure* a propriedade. Portanto, *direito real* tanto na transferência da propriedade quanto na retrotransferência.

O direito germânico é o berço do negócio fiduciário *espécie* alienação fiduciária *em garantia*, esta no sentido de ser assegurado o *retorno* da propriedade em função da *condição resolutiva*.

Celso Marcelo de Oliveira[40] registra que o direito germânico se inspirou no direito romano, mas, diferentemente deste, o poder jurídico do credor-fiduciário não era pleno, e sim relativo, estabelecendo-se a não-plenitude por meio da chamada *condição resolutiva*, significando isso que, uma vez pago o débito, o devedor-fiduciante recuperava a propriedade pela retrotransferência *ipso iure* ou reversão automática. O direito expectativo do fiduciante de recuperar a propriedade era garantido.

E Mário Júlio de Almeida Costa escreve que no negócio fiduciário do tipo germânico "a determinação da finalidade exercia uma influência direta na esfera de

---

36 Marcelo Terra, *Alienação Fiduciária de Imóvel em Garantia*, 1998, p. 20.

37 Pontes de Miranda, *Tratado de Direito Privado*, 3ª ed., 1984, vol. 23, p. 289, § 2.826, n° 7.

38 Celso Marcelo de Oliveira, *Alienação Fiduciária em Garantia*, 2003, p. 3, n° 1.1.

39 Mário Júlio de Almeida Costa, RT 512, p. 13, n° 3.

40 Celso Marcelo de Oliveira, *Alienação Fiduciária em Garantia*, 2003, p. 11, n° 2.1.

poder jurídico do fiduciário, ao qual o direito era transmitido sob condição resolutiva, que se verificava no momento em que se atingia o escopo visado pelas partes, tornando-se ineficaz todo e qualquer uso contrário a esse fim convencionado".[41] Também Pontes de Miranda afirma: "A propriedade fiduciária, resolúvel, é de origem germânica",[42] e no mesmo sentido Paulo Restiffe Neto.[43]

Dessarte, pelo Direito germânico, na parte da alienação, instituiu-se *direito real* não só na ida ou transferência, mas também na vinda ou retrotransferência, aí residindo a diferença com o Direito romano.

4. Evolução histórica do negócio fiduciário no direito brasileiro. Consideração inicial; posição do CC/1916; transferência fiduciária de propriedade em garantia; cessão fiduciária de crédito.

4.1. *Consideração inicial.* Há três espécies de negócio fiduciário: *(a)* alienação fiduciária (direito real na ida e pessoal na vinda); *(b)* alienação fiduciária em garantia (direito real na ida e na vinda); e *(c)* cessão fiduciária de crédito.

É ensinamento de Pontes de Miranda: "Conforme o direito que se transfere fiduciariamente, ou há *cessão de direito* ou *transferência de propriedade*, ou *de direito real limitado* (e. g., o direito enfitêutico). Há, portanto, duas espécies de transferências fiduciárias: a cessão fiduciária e a transferência da propriedade, dando ensejo à titularidade fiduciária do direito pessoal, ou à titularidade fiduciária do direito real".[44]

Em síntese, e adunando os modelos históricos já vistos, a evolução do *negócio fiduciário* acresceu também a cessão de crédito, daí por que passamos a conhecer três espécies: *(a)* alienação fiduciária (direito real na ida ou transferência, e pessoal na vinda ou na retrotransferência); *(b)* alienação fiduciária em garantia (direito real na ida ou transferência e na vinda ou retrotransferência), havendo neste caso, pelo prisma do fiduciário, direito real limitado ou relativo, erigindo-se nas duas últimas espécies um *constituto possessório*, quer dizer, a posse exercida *pro suo* passa a *pro alieno*; e *(c)* cessão fiduciária de crédito

4.2. *Posição do CC/1916.* Apenas negócios fiduciários sem regramento específico, ou seja, com o elemento *fidúcia* difusamente embutido em figuras jurídicas.

Pontes de Miranda ensina que "o elemento fidúcia aparece em diferentíssimas figuras jurídicas." E momentos antes alerta: "Ponto relevante, característico, do negócio jurídico fiduciário, está em que a outorga da titularidade é *erga omnes*, ao passo que a relação jurídica entre o fiduciante e o fiduciário persiste entre figurantes, *intra partes*, se o sistema jurídico, na espécie ou no caso, não atribui, também, a essa relação jurídica a eficácia *erga omnes*, como se dá, por exemplo, nos fideicomissos".[45]

Era o que tínhamos na vigência do CC/1916: negócios fiduciários sem regramento específico, ou seja, apenas com o elemento *fidúcia* difusamente embutido em figuras jurídicas, sem contar a possibilidade de sua instituição pelas partes, dentro da respectiva liberdade, observada a licitude do objeto e a forma prescrita ou não defesa em

---

41 Mário Júlio de Almeida Costa, RT 512, p. 13, nº 3.

42 Pontes de Miranda, *Tratado de Direito Privado*, 3ª ed., 1983, vol. 23, p. 289, § 2.826, nº 7.

43 Paulo Restiffe Neto, *Garantia Fiduciária*, 1975, p. 4.

44 Pontes de Miranda, *Tratado de Direito Privado*, 3ª ed., 1983, vol. 23, p. 283, § 2.826, nº 1.

45 Pontes de Miranda, *Tratado de Direito Privado*, 3ª ed., 1984, vol. 52, p. 341-2, § 5.482, nº 2.

lei, as quais Celso Marcelo de Oliveira denomina *negócios fiduciários inominados*, e declina exemplos: "a venda para recomposição de patrimônio, a doação fiduciária, a cessão fiduciária de crédito para cobrança ou para fins de garantia, além de outras que não contrariem a lei, nem prejudiquem terceiros".[46]

4.3. Transferência fiduciária de propriedade em garantia. Transferência fiduciária da propriedade de móvel; transferência fiduciária da propriedade de imóvel.

4.3.1. Transferência fiduciária da propriedade de móvel. Pelo prisma da Lei 4.728/65, DL 911/69 e Lei 10.931/04; pelo prisma do CC/2002.

4.3.1-A. Pelo prisma da Lei 4.728/65, DL 911/69 e Lei 10.931/04. Em essência, um modelo misto: do romano foi adotada a fiducia cum creditore, e do germânico, a condição resolutiva (retrotransferência ipso iure ou reversão automática, portanto sem poder jurídico pleno do fiduciário).

A alienação fiduciária em garantia de bem móvel foi instituída, como contrato empresarial típico, pela Lei 4.728/65 (Disciplina o mercado de capitais e estabelece medidas para o seu desenvolvimento), cujo art. 66 – inteiramente revogado, como logo veremos –, na redação que lhe havia dado o DL 911/69, dizia no *caput* o seguinte: "A alienação fiduciária em garantia transfere ao credor o *domínio resolúvel* e a posse indireta da coisa móvel alienada, independentemente da tradição efetiva do bem tornando-se o alienante ou devedor em possuidor direto e depositário com todas as responsabilidades e encargos que lhe incumbem de acordo com a lei civil e penal." Já o § 2º dispunha que o devedor não precisava ser proprietário do bem no momento do contrato, caso em que o domínio se transferia automaticamente ao fiduciário no momento da respectiva aquisição "independentemente de qualquer formalidade posterior."

Com efeito, a edição do DL 911/69 deveu-se à imprecisão técnica na parte dos preceitos de natureza substantiva e à lacuna quanto às regras processuais.

Acontece, porém, que o art. 66 da Lei 4.728/65, bem assim o art. 66-A, acrescido pela MP 2.160-35/01, foram inteiramente revogados pelo art. 67 da Lei 10.931, de 2-8-04, cujo art. 55 acresceu-lhe, em compensação, o art. 66-B, que diz o seguinte: "O contrato de alienação fiduciária celebrado no âmbito do mercado financeiro e de capitais, bem como em garantia de créditos fiscais e previdenciários, deverá conter, além dos requisitos definidos na Lei 10.406, de 10 de janeiro de 2002 – Código Civil, a taxa de juros, a cláusula penal, o índice de atualização monetária, se houver, e as demais comissões e encargos."

Em *primeiro lugar*, o dispositivo resolveu discussão histórica no sentido de que essa alienação fiduciária, de natureza *especial*, é restrita ao *mercado financeiro e de capitais* (nº 19.1.2 *infra*), agora ampliada para também os *créditos fiscais e previdenciários*, bem assim de que restritas são as normas processuais previstas no DL 911/69 (art. 3º, § 8º, redação do art. 56 da mesma Lei 10.931/04); em *segundo*, considerando que o art. 66-B não reproduz todos os teores dos dispositivos revogados, não se pode entender que a remissão ao CC/02 apenas aos *requisitos do contrato* exclui a sua aplicação subsidiária, como norma geral, em tudo quanto o art. 66-B for omisso, haja vista o art. 1.368-A do CC/02, acrescido pelo art. 58 da Lei 10.931/04, por exemplo, as

---

[46] Celso Marcelo de Oliveira, *Alienação Fiduciária em Garantia*, 2003, p. 25, nº 3.1.

questões relativas ao pacto comissório quanto à propriedade em caráter definitivo e à venda do bem (n°s 39 e 40 *infra*).

Quanto ao atual Código Civil, disciplina a *propriedade fiduciária* para coisa móvel infungível nos arts. 1.361-68, seguindo o modelo da Lei 4.728/65 e DL 911/69. Diz o art. 1.361: "Considera-se fiduciária a *propriedade resolúvel* de coisa móvel infungível que o devedor, com escopo de garantia, transfere ao credor." O § 2° disciplina a questão da posse: "Com a constituição da propriedade fiduciária, dá-se o desdobramento da posse, tornando-se o devedor possuidor direto da coisa." Por sua vez, o § 3° incorporou o teor do § 2° do art. 66 da Lei 4.728/65, redação do DL 911/69, dizendo o seguinte: "A propriedade superveniente, adquirida pelo devedor, torna eficaz, desde o arquivamento, a transferência da propriedade fiduciária."

De ver, pois, que desde o art. 66 da Lei 4.728/65, e assim também o atual Código Civil, o Direito brasileiro, na transferência fiduciária da propriedade de bem móvel, adotou um *modelo misto*: romano e germânico (n° 3 *supra*). Do romano, adotou a *fiducia cum creditore*, configurando-se o *constituto possessório* (a posse antes exercida *pro suo* passa a ser *pro alieno*), e do germânico, a condição resolutiva – a *propriedade resolúvel* –, isto é, a retrotransferência *ipso iure* ou reversão automática, portanto sem poder jurídico pleno do fiduciário.

É oportuno lembrar que a condição resolutiva extingue, para todos os efeitos, o direito a que ela se opõe (CC/1916, art. 119; CC/2002, arts. 128 e 1.359-60).

4.3.1-B. *Pelo prisma do CC/2002.* Numa dimensão, mantém a característica de o elemento *fidúcia* aparecer difusamente, e noutra, seguindo o *modelo misto* (romano e germânico), disciplina a *propriedade fiduciária* para bem móvel infungível.

O CC/2002, numa dimensão, mantém a característica de o elemento *fidúcia* aparecer difusamente como no de 1916, e noutra, como visto no item anterior, disciplina a *propriedade fiduciária* para coisa móvel infungível nos arts. 1.361-68-A, seguindo o *modelo misto* (romano e germânico), o que está expresso no art. 1.361 quando refere *propriedade fiduciária resolúvel* de coisa móvel infungível. Noutras palavras: assegura a reversão automática ou retrotransferência.

4.3.2. *Transferência fiduciária da propriedade de imóvel.* Foi admitida pela Lei 9.514/97, basicamente seguindo o modelo da alienação fiduciária de bem móvel, com as necessárias especificidades.

Embora admitida por doutrinadores eméritos, por exemplo, Pontes de Miranda, que afirma: "a propriedade fiduciária pode ser de bem móvel ou de bem imóvel",[47] e também pelo STF,[48] mediante contratação espontânea das partes, a verdade é que a alienação fiduciária de bem imóvel, até o advento da Lei 9.514, de 20-11-97, praticamente inexistia por causa da falta de regulamentação para o caso de inadimplemento.

Desde pelo menos 1978 defendida também por Mário Júlio de Almeida Costa como um instrumento a mais na política governamental de estímulo à aquisição da casa própria,[49] o legislador admitiu a alienação fiduciária de bem imóvel por meio da Lei 9.514/97 (Dispõe sobre o Sistema de Financiamento Imobiliário, institui a alienação fiduciária de coisa imóvel e dá outras providências), basicamente seguindo o

---

[47] Pontes de Miranda, *Tratado de Direito Privado*, vol. 52, 3ª ed., 1984, p. 344, § 5.482, n° 3.

[48] STF, RTJ 82, p. 869.

[49] Mário Júlio de Almeida Costa, RT 512, p. 11.

modelo misto (romano e germânico) da alienação fiduciária de bem móvel, com as necessárias especificidades.

Para ligeira idéia, a Lei 9.514/97, mesmo após as diversas modificações encartadas pelo art. 57 da Lei 10.931/04, é composta de três capítulos: o *primeiro* trata do *Sistema de Financiamento Imobiliário – SFI* (arts. 1º a 21); o *segundo*, da *Alienação Fiduciária de Coisa Imóvel* (arts. 22-33) e o *terceiro, das Disposições Gerais e Finais* (arts. 34-42), sendo oportuno registrar, ainda, que até o art. 21 a Lei se dedica ao *direito material* da alienação fiduciária, e dos arts. 22 ao 34 se dedica ao *direito processual.*

4.4. *Cessão fiduciária de crédito*. Em seguida à Lei 4.728/65, da alienação fiduciária de propriedade de bem móvel, veio a Lei 4.864/65, instituindo a cessão fiduciária de créditos resultantes de contratos imobiliários, dando o legislador o primeiro passo rumo à alienação fiduciária em garantia tendo por objeto imóveis. A cessão está prevista igualmente no art. 17, II, da Lei 9.514/97, dispensada a notificação ao devedor (art. 35).

Havia poucos meses da Lei 4.728, de 14-7-65, que instituiu a transferência fiduciária de propriedade de coisa móvel, quando veio a Lei 4.864, de 29-11-65 (Cria medidas de estímulo à indústria da construção civil), instituindo a "cessão fiduciária dos direitos decorrentes dos contratos de alienação das unidades habitacionais integrantes do projeto financiado" (art. 22), seguindo o molde da Lei 4.728/65, inclusive quanto à eventual inadimplência e veto à possibilidade de o cessionário fiduciário ficar com os direitos cedidos em garantia, se a dívida não for paga no seu vencimento (art. 23).

Sem dúvida, ao admitir cessão fiduciária de direitos de contratos imobiliários, o legislador deu o primeiro passo rumo à alienação fiduciária em garantia tendo por objeto imóveis.

Decorrido um ano da Lei 4.864, veio o DL 70, de 21-11-66, criando a possibilidade de os empréstimos destinados ao financiamento da construção ou da venda de unidades imobiliárias serem garantidos pela "cessão fiduciária dos direitos decorrentes de alienação de imóveis, aplicando-se, no que couber, o disposto nos §§ 1º e 2º do art. 22 da Lei nº 4.864, de 29 de novembro de 1965", cessão agora também prevista no art. 17, II, da Lei 9.514/97, dispensada a notificação do devedor (art. 35), excepcionando o princípio geral (CC/1916, art. 1.069; CC/2002, art. 290).

Por derradeiro, a cessão fiduciária de crédito, que é uma modalidade de transferência de crédito, ou ocorre para fins de *autorização* ao credor receber, ou para fins de *garantia* ao credor, sendo exemplo deste caso a cessão fiduciária de ações de sociedade anônima, as quais são títulos de crédito, e como tal pertencem à categoria dos bens móveis, apenas que o credor-fiduciário não pode exercer o direito de voto, o qual continua com o devedor, nos termos do estatuto (Lei 6.404/76, art. 113, parágrafo único).

5. *Justificativa para a sua instituição*. Motivos da crítica; motivos da necessidade.

5.1. *Motivos da crítica*. As críticas ao instituto da alienação fiduciária tiveram três motivações: *(a)* por ser *desnecessário*, bastando adaptar institutos já previstos na Lei Civil; *(b)* por ser *excessivamente protetivo* às instituições creditícias; e *(c)* por *questões ideológicos*, uma vez que o país, à época, vivia regime governamental não-democrático.

A alienação fiduciária em garantia é o instituto mais polêmico até hoje surgido no Direito brasileiro. Basta verificar a vastidão doutrinária e jurisprudencial, ainda subsistindo entendimentos em variados sentidos, embora já passadas mais de quatro décadas.

Há na atualidade três temas com grande vocação à polêmica e que poderão fazer escore com a alienação fiduciária. São os relativos à *clonificação*, especialmente a humana, aos *produtos transgênicos*, e às *células-tronco*, especialmente as *embrionárias*, onde existem opiniões de todo naipe e origem, como puramente emocionais, ideológicas, religiosas, morais, preconceituosas e, inclusive, científicas. As respectivas leis não fazem cessar a polêmica; apenas levam-na para dentro do Judiciário.

De qualquer modo, o rumo, como sempre, é o da racionalidade, sem exacerbações, deturpações nem fanatismos.

Em termos gerais, as críticas ao instituto da alienação fiduciária tiveram três motivações: *(a)* por ser *desnecessário*, bastando adaptar institutos já previstos na Lei Civil, como o penhor e a reserva de domínio; *(b)* por ser *excessivamente protetivo* às entidades creditícias; e *(c)* por *questões ideológicas*, uma vez que o país, à época, vivia regime governamental não-democrático, haja vista que o DL 911/69 foi expedido por uma Junta Militar.

Por exemplo, Waldírio Bulgarelli, em crítica já antiga, sustenta não serem válidas "as razões invocadas para a conformação desse instituto entre nós", ou seja, de que era necessário "reforçar as garantias dos financiamentos realizados através de sociedades financeiras, para as quais não eram bastante as tradicionais garantias asseguradas pelo penhor ou pela venda com reserva de domínio (...), chegando-se ao extremo de considerar o simples comprador de uma mercadoria a crédito como depositário e, como tal, se inadimplente, levá-lo à prisão".[50]

Ainda para exemplificar, Manoel Justino Bezerra Filho, comentando a execução extrajudicial na atual alienação fiduciária em garantia imobiliária, escreve acerca do DL 911/69: "As vozes autorizadas da ditadura militar, à época da expedição do referido decreto-lei, diziam que a alienação fiduciária (...) seria a salvação da indústria nacional de bens de consumo duráveis, especialmente da indústria de automóveis. Dizia-se então, talvez até com certa razão de natureza econômica, que, para que se ativasse a venda de veículos, era necessário que se propiciasse financiamento abundante, o que só seria possível com a garantia de pronta execução e, para tanto, criou-se a alienação fiduciária, que efetivamente trouxe um desafogo temporário, mesmo que à custa da execução sobre o próprio corpo do devedor, com a sua prisão".[51]

5.2. *Motivos da necessidade*. O crédito é de uso massivo no mundo moderno. É imprescindível, pois, a existência de entidades creditícias. Para tanto é preciso cativar o segmento com vantagens. Foi assim que a alienação fiduciária em garantia se tornou o instrumento pelo qual tais entidades se garantem. Os direitos especiais que lhes são outorgados são o *necessário mal* para que a população em geral tenha o *bem necessário*.

Necessária ou não, exessivamente protetiva às entidades creditícias ou não, a verdade é que a alienação fiduciária da propriedade em garantia de crédito atravessou o – digamos assim – *cabo das tormentas*, e, passadas mais de quatro décadas, implantou-se definitivamente no Direito brasileiro, como era esperado, a despeito das vozes

---

[50] Waldírio Bulgarelli, *Contratos Mercantis*, 10ª ed., 1998, p. 308, nº 2.8.1.

[51] Manoel Justino Bezerra Filho, RT 918, p. 72, nº 4.9.

CONTRATOS EMPRESARIAIS

contrárias. Mais do que isso, hoje integra o Código Civil e avançou para abranger também os bens imóveis.

Instituída numa lei que disciplinou o mercado de capitais, como medida capaz de impulsionar o seu desenvolvimento, a alienação fiduciária em garantia, tendo por objeto bem móvel, veio como instituto destinado a oferecer maior segurança às entidades que atuam na concessão de crédito ou financiamento, e por decorrência estímulo à respectiva concessão, e por decorrência estímulo ao consumo. Em síntese, dois objetivos básicos: facilitar o crédito e estimular o consumo.

Com efeito, desde a Revolução Industrial havida a partir do séc. XIX, o mundo começou a experimentar profundas transformações sociais e econômicas, quando os meios de produção, até então dispersos e baseados em cooperação individual, passaram a se concentrar em grandes fábricas e parques industriais, aumentando a oferta de bens, gerando a necessidade de aquescer o consumo, o que significa *lato sensu* melhoria nas condições de vida das pessoas. Mas a necessidade de aquecer e manter aquecido o setor econômico do consumo aconteceu mesmo a partir da segunda metade do séc. XX, inclusive ante o imoderado crescimento populacional, e por aí a necessidade de ser facilitada a aquisição de bens. Foi assim que o *crédito* se tornou *meio* para as pessoas em geral terem acesso aos bens da vida, erigindo-se instituto de relevantíssima função social.

Ora, para existirem entidades atuando profissionalmente no ramo da concessão de crédito e financiamento, impunha-se cativar o segmento com proteções diferentes das comuns, criando-se novas garantias reais, além daquelas *numerus clausus* do Código Civil, como salienta o eminente José Carlos Moreira Alves.[52]

Sem dúvida, já agora no séc. XXI, os bens de consumo ganham ainda mais espaço. A sociedade rural não-mecanizada tende a desaparecer, também lá dando lugar à economia em escala, ou pelo menos exercida com tecnologia. A sociedade moderna é uma *sociedade de consumo* tanto de equipamentos que produzem bens, quanto de bens duráveis e não-duráveis produzidos por esses equipamentos, que por sua vez aumentam o volume de consumidores, que realimenta a etapa econômica inicial, e assim por diante, num infindável efeito cascata ou dominó.

Em economia é assim: uma delícia puxa outra, e uma desgraça também puxa outra. Por isso, a importância dos administradores públicos e privados no sentido de serem puxadores do cordão das delícias, seccionando desde logo o das desgraças, pois umas e outras, uma vez instaladas, se propagam.

Pois bem, em todos os momentos aparece o *crédito* como via de acesso ao bosque infindável de bens disponíveis. São poucos os que, tratando-se de bens duráveis, pagam à vista. O *instituto do crédito* é utilizado massivamente, já também a curto prazo (trinta dias) relativamente aos *bens consumíveis*, como ocorre por meio do *cartão* seja no supermercado, seja no posto para abastecer o veículo.

"Assim – conforme escreve Mário Júlio de Almeida Costa –, em virtude do extraordinário ritmo da circulação de bens que se verifica na sociedade de consumo de nossos dias e do enorme crescimento populacional, ligado à facilíssima deslocação de pessoas, têm-se modelado, sobretudo através de construção doutrinária, garantias reais em que se conjuga a transferência da propriedade com o não-desapossamento da coisa que pertencia ao devedor e garante o pagamento do crédito".[53]

No mesmo sentido, Marcelo Ribeiro de Oliveira quando escreve: "Diante da latente evolução nas relações de consumo, em que todas as classes buscam a possi-

---

[52] José Carlos Moreira Alves, *Da Alienação Fiduciária em Garantia*, 3ª ed., 1987, p. 1-3.

[53] Mário Júlio de Almeida Costa, RT 512, p. 19, nº 8.

bilidade de ter acesso a determinados bens, com o aumento das necessidades sociais, poder-se-ia dizer que ocorre crise nas garantias tradicionais do direito civil, uma vez que as mesmas não constituem instrumentos céleres para o credor executar seu crédito em face a eventual inadimplemento", mas – complementa – na realidade não há falar em "crise", e sim em "necessidade de adaptação a tais fenômenos sociais, uma vez que este agigantamento das relações de consumo, como se infere da eventual crise das garantias reais, demanda meios mais eficazes para que não haja contratempos para o credor satisfazer seu crédito e para permitir de imediato ao devedor o uso da coisa, possibilitando a ele honrar com o compromisso de pagar o débito".[54]

Nesse rumo, não há dúvida quanto à fadiga das garantias dos tipos clássicos, como o penhor, a anticrese e a hipoteca, no sentido de não mais corresponderem às necessidades atuais por serem morosos e insuficientes em termos de *qualidade da garantia* oferecida no campo do crédito.

Diga-se que o motivo do surgimento da alienação fiduciária no direito romano foi exatamente o fato de a hipoteca não satisfazer, já àquela época, em termos de dinamismo, às necessidades da concessão de crédito, como vimos (n° 3.1 *supra*). Quer dizer: a alienação fiduciária foi historicamente concebida para ser *o* instrumento das entidades que atuam profissionalmente na concessão de crédito ou de financiamento, e por isso naturalmente delas *protetivo*, sob pena de não cumprir o objetivo.

Quanto ao eventual *excesso protetivo*, cabe ao Judiciário, segundo as normas, os fatos e os valores vigentes no momento – que são os *princípios homeostáticos* do Direito como ciência – estabelecer o ponto de equilíbrio entre os indivíduos da sociedade, isso de um lado, e de outro a sociedade como um todo, com suas necessidades econômicas, reclamando acesso a bens de consumo para melhoria da qualidade de vida, o que pressupõe entidades creditícias, as quais só existem se protegidas com direitos especiais. Esses direitos diferenciados correspondem a uma outorga da própria sociedade para que haja disponível um produto necessário chamado *crédito*. Pode-se dizer: é o *necessário mal* para que a população em geral tenha o *bem necessário*.

Enfim, o crédito é um instituto de massiva utilização no mundo moderno, pelo qual as pessoas têm acesso aos bens da vida, e a alienação fiduciária em garantia, já pela sua raiz histórica, é o instrumento pelo qual as entidades que atuam profissionalmente no ramo se garantem.

6. *Semelhanças e diferenças com outros institutos*. Com a propriedade resolúvel; com o fideicomisso; com a reserva de domínio; com a retrovenda; com os institutos de garantia real sobre bens alheios que mais se aproximam; com *trust receipt*; com o *chattel mortgage*.

6.1. *Com a propriedade resolúvel*. Assemelham-se porque ambas têm a condição resolutiva; diferem-se porque na propriedade resolúvel não há o elemento *fidúcia*. Ainda, a resolutividade é apenas um dos diversos aspectos da alienação fiduciária.

Diz Pontes de Miranda: "Há elemento comum à propriedade resolúvel e à propriedade fiduciária, mas é a fidúcia que distingue essa daquela".[55]

A alienação fiduciária e a propriedade resolúvel (CC/1916, arts. 647/8; CC/2002, arts. 1.359-60) são semelhantes porque ambas têm a condição resolutiva, e diferem-se porque na propriedade resolúvel não existe o elemento *fidúcia*. Ainda, a resolutividade

---

[54] Marcelo Ribeiro de Oliveira, *Prisão Civil na Alienação Fiduciária em Garantia*, 2000, p. 19-20.

[55] Pontes de Miranda, *Tratado de Direito Privado*, 3ª ed., 1984, vol. 52, p. 342, § 5.482, n° 2.

é apenas um dos diversos aspectos da alienação fiduciária em garantia. O seu envolvimento é mais amplo.

6.2. *Com o fideicomisso*. Assemelham-se porque ambos têm o elemento *fidúcia*; diferem-se quanto à finalidade.

Pelo fideicomisso o *fideicomitente* ou testador estabelece que, por ocasião da sua morte, seja a herança transmitida ao *fiduciário*, cujo direito se transmite por ocasião da respectiva morte, ou após certo tempo ou sob certa condição, conforme definido pelo primeiro, a favor do *fideicomissário* (CC/1916, art. 1.733; CC/2002, art. 1.951).

Portanto, a alienação fiduciária e o fideicomisso são semelhantes porque ambos têm o elemento *fidúcia*, com a ressalva de que acontece fenômeno inverso do ocorrente na propriedade resolúvel, e diferem-se quanto à finalidade. A alienação fiduciária objetiva a concessão de crédito, enquanto pelo fideicomisso o fideicomitente (testador) objetiva a instituição de herdeiro (fiduciário) do herdeiro (fideicomissário).

6.3. *Com a reserva de domínio*. Não há semelhança merecedora de registro; diferem-se porque na reserva de domínio, pelo prisma do vendedor, vai a posse e fica a propriedade, e na alienação fiduciária em garantia vai a propriedade e fica a posse.

Não há semelhança merecedora de registro, sendo contrastante, sim, a diferença.

Na compra e venda com pacto de reserva de domínio, quem vende é o credor e não há transferência da propriedade, e sim da posse direta ou própria ao comprador (CC/02, art. 521), que por isso fica devedor, permanecendo a indireta ou imprópria com aquele. Já na alienação fiduciária em garantia, bem ao invés, quem transfere a propriedade é o devedor ao credor, ficando aquele com a posse direta ou própria e este com a indireta ou imprópria.

Explica Pontes de Miranda referindo-se à transmissão fiduciária: "Tem-se, aí, a figura contrária da reserva de domínio: o domínio vai, e fica ao transmitente, que se fiou no adquirente, apenas a eficácia que se irradia da relação jurídica de direito das obrigações, inclusive, se houve condição resolutiva, o direito à separação da massa concursal, se tem os requisitos da publicidade, e para se embargar de terceiro a execução do bem como do fiduciário".[56]

Em suma, na reserva de domínio, pelo prisma do vendedor, vai a posse e fica a propriedade, e na alienação fiduciária vai a propriedade e fica a posse.

6.4. *Com a retrovenda*. Assemelham-se porque em ambas há o retorno da propriedade ao vendedor; diferem-se porque na retrovenda o vendedor tem a faculdade de recobrar, e na alienação fiduciária em garantia, a propriedade retorna *ipso iure* por força da condição resolutiva.

A alienação fiduciária e a compra e venda com pacto de retrovenda são semelhantes porque em ambas há o retorno da propriedade ao vendedor.

No entanto, diferem-se porque na retrovenda há o prazo decadencial de três anos para o vendedor recobrar, devolvendo o valor recebido e reembolsando as despesas do comprador (CC/1916, arts. 1.140-1; CC/02, art. 505), tratando-se, pois, de faculdade, como salienta Mônica Alves Costa Ribeiro,[57] além de a transferência ocorrer pelo credor ao devedor. Já na alienação fiduciária em garantia, o retorno da proprie-

---

[56] Pontes de Miranda, *Tratado de Direito Privado*, 3ª ed., 1984, vol. 23, p. 288, § 2.826, nº 7.

[57] Mônica Alves Costa Ribeiro, *A Prisão Civil na Alienação Fiduciária*, 2003, p. 12.

dade acontece por força da condição resolutiva. Uma vez pago o financiamento, a retrotransferência ou reversão ocorre *ipso iure*, além de a transferência acontecer pelo devedor ao credor tendo em conta a característica assecuratória.

6.5. Com os institutos de garantia real sobre bens alheios que mais se aproximam. Consideração inicial; diferenças gerais; diferenças específicas.

6.5.1. *Consideração inicial.* É real a garantia porque tem por objeto o bem, ensejando *lato sensu* o direito persecutório. Os que mais se aproximam da alienação fiduciária são o penhor, a hipoteca e a anticrese.

É importante lembrar que a garantia real tem por objeto o próprio bem (*jus in re*), portanto fica sujeito ao cumprimento da obrigação, sendo exemplos o penhor, a hipoteca, a anticrese, a servidão e o usufruto, contrapondo-se à garantia pessoal, sendo exemplos o endosso, o aval e a fiança.

A garantia real, uma vez registrada, adquire eficácia contra terceiros, ensejando tutela específica ou execução sobre o bem, independentemente de quem estiver com ele. É o *direito de seqüela*, também em sentido largo *direito persecutório*.

Os institutos que mais se aproximam da alienação fiduciária são o penhor, a hipoteca e a anticrese.

6.5.2. *Diferenças gerais.* Em penhor, hipoteca e anticrese não há transmissão da propriedade, e o credor pode adjudicar o bem; já o credor-fiduciário, consolidando a propriedade, é obrigado a vendê-lo.

No penhor, na hipoteca e na anticrese não há transmissão da propriedade e, em caso de execução, o credor não está impedido de adjudicar o bem; já na alienação fiduciária há transferência da propriedade, e o credor-fiduciário, em caso de consolidá-la a seu favor, é obrigado a vender o bem (nº 40 *infra*).

6.5.3. *Diferenças específicas.* Com o penhor; com a hipoteca; com a anticrese.

6.5.3-A. *Com o penhor.* No penhor, pelo prisma do devedor pignoratício, fica a propriedade e, salvo exceção legal, vai a posse, e na alienação fiduciária em garantia, vai a propriedade e fica a posse.

O penhor tem por objeto coisa móvel e constitui direito real de garantia de débito, portanto a coisa dada em penhor fica sujeita, por vínculo real, ao cumprimento da obrigação, sendo imprescindível a transferência da posse ao credor pignoratício, exceto nos penhores rural, industrial, empresarial e de veículos (CC/1916, arts. 768-9; CC/2002, art. 1.431).

Noutras palavras, pelo ângulo do devedor pignoratício fica a propriedade e, salvo exceção legal, vai a posse, diferentemente da alienação fiduciária em garantia, na qual vai a propriedade e fica a posse, sendo que nesta o interesse imediato do devedor, na condição de comprador, não é a propriedade, mas a posse do bem para, desde logo, usufruir de seus benefícios.

6.5.3-B. *Com a hipoteca.* A hipoteca é morosa e burocrática, em radical oposição à estrutura simples e dinâmica da alienação fiduciária em garantia, adequada às relações de massa, como acontece no crédito.

A simples leitura dos diversos dispositivos legais que disciplinavam a hipoteca pelo anterior Código Civil (art. 809-54), e que a disciplinam pelo atual (arts. 1.473-505), é suficiente à conclusão de que se trata de instituto moroso e burocrático, em

CONTRATOS EMPRESARIAIS

radical oposição à estrutura simples e dinâmica da alienação fiduciária em garantia, adequada às relações de massa, como acontece no crédito. Aliás, não custa lembrar que, para este fim, a hipoteca não serviu nem mesmo aos antigos romanos (n° 3.1 *supra*).

Marcelo Terra, em item sob o título *Descrédito da Hipoteca* discorre, inclusive transcrevendo o autor espanhol Jaime Vidal Martínez, acerca dos motivos do crescente desprestígio do instituto "como fomentador da garantia do crédito", obviamente às entidades que atuam em caráter profissional no setor creditício, não atendendo às respectivas necessidades seja em termos de rapidez de sua execução, seja em termos de eficácia do direito de seqüela e de sua oponibilidade perante terceiros, especialmente nas situações de falência do devedor hipotecante.[58]

> **6.5.3-C. *Com a anticrese*. Na anticrese, vai a posse e fica a propriedade e extingue-se o débito pela compensação; na alienação fiduciária em garantia, fica a posse e vai a propriedade e extingue-se o débito pelo pagamento.**

Na anticrese, o devedor entrega ao credor o imóvel, isto é, a posse, cedendo-lhe o "direito de perceber, em compensação da dívida, os frutos e rendimentos" (CC/1916, art. 805; CC/2002, art. 1.506). Ou seja, fica a propriedade e vai a posse e extingue-se o débito pela compensação (CC/1916, art. 1.009; CC/2002, art. 368). Já na alienação fiduciária em garantia, vai a propriedade e fica a posse e extingue-se o débito pelo pagamento.

> **6.6. *Com o trust receipt*. Neste a propriedade passa do vendedor à entidade creditícia, e abrange bens de qualquer espécie, inclusive matéria-prima; na alienação fiduciária em garantia passa antes pelo comprador (fiduciante) que aliena o bem à entidade creditícia (fiduciária), e só admite bens infungíveis, sendo os fungíveis só a partir do art. 66-A, acrescido pela MP 2.160-35/01, continuando com § 3° do art. 66-B da Lei 4.78/65, acrescido pela Lei 10.931/04.**

É importante o registro feito em nota por Waldírio Bulgarelli acerca da defesa da instituição da alienação fiduciária em garantia havida à época no Senado Federal, no sentido de corresponder ao *trust receipt* amplamente utilizado nos países anglo-saxões.[59] Não custa lembrar que *trust*, em inglês, significa, fidúcia, confiança.

Mário Júlio de Almeida Costa ensina que há diferença entre a alienação fiduciária em garantia e o *trust receipt* do Direito anglo-americano, utilizado sobretudo nos Estados Unidos, o qual não tem modelo estereotipado, mas emprega-se para financiamento na compra de mercadorias (bens de consumo, matérias-primas ou produtos semimanufaturados). No *trust receipt* – afirma – "a mercadoria passa diretamente da propriedade do mercador para o financiador – em regra uma entidade financeira –, que a entrega ao comprador (beneficiário do financiamento) em troca de um documento (*trust receitp*) onde normalmente se declara que o comprador possui em nome do financiador a mercadoria adquirida, que será depois alienada pelo comprador para, com o produto da venda, ser pago o valor do financiamento".[60]

Trata-se, pois, de operação que, entre nós, coincide com o *factoring matéria-prima*, quando a faturizadora compra em nome próprio o que necessário for para a faturizada

---

[58] Marcelo Terra, *Alienação Fiduciária de Imóvel em Garantia*, 1998, p. 21-2.

[59] Waldírio Bulgarelli, *Contratos Mercantis*, 10ª ed., 1998, p. 308, nota n° 174.

[60] Mário Júlio de Almeida Costa, RT 512, p. 12-3, n° 3.

industrializar (nº 7.4 do Cap. V), diferente, pois, da alienação fiduciária em garantia, onde quem compra é o fiduciante que por sua vez aliena ao fiduciário, e apenas admite bens infungíveis, passando a admitir oficialmente também os fungíveis só a partir do art. 66-A da Lei 4.728/65, acrescido pelo art. 22 da MP 2.160-35/01, revogado pelo art. 67 da Lei 10.931/04, cujo teor passou ao § 3º do art. 66-B, acrescido pelo art. 57 da mesma Lei 10.931/04 (nº 20.1.1-A *infra*).

6.7. *Com o chattel mortgage*. Sem maiores detalhes, não se pode falar em semelhança, mas em igualdade. O *chattel mortgage* do Direito inglês corresponde à alienação fiduciária em garantia. Em ambos, o devedor aliena o bem ao credor, como garantia da dívida, ficando, porém, com a respectiva posse, sendo que, havendo pagamento, a propriedade retorna, e não havendo, consolida-se ao credor.

Escreve Celso Marcelo de Oliveira que o *chattel mortgage*, do Direito inglês, vem a ser "um acordo de boa-fé, bilateral, caracterizado pela confiança que uma das partes deposita na outra, na qual o devedor aliena um bem fiduciariamente ao credor, como garantia do cumprimento de uma determinada obrigação por parte do devedor, que, uma vez satisfeita, deverá restituir ao devedor a propriedade de tal bem, pois cessadas foram as causas que motivaram a instituição daquela garantia".[61]

Igualmente Mário Júlio de Almeida Costa refere que a alienação fiduciária em garantia, assim como se acha definida no Direito brasileiro, aproxima-se de um instituto que o Direito inglês considera como hipoteca mobiliária, denominado *chattel mortgage*, radicada no antigo penhor de propriedade germânico. No *chattel mortgage* – explica – "a propriedade legal (*legal property*) de uma coisa móvel pertencente ao devedor é transferida ao credor (*mortgage*) mediante venda (*bill of sale*), que deve ser atestada por uma testemunha digna de fé e inscrita dentro de sete dias na repartição competente; o devedor (*mortgager*) fica, porém, com a propriedade substancial (*equitable property*) e a posse da coisa, e, pagando o débito, recupera a propriedade legal da mesma – caso contrário, o credor tornar-se-á, pelo direito comum (*common law*), seu proprietário pleno. O *mortgage* de móveis, que acabamos de referir, manifesta grande semelhança com o *mortgage* de imóveis (*mortgage of realty*)".[62]

Em verdade, não se pode falar em mera semelhança, mas em igualdade. O *chattel mortgage* do Direito inglês corresponde à alienação fiduciária em garantia do Direito germânico, que vem a ser o *modelo misto* adotado pelo Direito brasileiro (nº 4.3.1-A *supra*). Em ambos o devedor aliena a coisa ao credor, como garantia da dívida, ficando, porém, com a respectiva posse, sendo que havendo pagamento a propriedade retorna, e não havendo se consolida ao credor.

7. *Idéia básica*. Compra financiada, onde a financeira paga o vendedor, e o comprador paga parceladamente a financeira. O núcleo está na *compra financiada*.

Todos os contratos de largo uso têm uma compreensão no âmbito popular que não pode ser ignorada, pois traduz a idéia básica.

No caso da alienação fiduciária em garantia, certamente, após a compra e venda, o contrato empresarial mais utilizado, tendo nos últimos tempos o *leasing* como forte concorrente, a idéia básica das pessoas em geral é a de que se trata de uma compra

---

[61] Celso Marcelo de Oliviera, *Alienação Fiduciária em Garantia*, 2003, p. 11-2.

[62] Mário Júlio de Almeida Costa, RT 512, p. 14, nº 3.

financiada, onde a financeira paga o vendedor, e o comprador paga parceladamente a financeira. O núcleo está na *compra financiada*.

8. *Conceitos*. Consideração inicial; conceito legal de alienação fiduciária como instituto jurídico; conceito doutrinário de contrato de alienação fiduciária em garantia.

8.1. *Consideração inicial*. Conceituar é dizer as características essenciais de alguma coisa. Deve ser o mais sintético possível, sem cair na pura abstração.

Conceito vem de *conceptus, concipere*, do latim (conceber, ter idéia, considerar). Serve na terminologia jurídica para indicar o sentido, a significação, a compreensão que se tem a respeito das coisas, dos fatos e das palavras. É importante a etimologia da palavra, pois ela nos dá o sentido técnico e conseqüentemente a fidelidade entre a idéia e a escrita.

Conceituar é, pois, dizer em palavras as características essenciais de alguma coisa. Não deve reproduzir todo o real, mas tão-só selecionar as essências. Portanto, deve ser o mais sintético possível, sem cair na pura abstração, já que os conceitos longos são de difícil memorização, e os muito genéricos perdem a função identificadora.

Ainda à guisa de consideração inicial, convém registrar que ora a lei fala em *domínio*, como era o caso do art. 66 da Lei 4.728/65 e continua sendo o do art. 22 da Lei 9.514/97, e ora em *propriedade*, como é o caso do art. 1.361 do CC/02, o mesmo acontecendo em geral na doutrina.

Ensina De Plácido e Silva, em *Vocabulário Jurídico*, nos respectivos verbetes, que *propriedade* compreende o conjunto de *direitos reais* e *pessoais*, ou seja, toda sorte de dominação ou de senhorio sobre coisas *materiais*, também chamadas corpóreas e concretas, e *imateriais*, também chamadas incorpóreas e abstratas, enquanto o *domínio* compreende apenas os *direitos reais*, especificamente no que tange às coisas materiais, corpóreas ou concretas. Quer dizer: propriedade é *gênero* do qual são *espécies* os direitos pessoais e os reais. Na espécie *direitos reais*, e especificamente no que tange aos bens materiais, é que se pode falar em domínio. Noutras palavras, o *domínio* vem a ser o direito de propriedade encarado somente em relação aos bens materiais, corpóreos ou concretos. Portanto, a propriedade é mais ampla que o domínio. A Constituição Federal garante o *direito de propriedade* (art. 5º, XXII).

Considerando que, como veremos (nº 12.3.1 *infra*), a alienação fiduciária é um instituto que abrange a propriedade fiduciária e é direito real, tanto se pode falar em *domínio*, referindo-se à espécie, quanto em *propriedade*, referindo-se ao gênero.

8.2. *Conceito legal de alienação fiduciária em garantia como instituto jurídico*. Legalmente, *alienação fiduciária em garantia* é o negócio jurídico pelo qual o devedor-fiduciante, com escopo de garantia, transfere ao credor-fiduciário a propriedade resolúvel de bem imóvel ou móvel infungível, ressalvada a possibilidade do fungível na alienação especial, sendo a propriedade constituída pela transcrição do contrato no registro público competente, com peculiaridade quanto aos veículos, a partir de quando ocorre o desdobramento da posse, ficando a direta com o devedor, e a indireta com o credor.

As normas legais, inclusive do CC/02, disciplinam a *alienação fiduciária em garantia* como instituto jurídico, portanto com regras e princípios especiais, no qual figuram como elementos a *propriedade fiduciária* e o *contrato*.

Quanto aos *móveis*, tínhamos pelo *caput* do art. 66 da Lei 4.728/65, redação do DL 911/69, a seguinte definição: "A *alienação fiduciária em garantia* transfere ao credor o domínio resolúvel e a posse indireta da coisa móvel alienada, independentemente da tradição efetiva do bem tornando-se o alienante ou devedor em possuidor direto e depositário com todas as responsabilidades e encargos que lhe incumbem de acordo com a lei civil e penal." E tínhamos o art. 66-A acrescido pela MP 2.160-35/01, admitindo bens fungíveis.

O art. 1.361 do CC/02 define *propriedade fiduciária* como sendo a "resolúvel de coisa móvel infungível que o devedor, com escopo de garantia, transfere ao credor." O art. 1.362 declina os requisitos do *contrato*.

Com a total revogação dos arts. 66 e 66-A da Lei 4.728/65 pelo art. 67 da Lei 10.931/04, acrescendo-lhe o art. 66-B, e tendo em conta que este não reproduz por completo os teores daqueles, não se pode entender que a remissão ao CC/02 apenas aos *requisitos do contrato* exclui a aplicação subsidiária das normas gerais do CC/02, que regem a alienação fiduciária comum, em tudo quanto não forem incompatíveis com as normas específicas que regem as demais alienações fiduciárias, por exemplo, o pacto comissório e a venda do bem (n°s 39 e 40 *infra*).

Aliás, a aplicação subsidiária do CC/02 está ressalvada no art. 1.368-A, acrescido pelo art. 58 da mesma Lei 10.931/04, *verbis*: "As demais espécies de propriedade fiduciária ou de titularidade fiduciária submetem-se à disciplina específica das respectivas leis especiais, somente se aplicando as disposições deste Código naquilo que não for incompatível com a legislação especial."

Quanto aos *imóveis*, diz o art. 22 da Lei 9.514/97: "A *alienação fiduciária* regulada por esta Lei é o negócio jurídico pelo qual o devedor, ou fiduciante, com o escopo de garantia, *contrata* a transferência ao credor, ou fiduciário, da propriedade resolúvel de coisa imóvel." O parágrafo único, que na redação original possibilitava a contratação por pessoa natural ou jurídica, podendo ter como objeto imóvel concluído *ou em construção*, inclusive não sendo privativa das entidades que operam no *Sistema Financeiro Imobiliário – SFI*, teve a redação modificada pelo art. 57 da Lei 10.931/04, passando a ser a seguinte: "A alienação fiduciária poderá ter como objeto bens enfitêuticos, sendo também exigível o pagamento do laudêmio se houver a consolidação do domínio útil no fiduciário." A respeito da enfiteuse, maiores informações no item relativo ao objeto (n° 20.2.1 *infra*).

Em seguida, veio a Lei 11.076/04, dispondo o seguinte: "A alienação fiduciária poderá ser contratada por pessoa física ou jurídica, não sendo privativa das entidades que operam no SFI, podendo ter como objeto bens enfitêuticos, hipótese em que será exigível o pagamento do laudêmio, se houver a consolidação do domínio útil no fiduciário." Em conteúdo, como veremos (n° 19.2 *infra*), restabeleceu o texto primitivo do parágrafo único, acrescentando a propriedade enfitêutica.

Embora o art. 22 da Lei 9.514/97 e o art. 1.361 do CC/02 digam *alienação fiduciária com escopo de garantia*, e não alienação fiduciária *em garantia*, como dizia o art. 66 da Lei 4.728/65, os teores coincidem. Ainda, o art. 22 silencia quanto à posse, mas isso é suprido pelo art. 30 ao estabelecer a ação de *reintegração de posse* contra o fiduciante, se der causa à resolução. Assim, tal como nos bens móveis, há o desdobramento da posse, ficando a direta com o devedor-fiduciante.

Do quanto visto, cabe-nos uma observação e uma conclusão.

No que tange à *observação*, oportuno é salientar que o legislador não usa o vocábulo *bem*, e sim *coisa*. Vílson Rodrigues Alves escreve: "Com rigor, se a *coisa* se faz objeto de relação jurídica ela é *bem*, não meramente *coisa*. *Coisa* é o que, fora do homem, é; mas, é sem relevância para o mundo jurídico; por isso, é *coisa*, sem ser *bem* para o homem".[63]

Razão assiste ao eminente Professor, haja vista que em vez de *coisa*, preferimos *bem* (aquilo que tem dono, que é objeto de relação jurídica, como acontece na alienação fiduciária). Mas devemos considerar que na verdade *coisa* pode também ser tido com gênero do qual são espécies: *(a)* coisa abandonada (*res derelictae*); *(b)* coisa sem dono ou de ninguém (*res nullius*), logo, *res nullius* abrange *res derelictae*, pois também esta é sem dono; e *(c)* bem, sendo este a coisa objeto de apropriação, de relação jurídica, tem dono.

No que tange à *conclusão*, *considerando* a revogação dos art. 66 e 66-A da Lei 4.728/65 e o seu atual art. 66-B; *considerando* que o art. 66-B não reproduz todos os conteúdos dos dispositivos revogados; *considerando* a aplicação subsidiária do CC/02 (art. 1.368-A); *considerando* o § 3º do art. 66-B; e *considerando* o art. 22 da Lei 9.514/97, legalmente *alienação fiduciária em garantia* é o negócio jurídico pelo qual o devedor-fiduciante, com escopo de garantia, transfere ao credor-fiduciário a propriedade resolúvel de bem imóvel ou móvel infungível, ressalvada a possibilidade do fungível na alienação especial, sendo a propriedade constituída pela transcrição do contrato no registro público competente, com peculiaridade quanto aos veículos, a partir de quando ocorre o desdobramento da posse, ficando a direta com o devedor, e a indireta com o credor.

8.3. Conceito doutrinário de contrato de alienação fiduciária em garantia. O contrato de alienação fiduciária em garantia instrumentaliza a abonação de um financiamento, pelo qual o devedor-mutuário-fiduciante, quase sempre mantendo-se na posse direta, transfere ao credor-mutuante-fiduciário a propriedade de bem móvel, fungível ou infungível, ou de imóvel, sob condição resolutiva.

A princípio, é oportuno lembrar, como visto no item anterior, que a alienação fiduciária em garantia é um instituto jurídico, no qual figuram como elementos o *contrato* e a *propriedade fiduciária*, e por isso a necessidade de conceituarmos *contrato*, preparando o tema específico da propriedade fiduciária e a sua constituição (nº 12.3 *infra*).

Alinhamos alguns conceitos elaborados por insignes juristas, dentre tantos, inclusive relativos à alienação fiduciária como *instituto jurídico*, e o fazemos porque é deles que extraímos os elementos para chegarmos à definição de *contrato*, que é o ponto sob exame.

Orlando Gomes: "A alienação fiduciária em garantia é o negócio jurídico pelo qual o devedor, para garantir o pagamento da dívida, transmite ao credor a propriedade de um bem, retendo-lhe a posse direta, sob a condição resolutiva de saldá-la".[64] O conceito é subscrito por Waldírio Bulgarelli.[65]

Caio Mário da Silva Pereira define-a como sendo "a transferência, ao credor, do domínio e posse indireta de uma coisa, independentemente de sua tradição efetiva, em garantia do pagamento de obrigação a que acede, resolvendo-se o direito do adquirente com a solução da dívida garantida".[66]

---

63 Vílson Rodrigues Alves, *Alienação Fiduciária*, 2ª ed., 2006, p. 137, nº 4.

64 Orlando Gomes, *Contratos*, 8ª ed., 1981, p. 558, nº 390.

65 Waldírio Bulgarelli, *Contratos Mercantis*, 10ª ed., 1998, p. 307, nº 2.8.1.

66 Caio Mário da Silva Pereira, *apud* Celso Marcelo de Oliveira, *Alienação Fiduciária em Garantia*, 2003, p. 29-30, nº 4.2.

Celso Marcelo de Oliveira louva-se em Paulo Restiffe Neto, que define alienação fiduciária como sendo o negócio em que "O devedor aliena a coisa sob a condição resolutiva de retorno *ipso jure* do domínio, mediante o pagamento da dívida assim garantida", ambos possuindo dois elementos distintos: "um de ordem obrigacional (do devedor) relacionado com o pagamento da dívida decorrente do financiamento; e outro de direito real, consistente na alienação da coisa, que se transfere ao financiador em garantia do cumprimento da obrigação de pagar toda a importância final do financiamento".[67]

Por derradeiro, Fábio Ulhoa Coelho definindo contrato: "A alienação fiduciária é o contrato pelo qual uma das partes (fiduciante) aliena um bem para a outra (fiduciário) sob condição de ele ser restituído à sua propriedade quando verificado determinado fato. Trata-se de contrato-meio, que instrumentaliza outros contratos. A alienação fiduciária em garantia é a alienação que instrumentaliza o mútuo, sendo mutuário o fiduciante e mutuante o fiduciário".[68]

Colhendo-se, pois, as características essenciais, pode-se dizer: − O contrato de alienação fiduciária instrumentaliza a abonação de um financiamento, pelo qual o devedor-mutuário-fiduciante, quase sempre mantendo-se na posse direta, transfere ao credor-mutuante-fiduciário a propriedade de bem móvel, fungível ou infungível, ou de imóvel, sob condição resolutiva.

Mais resumidamente: − O contrato de alienação fiduciária em garantia instrumentaliza a abonação de um financiamento, mediante a propriedade fiduciária, sob condição resolutiva.

9. *Alienação fiduciária em garantia e negócio simulado*. A alienação fiduciária em garantia não é negócio simulado. A transferência da propriedade ocorre, desde o início, com escopo de garantia, e não de ser uma compra e venda típica. Não há, pois, dissenso entre a vontade declarada e a vontade real.

Doutrinas italiana e germânica chegaram a sustentar que a alienação fiduciária em garantia era um *negócio simulado* por haver dissenso entre a vontade declarada e a vontade real.

Como vimos (nº 8.3 *supra*), o devedor-fiduciante não transfere a propriedade ao credor-fiduciário, objetivando uma venda típica no sentido de se desfazer do bem, e sim apenas como garante do mútuo; logo, existe pelo menos um sinal de divergência entre a vontade declarada e a vontade real.

A simulação aplicável ao caso, segundo o Direito brasileiro, seria aquela da *declaração não-verdadeira* (CC/1916, art. 102, II; CC/2002, art. 167, § 1º, II).

Porém, nada há de fingido ou não-verdadeiro na alienação fiduciária. O que existe, sim, é uma declaração para fins externos, perante terceiros, que é a alienação, e outra para fins internos, entre as partes, que é a vontade efetiva, no sentido de a alienação objetivar tão-só a garantia do mútuo. A alienação favorece o credor-fiduciário, pois o bem assegura o débito, e a condição resolutiva favorece o devedor-fiduciante (CC/1916, art. 119; CC/2002, art. 128), pois lhe garante que, uma vez pago o débito, a propriedade retorna *ipso iure*. Não se trata, pois, de uma compra e venda típica, o que desde o início é sabido pelas partes. Aliás, isso está dito de modo

---

[67] Paulo Restiffe Neto, *apud* Celso Marcelo de Oliveira, *Alienação Fiduciária em Garantia*, 2003, p. 41, nº 6.1.

[68] Fábio Ulhoa Coelho, *Curso de Direito Comercial*, vol. III, 3ª ed., 2002, p. 140, nº 5.3.

expresso no art. 1.361 do CC/02 e no art. 22 da Lei 9.514/97, quando referem transferência *com escopo de garantia.*

Ademais, é ensinamento de Pontes de Miranda: "Cumpre que não se confundam os negócios jurídicos fiduciários com os negócios jurídicos simulados, nos quais há discordância, que não há nos negócios jurídicos fiduciários, entre a *vontade* e a *manifestação de vontade.* Naqueles, assim no que se atribui como no que se exige, a manifestação de vontade é do que se quer, e não do que se simula. Aqui, há vício de vontade; ali, não".[69]

Ao fim, não se baralhe divergência entre vontade declarada e vontade real, com *reserva mental,* que é a divergência sabida, com aquilo que foi declarado (CC/02, art. 110).

No Brasil, a tese do *negócio simulado* foi alertada por José Carlos Moreira Alves envolvendo a *retrovenda.*[70] Por exemplo, em vez de mutuante e mutuário celebrarem uma garantia real, celebram uma compra e venda com pacto de retrovenda, ficando desse modo o credor-comprador fortemente alicerçado em termos de garantia, pois o devedor-vendedor só recobrará a propriedade restituindo o preço e reembolsando as despesas, na prática pagando o mútuo. Conforme o insigne Ministro do STF, se as partes não tiveram a intenção de celebrar a retrovenda, mas apenas a usaram para ocultar o mútuo, ela se ostenta *negócio simulado.*

10. ***Alienação fiduciária em garantia e negócio indireto.*** **Têm em comum o fato de que em ambos o objetivo pretendido não é efeito típico direto do contrato em si. Diferem-se, no entanto, porque no** ***negócio indireto*** **o efeito pretendido é conseqüência mediata; já na** ***alienação fiduciária em garantia,*** **o financiamento, que é o objetivo, não é efeito sequer mediato. O objetivo das partes é o financiamento, sendo que, para viabilizá-lo, celebram a alienação fiduciária em garantia.**

Ao ser dito que a alienação fiduciária em garantia é contrato-meio que instrumentaliza a abonação de um financiamento, que é o contrato-fim (nº 8.3 *supra*), pode surgir a idéia de que é um *negócio indireto.*

Há *negócio indireto* quando as partes, conscientemente, o celebram, objetivando efeitos diversos daqueles típicos ou próprios do pacto ajustado. O que existe de comum, entre a alienação fiduciária em garantia e o negócio indireto, é o fato de que, em ambos, o objetivo realmente pretendido não é efeito típico direto ou imediato do contrato em si.

Diferem-se, no entanto, porque no negócio indireto o efeito pretendido é conseqüência mediata ou longínqua do próprio negócio; já na alienação fiduciária em garantia, o financiamento, que é o objetivo das partes, não é decorrência ou efeito da alienação, nem mediato. O objetivo das partes é o financiamento, sendo que, para viabilizá-lo, celebram a alienação fiduciária em garantia, motivo de esta ser chamada *contrato-meio.*

O mesmo exemplo da retrovenda citado no item anterior serve também como *negócio indireto,* na medida em que as partes podem tê-la celebrado conscientemente, não ao fim típico, mas ao indireto de servir de garantia de um mútuo.

11. ***Alienação fiduciária em garantia e CDC.*** **O CDC não rege** ***contrato de consumo,*** **e sim** ***relação de consumo*** **inserida em contrato. No caso**

---

[69] Pontes de Miranda, *Tratado de Direito Privado,* vol. 52, 3ª ed., 1984, p. 342, § 5.482, nº 2.

[70] José Carlos Moreira Alves, *A Retrovenda,* p. 45 e ss.

da alienação fiduciária em garantia, a incidência ocorre no âmbito do financiamento, desde que prestado por entidade que atua profissionalmente como tal, isso por envolver serviço de fornecimento de crédito. Ainda mais, há a incidência específica do CDC, na circunstância do art. 53, ou seja, independe da existência de relação de consumo.

Vimos que o CDC não rege *contrato de consumo*, e sim *relação de consumo* inserida em contrato (nº 11.3 do Cap. I). Não há *contrato de consumo* como ente autônomo ou específico, mas incidência específica do CDC sobre *relação de consumo*, a qual surge de maneira difusa nos contratos, independentemente da espécie. A ausência dessa clareza tem, ao nosso ver, alimentado controvérsias acerca da regência, ou não, do contrato X, ou do Y, pelo CDC. Porém, ele não rege contratos, mas relações de consumo, as quais surgem em questões pontuais dentro do microssistema ou sistema capilar das relações afirmadas pelo contrato.

Vimos também que na alienação fiduciária em garantia o contrato instrumentaliza a abonação de um financiamento, pelo qual o devedor-mutuário-fiduciante, quase sempre mantendo-se na posse direta, transfere ao credor-mutuante-fiduciário a propriedade de bem móvel, fungível ou infungível, ou de imóvel, sob condição resolutiva (nº 8.3 *supra*).

Dito isso, cumpre localizar onde exatamente acontece ou pode acontecer *relação de consumo*, e por conseguinte incidência do CDC.

Em *primeiro lugar*, não vem à baila a eventual incidência do CDC sobre a compra e venda, pela qual o devedor-fiduciante, se já não era proprietário (nº 20.3 *infra*), adquiriu o objeto da garantia. Os eventuais pleitos, na condição de consumidor – desde que o vendedor preencha a condição de fornecedor –, devem ser articulados perante este. Trata-se, pois, de relação jurídica estranha ao contrato de alienação fiduciária em garantia.

Em *segundo*, lembrando que o contrato de alienação fiduciária em garantia *lato sensu* envolve outras espécies contratuais, como a alienação em si e o financiamento, podendo inclusive abranger depósito (nº 14 *infra*), no que tange ao de alienação, consumidor seria a entidade creditícia, na condição de compradora-fiduciária, mas nesse âmbito jamais haverá relação de consumo porque o vendedor-fiduciante, não o fazendo em caráter profissional ou como atividade lucrativa, não é fornecedor. O mesmo acontece no que tange ao eventual contrato de depósito.

Resta, pois, o contrato de financiamento.

Aí, sim, desde que o financiamento seja prestado por entidade que atua profissionalmente como tal, há *relação de consumo* no sentido inverso, ou seja, *consumidor* é o vendedor-fiduciante, não por ser fiduciante, mas por ser *mutuário*, e *fornecedor* é a compradora-fiduciária, não por ser fiduciária, mas por ser *mutuante*, isso à vista do art. 3º, § 2º, do CDC, o qual insere como objeto de sua regência os *serviços*, assim entendidos toda atividade fornecida no mercado de consumo, mediante remuneração, inclusive, dentre outros, os serviços de fornecimento *de crédito*.

Ademais, há incidência específica do CDC na circunstância do art. 53, ou seja, independe da existência de relação de consumo. É expresso no sentido da nulidade *de pleno direito* da cláusula que estabelece "a perda total das prestações pagas em benefício do credor que, em razão do inadimplemento, pleitear a resolução do contrato e a retomada do produto alienado."

12. *Direito de propriedade*. Propriedade plena; propriedade resolúvel; propriedade fiduciária.

12.1. *Propriedade plena*. Incorpora os direitos de *usar, gozar* e *abusar* ou dispor dos bens.

Herdamos do *Corpus Juris Civilis* que a propriedade, em termos plenos, incorpora *jus utendi, fruendi et abutendi* (CC/1916, art. 524; CC/2002, art. 1.228).

Direito de usar refere-se à gestão ou administração dos bens; de *gozar* refere-se ao aproveitamento dos frutos, e o de *abusar* ou dispor refere-se à possibilidade de fazer com eles o que bem se entender, inclusive destruí-los e abandoná-los (*res derelictae*). É oportuno lembrar que o *jus abutendi*, desde que a tese da *função social da propriedade* ganhou espaço, inclusive na Constituição (art. 5º, XXIII), vem sofrendo reveses.

12.2. *Propriedade resolúvel*. É gênero de transferênia sob *condição resolutiva*, pois tanto existe autonomamente quanto difusamente em espécies contratuais típicas. Pode ser resolvida por causa prevista no contrato (implemento da condição ou advento do termo), gerando a dissolução de pleno direito, com efeitos *ex tunc*, e pode por causa não prevista no contrato, não-caso de dissolução de pleno direito, com efeitos *ex nunc*.

Diz o art. 1.359 do CC/2002, repetindo o art. 647 do CC/1916, que resolvida a propriedade *"pelo implemento da condição ou pelo advento do termo*, entendem-se também resolvidos os *direitos reais* concedidos na sua pendência, e o proprietário, em cujo favor se opera a resolução, pode reivindicar a coisa do poder de quem a possua ou detenha." E o art. 1.360, repetindo o art. 648, diz que se a propriedade *"se resolver por outra causa superveniente*, o possuidor, que a tiver adquirido por título anterior à sua resolução, será considerado *proprietário perfeito*, restando à pessoa, em cujo benefício houver a resolução, ação contra aquele cuja propriedade se resolveu para haver a própria coisa ou o seu valor."

Efetivamente, a propriedade resolúvel, ensina Washington de Barros Monteiro,[71] inclusive baseado em diversos outros autores, não é comum, e sim especial, pois "apresenta caráter peculiar, não encontrado nas demais formas dominiais: a previsão de seu desaparecimento no próprio ato constitutivo do direito."

Ademais, há distinguir as situações dos arts. 1.359-60.

O art. 1.359 disciplina a resolução por motivos previstos no contrato, razão por que vale inclusive contra terceiros, sendo que, neste ponto, reproduz-se a *condição resolutiva*, ou seja, extingue-se *ipso iure*, para todos os efeitos, o direito a que ela se opõe (CC/1916, art. 119; CC/2002, art. 128).

E os motivos valem contra terceiros porque, conforme Sílvio Rodrigues,[72] "o mero exame do título revela a existência da condição ou termo resolutivo. Por conseguinte, se a despeito da ciência de tal circunstância, terceiros se dispõem a adquirir a propriedade resolúvel, correm os riscos de a perderem, se a condição resolutiva ocorrer. Com efeito, advindo tal fato, os direitos concedidos na pendência da condição se resolvem com prejuízos dos eventuais adquirentes."

De notar, pois, que a resolução por causas eleitas no título (*ex-causa necessaria*) ocorre de pleno direito (*ipso iure*) ou sem necessidade de intervenção das partes, gerando efeitos retroativos ou *ex tunc* (desde então). Por isso a desconstituição repercute inclusive nos direitos reais concedidos na sua pendência.

Já o art. 1.360 disciplina a resolução por motivos não previstos no contrato, razão por que é ressalvado eventual terceiro de boa-fé, o qual é considerado *proprietário*

---

[71] Washington de Barros Monteiro, *Curso de Direito Civil*, vol. 3, 20ª ed., 1981, p. 237.

[72] Sílvio Rodrigues, *Direito Civil*, vol. 5, 11ª ed., 1981, p. 229, nº 132.

perfeito se a causa da desconstituição entre os primitivos envolvidos for superveniente ao negócio com o novo possuidor, restando à pessoa, a favor de quem houve a resolução da propriedade – tendo em conta que o desfazimento não ocorre de pleno direito –, ajuizar demanda contra quem a propriedade se resolveu, para haver o bem, se possível, ou o seu valor. Pontes de Miranda escreve que a hipótese do art. 648 do CC/1916, *rectius*, art. 1.360 do CC/2002, é de "propriedade *resilível*, por se tratar de resolução *ex nunc*".[73]

De notar, pois, que a resolução por causas não-eleitas no título (*ex causa voluntaria*) não ocorre de pleno direito, havendo portanto necessidade de intervenção das partes, não gerando efeitos retroativos, mas *ex nunc* (desde agora). Por isso ressalva-se o direito de eventual comprador de boa-fé, desde que o motivo seja superveniente ou posterior à compra.

Washington de Barros Monteiro cita como exemplo o donatário que, sendo proprietário perfeito (sem restrições), perde o bem por ingratidão. Acaso já o tiver vendido, válido será o negócio se o legado for desfeito por motivo superveniente à alienação, e acrescenta igualmente a constituição de direito real, como a servidão e a hipoteca. Diferente será, no entanto, conforme o mesmo autor, tratando-se de fideicomisso. Se o fiduciário aliena o bem fideicomitido, com a sua morte ou chegado o tempo ou implementada a condição, a propriedade se resolve em favor do fideicomissário. Quem comprou do fiduciário, perderá.[74] Clóvis Beviláqua também refere o donatário sem restrições (proprietário perfeito), que perde o bem por ingratidão, como exemplo de propriedade resolúvel por causa superveniente.[75] O mesmo exemplo é igualmente mencionado por Sílvio Rodrigues, que por sua vez cita a retrovenda como exemplo de causa de extinção prevista no próprio título.[76]

Por fim, e como desinência, tem-se que a *propriedade resolúvel* é gênero de transferênia sob *condição resolutiva*, pois tanto aparece autonomamente, quanto difusamente em espécies contratuais típicas, como na retrovenda. Se a resolução ocorrer por causa prevista no contrato (implemento da condição ou advento do termo), dissolve-se de pleno direito, com efeitos *ex tunc* (desde então) ou retroativos, inclusive desconstituindo os direitos reais eventualmente concedidos por aquele em favor de quem a propriedade não foi resolvida. Se, porém, a resolução ocorrer por causa não prevista no contrato, como na revogação da doação por ingratidão do donatário sem restrições (proprietário perfeito), os efeitos são *ex nunc* (desde agora) ou não-retroativos, respeitando-se, por isso, a boa-fé de eventual comprador da propriedade resolúvel, desde que o motivo da desconstituição seja superveniente à compra.

12.3. *Propriedade fiduciária*. Espécie do gênero garantia real; constituição pelo registro do contrato.

Como adiantamos (n° 8.2 *supra*), a alienação fiduciária em garantia é um instituto jurídico, portanto com regras e princípios especiais, no qual figuram como elementos o *contrato* e a *propriedade fiduciária*.

12.3.1. *Espécie do gênero garantia real*. Há distinguir o *contrato de alienação fiduciária* de *propriedade fiduciária*: contrato é o título; propriedade é o direito real, logo, espécie do gênero *garantia real*.

---

[73] Pontes de Miranda, *Tratado de Direito Privado*, vol. 14, 4ª ed., 1983, p. 120, § 1.601, n° 1.

[74] Washington de Barros Monteiro, *Curso de Direito Civil*, vol. 3, 20ª ed., 1981, p. 237-9.

[75] Clóvis Beviláqua, *Código Civil Comentado*, vol. 1, edição histórica, p. 1110.

[76] Sílvio Rodrigues, *Direito Civil*, vol. 5, 11ª ed., 1981, p. 230-1, n.s° 132-3.

Escreve José Carlos Moreira Alves: "Os autores que se têm ocupado, em nosso país, com a alienação fiduciária em garantia não fazem, com a necessária nitidez, a distinção que é indispensável para o estudo sistemático desse instituto jurídico. Dão eles a impressão de que a alienação fiduciária em garantia é nova forma de garantia real que foi introduzida em nosso direito para atender às necessidades de proteção de crédito, não satisfatoriamente tutelada pelas garantias já existentes: o penhor, a hipoteca e a anticrese. E daí nascem erros inadmissíveis, pois, em verdade, a alienação fiduciária não é modalidade de garantia real, tal qual não o são, por exemplo, o contrato de penhor e o contrato de hipoteca. O penhor e a hipoteca é que são espécies de garantia real. (...). A alienação fiduciária em garantia é, tão-somente, o contrato que serve de título à constituição da propriedade fiduciária, que – esta, sim – é a garantia real criada, em nosso direito, pelo art. 66 da Lei 4.728, modificado, posteriormente, pelo Dec.-lei 911/69".[77]

Com efeito, há referência à alienação fiduciária como *instituto* e como *contrato*. Preferimos que *alienação fiduciária* seja expressão privativa para quando nos referimos ao *instituto jurídico*.

De qualquer modo, não há confundir *contrato de alienação fiduciária em garantia* com *propriedade fiduciária*. Atualmente, a distinção está clara tanto no art. 23 da Lei 9.514/97, aplicável aos bens imóveis, quanto no § 1º do art. 1.361 do CC/02, aplicável subsidiariamente à alienação fiduciária especial, tendo em conta a omissão do art. 66-B da Lei 4.728/65 (nº 8.2 *supra*).

Contrato é o *título*, e propriedade fiduciária é o *direito real*; logo, espécie do gênero *garantia real*, regularmente constituída, em atendimento ao princípio da legalidade, mediante a transcrição no Registro Público competente.

12.3.2. *Constituição pelo registro do contrato*. Bem móvel e especialidade quanto aos veículos; bem imóvel e cessão fiduciária de crédito imobiliário.

12.3.2-A. *Bem móvel e especialidade quanto aos veículos*. Constitui-se a propriedade fiduciária pelo registro do contrato no Cartório de Títulos e Documentos do domicílio do devedor, exceto veículo, caso em que deve ocorrer na Repartição competente ao licenciamento, sendo integrativa a anotação no respectivo certificado.

No que tange ao *bem móvel*, o § 1º do art. 66 da Lei 4.728/65 estabelecia a obrigatoriedade do arquivamento de cópia ou microfilme do contrato no Registro de Títulos e Documentos, "sob pena de não valer contra terceiros", e o § 10 estabelecia que, tratando-se de veículo automotor, impunha-se constar, "para fins probatórios", no respectivo Certificado de Registro.

Em *primeiro lugar*, não havia referência expressa à *constituição* da propriedade fiduciária, mas tão-só à necessidade de registro no Cartório de Títulos e Documentos para valer contra terceiros, ou seja, publicidade para efeitos *erga omnes*, e referência, tratando-se de veículo automotor, ao registro no Departamento de Trânsito, inclusive no certificado, para fins probatórios.

Em *segundo*, como era de se esperar, surgiram dúvidas.

Por exemplo, adquiria-se a propriedade *fiduciária* pelo contrato em si ou, como nos imóveis, pelo registro? Por outra, o registro era constitutivo ou declarativo da propriedade fiduciária?

---

[77] José Carlos Moreira Alves, *Da Alienação Fiduciária em Garantia*, 3ª ed., 1987, p. 45-6.

Se apenas o registro dava eficácia *erga omnes*, impunha-se deduzir ser ele constitutivo da propriedade fiduciária, conforme de há muito sustentado por Moreira Alves: "... do contrato de alienação fiduciária em garantia – que é o título de aquisição – conjugado com seu arquivamento no Registro de Títulos e Documentos – que é o modo de aquisição – resulta o que a própria Lei que a criou chama de propriedade fiduciária".[78]

A questão, porém, está superada, pois o art. 66 da Lei 4.728/65 foi revogado, e o art. 66-B, omisso no ponto, atrai naturalmente a aplicação subsidiária da norma geral do Código Civil, consoante já demonstramos (nº 8.2 *supra*), sendo que o art. 1.361, § 1º, estabelece que a propriedade fiduciária *constitui-se* pela "transcrição do contrato celebrado por instrumento público ou particular, que lhe serve de título, no Registro de Títulos e Documentos do domicílio do devedor, ou, em se tratando de veículos, na repartição competente para o licenciamento, fazendo-se a anotação no certificado de registro."

Logo, o registro tem caráter constitutivo, e não declarativo. Antes dele não há direito real, mas apenas obrigacional ou pessoal.

E quanto aos veículos? Impõe-se o duplo registro? E se consta na Repartição competente ao licenciamento e não consta no certificado, como fica a situação?

O STF, à época em que era competente para julgar a matéria, levando ao pé da letra a expressão "sob pena de não valer contra terceiros" no então § 1º do art. 66, e ao pé da letra a expressão "para fins probatórios" no § 10, editou a Súmula 489, dizendo: "A compra e venda de automóvel não prevalece contra terceiros, de boa-fé, se o contrato não foi transcrito no Registro de Títulos e Documentos."

Depois, a matéria passou ao STJ, que editou a Súmula 92, dizendo: "A terceiro de boa-é não é oponível a alienação fiduciária não anotada no Certificado de Registro do veículo automotor."

Decidiu, pois, que a anotação no certificado é *integrativa* da propriedade fiduciária, uma vez que é direito real, e a oponibilidade *erga omnes* é de sua essência. Se não é eficaz perante terceiros, não há direito real; se não há direito real, não existe propriedade fiduciária, embora exista contrato.

Por questão de segurança jurídica, e face à divergência jurisprudencial, as credoras-fiduciárias, tratando-se de veículo, passaram a adotar o duplo registro, mais a imprescindível anotação no certificado.

Essa é outra questão que agora está superada, pois o art. 1.361, § 1º, do CC/02, único dispositivo que disciplina o tema, determina registro no Cartório de Títulos e Documentos, "ou, em se tratando de veículos, na repartição competente para o licenciamento, fazendo-se a anotação no certificado de registro."

Portanto, sendo veículo – todo e qualquer para o qual é exigido licenciamento do Poder Público –, o registro deve ocorrer na repartição competente para expedir a licença, fazendo-se a anotação no certificado de registro, sob pena de não se constituir a propriedade fiduciária. Ineficaz será, dessarte, para o fim de constituir a propriedade fiduciária, no caso de veículo, a transcrição do contrato em qualquer outro Registro Público.

12.3.2-B. *Bem imóvel e cessão fiduciária de crédito imobiliário.* Constitui-se a propriedade fiduciária pelo registro na Escrivania de Imóveis competente.

---

[78] José Carlos Moreira Alves, *Da alienação Fiduciária em Garantia*, 3ª ed., 1987, p. 153.

CONTRATOS EMPRESARIAIS

No que tange ao *bem imóvel*, o art. 23 da Lei 9.514/97 não deixa dúvida ao dizer que constitui-se a propriedade fiduciária "mediante o registro, no competente Registro de Imóveis, do contrato que lhe serve de título".

Constitui-se, pois, a propriedade fiduciária, pelo registro na Escrivania de Imóveis competente, conforme previsto no art. 167, I, nº 35, da Lei 6.015/73, acrescido pelo art. 40 da Lei 9.515/97.

O mesmo ocorre no que tange à cessão de crédito, da qual a cessão fiduciária é espécie. Se tiver origem imobiliária. Também deve ocorrer no Registro de Imóveis (Lei 6.015/73, art. 167, nº 21, redação do art. 59 da Lei 10.931/04).

13. *Natureza jurídica da alienação fiduciária em garantia como negócio*. Como *negócio fiduciário*, a natureza jurídica é una ou simples. Dela participam apenas devedor e credor e, quanto aos desdobramentos jurídicos internos, importa o todo, não a parte.

A fim de prevenir equívocos, tais como participação de estranhos e multiplicidade de contratos, impõe-se definir que tanto pelos elementos subjetivos (partes integrantes) quanto pelos desdobramentos jurídicos internos, a alienação fiduciária em garantia como espécie de *negócio fiduciário* (nº 2.2 *supra*) tem natureza jurídica una ou simples.

Quanto aos *elementos subjetivos*, apenas o devedor-fiduciante-mutuário e o credor-fiduciário-mutuante participam do negócio. Ao invés do que parece, o vendedor do bem àquele que se converte em devedor-fiduciante-mutuário não participa do *negócio fiduciário*, haja vista que pode não existir, por exemplo, quando o bem já integrava o patrimônio deste. A compra e venda empresarial, quando existente, é pacto autônomo.

Quanto aos *desdobramentos jurídicos internos*, escreve Celso Marcelo de Oliveira: "No que tange à natureza jurídica, temos que se trata de um negócio uno, embora formado por duas relações jurídicas: uma obrigacional (débito contraído) e uma real (que se expressa pela garantia). É um ato de alienação temporária ou transitória, pois está subordinada a uma condição resolutiva, quer dizer que a propriedade fiduciária cessa em favor do alienante, com o implemento da condição, isto é, o alienante que transferiu a propriedade fiduciária, readquire com o simples pagamento da dívida".[79]

Noutras palavras, os desdobramentos jurídicos internos funcionam como peças de um organismo, onde cada qual desempenha uma função. Importa o todo, não a parte.

14. *Natureza jurídica do contrato*. Mista ou híbrida. Resulta dos contratos de alienação (venda) e de financiamento, e também de depósito na alienação fiduciária de bens móveis. É incorreto dizer *contrato complexo*, *união* ou *coligação* de contratos, ou *simbiose contratual*.

O contrato de alienação fiduciária em garantia é uma unidade que contém: *(a)* necessariamente elementos de mais dois, que são o de alienação ou transferência fiduciária da propriedade (resolutividade), e o de financiamento, sendo oportuno relembrar que este é a força motriz (nº 3.1 *supra*), ou seja, tudo ocorre a partir da necessidade de o fiduciante contrair um empréstimo, no qual entra o bem como abonador; e *(b)* não-necessariamente o contrato de depósito, pois só existe na alienação fiduciária de bens móveis.

Tendo essa – digamos – variada *carga genética*, já pelas suas raízes históricas, só se pode concluir pela natureza jurídica mista ou híbrida, pois, assim como, por exemplo,

---

[79] Celso Marcelo de Oliveira, *Alienação Fiduciária em Garantia*, 2003, p. 65, nº 7.2.

no *leasing*, *factoring* e *franchising*, resulta da combinação de elementos típicos de outros contratos, nascendo daí um indivíduo *novo*.

Diz-se *mista* ou *híbrida* porque traduz, com fidelidade, o fenômeno ocorrente quando elementos de mais de um contrato se juntam para formar uma unidade indissolúvel e independente. E diz-se *unidade indissolúvel* porque o descumprimento rompe o todo, e não apenas a parte descumprida. É incorreto dizer *união* ou *coligação* de contratos, pois significam coexistência de mais de um num mesmo instrumento. Justapõem obrigações. Também é incorreto dizer *simbiose* contratual, pois significa vida em comum entre dois seres, com benefícios mútuos, sem perder a individualidade. Então, simbiose contratual é igual a união ou coligação.

15. *Funções do contrato*. Função social; função ética; função econômica.

Ainda que a alienação fiduciária em garantia seja contrato típico, portanto regrado por legislação específica, não lhe são alheios os princípios das funções social, ética e econômica, a que estão sujeitos todos os contratos, especialmente a partir do CC/02, tema já desenvolvido nos aspectos gerais (nº 12 do Cap. I), cuja leitura temos como pressuposto para, agora, bem compreendê-las nos possíveis aspectos individuais da espécie contratual ora analisada.

15.1. *Função social*. Milhares de pessoas só têm acesso aos bens da vida por meio do crédito ou financiamento. A alienação fiduciária em garantia estimula a existência de entidades creditícias que torna disponível o produto chamado *crédito* ou *financiamento*; logo, ela exerce relevante função social no campo do crédito popular.

Como vimos (nº 12.1.3 do Cap. I), *função social* do contrato, pelo prisma do motivo social de existir, significa a sua preservação como entidade jurídica hábil a conciliar interesses e necessidades das pessoas em geral, e pelo prisma das partes significa a garantia do equilíbrio de direitos e obrigações, dentro de parâmetros vigentes na sociedade, salientando que não há confundir *função social* do contrato e *condição social* dos contratantes, pois não é artifício para alcançar ao mais fraco vantagem, como prêmio por ser mais fraco, nem para impor ao mais forte desvantagem, como castigo por ser mais forte.

No caso da alienação fiduciária em garantia, a despeito das críticas – procedentes em alguns aspectos relativos ao excesso protetivo às entidades creditícias, mas esta é uma questão que deve ser entregue ao Judiciário –, é inegável a sua relevante função social no campo do crédito popular. Escreve Mário Júlio de Almeida Costa que a alienação fiduciária "está, de fato, na base do sistema brasileiro de crédito ao consumidor".[80]

A economia mundial, conforme já demonstramos (nº 5.2 *supra*), especialmente a partir da segunda metade do séc. XX, começou a ser plasmada com base no consumo de bens duráveis e não-duráveis, geradores de melhoria na qualidade de vida das pessoas em geral. O *instituto do crédito* se tornou *meio* de acesso aos chamados *bens da vida*, passando a ser utilizado massivamente, e o instituto da alienação fiduciária em garantia, o instrumento de estímulo à existência de entidades creditícias, para que a população tenha disponível um produto imprescindível no mundo moderno, chamado crédito ou financiamento. Elas são o meio para que milhares de pessoas possam ter o bem de que necessitam.

15.2. *Função ética*. Não há aspectos individuais a destacar. Reportamo-nos ao nº 12.2 do Cap. I.

---

[80] Mário Júlio de Almeida Costa, RT 513, p. 16, nº 6.

15.3. *Função econômica.* **Facilita a compra e venda de bens, pois o vendedor recebe à vista da entidade creditícia, que recebe em prestações do comprador, que desde logo usufrui economicamente o bem.**

A *função econômica* da alienação fiduciária em garantia, nos seus aspectos individuais, está em que facilita a compra e venda de bens, e facilitando estimula tanto o vendedor, que recebe à vista da entidade creditícia, quanto o comprador, que paga parceladamente a esta, com a vantagem de, estando na posse, usufruí-los economicamente desde logo, tendo assegurada a reversão automática da propriedade, uma vez implementado o pagamento. O resultado final é o aquecimento da economia como um todo.

16. *Consumação do contrato.* **Trata-se de contrato real. A efetiva constituição da propriedade fiduciária, bem assim a posse, com quem definido no contrato, são atos de consumação, e não de execução.**

Já evidenciamos, com doutrina de Orlando Gomes,[81] que, quanto à consumação, o contrato pode ser *real*, querendo isso dizer que a entrega do objeto é ato de conclusão, e pode ser *consensual*, querendo isso dizer que a entrega do objeto é ato de execução (nº 7 do Cap. II).

Nesse molde, o contrato de alienação fiduciária em garantia é real. Ensina, Pontes de Miranda: "O negócio jurídico da transmissão fiduciária, em segurança, é contrato real, quer se trate de transmissão da propriedade imobiliária, quer da propriedade mobiliária, quer de direito que não seja direito real, como acontece com a cessão fiduciária de crédito ou com a cessão de outros direitos pessoais".[82]

Para consumação é necessário, por exemplo, a efetiva constituição da propriedade pelo registro (nº 12.3.2 *supra*), bem assim que a posse esteja com quem definido no contrato, normalmente com o fiduciante, mas não imprescindível (nº 24 *infra*).

17. *Características gerais do contrato.* **Forma; estrutura; comutatividade; onerosidade; relação jurídica continuativa; liberdade; cessão dos direitos contratuais (*intuitu pecuniae*).**

17.1. *Forma.* **Escrita, por instrumento público ou particular.**

A forma é escrita (não é possível contrato verbal) por instrumento público ou particular, inclusive quando imóvel (Lei 9.514/97, art. 38, redação do art. 57 da Lei 10.931/04). Na redação original, era exigida escritura pública quando pessoa natural o fiduciante.

17.2. *Estrutura.* **Bilateral ou sinalagmática (obrigações mútuas, e não apenas unilaterais).**

17.3. *Comutatividade.* **Direitos e obrigações equivalentes.**

A comutatividade quer dizer direitos e obrigações equivalentes, obrigações e benefícios proporcionais ou no mesmo grau, o que vem a ser uma dimensão da função social do contrato (nº 12.1.3-C do Cap. I), salvo naquilo que a própria lei diferencia por tratar-se de característica do instituto.

No caso da alienação fiduciária imobiliária, temos um exemplo de necessidade de aplicação do princípio da comutatividade, a fim de equilibrar a relação contratual, como logo veremos (nº 17.7 *infra*).

---

[81] Orlando Gomes, *Contratos*, 8ª ed., 1981, p. 88, nº 55.

[82] Pontes de Miranda, *Tratado de Direito Privado*, 3ª ed., 1984, vol. 52, p. 347, § 5.483, nº 1.

17.4. *Onerosidade*. É inerente à atividade empresarial. Não há contrato empresarial gratuito.

17.5. *Relação jurídica continuativa*. O contrato é de execução continuada. As prestações do financiamento se prolongam no tempo.

17.6. *Liberdade*. Ou as cláusulas são *legais*, impondo-se a ambas as partes, ou são *de adesão*, impostas pelo credor-fiduciário; logo, relativamente ao devedor-fiduciante, a liberdade é nenhuma.

O contrato ou é regrado por *cláusulas legais* (conteúdos impostos pela lei), portanto impondo-se a ambas as partes, ou por *cláusulas de adesão* (conteúdos impostos pelo credor-fiduciário, como é natural).

Assim, ao devedor-fiduciante a liberdade é nenhuma. Ou aceita as condições, ou o contrato não é celebrado. Resta-lhe, no que tange às cláusulas de adesão, questionar eventual ilegalidade ou abusividade.

17.7. *Cessão dos direitos contratuais* (*intuitu pecuniae*). Prevalece o *intuitu pecuniae* sobre o *intuitu personae*. Considerando os direitos de garantia real e de restituição no caso de falência ou insolvência, ao credor-fiduciante desimporta quem é o devedor-fiduciário. Quanto aos imóveis, a anuência do credor-fiduciante, exigida por lei, é de sentido apenas formal, quer dizer, ele não pode se opor, salvo fundado motivo.

Diferentemente de outros contratos, nos quais há prevalência do *intuitu personae*, no de alienação fiduciária prevalece o *intuitu pecuniae*.

Com efeito, o credor-fiduciário tem direito real, ou persecutório ou de seqüela sobre o bem, que vem a ser a eficácia contra terceiros, ensejando tutela específica, independentemente de quem estiver com ele (n° 6.5.1 *supra*).

Assim, ao credor-fiduciário desimporta quem é ou deixa de ser o devedor-fiduciante, motivo por que, salvo disposição diversa, nada obsta que este proceda à cessão dos direitos contratuais, operando-se a substituição subjetiva.

Quanto aos móveis, há norma autorizativa da cessão (Lei 4.728/65, art. 66-B, § 4°, acrescido pela Lei 10.931/04), e quanto aos imóveis há norma exigindo que a transmissão dos direitos de que o fiduciante seja titular depende da *anuência expressa do fiduciário* (art. 29), o que sinaliza *intuitu personae* pelo prisma do devedor-fiduciante, mas de sentido apenas formal, isto é, o credor-fiduciário não pode, sem fundado motivo, se opor ao consentimento, inclusive porque, consoante se deduz do art. 28, ele pode ceder livremente o crédito objeto da alienação. Desse modo, e já invocando o princípio da comutatividade (n° 17.3 *supra*), não se pode negar, salvo fundado motivo, igual direito ao devedor-fiduciante.

18. *Declinação dos requisitos essenciais dos contratos*. Requisitos comuns dos contratos mobiliários e imobiliários; requisitos específicos dos contratos imobiliários.

Limitamo-nos, agora, a declinar os requisitos essenciais ou obrigatórios dos contratos de alienação fiduciária em garantia, comuns aos mobiliários e imobiliários, e os específicos aos imobiliários, destacando nos itens subseqüentes os questionamentos que envolvem cada um. Vale observar *en passant* que dentre eles não consta a necessidade de duas testemunhas, e isso já foi proclamado pelo STJ,[83] o que serve para todas as espécies.

---

[83] STJ, Resp. 25.757-1-MG, Rel. Min. Dias Trindade.

Assim era na alienação fiduciária *especial* de bens móveis, tanto à época do § 1º do art. 66 da Lei 4.728/65, revogado pelo art. 67 da Lei 10.931/04, quanto agora, tendo em conta que o *caput* do art. 66-B, acrescido por essa mesma Lei, faz remissão ao Código Civil. E assim era e continua sendo tanto na alienação fiduciária *comum* de bens móveis (CC/02, art. 1.362), quanto na de bens imóveis (Lei 9.514/97, art. 24). Em todos não consta, dentre os requisitos, a necessidade de testemunhas.

18.1. *Requisitos comuns dos contratos mobiliários e imobiliários*. São os seguintes, desenvolvidos em itens específicos: *(a)* partes; *(b)* objeto e identificação; *(c)* transferência da propriedade fiduciária; *(d)* valor da dívida, prazo do financiamento e periodicidade das prestações; *(e)* valor do objeto da garantia; *(f)* posse e direitos de uso e fruição do bem pelo fiduciante; e *(g)* multas, juros e outros encargos, inclusive correção monetária.

Dizia o art. 66, parágrafo único, da Lei 4.728/65, redação do DL 911/69, revogado pelo art. 67 da Lei 10.931/04, que disciplinava a alienação fiduciária especial, que o contrato, além de outros dados, devia conter: "*a)* o total da dívida ou sua estimativa; *b)* o local e a data do pagamento; *c)* a taxa de juros, as comissões cuja cobrança for permitida e, eventualmente, a cláusula penal e a estipulação de correção monetária, com indicação dos índices aplicáveis; *d)* a descrição do bem objeto da alienação fiduciária e os elementos indispensáveis à sua identificação."

Uma vez revogado o art. 66, o art. 55 da Lei 10.931/04 acresceu o art. 66-B (disciplina a alienação fiduciária especial), que diz o seguinte: "O contrato de alienação fiduciária celebrado no âmbito do mercado financeiro e de capitais, bem como em garantia de créditos fiscais e previdenciários, deverá conter, além dos requisitos definidos na Lei 10.406, de 10 de janeiro de 2002 – Código Civil, a taxa de juros, a cláusula penal, o índice de atualização monetária, se houver, e as demais comissões e encargos."

Por sua vez, diz o art. 1.362 do CC/02 (disciplina a alienação fiduciária comum) que o contrato "conterá: *I* – o total da dívida, ou sua estimativa; *II* – o prazo, ou a época do pagamento; *III* – a taxa de juros, se houver; *IV* – a descrição da coisa objeto da transferência, com os elementos indispensáveis à sua identificação."

Vê-se, pois, que os elementos essenciais do contrato, envolvendo *bens móveis*, são os mesmos, desde a época do art. 66 da Lei 4.728/65, ou seja, o valor da dívida, o prazo e a época do pagamento, a taxa de juros, a atualização monetária, outros encargos contratados e a identificação do bem, além, obviamente, das partes e da constituição da propriedade fiduciária.

Quanto aos *bens imóveis*, diz o art. 24 da Lei 9.514/97 que o contrato "que serve de título ao negócio fiduciário conterá: *I* – o valor do principal da dívida; *II* – o prazo e as condições de reposição do empréstimo ou do crédito do fiduciário; *III* – a taxa de juros e os encargos incidentes; *IV* – a cláusula de constituição da propriedade fiduciária, com a descrição do imóvel objeto da alienação fiduciária e a indicação do título e modo de aquisição; *V* – a cláusula assegurando ao fiduciante, enquanto adimplente, a livre utilização, por sua conta e risco, do imóvel objeto da alienação fiduciária".

No entanto, esses requisitos, especiais à alienação fiduciária imobiliária, não excluem a licitude dos requisitos gerais previstos no art. 5º da mesma Lei, que diz: "As operações de financiamento imobiliário em geral, no âmbito do SFI, serão livremente pactuadas pelas partes, observadas as seguintes condições essenciais: *I* – reposição integral do valor emprestado e respectivo reajuste; *II* – remuneração do capital emprestado às taxas convencionadas no contrato; *III* – capitalização dos juros;

IV – contratação, pelos tomadores de financiamento, de seguros contra os riscos de morte e invalidez permanente."

Portanto, os *requisitos comuns* tanto aos contratos mobiliários quanto aos imobiliários são os seguintes, desenvolvidos adiante em itens específicos: *(a)* partes; *(b)* objeto e identificação; *(c)* transferência da propriedade fiduciária sobre o bem; *(d)* valor da dívida, prazo do financiamento e periodicidade das prestações; *(e)* valor do objeto da garantia; *(f)* posse e direitos de uso e fruição do bem pelo fiduciante; *(g)* multas, juros e capitalização e outros encargos, inclusive correção monetária.

18.2. *Requisitos específicos dos contratos imobiliários.* São os seguintes: *(a)* valor e critério de atualização para venda em leilão público extrajudicial; *(b)* narrativa dos procedimentos do leilão; *(c)* prazo de carência para a cientificação da mora; e *(d)* seguro de vida e de invalidez permanente pelo fiduciante.

Diz o art. 24 da Lei 9.514/97, relativamente aos *bens imóveis*, nos incisos VII e VIII: "*VII* – a indicação, para efeito de venda em público leilão, do valor do imóvel e dos critérios para a respectiva revisão; *VIII* – a cláusula dispondo sobre os procedimentos de que trata o art. 27." Ainda, o § 2º do art. 25 determina que o contrato, quanto à mora, defina prazo de carência, para só após ser expedida a cientificação. Acrescenta-se, ainda, pois a alienação fiduciária envolve operação de financiamento integrante do Sistema de Financiamento Imobiliário – SFI, a necessidade de o fiduciante fazer seguro de vida e de invalidez permanente (art. 5º, IV).

Portanto, os *requisitos específicos* do contrato imobiliário são os seguintes: *(a)* valor do imóvel e critério de revisão para efeito de venda em público leilão extrajudicial; *(b)* narrativa dos procedimentos do público leilão (Lei 9.514/97, art. 27); *(c)* prazo de carência para a cientificação da mora; e *(d)* seguro de vida e de invalidez permanente pelo fiduciante.

19. *Partes (requisito subjetivo).* Relativamente aos móveis; relativamente aos imóveis.

19.1. *Relativamente aos móveis.* Distinção; alienação fiduciária em garantia especial; alienação fiduciária em garantia comum.

19.1.1. *Distinção.* Alienação fiduciária em garantia *especial* é a prevista na Lei 4.728/65, e no DL 911/69, e *comum* é a prevista no CC/02.

Há reconhecer que atualmente alienação fiduciária em garantia de bem móvel é gênero, do qual são espécies a *comum*, prevista no CC/02 (arts. 1.361 a 1.368-A), e a *especial*, prevista na Lei 4.728/65 (art. 66-B, acrescido pelo art. 55 da Lei 10.931/04) e DL 911/69.

19.1.2. *Alienação fiduciária em garantia especial.* Ao instituir no CC/02 a alienação fiduciária em garantia de bem móvel a todo negócio e pessoa, o legislador deixou claro que a prevista na Lei 4.728/65, inclusive a parte processual disciplinada no DL 911/69, é privativa das entidades que atuam no mercado financeiro e de capitais, e atualmente também aos créditos fiscais e previdenciários, daí aquela ser *comum*, e esta *especial*.

A alienação fiduciária em garantia instituída no art. 66 da Lei 4.728/65, atualmente art. 66-B, e DL 911/69, o foi na chamada *Lei de Mercado de Capitais*, e objetivou cativar as entidades creditícias fiscalizadas pelo Banco Central – BACEN –, mediante a concessão de *direitos especiais*, no sentido de atuarem no mercado de concessão de crédito – lembremos do motivo social do contrato (nº 12.1.3-B *supra* do Cap. I) –, facilitando com isso à população em geral o respectivo acesso, e por decorrência a bens que melhoram a qualidade de vida, além de, pelo estímulo ao consumo, aquecer a economia como um todo (nº 5.2 *supra*).

Aconteceu que, antes do CC/02 e do art. 66-B da Lei 4.728/65, este acrescido pela Lei 10.931/04, não estava claro que a alienação fiduciária em garantia, prevista no então art. 66 e disciplinada processualmente pelo DL 911/69, privilegiando – digamos – o credor-fiduciário, principalmente na parte processual com a edição do DL 911/69, era privativa das entidades creditícias controladas pelo Banco Central – BACEN. Isso motivou o surgimento de três correntes, uma de interpretação ampla, outra restrita e outra intermediária, sempre envolvendo o pólo do credor-fiduciário.

No entanto, depois do CC/02 a questão ficou superada, uma vez que este passou a disciplinar a alienação fiduciária *comum* (art. 1.361-8), e mais ainda com a revogação do art. 66 da Lei 4.728/65 pelo art. 67 da Lei 10.931/04, e acréscimo do art. 66-B pelo art. 55 desta mesma Lei, pois este, no *caput*, refere contrato celebrado "no âmbito do mercado financeiro e de capitais, bem como em garantia de créditos fiscais e previdenciários". E no que se refere às normas processuais, o art. 8º-A do DL 911/69, acrescido pelo art. 56 da Lei 10.931/04, tornou as normas processuais nele previstas exclusivas da alienação fiduciária especial.

Mesmo assim, não custa lembrar a essência das mencionadas três correntes, inclusive porque será útil relativamente aos imóveis, como veremos (nº 19.2 *infra*).

A de *interpretação ampla*, minoritária, sustentava que qualquer *pessoa*, natural ou jurídica, podia constar como credora-fiduciária, ou seja, valer-se da garantia fiduciária em seus negócios. São exemplos desse pensamento Nestor José Forster e Maria Helena Diniz, conforme registra Celso Marcelo de Oliveira.[84]

A de *interpretação intermediária* sustentava que qualquer *empresa* podia constar como credora-fiduciária, desde que na concessão de *crédito direto ao consumidor*, ou seja, sem se desviar do objetivo legal, isso tendo em conta: *(a)* a inexistência de veto expresso na lei; e *(b)* estar contemplada, no art. 6º do DL 911/69, ainda que por meio da sub-rogação, a possibilidade de entidade não-creditícia ocupar o lugar desta. Mas – aspecto importante – a interpretação excluía as particularidades protetivas do credor-fiduciário, por exemplo, o processo autônomo e enérgico da busca e apreensão, entendendo que o legislador concedeu-as apenas às entidades creditícias, com base no interesse público de estabilizar o mercado de capitais. São exemplos desse pensamento José Carlos Moreira Alves e Fran Martins, conforme registra Waldírio Bulgarelli.[85]

A de *interpretação restrita*, majoritária, sustentava que só as entidades creditícias fiscalizadas pelo BACEN podiam se valer da alienação fiduciária em garantia instituída no então art. 66 da Lei 4.728/65. São exemplos desse pensamento Orlando Gomes, conforme registra o mesmo Waldírio Bulgarelli, e diversos outros, como Paulo Restiffe Neto, Arnoldo Wald, Alfredo Buzaid, Luís Augusto Beck da Silva, Mílton Paulo de Carvalho, Jorge Belo Lyra e Pedro Cecílio de Oliveira, conforme registra Celso Marcelo de Oliveira, visto a citada lei ser "de caráter financeiro mercantil e estava cuidando especificamente de operações de crédito e financiamento dentro do sistema de mercado de capitais; de modo que somente as instituições

---

[84] Celso Marcelo de Oliveira, *Alienação Fiduciária em Garantia*, 2003, p. 47, nº 6.5.5.

[85] Waldírio Bulgarelli, *Contratos Mercantis*, 10º ed., 1998, p. 313-4, nº 2.8.5.

financeiras em sentido estrito seriam legitimadas a adquirir fiduciariamente bens e garantia".[86]

Conclui-se, pois, que o CC/02, ao instituir a alienação fiduciária em garantia de bem móvel a todo negócio e pessoa, na prática, encampou as correntes ampla e intermediária. Isso por um lado. Por outro, ao assim deliberar, deixou claro que a prevista na Lei 4.728/65, atualmente no art. 66-B, é privativa das entidades que atuam no mercado financeiro e de capitais, fiscalizadas pelo BACEN, bem assim para garantia de créditos fiscais e previdenciários, daí chamarmos aquela de *comum*, e esta de *especial*, e por conseguinte as normas processuais previstas no DL 911, tais como busca e apreensão, ação de depósito por conversão, daí decorrendo prisão civil, conforme diz atualmente o respectivo art. 8º-A.

19.1.3. *Alienação fiduciária em garantia comum.* **Prevista no CC/02, é do tipo *comum*, possível a todo negócio e pessoa, natural ou jurídica, independentemente da origem do débito.**

Do exposto no item anterior, resta aqui apenas confirmar que a alienação fiduciária em garantia, inserta no CC/02, é do tipo *comum*, ou seja, possível a todo negócio e pessoa, natural ou jurídica, independentemente da origem do débito.

Portanto, não se lhe aplicam as normas processuais previstas no DL 911/69 por serem exclusivas ao tipo *especial* previsto na Lei 4.728/65, por exemplo, a ação de busca e apreensão. Para o caso de resolução por inadimplência, consolidando-se a propriedade ao credor-fiduciário, as demandas adequadas serão a ação de reintegração de posse ou ação de depósito (nºs 36.1 e 36.2 *infra*).

19.2. *Relativamente aos imóveis.* **A alienação fiduciária para imóveis prevista na Lei 9.514/97 não é fechada às entidades integrantes do Sistema de Financiamento Imobiliário – SFI – e outras entidades autorizadas pelo Conselho Monetário Nacional – CMN –, mas aberta a toda pessoa natural ou jurídica.**

Diferentemente da instabilidade havida quanto aos móveis, no que tange aos imóveis assim dispôs o parágrafo único do art. 22 da Lei 9.514/97: "A alienação fiduciária poderá ser contratada por pessoa física ou jurídica, podendo ter como objeto imóvel concluído ou em construção, não sendo privativa das entidades que operam no SFI."

Estava claro: toda pessoa, natural ou jurídica, podia valer-se do contrato. Não era privativo das entidades integrantes no Sistema de Financiamento Imobiliário – SFI. Era de livre utilização, como escreveu Marcelo Terra,[87] apenas que a emissão do chamado Certificado de Recebíveis Imobiliários – CRI – (art. 6º) era exclusiva das entidades integrantes do Sistema.

Acontece que o art. 57 da Lei 10.931/04 modificou o citado parágrafo, dando-lhe a seguinte redação: "A alienação fiduciária poderá ter como objeto bens enfitêuticos, sendo também exigível o pagamento do laudêmio se houver a consolidação do domínio útil no fiduciário."

Desse modo, a dúvida antes existente quanto aos móveis acerca de a alienação fiduciária especial ser, ou não, privativa das entidades creditícias, gerando três entendimentos, como vimos (nº 19.1.2 *supra*), migrou para o âmbito dos imóveis.

---

[86] Celso Marcelo de Oliveira, *Alienação Fiduciária em Garantia*, 2003, p. 48, nº 6.5.6.

[87] Marcelo Terra, *Alienação Fiduciária de Imóvel em Garantia*, 1998, p. 28.

Por conseguinte, e inclusive porque o legislador intencionalmente excluiu outras pessoas, impunha-se concluir no sentido de a alienação fiduciária para imóveis prevista na Lei 9.514/97 ser exclusiva das entidades que atuam no Sistema de Financiamento Imobiliário – SFI –, nominadamente "as caixas econômicas, os bancos comerciais, os bancos de investimento, os bancos com carteira de crédito imobiliário, as sociedades de crédito imobiliário, as associações de poupança e empréstimo, as companhias hipotecárias e, a critério do Conselho Monetário Nacional – CMN, outras entidades" (art. 2º).

No entanto, em seguida veio a Lei 11.076/04 dizendo o seguinte: "A alienação fiduciária poderá ser contratada por pessoa física ou jurídica, não sendo privativa das entidades que operam no SFI, podendo ter como objeto bens enfiteuticos, hipótese em que será exigível o pagamento do laudêmio, se houver a consolidação do domínio útil ao fiduciário."

Com isso, retornou-se, em conteúdo, ao texto primitivo do parágrafo único, acrescentando-se a propriedade enfiteutica, a respeito da qual há maiores informações no item relativo ao objeto (nº 20.2.1 *infra*), ou seja; *(a)* a alienação fiduciária em garantia de bens imóveis não é fechada às entidades integrantes do Sistema de Financiamento Imobiliário – SFI – e *outras entidades* autorizadas pelo Conselho Monetário Nacional – CMN –, mas, ao invés, aberta a toda pessoa natural ou jurídica; e *(b)* a diferença está em que as entidades integrantes do SFI e as demais autorizadas pelo CMN podem *securitizar* os créditos, cuja *companhia securitizadora* pode emitir Certificado de Recebíveis Imobiliários – CRI (art. 6º).

20. *Objeto (requisito objetivo) e identificação*. Relativamente aos móveis; relativamente aos imóveis; bens que já pertencem ao devedor-fiduciante; bens cuja propriedade é adquirida posteriormente; venda ou dação em garantia de bem alienado fiduciariamente.

20.1. *Relativamente aos móveis*. Quanto ao objeto; quanto à identificação; quanto à acessão intelectual ou por ficção legal de bem móvel.

20.1.1. *Quanto ao objeto*. Na alienação fiduciária em garantia especial; na alienação fiduciária em garantia comum.

20.1.1-A. *Na alienação fiduciária em garantia especial*. Admite tanto *bens fungíveis* quanto *infungíveis*. Excluem-se os *bens consumíveis*.

O art. 66 da Lei 4.728/65, na redação do DL 911/69, instituidor da alienação fiduciária em garantia, que a partir do CC/02 denominamos de *especial*, dizia apenas *coisa móvel*, e o § 3º dizia que não se identificando "por números, marcas e sinais indicados no instrumento de alienação fiduciária" cabia ao proprietário fiduciário "o ônus da prova, contra terceiros, da identidade dos bens do seu domínio que se encontram em poder do devedor."

Tendo em conta que *bens infungíveis*, *fungíveis* e *consumíveis* são espécies do gênero *bens móveis*, surgiu a polêmica acerca da possibilidade de todos poderem ser objeto de alienação fiduciária em garantia.

Com efeito, o CC/2002 define como *fungíveis* os bens móveis "que podem substituir-se por outros da mesma espécie, qualidade e quantidade" (art. 85), e *consumíveis* aqueles "cujo uso importa destruição imediata da própria substância, sendo também considerados tais os destinados à alienação" (art. 86), dessarte, matéria-prima, insumos, mercadorias armazenadas ou estocadas.

Irineu Mariani

Por exclusão, os *infungíveis* são os que não podem ser substituídos por outros da mesma espécie, qualidade e quantidade, como esclarecia o art. 50 do CC/1916, e menos ainda os que o uso importa destruição imediata da própria substância ou que são destinados à alienação.

De ver, pois, que a característica básica dos fungíveis é a *substitutibilidade*, sem alteração do valor, desde que se possa contar, medir ou pesar, enquanto a dos consumíveis é a *destruição*, a *anulação* ou o *desaparecimento*, desde que cumprida a finalidade ou deles se tenha tirado a utilidade, assim considerados pelo dispositivo legal também os que se destinam à alienação.

Embora a alienação fiduciária conduza à exclusão dos fungíveis e dos consumíveis, formaram-se duas interpretações quanto aos fungíveis, uma ampla e outra restrita.

A *interpretação ampla*, abrangendo os fungíveis e os consumíveis, valia-se do texto aberto do então art. 66, e como elemento ratificador o § 3º, uma vez que admitia bens não identificáveis por estigmas próprios, autorizando a conclusão da possibilidade dos que não constituem *corpus certus* serem objeto de alienação fiduciária em garantia, entendimento liderado pelo insigne Ministro do STF, José Carlos Moreira Alves, dizendo que a Lei "admite, de certa forma e ilogicamente, que coisas fungíveis possam ser objeto de alienação fiduciária",[88] tratando-se, pois, de interpretação da Lei, e não de assertiva de a Lei estar tecnicamente correta, haja vista a referência ao ilogismo.

Pois nada obstante o ilogismo, foi a orientação adotada pelo STF, "suficientemente repetitiva e firme a ponto de dispensar-se a citação específica de julgados", como diz o eminente jurista Adroaldo Furtado Fabrício.[89]

A *interpretação restrita*, excluindo os fungíveis, e com mais razão os consumíveis, residia no fato de que, então, o devedor-fiduciante não estaria obrigado a entregar ou a restituir o mesmo bem, e sim outro equivalente. Isso queria dizer que ele dispunha do bem alienado fiduciariamente, podendo vendê-lo, algo incompatível com a alienação fiduciária, pois o devedor não é proprietário.

Na verdade, o disposto no § 3º do art. 66 da Lei 4.728/65 se referia tão-só ao ônus da prova carregado ao proprietário fiduciário, além do que não havia confundir bem sem estigma com bens substituíveis e consumíveis, razão pela qual o STJ, desde quando passou a ser a Corte competente, adotou orientação diversa do STF, valendo como exemplo o decidido pela 4ª Turma no Recurso Especial nº 2431-SP, em 29-6-90, tendo como Relator o Min. Athos Gusmão Carneiro,[90] gerando por conseguinte carência de ação de busca e apreensão por basear-se em contrato com objeto impossível.

Embora essa orientação, o art. 66-A da Lei 4.728/65, acrescido pelo art. 22 da MP 2.160-25/01, passou a admitir os *bens fungíveis*.

Tal dispositivo, revogado pelo art. 67 da Lei 10.931/04, migrou para o § 3º do art. 66-B acrescido por essa mesma Lei, *verbis*: "É admitida a alienação fiduciária de *coisa fungível* e a cessão fiduciária de direitos sobre coisas móveis, bem como de títulos de crédito, hipótese em que, salvo disposição em contrário, a posse direta e indireta do bem objeto da propriedade fiduciária ou do título representativo do direito ou do crédito é atribuída ao credor, que, em caso de inadimplemento ou mora da obrigação garantida, poderá vender a terceiros o bem objeto da propriedade fiduciária independente de leilão, hasta pública ou qualquer outra medida judicial ou extrajudicial, devendo aplicar o preço da venda ao pagamento do seu crédito e das despesas

---

[88] José Carlos Moreira Alves, *Da Alienação Fiduciária em Garantia*, 2ª ed., 1979, p. 89-90.

[89] Adroaldo Furtado Fabrício, *Alienação fiduciária de coisa fungível, um grave equívoco*, RT 617, p. 16.

[90] STJ, Resp. 2.431-SP, 4ª Turma, em 29-6-90, Rel. Min. Athos Gusmão Carneiro, RSTJ 15, p. 366.

decorrentes da realização da garantia, entregando ao devedor o saldo, se houver, acompanhado do demonstrativo da operação realizada."

Quanto à *posse direta* com o credor-fiduciário, se convencionada, não ocorre o desdobramento. Mas isso não é novidade, uma vez que ela não precisa necessariamente ficar com o devedor-fiduciante. Trata-se de *jus dispositivum* (nº 24 *infra*). Também não é novidade a venda direta a terceiro, inclusive extrajudicialmente, em caso de inadimplência, uma vez que também existe aos bens infungíveis (nº 40.1.3 *infra*).

20.1.1-B. *Na alienação fiduciária em garantia comum.* Admite apenas *bens infungíveis.*

O art. 1.361 do CC/02, que disciplina a alienação fiduciária em garantia *comum*, ao citar apenas os móveis *infungíveis*, implicitamente excluiu os *fungíveis*, e com mais forte razão os *consumíveis*.

20.1.2. *Quanto à identificação.* Descrição do bem, com os elementos indispensáveis à identificação. Não havendo estigma indicado no contrato (números, marcas, sinais, etc.), cabe ao credor o ônus de provar perante terceiros.

Dispunha o art. 66, § 1º, *d*, da Lei 4.728/65, "a descrição do bem, objeto da alienação fiduciária e os elementos indispensáveis à sua identificação", e o § 3º dispunha que se o bem não fosse identificado "por números, marcas e sinais indicados no instrumento de alienação fiduciária", cabia ao credor-fiduciário provar, perante terceiros, a identidade do bem de seu domínio em poder do devedor-fiduciante.

Com a revogação do art. 66 e remissão ao Código Civil pelo art. 66-B, acrescido à Lei 4.728/65 pelo art. 55 da Lei 10.931/04, passou a incidir o art. 1.362 do Código Civil, que declina os requisitos do contrato de alienação fiduciária *comum*, cujo inc. IV estabelece "a descrição da coisa objeto da transferência, com os elementos indispensáveis à sua identificação."

Assim, quanto à identificação, os requisitos são os mesmos tanto na alienação fiduciária *especial* quanto na *comum*.

A particularidade no que tange à *especial* está em que o § 1º do art. 66-B da Lei 4.728 – aplicável por analogia à alienação fiduciária *comum* –, incorporou o § 3º do então art. 66, dispondo o seguinte: "Se a coisa objeto de propriedade fiduciária não se identifica por números, marcas e sinais no contrato de alienação fiduciária, cabe ao proprietário fiduciário o ônus da prova, contra terceiros, da identificação dos bens do seu domínio que se encontram em poder do devedor."

O dispositivo cuida apenas do *ônus probatório perante terceiros*, carregando-o ao credor-fiduciário se o bem não estiver identificado no contrato por algum estigma. *A contrario sensu*, havendo estigma, basta este.

20.1.3. *Quanto à acessão intelectual ou por ficção legal de bem móvel.* A incorporação ao solo de bem móvel alienado fiduciariamente, inserindo-o na classe dos imóveis (*acessão intelectual* ou *por ficção legal*), não inviabiliza as ações velozes específicas em caso de inadimplemento. Se a retirada causar destruição, modificação, fratura, ou dano, resta a execução.

Dizia o art. 43, III, do CC/1916, ser bem imóvel tudo quanto nele o proprietário mantivesse "intencionalmente empregado em sua exploração industrial, aformoseamento ou comodidade," podendo ser – completava o art. 45 – "em qualquer tempo, mobilizados". O CC/2002 trocou a fórmula circunstanciada pela concentrada. Diz apenas que são bens imóveis o solo "e tudo quanto se lhe incorporar natural ou artificialmente" (art. 79).

Como a *incorporação artificial* enfeixa toda agregação ao solo em sua exploração industrial, aformoseamento ou comodidade, subsiste a chamada *acessão intelectual* ou *por ficção legal*, origem de muitas demandas, envolvendo *bens móveis* objeto de alienação fiduciária em garantia.

Primeiro, cumpre distinguir *acessão* (toda espécie de acréscimo), onde o bem alienado fiduciariamente é *incorporador* de outrem, como veremos (nº 44.1 *infra*), e *acessão intelectual* ou *por ficção legal*, que é o fenômeno inverso, ou seja, o bem alienado fiduciariamente é *incorporado* por outrem.

Segundo, relativamente à *acessão intelectual* ou *por ficção legal*, surgiu a tese de que, por exemplo, o maquinário para exploração industrial adquirido e alienado fiduciariamente, uma vez implantado no solo para exploração industrial, passa à classe dos *bens imóveis*, inviabilizando as ações velozes que a lei põe à disposição do credor-fiduciário para os casos de resolução do contrato de bens móveis, nominadamente a busca e apreensão e a reintegração de posse (nºs 35.1, 35.3 e 36.1 *infra*).

A tese foi defendida em processo envolvendo o maquinário de uma indústria de papel, a saber: torno desfolhador de madeira, afiadora de facas, tesoura guilhotina, guilhotina refinadora de pacote, secador de rolos *hit-jet*, juntadeira automática de sarrafos, juntadeira de lâmina de papel, batedeira de cola, prensa hidráulica com pratos aquecedores, elevadores mecânicos, serra esquadrejadeira, caldeira a vapor e estufas. Também foi defendida em processos envolvendo maquinários agrícolas, como tratores e colheitadeiras, porque incorporados ao solo em sua atividade produtiva.

Porém, não logrou êxito.

É suficiente voto do Min. Carlos Alberto Menezes Direito, da 3ª Turma do STJ. Invocando ensinamentos de Maria Helena Diniz, reconhece que tais bens "são tidos por imóveis por *acessão intelectual*, 'ante o ato de seu proprietário destinar coisas móveis a serviço do imóvel', constituindo uma ficção legal, 'para evitar que certos bens móveis, acessórios do imóvel, sejam separados deste, havendo, então, uma afetação do móvel ao imóvel'. Com isso, a 'imobilização da coisa móvel por acessão intelectual não é definitiva, já que pode ser a qualquer tempo mobilizada, por mera declaração de vontade, retornando a sua anterior condição de coisa móvel (...). Assim sendo, as máquinas de uma indústria, se destacadas do solo, voltarão a ser móveis. A mobilização operar-se-á por vontade do proprietário e não basta para tanto que a remoção das máquinas seja feita momentaneamete para seu ulterior reaproveitamento no mesmo solo, dado que os imóveis por acessão intelectual não se mobilizam se ocorrer separação temporária do imóvel principal' (Maria Helena Diniz, *Código Civil Anotado*, Saraiva, 1995, p. 60-1). Não há, portanto, restrição alguma a que tais máquinas sejam alcançadas pela alienação fiduciária, presente que o proprietário é que assim entendeu de imobilizá-las. E a lição do mestre Moreira Alves, trazida no recurso é definitiva. A nossa Turma, com a relatoria do Min. Eduardo Ribeiro, encampou a tese manifestada no especial ao entender possível a alienação fiduciária de bens 'que, apenas por acessão intelectual, se considerem imóveis' (AgRgAg n. 94.947/MG, DJ de 12-8-96)",[91] decisão mais tarde confirmada à unanimidade pela Corte Especial, sendo relator o Min. Garcia Vieira.[92] Idem decisão da 3ª Turma, do mesmo Tribunal, tendo como relator o Min. Eduardo Ribeiro.[93]

---

[91] STJ, Resp. 251.427-PA, 3. Turma, Rel. Min. Carlos Alberto Menezes Direito, em 22-8-00.

[92] STJ, AgRG nos Embargos de Divergência em Resp. 251.427-PA, Rel. Min. Garcia Vieira, em 1º-2-02.

[93] STJ, Agravo Regimental no AG 94.947-MG, Rel. Min. Eduardo Ribeiro, em 28-5-96.

Deveras, se alguém adquire bens móveis e os aliena fiduciariamente para financiar a respectiva compra, é inadmissível argúa mais tarde que, por *acessão intelectual* ou por *ficção legal*, passaram à classe dos imóveis porque se incorporaram ao solo em sua exploração industrial ou atividade econômica, inviabilizando as demandas velozes, específicas do instituto da alienação fiduciária que a lei põe à disposição do credor-fiduciário nos casos de resolução contratual de bens móveis.

Mas nem tudo fica resolvido se a retirada dos bens implicar destruição, modificação, fratura, ou dano, como dizia o art. 43, II, do CC/1916.

Para tais ocorrências, perfeitamente previsíveis, cabia ao credor-fiduciário, sob cujo comando o pacto normalmente é ajustado, se precaver com disciplina específica. Se tal não fez, deve suportar o ônus da omissão, restando-lhe tão-só a cobrança da dívida (n° 33.2 *infra*).

20.2. *Relativamente aos imóveis.* Quanto ao objeto; quanto à identificação.

20.2.1. *Quanto ao objeto.* Todo bem imóvel, inclusive enfitêutico.

Quanto ao *objeto*, dispunha a redação original do parágrafo único do art. 22 da Lei 9.514/97 poder ser "imóvel concluído ou em construção". No entanto, como vimos (n°s 8.2 e 19.2 *supra*), o art. 57 da Lei 10.931/04 modificou o citado parágrafo único, passando à seguinte redação: "A alienação fiduciária poderá ter como objeto bens enfitêuticos, sendo também exigível o pagamento do laudêmio se houver a consolidação do domínio útil no fiduciário." Em seguida veio a Lei 11.076/04, dispondo o seguinte: "A alienação fiduciária poderá ser contratada por pessoa física ou jurídica, não sendo privativa das entidades que operam no SFI, podendo ter como objeto bens enfitêuticos, hipótese em que será exigível o pagamento do laudêmio, se houver a consolidação do domínio útil no fiduciário." Em conteúdo, restabeleceu o texto primitivo do parágrafo único, abrindo o Sistema a toda pessoa natural ou jurídica, acrescentando a propriedade enfitêutica.

A enfiteuse, o CC/02 não só não a previu no rol dos *direitos reais* (art. 1.225), como a proibiu, ressalvadas as existentes, as quais, até a extinção, regulam-se pelo CC/1916, bem assim a dos terrenos de marinha, a qual se regula por lei especial (art. 2.038). Eis a definição dada pelo art. 678 do CC/1916: "Dá-se a enfiteuse, aforamento, ou emprazamento, quando por ato entre vivos, ou de última vontade, o proprietário atribui a outrem o domínio útil do imóvel, pagando a pessoa, que o adquire, e assim se constitui enfiteuta, ao senhorio direto uma pensão, ou foro anual, certo e invariável." Em suma, transfere ao enfiteuta ou foreiro o *domínio útil*, o qual abrange todos os direitos de utilização.

O enfiteuta, por sua vez, pode alienar o *domínio útil* ou dá-lo em pagamento, uma vez notificado o *senhorio direto* para que exerça o direito de preferência, o qual, se não exercê-lo, "terá direito de receber do alienante o laudêmio, que será de dois e meio por cento sobre o preço da alienação, se outro não se tiver fixado no título de aforamento." Noutras palavras, o *laudêmio* corresponde a uma participação do senhorio direto por aprovar a compra do domínio útil por terceiro. Conforme De Plácido e Silva, em *Vocabulário Jurídico*, a origem da palavra *laudêmio*, seja de *laudandi*, gerúndio de *laudare* (louvar, reconhecer), seja de *laudo emptionem* (aprovo a compra), significa *aprovação* do senhorio direto ao *novo enfiteuta*.

No caso do parágrafo único do art. 22, em sua atual redação, óbvio que não reinstituiu no Direito brasileiro a possibilidade de enfiteuse em prédios que não os de marinha, mas tão-só ensanchou a alienação fiduciária das propriedades enfitêuticas existentes quando o CC/02 entrou em vigor.

Assim, no que tange ao objeto, resultam o *caput* do art. 22 e o respectivo parágrafo único, este na redação que lhe deram a Lei 10.931/04 e em seguida a Lei 11.076/04. Resumindo, todo bem imóvel, inclusive enfitêutico.

20.2.2. *Quanto à identificação.* **O contrato deve ter a descrição e caracterização, salvo se urbano e já constarem no registro imobiliário, caso em que, mesmo sendo instrumento particular, ficam dispensadas.**

Quanto à *identificação*, o art. 24, IV, exige que a cláusula da propriedade fiduciária tenha a "descrição do imóvel objeto da alienação fiduciária e a indicação do título e modo de aquisição."

Marcelo Terra sustenta que a descrição do imóvel, a identificação do título e modo de sua aquisição "devem ser interpretadas harmonicamente com a lei das escrituras públicas, dispensadora da descrição do imóvel, se urbano, e desde que constem, em registro, sua descrição e caracterização (Lei 7.433/85, art. 2º), devendo o instrumento consignar, entre outros elementos, o número do registro ou matrícula, dispensada, portanto, a referência a contrato ou escritura ou título de origem judicial (título), que originou o registro imobiliário (modo)".[94]

Considerando que a redação original do art. 38 da Lei 9.514/97 exigia escritura pública apenas quando pessoa natural o fiduciante, e *considerando* que a redação que lhe deu o art. 57 da Lei 10.931/04, não faz restrição alguma à *forma particular* (nº 17.1 *supra)*, a ela atribuindo o caráter de escritura pública, "para todos os fins de direito", dúvida não há de que essa expressão final autoriza concluir no sentido de que também aos instrumentos particulares está dispensada a descrição e caracterização, tratando-se de imóvel urbano, se a descrição e caracterização já constarem no registro imobiliário.

20.3. *Bens que já pertencem ao devedor-fiduciante.* **Quanto aos móveis; quanto aos imóveis.**

20.3.1. *Quanto aos móveis.* **Nada obsta que o bem móvel já integrante do patrimônio do devedor-fiduciante seja objeto de alienação fiduciária em garantia especial e comum. Dentre os dois objetivos básicos da alienação fiduciária – facilitar o financiamento e estimular o consumo –, o STJ optou pela prevalência da facilitação ao financiamento (Súmula 28).**

Na década de 1980, especialmente no TJRS e ex-TARS, como historia Luiz Augusto Beck da Silva,[95] surgiu a polêmica acerca da possibilidade, ou não, de o devedor alienar fiduciariamente bem já integrante de seu patrimônio.

Os tribunais gaúchos se posicionaram pela impossibilidade, e por dois motivos: *(a)* inexistir a operação de compra e venda empresarial, ou seja, o financiamento contratado deve se destinar à aquisição do próprio objeto da garantia; e *(b)* existir necessidade de interpretação restritiva a um instituto que defere ao credor-fiduciário privilégios processuais, repercutindo até mesmo na liberdade do devedor-fiduciante, o que motiva sua redução às situações típicas.

Em *primeiro lugar,* o então vigente art. 66 da Lei 4.728/65, na redação do DL 911/69, referia apenas a transferência da propriedade resolúvel, portanto sem condicionar que o financiamento fosse motivado pela compra do objeto dado em garantia; em *segundo,* a alienação fiduciária em garantia foi instituída com dois objetivos básicos: facilitar o financiamento e estimular o consumo (nº 5.2 *supra).*

---

[94] Marcelo Terra, *Alienação Fiduciária de Imóvel em Garantia,* 1998, p. 25.

[95] Luiz Augusto Beck da Silva, RT 688, p. 52, item 2.2.

Assim, a divergência era de natureza subjetiva, ou seja, qual das finalidades devia prevalecer. Aos adeptos da prevalência da facilitação ao financiamento, nada obstava que o objeto da garantia já fosse patrimônio do devedor-fiduciante, inclusive as empresas, a fim de formar capital de giro; aos adeptos da prevalência do estímulo ao consumo, tal não era possível, uma vez que o financiamento devia ser motivado por uma compra, tendo como garantia o objeto comprado.

Após o julgamento de diversos recursos especiais, todos originários do Rio Grande do Sul, conforme registram Lucilva Pereira da Silva[96] e Luiz Augusto Beck da Silva,[97] o STJ editou a Súmula 28 dizendo o seguinte: "O contrato de alienação fiduciária em garantia pode ter por objeto bem que já integrava o patrimônio do devedor."

Portanto, a Corte que dá a última palavra quanto à interpretação das normas infraconstitucionais optou pela prevalência da facilitação ao financiamento ou crédito.

Considerando que o instituto migrou também para dentro do Código Civil; *considerando* que o Código Civil refere apenas propriedade resolúvel de bem móvel infungível com escopo de garantia (art. 1.361); *considerando* que, revogado o art. 66 da Lei 4.728/65, o respectivo art. 66-B refere apenas alienação fiduciária celebrada "no âmbito do mercado financeiro e de capitais", mais ainda "em garantia de débitos fiscais e previdenciários", o que admite já seja o devedor-fiduciante proprietário do bem; e *considerando* a aplicação subsidiária do CC/02 em tudo quanto o art. 66-B for omisso e não for incompatível com a respectiva espécie, como ressalva o art. 1.368-A acrescido pelo art. 58 da Lei 10.931/04, há reconhecer, agora ainda mais que antes, a excelência da Súmula 28 do STJ.

No que tange aos privilégios processuais, além de serem exclusivos da alienação fiduciária *especial* (DL 911/69, art. 8º-A, acrescido pelo art. 56 da Lei 10.931/04), o cuidado integra o juízo de avaliação do devedor, na medida em que, não os aceitando, dispõe da fiduciária *comum* (nº 19.1.3 *supra*), na qual não há regalias ao credor.

20.3.2. *Quanto aos imóveis*. Nada obsta que o bem imóvel já seja de propriedade do devedor-fiduciante. O texto da Lei é aberto. Não exige que o financiamento seja por motivo de *compra*. É pertinente a Súmula 28 do STJ.

Assim como o art. 66-B da Lei 4.728/65 e o art. 1.361 do CC/02, que disciplinam as alienações fiduciárias *especial* e *comum* de bens móveis, também o texto do *caput* do art. 22 da Lei 9.514/97, que disciplina a alienação fiduciária de bens imóveis, é aberto. Limita-se a mencionar a transferência da propriedade fiduciária com escopo de garantia. Não exige que o financiamento seja por motivo de *compra*. Ademais, a nova redação do respectivo parágrafo único, incluindo os bens enfitêuticos (nº 20.2.1 *supra*), o que pressupõe já seja o devedor-fiduciante proprietário, não há dúvida quanto à pertinência da Súmula 28 do STJ também quanto aos bens imóveis.

20.4. *Bens cuja propriedade é adquirida posteriormente*. A alienação fiduciária de *propriedade superveniente*, possível nos móveis e imóveis, é um passo adiante à de propriedade de bem que já pertence ao fiduciante. Registrado o contrato, o *domínio fiduciário* se transfere ao

---

[96] Lucilva Pereira da Silva, *Julgados de Alienação Fiduciária*, 1993, p. 9.

[97] Luiz Augusto Beck da Silva, RT 688, p. 57, item 4.

credor-fiduciário, sem qualquer formalidade posterior, quando o devedor-fiduciante adquire a propriedade.

Relativamente à alienação fiduciária *comum*, diz o § 3º do art. 1.361 do CC/02: "A propriedade superveniente, adquirida pelo devedor, torna eficaz, desde o arquivamento, a transerência da propriedade fiduciária."

Relativamente à alienação fiduciária *especial*, dizia o § 2º do art. 66 da Lei 4.728/65: "Se, na data do instrumento de alienação fiduciária, o devedor ainda não for proprietário da coisa objeto do contrato, o domínio fiduciário desta se transferirá ao credor no momento da aquisição da propriedade pelo devedor, independentemente de qualquer formalidade posterior."

Acontece que esse dispositivo foi revogado pelo art. 67 da Lei 10.931/04, sendo substituído pelo art. 66-B, acrescido pelo art. 55 dessa mesma Lei, o qual silencia acerca do tema. Porém, o art. 58 igualmente da Lei 10.931/04 acresceu ao CC/02, regente da alienação fiduciária *comum*, o art. 1.368-A, pelo qual as "demais espécies de propriedade fiduciária ou de titularidade fiduciária submetem-se à disciplina específica das respectivas leis especiais, somente se aplicando as disposições deste Código naquilo que não for incompatível com a legislação especial."

Ora, se o atual regramento individual é omisso, porém faz remissão ao geral no que lhe for compatível, não se pode concluir pela incompatibilidade agora, se antes não o era.

Relativamente à alienação fiduciária *imobiliária*, cuja Lei Especial também é omissa (Lei 9.514/97), se a propriedade superveniente é compatível quando o objeto é bem móvel, em princípio não há por que não ser quando é imóvel.

Com efeito, a alienação fiduciária em garantia foi instituída com dois objetivos básicos: facilitar o financiamento e estimular o consumo (nº 5.2 *supra*). No embate acerca de qual devia prevalecer, venceu o financiamento, o que ensejou a alienação de bem já incorporado ao patrimônio do devedor-fiduciante, como vimos (nº 20.3 *supra*), inclusive sendo comum as empresas valerem-se dela, a fim de formar capital de giro.

Óbvio que a alienação fiduciária de bem cuja propriedade é adquirida posteriormente não se aplica aos casos de *estímulo ao consumo*, nos quais o financiamento é motivado por uma compra, tendo como garantia o objeto comprado, e sim nos de *financiamento* puro e simples, na medida em que aliena fiduciariamente a propriedade de algo, a qual ainda não tem, mas está em condições concretas e objetivas de tê-la, por exemplo, um contrato de promessa de compra e venda de imóvel devidamente registrado na Escrivania Imobiliária e qualquer bem comprado com reserva de domínio.

Aliás, não custa lembrar, na compra e venda empresarial o objeto não precisa existir no momento da contratação. Basta que o vendedor, em razão da atividade e analisadas as circunstâncias, esteja em condições e comprá-lo ou fabricá-lo. Vigora o *princípio da factibilidade*. (nº 5.2.3 *supra* do Cap. II).

Em resumo, a alienação fiduciária de *propriedade superveniente*, possível tanto nos móveis quanto nos imóveis, representa um passo adiante à alienação fiduciária de propriedade de bem que já pertence ao fiduciante.

Uma vez adquirida a propriedade pelo devedor-fiduciante – e tudo deve ser bem explicitado no contrato, inclusive com o registro no Cartório competente (nº 12.3.2 *supra*) – o domínio fiduciário se transfere automaticamente ao credor-fiduciário, independentemente de qualquer formalidade posterior (CC/02, art. 1.361, § 3º).

CONTRATOS EMPRESARIAIS

20.5. *Venda ou dação em garantia de bem alienado fiduciariamente.* **Vender ou dar em garantia, como se próprio fosse, bem alienado fiduciariamente, caracteriza em tese crime de estelionato, seja qual for a espécie de alienação fiduciária.**

Se, por um lado, é possível a alienação fiduciária de *propriedade superveniente*, como vimos no item anterior, não o é, após adquiri-la e aliená-la fiduciariamente, vendê-la ou dá-la em garantia também a terceiros como se própria fosse.

O § 2º do art. 66-B da Lei 4.728/65, acrescido pelo art. 55 da Lei 10.931/04, repetindo o § 8º do revogado art. 66, diz: "O devedor que alienar, ou der em garantia a terceiros, coisa que já alienara fiduciariamente em garantia, ficará sujeito à pena prevista no art. 171, § 2º, I, do Código Penal", o qual diz: "vende, permuta, dá em pagamento, em locação ou em garantia coisa alheia como própria."

Enfim, comete estelionato, e isso vale para todas as espécies de alienação fiduciária, pois em todas o devedor-fiduciário não detém a propriedade. A referência expressa na alienação fiduciária especial, ausente nas demais, não quer dizer que face a estas não há crime, pois, à sua caracterização em tese, basta o tipo descrito no Código Penal.

21. *Transferência da propriedade fiduciária.* **Deve constar no contrato a** *transferência* **da propriedade fiduciária, inclusive quando se tratar de cessão fiduciária de direitos sobre bens e títulos de crédito, visto que sem tal não é possível a sua** *constituição* **pelo registro.**

No que tange aos bens móveis, não há na legislação item expresso de constar no contrato a transferência da propriedade fiduciária, salvo de modo implícito no art. 1.362, IV, do CC, quando refere "a transcrição da coisa objeto da transferência", entenda-se, *transferência* da propriedade fiduciária. O mesmo acontece com o § 4º do art. 66-B da Lei 4.728/65 ao fazer remissão aos arts. 18 a 20 da Lei 9.514/97, quando se tratar de cessão fiduciária de direitos sobre bens e títulos de crédito.

No que tange aos bens imóveis, o art. 24, IV, da Lei 9.514/97, exige a "cláusula de constituição da propriedade fiduciária".

De qualquer modo, óbvio que, independentemente de qual seja o objeto, deve sempre constar no contrato, que é o título que instrumentaliza a garantia do financiamento, a *transferência* da propriedade fiduciária, visto que sem ela não é possível a sua *constituição* pelo registro, com a particularidade relativamente aos veículos automotores (nº 12.3.1 e 12.3.2 *supra*).

22. *Valor da dívida, prazo do financiamento e periodicidade das prestações.* **Seja alienação fiduciária em garantia de bens móveis ou imóveis, seja cessão fiduciária de direitos ou de títulos de crédito, deve constar no contrato o valor da dívida e, livremente, a periodicidade (a praxe é de prestações mensais), e o prazo do financiamento (a praxe é de curto e médio nos móveis, e de longo nos imóveis).**

O art. 66, § 1º, da Lei 4.728/65, revogado pelo art. 67 da Lei 10.931/04, exigia que o contrato tivesse o total da dívida ou sua estimativa, o local e a data do pagamento (alíneas *a* e *b*). O seu substituto na disciplina da alienação fiduciária *especial* de bens móveis, fez remissão ao Código Civil.

O CC/02, que disciplina a alienação *comum* de bens móveis, estabelece no art. 1.362, I e II, o total da dívida ou sua estimativa e o prazo ou a época do pagamento. Ainda, o § 4º do art. 66-B admite a cessão fiduciária de direitos sobre bens móveis ou sobre títulos de crédito, aplicando-se os arts. 18 a 20 da Lei 9.514/97, sendo que o art. 18, I e II, exige conste no contrato o total da dívida ou sua estimativa, o local, a data e a forma de pagamento. Por sua vez, o art. 24, I, II, da Lei 9.514/97, que disciplina a alienação fiduciária de bens imóveis, igualmente estabelece o valor da dívida, o prazo e as condições de reposição do empréstimo ou do crédito do fiduciário, entenda-se prazo do financiamento com a periodicidade das prestações.

Especificamente, no que tange ao prazo do financiamento e à periodicidade das prestações, não há qualquer limite. A deliberação cabe às partes, conforme as conveniências, inclusive quanto ao intervalo temporal entre uma e outra prestação.

No que tange à periodicidade, a praxe é de prestações mensais e, no que tange ao prazo de financiamento, é de ser a curto e médio nos bens móveis, assim entendido o que vai até cinco anos, e a longo nos imóveis, assim entendido o superior a cinco anos. É diferente do que acontece, por exemplo, no *leasing*, onde há prazos mínimos que variam de acordo com o tempo de vida útil do bem arrendado, e a periodicidade das prestações não pode ultrapassar um semestre, salvo anual para as atividades rurais.

Enfim, seja alienação fiduciária em garantia de bens móveis ou imóveis, seja cessão fiduciária de direitos ou de títulos de crédito, deve constar no contrato o valor da dívida e, livremente, a periodicidade (a praxe é de prestações mensais), e o prazo do financiamento (a praxe é de curto e médio nos móveis, e de longo nos imóveis).

23. *Valor do objeto da garantia*. Quanto aos *móveis*, a legislação não refere o *valor do bem*, mas é recomendável, a fim de prevenir conflitos, conste no contrato, pois nem sempre coincide com o *valor da dívida*, até porque repercute no *preço de venda* pelo credor-fiduciário. A omissão faz presumir equivalência entre entre ambos. Quanto aos *imóveis*, tem-se o valor a partir do disposto no art. 24, VI, da Lei 9.514/97.

Quanto aos *móveis*, a legislação refere apenas que deve constar no contrato o *valor da dívida*, como vimos no item anterior. Não refere que deve constar também o *valor do bem* (*res fiduciae*), quem sabe no pressuposto de que a alienação em garantia só é usada para *financiamento integral* do valor do objeto alienado. Mas pode haver também *financiamento parcial* ou até quem sabe *garantia parcial*, por exemplo, o bem vale dez e o financiamento é de oito, ou vice-versa.

É recomendável, pois, a fim de prevenir conflitos, que o contrato, sob pena de se presumir equivalência, defina quando houver disparidade, inclusive porque isso repercute no *preço de venda* pelo credor-fiduciário, quanto a eventual saldo que terá o fiduciante a pagar ou a receber, como veremos (nºs 40.1.2 e 40.1.3 *infra*).

Quanto aos *imóveis*, a lacuna é suprida, em teor, na medida em que o art. 24, VI, da Lei 9.514/97, exige o valor para efeito de venda em leilão e os critérios para a respectiva revisão; logo, presumindo-se que o valor para eventual leilão, definido no momento do contrato, seja o valor de mercado, tem-se, por viés, o da *res fiduciae*, o que igualmente repercute no *preço de venda* na hipótese de resolução da propriedade a seu favor (nº 40.2.2-B e C *infra*).

24. *Posse e direitos de uso e fruição do bem pelo fiduciante*. Ainda que o normal seja a posse direta ficar em poder do devedor-fiduciante, a fim de uso e fruição do bem, tal não é imprescindível. A questão da posse é *jus dispositivum*. As partes podem deliberar segundo o talante.

Dizia o art. 66 da Lei 4.728/66 que pela propriedade fiduciária o credor-fiduciário recebia a *posse indireta*, ficando o devedor-fiduciante com a *posse direta*, na condição de depositário, com todas as responsabilidades e encargos que lhe incumbiam de acordo com a lei civil e penal. Foi revogado pelo art. 67 da Lei 10.931/04, e o substituto, art. 66-B, acrescido pelo art. 55 da mesma Lei, não adentrou na questão conceitual.

Considerando a aplicação subsidiária do CC/02 (art. 1.368-A, acrescido pelo art. 58 da Lei 10.931/04), como norma geral, em tudo quanto aquele é omisso (nº 8.2 *supra*), incide o art. 1.361, § 2º, pelo qual a propriedade fiduciária enseja o *desdobramento* da posse, tornando-se o devedor-fiduciante *possuidor indireto*. Isso é repetido pelo parágrafo único do art. 23 da Lei 9.514/97, sendo que o art. 24, V, refere a necessidade de cláusula que assegure ao fiduciante, enquanto adimplente, a livre utilização, por sua conta e risco, do imóvel objeto da alienação fiduciária.

Portanto, independentemente de o objeto ser móvel ou imóvel, acontece o desdobramento da posse, ficando a direta com o devedor-fiduciante, e a indireta com o credor-fiduciário.

A posse direta com o devedor-fiduciante objetiva ensejar-lhe o *jus utendi* ou direito de uso (de gestão ou administração) e o *jus fruendi* ou direito de gozar (de usufruir os frutos), segundo a respectiva finalidade, como se dono fosse, e precisamente nisso reside o contraste e a vantagem da alienação fiduciária na comparação com o penhor (nº 6.5.3-A *supra*).

No entanto, não é imprescindível que a posse direta pertença ao devedor-fiduciante, visto que o objeto pode estar com terceiro, por exemplo, arrendado ou alugado, como inclusive prevê o § 7º do art. 27 da Lei 9.514/97, acrescido pelo art. 57 da Lei 10.931/04, e, mesmo, nada obsta seja combinado que ela ficará com o credor-fiduciário.

Noutras palavras: a questão da posse é *jus dispositivum*. As partes podem deliberar segundo o talante, motivo por que é inóxia a referência no § 3º do art. 66-B da Lei 4.728/65, redação do art. 55 da Lei 10.931/04, facultando, na questão dos bens fungíveis, como se fosse um privilégio, a possibilidade de o credor-fiduciário cumular as posses direta e indireta.

25. *Prazo do contrato; prestação; multas; juros; outros encargos; discriminação das rubricas e dos valores.*

25.1. *Prazo do contrato*. Na alienação fiduciária de bens móveis; na alienação fiduciária de bens imóveis.

25.1.1. *Na alienação fiduciária de bens móveis*. Não há na legislação referência a prazo do contrato. Portanto, cabe às partes definir. O normal é que seja maior ou menor conforme a vida útil do bem.

Nem o já revogado art. 66 da Lei 5.728/65 dizia, nem o atual art. 66-B, acrescido pela Lei 10.931/04, que rege a alienação fiduciária especial, diz qual o prazo do contrato, mínimo ou máximo. O mesmo acontece com o CC/02, que rege a fiduciária comum. A menção a prazo no art. 1.361, II, refere-se à época do pagamento; logo, periodicidade da prestação.

Conclui-se, pois, que a legislação deixou à mercê das partes a definição em concreto. De qualquer modo, oportuno é lembrar que no *leasing* mobiliário consta *critério natural*, ou seja, prazos mínimos conforme a maior ou menor vida útil do bem (nº 19.1.1-B do Cap. IV).

25.1.2. *Na alienação fiduciária de bens imóveis*. A lei exige apenas que no contrato conste prazo. A definição em concreto fica à mercê das partes. A praxe no financiamento de imóveis é de longo prazo (cinco, dez, quinze e até vinte anos).

Diz o art. 24 da Lei 9.514/97 que o contrato deve ter "o prazo e as condições de reposição do empréstimo ou do crédito do fiduciário" (inc. II).

Como não fixa prazo mínimo nem máximo, a definição em concreto fica à mercê das partes. Isso vai ao encontro do *princípio da livre pactuação* consagrado no art. 5º, o qual refere que as operações do SFI "serão livremente pactuadas", observadas as condições essenciais definidas no próprio artigo, as quais não estabelecem qualquer baliza no que tange ao prazo.

Porém, tratando-se de imóvel, portanto bem de longa vida útil, o normal é que também o período contratual guarde relação. A praxe no financiamento de imóveis é de longo prazo (cinco, dez, quinze e até vinte anos).

25.2. *Prestação*. Quanto à periodicidade; quanto ao valor básico.

25.2.1. *Quanto à periodicidade*. Tanto na alienação fiduciária mobiliária, comum e especial, quanto na imobiliária, é de livre pactuação. Embora freqüente seja a prestação mensal, nada obsta seja bimestral, trimestral, semestral, anual, etc.

Relativamente aos *bens móveis*, não havia, no já revogado art. 66 da Lei 4.728/65, e tampouco há no art. 66-B, acrescido pela Lei 10.931/04, regente da alienação fiduciária *especial*, menção a periodicidade ou intervalo entre uma prestação e outra. No que tange à fiduciária *comum*, o art. 1.361, II, que declina os requisitos do contrato – portanto, aplicável também à *especial* por força da remissão feita pelo art. 66-B – refere apenas que deve constar a "época do pagamento".

Relativamente aos *bens imóveis*, o art. 24 da Lei 9.514/97, que declina os requisitos específicos da alienação fiduciária imobiliária, silencia quanto à periodicidade, e tampouco o art. 5º, aplicável subsidiariamente, explicita. Ao invés, salvo as matérias que declina, e que não dizem com a ora focada, estabelece o *princípio da livre pactuação*.

Por decorrência, conclui-se que, tanto na alienação fiduciária mobiliária, comum e especial, quanto na imobiliária, a periodicidade é de livre pactuação. Embora freqüente seja a prestação mensal, nada obsta seja bimestral, trimestral, semestral, anual, etc.

25.2.2. *Quanto ao valor básico*. Tanto na alienação fiduciária mobiliária, comum e especial, quanto na imobiliária, é de livre pactuação. Embora freqüente seja dividir o capital pelo número de prestações, resultando valores iguais, nada obsta a adoção de outra fórmula.

Quanto aos *bens móveis*, a legislação específica nunca fez e não faz menção ao valor básico da prestação (reposição do capital), seja mínimo, seja máximo.

Quanto aos *bens imóveis*, de igual modo a legislação nunca fez e não faz menção alguma a respeito do tema. Apenas o art. 5º, I, da Lei 9.514/97, aplicável subsidiariamente ao art. 24, alude indiretamente quando fixa como essencial a "reposição integral do valor emprestado e respectivo reajuste", aliás, obviedade perfeitamente dispensável.

Por decorrência, conclui-se que, tanto na alienação fiduciária mobiliária, comum e especial, quanto na imobiliária, o valor básico da prestação (reposição do capital) é de livre pactuação. Embora freqüente seja dividir o capital pelo número de prestações, resultando valores iguais, nada obsta a adoção de outra fórmula, por exemplo, maiores nos meses de safras, ou nos de alta temporada nas cidades balneárias, etc.

25.3. *Multas*. Licitude da previsão; multa moratória ou sancionatória; multa compensatória ou ressarcitória.

25.3.1. *Licitude da previsão.* É lícito o contrato prever multas moratória e compensatória. Cuida-se de princípio geral dos contratos para os casos de inadimplemento das obrigações.

No que tange à alienação fiduciária de *bens móveis,* o art. 66, § 1º, *c,* da Lei 4.728/65, previa a possibilidade de *cláusula penal,* o que atualmente está no art. 66-B. Já o art. 1.362 do CC/02 silencia, mas insere a *cláusula penal* como princípio geral no inadimplemento das obrigações (arts. 408-16).

No que tange aos *bens imóveis,* também silencia o art. 24 da Lei 9.514/97, que declina os requisitos do contrato, mas o art. 26, § 1º, ao disciplinar a purgação da mora extrajudicial, estabelece que o devedor-fiduciante deve pagar, dentre outras rubricas, *as penalidades.*

Conclusivamente, é lícito o contrato, seja qual for a alienação fiduciária, estabelecer multas moratória ou sancionatória e compensatória ou ressarcitória, espécies do gênero *cláusula penal.*

25.3.2. *Multa moratória ou sancionatória.* Quanto ao objetivo; quanto ao valor.

25.3.2-A. *Quanto ao objetivo.* Coagir o devedor à adimplência. Traduz *efeito instantâneo* da mora.

No direito privado, o objetivo da *multa moratória,* também chamada sancionatória, é coagir o devedor a se empenhar, a fim de não cair em inadimplência. Por isso a necessidade de que tenha força coativa ao adimplemento, necessidade de que as conseqüências gerem temor. Traduz, pois, *efeito instantâneo* da mora.

25.3.2-B. *Quanto ao valor.* Considerando que há relação de consumo na parte do financiamento, a multa moratória é de no máximo 2% (dois por cento) do *valor da prestação.*

O art. 920 do CC/1916 estabelecia à multa como teto valor não-excedente ao da obrigação principal, e o art. 924 estabelecia a redução proporcional nos casos de obrigação parcialmente cumprida. O art. 9º do Decreto 22.626/33 (conhecido como *Lei da Usura*), açambarcando os dois aspectos, baixou o teto para 10% (dez por cento) do *valor da dívida.*

Os arts. 920 e 924 são repetidos nos arts. 412-3 do CC/2002, sendo que este acrescenta a possibilidade de redução pura e simples quando o montante for *manifestamente excessivo,* quer dizer, quando evidente a violação do princípio da proporcionalidade.

Pois bem, na linha do art. 9º do Decreto 22.626/33, o Código de Defesa do Consumidor fixou, para os casos de inadimplemento de obrigação que envolva o fornecimento de produtos e serviços, inclusive serviços de "outorga de crédito ou concessão de financiamento ao consumidor", a multa moratória máxima de 10% (dez por cento) do *valor da prestação* (art. 52, *caput,* e § 1º), reduzida para 2% (dois por cento) pela Lei 9.298/96, valendo observar que isso independe do objeto, "móvel ou imóvel, material ou imaterial" (art. 3º, § 1º).

Tendo em conta que na alienação fiduciária em garantia há relação de consumo na parte relativa ao financiamento (nº 11 *supra*), a respectiva multa moratória nos casos de inadimplemento do devedor-fiduciante-mutuário é de no máximo 2% (dois por cento) do *valor da prestação.*

25.3.3. *Multa compensatória ou ressarcitória.* Quanto ao objetivo; quanto ao valor.

25.3.3-A. *Quanto ao objetivo*. Tarifar (arbitrar) os prejuízos sofridos pelo credor, decorrentes do inadimplemento. Traduz *perdas e danos* fixados por antecipação.

No direito privado, o objetivo da *multa compensatória*, também chamada ressarcitória, é tarifar (arbitrar), por antecipação, os prejuízos sofridos pelo credor, decorrentes do inadimplemento, evitando-se com isso os incômodos, delongas e canseiras da prova e da liquidação (n° 6.3.1 *supra* do Cap. II). Assim, traduz *perdas e danos* fixados por antecipação.

Sílvio Rodrigues, discorrendo acerca da matéria no item *cláusula penal*, define essa multa como "cálculo predeterminado das perdas e danos." Quer dizer, ela dispensa o credor de recorrer ao procedimento ordinário para pleitear perdas e danos. Por isso – salienta –, basta ao credor cobrar "a importância da multa, que corresponde, como disse, às perdas e danos estipulada anteriormente pelas partes, e *a forfait*".[98]

A expressão *forfait*, do francês, *for* (no sentido de preço), mais *fait* (feito), em suma, *preço feito*, mas para algo que pode acontecer no futuro. Tem natureza aleatória. Explica De Plácido e Silva, em *Vocabulário Jurídico*, que no modo *a forfait* o preço é definido sobre coisas que possam vir, sem se ter em atenção qualquer fato que o possa alterar, ou quando o preço é avaliado na base de atos que virão depois.

Relevante salientar que o CDC refere e limita apenas a *multa moratória*. Não veda a instituição de multa compensatória, como ensina Ada Pellegrini Grinover *et alii*, ao comentar o art. 52, § 1°, do CDC, *verbis*: "Não impede a fixação de cláusula penal compensatória, nem limita o direito do fornecedor de haver perdas e danos do consumidor. (...). A cláusula penal, quando estipulada para o inadimplemento da obrigação (cláusula penal compensatória), não enseja possibilidade de exigência cumulada de perdas e danos, porque considerada como substituta de indenização".[99]

25.3.3-B. *Quanto ao valor*. Não pode exceder ao valor da obrigação principal e fica sujeito à redução proporcional nos casos de cumprimento parcial, bem assim à redução pura e simples quando manifestamente excessivo.

Salvante a questão do percentual, específico à multa moratória na relação de consumo, nos demais aspectos a multa compensatória fica sujeita aos mesmos princípios, ou seja: *(a)* não pode exceder ao valor da obrigação principal; *(b)* nos casos de cumprimento parcial, o valor deve ser reduzido na mesma proporção; e *(c)* é possível a redução pura e simples do valor quando manifestamente excessivo (CC/02, arts. 412-3).

De notar-se que o art. 927 do CC/1916 dizia, para deixar estreme de dúvida, que em tal caso o credor não precisava "alegar prejuízo", e que o devedor não se eximia de cumprir a multa "a pretexto de ser excessiva".

Já o art. 416 do CC/2002 repete que o credor não precisa alegar prejuízo e acrescenta que, uma vez estabelecida a multa substitutiva das perdas e danos, o credor não pode exigir indenização suplementar, salvo se, diz o parágrafo único, a quantia estipulada o foi a título de "mínimo da indenização, competindo ao credor provar o prejuízo excedente." Ademais, não obsta a redução quando manifestamente excessivo o valor (art. 413).

---

[98] Sílvio Rodrigues, *Direito Civil*, 12ª ed., 1981, vol. 2, p. 89-90, n° 43.

[99] Ada Pellegrini Grinover *et alii*, *Código Brasileiro de Defesa do Consumidor*, 2ª ed., 1992, p. 375-6.

25.4. *Juros.* Juros moratórios ou de mora; juros compensatórios ou reais; capitalização dos juros.

25.4.1. *Juros moratórios ou de mora.* Quanto ao objetivo; quanto à taxa.

25.4.1-A. *Quanto ao objetivo.* A função dos *juros moratórios* é coagir o devedor a sair da inadimplência o quanto antes. Traduzem *efeito permanente* da mora. São devidos a partir de quando ela resta caracterizada.

Como vimos (nº 6.3.1 do Cap. II), enquanto no direito privado a *multa moratória* exerce a função de coagir o devedor a não cair na inadimplência (*efeito instantâneo* da mora), os *juros moratórios* ou de mora exercem a de continuar a coagi-lo, a fim de que saia dela o quanto antes. Traduzem, pois, *efeito permanente* da mora em dever de pagamento, que é *obrigação de dar*, não podendo ser confundidos com a multa *astreinte* (constrangimento), que exerce a mesma função na *obrigação de fazer*.

E não obstante seja uma evidência, é oportuno lembrar que os juros moratórios, diferentemente dos compensatórios, como logo veremos, incidem a partir de quando resta caracterizada a mora.

25.4.1-B. *Quanto à taxa.* **As normas legais se referem apenas aos juros compensatórios. Silenciam quanto aos moratórios. Assim:** *(a)* **quando não há contratação,** *(b)* **quando há contratação, mas sem taxa definida, e** *(c)* **quando há previsão legal, mas sem taxa definida, a que vigora é a mesma dos impostos devidos à Fazenda Nacional, a qual, salvo lei diversa, é de um por cento ao mês. Na pactuação, recomenda-se, a fim de prevenir argüição de abusividade, que a taxa não se aparte da habitual na praça.**

Na vigência do CC/1916, a taxa dos juros moratórios era de 0,5% (meio por cento) ao mês (art. 1.062), podendo ser convencionada para até 1% (um por cento) mensal (Decreto 22.626/33, art. 1º). Com o CC/2002, o art. 406 estabelece "a taxa que estiver em vigor para a mora do pagamento de impostos devidos à Fazenda Nacional", mas só vale quando "os juros moratórios não forem convencionados, ou forem sem taxa estipulada, ou quando provierem de determinação da lei".

Assim, atualmente, o quadro é o seguinte: *(a)* quando não há contratação, *(b)* quando há contratação, mas sem taxa definida, e *(c)* quando há previsão legal, mas de igual modo sem taxa definida, a que vigora aos juros moratórios é a mesma dos impostos devidos à Fazenda Nacional, o que nos remete ao art. 161, § 1º, do CTN, o qual dispõe: "Se a lei não dispuser de modo diverso, os juros de mora são calculados à base de 1% (um por cento) ao mês".

Este é o arquétipo legal.

Considerando que na alienação fiduciária em garantia, tanto de bens móveis, *especial* e *comum*, quanto de imóveis, as normas legais se referem apenas aos *juros compensatórios*, no sentido de que o contrato deve estipular a taxa (Lei 4.728/65, art. 66-B; CC/02, art. 1.362, III; Lei 9.514/97, arts. 5º, II, e 24, III), silenciando no tocante aos *moratórios*, resulta que a taxa destes pode ser objeto de pactuação, recomendando-se, a fim de prevenir argüição de abusividade, que a taxa não se aparte da habitualmente praticada na praça. Em caso de omissão, vigora a dos impostos devidos à Fazenda Nacional, a qual, salvo lei diversa, é de 1% (um por cento) por mês.

25.4.2. *Juros compensatórios ou reais.* **Quanto ao objetivo; quanto à taxa.**

25.4.2-A. *Quanto ao objetivo*. Os *juros compensatórios* traduzem justa compensação, lucro ou renda que se deve ter dos dinheiros aplicados em negócios, especialmente empréstimos ou financiamentos. São devidos a partir da aplicação dos dinheiros, ou data posterior convencionada.

Como vimos (nº 6.3.1 do Cap. II), no direito privado, enquanto o objetivo da *multa compensatória* é tarifar (arbitrar) por antecipação, ou *a forfait*, desfalque patrimonial, prejuízo ou perdas e danos, evitando-se os inconvenientes da liquidação, o dos *juros compensatórios*, ou reais ou remuneratórios, é a justa compensação que se deve ter dos dinheiros aplicados em negócios, especialmente empréstimos ou financiamentos. Traduzem, pois, não reposição de prejuízo, mas renda, lucro, remuneração do capital.

Não obstante seja uma evidência, não é demais alertar que os juros compensatórios, diferentemente dos moratórios (item anterior), incidem a partir da aplicação dos dinheiros, ou data posterior convencionada.

Por fim, se os juros moratórios são cobráveis a partir da caracterização da inadimplência e objetivam continuar coagindo o devedor ao adimplemento (nº 6.3.1 do Cap. II), nada obsta que, no mútuo a fins econômicos, e situações equivalentes haja, como forma de ressarcimento por lucro cessante, cumulação dos moratórios e dos compensatórios, pois exercem funções diversas, questão que – há reconhecer – ainda não foi devidamente argüida perante os tribunais.

25.4.2-B. *Quanto à taxa*. Na alienação fiduciária tanto de bens móveis, *especial* e *comum*, quanto de imóveis, as normas legais se referem a *juros compensatórios*, exigindo que o contrato estipule a taxa; logo, vale a contratação. Nesta, recomenda-se, a fim de prevenir argüição de abusividade, seja eleito parâmetro ou indicador existente no mercado, por exemplo, a *Taxa SELIC*, caso em que se exclui a correção monetária como rubrica autônoma, sob pena de haver dupla cobrança. Na omissão do contrato, a taxa dos juros compensatórios é a mesma dos moratórios, a qual, se não pactuada, é a que vigora aos impostos devidos à Fazenda Nacional, que por sua vez, salvo lei diversa, é de 1% um por cento ao mês.

Em *primeiro lugar* a limitação a 12% (doze por cento) está superada, desde a revogação do § 3º do art. 192 da CF pela EC 40/03; em *segundo*, o art. 591 do CC/02 estabelece que os juros compensatórios, "sob pena de redução, não poderão exceder a taxa a que se refere o art. 406", o qual, consoante visto acima, estabelece "a taxa que estiver em vigor para a mora do pagamento de impostos devidos à Fazenda Nacional", mas só vale quando "os juros moratórios não forem convencionados, ou forem sem taxa estipulada, ou quando provierem de determinação da lei".

A possível dúvida que surge é relativa ao alcance da expressão "taxa a que se refere o art. 406", usada pelo art. 591. Cabe indagar: refere-se a toda taxa que resulta do art. 406, convencionada ou não, de tal modo que os compensatórios regidos pelo CC/02 jamais podem exceder aos moratórios? Refere-se apenas à taxa que vigora aos impostos devidos à Fazenda Nacional, de tal modo que, salvo lei diversa, jamais podem exceder a 1% (um por cento) ao mês?

A interpretação literal induz a que, salvo lei diversa, não podem exceder a 1% (um por cento), pois a única taxa referida explicitamente no art. 406 é a dos impostos devidos à Fazenda Nacional. As demais situações são para quando não houver definida.

CONTRATOS EMPRESARIAIS **93**

Porém, não é a compreensão que se deve ter do art. 591, e por duas razões: *(a)* porque, via artifício de interpretação, reinstitui-se o limite de 12% (doze por cento) anuais, ignorando-se a sua impraticabilidade, motivadora da revogação do § 3º do art. 192 da CF pela EC 40/03; e *(b)* porque a possibilidade de os juros moratórios, quando contratados, serem superiores aos compensatórios vai de encontro à tradição inversa, ou seja, os compensatórios superiores aos moratórios, inclusive com taxa flutuante, conforme as oscilações do mercado, o que é razoável.

Dessarte, com a taxa dos juros compensatórios, desde que – atente-se – regida pelo CC/02, ocorre o seguinte: *(a)* não sofre o limite de 1% (um por cento) ao mês porque isso seria, por artifício de interpretação, reinstituir os 12% (doze por cento) ao ano; mas *(b)* não pode exceder a taxa dos moratórios, a qual, como vimos, pode ser pactuada.

Assim como no item anterior, este é o arquétipo legal.

No caso específico da alienação fiduciária tanto de bens móveis, *especial* e *comum*, quanto de imóveis, as normas legais se referem aos *juros compensatórios* exigindo que o contrato estipule a taxa (Lei 4.728/65, art. 66-B; CC/02, art. 1.362, III; Lei 9.514/97, arts. 5º, II, e 24, III), portanto, mais que autorizam, determinam que as partes definam o percentual; logo, vale o que for estipulado. Não há, pois, o limite do art. 591 do CC/02. Por outra: os juros, inclusive a taxa, são regidos por leis especiais, e não pelo CC/02, aplicável apenas por princípio residual, se o contrato for omisso.

Ademais, relativamente às instituições integrantes do Sistema Financeiro Nacional, cabe lembrar o disposto no art. 4º, IX, da Lei 4.595/95 (Reforma Bancária), originando a Súmula 596 do STF, que diz: "As disposições do Decreto nº 22.626/33 não se aplicam às taxas de juros e aos outros encargos cobrados nas operações realizadas por instituições públicas ou privadas que integram o Sistema Financeiro Nacional".

No que tange à contratação, recomenda-se, a fim de prevenir argüição de abusividade, seja eleito parâmetro ou indicador existente no mercado, por exemplo, a *Taxa SELIC* (Sistema Especial de Liquidação e Custódia), instituída pela Lei 9.250/95 (altera a legislação do imposto de renda das pessoas físicas e dá outras providências).

No entanto, é oportuno registrar que o STJ, interpretando o art. 39, § 4º, da mencionada Lei, concluiu que a *Taxa SELIC* é composta de *juros remuneratórios* e de *correção monetária*.[100] Outro aspecto que envolve a referida taxa é a inconstitucionalidade do § 4º, conforme também já decidiu o STJ,[101] pois cria na prática a anômala figura do *tributo rentável* (os juros remuneratórios significam renda, lucro); logo, caracteriza aumento de tributo sem lei específica, o que vulnera o art. 150, I, da CF, uma vez que ela é fixada pelo BACEN, e também o princípio da indelegabilidade da competência para legislar.

Mas tendo em conta que as eivas reconhecidas pelo STJ dizem respeito apenas aos tributos, nada obsta a sua contratação pelas partes, desde que, então, seja excluída a correção monetária como rubrica autônoma, sob pena de haver dupla cobrança.

Assim, quando não há contratação, ou há, mas sem taxa definida, e quando há previsão legal, mas de igual modo sem taxa definida, a que vigora aos juros compensatórios é a mesma dos moratórios, a qual, como vimos (nº 25.4.1-B *supra*), pode ser

---

100 STJ, Resp. 210645-PR, 2ª T., Rel. Min. Aldir Passarinho Júnior, em 15-05-99, e REsp. 215881-PR, 2ª T., Rel. Min. Franciulli Netto, em 13-06-2000, DJU de 19-06-2000, p. 133.

101 STJ, Resp. 218881-PR, 2ª T., Rel. Min. Franciulli Netto, em 13-06-2000, DJU de 19-06-2000, p. 133.

pactuada, sendo que na omissão vigora a dos impostos devidos à Fazenda Nacional, que por sua vez, salvo lei diversa, é de 1% (um por cento) ao mês.

25.4.3. *Capitalização dos juros.* **A capitalização só existe relativamente aos juros compensatórios, e salvo disposição legal diversa, só é possível uma vez por ano.**

Capitalização, seja no sentido jurídico, seja no econômico, significa a *conversão* dos frutos ou rendimentos de um capital *em capital,* unindo-se, ou fundindo-se ou acumulando-se a ele.

Quanto aos *juros moratórios,* descarta-se, porquanto só é possível *converter* em capital frutos ou rendimentos *do capital,* pois na essência capital são. Os juros moratórios são de outra natureza. Objetivam coagir permanentemente o devedor a sair da inadimplência (nº 25.2.4-A *supra*). Capitalizar juros moratórios não é cobrar juros *de capital,* mas juros *de juros.* É o anatocismo no sentido pejorativo.

Quanto aos *juros compensatórios,* a capitalização era prevista no CC/1916 (art. 1.062), restando proibida, exceto os vencidos "aos saldos líquidos em conta-corrente de ano a ano" (Decreto 22.626/33, art. 4º). Já o CC/2002 refere apenas que nos mútuos presumem-se devidos juros, "permitida a capitalização anual" (art. 591).

Se envolve juros vencidos, não há lugar à capitalização nas prestações mensais com inclusão dos exigíveis até então. Diferente será, por exemplo, se a prestação for bimestral. Em tese, é possível capitalizar no segundo mês os juros vencidos no primeiro, a fim de que, desde logo, passem a render frutos, e assim sucessivamente na prestação trimestral, quadrimestral, semestral, etc.

A questão que surge é se o art. 591 do CC/02, ao dizer *permitida a capitalização anual,* apenas institui a capitalização anual quando de outro modo não convencionaram as partes, ou se limitou a capitalização a apenas uma vez por ano.

Com efeito, em teor, o art. 591 do CC/02 apenas repete o art. 4º do Decreto 22.626/33, o qual permitia *juros compostos* – contrastando com *juros simples* – nos saldos líquidos em conta-corrente "de ano a ano", originando a Súmula 121 do STF, excluindo a possibilidade de pactuação diversa. Porém, relativamente às instituições financeiras, tendo em conta que o art. 4º, IX, da Lei 4.595/64 (Reforma Bancária), outorga ao Conselho Monetário Nacional competência para limitar os juros, passou-se a entender não mais se aplicar a restrição às instituições públicas ou privadas que integram o Sistema Financeiro Nacional (STF, Súmula 596).

Conseqüentemente, subsiste o princípio geral de que a capitalização dos juros compensatórios, salvo lei que excepcione, só é possível uma vez por ano.

Exemplos de exceções são o art. 5º do DL 167/67, o art. 5º do DL 413/69 e o art. 5º da Lei 6.840/80 (cédulas de crédito rural, comercial e industrial), os quais prevêm capitalização em 30 de junho e 31 de dezembro, originando a Súmula 93 do STJ. Outro exemplo de exceção é o Sistema de Financiamento Imobiliário – SFI, integrado pela alienação fiduciária, pois o art. 5º da Lei 9.514/97 estabelece que as operações "serão livremente pactuadas", observadas algumas "condições essenciais", dentre elas a "capitalização dos juros".

25.5. *Outros encargos.* **Consideração inicial; atualização monetária do capital investido; comissão de permanência; encargos previstos e não-previstos em lei.**

25.5.1. *Consideração inicial.* **A forma impositiva da lei –** *conterá* **ou** *deverá conter* **–, quanto aos encargos deve ser compreendida** *em termos.* **Não quer dizer** *cobrança obrigatória,* **nem que, não constando,**

CONTRATOS EMPRESARIAIS

não seja devido, se o é por força de lei, e até independentemente de lei. Significa apenas que *é lícito constar*, sem excluir outros encargos, também lícitos, e que, se pactuados, podem ser exigidos.

O art. 66, § 1º, *c*, da Lei 4.728/65 (disciplinava a alienação fiduciária mobiliária *especial*), dispunha que o contrato devia ter, além da taxa de juros e de eventual cláusula penal, "as comissões cuja cobrança for permitida (...) e a estipulação de correção monetária, com a indicação dos índices aplicáveis". Revogado e substituído pelo art. 66-B, este dispõe que o contrato *deverá conter* "a taxa de juros, a cláusula penal, o índice de atualização monetária, se houver, e as demais comissões e encargos." O art. 1.362, III, do CC/02 (disciplina a alienação fiduciária mobiliária *comum*) dispõe que o contrato *conterá* "a taxa de juros, se houver". O art. 24, III, da Lei 9.514/97 (disciplina a alienação fiduciária imobiliária) dispõe que o contrato *conterá* "a taxa de juros e os encargos incidentes". Já o respectivo art. 18, III, aplicável à cessão fiduciária de direitos ou de títulos de crédito (Lei 4.728/65, art. 66-B, § 4º, redação do art. 55 da Lei 10.931/04), dispõe que além de outros elementos o contrato *conterá* "a taxa de juros".

A forma impositiva da lei quanto aos requisitos do contrato – *deverá conter* ou *conterá* –, relativamente aos encargos, deve ser compreendida *em termos*. Não quer dizer que é *obrigatório* cobrar, nem que, não constando, não possa ser cobrado, se o encargo é devido por força de lei (*v.g.*, os juros), e até independentemente de lei (*v.g.*, a correção monetária). A forma impositiva, quanto aos encargos, merece a compreensão de que *é lícito constar* no contrato. Igualmente não quer dizer que é lícito constar apenas os mencionados, se outros há que também são lícitos, e portanto, se pactuados, podem ser exigidos. As referências são exemplificativas (*numerus apertus*), e não exaustivas (*numerus clausus*).

25.5.2. *Atualização monetária do capital investido*. É devida independentemente de contratação e até de lei, mas é preciso verificar se eventualmente já não se acha embutida na taxa de juros compensatórios, como acontece na *Taxa SELIC*.

É sabido – isso já é truísmo jurídico – que a atualização monetária não é um *plus*, e sim um *minus* que se evita. Não é remuneração do capital, e sim recomposição do próprio capital; logo, independe de lei e de pactuação, *rectius*, na verdade a pactuação está no próprio capital, pois, sem a recomposição da moeda em seu poder liberatório ou aquisitivo, ele não é integralmente quitado.

No que tange à alienação fiduciária de *bens móveis*, desimporta, pois, não haja norma legal expressa, e quanto à de *bens imóveis*, por integrar o Sistema de Financiamento Imobiliário, está prevista na Lei 9.514/97 ao dizer que é essencial a toda pactuação envolvendo o Sistema a reposição do valor emprestado *e respectivo reajuste* (art. 5º, I).

Deve-se, porém, atentar para a possibilidade de dupla cobrança, uma vez que pode já estar embutida na taxa de juros compensatórios, como acontece, por exemplo, quando adotada a *Taxa SELIC* (nº 25.4.2-B *supra*).

Por isso, se o contrato for omisso quanto a ambos, cabe cobrança, inclusive da correção monetária, uma vez que independe de lei; e se o contrato for explícito quanto a ambos é preciso verificar a taxa dos juros compensatórios e o parâmetro da correção, a fim de que esta não esteja eventualmente embutida naquela.

25.5.3. *Comissão de permanência*. É inacumulável com a correção monetária (STJ, Súmula 30).

Considerando que o art. 66, § 1º, *c*, da Lei 4.728/65, falava em *comissões*, e o *caput* do art. 66-B, acrescido pela Lei 10.931/04, que disciplina a alienação fiduciária especial de móveis, fala em "comissões e encargos"; *considerando* que o art. 18 da Lei 9.514/97, que disciplina a cessão fiduciária de crédito e de título de crédito (Lei 4.728/65, art. 66-B, § 4º), silencia, mas isso não impede a contratação; *considerando* que o art. 1.362 do CC/04, que disciplina a alienação comum de móveis, também silencia, mas isso não impede a contratação; e *considerando* que o art. 24, III, da Lei 9.514/97, que disciplina a alienação fiduciária de bens imóveis, fala em "encargos incidentes", torna-se oportuno lembrar da chamada *comissão de permanência*, que levou o STJ a editar a Súmula 30, dizendo o seguinte: "A comissão de permanência e a correção monetária são inacumuláveis."

É que ela, por si mesma, traduz forma de atualização monetária; logo, tão inacumulável quanto a sua cobrança autônoma na *Taxa SELIC*, visto que já embutida nos juros (nº 25.4.2-B *supra*).

25.5.4. *Encargos previstos e não-previstos em lei*. **Quanto aos** *previstos em lei*, **vale o que a ela dispõe, às vezes definindo e às vezes não definindo quem deve pagar. Quanto aos** *não-previstos em lei*, **nada obsta a cobrança, desde que pactuados e sejam lícitos (tenham causa).**

Os mesmos *considerandos* do item anterior, relativos à *comissão de permanência*, a qual destacamos por haver Súmula do STJ, mais as mesmas expressões abertas ou genéricas, autorizam concluir pela possibilidade da cobrança de encargos, uns previstos em lei, outros não, mas nem por isso indevidos, desde que pactuados e sejam lícitos (tenham causa).

No que tange aos *previstos em lei*, existem duas situações possíveis.

Por *uma*, temos encargos não só previstos em lei, mas que a própria lei define a quem compete pagá-los, por exemplo, os declinados no § 8º do art. 27 da Lei 9.514/97, acrescido pelo art. 57 da Lei 10.931/04, que diz o seguinte: "Responde o fiduciante pelo pagamento dos impostos, taxas, contribuições condominiais e quaisquer outros encargos que recaiam ou venham a recair sobre o imóvel, cuja posse tenha sido transferida para o *fiduciário* (*sic*, porém entenda-se *fiduciante*), nos termos deste artigo, até a data em que o fiduciário vier a ser imitido na posse." Neste caso, fica implícita a inadmissibilidade do repasse. Por *outra* situação, temos encargos previstos em lei, sem que ela diga a quem compete pagá-los. Neste caso, fica implícita a admissibilidade do repasse.

No que tange aos *não-previstos em lei*, nada obsta a pactuação, desde que sejam lícitos (tenham causa), por exemplo, o ressarcimento do prêmio de seguro pago por quem não está na posse direta do bem, o ressarcimento das despesas de vistorias e das despesas de correspondências expedidas. Caso não for pactuado, entende-se que tais encargos se acham cobertos pela taxa de juros compensatórios cobrada pelo credor-fiduciário.

25.6. *Discriminação das rubricas e dos valores*. **É direito natural do devedor e requisito da quitação.**

O credor-fiduciário deve discriminar no recibo o valor de cada rubrica. É direito natural do devedor saber o que está pagando e quanto. Assim como no CC/1916 (art. 940), também o atual Código é expresso no sentido de que a quitação, dentre outros itens, "designará o valor e a espécie da dívida quitada" (art. 320).

Designará quer dizer que deve *discriminar*, e *espécie* da dívida quitada quer dizer que deve *identificar* a sua origem, cada rubrica. Só assim o devedor pode questionar individualmente, evitando-se impugnações praticamente genéricas e imprecisas, toleradas em juízo por causa do estado de perplexidade gerado aos devedores pela consolidação em valor único de quantias com diversas origens.

26. *Requisitos específicos do contrato de alienação fiduciária de imóvel.* Valor do imóvel e critério de revisão para eventual leilão; narrativa dos procedimentos do leilão; prazo de carência para a cientificação da mora; seguro de vida e de invalidez permanente pelo fiduciante.

26.1. *Valor do imóvel e critério de revisão para eventual leilão.* Cumpre dupla função: informa o valor do imóvel e, dentro dos critérios para revisão, qual será o vigente para eventual leilão.

Conforme vimos (nº 23 *supra*), a legislação refere apenas que deve constar no contrato o *valor da dívida*, silenciando acerca do *valor do bem* objeto da garantia, quem sabe no pressuposto de que a alienação em garantia só é usada para *financiamento integral* do valor do bem alienado, quando na prática também pode acontecer *financiamento parcial*, caso em que não há coincidência entre o valor da dívida e o do bem.

Mas relativamente aos *imóveis* a lacuna é suprida, em teor, na medida em que o art. 24, VI, da Lei 9.514/97, exige que no contrato conste "a indicação, para efeito de venda em público leilão, do valor do imóvel e dos critérios para a respectiva revisão".

Desse modo, por viés do citado dispositivo, chega-se ao valor da *res fiduciae*, porquanto presume-se que o definido para eventual *público leilão* seja o de mercado.

Trata-se de requisito específico do contrato de alienação fiduciária em garantia de imóvel que na prática cumpre dupla função: *(a)* informa o valor do imóvel no momento do contrato, dentro da presunção de que o definido é o de mercado; e *(b)* informa o valor do imóvel, dentro dos critérios para revisão – os quais, em tese, podem fazê-lo oscilar para mais ou para menos face ao de mercado (nº 40.2.2-B *infra*) –, qual será o vigente para eventual leilão.

26.2. *Narrativa dos procedimentos do leilão.* Há três modos de cumprir a exigência legal: *(a)* transcrevendo no contrato as normas pertinentes; *(b)* constando como anexo os respectivos textos, podendo-se ampliar para os Capítulos II e III da Lei; e *(c)* constando que o devedor recebeu cópia das normas legais. A violação atinge só a cláusula, restando ao credor a venda em juízo.

O art. 24, VII, da Lei 9.514/97, exige que no contrato conste cláusula "dispondo sobre os procedimentos de que trata o art. 27." O *caput* do art. 27 estabelece que, uma vez consolidada a propriedade em nome do credor-fiduciário, deve ser promovido "público leilão" no prazo de trinta dias, contados da data do registro de que trata o § 7º do art. 26, com o qual nos ocuparemos adiante (nº 40.2 *infra*).

Importa, agora, é definir qual a extensão da exigência legal, se basta citá-lo, ou se há necessidade de que haja a narrativa dos procedimentos, vale dizer, da seqüência de atos que compõem o – digamos assim – *processo de leilão extrajudicial.*

O verbo *dispor*, colocado no gerúndio – *dispondo* – tem o sentido de narrar, discorrer a respeito dos procedimentos. Não basta, portanto, a mera referência ao dispositivo legal ou à existência de leilão extrajudicial.

Mas isso não leva a uma interpretação literal. O objetivo da lei é o de que o devedor, por algum modo seguro, saiba não só da existência, mas também das normas que regem o leilão extrajudicial.

Assim, teleologicamente, há três modos de cumprir-se o art. 24, VII, da Lei 9.514/97: *(a)* pela transcrição do art. 27 e do § 7º do art. 26 no contrato; ou *(b)* fazendo constar no contrato, como anexo, os respectivos textos, recomendando-se – dentro do princípio de que melhor é pecar por excesso de cautela, e não por carência – a ampliação para os Capítulos II e III da Lei; ou *(c)* fazendo constar no contrato que o devedor-fiduciante recebeu cópia das citadas normas.

Por qualquer desses meios, tem-se com segurança que o devedor-fiduciante ficou ciente da existência e das normas do leilão.

A violação não atinge o contrato, mas tão-só a cláusula, inviabilizando a realiza-ção do leilão extrajudicial. Conseqüentemente, remanesce ao credor-fiduciário a ven-da judicial, pois não pode ficar com o imóvel, visto ser vedado o pacto *pacto comissório* (nº 39.4 *infra*).

26.3. *Prazo de carência para a cientificação da mora.* Trata-se de prazo a ser definido no contrato, que na prática amplia o quinzenal para a eficácia da mora, visto que a *intimação* – melhor é dizer *notificação* ou *aviso formal* – só pode ser expedida após o seu decurso.

O § 2º do art. 26 da Lei 9.514/97 diz que o contrato "definirá o prazo de carência após o qual será expedida a intimação." A *intimação* referida é a prevista no § 1º, ou seja, para fins de eficácia da mora (nº 28.2 *infra*). Melhor é dizer *notificação, interpelação* ou *aviso formal*, reservando intimação para atos judiciais.

Cuida-se de inovação do legislador. O tal prazo, não definido em lei, e por isso o contrato deve fazê-lo, corresponde na prática a uma *ampliação* daquele para fins de eficácia da mora, visto que só *após* o seu decurso é que o credor-fiduciário pode expedir a notificação, a qual por sua vez deve conceder-lhe pelo menos quinze dias (nº 28.4.2-B *infra*).

Se o contrato for omisso quanto ao prazo de carência, adota-se por simetria jurídica o prazo de quinze dias previsto para a notificação, e se esta ocorrer antes do término daquele, a contagem começa depois do respectivo exaurimento.

26.4. *Seguro de vida e de invalidez permanente pelo fiduciante.* O fiduciante deve fazer seguro de vida e de invalidez permanente. Se ocorrer infortúnio, a seguradora paga o fiduciário, que libera o imóvel ao segurado ou aos herdeiros.

Considerando que a operação de alienação fiduciária integra as do Sistema de Financiamento Imobiliário – SFI; e *considerando* o disposto no art. 5º, IV, da Lei 9.515/97, aplicável subsidiariamente ao art. 24, inclusive por tratar-se de condição essencial, o fiduciante, que é o tomador do empréstimo, deve fazer seguro de vida e de invalidez permanente.

Se ocorrer infortúnio, a seguradora quitará o débito pendente junto ao fiduciário, o qual liberará o imóvel a favor do segurado ou dos herdeiros.

27. *Término antecipado do contrato.* Por morte do devedor-fiduciante; por falência ou insolvência do devedor-fiduciante; por resolução decor-rente de inadimplência do devedor-fiduciante.

Dentro do princípio *pacta sunt servanda*, os contratos, envolvam ou não relação jurídica continuativa, e tenham ou não prazo certo, são celebrados para ser cumpridos até o fim, porém, em especial quando se alongam no tempo, amiúde terminam prematuramente por inúmeros episódios.

No caso da alienação fiduciária em garantia, e levando em conta os episódios mais comuns envolvendo o devedor-fiduciante, o término do contrato pode ser antecipado por morte, por falência ou insolvência e por resolução decorrente de inadimplência.

27.1. *Por morte do devedor-fiduciante.* Face à *garantia real,* ao credor-fiduciário desimporta quem é o devedor-fiduciante. Falecendo este, o contrato pode seguir com algum herdeiro.

Como vimos (nº 17.7 *supra*), na alienação fiduciária em garantia, tendo em conta os direitos real e de restituição em caso de quebra, prevalece o *intuitu pecuniae,* o que enseja a cessão dos direitos contratuais, inclusive com peculiaridade relativamente aos imóveis quanto à anuência.

Se assim é no que tange à cessão, que é transferência por ato voluntário, com mais razão no caso de morte, que é transferência por *ato involuntário,* isto é, por *saisine* ou transmissão automática dos direitos que compõem o patrimônio da herança aos herdeiros (CC/1916, art. 1.572; CC/2002, art. 1.784); logo, se houvesse *intuitu personae,* não prevaleceria.

A continuidade do contrato, inventariando-se os direitos até então havidos pelo *de cujus,* depende do interesse dos herdeiros, caso em que se procede à substituição subjetiva.

27.2. *Por falência ou insolvência do devedor-fiduciante.* Cláusula que institui a possibilidade de rompimento; lei que institui o direito de restituição.

27.2.1. *Cláusula que institui a possibilidade de rompimento.* Consideração inicial; quando a quebra repercute e quando não repercute no contrato.

27.2.1-A. *Consideração inicial.* Não confundir vencimento antecipado da dívida, em caso de falência ou insolvência, com cláusula que institui a possibilidade de resolução do contrato.

A princípio, não se pode confundir o *vencimento antecipado da dívida,* em caso de falência ou de insolvência, com a *cláusula que institui* a possibilidade de resolução do contrato.

Quanto ao *vencimento antecipado da dívida,* estava previsto na legislação anterior (CC/1916, art. 954, I; DL 7.661/45, art. 25) e está previsto na atual (CC/2002, art. 333, I; Lei 11.101/05, art. 122), ao referir vencimento proveniente da *sentença de falência.*

Leciona Rubens Requião: "Não seria possível, com efeito, que os credores tivessem que aguardar o vencimento de seus créditos, assistindo passivamente ao desenvolver do processo falimentar, sem poder tomar nenhuma providência em defesa de seus interesses. O tratamento igualitário dos credores (*par condicio creditorum*) impõe que todos os credores, mesmo os titulares de créditos não vencidos, possam comparecer desde logo, atuando em defesa de seus interesses".[102]

Quanto à *cláusula que institui* a possibilidade de resolução por motivo de falência ou insolvência do devedor, há distinguir duas situações: quando o fato da quebra repercute e quando não repercute no contrato.

27.2.1-B. *Quando a quebra repercute e quando não repercute no contrato.* A cláusula que autoriza a outra parte romper o contrato pelo só fato da falência ou insolvência é abusiva e ilegal. Cabe ao administra-

---

[102] Rubens Requião, *Curso de Direito Falimentar,* 6ª ed., 1981, vol. I, p. 138, nº 117.

dor a escolha de lhe dar ou não seguimento. Ressalva-se o direito de romper quando o fato gerar conseqüências econômicas negativas sobre o contrato. Isso ocorrendo, e não havendo garantia suficiente de adimplência, nada obsta que, então, por *justo motivo*, haja rompimento.

A cláusula que institui a possibilidade de uma das partes romper o contrato pelo só ato de ter a outra decretada a falência ou insolvência, é abusiva e ilegal.

No que tange à *abusividade*, se é certo que a cláusula que estabelece conseqüência sobre o contrato por motivos exteriores ou alheios a ele não é, por si só, abusiva, também o é que deve existir um liame objetivo, uma repercussão de natureza econômica negativa sobre o contrato, no sentido de colocar em risco a sua continuidade, gerando insegurança futura à outra parte. É admissível, por exemplo, no caso de o devedor sofrer notório abalo em seu estado (CC/02, arts. 477 e 590), a exigência de garantia ou reforço, podendo até, por isso, chegar-se ao rompimento. No entanto, por dizer respeito a situações excepcionais, a cláusula merece interpretação restritiva.

Por isso, a cláusula é admitida apenas quando o fato gera conseqüências econômicas negativas, colocando objetivamente em risco a adimplência, e não houver oferecimento de garantias suficientes.

É o que acontece na falência e insolvência (vulgar *falência civil*). É abusiva a cláusula que autoriza rompimento pelo só fato da quebra, sem que tal faça, *per se*, periclitar a adimplência e a segurança de que necessita a outra parte para prosseguir.

No que tange à *ilegalidade*, dispõe o art. 117 e §§ da Lei 11.101/05 (regula a recuperação judicial, a extrajudicial e a falência do empresário e da sociedade empresária), repetindo, em teor, o que dispunha o art. 43, *caput*, do DL 7.661/45, que a falência não resolve os contratos bilaterais, os quais "podem ser cumpridos pelo administrador judicial se o cumprimento reduzir ou evitar o aumento do passivo da massa falida ou for necessário à manutenção e preservação de seus ativos, mediante autorização do Comitê", cabendo ao contratante, conforme o § 1º, apenas "interpelar o administrador judicial, no prazo de até 90 (noventa) dias, contado da assinatura do termo de sua nomeação, para que, dentro de 10 (dez) dias, declare se cumpre ou não o contrato".

É ensinamento de Requião: "... os contratos bilaterais não se resolvem pela falência e podem ser executados pelo síndico (atualmente *administrador*), se achar de conveniência para a massa. Assim, se o síndico considerar inconveniente seu cumprimento para os interesses da massa, pode denunciá-lo".[103]

E se assim é na falência e na insolvência, com mais forte razão (*a fortiori*) diferente não pode ser quando existir apenas *estado de recuperação* judicial ou extrajudicial (exconcordata), inclusive porque é um direito; logo, o regular exercício não pode prejudicar o exercente.

Compete, pois, à respectiva Massa, dentro das recomendações legais, escolher entre dar, ou não, seguimento ao contrato, daí por que a cláusula que institui a resolução contratual pelo só fato da falência ou insolvência é ilegal, e daí a sua inutilidade, como diz J. A. Penalva Santos, citado por Rodolfo Mancuso, comentando a mantéria relativamente ao contrato de *leasing*.[104]

É evidente que a supressão do direito de romper o contrato face à faculdade legal de a Massa cumpri-lo, existe na proporção em que a falência ou a insolvência não o afetar objetivamente, gerando-lhe conseqüências econômicas negativas, colocando

---

[103] Rubens Requião, *Curso de Direito Falimentar*, 6ª ed., 1981, vol. I, p. 160, nº 140.

[104] Rodolfo de Camargo Mancuso, *Leasing*, 3ª ed., 2002, p. 188.

em risco a sua continuidade. Isso ocorrendo, e não havendo garantia suficiente, nada obsta que, então, por *justo motivo*, e não pelo só fato da falência ou insolvência, a outra parte o considere rompido.

27.2.2. *Lei que institui o direito de restituição.* Contém implícita a cláusula do rompimento do contrato. Isso vale para toda alienação fiduciária, pois o bem não pertence à Massa. No entanto, impõe-se interpretação harmonizada com o princípio de que há necessidade de a falência ou insolvência gerar efeitos negativos sobre o contrato, sem que a Massa ofereça garantia suficiente.

O art. 7º do DL 911/69, relativo à alienação fiduciária *especial* de bem móvel, estabelece o direito de o credor-fiduciário pedir a restituição do bem no caso de falência ou insolvência do devedor-fiduciante. Igual norma se encontra no art. 20 da Lei 9.514/67, relativo à cessão fiduciária de crédito e de títulos de crédito, bem assim no respectivo art. 32, relativo à alienação fiduciária de bem imóvel. Quanto à alienação fiduciária *comum* de bem móvel, disciplinada pelo CC/02, não há previsão específica, mas nem por isso deixa de existir o direito, pois o bem não pertence à Massa, e sim ao credor-fiduciário.

A garantia legal da restituição do bem alienado fiduciariamente contém implícita a cláusula do rompimento do contrato pelo só fato da falência ou insolvência.

No entanto, impõe-se interpretação harmonizada com o princípio de que, como vimos no item anterior, há necessidade de o fato gerar efeitos negativos sobre o contrato, afetando objetivamente a sua continuidade, sem que a Massa ofereça garantia suficiente. Fora disso, não há *justo motivo* para o rompimento, prevalecendo, dessarte, os interesses coletivos do juízo universal no sentido da sua continuidade.

Por exemplo, e especificamente no caso da alienação fiduciária, qual risco a falência do devedor-fiduciante produz ao credor-fiduciário se há a garantia da restituição, ou seja, o bem não integra o ativo da Massa, e esta se propõe a continuar no contrato, pagando regularmente as prestações? Em princípio, nenhum.

Na hipótese de a Massa não manifestar interesse na continuidade do contrato, cabe-lhe devolver o bem, uma vez que não lhe pertence. Se isso não ocorrer e, pior ainda, se houver inclusão no ativo, a lei assegura ao credor-fiduciário a *restituição*, porquanto resolvido o contrato.

Diferente será se a Massa continuar no contrato e incorrer em inadimplência (nº 31 *infra*), hipótese em que ao credor-fiduciário cabe deflagrar o procedimento específico (nº 28 *infra*).

27.3. *Por resolução decorrente de inadimplência do devedor-fiduciante.* Tema que envolve múltiplos aspectos, motivo por que são destacados em itens específicos (nºs 28, 29, 30 e 33 *infra*).

Tornando-se inadimplente o devedor-fiduciante, o credor-fiduciário tem duas opções: a execução ou a resolução do contrato.

Pela *execução*, cobra a parcialidade da dívida pendente (vencida até a data do pagamento) ou a totalidade (vencida e vincenda), como veremos, ou seja, neste ocorre vencimento antecipado, sendo que para tanto a mora *ex re* existe e vigora desde logo, vale dizer, é eficaz; já pela *resolução*, põe fim ao contrato, podendo evitá-la o devedor purgando a mora, sendo que para tanto a mora *ex re* existe, mas não vigora desde logo (não é eficaz), estando por isso os efeitos condicionados à notificação, mesmo havendo cláusula resolutória expressa.

Cada tema envolve múltiplos aspectos, inclusive processuais, motivo por que são destacados em itens específicos (nºs 28, 29, 30 e 33 *infra*).

28. *Mora para fins de resolução do contrato por inadimplência do devedor-fiduciante*. Consideração inicial; ineficácia da mora automática e necessidade de notificação; requisitos formais da notificação; requisitos substanciais da notificação.

28.1. *Consideração inicial*. Como princípio geral, o descumprimento produz a resolução do contrato. Se a obrigação tem dia definido para ser adimplida, ocorre mora *ex re* (vigora o princípio *dies interpellat pro homine*); se não tiver, ocorre mora *ex persona*, impondo-se prévia notificação.

Como regra, a mora acontece de modo automático pelo simples inadimplemento da obrigação. Não pago o preço ou não recebido o objeto no tempo, lugar e forma que a lei ou a convenção estabelece, o devedor da obrigação entra em mora (CC/1916, arts. 955 e 960; CC/2002, arts. 394 e 397). É o princípio *dies interpellat pro homine*, isto é, o termo, o prazo, a data certa estabelecida interpela a parte devedora em nome da parte credora. Vem daí a mora *ex re* (o devedor tem dia sabido para cumprir a obrigação), contrapondo-se com a mora *ex persona* (o devedor não tem dia sabido para cumprir a obrigação).

Também como regra, toda infração gera resolução contratual. Isso não precisa clausular. É inerente a todo contrato. É o *pacto comissório tácito* ou *cláusula resolutiva tácita* (CC/1916, art. 1.092, parágrafo único; CC/2002, art. 475). Todavia, há de igual modo o *pacto comissório expresso* ou *cláusula resolutiva expressa*, ou *cláusula compromissória* ou *lex commissoria*, vale dizer, é pactuado explicitamente que a infração extingue o contrato.

Commissorius, de *committere*, do latim, explica De Plácido e Silva, em *Vocabulário Jurídico*, significa poder conferido a alguém para que proceda conforme está estipulado. Se constar expressamente no contrato: *(a)* autoriza uma parte a proceder *unilateralmente* quando a outra não cumpre as respectivas obrigações, sendo que – continua – pode se manifestar em cláusula que autoriza o credor a se *apoderar* do bem em caráter definitivo; e *(b)* também pode se manifestar em cláusula que o *desfaz* de pleno direito.

Pois bem, diz o art. 474 do CC/02 que a cláusula resolutiva ou resolutória expressa "opera de pleno direito", isto é, o contrato deixa de existir, e que a resolutiva ou resolutória tácita "depende de interpelação judicial." *Interpelare*, do latim, significa *dirigir a palavra, intimar a respeito de certos fatos*. Tratando-se de constituir o devedor em mora, tem o mesmo sentido de *notificação* e *intimação*, como ensina De Plácido e Silva, em *Vocabulário Jurídico*.

Alertamos que o *pacto comissório* a que nos referimos agora é o da *resolução do contrato*, e não o *da propriedade em caráter definitivo*, isto é, que autoriza o credor a ficar com o objeto da garantia se a dívida não for paga no vencimento, a respeito do qual nos ocuparemos adiante, e que, entre nós, como princípio geral não é admitido, inclusive na alienação fiduciária (nº 39 *infra*).

28.2. *Ineficácia da mora automática e necessidade de notificação*. Às vezes, face à gravidade da conseqüência, a lei, mesmo havendo *cláusula resolutiva expressa*, condiciona a eficácia da mora automática (*ex re*) à prévia notificação. A mora existe, mas não vigora enquanto não houver notificação. É o caso da *pretensão resolutória* do contrato na alienação fiduciária, em qualquer das suas espécies.

CONTRATOS EMPRESARIAIS

Uma é a *mora comum* ou normal no que tange ao *débito*, existente e eficaz desde logo, e outra é a *mora especial* ou qualificada no que tange à *resolução* do contrato. Ambas são *ex re*, portanto existem desde logo, como vimos no item anterior, mas a especial, embora existente, não vigora, não é eficaz, sendo para tanto necessária notificação, mesmo havendo cláusula resolutiva expressa (n° 27.3 *supra*).

Ocupa-nos, aqui, o tema relativo à *mora especial* ou qualificada, a que objetiva pôr fim ao contrato.

Com efeito, embora a convenção expressa de resolução contratual de pleno direito, há situações em que as conseqüências são de gravidade tal que a lei, por exceção, condiciona a eficácia da mora *ex re* à prévia notificação. O objetivo é preservar o contrato. *Notificare*, do latim, significa *dar a saber, noticiar, avisar* a pessoa de alguma coisa ou fato de seu interesse, ensina De Plácido e Silva, em *Vocabulário Jurídico*.

Cuida-se de cautela histórica nas relações jurídicas continuativas, baseada no *princípio da preservação dos contratos*, o que justifica a advertência para fins de emenda. Por exemplo, na promessa de compra e venda objeto de loteamento (DL 58/1937, art. 14; Lei 6.766/79, art. 32), nos financiamentos da casa própria via Sistema Financeiro da Habitação (Lei 5.741/71, art. 2°, IV), também na compra e venda com reserva de domínio, por meio do protesto do título, se o vendedor quiser desde logo obter liminar (CPC, art. 1.071, *caput*).

No caso da alienação fiduciária de móvel *especial*, prevista na Lei 4.728/65, o § 2° do art. 2° do DL 911/69 condiciona, para fins de resolução contratual, a eficácia da mora à prova da notificação, o que pode acontecer por carta registrada expedida por meio de Cartório de Títulos e Documentos ou pelo protesto do título. À evidência, o dispositivo legal não é exaustivo, mas exemplificativo. Nada obsta outro meio, desde que se tenha a segurança da entrega no endereço indicado pelo devedor-fiduciante, como o envio pelo Correio, mediante recibo.

Já no que tange à alienação fiduciária de móvel *comum*, prevista no CC/02, nada consta acerca da necessidade de notificação quando houver pretensão de resolver o contrato, mas é induvidosa a aplicação, por analogia, da regra que vigora para a *especial*, assim como está consagrada para *leasing*, precisamente porque as conseqüências práticas da consumação da *mora qualificada* são idênticas, inclusive quanto à perda da posse.

E tocantemente à alienação fiduciária de imóvel, prevista na Lei 9.514/97, há norma expressa no sentido da necessidade da notificação, ou *intimação*, como diz o § 1° do art. 26.

Assim, ao invés da aparência, a notificação é exigida, não porque a mora seja *ex persona*, e sim porque, apesar de *ex re*, não é eficaz antes dela por causa da pretensão de resolver o contrato.

28.3. *Requisitos formais da notificação*. Bens móveis; bens imóveis.

28.3.1. *Bens móveis*. A notificação tanto pode ser judicial, quanto extrajudicial por qualquer modo formal; basta que seja hábil a atingir o objetivo de cientificar o devedor. Ainda, não precisa ser pessoal; basta que seja entregue no endereço do devedor. Se ninguém for encontrado, resta o edital.

Quanto aos *móveis*, o art. 2°, § 2°, do DL 911/69, que disciplina a alienação fiduciária *especial*, aplicável também à *comum* (CC/02, art. 1.361), condiciona a eficácia da mora à prova da notificação, o que pode acontecer por carta registrada expedida por meio do Cartório de Títulos e Documentos ou por meio do protesto do título, sendo que o dispositivo legal não é exaustivo (*numerus clausus*), mas exemplificativo (*numerus apertus*).

Assim, tanto pode ser judicial, quanto extrajudicial por qualquer modo formal, a notificação é válida, bastando que seja hábil a atingir o objetivo de cientificar o devedor. Além das formas já citadas, também é possível a notificação pelo Correio, com aviso de recepção, ou entrega direta pelo próprio credor-fiduciário, mediante recibo. O que importa é a segurança de que o ato atingiu a finalidade de avisar formalmente o devedor.

Ademais, não há necessidade de notificação pessoal, conforme reiterados pronunciamentos do STJ, sendo suficiente que tenha sido entregue no endereço correto.[105] [106] [107]

Eis o aforismo jurídico: salvo exigência legal, não é necessária notificação pessoal. Quer isso dizer que a exigência da pessoalidade deve ser expressa, como acontece em relação aos imóveis e que veremos a seguir. Observe-se que até mesmo nas citações judiciais nem sempre a pessoalidade é imprescindível, como na execução fiscal (Lei 6.830/80, art. 8º, II). Portanto, não há motivo para a rigorosa exigência relativamente à notificação procedida na alienação fiduciária em garantia de bens móveis, inclusive porque, em tais situações, trata-se de simples advertência de algo que o devedor já sabe (mora *ex re*).

Se o devedor-fiduciante troca de endereço e não comunica, assume o risco, "afastando-se do princípio-mór dos contratos, que é o da boa-fé", como já decidiu o ex-2º TACivSP,[108] envolvendo *leasing*, aplicável à alienação fiduciária de bem móvel. E se ninguém é encontrado, resta o edital.

28.3.2. Bens imóveis. A notificação deve ser pessoal ao devedor-fiduciante, ou seu representante, ou procurador com poderes especiais. Se nenhum for localizado, resta o edital (três publicações em edições seguidas de jornal de grande circulação local, procedidas pelo Oficial da Escrivania Imobiliária).

Quanto aos *imóveis*, diferentemente do que acontece nos bens móveis, o art. 26, § 1º, estabelece que a *intimação* – melhor é dizer notificação ou interpelação – deve ser procedida pelo oficial da Escrivania Imobiliária competente, a requerimento do credor-fiduciário. O § 3º é expresso: a notificação, a requerimento fiduciário, "far-se-á *pessoalmente* ao fiduciante, ou ao seu representante legal ou ao procurador regularmente constituído", podendo ser promovida "por solicitação do oficial do Registro de Imóveis, por oficial de Registro de Títulos e Documentos da comarca da situação do imóvel ou do domicílio de quem deva recebê-la, ou pelo correio, com aviso de recebimento." Entenda-se procurador com *poderes especiais*.

É preciso distinguir: enquanto o § 1º estabelece que a notificação deve sempre ser procedida pelo Oficial do Registro de Imóveis e a requerimento do fiduciário, o § 3º estabelece que ela deve ser sempre pessoal ao fiduciante, ou ao representante legal ou ao seu procurador, podendo o Titular da citada Escrivania procedê-la ele próprio mediante o Correio, com aviso de recebimento, ou mediante o Oficial do Registro de Títulos e Documentos.

---

[105] STJ, Resp. nº 557411-DF, 3ª T., Rel. Min. Menezes Direito, em 28-6-04, DJU de 11-10-04, p. 316.

[106] STJ, Resp. nº 275324-MG, 4ª T., Rel. Min. Barros Monteiro, em 22-6-04, DJU de 18-10-04, p. 280.

[107] STJ, Resp. nº 536733-MG, 3ª T., Rel. Min. Menezes Direito, em 9-12-03, DJU de 22-3-04, p. 299.

[108] Ex-2º TACivSP, RT 787, p. 313.

O § 4º disciplina a notificação por edital dizendo que se o fiduciante, seu representante legal ou procurador se encontrar em lugar incerto e não sabido, uma vez certificado o fato, "o oficial do competente Registro de Imóveis promoverá a intimação por edital, publicado por três dias, pelo menos, em um dos jornais de maior circulação local ou noutro de comarca de fácil acesso, se no local não houver imprensa diária."

A referência a *imprensa diária* passa a idéia de que as publicações devem acontecer em três dias *seguidos*. No entanto, não se pode fazer interpretação literal. Ao objetivo da lei é suficiente que o jornal seja de grande circulação local e que sejam feitas três publicações em *edições* seguidas. É comum no interior a edição semanal.

28.4. *Requisitos substanciais da notificação.* **Prescindibilidade do valor do débito; imprescindibilidade do prazo para purgar a mora.**

28.4.1. *Prescindibilidade do valor do débito.* **Bens móveis; bens imóveis.**

28.4.1-A. *Bens móveis.* **A notificação diz com simples aviso, lembrança, advertência de algo que o devedor já sabe, pois envolve mora *ex re*. É prescindível constar o valor do débito (STJ, Súmula 245).**

Quanto aos *móveis*, sendo a notificação simples notícia, aviso, lembrança, advertência de algo que o devedor já sabe, pois envolve mora *ex re*, salvo norma expressa, não é imprescindível constar o *valor do débito*, junto com outros detalhamentos, como se fosse uma citação judicial.

Ao art. 2º, § 2º, do DL 911/69, que disciplina a alienação fiduciária *especial*, aplicável também à *comum* (CC/02, art. 1.361), no que tange ao ponto ora focado basta *lembrar* o devedor de que no dia tal venceu a prestação tal, ou que já se encontram vencidas tais e tais prestações.

O STJ delibera reiteradamente que o *valor do débito* não é requisito essencial à notificação,[109] [110] [111] motivo por que emitiu a Súmula 245 de seguinte dicção: "A notificação destinada a comprovar a mora nas dívidas garantidas por alienação fiduciária dispensa a indicação do valor do débito."

Assim como na dispensa da notificação pessoal, também quanto ao valor existe o aforismo jurídico: salvo exigência legal, o valor do débito não é requisito da notificação. Quer isso dizer que a exigência de que conste o valor na notificação deve ser expressa. Por exemplo, nunca se cogitou de inserir o valor do débito entre os requisitos da notificação premonitória relativa à *casa própria* havida por meio do Sistema Financeiro da Habitação – SFH (Lei 5.741/71, art. 2º, IV), algo socialmente mais relevante por dizer com *direito à moradia* (CF, art. 6º).

28.4.1-B. *Bens imóveis.* **É prescindível constar o valor do débito na notificação. Não é admissível qualificar como essencial algo que não só não consta na lei, como se ostenta precário, face à evolução do débito após expedida a notificação.**

Quanto aos *imóveis*, não consta que a notificação deve especificar o valor, mas tão-só que o devedor tem o prazo de quinze dias para pagar "a prestação vencida e as que se vencerem até a data do pagamento, os juros convencionais, as penalidades

---

[109] STJ, Resp. nº 557514-RS, 3ª T., Rel. Min. Menezes Direito, em 28-6-04, DJU de 18-10-04, p. 270.

[110] STJ, Resp. nº 265341-RS, 4ª T., Rel. Min. Barros Monteiro, em 26-11-02, DJU de 10-3-03, p. 224.

[111] STJ, Resp. nº 469406-RS, 4ª T., Rel. Min. Passarinho Júnior, em 5-12-02, DJU de 23-3-03, p. 235.

e os demais encargos contratuais, os encargos legais, inclusive tributos, as contribuições condominiais imputáveis ao imóvel, além de despesas de cobrança e de intimação" (Lei 9.514/97, art. 26, § 1º).

Primeiro, o valor não consta como requisito; *segundo*, devem ser pagas não só as prestações vencidas, mas também *as que se vencerem até a data do pagamento*, ou seja, as prestações cujos vencimentos acontecerem *após* expedida a notificação. Noutras palavras: o débito evolui. É *um* quando expedida a notificação, e pode ser *outro* quando ocorre o pagamento. O devedor não é notificado para quitar o débito vencido até o dia da notificação, mas até o dia do pagamento.

Portanto, se constar na notificação, será efêmero. Juridicamente, é inadmissível qualificar como essencial, e por isso obrigatório, algo que não só não consta na lei, como se ostenta precário.

28.4.2. *Imprescindibilidade do prazo para purgar a mora.* Bens móveis; bens imóveis.

28.4.2-A. *Bens móveis.* A notificação objetiva evitar a consumação da mora e com ela a resolução do contrato. Isso requer prazo ao devedor-fiduciante para emendá-la. Na alienação fiduciária mobiliária, o prazo é de *três dias úteis*, por analogia ao concedido no protesto de título. A omissão torna írrita a notificação, e a referência a prazo inferior não reduz o legalmente garantido.

Quanto aos *bens móveis*, valendo tanto à alienação fiduciária *especial* quanto à *comum*, cabe analisar três aspectos no tocante ao *prazo* para purgar a mora: *(a)* a necessidade de que conste prazo; *(b)* a definição do prazo; e *(c)* a conseqüência do descumprimento.

Quanto à *necessidade de que conste prazo*, se a notificação é necessária para a eficácia da mora à pretensão resolutória, isso pressupõe certo prazo para que o devedor possa evitá-la, regularizando a situação. Não haveria sentido notificar o devedor para simplesmente dizer-lhe que, no mesmo instante, consumou-se a mora e que, portanto, o contrato não mais existe, e que, por isso, já está sujeito à medida judicial cabível se não houver *ipso facto* a entrega do bem. A notificação não ocorre para dizer que o contrato *está findo*, e sim que *findará* se, em determinado prazo, o débito não for pago. A razão de ser da notificação nas relações jurídicas continuativas (nº 28.2 *supra*) é exatamente oportunizar que o devedor evite o perecimento do contrato, o qual, em princípio, deve ser preservado.

Quanto à *definição do prazo*, o parâmetro é o protesto de título. Com efeito, o protesto *pode* ser feito na alienação fiduciária (DL 911, art. 2º, § 2º).

Então, considerando que no protesto de título o devedor tem o prazo de *três dias úteis*, contados a partir da intimação pelo Cartório, para adotar as devidas providências, sob pena de o ato ser lavrado (Lei 9.492/97, art. 12 c/c o art. 20 e este c/c o art. 19), nada mais natural do que adotá-lo às outras formas de notificação, consoante deliberado pelo ex-TARS,[112] envolvendo *leasing*, aplicável à alienação fiduciária de bem móvel.

Quanto à *conseqüência do descumprimento*, assim como na citação judicial, a ausência do prazo para defesa (CPC, art. 225, VI) gera a ineficácia para a respectiva finalidade, e a referência a prazo inferior não reduz o assegurado em lei, assim também na

---

[112] Ex-TARS, Agravo de Instrumento nº 197059454, 6ª Câmara, Rel. Dr. Irineu Mariani.

notificação premonitória. A omissão quanto ao requisito substancial do prazo torna-a írrita, e a referência a prazo inferior não reduz o legalmente garantido.

28.4.2-B. *Bens imóveis*. O prazo é de *quinze dias*. A omissão torna írrita a notificação, e a referência a prazo inferior não reduz o legalmente garantido.

Quanto aos *imóveis*, o art. 26, § 1°, da Lei 9.514/97, estabelece que o devedor-fiduciante deve ser notificado para regularizar a situação "no prazo de quinze dias," sendo que a notificação deve ser expedida após o prazo de carência (§ 2°), como vimos (n° 26.3 *supra*).

Isso conforta a tese da imprescindibilidade da concessão de prazo também na alienação mobiliária, aplicando-se à imobiliária o mesmo princípio de que a omissão quanto ao requisito substancial do prazo torna írrita a notificação, e a referência a prazo inferior não reduz o legalmente garantido.

29. *Purgação da mora na alienação fiduciária de bens móveis*. Purgação extrajudicial (alienações fiduciárias especial e comum); purgação judicial; purgação da mora pela massa falida ou insolvente.

29.1. *Purgação extrajudicial (alienações fiduciárias especial e comum)*. Direito e objetivo da purgação; prazo para purgar; parcialidade da dívida pendente (vencida até a data do pagamento).

29.1.1. *Direito e objetivo da purgação*. O *direito* decorre naturalmente da necessidade de notificação. O *objetivo* é evitar o perecimento do contrato sinalizado pela notificação.

Uma é a *mora comum* ou normal no que tange à dívida, e outra é a *mora especial* ou qualificada no que tange à pretensão resolutória do contrato (n° 28.2 *supra*). Ambas, por serem *ex re*, existem desde logo, mas a especial, tendo em conta a gravidade da conseqüência, não vigora antes da notificação. Cuida-se de cautela histórica no Direito brasileiro nas relações jurídicas continuativas, baseada no *princípio da preservação dos contratos*.

Portanto, no âmbito extrajudicial, o *direito à purgação da mora* na alienação fiduciária de bens móveis, seja a *especial* regida pela Lei 4.728/65 e DL 911/69, seja a *comum* regida pelo CC/02, decorre naturalmente da necessidade de notificação, pela qual o credor anuncia a intenção de resolver o contrato. Se a notificação é necessária, óbvio que ela não ocorre para dizer que o pacto *está findo*, e sim para alertar que *findará se*, em determinado prazo, o débito não for pago.

Por conseguinte, o *objetivo da purgação da mora* é evitar o perecimento do contrato, sinalizado pela notificação. Trata-se de mecanismo que oportuniza ao devedor-fiduciante o restabelecimento da saúde do contrato, o convalescimento, a purificação. Ela evita o término do contrato por culpa do devedor, e por decorrência a consolidação da propriedade na pessoa do credor.

29.1.2. *Prazo para purgar*. Por analogia ao protesto de título, deve ocorrer no prazo de três dias úteis.

O protesto do título é uma forma de notificação na alienação fiduciária especial, prevista no DL 911/69, art. 2°, § 2° (n° 28.3.1 *supra*).

Então, considerando que o prazo no protesto de título é de *três dias úteis* para o devedor pagar, sob pena de o ato ser lavrado (Lei 9.492/97, art. 12 c/c o art. 20 e este cc/c o art. 19), adota-se por analogia o mesmo prazo para todas as demais formas, e não apenas à alienação fiduciária *especial*, mas também à *comum*.

Dentro do citado prazo, ou eventualmente maior concedido por liberalidade pelo credor-fiduciário, o devedor-fiduciante deve exercer o direito de purgar a mora no âmbito extrajudicial, sob pena de se tornar eficaz a *mora especial*, vale dizer, aquela que resolve, desfaz, desconstitui o contrato (n° 28.2 *supra*).

29.1.3. *Parcialidade da dívida pendente (vencida até a data do pagamento).* Se o propósito é a resolução; se nesta o devedor paga entregando o bem, respondendo por eventual saldo apenas quando o credor não consegue preço suficiente na sua venda; e se o motivo da periclitação do contrato é eliminado na exata medida, o pagamento na purgação extrajudicial da mora restringe-se à *parcialidade da dívida pendente* (vencida até a data do pagamento), com os respectivos encargos (mora *ex re*).

Como vimos (n° 28.2 *supra*), relativamente ao débito a mora *ex re* existe e vigora desde logo, e veremos (n°s 33.2.2 e 33.2.3 *infra*), em razão disso o credor-fiduciário, uma vez optando pela *execução* do contrato, tanto pode cobrar a *parcialidade da dívida pendente* (vencida até a data do pagamento), quanto pode, valendo-se da faculdade do *vencimento antecipado* (n° 33.2.3-A *infra*), cobrar a *integralidade da dívida pendente* (vencida e vincenda).

Com efeito, no que tange à alienação fiduciária *especial*, diz o § 3° do art. 2° do DL 911/69: "A mora e o inadimplemento de obrigações contratuais garantidas por alienação fiduciária, ou a ocorrência legal ou convencional de algum dos casos de antecipação de vencimento da dívida *facultarão* ao credor considerar, de pleno direito, vencidas todas as obrigações contratuais, independentemente de aviso ou notificação judicial ou extrajudicial."

No que tange à alienação *comum*, diz o art. 1.367 do CC/02 que a ela se aplica, dentre outros, o art. 1.425, pelo qual considera-se vencida a dívida "se as prestações não forem pontualmente pagas, toda vez que deste modo se achar estipulado o pagamento; neste caso, o recebimento posterior da prestação atrasada importa renúncia do credor ao seu direito de execução imediata."

Claro, pois, que o *vencimento antecipado* é uma *faculdade* do credor; logo, não é obra da lei, mas do credor; não é ordinário, mas extraordinário; não é regra, mas exceção. Se é uma faculdade, se não é obra da lei, se é extraordinário, se é exceção, o credor deve externar o seu exercício por meio de ato concreto.

E quando o credor pode exercê-la? Pode livremente, tanto na resolução quanto na execução do contrato?

A resposta só pode ser de que o exercício da faculdade do vencimento antecipado da dívida, inclusive por ser medida extraordinária, portanto a interpretação é restritiva, só tem cabimento na *execução* do contrato, jamais na *resolução*. Quem pretende resolvê-lo não pode executá-lo, e quem pretende executá-lo não pode resolvê-lo. É paradoxal o credor resolver o contrato, cujo objetivo é ficar com o bem, e ao mesmo tempo executá-lo, cujo objetivo é deixar o bem com o devedor. A incompatibilidade se propaga inclusive ao processo (n° 33.1 *infra*).

Assim, considerando: *(a)* que o propósito do credor-fiduciário sinalizado pela notificação é a resolução do contrato; *(b)* que na resolução o devedor paga o débito mediante a entrega do bem, respondendo por eventual saldo apenas quando o credor não consegue preço suficiente na sua venda (n° 40.1.4 *infra*); e *(c)* que o motivo da periclitação da existência do contrato deve ser eliminado na sua exata medida, evidente que o pagamento para a purgação extrajudicial da mora é a *parcialidade da dívida*

CONTRATOS EMPRESARIAIS

pendente (vencida até a data do pagamento), com os respectivos encargos (mora *ex re*), e nunca a *integralidade da dívida pendente* (vencida e vincenda).

29.2. Purgação judicial. Na alienação fiduciária em garantia especial; na alienação fiduciária em garantia comum.

A oportunidade de a mora ser purgada em juízo corresponde à segunda e última chance de o fiduciante evitar o fim traumático do contrato, mas já em condições menos favoráveis.

29.2.1. *Na alienação fiduciária em garantia especial*. Prazo para requer e purgar a mora; integralidade da dívida pendente (vencida e vincenda); honorários advocatícios e despesas processuais.

29.2.1-A. *Prazo para requerer e purgar a mora*. O prazo para requerer e purgar a mora é de *cinco dias* contado, não a partir da *execução da liminar* (DL 911/69, art. 3º, §§ 1º e 2º, redação do art. 56 da Lei 10.931/04), visto que ela pode ocorrer *antes* da citação, e sim a partir da juntada aos autos do mandado de execução da liminar e de citação quando concomitantes, ou conforme o ato praticado por último quando não-concomitantes.

Quanto ao *prazo para requerer* a purgação da mora, § 1º do art. 3º do DL 911/69 estabelecia que, na ação de busca e apreensão, uma vez executada a liminar e citado o réu, tinha este o *prazo de três dias* para contestar ou, já tendo pago pelo menos 40% (quarenta por cento) do *preço financiado*, requerer a purgação da mora. *Considerando* ser admissível também a ação de reintegração de posse (nº 35.3 *infra*), e *considerando* o princípio de que o prazo para requerer a purgação da mora era o mesmo para contestar, neste caso era de quinze dias.

Quanto ao *prazo para purgar* a mora, pelo art. 3º, § 3º, do DL, era aquele que o juiz fixasse, respeitado o máximo de dez dias, valendo tanto à busca e apreensão quanto à reintegratória.

No entanto, eis o § 1º do art. 3º do DL 911/69, na redação que lhe deu o art. 56 da Lei 10.931/04: "Cinco dias após *executada a liminar* mencionada no *caput*, consolidar-se-ão a propriedade e a posse plena e exclusiva do bem no patrimônio do credor fiduciário, cabendo às repartições competentes, quando for o caso, expedir novo certificado de registro de propriedade em nome do credor, ou de terceiro por ele indicado, livre do ônus da propriedade fiduciária."

O § 2º: "No *prazo do § 1º*, o devedor fiduciário poderá pagar *a integralidade da dívida pendente*, segundo os valores apresentados pelo credor fiduciário na inicial, hipótese na qual *o bem lhe será restituído livre do ônus*."

E o § 3º: "O devedor fiduciante apresentará resposta no prazo de 15 (quinze dias) da *execução da liminar*".

Mudou substancialmente.

Em *primeiro lugar*, o prazo para requerer e purgar a mora na ação de busca e apreensão passou ser a de *cinco dias*, e de *quinze* para contestar; logo, adota-se o mesmo quando for ajuizada reintegração de posse.

Em *segundo*, os prazos para requerer e purgar e para contestar não podem ser contados simplesmente a partir da *execução da liminar*, visto que esta pode acontecer *antes* da citação, e antes desta não há prazo para fins de defesa, seja *citação pessoal*, caso em que flui a partir da juntada do mandado aos autos, seja *citação por edital*, caso em que flui a partir do término do prazo do edital.

Ademais – observe-se a peculiaridade –, o prazo para contestar não flui antes do cumprimento da liminar, mesmo que o mandado de citação já tenha sido juntado aos autos.

Assim, tanto para requerer e purgar a mora quanto para contestar, o prazo é contado: *(a)* a partir da juntada aos autos do mandado de execução da liminar e de citação quando concomitantes; ou *(b)* conforme o ato praticado por último quando não-concomitantes, tendo em vista que, por exceção, o prazo para contestar não flui antes do cumprimento da liminar, isso por um lado, e, por outro, também não pode fluir antes da citação e da juntada do mandado aos autos.

Em *terceiro lugar* – observe-se outra peculiaridade –, o prazo de cinco dias é para *pagar* a integralidade da dívida pendente, ou seja, para requerer *e* purgar a mora, diferentemente d'antes, quando o juiz, para fins de pagamento, fixava prazo não superior a dez dias.

> **29.2.1-B.** *Integralidade da dívida pendente (vencida e vincenda).* O § 2º do art. 3º do DL 911/69, na redação do art. 56 da Lei 10.931/04, exige que a purgação judicial da mora seja pela *integralidade da dívida pendente*, liberando-se o bem *livre do ônus* da propriedade fiduciária. Incluem-se, pois, as parcelas vencidas e vincendas. No caso, o *vencimento antecipado* é obra da lei. Ainda, não há ferimento à comutatividade, e por conseguinte à função social do contrato, uma vez que o devedor pode, no âmbito extrajudicial, purgar a mora pela dívida vencida até a data do pagamento e, inclusive, na contestação pedir a restituição de eventual quantia paga *a maior*.

Diz o *caput* do art. 3º do DL 911/69 que, uma vez caracterizada a mora para fins resolutórios, o credor pode ajuizar *busca e apreensão* do bem alienado fiduciariamente, e complementava o § 1º dizendo que o devedor, uma vez citado tinha o prazo de três dias contestar "ou, se já tiver pago 40% (quarenta por cento) do preço financiado, requerer a purgação da mora".

Acontece que todos os seis parágrafos do art. 3º do DL 911/69 tiveram suas redações alteradas, inclusive acrescendo-se mais dois, pelo art. 56 da Lei 10.931/04, sendo que em qualquer deles, e especificamente no § 2º, que regra a purgação da mora em juízo, não consta pagamento prévio de no mínimo 40% (quarenta por cento) do *preço financiado*, e sim que, conforme transcrição no item anterior, a purgação da mora deve ocorrer pela *integralidade da dívida pendente*, caso em que o credor-fiduciário liberará o bem *livre do ônus*, referindo-se à propriedade fiduciária.

Acabou, pois, o questionamento acerca da condição de pagamento prévio de no mínimo 40% (quarenta por cento) para o exercício da purgação da mora.

Nem por isso fica despiciendo adentrar, com brevidade, no retesado debate, quando mais não seja para fins históricos.

Com efeito, a questão relativa aos 40% (quarenta por cento) controverteu-se com o advento do CDC, surgindo corrente jurisprudencial de que a restrição havia sido implicitamente revogada pelos arts. 6º, VI, e 53, *caput*, do CDC.

O citado art. 6º, VI, afirma como direito do consumidor "a efetiva prevenção e reparação de danos patrimoniais e morais, individuais, coletivos e difusos." Já o art. 53, *caput*, afirma que nos contratos de compra e venda de móveis ou imóveis mediante pagamento em prestações, inclusive contratos de alienação fiduciária em garantia, "consideram-se nulas de pleno direito as cláusulas que estabeleçam a perda total das prestações pagas em benefício do credor que, em razão do inadimplemento, pleitear a resolução do contrato e a retomada do produto alienado".

O núcleo da sustentação contrária à exigibilidade dos 40% (quarenta por cento) estava em que a restrição ao direito de purgar a mora repercutia no destino das prestações até então pagas, face à venda do bem para fins de quitação do débito que se venceu antecipadamente (DL 911/69, art. 2º, *caput*, e § 3º).

A corrente da *interpretação restritiva* se baseava em três argumentos no sentido da *exigibilidade* dos 40% (quarenta por cento), a saber:

(a) Se era verdadeiro que não ocorria a devolução das prestações já pagas, também o era que se devia considerar o uso e o desgaste do bem em poder do devedor, não ocorrendo, pois, tecnicamente, perda total nem parcial das prestações pagas;

(b) A divergência não ocorria com a restrição quanto à purga da mora em juízo, e sim com o próprio instituto da alienação fiduciária determinativo da venda do bem para a quitação do débito, obviamente porque vencido de modo antecipado, não podendo o fiduciante ficar com o bem, mas devendo aliená-lo para fins de pagar-se (Lei 4.728/65, ex-art. 66, § 6º; CC/02, art. 1.365), alienação essa não exclusiva da alienação fiduciária, mas comum também a outros institutos, como o penhor, a anticrese e a hipoteca, não ocorrendo, pois, tecnicamente, perda total nem parcial das prestações pagas.

(c) A exigência de pagamento mínimo de 40% (quarenta por cento) para pugar a mora em juízo existente também na compra e venda com reserva de domínio (CPC, art. 1.071, § 2º), em relação à qual jamais houve qualquer questionamento, motivo para não se discriminar a alienação fiduciária.

A corrente da *interpretação ampliativa* também se baseava em três argumentos no sentido da *inexigibilidade* dos 40% (quarenta por cento), a saber:

(a) O *princípio da preservação dos contratos*, sendo a purgação da mora o devido mecanismo (nº 28.2 *supra*), na medida em que as partes os celebram para levá-los a bom termo (nº 27 *supra*), devendo-se, por isso, sempre que possível, ser evitado o término prematuro, máxime quando se alongam no tempo, sujeitos, portanto, a normais turbulências ou dificuldades.

(b) A incidência do art. 53, *caput*, do CDC, independentemente da existência de relação consumerista (nº 11 *supra*), e por decorrência aplicável a toda espécie de alienação fiduciária em garantia.

(c) Indiretamente, tendo em conta o objetivo inicial (aquisição de patrimônio), o devedor-fiduciante perdia as prestações já pagas, uma vez que não eram consideradas, dentro do chamado *direito expectativo* decorrente da propriedade resolúvel, como pagamento parcelado de um bem, mas tão-só como pagamento do mútuo ou empréstimo (nº 41 *infra*), correndo risco de ainda continuar devedor (nº 40.1.4 *infra*).

Em *primeiro lugar*, quanto à *perda das prestações*, não há confundir *perda do parcelamento*, ocorrente quando a dívida vence de modo antecipado, com *perda do negócio*.

Em *segundo*, a tese da inexigibilidade dos 40% (quarenta por cento) chegou a ganhar adeptos no STJ, *verbis*: "A exigência imposta pelo § 1º do art. 3º do Dec.-Lei nº 911/69) (pagamento no mínimo de 40% do preço financiado), está afastada pelas disposições contidas nos arts. 6º, VI, e 53, *caput*, do Código de Defesa do Consumidor (Lei 8.078/90)".[113]

Na mencionada Corte, acabou prevalecendo a *tese da exigibilidade*, ao nosso ver mais técnica e por isso estável, inclusive na Segunda Seção,[114] passando as 1ª e 2ª Turmas

---

[113] STJ, Resp. 157688-RJ, 4ª Turma, Relator para o Acórdão Min. César Asfor Rocha.

[114] STJ, EREsp. 128.732-RJ, 2ª Seção, DJ de 1º-10-00.

a assim decidir por unanimidade.[115] [116] [117] [118] Para sedimentar, foi editada a Súmula 284 dizendo o seguinte: "A purga da mora, nos contratos de alienação fiduciária, só é permitida quando já pagos pelo menos 40% (quarenta por cento) do valor financiado."

No entanto, mudou com a redação que o art. 56 da Lei 10.931/04 deu ao § 2º do art. 3º do DL 911/69, passando a exigir, para fins de purgação da mora em juízo o pagamento da *integralidade da dívida pendente*, quer dizer, *os valores apresentados pelo credor fiduciário na inicial*, expressão que não deixa dúvida tratar-se da vencida *mais* a vincenda, esta decorrente do *vencimento antecipado*, visto que, então, o devedor recebe o bem *livre do ônus*, referindo-se à propriedade fiduciária.

No sentido de que o texto legal inclui tanto as prestações vencidas quanto aquelas que se venceram por antecipação face à inadimplência, temos o entendimento de Leonardo Perseu da Silva Costa[119] e de Demócrito Reinaldo Filho,[120] citados pelo eminente Vílson Rodrigues Alves, que embora reconheça "ler-se isso no texto do decreto-lei", constrói, a partir da *função social do contrato*, a tese de que *dívida pendente* é apenas a vencida até a data do pagamento, sob pena de "vantagem exagerada" da instituição financeira.[121]

Ocorre que a expressão *integralidade da dívida pendente*, ainda mais quando conectada à de que o bem ficará *livre do ônus*, referindo-se à propriedade fiduciária, induvidosamente abrange o vencimento antecipado, até porque a liberação do gravame só ocorre após a quitação geral do mútuo. Com efeito, pode-se dizer que realmente a solução proposta pelo ilustre Professor seria melhor, mas não se pode, via interpretação, criar outra lei para chegar-se à solução considerada melhor (nº 12.1.2 *supra* do Cap. I).

Demais disso, na questão da comutatividade, e por decorrência função social do contrato na dimensão das partes (nº 12.1.3-C *supra* do Cap. I), é relevante notar que o devedor-fiduciante não fica privado de purgar a mora *apenas* pelo valor vencido até a data do pagamento: basta que o faça no âmbito extrajudicial (nº 29.1.3 *supra*). Ainda, após a purgação da mora segundo o valor apresentado na inicial, ele não fica privado de contestar eventual excesso, inclusive com restituição (reconvenção embutida), conforme o § 4º do mesmo art. 3º.

Alfim, observe-se que, neste caso, ao invés da *purgação extrajudicial* (nº 29.1.3 *supra*), o vencimento antecipado não é obra do credor-fiduciante (exercício de uma faculdade), mas da lei. É a lei que o antecipa ao exigir o pagamento da integralidade da dívida pendente; logo, para pagar menos só havendo acordo ou renúncia do credor na própria inicial, caso em que, obviamente, não haverá liberação do gravame da propriedade fiduciária.

---

[115] STJ, Resp. 362.056-MG, 3ª Turma, em 9-9-03, Rel. Min. Castro Filho.

[116] STJ, Resp. 503.449-DF, 3ª Turma, em 21-10-03, Rel. Min. Carlos Alberto Menezes Direito.

[117] STJ, Resp. 467.167-MG, 4ª Turma, em 20-3-03, Rel. Min. Ruy Rosado de Aguiar.

[118] STJ, Resp. 567.890-MG, 4ª Turma, em 18-11-03, Rel. Min. Aldir Passarinho Júnior.

[119] Leonardo Perseu da Silva Costa, *Das Alterações Introduzidas pela Lei nº 10.931/2004 na Instituição da Alienação Fiduciária em Garantia, apud* Vílson Rodrigues Alves, *Alienação Fiduciária*, 2ª ed., 2006, p. 354.

[120] Demócrito Reinaldo Filho, *Lei nº 10.931/2004: Breves Comentários às Alterações no Procedimento da Ação de Busca e Apreensão do Bem Objeto de Alienação Fiduciária (Decreto-Lei nº 911/69), apud* Vílson Rodrigues Alves, *Alienação Fiduciária*, 2ª ed., 2006, p. 354.

[121] Vílson Rodrigues Alves, *Alienação Fiduciária*, 2ª ed., 2006, p. 352-63, nº 18.3.3.

Em suma, em juízo, a purgação da mora pela *integralidade da dívida pendente*, na realidade traduz *execução antecipada* do contrato, não se podendo confundir *perda do parcelamento* com *perda do negócio*.

29.2.1-C. *Honorários advocatícios e despesas processuais.* **A inclusão na purgação da mora decorre da rubrica genérica** *despesas* **(DL 911/69, art. 2º,** *caput,* **c/c o art. 26 do CPC). Trata-se de princípio geral e de encargo legal; logo, a exclusão é que deve ser expressa, e não a inclusão.**

Relativamente ao *período anterior* às modificações introduzidas no DL 911/69 pelo art. 56 da Lei 10.931/04, a inclusão, ou não, dos honorários advocatícios na purgação da mora em juízo foi objeto de dissenso jurisprudencial.

A *corrente da não-inclusão* vale-se do fato de que dentre as rubricas previstas na legislação (DL 911/69, art. 3º, c/c art. 2º, § 1º) não consta a verba honorária, e, ainda, do fato de que a purgação da mora também objetiva livrar o devedor da prisão, face à possibilidade de ação de depósito nas situações do art. 4º do DL 911/69, sendo que somente a dívida principal é que está garantida pela liberdade de locomoção do devedor, e não as custas, nem os honorários e nem outros acréscimos; logo, embora tais parcelas sejam devidas, não podem ser incluídas na purgação da mora, restando, pois, a cobrança pelo modo normal.[122] Pode-se até reforçar a tese com o exemplo da Lei do Inquilinato, uma vez que esta enseja ao locatário que emende a mora e refere expressamente os honorários do patrono do locador (Lei 8.245/91, art. 62, II, *d*). Conseqüentemente, se o legislador, no caso da purgação da mora pelo inquilino, querendo nela incluir os honorários, foi expresso, no caso da alienação fiduciária foi omisso porque não quis incluí-los.

A *corrente da inclusão*, por sua vez, prevalente sobre a outra, vale-se do fato de que a purgação da mora traduz confissão máxima da existência da dívida e sua inadimplência, estando os honorários previstos na rubrica genérica "despesas" (DL 911/69, art. 2º, *caput*), Ainda pelo art. 26 do CPC, se o processo terminar pela desistência ou reconhecimento do pedido, as despesas e honorários serão pagos pela parte que desistiu ou reconheceu.[123] [124]

Considera-se esta compreensão mais consentânea com o ordenamento processual, cuja incidência é automática, haja vista que o advogado sequer precisa requerê-los. Tratando-se de princípio geral e de encargo legal, a exclusão é que deve ser expressa, e não a inclusão. Isso por um lado. Por outro, não ocorre a periclitação da liberdade em função dos honorários e despesas processuais porque, para fins de prisão civil, considera-se o débito *stricto sensu*, portanto sem as chamadas *rubricas acessórias* (nº 35.2.3-B *infra*).

Relativamente ao *período posterior* às modificações introduzidas no DL 911/69 pela Lei 10.931/04, não justificam modificação do entendimento.

Com efeito, nada foi alterado no *caput* do art. 2º do DL 911/69 e tampouco no art. 26 do CPC. É verdade, o fato de *antes* ser alternativo (o devedor purgava a mora *ou* contestava), e *agora* ser cumulativo (o devedor pode purgar a mora *e* contestar o valor), como veremos (nº 35.1.10 *infra*), pode gerar a idéia de que, então, não há *reconhecimento do pedido*, como exige o art. 26 do CPC.

---

[122] STJ, Resp. 141307, 4ª T., Rel. Min. Ruy Rosado Aguiar, em 10-11-97.

[123] STJ, Resp. 43366, 3ª T., Rel. Min. Eduardo Ribeiro, em 25-4-94, DJU de 23-5-94, p. 12606.

[124] STJ, Resp. 52453, 2ª T., Rel. Min. Peçanha Martins, em 20-2-95, DJU de 17-4-95, p. 9575.

No entanto, bem ao contrário, esse direito, além de ser restrito ao valor – portanto o devedor-fiduciante não pode suscitar outras questões –, fortalece ainda mais a inclusão das despesas processuais e honorários na purgação da mora, uma vez que, havendo restituição por redução do débito, isso repercute proporcionalmente sobre tais encargos. Por derradeiro, se se entender que o simples fato de poder também contestar exclui os honorários e despesas processuais, estar-se-á motivando contestação para tão-só, momentaneamente, fugir do pagamento.

Finalmente, as despesas processuais e os honorários, estes arbitrados desde logo pelo juiz, são calculados à vista dos valores apresentados na inicial, em cumprimento ao § 2º do art. 3º do DL 911/69. Havendo omissão, cabe ao juiz determinar *ex officio* a emenda ou ao devedor-fiduciante fazer a argüição, com as conseqüências processuais pertinentes.

29.2.2. *Na alienação fiduciária em garantia comum.* **Quanto ao direito de purgar a mora; quanto ao prazo para requerer e purgar; quanto ao vencimento antecipado; quanto aos honorários advocatícios e despesas processuais; quanto ao direito de cumular purgação da mora e contestação do valor.**

Tendo em conta as lacunas no CC/02 relativas à alienação fiduciária *comum*, aplica-se-lhe, por analogia, como princípio geral, aos fins de purgação judicial da mora, os mesmos requisitos da *especial*, com algumas especificidades.

29.2.2-A. *Quanto ao direito de purgar a mora.* **Decorre naturalmente da aplicação analógica do direito existente na alienação fiduciária** *especial.*

Se na esfera extrajudicial o direito à purgação da mora em ambas as alienações fiduciárias de bens móveis decorre naturalmente da necessidade de prévia notificação (nº 29.1.1 *supra*), na judicial o direito na alienação *comum* decorre naturalmente da aplicação analógica do direito existente na *especial*.

No que tange ao período anterior às modificações do art. 3º do DL 911/69 introduzidas pela Lei 10.931/04, vale registrar que não se aplicava à alienação fiduciária *comum* a condição de pagamento prévio de no mínimo 40% (quarenta por cento) do valor financiado existente à alienação *especial*, isso por ser uma exceção ao princípio geral do direito à purgação da mora, merecendo, conseqüentemente, interpretação restritiva.

29.2.2-B. *Quanto ao prazo para requerer e purgar.* **Com o novo art. 3º do DL, redação da Lei 10.931/04, aplicável à alienação fiduciária comum, o prazo para requerer e purgar a mora passou a ser de cinco dias.**

O art. 3º do DL 911, antes das modificações havidas pela Lei 10.931/04, que disciplina a alienação fiduciária *especial*, consagrava o princípio de que o prazo para requerer a purgação da mora era o mesmo para contestar, sendo que o juiz fixava outro para o efetivo pagamento, não superior a dez dias. Tal se aplicava à alienação *comum*, portanto, quinze dias para requerer, tanto na ação de reintegração de posse quanto na de depósito (nº 36.1 e 36.2 *infra*), com mais no máximo dez dias para pagar, conforme o que fosse decidido pelo juiz.

Com o rompimento da coincidência feita pelo novo art. 3º, cinco dias para requerer e pagar e quinze para contestar (§§ 2º e 3º), assim passou a ser também na alienação fiduciária comum.

CONTRATOS EMPRESARIAIS

29.2.2-C. *Quanto ao vencimento antecipado.* **Depende de estipulação contratual, e por decorrência, uma vez instituído, não será obra da lei nem do credor, mas do** *contrato.*

Diz o art. 1.367 do CC/02 que à alienação fiduciária *comum* se aplica, dentre outros, o art. 1.425, o qual considera "vencida a dívida (...) se as prestações não forem pontualmente pagas, toda vez que deste modo se achar estipulado o pagamento; neste caso, o recebimento posterior da prestação atrasada importa renúncia do credor ao seu direito de execução imediata" (inc. III).

Portanto, o vencimento antecipado depende de estipulação contratual, e por decorrência, uma vez instituído, será obra do *contrato*, e não da lei nem do credor, diferentemente do que acontece na alienação especial, como vimos (nº 29.2.1-B *supra*).

Desse modo, ainda que, para fins de execução o credor não seja obrigado a cobrar toda a dívida (vencida e vincenda), como veremos (nº 33.2.2 *infra*), para fins de purgação judicial da mora, desde que estipulada a antecipação do vencimento, deve – salvo renúncia do credor ou acordo – ocorrer pela integralidade da dívida pendente, com liberação do ônus da propriedade fiduciária.

29.2.2-D. *Quanto aos honorários advocatícios e despesas processuais.* **São devidos pelos mesmos motivos de que o são na alienação fiduciária especial (nº 29.2.1-C** *supra***).**

29.3. *Purgação da mora pela massa falida ou insolvente.* **Há ter-se atenção para eventual regalia específica.**

Se a purgação da mora for articulada por massa falida ou insolvente, cujo direito pode ser exercido nas circunstâncias já expostas (nºs 29.1 e 29.2 *supra*), há ter-se atenção para eventual regalia específica, por exemplo, o art. 124 da Lei 11.101/05, repetindo o art. 26 do DL 7.661/45, estabelece a inexigibilidade dos juros contra a massa falida, "vencidos após a decretação da falência, previstos em lei ou em contrato, se o ativo apurado não bastar para o pagamento dos credores subordinados."

30. *Purgação da mora na alienação fiduciária de imóvel.* **Admissibilidade da purgação extrajudicial na fase da notificação; inadmissibilidade da purgação na fase da venda; inadmissibilidade da purgação na fase de processo judicial; purgação da mora pela massa falida ou insolvente.**

30.1. *Admissibilidade da purgação extrajudicial na fase da notificação.* **Deve ocorrer no prazo de quinze dias. Paga-se o débito, com os encargos da mora** *ex re,* **no particular existente e eficaz desde o início.**

De início, lembramos que a purgação da mora acontece pela dívida vencida até o momento, não se confundindo com o vencimento antecipado (nº 33.2.3-A *infra*).

No mais, assim como em relação à alienação fiduciária de móvel, também na de imóvel o direito à purgação da mora decorre naturalmente da necessária notificação com prazo. Conforme o art. 26, § 1º, da Lei 9.514/97, que disciplina a purgação extrajudicial na fase da notificação, o devedor-fiduciante pode exercê-lo no prazo de quinze dias (nº 28.4.2-B *supra*), ou eventualmente maior concedido por liberalidade pelo credor-fiduciário, sob pena de se tornar eficaz a *mora especial* ou qualificada, vale dizer, a que objetiva a resolução contratual (nº 28.2 *supra*). Se a notificação ocorrer antes do prazo de carência (§ 2º), a contagem da quinzena começa depois (nº 26.3 *supra*).

Para evitar a eficácia da cláusula resolutória, o fiduciante deve pagar o débito, com os encargos da mora *ex re*, no particular existente e eficaz desde o início, sendo que a negativa do credor em receber autoriza a consignação em pagamento (CC/02, art. 335, I), judicial ou extrajudicial (CPC, art. 890).

A prova da existência e eficácia da mora, desde o início, no que tange ao débito, está no art. 26, § 1º, pelo qual devem ser pagos no prazo de quinze dias "a prestação vencida e as que se vencerem até a data do pagamento, os juros convencionados, *as penalidades* e os demais encargos contratuais, os encargos legais, inclusive tributos, as contribuições condominiais imputáveis ao imóvel, além das despesas de cobrança e de intimação."

A mora deve ser purgada no Registro de Imóveis, e uma vez efetivada, "convalescerá o contrato" (art. 26, § 5º), ou seja, o contrato recupera a saúde, devendo o respectivo Oficial, nos três dias seguintes, entregar ao fiduciante "as importâncias recebidas, deduzidas as despesas de cobrança e de intimação" (§ 6º), obviamente se estas não lhe foram adiantadas por aquele.

Fluído o prazo, e não purgada a mora, o contrato fica *ipso facto* desfeito, desconstituído, deixa de existir, deflagrando-se a *fase da venda* (nº 40.2 *infra*).

30.2. *Inadmissibilidade da purgação na fase da venda*. O legislador intencionalmente não previu a possibilidade de nesta fase o devedor-fiduciante purgar a mora. O motivo reside no fato de que a *fase da venda* tem como pressuposto o pagamento do ITBI e a consolidação da propriedade no credor-fiduciário, ato registral lavrado pelo Titular da Escrivania competente, insuscetível de modificação (cancelamento) por simples artifício da purgação da mora, sem previsão legal expressa. Ademais, isso causaria tumulto e instabilidade nas relações jurídicas.

Vencido o prazo da notificação sem que a mora tenha sido purgada, diz o § 7º do art. 26 da Lei 9.514/97, com a redação do art. 57 da Lei 10.931/04 (em teor apenas acresceu o *laudêmio*), que o Oficial da Escrivania competente, "certificando esse fato, promoverá a averbação, na matrícula do imóvel, da consolidação da propriedade em nome do fiduciário, à vista da prova do pagamento por este, do imposto de transmissão *inter vivos* e, sendo o caso, do laudêmio."

Pago o imposto *inter vivos* e consolidada a propriedade em nome do fiduciário, tem este o prazo de trinta dias para deflagrar a *fase da venda* (art. 27, *caput*), em público leilão judicial ou extrajudicial, como veremos (nº 40.2.2-A *infra*).

Haveria possibilidade de nesta fase o devedor-fiduciante purgar a mora?

Com efeito, o art. 39 da Lei 9.514/97, ao tempo em que no inc. I afasta do Sistema de Financiamento Imobiliário – SFI – a aplicação da Lei 4.380/64 (dispõe sobre Sistema Financeiro da Habitação – SFH), no inc. II estabelece que se aplicam às operações do SFI, das quais a alienação fiduciária de bens imóveis é integrante, "as disposições dos arts. 29 a 41 do Decreto-lei 70, de 21.11.1966" (dispõe sobre o funcionamento de associações de poupança e empréstimo, institui a cédula hipoteária e dá outras providências).

Por sua vez o art. 34 do DL 70/66, envolvendo a fase da venda do bem, diz o seguinte: "É lícito ao devedor, a qualquer momento, até a assinatura do auto de arrematação, purgar o débito, totalizado de acordo com o art. 33", e acrescido dos encargos declinados nos incisos.

Assim, ter-se-ia que admitir na alienação fiduciária a purgação da mora até a assinatura do auto de arrematação resultante do leilão, como na execução hipotecária judicial ou extrajudicial prevista no DL 70/66.

CONTRATOS EMPRESARIAIS

No entanto, se o legislador da alienação fiduciária – que não se vexou de copiar o art. 38 do DL 70/66 no art. 37-A da Lei 9.514/97 no que se refere à *taxa de ocupação*, como veremos (n° 40.2.3 *infra*) – não previu tal possibilidade ao devedor-fiduciante, mas tão-só na *fase da notificação*, conclui-se que a omissão foi intencional, ou seja, quis excluí-la.

E o motivo dessa exclusão reside no fato de que, diferentemente da execução hipotecária prevista no DL 70/66, na alienação fiduciária ela tem como pressuposto o pagamento do ITBI e a consolidação da propriedade fiduciária no credor-fiduciário.

Acontece que a alienação fiduciária (n° 12.3.1 *supra*) e a hipoteca são espécies de *direitos reais* (CC/02, art. 1.225). Enquanto apenas *garantia*, não há incidência de ITBI, como veremos (n° 47.2.2 *infra*), sendo este o caso da hipoteca, inclusive na alienação levada a efeito pelo credor hipotecário com base no DL 70/66. Quer dizer, ele vende na condição de *credor hipotecário*, e não de *proprietário*. Já na alienação fiduciária o credor-fiduciário vende na condição de *proprietário*, e não de *credor*.

Nas circunstâncias, sem previsão legal expressa, o ato registral não é suscetível de modificação (cancelamento) mediante o simples artifício da purgação da mora, sem falar no tumulto e instabilidade das relações jurídicas.

30.3. *Inadmissibilidade da purgação na fase de processo judicial.* O legislador intencionalmente não previu a possibilidade de o devedor-fiduciante purgar a mora na *fase de processo judicial*. Além dos motivos constantes da *fase da venda*, adiciona-se os problemas que seriam causados seja quando a reintegratória é ajuizada por *terceiro*, que adquiriu o imóvel em público leilão, seja quando ajuizada pelo próprio *credor-fiduciário, cessionário ou sucessores*, causando tumulto e instabilidade nas relações jurídicas ainda maiores que na fase anterior.

Seria incoerência não admitir a purgação da mora na *fase da venda*, como vimos no item anterior, e admiti-la, sem previsão legal expressa, na *fase de processo judicial*.

Conseqüentemente, em *primeiro lugar*, os motivos pelos quais não é admissível a purgação da mora naquela fase, servem para justificar a inadmissibilidade também nesta.

Em *segundo*, diz o art. 30: "É assegurada ao fiduciário, seu cessionário ou sucessores, inclusive o adquirente do imóvel por força do público leilão de que tratam os §§ 1° e 2° do art. 27, a reintegração na posse do imóvel, que será concedida liminarmente, para desocupação em sessenta dias, desde que comprovada, na forma do disposto no art. 26, a consolidação da propriedade em seu nome."

No caso de o imóvel estar ocupado por locatário, incide o § 7° do art. 27, acrescido pelo art. 56 da Lei 10.931/04, ou seja, há a fase da *denúncia extrajudicial do contrato*, como veremos (n° 40.2.5-B *infra*).

Existem, pois, duas situações distintas, sendo que em ambas se evidencia a inviabilidade da purgação da mora: *(a)* quando a reintegratória é ajuizada por terceiro em relação ao contrato; e *(b)* quando ajuizada pelo próprio credor-fiduciário, cessionário ou sucessores, sendo que em ambas flagra-se uma realidade imodificável por simples purgação da mora, salvo previsão legal expressa.

Quando a reintegratória é ajuizada *por terceiro* em relação ao contrato (art. 30), ou seja, que adquiriu o imóvel em público leilão (art. 27), não há como pensar em purgação da mora em juízo pelo réu-devedor-fiduciante. Impõe-se resguardar os interesses do novo proprietário, sob pena de a insegurança jurídica abalar seriamente o objetivo do legislador ao criar o Sistema de Financiamento Imobiliário. Inviável, em tal situação, reconhecer ao devedor o direito de purgar a mora, mesmo pagando a *integralidade da dívida pendente*, como ocorre na alienação fiduciária de bens móveis (nºs 29.2.1-B e 29.2.2-C *supra*). Ademais, além de atingir terceiro de boa-fé (o autor da reintegratória), há o problema do ITBI pago, inclusive sobre a transmissão anterior do fiduciante ao fiduciário (art. 26, § 7º), além de, quando envolver propriedade enfitêutica, o pagamento do laudêmio ao senhorio direto (nº 20.2.1 *supra*). Portanto, o direito de purgar a mora do devedor-fiduciante não é oponível a quem adquire o imóvel em leilão promovido pelo credor-fiduciário.

Quando a reintegratória é ajuizada pelo próprio *fiduciário, seu cessionário ou sucessores* (art. 30), também não se ostenta viável, mediante o excepcional artifício da purgação da mora, ainda que seja pela integralidade da dívida pendente. Veja-se que o credor-fiduciário, uma vez consolidada a propriedade em seu nome, pode desde logo ajuizar a reintegratória (art. 30), inclusive para, adiantando o procedimento de desocupação do imóvel, obter melhor preço no leilão, promovendo-se, após, a substituição subjetiva do pólo ativo, o que é possível, pois não ocorre voluntariamente (CPC, art. 41), e sim por força do veto ao pacto comissório. Ainda, mesmo quando, por exceção a esse veto, numa dação em pagamento *ope legis* (nº 39.6 *infra*), o fiduciário acaba ficando com o imóvel (Lei 9.514/97, art. 27, § 5º), em nada se altera o caráter irreversível da realidade criada pelo imposto pago e da propriedade consolidada em seu nome perante o Registro de Imóveis, insuscetível de ser modificada mediante o simples artifício da purgação da mora, conforme o item anterior.

Está claro, portanto, que purgação na *fase de processo judicial* gera tumulto e instabilidade nas relações jurídicas ainda maiores que na *fase da venda*.

30.4. Purgação da mora pela massa falida ou insolvente. Há ter-se atenção para eventual regalia específica.

Se a purgação da mora for articulada por massa falida ou insolvente, cujo direito pode ser exercido nas circunstâncias já acima expostas, há ter-se atenção para eventual regalia específica, por exemplo, o art. 124 da Lei 11.101/05, repetindo o art. 26 do DL 7.661/45, estabelece a inexigibilidade dos juros contra a massa falida, "vencidos após a decretação da falência, previstos em lei ou em contrato, se o ativo apurado não bastar para o pagamento dos credores subordinados."

31. Inadimplência pela massa falida ou insolvente. Contrato de bem móvel ou imóvel; contrato de cessão fiduciária de direitos e de títulos de crédito; direito de restituição; habilitação e classificação do crédito na falência ou insolvência.

31.1. Contrato de bem móvel ou imóvel. Se o credor-fiduciário objetivar a resolução contratual, compete-lhe deflagrar o ritual típico da notificação e, uma vez consumada a mora especial, e não havendo a devolução espontânea, ajuizar a demanda cabível.

A falência ou a insolvência do devedor-fiduciante por si só não resolve o contrato bilateral (Lei 11.101/05, art. 117 e §§, repetindo em teor o art. 43, *caput*, do DL 7.661/45), o que *a fortiori* se estende ao *estado de recuperação* judicial e extrajudicial (nº 27.2.1-B *supra*).

Uma vez tendo seguimento o contrato, evidente que, conforme *en passant* já mencionado (nº 27.2.2 *supra*), a massa falida ou insolvente pode incorrer em inadimplência.

Se isso acontecer, e se o credor objetivar a resolução do contrato, e por esse meio consolidar a seu favor a propriedade fiduciária, compete-lhe deflagrar o ritual típico da notificação (nº 28 *supra*), segundo o objeto (móvel ou imóvel). Consumando-se a mora especial sem devolução espontânea, resta ao credor ajuizar a demanda cabível.

É aplicável à alienação fiduciária em garantia precedente do ex-2º TACivSP envolvendo *leasing* que diz: "Ocorrendo a inadimplência, quanto ao pagamento das parcelas contratadas, referida mora não inibe a ação de reintegração de posse, ante à falência da devedora, uma vez que o proprietário (arrendante) pode reivindicar a coisa em poder de quem quer que seja".[125]

31.2. Contrato de cessão fiduciária de direitos e de títulos de crédito.
A falência ou insolvência do devedor-fiduciante-cedente não gera conseqüência sobre a cessão fiduciária de direitos e de títulos de crédito. O direito do credor-fiduciário-cessionário continua intacto. A Massa Falida ou Insolvente não pode incluir no ativo o crédito cedido. Se o fizer, cabe restituição.

O contrato pode ter por objeto a *cessão fiduciária de crédito* (nº 4.4 *supra*), seja de *direitos sobre coisas móveis*, seja de *títulos de crédito*, caso em que, conforme o art. 66-B, §§ 4º e 5º, da Lei 4.728/65, aplicam-se os arts. 18 a 20 da Lei 9.514/97, e os arts. 1.421, 1.425, 1.426, 1.435e 1.436 do CC/02.

Ficando restrito ao que ora interessa, vêm à baila apenas os arts. 18 a 20 da Lei 9.514/97, os quais também se aplicam à cessão de crédito relativa a imóveis, dispensada a notificação do devedor original (art. 35).

Com efeito, diz o art. 20: "Na hipótese de falência do devedor cedente e se não tiver havido a tradição dos títulos representativos dos créditos cedidos fiduciariamente, ficará assegurada ao cessionário fiduciário a restituição na forma da legislação pertinente." E o parágrafo único: "Efetivada a restituição, prosseguirá o cessionário fiduciário no exercício de seus direitos na forma do disposto nesta seção."

Primeiro, a norma disciplina a situação que se cria quando houve *cessão* fiduciária do crédito sem *tradição* dos respectivos títulos, caso em que o credor-fiduciário-cessionário faz jus à "restituição" (*sic*), entenda-se *entrega* dos títulos pelo devedor-fiduciante-cedente.

Segundo, uma vez efetivada a "restituição" dos títulos, entenda-se *entrega*, o credor-fiduciário-cessionário exerce os direitos conforme previsto na respectiva *seção*.

A *seção* é a VII, integrada pelo art. 19, o qual regra o procedimento do credor-fiduciário-cessionário perante o *devedor dos títulos*, o qual sequer precisa ser notificado da transação havida (art. 35). Em síntese, recebe do *devedor dos títulos*, deduz do crédito perante o *devedor-fiduciante-cedente* e, não sendo suficiente, cobra deste "o saldo remanescente nas condições convencionadas no contrato" (art. 19, § 2º).

Conclui-se, por conseguinte, que a falência ou insolvência do devedor-fiduciante-cedente não gera conseqüência sobre a cessão fiduciária de direitos e de títulos de crédito. O direito do credor-fiduciário-cessionário continua intacto. Noutras palavras: a Massa Falida ou Insolvente não pode incluir no ativo os direitos e créditos cedidos, pois não lhe pertencem. Se o fizer, cabe ao credor-fiduciário-cessionário postular a restituição.

31.3. Direito de restituição. Pelo fato da falência ou insolvência; por arrecadação do bem pela Massa.

31.3.1. Pelo fato da falência ou insolvência. Não há norma expressa no sentido da restituição, salvo na alienação fiduciária comum, mas isso

---

[125] Ex-2º TACivSP, 11ª Câmara, ap. cív. 519684-0/0, Rel. Dr. Melo Bueno.

não a prejudica, pois o bem não pertence à Massa. No entanto, em qualquer hipótese, impõe-se interpretação harmonizada com a necessidade de a falência ou insolvência gerar conseqüências negativas sobre o contrato.

Como vimos (nº 27.2.2 *supra*), relativamente à alienação fiduciária *especial* de bens móveis e à de imóveis, há norma legal expressa no sentido de que tem o credor-fiduciário, em caso de falência do devedor-fiduciante, o direito de pedir a restituição. Não há norma legal relativamente à fiduciária *comum* de bens móveis, mas isso em nada prejudica a restituição, pois o bem não pertence à Massa.

Porém, conforme também sustentado, o *direito de restituição* contém implícita a cláusula do rompimento pelo só fato da falência ou insolvência, impondo-se, por isso, interpretação harmonizada com o princípio de que há necessidade de o fato gerar conseqüências negativas sobre o contrato, afetando objetivamente a sua continuidade, sem que a Massa ofereça garantia suficiente. Fora disso, não há *justo motivo* para o rompimento, prevalecendo, dessarte, os interesses coletivos do juízo universal no sentido da sua continuidade.

31.3.2. *Por arrecadação do bem pela Massa*. O bem alienado fiduciariamente e a cessão fiduciária de crédito e de títulos de crédito pertencem ao credor-fiduciário; logo, não podem ser incluidos no ativo da Massa. Se isso ocorrer, o credor-fiduciário dispõe da ação de restituição.

Na hipótese de a Massa não manifestar interesse na continuidade do contrato, cabe-lhe devolver o bem, uma vez que não lhe pertence. Se isso não ocorrer e, pior ainda, se houver inclusão no ativo, a lei assegura ao credor-fiduciário a *restituição*, porquanto resolvido o contrato.

Com efeito, a arrecadação do bem alienado fiduciariamente é indevida, pois tal só pode acontecer relativamente aos bens que pertencem à Massa. Como o bem alienado fiduciariamente pertence ao credor-fiduciário, este dispõe da ação de restituição (DL 7.661/45, art. 76; Lei 11.101/05, art. 85). Diga-se que o art. 85 é expresso no sentido de que o "proprietário de bem arrecadado" pode pedir a restituição. É o caso do credor-fiduciário, o que abrange o crédito cedido fiduciariamente, o qual continua intacto, como vimos (nº 31.2 *supra*).

31.4. *Habilitação e classificação do crédito na falência ou insolvência*. O crédito deve ser habilitado na classe dos quirografários.

Havendo crédito pendente, ao credor-fiduciário cabe habilitá-lo na forma da lei, na classe dos quirografários, consoante dispunha o parágrafo único do art. 43 do DL 7.661/45 e dispõe atualmente o § 2º do art. 117 da Lei 11.101/05.

E cabe alertar acerca de dois aspectos.

Primeiro, não faz diferença o fato de a alienação ter como objeto bem que antes já pertencia ao devedor-fiduciante, como é possível (STJ, Súmula 28); *segundo*, não é admissível, para contornar a classe de crédito quirografário, a instituição de *garantia real*, noutro ajuste, do crédito decorrente do contrato de alienação fiduciária, como já decidiu o ex-2º TACivSP.[126]

32. *Opções do credor-fiduciário ante a mora do devedor-fiduciante*. Há duas: execução ou resolução do contrato.

---

[126] Ex-2º TACivSP, 5ª Câmara, ap. cív. 509776-0, em 4-3-98, Rel. Dr. Laerte Sampaio.

Ante a mora do devedor-fiduciante, o credor-fiduciário tem duas opções: *(a)* a *execução* do contrato, pela qual cobra a dívida parcial (vencida) ou total (vencida e vincenda), sendo que para tanto a mora *ex re* existe e vigora desde logo, vale dizer, é eficaz; ou *(b)* a *resolução* do contrato, podendo evitá-la o devedor se purgar a mora, o que pode acontecer no âmbito extrajudicial, ou judicial exceto para imóveis, sendo que para tal fim (resolução) a mora *ex re* existe, mas não vigora, vale dizer, não é eficaz desde logo, estando por isso os efeitos condicionados à notificação.

Cada tema envolve múltiplos aspectos, inclusive processuais, motivo por que são analisados em itens específicos (nºs 33 e 34 *infra*).

33. *Execução do contrato e remédio jurídico-processual.* Incompatibilidade com processo que busca a resolução do contrato; cobrança da dívida; processo de execução; executados.

33.1. *Incompatibilidade com processo que busca a resolução do contrato.* Se o credor-fiduciário quer executar o contrato, não pode resolvê-lo, e se quer resolvê-lo, não pode executá-lo.

Escreve Celso Marcelo de Oliveira, invocando precedente do ex-TARS (ap. cív. 9.477, de 1975), que o credor pode ingressar "com o processo autônomo de busca e apreensão ou com a ação executiva. Eleita a primeira, não pode lançar mão da segunda, pela resolução do contrato de abertura de crédito, por inadimplemento do devedor, e a nota promissória vinculada ao contrato resolvido perde a sua circulabilidade".[127]

Óbvio o paradoxo: se foi ajuizado processo para executar o contrato, cujo objetivo é deixar o bem com o devedor, não pode ser ajuizado outro para resolvê-lo, cujo objetivo é tirá-lo do devedor. Naquele, o credor-fiduciário tem o seu crédito pela cobrança; neste, pela venda após a consolidação da propriedade fiduciária. Se o credor-fiduciário quer executar o contrato, não pode resolvê-lo, e se quer resolvê-lo, não pode executá-lo.

33.2. *Cobrança da dívida.* Direito natural do credor-fiduciário; cobrança da parcialidade da dívida pendente; cobrança da integralidade da dívida pendente.

33.2.1. *Direito natural do credor-fiduciário.* O credor, inclusive ante o princípio da preservação dos contratos, tem o direito natural de, em vez de resolvê-lo, executá-lo.

Embora já referido (nº 27.3 *supra*), é oportuno trazer à memória que, face à dívida, a mora *ex re* existe e vigora desde logo, ou seja, é eficaz. Para fins de cobrança da dívida, não há necessidade de notificação (nº 28.2 *supra*). Fosse esta necessária, não haveria cobrança dos encargos moratórios quando ocorre purgação da mora para evitar a resolução do contrato.

No mais, dispõe o art. 5º do DL 911/69, regente da alienação fiduciária *especial*, que o credor pode "preferir recorrer à ação executiva ou, se for o caso, ao executivo fiscal".

Assim, o credor, em vez da resolução do contrato, consolidando a propriedade fiduciária em seu nome, deflagrando os procedimentos adequados para tal fim, pode entender que mais lhe convém a sua execução.

---

[127] Celso Marcelo de Oliviera, *Alienação Fiduciária em Garantia*, 2003, p. 620, nº 38.2.

O fato de inexistir previsão legal expressa às demais alienações fiduciárias (CC/02 e Lei 9.514/97) não quer dizer que os respectivos credores estejam obrigados a resolver os contratos.

A execução é ato normal, e a resolução é ato extraordinário. Portanto, a execução é direito natural, elementar até, no sentido de se garantir, sempre que possível – e no caso o é –, a execução específica do contrato. O credor não pode ser obrigado a resolvê-lo, inclusive porque isso vai de encontro ao *princípio da preservação dos contratos*.

Invocando Paulo Restiffe Neto, escreve Celso Marcelo de Oliveira: "Caberá ao credor a faculdade de considerar ou não vencidas por antecipação todas as dívidas contratuais, como explana Paulo Restiffe: 'existem duas espécies de execução exercitáveis pelo credor: uma, só pelas parcelas vencidas, se não quiser considerar rescindido o contrato; outra, pela totalidade da dívida vencida e vincenda, com resilição do contrato'".[128]

Dessarte, optando pela *execução específica*, o credor-fiduciário tanto pode cobrar a parcialidade da dívida pendente (vencida até a data do pagamento) quanto pode a integralidade (vencida e vincenda).

33.2.2. Cobrança da parcialidade da dívida pendente. Corresponde ao débito vencido até a data do ajuizamento. O contrato e o demonstrativo aperfeiçoam título executivo extrajudicial.

Evidentemente, o credor-fiduciário não é obrigado a cobrar a integralidade da dívida. Pode optar pela cobrança da parcialidade, quer dizer, vencida até a data do ajuizamento, caso em que elabora o demonstrativo do débito e sua evolução com os encargos incidentes. O contrato e o demonstrativo aperfeiçoam título executivo extrajudicial (CPC, art. 585, II, c/c o art. 614, II).

33.2.3. Cobrança da integralidade da dívida pendente. Quanto ao vencimento antecipado; quanto aos juros.

33.2.3-A. *Quanto ao vencimento antecipado*. A regra a todas alienações fiduciárias é a do vencimento antecipado, como faculdade do credor, por previsão legal ou contratual, sendo que, por exceção, admite-se que o devedor, para evitar a resolução do contrato, purgue a mora, na fase extrajudicial, pagando apenas a dívida vencida até então. Não há confundir *perda do parcelamento*, fenômeno ocorrente no vencimento antecipado, com *perda do negócio*.

Relativamente à alienação fiduciária *especial*, o § 3º do art. 2º do DL 911/69, que disciplinar o vencimento antecipado para fins de cobrança, diz: "A mora e o inadimplemento de obrigações contratuais garantidas por alienação fiduciária, ou a ocorrência legal ou convencional de algum dos casos de antecipação de vencimento da dívida facultarão ao credor considerar, de pleno direito, vencidas todas as obrigações contratuais, independentemente de aviso ou notificação judicial ou extrajudicial."

Relativamente à alienação *comum*, diz o art. 1.367 do CC/02 que a ela se aplica, dentre outros, o art. 1.425, pelo qual considera-se vencida a dívida "se as prestações não forem pontualmente pagas, toda vez que deste modo se achar estipulado o pagamento; neste caso, o recebimento posterior da prestação atrasada importa renúncia do credor ao seu direito de execução imediata."

Há, pois, norma explícita acerca do vencimento antecipado, apenas com o detalhe de que, como vimos (nº 29.2.2-C *supra*), na alienação comum depende de pactuação.

---

[128] Celso Marcelo de Oliveira, *Alienação Judiciária em Garantia*, 2003, p. 601, nº 38.1.

CONTRATOS EMPRESARIAIS **123**

Relativamente à alienação *imobiliária*, não há norma explícita, mas o vencimento antecipado está claramente implícito na medida em que, uma vez não purgada a mora pela dívida existente até o momento (Lei 9.514, art. 26, § 1º), o credor-fiduciário é obrigado a promover leilão, sendo que no primeiro o lance mínimo não pode ser inferior ao "valor do imóvel" (art, 27, § 1º), e no segundo não pode ser inferior ao "valor da dívida, das despesas, dos prêmios de seguro, dos encargos legais, inclusive tributos, e das contribuições condominiais" (§ 2º).

Salta à vista que, se o débito não estivesse *todo* vencido, não poderia ser feito leilão com lance mínimo do valor do imóvel no primeiro, e da dívida mais despesas e encargos legais no segundo.

Demais disso, aplica-se subsidiariamente o CC/02, conforme o art. 1.368-A, acrescido pelo art. 58 da Lei 10.931/04, sendo que o art. 1.367, aplicável à alienação fiduciária comum, faz remissão aos art. 1.426-6, os quais estabelecem o vencimento antecipado no penhor, hipoteca e anticrese.

Colhe-se, assim, o princípio geral a todas as alienações fiduciárias em garantia: o vencimento antecipado como faculdade do credor é a regra, admitindo-se, por exceção, que o devedor, para evitar a resolução do contrato, purgue a mora na fase extrajudicial pagando apenas a dívida vencida até então (nºs 29.1.3 e 30.1 *supra*).

Situação peculiar havia com a redação primitiva do parágrafo único do art. 22 da Lei 9.514/97, que possibilitava a alienação fiduciária também de imóveis *em construção*, pois, à evidência, o limite da cobrança só podia ser aquele do contrato da obra, segundo o seu estágio ou cronograma físico-financeiro, e não o total como se a construção estivesse pronta. Essa possibilidade, certamente fonte de múltiplos questionamentos, acabou com a redação dada ao parágrafo único pelo art. 57 da Lei 10.931/04, passando a admitir a alienação fiduciária de *bens enfitêuticos* (nº 20.2.1 *supra*), e não retornou com a nova modificação havida mediante a Lei 11.076/04.

Por fim, oportuno é registrar a existência de decisões que negam o vencimento antecipado, invocando o CDC, entendendo que nem cláusula nem lei prevalecem porque são prejudiciais ao consumidor. A tese é a da perda das prestações já pagas.

Porém, como vimos (nº 29.2.1-B *supra*), a tese confunde *perda do parcelamento*, fenômeno ocorrente no vencimento antecipado, com *perda do negócio*. Ademais, se é razoável entender que o consumidor faz jus à manutenção do negócio, não o é entender que isso abrange inclusive o parcelamento, a ponto de lhe autorizar a adimplir quando e como quiser, impondo ao vendedor o encargo excessivo de, para cada prestação, ajuizar um processo.

Por isso, a legalidade da opção pela cobrança da dívida total, conforme já deliberado pelo ex-TAPR,[129] bem assim o ex-TASP, resultando a seguinte ementa: "Ação de depósito. Título protestado. Mora caracterizada. Vencimento integral da dívida. Preliminar de carência afastada. Condenação à restituição do bem ou seu equivalente. Imposição de prisão civil. Constituída regularmente a mora do devedor fiduciante, integram a dívida não só as prestações vencidas, mas também as vincendas e acréscimos constratuais".[130]

33.2.3-B. *Quanto aos juros*. Seguem como se vencimento antecipado não tivesse havido. Não há prejuízo ao credor porque o programado era de o capital ingressar parceladamente, e não antecipadamente. A

---

[129] Ex-TAPR, ap. cív. 38.953-2, em 26-6-91, Rel. Dr. Fleury Fernandes.

[130] Ex-TASP, ap. cív. 346.346, RT 606/123.

cobrança, desde logo, sobre a integralidade da dívida pendente traduz indevido lucro extra do credor.

Relativamente à alienação *especial*, dispunha o art. 66, § 7°, da Lei 4.728/66, aplicar-se, dentre outros, o art. 763 do CC/1916, sendo que, revogado pelo art. 67 da Lei 10.931/04, o teor passou ao § 5° do art. 66-B, o qual diz aplicar-se, dentre outros, à alienação e à cessão fiduciária, o art. 1.426 do CC/2002, ao qual faz remissão o art. 1.367, que disciplina a alienação *comum*. Pelo art. 1.426 tem-se que, no vencimento antecipado da dívida, "não se compreendem os juros correspondentes ao tempo ainda não decorrido."

Conseqüentemente, os juros, compensatórios e moratórios, seguem progressivamente, na medida de cada prestação, conforme o prazo estabelecido, como se vencimento antecipado não tivesse havido. Não há nisso qualquer prejuízo ao credor-fiduciário, porque o programado era de ingresso do capital parceladamente, e não antecipadamente, valendo isso também à alienação *imobiliária*. O motivo subjacente de no particular manter-se o parcelamento está em que a cobrança dos juros sobre a integralidade da dívida pendente traduz indevido lucro extra do credor.

33.3. *Processo de execução*. O contrato e o demonstrativo da evolução do débito aperfeiçoam título executivo extrajudicial (CPC, art. 585, II, c/c o art. 614, II).

Quanto ao remédio jurídico-processual, o art. 5° do DL 911/69 garante *ação executiva*, entenda-se *processo de execução*. O contrato e o demonstrativo da evolução do débito aperfeiçoam título executivo extrajudicial (CPC, arts. 585, II, e 614, II), podendo-se penhorar os direitos relativos ao contrato, mas, neste caso, sem possibilidade de adjudicação, como veremos (n° 42 *infra*). Já decidiu o STJ, num caso de avalista, que o contrato constitui "título executivo, visto que revestido das formalidades do art. 585, II, do CPC".[131] Num caso de *leasing*, aplicável à alienação fiduciária, assim também decidiu o ex-2° TACivSP.[132] Na pior hipótese, cabível a ação monitória (CPC, art. 1.102-*A*).

Efetivamente, uma dívida não deixa de ser líquida e certa – *certa* quanto à existência, e *líquida* ou determinada quanto ao objeto – se a apuração depender de simples cálculo aritmético, conforme resulta da combinação do art. 585, II, com o art. 614, II, do CPC. Eventual erro na operação aritmética não descaracteriza a liquidez. Se foi além do devido, basta excluir o *majus*; se ficou aquém, não é possível acrescer o *minus* porque ultrapassa o pedido.

33.4. *Executados*. Relativamente à dívida, conseqüência da escolha pela *execução do contrato*, parte passiva são o fiduciante e os fiadores, e os avalistas quando houver Nota Promissória vinculada.

A fim de prevenir situação diversa, objeto de muitos processos, adiante analisada, qual seja a cobrança de eventual *saldo devedor* após insuficiência da venda judicial ou extrajudicial do bem (n° 40.1.4 *infra*), conseqüência final da escolha pela *resolução do contrato* (n° 34 *infra*), é oportuno lembrar que, relativamente à cobrança da dívida, conseqüência da escolha pela *execução do contrato*, parte passiva legítima são o fiduciante e os fiadores, e os avalistas quando houver Nota Promissória vinculada.

---

[131] STJ, Resp. 22.398-6/RS, 3ª Turma, Rel. Min. Dias Trindade, DJU de 3-8-92.

[132] Ex-2° TACivSP, RT 790, p. 329.

CONTRATOS EMPRESARIAIS

34. *Resolução do contrato e remédios jurídico-processuais.* Consideração inicial; processos cabíveis; incomptibilidade com processo que busca a execução do contrato.

34.1. *Consideração inicial.* Se o credor optar pela resolução do contrato, cabe-lhe deflagrar procedimento para a mora do devedor; uma vez não purgada nem devolvido o bem, resta-lhe ajuizar o processo cabível.

Não optando o credor-fiduciário pela execução do contrato, e sim pela sua resolução, cabe-lhe deflagrar o procedimento típico, a fim de constituir o devedor-fiduciante em mora (n° 28 *supra*); uma vez não purgada extrajudicialmente no devido prazo, conforme a natureza do objeto, móvel ou imóvel (n°s 29.1 e 30.1 *supra*), e tampouco devolvido espontaneamente o bem, resta-lhe ajuizar o processo cabível. Relevante salientar que a prévia e regular constituição em mora é *condição de procedibilidade* em juízo quando objetiva-se a resolução do contrato. O descumprimento leva à carência, reconhecível inclusive de ofício (CPC, art. 267, VI, e § 3°).

34.2. *Processos cabíveis.* Existem três, os quais se alternam ou sucedem, conforme a espécie de alienação, a saber: ação de busca e apreensão, de depósito e de reintegração de posse.

Existem três processos cabíveis, os quais se alternam ou sucedem, conforme a espécie de alienação, todos objetivando o apossamento direto do bem, a saber: ação de busca e apreensão, ação de depósito e ação de reintegração de posse, cada qual examinada individualmente (n° 35 *infra*), tendo em conta os múltiplos aspectos.

34.3. *Incompatibilidade com processo que busca a execução do contrato.* Se o credor-fiduciário quer resolver o contrato, não pode executá-lo, e se quer executá-lo, não pode resolvê-lo.

Alerta-se para a possibilidade de acontecer também aqui o paradoxo já alhures observado (n° 33.1 *supra*), apenas que em sentido inverso. Se foi ajuizado processo para resolver o contrato, cujo objetivo é tirar o bem do devedor, não pode ser ajuizado outro para executá-lo, cujo objetivo é deixá-lo com o devedor. Naquele, o credor tem o seu crédito pela venda após a consolidação da propriedade fiduciária; neste, pela cobrança. Se o credor-fiduciário quer resolver o contrato, não pode executá-lo, e se quer executá-lo, não pode resolvê-lo.

35. *Processos cabíveis na alienação fiduciária especial.* Ação de busca e apreensão; ação de depósito; ação de reintegração de posse.

35.1. *Ação de busca e apreensão.* Espécies de ação de busca e apreensão; caráter privativo e natureza satisfativa ou tutelar; foro de eleição; legitimidades ativa e passiva; medida liminar (constitucionalidade); conversão em ação de depósito; limitação da matéria de defesa relativa ao mérito (constitucionalidade); natureza jurídica da sentença e efeito da apelação; multa quando improcedente a busca e apreensão e o bem já tiver sido alienado; direito de cumular purgação da mora e contestação do valor.

35.1.1. *Espécies de ação de busca e apreensão.* Há duas: uma de natureza preparatória ou cautelar, e outra de natureza satisfativa ou tutelar.

Há no Direito brasileiro duas espécies de ação de busca e apreensão: *(a)* de natureza preparatória ou cautelar – logo, pendente de ação principal ou lide –, que por sua vez pode ser inominada e específica (CPC, arts. 798 e 839); e *(b)* de natureza satisfativa ou tutelar – logo, ela própria é hábil a alcançar o *bem da vida* buscado pela parte autora –, havendo nesse sentido, dentro do CPC, inúmeros exemplos,[133] dentre os quais a busca e apreensão de objeto vendido com reserva de domínio (CPC, art. 1.071), e fora do CPC a busca e apreensão prevista no DL 911/69.

35.1.2. *Caráter privativo e natureza satisfativa ou tutelar.* **A busca e apreensão contemplada no DL 911/69 é privativa da alienação** *especial* **e da propriedade fiduciária constituída para garantir débito fiscal ou previdenciário, mais, por força de** *sub-rogação total,* **ao fiador, avalista e terceiro interessado que pagar a integralidade da dívida pendente. É de natureza satisfativa, tutelar ou autônoma.**

A ação de busca e apreensão contemplada no DL 911/69 é privativa da alienação fiduciária especial (Lei 4.728/65) e para quando a propriedade fiduciária tiver sido constituída para fins de garantia de débito fiscal ou previdenciário (art. 8º-A, acrescido ao DL 911/69 pelo art. 56 da Lei 10.931/04).

Estende-se, porém, ao avalista, fiador e terceiro interessado que pagar a integralidade da dívida pendente, tendo em conta a *sub-rogação integral*, quer dizer, não apenas de direito material, mas também de direito processual, como logo veremos (nº 35.1.4-C *infra*), com as peculiaridades relativamente à multa prevista no § 6º do art. 3º do DL 911/69, na redação da Lei 10.931/04, como veremos (nº 35.1.9-D *infra*).

Ademais, o art. 3º, § 6º, do DL 911/69, dispunha constituir a mencionada ação "processo autônomo e independente de qualquer procedimento posterior", norma que a Lei 10.931/04 transferiu tal qual ao § 8º.

Portanto, induvidosa a natureza satisfativa, tutelar ou autônoma. Ela, por si só, é hábil para alcançar ao credor-fiduciário o *bem da vida* buscado.

35.1.3. *Foro de eleição.* **Na questão do financiamento, há relação de consumo. Pelo CDC, é nula a cláusula que impõe ônus excessivo ao consumidor, assim tida a que elege foro diverso àquele da sua residência. Pronuncia-se a nulidade e, ato contínuo, por lógica processual, declina-se da competência.**

A ação fundada em direito pessoal, ou real sobre bens móveis, deve em regra ser proposta no foro do domicílio do réu (CPC, art. 94). Trata-se de *competência relativa*, e por conseguinte admite cláusula de eleição (CPC, art. 111). Ainda, sendo *relativa*, a incompetência deve ser argüida por meio de exceção (CPC, art. 112), não podendo, dessarte, o juiz fazê-lo de ofício, matéria já objeto da Súmula 33 do STJ que diz: "A incompetência relativa não pode ser declarada de ofício." No entanto, desde o parágrafo único acrescido ao art. 112, e modificação do art. 114, ambos do CPC, levados a efeito pela Lei 11.280/06, quando envolver *contrato de adesão*, a cláusula que elege foro diverso do *domicílio do réu* pode ser de ofício declarada nula, prorrogando-se quando o juiz não o fizer e o réu não opuser exceção.

Assim, em *primeiro lugar*, a cláusula que elege o domicílio do credor no contrato de alienação fiduciária, que é de adesão, autoriza o juiz a declinar *ex officio* ao domicílio do réu, ou este a argüir, sendo que a recíproca é verdadeira, pois – atente-se – o CPC refere domicílio *do réu*, e não *do aderente*.

Em *segundo*, é diferente quando há *relação de consumo*, como ocorre na parte do financiamento (nº 11 *supra*), visto que incide o art. 51 do CDC, pelo qual, dentre

---

[133] Ex-1º TACivSP, ap. 370.765-0, 7ª Câmara, Rel. Dr. Luiz de Azevedo, RT 622, p. 118.

outras, é *nula de pleno direito* – logo, o juiz pode-deve pronunciá-la de ofício (CC/1916, art. 146, parágrafo único; CC/2002, art. 168, parágrafo único) – a cláusula que coloca o consumidor "em desvantagem exagerada" (inc. IV), e complementa o § 1º, III, dizendo que "presume-se exagerada" a vantagem ao fornecedor quando "se mostra excessivamente onerosa para o consumidor, considerando-se a natureza e conteúdo do contrato, o interesse das partes e outras circunstâncias peculiares ao caso."

A jurisprudência consagrou o entendimento de que a eleição de foro diverso naquele onde reside o consumidor, impõe-lhe *ônus excessivo*; logo, o juiz pode-deve pronunciar de ofício a nulidade da cláusula, valendo a respeito substancioso voto, com inúmeros precedentes, inclusive do STJ, do Des. Aymoré Roque Pottes de Mello, do TJRS.[134]

Observe-se, pois, que a hipótese não diz com declaração de incompetência pura e simples, visto que, primeiro o juiz deve reconhecer a nulidade da cláusula, e ato contínuo, por lógica processual, declinar.

35.1.4. *Legitimidades ativa e passiva*. Credor-fiduciário (autor); devedor-fiduciante (réu); coobrigados (avalista, fiador e terceiro interessado).

35.1.4-A. *Credor-fiduciário (autor)*. Sendo parte no contrato, óbvia a legitimidade ativa para demandar.

Dispõe o art. 3º, *caput*, do DL 911/69, que o proprietário fiduciário ou credor pode requerer a busca e apreensão do bem alienado fiduciariamente. Óbvio, como parte no contrato, é o que tem legitimidade ativa para demandar.

35.1.4-B. *Devedor-fiduciante (réu)*. Sendo parte no contrato, há legitimidade passiva para ser demandado. A expressão *terceiro* (DL 911/69, art. 3º, *caput*) não significa *réu*, e sim que a apreensão pode ser efetivada também contra ele.

O *caput* do mesmo art. 3º dispõe que a ação é ajuizada "contra o devedor ou terceiro".

A legitimidade é exclusiva do devedor-fiduciante e do *terceiro* (logo veremos o sentido desta expressão). Isso é importante, pois quer dizer que nela não podem figurar como réus o avalista e o fiador, visto que a obrigação deles é restrita ao débito, enquanto na busca e apreensão discute-se a resolução.

Tocantemente ao *terceiro* no pólo passivo não quer dizer que pode demandar contra estranho ao contrato numa questão contratual, por exemplo, colocar no pólo passivo quem está na posse do bem, e sim, conforme explica Paulo Restiffe Neto,[135] que a apreensão pode ser efetivada também contra ele.

Assim, a expressão *terceiro* é desnecessária, como também argumenta Bernhard Wilfred Wedkind,[136] uma vez que o autor, dispondo de direito real com eficácia *erga omnes*, já tem assegurada, pelo direito de seqüela, a apreensão do bem em poder de quem quer que seja (nº 2.2 *supra*).

35.1.4-C. *Coobrigados (avalista, fiador e terceiro interessado)*. Não há legitimidade passiva do avalista e do fiador porque só respondem pela dívida, e há ativa, inclusive do terceiro interessado, quando pagarem

---

[134] TJRS, AI 598123099, Rel. Des. Aymoré Roque Pottes de Mello.

[135] Paulo Restiffe Neto, *Garantia Fiduciária*, 1975, p. 340-1.

[136] Bernhard Wilfred Wedkind, *Prática, Processo e Jurisprudência. Alienação Fiduciária*, 1976, p. 67.

a *integralidade da dívida pendente*, tendo em conta ocorrer *sub-rogação integral* (direito material e processual), podendo, por isso, ajuizar a ação de busca e apreensão, com as peculiaridades quanto à multa prevista no § 6º (nº **35.1.9-D** *infra*).

Diz o art. 6º do DL 911/69: "O avalista, fiador ou terceiro interessado que pagar a dívida do alienante ou devedor, se sub-rogará, de pleno direito, no crédito e na garantia constituída pela alienação fiduciária." E o art. 349 do CC/2002, repetindo o art. 988 do CC/1916, diz que a sub-rogação "transfere ao novo credor todos os direitos, ações, privilégios e garantias do primitivo, em relação à dívida, contra o devedor principal e os fiadores."

No tocante à *legitimidade passiva*, não há de parte dos coobrigados avalista e fiador porque só respondem pela dívida, e o objetivo da ação de busca e apreensão não é a cobrança, mas a posse do bem (nº 34.3 *supra*).

No tocante à *legitimidade ativa*, a *sub-rogação integral* ocorre, inclusive do terceiro interessado, mas apenas quando os coobrigados pagarem a *integralidade da dívida pendente*. É como deve ser entendida a expressão legal *pagar a dívida*. O pagamento integral é pressuposto à investidura dos coobrigados na propriedade fiduciária.

Nesse sentido, Celso Marcelo de Oliveira: "... a sub-rogação no crédito e na garantia só se efetivará quando a dívida for quitada integralmente, desobrigando o devedor com o credor; pois, se apenas forem quitadas algumas parcelas, a sub-rogação será parcial, tendo apenas direito pessoal contra o devedor, ou seja, sub-rogar-se-á apenas nos direitos representados pelo crédito de cada prestação".[137]

Uma vez paga toda a dívida pendente, acontece, conforme inclusive já antecipamos (nº 35.1.2 *supra*), a *sub-rogação integral*, ou seja, direito material e processual, com o que o avalista, o fiador e o terceiro interessado, sendo exemplo deste caso a seguradora que paga o valor correspondente ao crédito do fiduciário:[138] [139] [140] *(a)* podem ajuizar processo de execução para haver regressivamente o que pagaram; ou *(b)* por exceção, agindo como se entidades creditícias fossem, podem ajuizar ação de busca e apreensão, inclusive, sendo o caso, requerer a conversão em ação de depósito (nº 35.1.6 *infra*) e, uma vez recuperado o bem, aliená-lo judicial ou extrajudicialmente (nºs 40.1.2 e 40.1.3 *infra*). Aliás, essa ocorrência serviu à *interpretação intermediária* acerca do uso do instituto (nº 19.1.2 *supra*).

Se o pagamento for *parcial*, a sub-rogação fica limitada à respectiva quantia e deve ser exercida, para fins de regresso, pelos meios processuais comuns.

35.1.5. *Medida liminar (constitucionalidade)*. A CF garante a intervenção judicial inclusive nos casos de *ameaça* de lesão a direito (art. 5º, XXXV). Se, por um lado, isso não inibe o legislador de facilitar ou dificultar a concessão de medida liminar, por outro, também não priva o juiz de, face ao sobredireito, nos casos de danos irreparáveis, intervir quando a lei impede e de não intervir quando a lei autoriza. Na alienação fiduciária, em abstrato a prova da mora é suficiente, mas em concreto pode ser afastada se a intervenção no *statu quo* causar danos irreparáveis, como em princípio ocorre quando paralisa atividade econômica.

---

[137] Celso Marcelo de Oliveira, *Alienação Fiduciária em Garantia*, 2003, p. 281-2, nº 23.2.

[138] Ex-TARS, ap. cív. 196211007, 6ª Câmara, Rel. Dr. Irineu Mariani.

[139] Ex-2º TA-CIV-SP, ap. cív. 483.361/8, 5ª Câmara, Rel. Dr. Lerte Sampaio, em 12-3-97.

[140] TJGO, 1ª Câmara, RT 728/332.

Inicialmente, oportuno é lembrar a tese da inconstitucionalidade de *todo* o DL 911/69 por vício em sua formação, pois foi editado por uma Junta Militar, que ocupava a Presidência da República.

No entanto, isso não vingou porque, embora inusitado, detinha poderes legislativos, e os atos foram convalidados pelo art. 181 da CF/67, na redação que lhe deu a EC nº 1/69. Também não se pode invocar tal motivo para sustentar a inconstitucionalidade superveniente (perda da eficácia), face à CF/88, tendo em conta o Estado Democrático e de Direito (art. 1º). Fosse o caso, impunha-se um dispositivo específico apagando a chamada *legislação de exceção* ou *entulho autoritário*. Ademais, não se poderia, por sabor interpretativo, criar um *vazio* jurídico, gerando imensa instabilidade nas relações jurídicas.

Partiu-se, então, à argüição de inconstitucionalidade superveniente em questões pontuais.

Nesse rol, a primeira foi a que envolve a medida liminar prevista no *caput* do art. 3º do DL 911/69, pelo qual na busca e apreensão "será concedida liminarmente (*sic*), desde que comprovada a mora ou o inadimplemento do devedor."

Tendo em conta a linguagem imperativa, passou-se a sustetar que se tratava de *liminar compulsória*, incompatível com o sistema constitucional superveniente, pois: *(a)* feria o *princípio do devido processo legal* (CF, art. 5º, LIV); e *(b)* ao restringir a matéria examinável pelo juiz à comprovação da mora, sem poder considerar outros aspectos, por exemplo, os requisitos do *fumus boni juris* e do *periculum in mora*, feria o *princípio da ubiqüidade* do Poder Judiciário, visto na prática excluir de sua apreciação "lesão ou ameaça a direito" (CF, art. 5º XXXV).

A princípio, convém notar que idêntica expressão imperativa encontramos no art. 30 da Lei 9.514/97, que disciplina a ação de reintegração de posse na alienação fiduciária imobiliária (nº 37 *infra*), lei essa votada pelo Congresso Nacional em pleno Estado Democrático e de Direito.

No mais, o tema deve ser examinado pelo prisma dos *princípio da reciprocidade* e da *interpretação restritiva dos atos de exceção*.

Pelo *princípio da reciprocidade*, tem-se que se à intervenção do Judiciário basta a *ameaça* de lesão a direito – aí a implícita previsão constitucional das medidas cautelares e tutelares específicas ou inominadas –, não é admissível que a legislação infraconstitucional a obstaculize, direta ou indiretamente, ante algum pedido de socorro, de tal modo que, ao fim, pela irreparabilidade do dano, o efeito prático seja de exclusão da Justiça. Por exemplo, morto o doente, para nada adiantará a concessão do remédio. E se isso vale quando o Judiciário *deve* intervir, a fim de alterar o *statu quo*, vale também, pelo *princípio da reciprocidade*, quando *não deve* intervir, a fim de mantê-lo, pois o Direito é uma via de duas mãos.

Pelo *princípio da interpretação restritiva dos atos de exceção*, e assim se qualificam as medidas liminares, não se pode, seja para conceder, seja para negar, restringir o magistrado ao exame deste ou daquele aspecto de prova.

Contextualizando, admite-se, por um lado, que o legislador, justificadamente, facilite ou dificulte a intervenção judicial imediata; mas, por outro, face à norma constitucional, assegura-se, sempre, ao magistrado, conforme as circunstâncias concretas, o poder de intervir ou deixar de intervir nos casos de irreparabilidade dos danos que a intervenção ou a não-intervenção causar.

Pois bem, na facilitação da liminar sob exame, e especificamente no que tange à suficiência da prova da mora para a sua concessão, pode-se dizer que há inconstitucionalidade superveniente? É imprescindível que o credor-fiduciário demonstre destacadamente os requisitos do *fumus boni juris* e do *periculum in mora*?

Abstraindo o estigma histórico do DL 911/69, que por vezes agita espíritos, há considerar o seguinte.

Quanto à *suficiência da comprovação da mora* para conceder-se a liminar, também o art. 1.071 do CPC estabelece busca e apreensão satisfativa do objeto vendido com reserva de domínio, bastando à ordem imediata a prova da mora por meio do protesto do título. Portanto, situação idêntica, inclusive nas conseqüências, à do art. 3° do DL 911/69; logo, no particular, este não é caso isolado.

Ademais, se a parte-ré já está oficialmente em mora e, sem titularidade, permanece na posse do bem, não se pode negar, sumariamente, que em teor aí já estejam os requisitos do *fumus boni juris* e do *periculum in mora*, não havendo por isso necessidade de fundamentação destacada.

Quanto à *irreparabilidade dos danos*, razão que autoriza o juiz, com base na ubiqüidade do Judiciário, e diante da gravidade do caso concreto, a intervir quando a lei impede, e a não intervir quando a lei autoriza, trata-se de princípio de corriqueira aplicação nos meios forenses.

Com efeito, está consagrado o entendimento de que, em princípio, não se concede medida liminar quando ela paralisa atividade econômica, visto que, numa eventual reversão, os danos, ocorridos à *efeito dominó*, serão irreparáveis ou jamais serão reparados plenamente. Por isso, o natural rigor no seu deferimento, sem ignorar que a não-intervenção judicial não pode servir à *teoria do fato consumado*, que vem a ser os danos irreparáveis às avessas. Não se trata de afrontar norma legal, mas de sua inaplicabilidade ou desconsideração diante de um caso específico, em atendimento à garantia de sobredireito, a qual, reitera-se, funciona para os dois lados, ou seja, tanto para intervir quanto para não intervir.

Além do exemplo de que em princípio não se defere medida liminar quando a sua execução paralisa atividade econômica, o mesmo acontece no que tange ao recolhimento dos bens penhorados. Embora o direito do exeqüente, em princípio os bens são mantidos com o executado, até a última hora, quando o recolhimento paralisa atividade econômica. Isso também ocorre no *leasing*. Decisão do STJ manteve o arrendatário na posse de máquinas de uma indústria, como depositário judicial, devidamente compromissado e advertido, por serem imprescindíveis à continuação da atividade.[141]

Não é diferente no que tange à alienação fiduciária em garantia, conforme já decidiu o mesmo STJ, mantendo o administrador da devedora como depositário judicial de veículos "indispensáveis à atividade da empresa transportadora",[142] sendo que o Relator, Min. Ruy Rosado de Aguiar, invocou precedentes das duas turmas da 2ª Seção.

Outra situação que justifica a manutenção dos bens em poder do devedor-fiduciário, também já de corriqueira adoção nos meios forenses, é quando ele ingressa com *ação revisional*, conforme decidido pelo ex-TARS, sobretudo tratando-se de "máquina agrícola, essencial à manutenção do devedor e à própria viabilização do adimplemento",[143] assim também o ex-2° TACivSP, com o Relator invocando precedentes do STJ.[144] O que pode ser recomendável, a fim de a revisional não se transformar em mera estratégia protelatória, é a liminar mediante caução idônea (CPC, art. 805).

---

[141] STJ, Resp. 111182-SC, 3ª Turma, Rel. Min. Waldemar Zveiter, em 2-9-97, com o Relator invocando precedentes.

[142] STJ, Cautelar no Resp. 1.797/PR, 4ª Turma, Rel. Min. Ruy Rosado de Aguiar, em 7-10-99.

[143] Ex-TARS, ap. cív. 197118698, 4ª Câmara, Rel. Dr. Luiz Felipe Brasil Santos, em 2-10-97.

[144] Ex-2° TA-Civ-SP, AI 807.958-00/1, 1ª Câmara, Rel. Dr. Vanderci Álvares, RT 823, p. 270.

CONTRATOS EMPRESARIAIS

35.1.6. *Conversão em ação de depósito.* Se o bem não se achar na posse do devedor, não for encontrado, ou estiver em *estado de sucata*, o credor pode: *(a)* desistir e ingressar com execução do débito se ainda não decorreu o prazo para contestar, ou *(b)* requerer a conversão da busca e apreensão em ação de depósito, fazendo a devida adaptação da inicial.

Dispõe o art. 4° do DL 911/69, redação da Lei 6.071/73 que o adaptou ao CPC/73: "Se o bem alienado fiduciariamente não for encontrado ou não se achar na posse do devedor, o credor poderá requerer a conversão do pedido de busca e apreensão, nos mesmos autos, em ação de depósito, na forma prevista no Capítulo II do Título I do Livro IV do Código de Processo Civil."

Primeiro, a ação de depósito é *sucedâneo processual* da busca e apreensão, ou seja, o credor não pode ajuizá-la diretamente. Porque se trata de *conversão*, o credor-fiduciário deve sempre iniciar pela busca e apreensão, a qual será convertida em ação de depósito se o bem não se achar na posse do devedor-fiduciante, ou não for encontrado, sendo equivalente a esta condição o *estado de sucata*, portanto imprestável à finalidade a que se destinava, como já decidiu o STF,[145] bem assim, para exemplificar, o ex-2° TACivSP.[146]

Segundo, a conversão é uma *faculdade* do credor – *poderá* requerer, diz a lei –, nada obstando, inclusive, se ainda não tiver decorrido o prazo de quinze dias para contestar (DL 911/69, § 3°, redação do art. 56 da Lei 10.931/04), haja pura e simples desistência (CPC, art. 267, VIII, e § 4°), com ajuizamento de processo de execução (n° 33 *supra*).

Terceiro, por vezes tem sido sustentado a inconversibilidade sob o argumento de que "não é possível compatibilizar as naturezas jurídicas dos negócios *alienação fiduciária em garantia* e *depósito*",[147] quer dizer, existe entre ambos um conflito de substância. Mas, salvo raras exceções, os tribunais em geral têm admitido a conversão, inclusive o STJ.[148] É verdade, o legislador não seguiu o figurino técnico ou a estampa do modelo clássico de contrato de depósito, mas isso não desautoriza a aplicação da lei, até porque todos falam em *equiparação*, cientes da imperfeição da obra do legislador.

Quarto, no pedido de conversão, o credor-fiduciário deve emendar/adequar a inicial, devendo preencher os requisitos específicos do pedido de depósito (CPC, art. 902), sob pena de indeferimento por inépcia.[149]

35.1.7. *Limitação da matéria de defesa relativa ao mérito (constitucionalidade).* **Consideração inicial; compreensão da garantia constitucional da ampla defesa; princípio da pertinência da defesa face ao objeto do processo.**

35.1.7-A. *Consideração inicial.* **A polêmica antes existente por causa do § 2° do art. 3° do DL 911/69, agora existe por causa do § 4°, redação do art. 56 da Lei 10.931/04, pelo qual, havendo purgação da mora, o devedor não poderá contestar o** *an debeatur*, **mas tão-só o** *quantum debeatur*.

---

[145] STF, RE 102.242-6/MG, 2ª Turma, Rel. Min. Aldir Passarinho, em 27-11-87.

[146] Ex-2° TA-Civ-SP, AI 553.032-00/8, 1ª Câmara, Rel. Dr. Renato Sartorelli, RT 763, p. 281.

[147] Ex-2° TA-Civ-SP, HC 484.747-00/9, 6ª Câmara, Rel. Dr. Carlos Stropa, em 7-5-97.

[148] STJ, Resp. 154.801/SP, 3ª Turma, Rel. Min. Waldemar Zveiter.

[149] Ex-2° TA-Civ-SP, ap. cív. 479.764-0-1, 5ª Câmara, Rel. Dr. Manoel de Queiroz Pereira Calças, em 16-7-97, e RT 490, p. 164.

Dizia o art. 3º, § 2º, do DL 911/69, que na contestação o réu podia tão-só "alegar o pagamento do débito vencido ou o cumprimento das obrigações contratuais". Essa restrição alimentou ao longo do tempo a polêmica relativa à violação ao princípio constitucional da ampla defesa "com os meios e recursos a ela inerentes" (CF, art. 5º, LV). Importante observar que a restrição envolvia tão-só o mérito. As questões processuais, como são as do art. 267 do CPC, podiam ser argüidas normalmente, inclusive existem as que o juiz deve examinar de ofício.

Com as modificações havidas no art. 3º por meio do art. 56 da Lei 10.931/04, o § 2º, combinado com o § 1º, assegura ao devedor o direito de requerer e purgar a mora no prazo de cinco dias, contados, como vimos (nº 29.2.1-A *supra*), a partir da juntada aos autos do mandado de execução da liminar e de citação quando concomitantes, ou conforme o ato praticado por último quando não-concomitantes.

O § 3º, por sua vez, diz: "O devedor fiduciante apresentará resposta no prazo de 15 (quinze) dias da execução da liminar."

Primeiro, tendo em conta que o dispositivo não considera que a citação pode ocorrer *depois* da *execução da liminar*, adota-se a mesma solução para requerer e purgar a mora, isto é, quando atos não-concomitantes a citação e a execução da liminar o prazo para defesa inicia partir da juntada aos autos do mandado do ato praticado por último.

Segundo, o dispositivo não estabelece restrição alguma; logo, se resolver contestar o mérito, o devedor pode alegar toda matéria pertinente.

Por fim, diz o § 4º: "A resposta poderá ser apresentada ainda que o devedor tenha se utilizado da faculdade do § 2º, caso entenda ter havido pagamento a maior e desejar restituição."

Primeiro, como veremos (nº 35.1.10 *infra*), a contestação permitida não é ampla, e sim restrita a eventual pagamento *a maior*, caso em que, uma vez acolhida, o contestante faz jus à restituição do excesso. Foi consagrado o princípio *solve et repete* (paga agora, discute depois), sendo que a defesa admitida, apesar da purgação da mora, diz apenas com o valor. Por lógica processual, não poderão ser argüidas outras questões.

Segundo, conseqüentemente, a polêmica antes existente por causa do § 2º do art. 3º do DL 911/69, agora existe, pelo menos em potencial, por causa do § 4º, pois exclui o direito de contestar o mérito quando há exercício do direito de purgar a mora.

35.1.7-B. *Compreensão da garantia constitucional da ampla defesa*. Ampla defesa não é uma expressão solta e sem barreiras, mas vinculada aos *meios e recursos a ela inerentes* e ao *devido processo legal*. Admite, pois, que as alegações sejam apenas as pertinentes à espécie processual, que sejam pelos meios lícitos produzidas as provas a elas relativas e que sejam admitidos apenas os recursos previstos em lei.

A Constituição assegura o princípio da *ampla defesa*, que vem a ser uma decorrência do contraditório porque de nada adiantaria cientificar a parte sem lhe dar oportunidade de se defender (provar e discutir), mas não aleatória e ilimitadamente, e sim *com os meios e recursos a ela inerentes*, expressão que significa a possibilidade de usar com plenitude todos os meios e recursos inerentes ao *devido processo legal* (art. 5º, LIV).

Conforme José Cretella Júnior, a *Lex Fundamentalis* não diz quais são os *meios e recursos*, tarefa que pertence à *teoria geral do processo*. Cabe a esta dizer quais são os meios e recursos inerentes à ampla defesa de que pode se valer o acusado ou indiciado.[150]

---

[150] José Cretella Júnior, *Comentários à Constituição de 1988*, 1989, vol. I, p. 534, nº 372.

Dessa sorte, a adjetivação *ampla* ao substantivo *defesa* não lhe outorga o sentido de ilimitada, sem fronteiras. O qualificativo dá-lhe dimensões extensas, porém não sem limites. Os meios e recursos que a traduzem são aqueles previstos em lei, a qual só pode ser recusada quando restringir a garantia de modo manifestamente arbitrário e desarrazoado, até porque a constitucionalidade se presume.

Ampla defesa, pois, não é uma expressão solta e sem barreiras, mas vinculada aos *meios e recursos a ela inerentes* e ao *devido processo legal*. Não alberga subjetivismos de maneira a permitir qualquer espécie de argumento, mesmo sem pertinência ou relevância ao objeto de processo. Significa, sim, admitir que sejam apresentadas as alegações pertinentes à espécie processual, que sejam pelos meios lícitos produzidas as provas a elas relativas e que sejam admitidos os recursos previstos em lei.

35.1.7-C. *Princípio da pertinência da defesa face ao objeto do processo.* **O art. 3º, § 4º, do DL 911/69 (redação do art. 56 da Lei 10.931/04), assim como o anterior § 2º, apenas consagra a pertinência da defesa, pois não é compatível purgar a mora, que significa aceitar o pedido, e contestar o mérito, que significa recusá-lo. Razoável, pois, a exclusão da contestação do** *an debeatur* **quando o devedor-fiduciante purga a mora, bem assim a sua admissão no que tange ao** *quantum debeatur*, **inclusive com restituição de eventual excesso, uma vez que a purgação ocorre pelos valores apresentados pelo credor fiduciário na inicial.**

Não havia no art. 3º, § 2º, do DL 911/69, arbítrio puro e simples, nem se mostrava desarrazoada no contexto de uma ação de busca e apreensão, de cognição sumária, baseada em resolução contratual, a limitação da defesa às *questões contratuais*, nominadamente prova do pagamento do débito vencido e cumprimento das respectivas obrigações. O legislador se manteve nos lindes do *princípio da pertinência da defesa* ao objeto do processo, e, dentro dele, nada restringia, mas, ao invés, autorizava o devedor fazer toda alegação.

O mesmo se pode dizer do atual § 4º do mesmo artigo, na redação do art. 56 da Lei 10.931/04, pois, se admite pagar, por lógica processual a controvérsia fica desde logo restrita ao *quantum debeatur*.

Ademais, o *princípio da pertinência da defesa* ao objeto da demanda integra a teoria geral do processo e consta no art. 130 do CPC ao dizer que o juiz deve indeferir "as diligências inúteis ou meramente protelatórias." Na verdade, a polêmica acerca do DL 911/69 foi alimentada pelo estigma da sua demonização, por causa do triunvirato militar que o expediu, e não por razão jurídica.

Ainda mais, o devedor-fiduciário não estava inibido antes, e não está agora, de argüir em demanda específica – a dita *ação revisional* – todas as demais questões, cujos efeitos sobre a ação de busca e apreensão analisaremos adiante (nº 38 *infra*).

Decidiu a 6ª Câmara Cível do ex-TARS: "Alienação fiduciária. Ação de busca e apreensão. Sumariedade cognitiva. Não se discute, nos autos da ação de busca e apreensão do Decreto-Lei 911/69, temas estranhos à inadimplência. Se o réu discorda dos valores reclamados, por onerosidade excessiva, há de buscar a revisão do negócio jurídico em ação própria, descabendo ensejar-lhe pretensa purga da mora."

E consta no voto: "Essas outras temáticas, podem, e devem, ser ventiladas em ação própria. Não é a ação de busca e apreensão, em suma, campo próprio para revisão de contrato de financiamento".[151]

---

[151] Ex-TARS, ap. cív. 197109952, 6ª Câmara, Rel. Dr. Armínio José Abreu Lima da Rosa.

Também o STF se pronunciou: "O Dec.-lei nº 911/69 não ofende os princípios constitucionis da igualdade, da ampla defesa e do contraditório, ao conceder ao proprietário fiduciário a faculdade de requerer a busca e apreensão do bem alienado fiduciariamente (art. 3º, *caput*) e ao restringir a matéria de defesa alegável em contestação (art. 3º, § 2º)".[152]

35.1.8. *Natureza jurídica da sentença e efeito da apelação*. Quando julga *procedente* o pedido de busca e apreensão, a sentença é declarativa, tendo em conta a *reversão* ou *retrotransferência* automática desde a consumação da mora especial (resolução do contrato), e quando julga *improcedente* é constitutiva, pois na prática *restabelece* o contrato. A apelação tem efeito apenas devolutivo.

Dizia o § 5º do art. 3º do DL 911/69 que a sentença consolidava "a propriedade e a posse plena e exclusiva nas mãos do proprietário fiduciário", cabendo apelação "apenas no efeito devolutivo", sem impedir "a venda extrajudicial do bem alienado fiduciariamente". A redação que lhe deu o art. 56 da Lei 10.931/04 limita-se a dizer: "Da sentença cabe apelação apenas no efeito devolutivo."

Portanto, quanto à apelação, subsiste o efeito apenas devolutivo.

Quanto à natureza jurídica da sentença, há duas situações: *uma* quando julga procedente o pedido de busca e apreensão, e *outra* quando o julga improcednte.

Quando julga *procedente*, a natureza jurídica da sentença é meramente declarativa. Assim era e continua sendo.

A princípio, lembremos da automática *reversão* ou *retrotransferência* a favor do fiduciante quando paga a dívida, e da *consolidação* a favor do fiduciário quando consumada mora especial para fins de resolução do contrato (nºs 2.2 e 28 *supra*). É verdade, o texto anterior, ao dizer que a sentença consolidava a propriedade e a posse plena e exclusiva nas mãos do credor, passava a idéia de que o ato judicial era constitutivo, mas na verdade apenas reconhecia uma situação jurídica preexistente.

Tal referência, dessarte, era dispensável, admitida sua inclusão apenas por zelo do legislador porque, face ao ingresso em juízo, a resolução do contrato ficava *sub judice*, máxime se apresentada contestação.

No tocante à referência de que o credor-fiduciário podia alienar o bem, na realidade apenas explicitava: *(a)* de que o direito a ele conferido pelo *caput* do art. 2º não ficava prejudicado quando *improcedente* o pedido de busca e apreensão; e *(b)* de que também não ficava prejudicado quando *procedente*, agora por ter a apelação, no caso apresentada pelo réu, efeito tão-só devolutivo.

Esse quadro, no tocante ao ponto focado, e ressalvando a questão relativa ao pressuposto para a venda, como veremos (nº 40.1.1-A *infra*), não se alterou com as modificações promovidas pelo art. 56 da Lei 10.931/04, haja vista que o § 6º impõe multa, como veremos a seguir, caso o pedido de busca e apreensão for julgado improcedente e o credor-fiduciário já tiver alienado o bem. Ou seja: ainda que, agora, sob risco de multa, não precisa sequer aguardar a sentença, o que mais confirma a sua natureza meramente declarativa, no que tange à consolidação da propriedade fiduciária, quando julgar *procedente* o pedido de busca e apreensão.

Quando julga *improcedente, a natureza jurídica da sentença é constitutiva, pois na prática restabelece* o contrato.

35.1.9. *Multa quando improcedente a busca e apreensão e o bem já tiver sido alienado*. Consideração inicial; natureza jurídica da multa

---

[152] STF, RE 141.320-GS, Rel. Min. Octávio Gallotti, em 22-10-96.

prevista no § 6°; interpretação do § 7°; multa do § 6° e coobrigados que pagam a integralidade da dívida pendente.

35.1.9-A. *Consideração inicial.* À aplicação da multa é necessário, cumulativamente, que o pedido de busca e apreensão seja julgado improcedente e que o autor-fiduciário-credor já tenha alienado o bem.

Introduzindo novidade, estabelece o § 6° do art. 3° do DL 911/69, na redação do art. 56 da Lei 10.931/04: "Na sentença que decretar a improcedência da ação de busca e apreensão, o juiz condenará o credor fiduciário ao pagamento de multa, em favor do devedor fiduciante, equivalente a 50% (cinqüenta por cento) do valor originalmente financiado, devidamente atualizado, caso o bem já tenha sido alienado." E o § 7°: "A multa mencionada no § 6° não exclui a responsabilidade do credor fiduciário por perdas e danos."

Como se vê, para que a multa possa ser aplicada, é necessário: *(a)* que o pedido de busca e apreensão seja julgado improcedente, isto é, com exame do mérito (CPC, art. 269), sendo razoável estender para hipóteses equivalentes, assim entendidas as que, embora sem examinar o mérito, o mesmo autor não pode renovar o pedido contra o mesmo réu, por exemplo, ilegitimidade ativa ou passiva; e *(b)* que o autor-credor-fiduciário já tenha alienado o bem, significando isso que não esperou o resultado do processo, e por isso não há mais como o réu-fiduciante-devedor recuperá-lo.

Portanto, condições cumulativas.

35.1.9-B. *Natureza jurídica da multa prevista no § 6°.* **Apesar de aparentemente excluída pelo § 7°, trata-se de multa de natureza compensatória ou ressarcitória, pois na realidade arbitra desde logo perdas e danos pelo fato de o réu-fiduciante-devedor ter sido desapossado do bem e, ainda, embora a improcedência da busca e apreensão, não mais poder recuperá-lo face à venda procedida pelo autor-fiduciário-credor.**

Qual a natureza dessa multa? É moratória ou sancionatória? É compensatória ou ressarcitória? É penal ou punitiva?

Assim como fizemos alhures (n° 6.3.1 *supra* do Cap. II), é necessário lembrar, ainda que brevemente, o objetivo de cada espécie.

Restringindo-nos ao direito privado, existe a *multa moratória* ou sancionatória que objetiva coagir o devedor a não cair em inadimplência. Traduz, por isso, *efeito instantâneo* da mora, contrastando com os juros moratórios, que traduzem *efeito permanente*, vale dizer, coagem a que o devedor saia dela o quanto antes.

Existe a *multa compensatória* ou ressarcitória, que objetiva arbitrar, por antecipação, os prejuízos decorrentes do inadimplemento, evitando-se com isso as delongas da prova e da liquidação. Traduz, por isso, *perdas e danos* ou desfalque patrimonial, contrastando com os juros compensatórios, que traduzem lucros cessantes, vale dizer, aquilo que o credor deixou de ganhar por não dispor do numerário, a fim de, por exemplo, aplicá-lo no mercado financeiro.

Sílvio Rodrigues, discorrendo acerca da matéria no item *cláusula penal*, define essa multa como "cálculo predeterminado das perdas e danos." Quer dizer, ela dispensa o credor de recorrer ao procedimento ordinário para pleitear perdas e danos. Por isso – salienta –, basta ao credor cobrar "a importância da multa, que corresponde, como disse, às perdas e danos estipulada anteriormente pelas partes, e *a forfait*".[153]

---

[153] Sílvio Rodrigues, *Direito Civil*, 12ª ed., 1981, vol. 2, p. 89-90, n° 43.

A expressão *forfait*, do Francês, *for* (no sentido de preço), mais *fait* (feito), em suma, *preço feito*, mas para algo que pode acontecer no futuro, ou seja, tem natureza aleatória. Explica De Plácido e Silva, em *Vocabulário Jurídico*, que no modo *a forfait* o preço é definido sobre coisas que possam vir, sem se ter em atenção qualquer fato que o possa alterar, ou quando o preço é avaliado com base em atos que virão depois.

E existe a *multa penal* ou punitiva, cujo objetivo é desestimular ou prevenir fatos e condutas censuráveis, com qualificadoras especiais agregadas, seja ao fato, seja à conduta, normalmente resultantes de fraude, dolo, etc., inclusive arrependimento, caso em que é também denominada *multa penitencial*.

O exemplo do art. 18 do CPC é elucidativo. Pela litigância de ma-fé, a parte responde por multa não excedente a um por cento do valor da causa, portanto *multa penal* ou punitiva, pois reprime conduta processualmente dolosa. Pelos prejuízos, o juiz pode fixar desde logo quantia não excedente a vinte por cento do valor da causa, ou mandar à liquidação por arbitramento (§ 2º), portanto em essência *multa compensatória* ou ressarcitória, pois repõe perdas e danos ou desfalque patrimonial.

Pois bem, qual a natureza jurídica da multa prevista no § 6º?

Seria *multa moratória* ou sancionatória? Não, porque ela não objetiva pressionar o devedor, a fim de que evite a inadimplência, até porque é aplicada ao credor.

Seria *multa penal* ou punitiva? Não, porque ela é aplicada pelo fato de o pedido de busca e apreensão ser julgado improcedente e pelo fato de o bem já ter sido alienado, portanto, sem relação com censura a qualificadoras especiais agregadas a tais fatos, como fraude, dolo ou arrependimento.

Acontece que é direito formal de todos o ingresso em juízo sempre que entender ocorrida lesão ou ameaça de lesão a direito. Trata-se de garantia constitucional (CF, art. 5º, XXXV). Ofende-a o dispositivo infraconstitucional que multa alguém pelo só fato de perder a demanda, pois confunde o *exercício* de direito formal ou processual de postular, com *ter* o direito substancial ou material postulado.

Portanto, é inconstitucional punir o autor-fiduciário-credor pelo fato de ajuizar e perder a demanda e pelo fato de vender o bem, se ajuizou e vendeu no regular exercício de direitos subjetivos (CF, art. 5º, XXXV; DL 911/69, art. 2º, *caput*). Poderia o legislador, no caso de má-fé, estabelecer exceção ao art. 18 do CPC castigando-o mais severamente, jamais porque vendeu o bem e perdeu a demanda, como se ganhar e perder em juízo dependesse exclusivamente dele, ou como se a sentença fosse ato dele, e não do juiz.

Seria, então, *multa compensatória* ou ressarcitória? Sim, estreme de dúvida, apesar de aparentemente excluída essa natureza jurídica pelo § 7º ao dizer que ela "não exclui a responsabilidade do credor fiduciário por perdas e danos."

Como é sabido, por princípio de hermenêutica, quando os atos administrativos ou legislativos comportam mais de uma interpretação, por exemplo, uma conforme e outra desconforme ante a Constituição, deve-se optar por aquela que os preserva, tendo em conta a presunção de constitucionalidade. Ensina Carlos Maximiliano: "Portanto, se, entre duas interpretações mais ou menos defensáveis, entre duas correntes de idéias apoiadas por jurisconsultos de valor, o Congresso adotou uma, o seu ato prevalece. (...), o Judiciário só faz uso da sua prerrogativa quando o Congresso viola claramente ou deixa de aplicar o estatuto básico, e não quando opta apenas por determinada interpretação não de todo desarrazoada".[154]

No caso, uma vez afastada, por inconstitucionalidade, a interpretação que define como de natureza jurídica punitiva o sancionamento, cumpre analisar, a fim de

---

[154] Carlos Maximiliano, *Hermenêutica e Aplicação do Direito*, 9ª ed., 1981, p. 308.

CONTRATOS EMPRESARIAIS

cumprir-se o princípio da preservação, se cabível na bitola da natureza compensatória ou ressarcitória.

Salta aos olhos ser exatamente esta a natureza jurídica da citada multa, pois na realidade arbitra desde logo perdas e danos pelo fato de o réu-fiduciante-devedor ter sido desapossado do bem e, ainda, embora a improcedência da busca e apreensão, não mais poder recuperá-lo face à venda procedida pelo autor-fiduciário-credor. O sancionamento, visto por este prisma, tem fundamento, justa causa, base, motivo.

E note-se que isso não vai de encontro à inconstitucionalidade antes sustentada.

Com efeito, há distinguir o exercício de um direito na sua dimensão formal ou processual e na sua dimensão substancial ou material. O fato de alguém exercer formalmente um direito não quer dizer que não responde por eventuais danos cometidos no seu exercício. Por exemplo, o fato de alguém exercer o direito formal de obter habilitação para dirigir veículo automotor, não o isenta de reparar eventuais danos decorrentes do exercício; o fato de alguém exercer o direito formal de executar provisoriamente seja título judicial, seja extrajudicial, não o isenta de reparar eventuais danos decorrentes do exercício no caso de reversão (CPC, art. 475-O, acrescido pela Lei 11.232/05, e art. 588, I). Noutras palavras, o exercente assume o risco.

Assim também o autor-fiduciante-credor. Embora o direito, no seu aspecto formal, de vender o bem, ao exercê-lo assume o risco de o ato, no seu aspecto substancial, não ser hígido; embora o direito, no seu aspecto formal, de ajuizar a busca e apreensão, ao exercê-lo assume o risco de o pedido, no seu aspecto substancial, não merecer acolhida pelo Judiciário.

Por isso, em tais circunstâncias, responde pelos danos decorrentes porque assumiu o risco.

35.1.9-C. *Interpretação do § 7°*. Enquanto o § 6° fixa multa compensatória, traduzindo *indenização mínima* por perdas e danos previamente arbitrada, portanto sem necessidade de prova, o § 7° fixa *indenização suplementar*, portanto com necessidade de prova.

Considerando a natureza compensatória ou ressarcitória da multa prevista no § 6° do art. 3° do DL 911/69 (redação do art. 56 da Lei 10.931/04), ou seja, objetiva reparar perdas e danos, cumpre definir qual a interpretação do § 7° ao dizer que a mencionada multa "não exclui a responsabilidade do credor fiduciário por perdas e danos."

Já vimos (n° 25.3.2-B *supra*) que o valor da multa compensatória ou ressarcitória não pode exceder ao valor da obrigação principal e fica sujeito à redução proporcional nos casos de cumprimento parcial, bem assim à redução pura e simples quando manifestamente excessivo. Ainda, o art. 416 do CC/2002, repetindo o art. 927 do CC/1916, estabelece que o credor não precisa alegar prejuízo e acrescenta que, uma vez estabelecida a multa substitutiva das perdas e danos, o credor não pode exigir *indenização suplementar*, salvo se, diz o parágrafo único, a pena estipulada o foi como "mínimo da indenização, competindo ao credor provar o prejuízo excedente."

Dessarte, combinando os mencionados parágrafos com o art. 416 e parágrafo único do CC/02, tem-se que, enquanto o § 6° fixa multa compensatória ou ressarcitória equivalente a 50% (cinqüenta por cento) do valor originalmente financiado, portanto indenização por perdas e danos previamente arbitrada, logo, sem necessidade de o réu-fiduciante-devedor prová-los, o § 7° não exclui a responsabilidade por *indenização suplementar*, mediante prova do prejuízo excedente. Por outra, enquanto o § 6° fixa *indenização mínima*, sem necessidade de prova, o § 7° fixa *indenização suplementar*, com necessidade de prova, obviamente a ser postulada em demanda específica.

Pode-se dizer que, em essência, a situação é idêntica à do art. 64 da Lei 8.245/91 (Lei do Inquilinato), quando há reversão da decisão que concedeu liminarmente o despejo, no que tange ao destino da caução, a qual será tida "como indenização mínima das perdas e danos", podendo o locatário "reclamar, em ação própria, a diferença pelo que a exceder" (§ 2º).

35.1.9-D. *Multa do § 6º e coobrigados que pagam a integralidade da dívida pendente.* **Considerando a interpretação restritiva dos contratos benéficos e que o § 6º se dirige ao "credor fiduciário", como espécie, e não ao "autor", como gênero, não é possível estender aos coobrigados a multa na eventual improcedência da busca e apreensão ou reintegração de posse exercida por** *sub-rogação integral,* **mais quando o bem já tiver sido alienado, salvo expressa convenção de que em tal caso assumem o risco.**

Como vimos (nº 35.1.2 e 35.1.4-C *supra*), os coobrigados (fiador, avalista e terceiro interessado), quando pagam a integralidade da dívida pendente, fazem jus à *sub-rogação integral* (direito material e processual), razão pela qual podem ajuizar a ação de busca e apreensão e inclusive alienar o bem como se entidade creditícia fossem. Como também veremos (nº 35.3.1 *infra*), o credor-fiduciário tem a faculdade de optar pela ação de reintegração, o que não o isenta da multa em caso de improcedência e de já ter alienado o bem. Essa faculdade se estende também aos coobrigados.

Pergunta-se: – Quando os coobrigados exercem o direito processual da busca e apreensão ou da reintegração de posse e houver improcedência e o bem já tiver sido alienado, ficam sujeitos à multa prevista no § 6º? Entendemos que não, salvo expressa convenção de que em tal caso assumem o risco.

Primeiro, os contratos benéficos, como são a fiança e o aval, são interpretados restritivamente. Trata-se de princípio geral que o CC/1916 dizia, até sem necessidade, no art. 1.090, e que o CC/2002 repete no art. 819 quando trata da fiança.

Assim, salvo expressa convenção de que em tal caso assumem o risco, não é admissível, face ao princípio da interpretação restritiva dos encargos, pura e simplesmente estender aos coobrigados a pesada multa, a título de indenização por perdas e danos, independentemente de prova, na eventual improcedência da busca e apreensão ou reintegração de posse exercida por sub-rogação integral.

Segundo, o § 6º dirige-se especificamente ao "credor fiduciário", como espécie, e não ao "autor" da demanda, como gênero, hipótese em que, ao menos formalmente, abrangeria todo e qualquer demandante.

Não se exclui, em tese, quando não houver convenção – e dificilmente haverá –, a possibilidade de os coobrigados responderem por perdas e danos decorrentes do uso de tais demandas na hipótese de serem julgadas improcedentes, mais o fato de o bem já ter sido alienado. No entanto, mediante prova, e não como acontece com o credor-fiduciário face ao qual o devedor-fiduciante só precisa provar o excedente do valor da multa, conforme o item anterior, relativo à interpretação do § 7º.

35.1.10. *Direito de cumular purgação da mora e contestação do valor.* **O art. 3º, § 4º, do DL 911/69, redação da Lei 10.931/04, consagrou o princípio** *solve et repete,* **mas profilaticamente, pois acabou com a discussão acerca do valor correto, e equilibradamente, pois garante ao devedor o direito de impugnar o débito e inclusive de obter a restituição no mesmo processo em caso de cobrança excessiva.**

Como já tangenciamos (nº 29.2.1-C *supra*), *antes* das modificações da Lei 10.931/04 no DL 911/69, o direito do réu-fiduciante era alternativo, ou seja, purgava

CONTRATOS EMPRESARIAIS

139

a mora *ou* contestava (art. 3º, § 1º), e *agora* é cumulativo, isto é, pode purgar a mora *e* contestar (art. 3º, § 4º), mas não de modo amplo, e sim restrito a eventual pagamento *a maior*, caso em que, uma vez acolhida a defesa, o contestante faz jus à restituição. Em teor, trata-se de contestação com natureza reconvencional. Consagrou-se, pois, o princípio *solve et repete* (paga agora, discute depois).

No entanto, se o devedor-fiduciante optar pela purgação, a contestação fica restrita ao valor eventualmente pago a mais – em última análise, ao *quantum debeatur* –, quer dizer, por lógica processual, não poderá suscitar outras questões.

Sem dúvida, o § 4º é profilático e equilibrado. É *profilático* porque acabou com a controvérsia que era gerada quanto ao débito correto na purgação da mora, gerando diversas idas e vindas, inclusive recursos, e é *equilibrado* porque, no contraponto, garante ao devedor o direito de impugnar o débito e inclusive de obter a restituição no mesmo processo, no caso de cobrança excessiva, o que é justificável porque a purgação da mora acontece "segundo os valores apresentados pelo credor fiduciário na inicial" (DL 911/69, art. 3º, § 2º, redação do art. 56 da Lei 10.931/04).

Finalmente, a inicial deve cumprir o § 2º do art. 3º do DL 911/69, com a redação do art. 56 da Lei 10.931/04, ou seja, apresentar os valores para fins de purgação da mora. Havendo omissão, juiz pode determinar *ex officio* a emenda, e o devedor-fiduciante pode argüir a falha, com as decorrências processuais pertinentes.

35.2. *Ação de depósito*. Constitucionalidade da prisão; objetivo da prisão e local do cumprimento; sentido da expressão *equivalente em dinheiro*.

No que tange à ação de depósito – decorrente da conversão da busca e apreensão, nas circunstâncias já vistas (nº 35.1.6 *supra*) –, interessam três aspectos: a constitucionalidade da prisão, o objetivo da prisão e local do cumprimento e o sentido da expressão *equivalente em dinheiro*.

35.2.1. *Constitucionalidade da prisão*. Subsiste a possibilidade constitucional da prisão civil do fiduciante, réu em ação de depósito, por conversão da busca e apreensão, desde que caracterizada a infidelidade, na forma do CPC, consoante orientação do STF, guardião da Constituição (CF, art. 102). A situação legal, quanto ao ponto focado, não mudou com o advento da Lei 10.931/04.

Opondo-se à constitucionalidade da prisão, sustentando a *atipicidade técnica* do contrato de depósito na alienação fiduciária em garantia, de modo a não caracterizar a condição de *depositário infiel* (CF, art. 5º, LXVII), há corrente jurisprudencial e doutrinária, inclusive obras inteiras dedicadas ao tema, como *Prisão Civil na Alienação Fiduciária em Garantia*, de Marcelo Ribeiro de Oliveira, e *A Prisão Civil na Alienação Fiduciária*, de Mônica Alves Costa Ribeiro.

Esse tema sempre foi polêmico, e agora, com as modificações promovidas pelo art. 56 da Lei 10.931/04, surge o entendimento de que "a lei nova privilegia o crédito fiduciário de tal sorte que a coerção da prisão civil (...) importa em odiosa ofensa constitucional", conforme ementa de julgamento da 2ª Câmara Cível do TJSP.[155] No entanto, seguiu-se a linha argumentativa tradicional, isto é, não foi demonstrado objetivamente o fundamento da assertiva.

Na realidade, quanto ao ponto focado, a situação legal não mudou com o advento da Lei 10.931/04. O art. 4º do DL 911/68, na redação que lhe deu a Lei 6.071/73 para adaptá-lo ao CPC/73, não foi modificado.

---

[155] TJSP, 2ª Câmara Cível, RT/187.

Quando integrante do ex-TARS, muitas vezes votei em tal sentido, valendo como exemplo a ap. cív. 197059645, com a seguinte ementa no que interessa: "Alienação fiduciária. Busca e apreensão convertida em depósito. Prisão por depositário infiel. 1. A expressão na 'forma da lei', presente nas Constituições de 1946, 1967 e Emenda nº 1/69, relativa à prisão civil do devedor de alimentos e do depositário infiel, tinha sentido material ou regulamentar, sob pena de, em se entendendo formal ou processual, tornar-se supérflua, violando-se o princípio de que, na lei, não se presumem palavras inúteis. 2. Por conseguinte, dívida alimentar e contrato de depósito, como tal entendido os que a lei assim definir, ou na forma que a lei definir, podendo, por aí, ser admitido o contrato de depósito por equiparação. 3. Ausente tal expressão na CF/88 (art. 5º, LXVII), só ficou admissível a prisão do depositário infiel com base em contrato de depósito segundo a figura conceitual histórico-científica elaborada pela Ciência Jurídica (contrato típico ou *stricto sensu*), na qual não cabem as equiparações, como é o caso da alienação fiduciária, inclusive em observância ao princípio da interpretação restritiva às exceções do *status libertatis*".[156]

Porém, o STF, a final, se posicionou pela constitucionalidade da prisão civil do fiduciário, réu na ação de depósito, por conversão da busca e apreensão, desde que caracterizada a infidelidade como depositário, na forma da lei processual.

Em suma, a propriedade e a posse indireta do fiduciário, e a posse direta e compromissos do fiduciante, tornam visíveis elementos materiais típicos, em volume suficiente, para reconhecer-se, segundo a lei civil, por equiparação, a existência de contrato de depósito.

Já são pletóricos os precedentes do STF, de modo que seria até dispensável maiores considerações. Ainda assim, pela relevância do tema, não custa reproduzir decisão da 1ª Turma do STF, na qual o Min. Moreira Alves invoca manifestações do Plenário, *verbis*: "Alienação fiduciária em garantia. Prisão civil. Esta Corte, por seu Plenário (HC 72.131, de 22-11-95), firmou o entendimento de que, em face da Carta Magna de 1988, persiste a constitucionalidade da prisão civil do depositário infiel em se tratando de alienação fiduciária em garantia, bem como de que o Pacto de São José da Costa Rica, além de não poder contrapor-se à permissão do artigo 5º, LXVII, da mesma Constituição, não derrogou, por ser norma infraconstitucional geral, as normas infraconstitucionais especiais sobre prisão civil do depositário infiel. Esse entendimento voltou a ser reafirmado, também por decisão do Plenário, quando do julgamento do RE 206.482, de 27-5-98".[157]

No mesmo sentido, igualmente da 1ª Turma, com o mesmo Relator, Min. Moreira Alves, o RE 307571-3/MG,[158] e o RE 345345, tendo como Relator o Min. Sepúlveda Pertence, ressalvando entendimento diverso,[159] e da 2ª Turma, o RE 294.310-0-GO, tendo como Relator o Min. Nélson Jobim.[160]

Por fim, consoante já decidiu igualmente o STF,[161] a custódia para o depositário infiel não tem conotação criminal, daí por que é impertinente invocar o princípio constitucional que consagra no processo penal a presunção de não-culpabilidade.

---

[156] Ex-TARS, ap. cív. 197059645, 6ª Câmara, Rel. Dr. Irineu Mariani.

[157] STF, RE 344585-RS, 1ª Turma, Rel. Min. Moreira Alves, em 25-6-03, DJ de 13-9-02.

[158] STF, RE 307571-3/MG, 1ª Turma, Rel. Min. Moreira Alves, em 18-12-01, RT 803, p. 150.

[159] STF, RE 345345, 1ª Turma, Rel. Min. Sepúlveda Pertence, em 25-2-03, DJ de 11-4-03.

[160] STF, RE 294.310-0-GO, 2ª Turma, Rel. Min. Nélson Jobim, em 11-9-01, RT 821, p. 150.

[161] STF, HC 71.038-7-MG, 1ª Turma, Rel. Min. Celso de Mello, RT 708, p. 243.

O Supremo Tribunal Federal é o guardião da Constituição (CF, art. 102). Então, ressalvados os entendimentos pessoais, é como diziam os romanos: *Roma locuta, causa finita*.

35.2.2. *Objetivo da prisão e local do cumprimento*. A prisão objetiva coagir à adimplência da obrigação. Não se confunde com os regimes dos apenados. À preservação do objetivo, a prisão deve ser cumprida em cela; não sendo possível distinta dos apenados, admite-se o regime albergue, ou mesmo domiciliar.

A prisão civil por depositário infiel não é pena, mas isolamento que objetiva coagir o fiduciante à adimplência do *contrato de depósito*, entregando o bem ou o equivalente em dinheiro; logo, não há falar em reeducação ou ressocialização e em regimes típicos dos apenados. O art. 201 da LEP diz que o cumprimento deve acontecer no Presídio, em seção especial, ou seja, distinta dos apenados. Linearmente: deve ficar preso. E assim deve ser para que não se estiole objetivo da prisão. Nesse sentido, orientação do STF[162] e também do ex-1º TA-Civ-SP.[163]

Tem-se admitido o regime albergue, ou mesmo domiciliar, invocando-se pura e simplesmente os regimes dos apenados, com o que se esvazia a força coativa. Tal é possível, mas em caráter excepcional, quando no Presídio não houver condições para destinar ao depositário infiel cela separada dos apenados. Quanto à duração, o art. 902, § 1º, do CPC, diz que será de até um ano; logo, a prisão, respeitado o máximo de um ano, deve durar o tempo deliberado pelo juiz, enquanto não for cumprida a obrigação decorrente do contrato de depósito.

35.2.3. *Sentido da expressão "equivalente em dinheiro"*. Fórmula "menor de dois": valor do débito (*stricto sensu*) para o fim específico.

35.2.3-A. *Fórmula "menor de dois"*. Se a causa remota da ação de depósito é um débito, a expressão *equivalente em dinheiro* se vincula ao valor do bem, mas no limite do débito quando este for menor, pois aí se exaure o interesse do autor. É a fórmula *menor de dois*.

Diz o art. 902, I, do CPC, que o réu é citado para, em cinco dias, "entregar a coisa, depositá-la em juízo ou consignar-lhe o equivalente em dinheiro", e o art. 904 fala que se ordenará a entrega "da coisa ou do equivalente em dinheiro".

À luz do CPC, a expressão *equivalente em dinheiro* se refere ao valor do bem, e não ao da dívida, sendo que, se a causa remota da ação de depósito é um débito – como é o caso do *depositário judicial* de bem penhorado –, a equivalência ao valor do bem continua, mas no limite do débito quando este for menor, pois aí se exaure o interesse do autor. Se o valor do bem é dez, e oito o do débito, basta oito. Se o valor do débito é dez, e oito o do bem continua a bastar oito. Enfim, entre os elementos *valor do bem* e *valor do débito*, adota-se o menor. É a fórmula *menor de dois*.

35.2.3-B. *Valor do débito "stricto sensu" para o fim específico*. Para o fim específico da aplicação da fórmula *menor de dois*, vale apenas o débito *stricto sensu*, aí admitida a atualização monetária. Excluem-se, pois, as *rubricas acessórias*, tais como juros, multa, comissões, custas e honorários advocatícios.

---

[162] STF, HC 0701019/130-PR, 2ª Turma, Rel. Min. Néri da Silveira, RT 703, p. 231.

[163] Ex-1º TA-Civ-SP, HC 447.518-5, Rel. Dr. Sílvio Marques, RT 655, p. 118.

Na alienação fiduciária em garantia especial, o objetivo da ação de depósito é recuperar o bem, e só pode ser este, e não cobrar a dívida, haja vista que ela resulta da resolução do contrato (n° 34 *supra*), e não da execução (n° 33 *supra*).

Assim, aparentemente, inaplicável a fórmula *menor de dois*. Caberia ao réu entregar o bem ou o equivalente em dinheiro, independentemente do valor do débito. Se o débito é oito, e o bem vale dez, deve entregar dez, e não apenas oito.

Acontece, porém, que não é admissível o pacto comissório da propriedade em caráter definitivo (n° 39.3 *infra*), vale dizer, o fiduciário é obrigado a vender o bem para *pagar-se*, entregando o saldo ao fiduciante, se houver.

Quer isso dizer que, por viés, a causa remota da ação de depósito é um débito pendente. O fiduciário precisa do bem para *fazer* dinheiro e desse modo *pagar-se*.

Com base nisso, formou-se nos tribunais o entendimento – pode-se dizer já unânime – de que a expressão *equivalente em dinheiro* se refere ao débito, e não ao bem, razão por que o fiduciário deve pagar, conforme expressões encontradiças, o *saldo devedor em aberto* ou *valor do débito contratual*, sendo nesse sentido, para exemplificar, a 4ª Turma do STJ,[164] [165] [166] sem definir, porém, a extensão de tais expressões, isto é, se incluem, ou não, as chamadas *rubricas acessórias*, notadamente juros e multa, enquanto a 3ª Turma não conheceu de recurso especial contra Acórdão que incluía "juros e multa contratual".[167]

Num questionamento específico, a 4ª Turma, tendo como Relator o Min. Ruy Rosado de Aguiar, deliberou: "... não deve incluir acréscimos de juros, multas comissão de permanência, etc., limitando-se à soma das prestações vencidas, corrigidas desde o respectivo vencimento."

O eminente Relator, no voto, põe – digamos – os pingos nos is, adotando a fundamentação do Acórdão recorrido: "O valor da coisa, para efeito de estimação do equivalente em dinheiro, corresponde ao saldo devedor em aberto, excluídos os encargos contratuais. Bem a propósito já julgou o mesmo Tribunal que o depositário infiel só pode ser preso se não entregar o bem ou o seu valor equivalente e nesse caso não podem ser incluídos juros, custas, despesas e honorários. Essas verbas podem ser exigidas, mas não sob pena de prisão. A prisão não é pela dívida, mas em razão do desvio do bem depositado. Dessarte, deve a apelante comprovar o valor do bem e dele deduzir o correspondente às prestações já pagas, a fim de evitar-se o enriquecimento ilícito."

E prossegue: "... deve prevalecer, em quaisquer circunstâncias, a idéia de que o devedor ameaçado de prisão não pode ser constrangido a entregar o valor do bem, quando a dívida é relativamente pequena, nem o valor da dívida, quando muito superior ao do bem dado em garantia, especialmente naqueles casos em que não foi o objeto financiado. No primeiro caso, a pretensão do credor fica satisfeita com a quitação da dívida; no segundo, evita-se injusto e grave dano ao devedor, cuja prisão somente pode decorrer do desvio do bem, não da inadimplência".[168]

A decisão – importante destacar – harmonizou-se com o pensamento do STF, *verbis*: "Razoável o entendimento de que o equivalente em dinheiro, de que trata o art. 902, I, do CPC, é o exato correspectivo do valor pecuniário da coisa, sem os acréscimos e encargos do financiamento, cobráveis em outra ação".[169]

---

[164] STJ, Resp. 49649-7/MG, 4ª Turma, Rel. Min. Sálvio de Figueiredo, em 23-8-94.

[165] STJ, Resp. 54515-3/SP, 4ª Turma, Rel. Min. Barros Monteiro, em 13-6-95.

[166] STJ, Resp. 111094/AM, 4ª Turma, Rel. Min. Ruy Rosado de Aguiar, em 22-5-97.

[167] STJ, Resp. 153801/SP, 3ª Turma, Rel. Min. Waldemar Zveiter.

[168] STJ, Resp. 138096-SP, 4ª Turma, Rel. Min. Ruy Rosado de Aguiar.

[169] STF, RTJ 118, p. 639.

CONTRATOS EMPRESARIAIS

Tem-se, pois, como resultante, a consagração da fórmula *menor de dois*, sendo que, para o fim específico da sua aplicação, vale apenas o débito *stricto sensu*, aí admitida a atualização monetária, excluindo-se todas as chamadas *rubricas acessórias*, tais como juros, multa, comissões, custas e honorários advocatícios.

35.3. *Ação de reintegração de posse*. Possibilidade; coobrigados (avalista, fiador e terceiro interessado); direito de cumular purgação da mora e contestação do valor; multa quando improcedente a reintegratória e o bem já tiver sido alienado.

35.3.1. *Possibilidade*. A busca e apreensão é um privilégio do fiduciário; logo, pode abrir mão e optar pela demanda naturalmente cabível, a reintegração de posse, pois não prejudica o fiduciário.

Assim como, no processo de conhecimento, se a lei privilegia o autor com rito sumário, não se pode privá-lo do rito ordinário, pois abre mão de um direito sem prejudicar o réu, assim também na alienação fiduciária em garantia especial. Se o credor-fiduciário abre mão da busca e apreensão, que inclusive enseja a conversão em ação de depósito com o forte elemento coativo da prisão, para fazer uso da reintegração de posse, nada obsta, na medida em que também é cabível, até porque, neste ponto, ao invés de processualmente prejudicar, o que não seria admissível, beneficia o devedor-fiduciante.

Assim já decidiu o STJ: "Ação possessória. Processo civil. Alienação fiduciária em garantia. Uso da. Possibilidade. Ausência de prejuízo processual. O devedor alienante fica sem título de posse, uma vez resolvido o contrato, por inadimplência, segundo cláusula expressa, incorrendo em esbulho, a justificar o uso pelo proprietário fiduciário da ação de reintegração de posse".[170]

Em síntese, a busca e apreensão, com possível conversão em pedido de depósito, é um privilégio legal do fiduciário. Nada impede, pois, que o dispense e, por *princípio residual*, ajuíze a reintegração de posse, cabível, porquanto com a resolução do contrato a detenção pelo fiduciante fica sem título, e por conseguinte há esbulho. A rigor, não se pode sequer excluir a ação reivindicatória, como prevista antes do DL 911/69. A possessória apenas favorece o réu-fiduciante, visto que não é possível convertê-la em ação de depósito.

À evidência, tendo em conta a *sub-rogação integral*, há assegurar idêntica opção aos coobrigados (avalista, fiador e terceiro interessado) que pagarem a integralidade da dívida pendente (nº 35.1.4-C *supra*).

No que tange à liminar, valem, por simetria, as mesmas circunstâncias que, por vezes, justificam a não-concessão liminar na busca e apreensão (nº 35.1.5 *supra*), assumindo o fiduciante o compromisso de depositário.

35.3.2. *Coobrigados (avalista, fiador e terceiro interessado)*. Não há legitimidade passiva do avalista e do fiador porque só respondem pela dívida, e há ativa, inclusive do terceiro interessado, quando pagarem a *integralidade da dívida pendente*, tendo em conta ocorrer *sub-rogação integral* (direito material e processual), podendo, por isso, ajuizar a ação de reintegração de posse, com as peculiaridades quanto à multa prevista no § 6º (nº 35.1.9-D *supra*).

---

[170] STJ, Resp. 20.168-1-/RJ, 3ª Turma, Rel. Min. Dias Trindade, em 27-4-92.

No tocante à *legitimidade passiva*, não há de parte dos coobrigados avalista e fiador porque só respondem pela dívida, e o objetivo da ação de reintegração de posse, assim como a de busca e apreensão (n° 34.3 *supra*), não é a cobrança, mas a posse do bem.

No tocante à *legitimidade ativa*, a *sub-rogação integral* ocorre, inclusive do terceiro interessado, mas apenas quando os coobrigados pagarem a *integralidade da dívida pendente*. É como deve ser entendida a expressão legal *pagar a dívida*. O pagamento integral é pressuposto à investidura dos coobrigados na propriedade fiduciária, como vimos na busca e apreensão (n° 35.1.4-C *supra*), como as peculiaridades quanto à multa prevista no § 6° do art. 3° do DL 911/69, redação da Lei 10.931/04, como também vimos (n° 35.1.9-D *supra*).

Se o pagamento for *parcial*, a sub-rogação fica limitada à respectiva quantia e deve ser exercida para fins de regresso, pelos meios processuais comuns.

35.3.3. *Direito de cumular purgação da mora e contestação do valor.* A faculdade exercida pelo credor-fiduciário, de ajuizar reintegração de posse, em vez de busca e apreensão, não pode excluir a regalia concedida nesta ao devedor-fiduciante.

Se a faculdade do credor-fiduciário de ajuizar ação de reintegração de posse, em vez de busca e apreensão, não pode prejudicar o devedor-fiduciante, como vimos (n° 35.3.1 *supra*), e se purgar a mora e ao mesmo tempo contestar o *quantum debeatur* é um direito processual do devedor-fiduciante, como também vimos (n° 35.1.10 *supra*), é impositivo que também na reintegratória lhe seja assegurada a regalia, como já tangenciamos (n° 29.2.1-C *supra*).

Obviamente, a regalia acontece nos respectivos limites, vale dizer, a contestação, que tem caráter reconvencional, deve por coerência ficar restrita ao valor.

Por fim, assim como na busca e apreensão, a inicial deve cumprir o § 2° do art. 3° do DL 911/69, redação do art. 56 da Lei 10.931/04, ou seja, deve apresentar os valores para fins de purgação da mora. Havendo omissão, o juiz pode determinar *ex officio* a emenda, e o réu pode argüir a falha, com as conseqüências processuais pertinentes.

35.3.4. *Multa quando improcedente a reintegratória e o bem já tiver sido alienado.* A improcedência, mais a alienação do bem, sujeita o fiduciário à multa (art. 3°, § 6°, do DL 911/69, redação da Lei 10.931/04).

Como vimos (n° 35.1.9 *supra*), no caso de improcedência o pedido de busca e apreensão e se o bem já tiver sido alienado, há multa compensatória ou ressarcitória equivalente a 50% (cinqüenta por cento) do valor originalmente financiado (DL 911/69, art. 3°, § 6°, redação do art. 56 da Lei 10.931/04).

Desde que atendidos os mesmos pressupostos, forçoso é reconhecer a coima também na ação de reintegração de posse, e por dois motivos: *um* porque os efeitos práticos são idênticos aos da ação de busca e apreensão, e *outro* porque o não-reconhecimento prejudica sobremaneira o devedor-fiduciante, na medida em que, então, bastará o credor-fiduciário ingressar com reintegratória para ficar livre da multa, fixada legalmente a *forfait* (n° 35.1.9-B *supra*), para o caso de improcedência mais alienação do bem, impondo àquele o ônus de buscar noutro processo perdas e danos ou desfalque patrimonial.

36. *Processos cabíveis na alienação fiduciária comum.* Ação de reintegração de posse; ação de depósito; multa quando improcedente o pedido e o bem já tiver sido alienado.

CONTRATOS EMPRESARIAIS

36.1. *Ação de reintegração de posse*. Consideração inicial; coobrigados (avalista, fiador e terceiro); direito de cumular purgação da mora e contestação do valor.

36.1.1. *Consideração inicial*. Se optar pela resolução, o credor-fiduciário deve constituir o devedor-fiduciante em mora; não purgada, consuma-se a resolução, e por decorrência o esbulho.

Não optando o credor-fiduciário pela execução do contrato, e sim pela resolução, cabe-lhe deflagrar o procedimento típico, a fim de constituir o devedor-fiduciante em mora (n° 28 *supra*); não purgada extrajudicialmente, tampouco devolvido o bem, resta-lhe ajuizar o processo cabível, sendo um deles a reintegração de posse, visto o devedor-fiduciante ser possuidor direto (CC/02, art. 1.361, § 2°), posição cumulada com a de *depositário* (CC/02, art. 1.363, *caput*). O mesmo que na alienação fiduciária especial.

No que tange à liminar de reintegração, valem, por simetria, as mesmas circunstâncias que, por vezes, em caráter excepcional, justificam o seu indeferimento na busca e apreensão (n° 35.1.5 *supra*), assumindo o fiduciante o compromisso de *depositário judicial*.

36.1.2. *Coobrigados (avalista, fiador e terceiro)*. Não há legitimidade passiva do avalista e do fiador porque só respondem pela dívida, e há ativa, inclusive do terceiro, quando pagarem a *integralidade da dívida pendente*, tendo em conta ocorrer *sub-rogação integral* (direito material e processual), podendo, por isso, ajuizar a ação de reintegração de posse.

No tocante à *legitimidade passiva*, não há de parte dos coobrigados avalista e fiador porque só respondem pela dívida, e o objetivo da reintegratória (n° 35.3.2 *supra*), assim como a busca e apreensão (n° 34.3 *supra*), não é a cobrança, mas a posse direta do bem.

No tocante à *legitimidade ativa*, dispõe o art. 1.368 do CC/02 que o terceiro "interessado ou não, que pagar a dívida se sub-rogará de pleno direito no crédito e na propriedade fiduciária," portanto, assim como na *especial*, também na *comum* acontece *sub-rogação integral* (direito material e processual) dos coobrigados, com o detalhe de que, quanto ao terceiro, sequer é necessário interesse. Vale, assim como nos demais casos (n°s 35.1.4-C e 35.3.2 *supra*), o mesmo pressuposto do *pagamento integral da dívida pendente* para que sejam investidos na propriedade fiduciária.

Se o pagamento for *parcial*, a sub-rogação fica limitada à respectiva quantia e deve ser exercida, para fins de regresso, pelos meios processuais comuns.

36.1.3. *Direito de cumular purgação da mora e contestação do valor*. Por questão de equidade, tal direito deve ser estendido ao réu na reintegratória da alienação fiduciária comum, sob pena de se lhe impor a situação de inferioridade que vigorava antes da reforma legal.

Se o § 4° do art. 3° do DL 911/69, na redação do art. 56 da Lei 10.931/04, concede ao devedor na alienação fiduciária *especial* a regalia de purgar a mora e também o contestar *quantum debeatur* seja na busca e apreensão, seja na reintegratória (n° 35.1.10 e 35.3.3 *supra*), há reconhecer o mesmo direito na reintegração de posse da alienação *comum*, desde que de igual modo em termos reduzidos, isto é, apenas do valor eventualmente pago *a maior*, caso em que, uma vez acolhida, por lógica o contestante faz jus ao mesmo direito de restituição. Dessarte, se há outras questões, o réu não pode optar pelo pagamento. A defesa admitida, a despeito da purgação da mora, é restrita ao valor.

Estender ao devedor na alienação *comum* o direito à restituição no mesmo processo, em princípio vantagem exclusiva do devedor na alienação *especial*, pode soar forçado, mas, acima de tudo é uma questão de eqüidade. É preferível isso a negar o direito àquele demandado, impondo-lhe a situação de inferioridade que vigorava antes da reforma legal, quando não havia nem mesmo o *solve et repete* (paga primeiro, discute depois).

Por fim, assim como na busca e apreensão, a inicial deve cumprir o § 2º do art. 3º do DL 911/69, redação do art. 56 da Lei 10.931/04, ou seja, deve apresentar os valores para fins de purgação da mora. Havendo omissão, juiz pode determinar *ex officio* a emenda, e o réu pode argüir a falha, com as conseqüências processuais pertinentes.

36.2. *Ação de depósito*. Cabimento; direito de cumular purgação da mora e contestação do valor.

36.2.1. *Cabimento*. O devedor-fiduciário na alienação *comum* não é só possuidor direto, mas também *depositário*; logo, cabível a *ação de depósito*, ajuizada diretamente por não ser *sucedâneo processual*.

Assim como na alienação fiduciária *especial*, também na *comum* o devedor-fiduciário cumula as condições de possuidor e de depositário.

Com efeito, o art. 1.362 do CC/02 qualifica o devedor-fiduciário como também *depositário* do bem, impondo-lhe as obrigações típicas; logo, por derivação lógica, também é cabível a respectiva *ação de depósito* (CPC, arts. 901-6), com todas as intercorrências que a permeiam, já analisadas (nº 35.2 *supra*), inclusive quanto à ilegitimidade passiva dos coobrigados.

A diferença desta ação de depósito com aquela da alienação fiduciária *especial*, está em que esta não é *sucedâneo processual* (nº 35.1.6 *supra*), quer dizer, não há conversão. O credor-fiduciário, se entender que mais lhe convém, ajuíza-a diretamente, o que se estende aos coobrigados por força da sub-rogação integral, assim como na reintegratória (nº 35.3.2 *supra*).

36.2.2. *Direito de cumular purgação da mora e contestação do valor*. Deve ser estendido ao réu na ação de depósito, pelo mesmo motivo da reintegratória (nº 36.1.3 *supra*), e mais porque, de outro modo, inadmissivelmente, o direito do réu fica à mercê da escolha processual do autor.

36.3. *Multa quando improcedente o pedido e o bem já tiver sido alienado*. Prevista à alienação fiduciária *especial*, a multa, mesmo quando atendidos os pressupostos, não pode ser estendida à *comum*, sendo porém razoável a adoção do parâmetro em demanda autônoma ajuizada pelo fiduciário.

Na alienação fiduciária *especial*, no caso de improcedência do pedido de busca e apreensão ou reintegratóro posto em juízo pelo credor-fiduciário, se o bem já tiver sido alienado, há multa compensatória ou ressarcitória equivalente a 50% (cinqüenta por cento) do valor originalmente financiado (DL 911/69, art. 3º, § 6º, redação do art. 56 da Lei 10.931/04), como vimos (nºs 35.1.9 e 35.3.4 *supra*).

Na alienação fiduciária *comum*, tal multa é possível?

CONTRATOS EMPRESARIAIS

Tratando-se de norma extraordinária, prevista à alienação fiduciária *especial*, e inclusive face ao disposto no art. 8º-A do DL 911/69, acrescido pela mesma Lei 10.931/04, não se pode estender à *comum* a possibilidade de aplicar-se tal multa ao credor-fiduciário no processo que ele próprio ajuizou, seja ação reintegratória, seja de depósito, quando julgado improcedente o pedido e o bem já tiver sido alienado.

Mas em demanda autônoma ajuizada pelo fiduciante, uma vez atendidos os pressupostos de improcedência da ação ajuizada pelo fiduciário e de alienação do bem, é razoável adotar-se o parâmetro, inclusive a presunção de ocorrência de perdas e danos, porquanto idênticas a moldura dos fatos e as conseqüências.

37. *Processo cabível na alienação fiduciária de imóvel*. Consolidada a propriedade fiduciária em nome do credor-fiduciário, ou do cessionário, ou do adquirente em público leilão, ou dos coobrigados que pagarem a integralidade da dívida pendente, ou dos sucessores, cabe-lhes, na hipótese de o imóvel estar ocupado, ajuizar ação de reintegração de posse. A liminar deve facultar a desocupação em sessenta dias.

Dispõe o art. 30 da Lei 9.514/97: "É assegurada ao fiduciário, seu cessionário ou sucessores, inclusive o adquirente do imóvel por força do público leilão de que tratam os §§ do art. 27, a reintegração de posse do imóvel, que será concedida liminarmente, para desocupação em sessenta dias, desde que comprovada, na forma do disposto no art. 26, a consolidação da propriedade em seu nome."

Se houver locação vigorando, estabelece o § 7º do art. 27, acrescido pelo art. 57 da Lei 10.931/04, que ela pode ser denunciada "com o prazo de 30 (trinta) dias para desocupação, salvo se tiver havido aquiescência por escrito do fiduciário", e acrescenta que essa denúncia deve ser realizada "no prazo de 90 (noventa) dias a contar da data da consolidação da propriedade no fiduciário", cláusula que deve se destacar das demais "por sua apresentação gráfica" e que se aplica exclusivamente ao credor-fiduciário, como veremos (nº 40.2.5-B *infra*).

E o art. 31: "O fiador ou terceiro interessado que pagar a dívida ficará sub-rogado, de pleno direito, no crédito e na propriedade fiduciária."

Pode-se dizer que as normas legais são auto-explicativas, inclusive no que tange à *sub-rogação integral* dos coobrigados (direito material e processual).

Embora isso, quatro particularidades merecem destaque.

A *uma*, de que também aqui nos deparamos com expressão legal imperativa de que a reintegração *será concedida liminarmente*, idêntica à do art. 3º, *caput*, do DL 911/69, o que pode ensanchar a tese da inconstitucionalidade por *liminar obrigatória*, sendo proveitoso, dessarte, lembrar a sua rarescência (nº 35.1.5 *supra*).

A *duas*, de que legitimado passivo na reintegração de posse é o ocupante do imóvel, isto é, devedor-fiduciário ou inquilino, como veremos (nº 40.2.5-A e B *infra*).

A *três*, de que a liminar, quando concedida, seja contra o devedor-fiduciário, seja contra o inquilino, deve facultar a desocupação do imóvel em sessenta dias, tema que tem outros desdobramentos, como também veremos (nº 40.2.5-A e B *infra*).

A *quatro*, de que o pressuposto, pelo mesmo art. 30, é a *consolidação da propriedade fiduciária*, procedida conforme o § 7º do art. 26 (nº 30.2 *supra*). Nada obsta, pois, o credor-fiduciário, antes do leilão, ajuizar a reintegratória, promovendo-se, após, a substituição subjetiva do pólo ativo, já que ela não ocorre voluntariamente (CPC, art. 41), e sim por força do veto legal ao pacto comissório (nº 39.4 *infra*).

38. *Ação revisional e influência nas ações relativas à resolução do contrato*. A ação revisional que questiona conteúdos do contrato pode

148   *Irineu Mariani*

repercutir no *quantum* devido, e por decorrência nas ações relativas à resolução. Em tal caso, havendo coexistência, existem duas soluções possíveis: a reunião para julgamento simultâneo, ou a suspensão, por prejudicialidade, do processo influenciado.

Cingimo-nos à influência da *ação revisional* ajuizada pelo devedor-fiduciante sobre tão-só as do credor-fiduciário relativas à resolução do contrato, pois, se o credor-fiduciário optou pela execução do contrato ou cobrança do débito (n° 33 *supra*), a defesa ocorre no respectivo processo.

Já afirmamos (n° 35.1.7-C *supra*) que a limitação da defesa do fiduciante, no que tange ao mérito ou questão de fundo, na busca e apreensão especial, quando há purgação da mora, nenhum prejuízo lhe traz, visto que, em tese, pode ajuizar *ação revisional* suscitando questões que naquela não é possível face ao *princípio da pertinência*.

Sem adentrar no direito material de uma ou outra, importam-nos duas questões de direito processual.

A *primeira* é o potencial de influência da revisional com tal propósito no resultado da ação ajuizada pelo credor-fiduciário. Pode, inicialmente, justificar o indeferimento ou reconsideração da liminar e, finalmente, descaracterizar a mora.

A *segunda* – reconhecido o mencionado potencial – é o problema de como resolver processualmente a coexistência, havendo para tanto duas soluções possíveis: *(a)* reunião para julgamento simultâneo; e *(b)* suspensão por prejudicialidade.

Quanto à *reunião para julgamento simultâneo*, dispõe o art. 103 do CPC que há conexão entre duas ou mais ações "quando lhes for comum o objeto ou a causa de pedir", devendo ser reunidas para julgamento simultâneo (art. 105), sendo que, tramitando em separado ações conexas perante juízes que têm a mesma competência territorial, considera-se prevento aquele que despachou em primeiro lugar (art. 106). Se a competência territorial for diversa, prevento é o juízo do processo cuja citação ocorreu antes (art. 219).

Importante registrar a compreensão que se deve ter do art. 103 do CPC, conforme já decidiu o STJ: "O objetivo da norma inserta no art. 103, bem como no disposto no art. 106, ambos do CPC, é evitar decisões contraditórias; por isso, a indagação sobre o objeto ou a causa de pedir, que o artigo por primeiro quer que seja comum, deve ser entendida em termos, não se exigindo a perfeita identidade, senão quando haja liame que os faça passíveis de decisão unificada".[171]

Quanto à *suspensão por prejudicialidade*, tal ocorre com base no art. 265, IV, *b*, do CPC, caso em que se suspende o processo influenciado (o do credor-fiduciário), enquanto segue o influenciador (o do devedor-fiduciante), sendo que nesta solução há o inconveniente do § 5° (suspensão máxima por um ano). De qualquer modo, é uma solução possível e já foi adotada pelo STJ no Resp. 193766 do qual foi Relator o Min. Ruy Rosado de Aguiar, conforme registra Celso Marcelo de Oliveira.[172]

39. Pacto comissório quanto à propriedade (caráter definitivo). Consideração inicial; na alienação fiduciária comum; na alienação fiduciária especial; na alienação fiduciária de imóvel; na cessão fiduciária de crédito; dação em pagamento.

39.1. *Consideração inicial*. O pacto comissório que autoriza o credor a se apoderar em caráter definitivo do objeto, entre nós, como princípio geral nas garantias reais, não é admitido.

---

[171] STJ, Resp. 3.511-RJ, 3ª Turma, Rel. Min. Waldemar Zveiter.

[172] Celso Marcelo de Oliveira, *Alienação Fiduciária em Garantia*, 2003, p. 400, n° 30.2.

Commissorius, de *committere*, do latim, explica De Plácio e Silva, em *Vocabulário Jurídico*, significa poder conferido a alguém para que proceda conforme está estipulado. Se constar num contrato, autoriza uma parte a proceder *unilateralmente* quando a outra não cumpre as respectivas obrigações, podendo: *(a)* se manifestar em cláusula que *desfaz* de pleno direito o contrato quando expressamente convencionado; e *(b)* se manifestar em cláusula que autoriza o credor a se *apoderar* do bem dado em garantia se não for cumprido o contrato.

O *pacto comissório* a que nos referimos não é o *da resolução do contrato*, como já vimos (n° 28.1 *infra*), e sim o *da propriedade em caráter definitivo*, isto é, que autoriza o credor a ficar com o objeto da garantia se a dívida não for paga no vencimento, e que, entre nós, como princípio geral não é admitido, inclusive na alienação fiduciária.

Com efeito, o denominado *pacto comissório*, ou *cláusula compromissória*, ou *cláusula resolutiva*, ou *lex commissoria* que autoriza o credor-fiduciário a se *apoderar* do objeto da garantia em caráter definitivo, entre nós, como princípio geral nas garantias reais, não é admitido, por exemplo, na pignoratícia, na anticrética e na hipotecária (CC/1916, art. 765; CC/2002, art. 1.428).

Segundo Clóvis Beviláqua, "a proibição do pacto comissório funda-se em um motivo de ordem ética. O direito protege o fraco contra o forte, impede que a pressão da necessidade leve o devedor a convencionar o abandono do bem ao credor por quantia irrisória. O imperador Constantino, impressionado pelas manobras capciosas dos pactos comissórios, cuja aspereza crescia assustadoramente, decretou-lhes a nulidade, e as legislações modernas aceitaram essa condição. O pacto comissório não pode ser estipulado no momento de ser dada a garantia real, nem posteriormente".[173]

39.2. *Na alienação fiduciária comum.* Há veto explícito. É nula a cláusula que autoriza o credor-fiduciário a se apoderar em caráter definitivo do bem objeto da garantia em caso de inadimplemento.

Diz o *caput* do art. 1.365 do CC/02: "É nula a cláusula que autoriza o proprietário fiduciário a ficar com a coisa alienada em garantia, se a dívida não for paga no vencimento".

O texto é auto-explicativo. Trata-se de nulidade cominada, por conseguinte insuprível, podendo-devendo o juiz, quando flagrá-la no âmbito de um processo e influir no julgamento, pronunciá-la *ex officio* (CC/1916, art. 146, parágrafo único; CC/2002, art. 168, parágrafo único).

39.3. *Na alienação fiduciária especial.* Atualmente não há na alienação fiduciária especial veto explícito a que o credor-fiduciário se apodere em definitivo do bem objeto da garantia em caso de inadimplemento, mas há implícito quando a lei impõe a alienação. Ademais, aplica-se subsidiariamente o CC/02 (art. 1.368-A). Ainda, o veto é princípio geral nas garantias reais.

Dizia o § 6° do art. 66 da Lei 4.728/65: "É nula a cláusula que autoriza o proprietário fiduciário a ficar com a coisa alienada em garantia, se a dívida não for paga no seu vencimento."

Revogado pelo art. 67 da Lei 10.931/04, não há no art. 66-B da Lei 4.728/65, acrescido pelo art. 55 da mesma Lei, dispositivo quanto aos bens móveis *infungíveis*, mas tão-só quanto aos *fungíveis* no § 3°, o qual absorveu o art. 66-A, acrescido pela MP 2.160-25/01, também revogado pelo mesmo art. 67. E mesmo assim, referência

---

[173] Clóvis Beviláqua, *Código Civil Comentado*, edição histórica, 5ª tiragem, vol. I, p. 1229.

apenas de forma indireta, na medida em que o credor-fiduciário deve alienar o bem, *verbis*: "É admitida a alienação fiduciária de coisa fungível e a cessão fiduciária de direitos sobre coisas móveis, bem como de títulos de crédito, hipóteses em que, salvo disposição em contrário, a posse direta e indireta do bem objeto da propriedade fiduciária ou do título representativo do direito ou do crédito é atribuída ao credor, que em caso de inadimplemento ou mora da obrigação garantida, *poderá* vender a terceiros *o bem objeto da propriedade fiduciária* independente de leilão, hasta pública ou qualquer outra medida judicial ou extrajudicial, devendo aplicar o preço da venda no pagamento do seu crédito e das despesas decorrentes da realização da garantia, entregando ao devedor o saldo, se houver, acompanhado do demonstrativo da operação realizada."

Quanto aos bens *infungíveis*, resta o art. 2º do DL 911/69, que de igual modo veda indiretamente o pacto comissório da propriedade, na medida em que o credor-fiduciário deve alienar o bem, *verbis*: "No caso de inadimplemento ou mora nas obrigações contratuais garantidas mediante alienação fiduciária, o proprietário fiduciário ou credor *poderá* vender a coisa a terceiros, independentemente de leilão, hasta pública, avaliação prévia ou qualquer outra medida judicial ou extrajudicial, salvo disposição expressa em contrário prevista no contrato, devendo aplicar o preço da venda no pagamento de seu crédito e das despesas decorrentes a entregar ao devedor o saldo apurado, se houver."

Primeiro, o dizer que *poderá* vender, não traduz faculdade à venda, ou possibilidade de se apropriar do bem objeto da garantia, mas faculdade de escolher o modo, direito ou indireto, pelo qual deva ela, venda, se efetivar, como veremos (nº 40.1. *infra*); *segundo*, o dizer de que o credor vende "o bem objeto da propriedade fiduciária" (art. 66-B, § 3º), não exclui o crédito, como também veremos (nº 39.5 *infra*)

Ademais, como já sustentado (nº 8.2 *supra*), considerando a revogação dos arts. 66 e 66-A da Lei 4.728/65 pelo art. 67 da Lei 10.931/04, acrescendo-lhe o art. 66-B, e tendo em conta que este não reproduz por completo os teores daqueles, não se pode entender que a remissão ao CC/02 a apenas os *requisitos do contrato* exclui a aplicação subsidiária das normas gerais deste, que regem a alienação fiduciária comum, como prevê o art. 1.368-A, acrescido pelo art. 58 da Lei 10.931/04, em tudo quanto não for incompatível com as normas específicas que regem as demais alienações fiduciárias. Ainda, o veto ao pacto comissório é princípio geral que vigora igualmente noutras garantias reais, por exemplo, na pignoratícia, na anticrética e na hipotecária.

Por fim, necessário alertar que o veto não se restringe à cláusula explícita no contrato ou na lei, mas se estende também à eventualmente estabelecida em instrumento separado, bem assim às maneiras disfarçadas, como a celebração de outro negócio jurídico, por exemplo, a arrematação em leilão (nº 40.1.2 e 40.1.3 *infra*).

> **39.4. *Na alienação fiduciária de imóvel.* Não há veto explícito na alienação fiduciária de imóvel a que o credor-fiduciário se apodere em definitivo do bem objeto da garantia em caso de inadimplemento, mas há implícito quando a lei impõe a alienação. Ainda, aplica-se subsidiariamente o CC/02 (art. 1.368-A). Por fim, o veto é princípio geral nas garantias reais.**

Assim como na alienação fiduciária *especial*, também na *de imóvel* não há veto explícito a que o credor-fiduciário se apodere em definitivo do bem objeto da garantia no caso de inadimplemento, mas igualmente há implícito, na medida em que, uma vez não purgada a mora (Lei 9.514, art. 26, § 1º), "promoverá público leilão para a alienação do imóvel" (art. 27, *caput*) – entenda-se, *deve promover* –, isso no prazo de trinta dias, contados a partir do registro da consolidação da propriedade, sendo que no primeiro o lance mínimo não pode ser inferior ao "valor do imóvel" (art, 27, § 1º), e no segundo, não pode ser inferior ao "valor da dívida, das despesas, dos prêmios de seguro, dos encargos legais, inclusive tributos, e das contribuições condominiais" (§ 2º), com a particularidade do § 5º, caso não for obtido lance igual ou superior à quantia referida no § 2º, como veremos (nº 39.6 *infra*).

Conseqüentemente, os argumentos utilizados para sustentar o veto ao pacto comissório quanto à propriedade em caráter definitivo, na alienação fiduciária *especial*, como vimos no item anterior, inclusive aplicação subsidiária do CC/02 (art. 1.368-A), valem para dizer o mesmo na alienação fiduciária de *imóvel*.

39.5. *Na cessão fiduciária de crédito*. O credor-fiduciário-cessionário pode: *(a)* executar o contrato; ou *(b)* resolvê-lo, conforme a origem do crédito (do sistema financiamento imobiliário, da alienação fiduciária especial e da construção civil).

E se o devedor-fiduciante-cedente ou devedor original não pagar?

Primeiro, no crédito da Lei 9.514/97 (sistema de financiamento imobiliário), no da Lei 4.728/65 (alienação fiduciária especial) e no da Lei 4.864/65 (construção civil), o credor-fiduciário-cessionário pode: *(a)* executar o contrato contra o devedor-fiduciante-cedente (nº 33 *supra*); ou *(b)* resolver o contrato, deflagrando o proceder modelo (nº 28 *supra*), sendo que, não purgada a mora, não há demanda judicial, salvo se o título estiver com o devedor-fiduciante-cedente ou terceiro (direito de seqüela) e não houver entrega espontânea.

Segundo, no crédito da Lei 9.514/97 (sistema de financiamento imobiliário): *(a)* quanto ao *contrato de cessão*, dispensa-se notificação ao devedor do título cedido (art. 35), mas, quanto ao *pagamento*, exige-se, a fim de não ocorrer ao cedente durante a cessão (art. 28, II), forma de tornar só em aparência o conflito entre as duas normas, uma que dispensa e outra que exige ratificação; *(b)* o credor-fiduciário-cessionário pode receber do devedor o crédito, inclusive ajuizar execução (art. 19, III e IV), sendo que, os valores, após deduzidas as despesas de cobrança e de administração, devem ser creditados ao devedor-cedente, até final da liquidação da dívida, entregando-se-lhe eventual diferença para mais (art. 19, § 1º); e *(c)* pode cobrar do devedor-fiduciante-cedente eventual diferença para menos (art. 19, § 2º).

Terceiro, no crédito da Lei 4.728/65 (alienação fiduciária especial): *(a)* diz o § 3º do art. 66-B que, na cessão de direitos e de títulos de crédito, havendo mora de obrigação garantida, o credor-fiduciário-cessionário pode vender o bem objeto da propriedade fiduciária independentemente de leilão, hasta pública, medida judicial ou extrajudicial, aplicando o preço no pagamento de seu crédito e das despesas, entregando ao devedor o saldo, se houver, acompanhado do demonstrativo da operação realizada; e *(b)* diz o § 4º do art. 66-B que, na cessão fiduciária de direitos sobre bens móveis ou sobre títulos de crédito, aplicam-se *também* os arts. 18 e 19 da Lei 9.514, ou seja, adiciona ao § 3º do art. 66-B da Lei 4.728/65 as possibilidades dos arts. 18 e 19 da Lei 9.514/97.

Quarto, no crédito da Lei 4.864/65 (construção civil), o veto expresso ao pacto comissório (art. 23, § 3º), mais justifica os procedimentos que a legislação põe à disposição do credor-fiduciário-cessionário nas alienações fiduciárias especial e imobiliária.

39.6. *Dação em pagamento*. As partes, mediante contrato independente da alienação fiduciária, seja de bens móveis, seja de imóveis, podem celebrar dação em pagamento, com a entrega do objeto *pela dívida*,

outorgando-se quitação recíproca. Quanto aos imóveis, há ainda, no caso do art. 27, § 5º, da Lei 9.514/97, a quitação recíproca *ope legis*, configurando-se, em essência, uma dação em pagamento *sui generis*.

Uma coisa é o credor-fiduciário, inclusive no caso de cessão de crédito, se apoderar unilateralmente, e outra é a dação em pagamento, vale dizer, resultante de novo pacto, como forma de resolver o problema. Isso a lei não só não proíbe, como autoriza.

Relativamente aos *bens móveis*, o parágrafo único do art. 1.365 do CC/02, aplicável também à alienação fiduciária especial, *ex vi* do art. 1.368-A (nº 39.3 *supra*), diz o seguinte: "O devedor pode, com a anuência do credor, dar seu direito eventual à coisa em pagamento da dívida, após o vencimento desta."

Relativamente aos *bens imóveis*, o § 8º do art. 26 da Lei 9.514/97, acrescido pela Lei 10.931/04, diz o seguinte: "O fiduciante pode, com a anuência do fiduciário, dar seu direito eventual ao imóvel em pagamento da dívida, dispensados os procedimentos previstos no art. 27."

Portanto, nada obsta que as partes, mediante contrato independente da alienação fiduciária, celebrem dação em pagamento *da dívida*, isto é, haja a respectiva entrega sem diferença a receber nem a pagar, de parte a parte, outorgando-se quitação recíproca.

Ainda, relativamente aos *bens imóveis*, além da possibilidade anterior, há a circunstância do § 5º do art. 27, pelo qual se no segundo leilão "o maior lance oferecido não for igual ou superior ao valor referido no § 2º, considerar-se-á extinta a dívida e exonerado o credor da obrigação de que trata o § 4º." E o § 6º determina ao credor que forneça ao devedor quitação da dívida, mediante termo próprio.

Assim, como não há chance de o leilão ser renovado ou repetido, como tem-se admitido nas execuções judiciais, na circunstância apontada ocorre quitação recíproca automática. Por exceção, a lei declara a quitação recíproca, sem diferença a receber nem a pagar, de parte a parte. O credor acaba ficando com o bem, mas não baseado em cláusula do contrato, e sim por obra da lei.

Como isso ocorre *ope legis*, mesmo à revelia da vontade das partes, tem-se aí, em essência, uma dação em pagamento *sui generis*.

40. *Venda do bem*. Na alienação fiduciária de bens móveis; na alienação fiduciária de bens imóveis.

A venda do bem pelo credor-fiduciário é uma decorrência do veto ao pacto comissório da propriedade em caráter definitivo (nº 39 *supra*). O preço da venda pode coincidir, ficar aquém e ir além do débito total, procedendo-se, então, à cobrança do saldo negativo ou à entrega do saldo positivo. A partir daí ocorrem várias situações jurídicas, tendo de um lado as alienações fiduciárias *especial* e *comum* de bens móveis, e de outro a de bens imóveis.

40.1. *Na alienação fiduciária de bens móveis*. Pressuposto para a venda (necessidade da posse direta); venda judicial; venda extrajudicial; cobrança de eventual saldo devedor; entrega de eventual saldo ao fiduciante.

40.1.1. *Pressuposto para a venda (necessidade da posse direta)*. Na alienação fiduciária especial; na alienação fiduciária comum.

40.1.1-A. *Na alienação fiduciária especial*. A partir das modificações do art. 56 da Lei 10.931/04 nos parágrafos do art. 3º do DL 911/69,

CONTRATOS EMPRESARIAIS

basta a posse direta. Não mais é necessário aguardar sentença favorável quando a posse direta é obtida por meio de liminar.

Dispõe o art. 2º, *caput*, do DL 911/69 (disciplina a alienação fiduciária *especial*), que uma vez configurada a mora e "salvo disposição expressa em contrário prevista no contrato", o credor-fiduciário "poderá" – na realidade *deverá* (nº 39.3 *supra*) – vender o bem a *terceiros*, isso "independentemente de leilão, hasta pública, avaliação prévia ou qualquer medida judicial ou extrajudicial", sendo que deve aplicar o preço da venda "no pagamento de seu crédito e das despesas decorrentes e entregar ao devedor o saldo apurado, se houver."

A rigor, uma vez desfeito o contrato pela consumação da mora, o credor fica autorizado a desde logo vender o bem, independentemente de estar na posse direta ou física.

Passou-se, porém, a entender: *(a)* não ser possível a alienação antes da posse direta, tendo em conta o procedimento deflagrado para tal fim pressupor a presença física do objeto, inclusive à avaliação e exercício do *direito de fiscalizar* seja do devedor-fiduciante seja dos coobrigados, como veremos (nº 40.1.4-C *infra*); e *(b)* apenas a sentença consolidar "a propriedade e a posse plena e exclusiva nas mãos do proprietário fiduciário", como dizia o § 5º do art. 3º do DL 911/69 antes da Lei 10.931/04, o que, como já vimos (nº 35.1.8 *supra*), na realidade era apenas um zelo desnecessário do legislador.

Eis o ensinamento de Celso Marcelo de Oliveira: "Da sentença procedente caberá recurso de apelação no efeito devolutivo tão-somente, podendo o credor, com a sua prolatação, vender o bem para se pagar".[174] De igual modo, o ex-TARS, deliberando que a venda "só pode ocorrer depois de proferida a sentença".[175]

Então, venda só após o credor-fiduciário estar na posse direta, e, se obtida por liminar, só após sentença favorável, com apelação apenas no efeito devolutivo, como na busca e apreensão e também na reintegratória quando concedida a liminar de antecipação dos efeitos da tutela, executada e confirmada na sentença (DL 911/69, art. 3º, § 5º, redação anterior; CPC, art. 520, VII).

Com as alterações da Lei 10.931/04, esse quadro foi parcialmente modificado.

Relativamente à necessidade de *aguardar sentença favorável* quando obtida a posse direta por meio de liminar, não mais vigora, pois o § 5º do art. 3º do DL 911/69 limita-se a dizer que a apelação tem apenas efeito devolutivo, e o § 6º estabelece que, ao julgar improcedente o pedido de busca e apreensão – o que se estende à reintegração de posse (nº 35.3.4 *supra*), – o juiz deve multar o credor fiduciário em valor equivalente a 50% (cinqüenta por cento) do valor financiado, com atualização, "caso o bem já tenha sido alienado", portanto condições cumulativas (improcedência do pedido mais o fato de já ter vendido o bem), multa essa de natureza compensatória ou ressarcitória (nº 35.1.9-A e B *supra*).

Ora, ao dizer que se o pedido for julgado improcedente e o bem já tiver sido alienado há imposição de multa, a lei autoriza o credor-fiduciário a vendê-lo antes mesmo da sentença.

Relativamente à necessidade da *posse direta*, segue em vigor não apenas pelo procedimento deflagrado para a alienação, pressupondo a presença física do objeto, mas também porque, assim como antes, o cumprimento da liminar (*rectius*, apreensão do bem) continua sendo um dos pressupostos à abertura do prazo de defesa (DL 911/69,

---

174 Celso Marcelo de Oliveira, *Alienação Fiduciária em Garantia*, 2003, p. 475-6, nº 33.1.

175 Ex-TARS, AI 190088898, Rel. Dr. Luiz Felipe Azevedo Gomes, Julgados 77/98.

art. 3º, § 3º, nova redação), como já vimos (nº 29.2.1-A *supra*). Ademais, pode-se invocar, por simetria, a exigência do CPC na alienação procedida em jurisdição contenciosa no sentido de que no edital conste o lugar onde se encontra o bem (art. 686, III).

40.1.1-B. *Na alienação fiduciária comum.* A situação é a mesma da alienação fiduciária especial, ou seja, necessidade de posse direta para a alienação e desnecessidade de aguardar sentença favorável no caso de a posse ser obtida por liminar. Como não há multa para o caso de improcedência do pedido reintegratório se o bem já tiver sido alienado, as perdas e danos devem ser articuladas em demanda específica.

Reproduzindo, em teor, o art. 2º, *caput*, do DL 911/69, diz o art. 1.364 do CC/02 (disciplina a alienação fiduciária *comum*) que o credor fica "obrigado a vender, judicial ou extrajudicialmente, a coisa a terceiro, a aplicar o preço no pagamento de seu crédito e das despesas de cobrança, e a entregar o saldo, se houver, ao devedor."

Em teor, a situação legal é a mesma da alienação fiduciária especial, seja quanto à necessidade de posse direta para a alienação, seja quanto à desnecessidade de aguardar sentença favorável no caso de a posse direta ser obtida mediante liminar.

Ainda que não haja, na alienação fiduciária *comum*, previsão de multa, na mesma demanda, para o caso de a ação reintegratória ou a de depósito ser julgada improcedente e o bem já tiver sido alienado, salvo perdas e danos em processo específico (nº 36.3 *supra*), nada muda no que tange à desnecessidade de o credor-fiduciário aguardar sentença favorável para vender o bem.

Como vimos (nº 35.1.8 *supra*): *(a)* uma vez paga a dívida, ocorre automaticamente a *reversão* ou *retrotransferência* a favor do fiduciante; e *(b)* uma vez consumada a mora especial, ocorre automaticamente a *consolidação* a favor do fiduciário (nºs 2.2 e 28.2 *supra*).

Noutras palavras, o contrato deixa de existir; não existindo, a detenção do bem pelo devedor-fiduciante fica sem título; ficando sem título, há esbulho se não houver entrega espontânea. Por isso o cabimento da ação de reintegração de posse, cuja sentença de procedência não consolida a propriedade ao credor-fiduciário, mas tão-só acolhe o pedido precisamente porque reconhece a seqüência antes referida com auge no esbulho.

Quanto a eventuais perdas e danos numa eventual reversão em juízo mais a venda do bem, os quais na alienação fiduciária *especial* são fixados em valor mínimo pela multa compensatória ou ressarcitória (nº 35.1.9-C *supra*), é razoável a adoção do mesmo parâmetro, inclusive a presunção de ocorrência, porquanto são idênticas a moldura dos fatos e as conseqüências, postulação a ser articulada pelo fiduciante, como vimos (nº 36.3 *supra*), em demanda específica.

40.1.2. *Venda judicial.* Há contraditório e decisão, podendo ocorrer avaliação pericial. O credor não pode arrematar porque o imóvel já é seu; além disso, caracterizaria forma de burlar o veto ao pacto comissório. O resultado vincula o devedor. Face aos garantes, a vinculação (eficácia) depende de cientificação.

O *caput* do art. 2º do DL 911/69 e o art. 1.364 do CC/02 autorizam a *venda judicial*, a qual se processa na forma dos arts. 1.113-6 do CPC, ou seja, procedimento especial de jurisdição voluntária, no qual se forma, ainda que de modo sumário, o contraditório, com decisão, podendo inclusive ocorrer avaliação pericial, o que repercute no eventual saldo que terá o fiduciante a pagar ou a receber (nºs 40.1.4 e 40.1.5 *infra*).

CONTRATOS EMPRESARIAIS

155

A cientificação *obrigatória* do devedor vincula-o ao resultado, torna-se eficaz perante ele, o que repercute no *direito processual*, assegurando ao credor-fiduciário processo de execução, caso remanescer saldo a pagar (nº 40.1.4-C *infra*).

A cientificação *facultativa* dos garantes ou coobrigados (avalista e fiador), com as mesmas oportunidades do devedor, é conveniente se se quiser obter a vinculação (eficácia) também contra eles, ao menos em termos de *direito processual*, e fala-se em direito processual porque em termos de *direito material* há controvérsia (nº 40.1.4-B *infra*).

Por óbvio, diferentemente do que acontece no CPC (art. 690, § 2º), o credor não pode arrematar, pois não pode comprar o que é seu, haja vista a impossibilidade da penhora (nº 42 *infra*). Ademais, tanto o *caput* do art. 2º do DL 911/69 quanto o art. 1.364 do CC/02 são expressos: falam *venda a terceiro*, não importando se direta ou por meio de leilão judicial ou extrajudicial. Mais ainda, a arrematação – diríamos *sui generis* – para o fim de ficar com o bem, traduz, já afirmamos (nº 39.3 *supra*), forma de burlar o veto ao pacto comissório, pois deve a venda ocorrer a terceiro.

Finalmente, como na alienação procedida em jurisdição contenciosa, o CPC exige que no edital conste o lugar onde se encontra o bem (art. 686, III), o mesmo acontece na alienação ora focada, e também por isso a exigência da posse direta em poder do credor-fiduciário, como vimos (nº 40.1.1 *supra*).

> **40.1.3.** *Venda extrajudicial.* **Pode ocorrer por venda direta ou por leilão. Em essência, devem ser observados os mesmos requisitos da alienação judicial. Se se quiser vincular o devedor e os coobrigados, impõe-se a cientificação acerca das condições do negócio, com prazo para que se manifestem, valendo o silêncio como concordância.**

O *caput* do art. 2º do DL 911/69 e o art. 1.364 do CC/02 autorizam a *venda extrajudicial*, o que pode acontecer de duas maneiras: *(a)* por venda direta, como está explícito para a alienação fiduciária *especial* (bens fungíveis e infungíveis), e implícito para a *comum* (bens infungíveis), visto que não é exigido leilão; e *(b)* por venda em leilão ou almoeda, como faculdade do credor.

Numa e noutra hipótese, e assim como na alienação judicial e pelos mesmos motivos: *(a)* o credor-fiduciário deve estar na posse direta do bem; *(b)* o devedor-fiduciante e os coobrigados ou garantes devem ser cientificados, com remessa aos endereços constantes do contrato, acerca das condições do negócio, para que em determinado prazo haja manifestação, inclusive para se manifestarem acerca do valor, o que repercute no eventual saldo a pagar ou a receber, prazo esse que, por analogia ao protesto de títulos, consideramos deve ser de no mínimo três dias úteis – valendo o silêncio como concordância, isso se se quiser vinculá-los para fins processuais, como veremos (nº 40.1.4-C *infra*); e *(c)* a venda por meio de leilão, exclui a possibilidade de o credor arrematar.

O ideal, para evitar discussões, é clausular, assim como é exigido na alienação fiduciária de imóveis (Lei 9.514/97, art. 24, VII), consoante veremos (nº 40.2.2-B *infra*), a narrativa dos procedimentos quando extrajudiciais.

> **40.1.4.** *Cobrança de eventual saldo devedor.* **Quanto ao direito de cobrar o saldo; quanto aos responsáveis pelo saldo; quanto ao processo cabível.**

Este ponto concentra grande número de prélios judiciais e divergências, destacando-se alguns aspectos, conforme segue.

40.1.4-A. *Quanto ao direito de cobrar o saldo.* Quanto à alienação fiduciária *comum*, há norma legal; quanto à *especial*, após o art. 66-B da Lei 4.728/65, não há previsão expressa, mas há reconhecer o direito, por comutatividade, com base no art. 2º, *caput*, do DL 911/69, além da aplicação subsidiária do CC/02 (art. 1.368-A) e tratar-se de princípio geral dos débitos com garantia real, pois originalmente o devedor não dá o objeto *em pagamento* da dívida, mas *em garantia*.

No tocante à *alienação fiduciária comum*, diz o art. 1.366 do CC/02 que se "vendida a coisa, o produto não bastar para o pagamento da dívida e das despesas de cobrança, continuará o devedor obrigado pelo restante."

No tocante à *alienação fiduciária especial*, dizia o § 5º do art. 66 da Lei 4.728/65 que se o preço da venda não bastasse "para pagar o crédito do proprietário fiduciário e despesas (...) o devedor continuará pessoalmente obrigado a pagar o saldo devedor apurado." O seu substituto, art. 66-B da Lei 4.728/65, acrescido pelo art. 55 da Lei 10.931/04, não tem norma expressa de o devedor-fiduciante pagar o saldo quando o produto da venda não é suficiente para quitar a dívida.

Mas não por isso deixa de existir o direito, pelos seguintes motivos: *(a)* na medida em que o *caput* do art. 2º do DL 911/69 afirma a obrigação de o credor-fiduciário entregar ao devedor-fiduciante eventual saldo possitivo quando o produto da venda superar o valor da dívida, afirma também, por comutatividade, o direito de cobrar-lhe eventual saldo negativo quando a situação se inverter; *(b)* aplica-se subsidiariamente o CC/02, como norma geral, que rege a alienação fiduciária comum, em tudo quanto não for incompatível com a norma especial que rege as demais alienações fiduciárias (art. 1.368-A), como vimos (nº 8.2 *supra*); *(c)* trata-se de princípio geral dos débitos com garantia real.

Observe-se que o fiduciante-mutuário paga o *financiamento*, e não o *bem* que o garante; não dá o objeto *em pagamento* da dívida, mas *em garantia*, embora, em novo pacto, havendo inadimplência, tal possa ocorrer (nº 39.6 *supra*). O devedor deve a dívida, e não o bem que a garante.

Isso acontece também no âmbito judicial, haja vista que se o produto da almoeda dos bens inicialmente penhorados e considerados suficientes "para pagamento do principal, juros, custos e honorários advocatícios" (CPC, art. 659), não bastar, segue o processo pelo remanescente, procedendo-se à segunda penhora (CPC, art. 667, II).

Na alienação fiduciária, seja pelo financiamento a longo prazo, seja pelo uso, quiçá mau uso pelo devedor, seja pelo envelhecimento tecnológico, o índice de desvalorização do bem amiúde supera o de crescimento da dívida, o que, adicionado aos encargos da inadimplência, eleva a probabilidade de, numa venda, existir saldo a pagar.

40.1.4-B. *Quanto aos responsáveis pelo saldo.* Tem o fiduciante o dever de pagar eventual saldo quando o produto da venda não alcançar o valor da dívida, assim como tem o direito de receber quando a situação se inverte. Quanto aos garantidores, depende do reconhecimento da executividade.

Quanto ao *fiduciante*, a responsabilidade pelo pagamento de eventual saldo devedor quando o produto da alienação do bem não alcançar o valor da dívida, está afirmada no item anterior tanto na alienação fiduciária comum quanto na especial. Linearmente: o devedor deve a dívida, e não o bem que a garante.

Quanto aos *garantidores* ou coobrigados (avalista e fiador), surgiu a tese da exclusão pura e simples, com base em dois argumentos.

Um de que o então § 5º do art. 66 da Lei 4.728/65 falava que o devedor-fiduciante era "pessoalmente responsável", querendo isso dizer, em última análise, responsável *exclusivo*, conforme Paulo Restiffe Neto.[176]

Outro de que o mesmo dispositivo limitava-se à expressão "saldo devedor apurado". Não falava *ação executiva*, como o art. 5º do DL 911/69; se falasse *ação executiva*, o saldo seria dívida líquida e certa, e por conseguinte, sem dúvida, os garantes estariam vinculados.

No entanto, a tese não vingou nos tribunais.

Resumindo: se, por um lado, é verdade que os chamados *contratos benéficos*, neles constando a fiança, devem ser interpretados estritivamente (CC/1916, arts. 1.090 e 1.483; CC/2002, art. 819), por outro também o é que o citado § 5º devia ser interpretado em harmonia com o art. 6º do DL 911/69, pelo qual o avalista e o fiador que "pagar a dívida" – gênero, ou seja, inclui toda espécie – se sub-roga de pleno direito "no crédito".

Considerando que o saldo sob análise é *dívida*, não há dúvida: é também da responsabilidade dos garantes. Para excluí-los, seria necessária norma expressa. Nas circunstâncias, não se pode interpretar o vocábulo *pessoalmente* como *exclusivamente*. *Pessoalmente*, aí, quer dizer que é *dívida pessoal*, contrastando com a anterior *dívida real* (quando estava garantida por bem), e não que é dívida sem avalista nem fiador.

Por isso, a controvérsia se transfere ao âmbito da executividade, ou não, do saldo, subsistindo, ou não, a responsabilidade dos garantes, como veremos a seguir.

40.1.4-C. *Quanto ao processo cabível.* Para ser cabível o processo de execução, os devedores (fiduciante, avalista e fiador) devem ser cientificados acerca das condições do negócio. É o que lhes assegura o *direito de fiscalizar* a venda (possibilidade de manifestação e de avaliação do bem). Não ocorrendo, o saldo devedor apurado não será líquido e certo; logo, não tem executividade, e por decorrência não há responsabilidade dos garantes porque esta se vincula àquela. Resta ao fiduciário a cobrança por meio de processo de conhecimento ou ação monitória, exclusivamente contra o fiduciante.

O núcleo da querela está em definir se e quando o credor-fiduciário pode valer-se da execução para cobrar o saldo resultante entre o produto da venda (menor) e o valor da dívida (maior), fenômeno bastante comum nos bens móveis (nº 40.1.4-A *supra*).

O STF, quando competente (antes da CF-88), posicionou-se pela possibilidade da execução, independentemente de cientificar os devedores (fiduciante, avalista e fiador) do procedimento de venda extrajudicial, inclusive com estudos acerca da subsistência da responsabilidade do avalista da nota promissória, visto que, embora figura vinculada ao título cambiário, o título cambiário, no caso, se acha vinculado ao contrato. Há vários precedentes abrangendo esses temas, por exemplo, na RTJ 84/1.068, 95/687 e 111/897.

Eis a ementa de um caso: "Embora a venda extrajudicial tenha sido feita sem a anuência, quanto ao preço, do devedor ou avalista, o saldo que restou do débito, feito o abatimento do produto dessa venda, é líquido e certo para o efeito de execução contra o avalista".[177] Outro: "Vendida extrajudicialmente a coisa alienada fiduciaria-

---

[176] Paulo Restiffe Neto, *Garantia Fiduciária*, 2ª ed., 1975, p. 593.

[177] STF, RE 91.038-7/PR, 2ª Turma, Rel. Min. Moreira Alves, RT 528, p. 270.

mente, o saldo devedor pode ser exigido da fiduciante e da avalista da nota promissória mediante execução".[178]

Já o STJ, e assim os diversos tribunais de Segundo Grau – num entendimento que reputamos não apenas jurídico, mas também justo porque equilibra a balança entre as partes e previne litígios desnecessários –, posicionou-se pela possibilidade da execução, porém, desde que assegurado ao devedor-fiduciário e coobrigados o *direito de fiscalizar* a venda extrajudicial, consistente na possibilidade de manifestação e de avaliação do bem, o que só acontece, como já afirmamos (n°s 40.1.2 e 40.1.3 *supra*), com a cientificação, remetida para os respectivos endereços, tanto do devedor quanto dos coobrigados, acerca das condições do negócio, para que se manifestem em determinado prazo – o qual, por analogia ao protesto de títulos consideramos deve ser de no mínimo três dias úteis –, valendo o silêncio como concordância.

Qual a conseqüência da inobservância do *direito fiscalizar*? É a iliquidez e incerteza do saldo, pois não é possível admitir que uma dívida formada unilateralmente preencha os requisitos típicos de um título executivo, o que só é previsto em lei, por exceção, ao Poder Público, nas inscrições em dívida ativa.

Com isso, face à unilateralidade, violando-se o princípio do contraditório, não há certeza (quanto à existência) nem liquidez (determinação quanto ao objeto ou ao quantitativo). Por conseguinte, não há executividade contra quem quer que seja. Não havendo executividade, também não há responsabilidade dos garantes porque esta se vincula àquela. Resta, pois, ao credor-fiduciário, a cobrança por meio de processo de conhecimento (rito sumário ou ordinário), ou, como vem admitindo o STJ, a ação monitória,[179] exclusivamente contra o devedor-fiduciante.

Em suma, é imprescindível a bilateralidade, formando-se o contraditório, conforme claramente assentado pelo ex-TAPR: "Tem a financeira execução contra o devedor principal e o avalista de título cambial dado em garantia de alienação fiduciária, pelo saldo devedor apurado na venda do bem alienado, somente quando a apuração tenha sido feita bilateralmente, isto é, com a participação efetiva, ou oportunidade de participação, do devedor, para que, assim, reste incólume o inarredável princípio do contraditório."[180]

Ainda que não examinada especificamente a conseqüência da inobservância, é oportuno registrar decisão da 4ª Turma do STJ, no Resp. 209410, tendo como Relator o Min. Ruy Rosado de Aguiar, em cujo voto é afirmado o direito de o devedor-fiduciante "acompanhar e fiscalizar" a venda extrajudicial, pelo que "deverá ser previamente comunicado das condições do negócio, a fim de que possa exercer, querendo, a defesa de seus interesses."[181]

Por fim, a abalizada constatação de Celso Marcelo de Oliveira no sentido de que "a corrente jurisprudencial que vem se firmando, principalmente no Superior Tribunal de Justiça, é a da admissibilidade de execução contra devedor e garantes, desde que devidamente notificados da venda extrajudicial do bem, dando-lhes chance de participação desta, pois a falta de comunicação retirará a liquidez e certeza do saldo devedor remanescente. Assim, caso não sejam os devedores comunicados da venda extrajudicial do bem, e restando saldo devedor, para havê-lo deverá o credor propor

---

[178] STF, RE 103.158-1/SP, 1ª Turma, Rel. Min. Soares Muñoz, RT 602, p. 282.

[179] STJ, Resp. 562945/RS, 3ª Turma, Rel. Min. Carlos Alberto Menezes Direito, em 27-4-04, DJ de 7-6-04, p. 224.

[180] Ex-TAPR, ap. cív. 183/78, Rel. Dr. Nunes do Nascimento, RT 521, p. 255.

[181] STJ, Resp. 209410/MG, 4ª Turma, Rel. Min. Ruy Rosado de Aguiar.

ação monitória somente contra o devedor principal, já que ficarão desobrigados os garantes devido à iliquidez e incerteza do débito."[182]

40.1.5. *Entrega de eventual saldo ao fiduciante*. Após quitados débito e despesas, entrega-se ao fiduciante eventual sobra da venda, em cinco dias, prazo que se adota por analogia ao previsto na alienação imobiliária.

O *caput* do art. 2º do DL 911/69 e o art. 1.364 do CC/02 dizem que o fiduciário-credor deve entregar eventual saldo ao devedor-fiduciante, vale dizer, a diferença entre o preço da venda (maior) e o valor do débito (menor), o que, pelo motivo já apontado (nº 40.1.4-A *supra*), dificilmente acontece, mas em tese é possível. Como não falam em que prazo, adota-se, por princípio analógico, o de cinco dias previsto na alienação imobiliária (Lei 9.514/97, art. 27, § 4º).

A partir daí, desdobramentos processuais podem acontecer, inclusive consignação em pagamento pelo fiduciário, agora transformado em devedor. Mas, sem dúvida, o mais previsível é o relativo à inconformidade do fiduciante, quem sabe até alegando que a venda aconteceu por valor irrisório e que, por isso, o saldo a seu favor é maior.

Vem à baila, dessarte, a relevância da cientificação para fins do *direito de fiscalizar*, como vimos (nº 40.1.4-C *supra*).

40.2. *Na alienação fiduciária de bens imóveis*. Pressuposto para a venda (desnecessidade da posse direta); venda judicial ou extrajudicial; taxa de ocupação do imóvel desde o leilão até a entrega; responsabilidade pelos encargos relativos ao imóvel até a entrega; situação do imóvel ocupado.

40.2.1. *Pressuposto para a venda (desnecessidade da posse direta)*. A previsão de que o adquirente do imóvel em público leilão pode ajuizar reintegratória contra o devedor-fiduciante ou inquilino, informa que o credor-fiduciário o vendeu sem ter posse direta; logo, conclui-se, ela não é necessária à alienação.

Como vimos (nº 37 *supra*), o art. 30 da Lei 9.514/97 assegura "ao fiduciário, seu cessionário ou sucessores, inclusive o adquirente do imóvel por força do público leilão de que tratam os §§ 1º e 2º do art. 27, a reintegração de posse do imóvel, que será concedida liminarmente, para desocupação em sessenta dias, desde que comprovada, na forma do disposto no art. 26, a consolidação da propriedade em seu nome". E o art. 31 diz: "O fiador ou terceiro interessado que pagar a dívida ficará sub-rogado, de pleno direito, no crédito e na propriedade fiduciária."

Como também vimos (nº 37 *supra*), o pressuposto processual ao ingresso da reintegratória, de acordo com o art. 30, é a *consolidação da propriedade fiduciária*, nada obstando que o credor-fiduciário a ajuíze antes do leilão, promovendo-se, após, a substituição subjetiva do pólo ativo, já que ela não ocorre voluntariamente (CPC, art. 41), e sim por força do veto legal ao pacto comissório (nº 39.4 *supra*).

Ora, se também o adquirente do imóvel pode ajuizar a ação reintegratória contra quem o estiver ocupando (devedor-fiduciante ou inquilino), conclui-se que o credor-fiduciário o vendeu quando ainda estava ocupado, isto é, sem ter a posse direta. Portanto, diferentemente da alienação fiduciária de *bens móveis* (nº 40.1.1 *supra*), na de

---

[182] Celso Marcelo de Oliveira, *Alienação Fiduciária em Garantia*, 2003, p. 494, nº 35.2.

imóveis não há necessidade de o credor-fiduciário estar na posse direta para promover a alienação.

40.2.2. *Venda judicial ou extrajudicial.* Leilão público (gênero); procedimentos; prazo ao fiduciário entregar eventual saldo ao fiduciante; conseqüência do insucesso do leilão; constitucionalidade da execução extrajudicial.

40.2.2-A. *Leilão público (gênero).* A lei exige *leilão público* que é gênero do qual são espécies o judicial e o extrajudicial. E se exige leilão público, exclui a venda direta.

Dispõe o § 7º do art. 26 da Lei 9.514/97, redação do art. 57 da Lei 10.931/04, que decorrido o prazo de que trata o § 1º, que é de quinze dias, "sem purgação da mora", como vimos (nºs 28.4.2-B e 30.2 *supra*), "o oficial do competente Registro de Imóveis, certificando esse fato, promoverá a averbação, na matrícula do imóvel, da consolidação da propriedade em nome do fiduciário, à vista da prova do pagamento por este, do imposto de transmissão *inter vivos* e, se for o caso, do laudêmio."

À sua vez, o *caput* do art. 27 dispõe: "Uma vez consolidada a propriedade em seu nome, o fiduciário, no prazo de trinta dias, contados da data do registro de que trata o § 7º do artigo anterior, promoverá público leilão para a alienação do imóvel."

Assim sendo, conclui-se:

(a) É necessária prévia notificação para fins de constituição e consumação da mora especial ou qualificada objetivando resolução do contrato (nº 28 *supra*).

(b) Uma vez consumada a mora, e por conseguinte resolvido o contrato, o oficial do Registro de Imóveis certifica o fato e, à vista do pagamento do imposto *inter vivos* pelo credor-fiduciário, averba em seu nome a consolidação da propriedade, plena ou enfitêutica, neste caso também à vista do pagamento do laudêmio ao senhorio direto, que é a sua participação na transferência ao novo enfiteuta, como vimos (nº 20.2.1 *supra*), no caso o credor-fiduciário, encargo igualmente da responsabilidade deste.

(c) A partir da averbação, o fiduciário tem o prazo de trinta dias para promover o público leilão do imóvel, sem estabelecer a lei conseqüência na hipótese de o prazo não ser cumprido.

(d) Considerando que a lei diz apenas que o fiduciário deve promover "público leilão", por um lado, diferentemente da alienação de bens móveis, exclui a possibilidade da venda direta, e, por outro, tendo se referido ao gênero, sem especificar se judicial ou extrajudicial (espécies), pode o fiduciário optar por um ou outro.

40.2.2-B. *Procedimentos.* No leilão judicial, segue-se o procedimento previsto no CPC, e no extrajudicial o previsto em cláusula contratual, não devendo, em teor, se apartar dos princípios consagrados pelos Tribunais na alienação de bens móveis. No primeiro leilão, o lance mínimo é pelo *valor do imóvel*, e pelo *valor da dívida* no segundo. O credor não pode arrematar.

Optando pela espécie *judicial* segue-se o procedimento previsto nos arts. 1.113-6 do CPC, e optando pela espécie *extrajudicial* segue-se o procedimento obrigatoriamente estabelecido em cláusula do contrato (Lei 9.514/97, art. 24, VII), como vimos (nºs 18.2 e 26.2 *supra*), salientando ser necessário discorrer a respeito, vale dizer, narrar a seqüência de atos que compõem o – digamos – *processo de leilão extrajudicial*, não devendo, em teor, se apartar dos princípios já consagrados pelos Tribunais na alienação de bens móveis (nº 40.1.3 *supra*), especificamente a necessidade de cientificação

CONTRATOS EMPRESARIAIS   **161**

do fiduciante quanto ao valor do imóvel, valor da dívida, dia, hora e local da primeira almoeda e, pelo princípio da eventualidade, também da segunda.

Com efeito, estabelecem os §§ 1º e 2º do art. 27 que, na *primeira*, o lance mínimo é pelo *valor do imóvel*, estipulado na forma do art. 24, VI (nº 18.2 *supra*), o qual pode oscilar para mais ou para menos face ao de mercado, sendo presumivelmente superior ao da dívida; e, na *segunda*, nos quinze dias seguintes, o lance mínimo é pelo *valor da dívida*, sendo presumivelmente inferior ao do imóvel. Mas trata-se de presunção. Não há garantia de que o valor da dívida, face aos encargos e as despesas, especialmente se o contrato estiver no início, não supere o do imóvel.

Finalmente, assim como na alienação fiduciária de *bens móveis*, como vimos (nºs 40.1.2 e 40.1.3 *supra*), também na *de imóveis*, pelo mesmo motivo, o credor-fiduciário não pode arrematar, pois não pode comprar o que já é seu, haja vista a impossibilidade da penhora (nº 42 *infra*). Mais ainda, a arrematação – diríamos *sui generis* – para o fim de ficar com o bem, traduz forma de burlar o veto ao pacto comissório. Porém – oportuno é lembrar –, esse obstáculo não deve ser confundido com a possibilidade de dação em pagamento (nº 39.6 *supra*).

40.2.2-C. *Prazo ao fiduciário entregar eventual saldo ao fiduciante.* **Nos cinco dias seguintes à venda em leilão, o fiduciário deve entregar ao fiduciante eventual saldo, o que só haverá se o valor da venda tiver ultrapassado o da dívida, independentemente de qual seja o valor do imóvel.**

Diz o § 4º do art. 27 da Lei 9.514/97: "Nos cinco dias que se seguirem à venda do imóvel no leilão, o credor entregará ao devedor a importância que sobejar, considerando-se nela compreendido o valor da indenização de benfeitorias, depois de deduzidos os valores da dívida e das despesas e encargos de que tratam os §§ 2º e 3º, fato esse que importará em recíproca quitação, não se aplicando o disposto na parte final do art. 516 do Código Civil."

A princípio, o art. 516 do CC/1916, corresponde ao art. 1.219 do CC/2002, que diz: "O possuidor de boa-fé tem direito à indenização das benfeitorias necessárias e úteis, bem como, quanto às voluptuárias, se não lhe forem pagas, a levantá-las, quando o puder sem detrimento da coisa, e poderá exercer o direito de retenção pelo valor das benfeitorias necessárias e úteis."

No mais, pelos os §§ 1º e 2º do art. 27, na *primeira* almoeda o lance mínimo é pelo *valor do imóvel*, estipulado na forma do art. 24, VI (nº 18.2 *supra*), sendo presumivelmente superior ao da dívida, e, na *segunda*, nos quinze dias seguintes, o lance mínimo é pelo *valor da dívida*, sendo presumivelmente inferior ao do imóvel.

Pela modo como está disciplinada a matéria, há a presunção de que o valor do imóvel é superior ao da dívida, mas, pelo menos em tese, conforme destacado no item anterior, nada garante que o valor da dívida não seja superior ao do imóvel, isso face aos encargos e despesas, especialmente se o contrato estiver no início.

De qualquer modo, só haverá saldo a favor do fiduciante se o preço da venda ultrapassar o valor da dívida, independentemente de qual seja o do imóvel.

40.2.2-D. *Conseqüência do insucesso do leilão.* **A lei declara que fica o credor com o imóvel, e a dívida é extinta, com quitação recíproca, portanto sem qualquer diferença a pagar ou a receber de parte a parte. Logo, não há chance de o leilão ser renovado ou repetido e jamais haverá saldo a pagar pelo fiducinte.**

Diz o § 5º do art. 27 da Lei 9.514/04: "Se, no segundo leilão, o maior lance oferecido não for igual ou superior ao valor referido no § 2º, considerar-se-á extinta a dívida e exonerado o credor da obrigação de que trata o § 4º." E o § 6º: "Na hipótese de que trata o parágrafo anterior, o credor, no prazo de cinco dias a contar da data do segundo leilão, dará ao devedor quitação da dívida, mediante termo próprio."

Esses dispositivos já foram objeto de análise no tópico relativo à dação em pagamento (nº 39.6 *supra*), sendo definida a situação legal como uma dação *sui generis*, pois, independentemente da vontade das partes, a lei declara que fica o credor com o imóvel, e a dívida é extinta *ope legis*, sem qualquer diferença a pagar ou a receber, de parte a parte.

Quer isso dizer: *(a)* não há chance de o leilão ser renovado ou repetido, como tem-se admitido nas execuções judiciais; e *(b)* o fiduciante jamais terá saldo a pagar pelo fato de o preço da venda não ter alcançado o valor da dívida, como pode acontecer na alienação fiduciária de bens móveis (nº 40.1.4 *supra*).

40.2.2-E. *Constitucionalidade da execução extrajudicial.* Não há violação do princípio do *devido processo legal* porque o predicado *legal* não significa necessariamente judicial, nem do princípio da *ubiqüidade do judiciário* porque a todo momento o fiduciante pode ingressar em juízo e argüir todo direito que entende ter.

Juntando a série de atos que integram a fase preliminar relativa à constituição em mora do devedor-fiduciante para fins de resolução do contrato, mais a série de atos que integram a fase do leilão em si, tem-se mais um caso de *execução extrajudicial*, espécie que num passado já longínquo rendeu muitos processos, com as previstas nos arts. 63 e seguintes da Lei 4.591/64 (dispõe sobre o condomínio em edificações e as incorporações imobiliárias) e nos arts. 29 e seguintes do DL 70/66 (autoriza o funcionamento de associação de poupança e empréstimo, institui a cédula hipotecária e dá outras providências).

Argüiu-se a inconstitucionalidade por violação aos princípios do *devido processo legal* e da *ubiqüidade do judiciário*, argumentos jamais acolhidos.

Quanto ao *princípio do devido processo legal* para privar-se alguém de seus bens (CF, art. 5º LIV), o predicado *legal* não quer dizer necessariamente *judicial*. Ainda, o processo é para privar alguém de *seus* bens. No caso da alienação fiduciária em garantia não há *seus* bens, relativamente ao devedor-fiduciante, porquanto o bem alienado não lhe pertence.

Quanto ao *princípio da ubiqüidade do judiciário*, qual seja de que a lei não pode excluir da apreciação do Judiciário lesão ou ameaça de lesão de direito (CF, art. 5º, XXXV), tal não acontece, pois a todo momento o devedor-fiduciante, sem embaraço algum, pode ingressar em juízo e defender todo e qualquer direito que entende ter, inclusive para impedir a consolidação da propriedade a favor do fiduciário, alegando, por exemplo, violação a direito subjetivo no processo de execução, como a irregularidade da constituição em mora, ou sua descaracterização; pode ainda ajuizar ação revisional, como na alienação mobiliária, etc. Enfim, nada há de inconstitucional na execução extrajudicial prevista na Lei 9.514/97, assim como não há nas previstas na Lei 4.591/64 e no DL 70/66, e tampouco no procedimento da alienação fiduciária de móvel, pelo qual identicamente inicia-se com a prévia constituição em mora e termina-se com a venda, direta ou em leilão, também constituindo execução extrajudicial.

40.2.3. *Taxa de ocupação do imóvel desde o leilão até a entrega.* O art. 37-A da Lei 9.514/97, acrescido pela Lei 10.931/04, contém imprecisões.

Compreendendo-o pela essência, resulta que, se o fiduciante estiver na posse direta do imóvel, deve por mês, ou fração, a quem comprou em leilão, a partir da compra, ou ao fiduciário, na hipótese do § 5º do art. 27 da Lei 9.514/97, até a efetiva desocupação, um *preço de uso* ou *de utilização* igual a um por cento do valor a que se refere o art. 24, VI, da mesma Lei.

Diz o art. 37-A da Lei 9.514/97, acrescido pelo art. 57 da Lei 10.931/04: "O fiduciante pagará ao fiduciário, ou a quem vier a sucedê-lo, a título de taxa de ocupação do imóvel, por mês ou fração, valor correspondente a 1% (um por cento) do valor a que se refere o inciso VI do art. 24, computado e exigível desde a data da alienação em leilão até a data em que o fiduciário ou seus sucessores, vier a ser imitido na posse do imóvel."

Com efeito, esse dispositivo é filho do art. 38 do DL 70/66, o qual, em situação idêntica, inclusive envolvendo a denominada *execução extrajudicial,* como vimos no item anterior, diz o seguinte: "No período que mediar entre a transcrição da carta de arrematação no registro geral de imóveis e a efetiva imissão do adquirente na posse do imóvel alienado em público leilão, o juiz arbitrará uma taxa mensal de ocupação compatível com o rendimento que deveria proporcionar o investimento realizado na aquisição, cobrável por ação executiva."

Retornando ao art. 37-A, ele contém imprecisões.

Primeiro, incorreta a referência a imissão na posse, se o art. 30 diz que a ação correta é de reintegração (nº 37 *supra*).

Segundo, a palavra *taxa* está em sentido não-tributário ou não-técnico, ou seja, de quantia paga por alguém por tirar proveito ou usufruir de alguma coisa. Melhor seria dizer *preço de uso* ou *de utilização.*

Terceiro, a referência de que o fiduciante pagará ao *fiduciário* é inóxia, na medida em que a *taxa* só é devida a partir da data da *alienação em leilão,* quer dizer, a partir de quando o imóvel já não mais lhe pertence, e por conseguinte nada lhe é devido. Faria jus o credor-fiduciário desde a data da resolução do contrato (consumação da mora) até a data da alienação em leilão, não após.

Quarto, como o dispositivo fala que a *taxa* é devida a partir da *alienação* em leilão, rigorosamente não beneficia o fiduciário nem mesmo quando, no insucesso do leilão, acaba ficando com o imóvel e dando quitação ao fiduciante, nas circunstâncias do § 5º do art. 27 da Lei 9.514/97, como vimos (nº 40.2.2-D *supra*). Mas, neste caso, parece ser de justiça que, por analogia, se lhe reconheça o direito.

Compreendendo, pois, o dispositivo, apenas pela sua essência, resulta que se o fiduciante estiver na posse direta do imóvel deve por mês, ou fração de mês, a quem comprou em leilão, a partir da compra em leilão, ou ao fiduciário, quando configurada a hipótese do § 5º do art. 27 da Lei 9.514/97, até a efetiva desocupação, um *preço de uso* ou *de utilização* igual a um por cento do valor a que se refere o art. 24, VI, da mesma Lei, a respeito do qual já nos manifestamos (nº 26.1 *supra*).

Por derradeiro, tal não é devido pelo devedor-fiduciante apenas a quem comprou em leilão ou ao credor-fiduciário, mas também, por analogia, a todo novo proprietário face ao qual existe a obrigação de entrega, pois não é admissível que, por lacuna legal, a ocupação do imóvel até então onerosa se converta em gratuita, inclusive porque onerosa continua face aos demais encargos, como veremos no item seguinte.

40.2.4. *Responsabilidade pelos encargos relativos ao imóvel até a entrega.* **Responde o devedor-fiduciante, desde o início até a efetiva**

entrega, mesmo quando ocupado por inquilino, por todos os encargos incidentes sobre o imóvel.

Diz o § 8º do art. 27 da Lei 9.514/97, acrescido pela Lei 10.931/04: "Responde o fiduciante pelo pagamento dos impostos, taxas, contribuições condominiais e quaisquer outros encargos que recaiam ou venham a recair sobre o imóvel, cuja posse tenha sido transferida ao fiduciário, nos termos deste artigo, até a data em que o fiduciário vier a ser imitido na posse."

Esse dispositivo, por um lado, afirma implicitamente que a responsabilidade do devedor-fiduciante face a tais encargos, incidentes sobre o imóvel (obrigação *propter rem*), existe desde o início, e, por outro, ao estendê-la explicitamente até a efetiva entrega, tem mérito profilático, pois exclui eventual exceção, por exemplo, de que seria da responsabilidade do inquilino. O repasse de tais encargos do fiduciante-locador para o locatário, por meio de cláusula contratual, tem eficácia apenas entre eles.

40.2.5. *Situação do imóvel ocupado*. Autor-fiduciário, réu-fiduciante e prazo à desocupação; autor-fiduciário, réu-locatário e prazos à denúncia e à desocupação; autor-novo dono, réu-fiduciante e prazo à desocupação; autor-novo dono, réu-locatário e prazos ao ajuizamento e à desocupação.

40.2.5-A. *Autor-fiduciário, réu-fiduciante e prazo à desocupação*. O prazo à desocupação só ocorre em juízo, sendo: *(a)* de sessenta dias, se deferida a liminar no início; *(b)* de trinta dias, se deferida depois, mais eventual sobra do básico de sessenta, na hipótese de ainda não-inteiramente exaurido, se deferida tivesse sido no início; e *(c)* de quinze dias, se passados mais de quatro meses entre a citação e a sentença. Se o réu concordar com o pedido de modo explícito ou implícito (não contestando) e liberar o imóvel no prazo, fica isento dos encargos processuais.

O art. 30 da Lei 9.514/97 estabelece: "É assegurada ao fiduciário, seu cessionário ou sucessores, inclusive o adquirente do imóvel por força do público leilão de que tratam os §§ 1º e 2º do art. 27, a reintegração na posse do imóvel, que será concedida liminarmente, para desocupação em sessenta dias, desde que comprovada, na forma do disposto no art. 26, a consolidação da propriedade em seu nome."

Portanto, focando especificamente a relação autor-fiduciário e réu-fiduciante, uma vez consolidada a propriedade em nome do primeiro, pode desde logo ajuizar reintegração de posse contra o segundo, inclusive com medida liminar, porém, como adiantamos (nº 37 *supra*), deve ser concedido o prazo de sessenta dias para a desocupação a cômodo (Lei 9.514/97, art. 30).

Acontece que a norma legal só contempla a hipótese de a liminar de reintegração ser deferida no início. Contudo, isso pode não acontecer. Por exemplo, quando o juiz, explicitando o motivo, adia o exame para após a contestação, o que gera alguns desdobramentos.

Com efeito, em *primeiro lugar*, o prazo à liberação do imóvel que o juiz concede *ex vi legis* ao réu quando defere a liminar de reintegração *initio litis*, independe de haver ou não contestação. Trata-se de garantia autônoma.

Em *segundo*, há distinguir quando há e quando não há contestação.

Não havendo contestação, o que significa anuência implícita, ou mesmo quando o réu comparece para, com ou sem liminar deferida, anuir de modo explícito com o pedido, há reconhecer que a garantia legal se estende em forma de isenção aos encargos processuais (custas e honorários advocatícios), caso efetivamente liberar o imóvel no prazo. Não o liberando, não só responde pelos ônus processuais, como também o imóvel fica sujeito a imediato despejo. Aplica-se, por analogia, o art. 61 da Lei 8.245/91 (Lei do Inquilinato), que disciplina situação processual idêntica envolvendo o locatário. Oportuno é lembrar que o art. 37 da Lei 9.514/97, que exclui a Lei do Inquilinato, refere-se ao direito material, e não ao processual.

Havendo contestação, o devedor-fiduciante-réu assume o risco inerente a toda defesa, só não ficando prejudicado quanto ao prazo de sessenta dias para a desocupação, mas aí novamente há distinguir: *(a)* se a liminar foi concedida *initio litis*, a liberação deve ocorrer no prazo, sob pena de imediato despejo; e *(b)* se foi concedida depois, outra vez cabe distinguir, por analogia ao que dispõe o art. 63 da Lei 8.245/91 (Lei do Inquilinato), o qual fixa o prazo de trinta dias para a desocupação *(caput)*, reduzido para quinze se entre a citação e a sentença tiver decorrido mais de quatro meses (§ 1º).

Desse modo, o prazo para desocupação ocorre apenas em juízo, sendo de sessenta dias se deferida a reintegração *initio litis*. Se o réu anuir de modo explícito com o pedido ou implícito (não contestando), e efetivamente liberar o imóvel no prazo, fica isento das custas e honorários advocatícios. Se a liminar for deferida posteriormente, por exemplo, após a contestação, o prazo é de trinta dias, mas, neste caso, o devedor-fiduciante-réu faz jus à adição de eventual sobra do básico de sessenta, na hipótese de ainda não-inteiramente exaurido se deferida tivesse sido a liminar no início. Sim, pois, no final das contas, não pode ficar com prazo menor do que teria se a reintegração tivesse sido concedida no início. E se entre a data da citação e da sentença tiver decorrido mais de quatro meses, e se ainda não efetivada a reintegração, o prazo é de quinze dias.

40.2.5-B. *Autor-fiduciário, réu-locatário e prazos à denúncia e à desocupação*. Se o credor-fiduciário anuiu com a locação, não pode denunciá-la; se não anuiu, há a *fase da denúncia extrajudicial do contrato de locação*, o que deve ocorrer em noventa dias, a partir da consolidação da propriedade no contrado de alienação fiduciária, concedendo ao locatário trinta dias para desocupação, sob pena de decadência, caso em que assume em definitivo a posição de locador, só podendo resolver o pacto locatício pelas demais hipóteses previstas na Lei do Inquilinato. Se não houver desocupação, resta-lhe a reintegração de posse, na qual haverá o prazo básico de sessenta dias, com todos os possíveis desdobramentos (nº 40.2.5-A *supra*).

Estabelece o § 7º do art. 27, acrescido pelo art. 57 da Lei 10.931/04: "Se o imóvel estiver locado, a locação poderá ser denunciada com prazo de 30 (trinta) dias para desocupação, salvo se tiver havido aquiescência por escrito do fiduciário, devendo a denúncia ser realizada no prazo de 90 (noventa) dias a contar da data da consolidação da propriedade no fiduciário, devendo essa condição constar expressamente em cláusula contratual específica, destacando-se das demais por sua apresentação gráfica."

Por sua vez, o art. 37-B, acrescido pelo art. 57 da Lei 10.931/04, considera "ineficaz, e sem qualquer efeito perante o fiduciário ou seus sucessores, a contratação ou a prorrogação de locação de imóvel alienado fiduciariamente por prazo superior a 1 (um) ano sem concordância por escrito do fiduciário."

A contrario sensu, quando a contratação ou a prorrogação acontecer por *até* um ano – logo, sempre por prazo certo –, não há necessidade da concordância por escrito do fiduciário para ser eficaz perante este.

Primeiro, numa análise *a priori*, há conflito entre o § 7º do art. 27 e o art. 37-B, pois, enquanto o § 7º garante a denúncia quando não houver anuência, independentemente do prazo, o art. 37-B garante eficácia independentemente de anuência se o prazo não ultrapassar um ano.

Acontece, porém, que o art. 37-B incide enquanto existente o contrato de alienação fiduciária, e o § 7º do art. 27 incide quando ele não mais existe, por motivo de resolução, portanto quando a propriedade plena se consolidou a favor do credor-fiduciário. Assim, não há conflito porque a incidência não é concomitante, mas subseqüente.

Segundo, o § 7º excepciona a situação do locatário face ao art. 30 da mesma Lei, privilegiando-o com a *fase da denúncia extrajudicial do contrato de locação*, mas tão-só perante o credor-fiduciário, haja vista referir *consolidação da propriedade no fiduciário*, fase essa que traduz *condição de procedibilidade* a eventual posterior ingresso em juízo, quer dizer, a inobservância determina carência.

Terceiro, o § 7º distingue prazo para *denunciar* o contrato de locação e prazo para *desocupar* o imóvel.

Quarto, deve-se distinguir no § 7º duas partes: *(a)* na *primeira*, diz que o credor-fiduciário pode *denunciar* o pacto concedendo ao inquilino trinta dias, contados a partir da notificação, para *desocupar* a cômodo o imóvel, salvo se tiver anuído por escrito com a locação, ou seja, a ressalva – isso é importante – *exclui* o direito de denúncia, o que é razoável, pois, quem antes concordou não pode discordar depois, sem falar na surpresa que haveria ao locatário que se precaveu com a anuência justamente para fins de maior segurança ou estabilidade ao respectivo contrato; e *(b)* na *segunda parte*, diz que o credor-fiduciário deve exercer o direito de denúncia em noventa dias (mesmo prazo concedido pelo art. 8º da Lei 8.245/91 – Lei do Inquilinato), contados a partir da consolidação da propriedade, ou seja, se não anuiu com a locação, pode denunciar o contrato, na condição de novo proprietário, no citado prazo, sob pena de decadência, caso em que assume em definitivo a posição de locador, só podendo resolver o pacto locatício pelas demais hipóteses previstas na Lei 8.245/91 (Lei do Inquilinato).

Ademais, se o § 7º do art. 27 excepciona a situação do locatário face ao art. 30 da mesma Lei, privilegiando-o com a *fase extrajudicial* relativa à *denúncia do contrato*, perante o credor-fiduciário, óbvio que se adiciona um direito ao outro, e não substitui-se um por outro.

Quer dizer: se o locatário não desocupar no prazo de trinta dias, e o credor-fiduciário ajuizar a reintegração de posse, em juízo ele fará jus ao prazo básico de sessenta dias, com todas os possíveis desdobramentos, conforme analisado no item anterior, inclusive isenção dos encargos processuais se houver concordância explícita ou implícita (não contestando), com efetiva liberação no prazo. Aliás, no caso, a substituição pura e simples lhe seria desastrosa porque trocado um prazo de no mínimo sessenta dias para desocupar por um de no máximo trinta, ficando, ainda, sujeito à medida liminar, sem prazo algum para cumpri-la e ainda aos encargos processuais.

Por fim, não é demasia salientar dois aspectos.

Um de que a denúncia é mera comunicação, portanto toda forma é válida, judicial, ou extrajudicial, desde que por escrito e atinja a finalidade de cientificar, conforme jurisprudência expressivamente majoritária envolvendo a denúncia contratual nas hipóteses da Lei do Inquilinato.

Outro de que desde o momento da consolidação da propriedade em seu nome, o fiduciário faz jus ao aluguel, mesmo que já tenha denunciado a locação, pois não é admissível que, por lacuna legal, a ocupação do imóvel até então onerosa se converta em gratuita.

40.2.5-C. *Autor-novo dono, réu-fiduciante e prazo à desocupação.* **Pode ajuizar desde logo a reintegração de posse, sem necessidade de prévia notificação concedendo prazo, visto que este ocorre apenas em juízo, repetindo-se a mesma moldura envolvento autor-fiduciário e réu-fiduciante (nº 40.2.5-A *supra*).**

40.2.5-D. *Autor-novo dono, réu-locatário e prazos ao ajuizamento e à desocupação.* **Não há a *fase da denúncia extrajudicial do contrato*. A inexistência não quer dizer que o locatário fica indefinidamente sob insegurança quanto à continuidade da locação. O ajuizamento da reintegratória deve ocorrer no prazo de noventa dias, contados a partir da aquisição, sob pena de decadência, caso em que assume em definitivo a posição de locador, só podendo resolver o pacto locatício pelas demais hipóteses previstas na Lei do Inquilinato. Quanto ao prazo à desocupação, em juízo, repete-se a moldura da relação fiduciário-locatário, com os possíveis desdobramentos (nº 40.2.5-B *supra*).**

No que tange ao *prazo ao ajuizamento*, como salientamos (nº 40.2.5-B *supra*), o § 7º excepciona a situação do locatário face ao art. 30 da mesma Lei, privilegiando-o com a *fase da denúncia extrajudicial do contrato de locação*, com prazo de noventa dias, mas tão-só perante o credor-fiduciário. Quer isso dizer, inclusive porque os privilégios são interpretados restritivamente, que ela não existe aos demais novos proprietários, por exemplo, ao adquirente em leilão público, não sendo possível, dessarte, o locatário contornar a inaplicabilidade do citado § 7º a eles, com o art. 8º da Lei 8.245/91 (Lei do Inquilinato), o qual estabelece idêntica fase e prazo.

No entanto, cumpre distinguir.

Uma coisa é a dispensa dos novos proprietários, que não o credor-fiduciário, da *fase da denúncia extrajudicial do contrato de locação*, o que os autoriza a ingressar desde logo com reintegração de posse, e outra é o prazo ao respectivo ajuizamento quando não quiserem dar continuidade ao pacto locacional, cujos alugueres fazem jus desde a aquisição.

Com efeito, considerando que o locatário não pode ficar indefinidamente sob a insegurança do talante de quem quer que seja, o prazo de noventa dias que ao credor-fiduciário vale para denunciar extrajudicialmente o contrato com o qual não anuiu, vale aos demais novos proprietários para o ajuizamento da reintegratória, sob pena de igualmente haver substituição definitiva no respectivo pólo contratual, ficando a partir daí a desconstituição atrelada às hipóteses previstas na Lei 8.245/91 (Lei do Inquilinato).

No que tange ao *prazo à desocupação*, repete-se em juízo a mesma moldura que vigora na relação fiduciário-locatário (nº 40.2.5-B *supra*), ou seja: *(a)* de sessenta dias, se deferida a liminar no início; *(b)* de trinta dias, se deferida depois, mais eventual sobra do básico de sessenta, na hipótese de ainda não inteiramente exaurido, se deferida tivesse sido no início; e *(c)* de quinze dias, se passados mais de quatro meses entre a citação e a sentença. E se o réu concordar com o pedido de modo explícito ou implícito (não contestando) e liberar o imóvel no prazo, fica isento dos encargos processuais.

41. *Destino das prestações pagas pelo fiduciante quando ocorre a resolução contratual*. O fiduciante, seja na alienação mobiliária seja na imobiliária, paga (deve) o *financiamento*, cujo dinheiro aproveitou, e não o *bem* que o garante. Assim, a restituição, total ou parcial, das prestações quitadas durante o contrato (resolvido), implica enriquecimento sem causa do fiduciante, e o empobrecimento injusto do fiduciário, pois, a final, não terá conseguido recuperar o dinheiro adiantado.

Resolvido o contrato de alienação fiduciária em garantia, vem o problema do destino das prestações pagas pelo devedor-fiduciante. Como ficam? Devem ser restituídas?

É preciso distinguir duas situações diversas, pois é a partir delas que, pelo prisma do fiduciante, se define a *natureza jurídica* da prestação: *(a)* quando existem os contratos de alienação fiduciária e de financiamento; e *(b)* quando existe apenas o contrato de financiamento porque o de alienação foi resolvido (deixou de existir).

Quando existem ambos, a *natureza jurídica* da prestação, pelo prisma do fiduciante, é de um investimento ou poupança. O pagamento do mútuo ou empréstimo alimenta o chamado *direito expectativo*, decorrente da propriedade resolúvel. Ou seja: é *meio* para o fiduciante atingir o *fim* que é a propriedade do bem, a qual já lhe pertenceu.

Quando, porém, existe apenas o contrato de financiamento, isso porque resolvido foi (não mais existe) o de alienação fiduciária, o quadro é substancialmente outro.

Se o que resta é o contrato de financiamento, devem ser tomadas as providências no sentido de o fiduciário-mutuante receber o empréstimo que fez, diminuindo o seu patrimônio, e aumentando o do fiduciante-mutuário. Note-se que o fiduciante-mutuário recebeu o dinheiro do empréstimo e deu-lhe o devido destino, seja quando o bem já lhe pertencia (há empresas que lançam mão da alienação fiduciária para formar capital de giro), seja quando pagou à vista quem lhe vendeu o bem, com a vantagem de fazê-lo parceladamente ao fiduciário-mutuante, por meio do financiamento, com imediata posse e uso.

Exatamente porque o fiduciante-mutuário paga o *financiamento*, e não o *bem* que o garante, acontecem duas conseqüências importantes: *uma* é a subsistência da obrigação de pagar eventual saldo devedor, isso no que tange à espécie mobiliária (nº 40.1.4-A *supra*), diferente da imobiliária (nº 40.2.2-D *supra*); *outra* é a irrepetibilidade das prestações pagas, tema ora focado.

Não há, pois, direito à restituição dos valores pagos, nem total nem parcialmente, sob pena de enriquecimento sem causa do fiduciante, o que não é admitido (CC/02, art. 884), às custas do injusto empobrecimento do fiduciário que, no final, não terá recuperado o dinheiro que emprestou. Se se pode imputar algum prejuízo a alguém, é ao fiduciante, que deu causa à resolução contratual. E diga-se: difícil até mesmo reconhecer prejuízo, na medida em que durante o contrato esteve na posse e usou o bem, que por isso se desvalorizou. Teria, então, que pagar pelo uso e indenizar pela desvalorização.

Envolvendo alienação fiduciária de móvel, já decidiu a 3ª Turma do STJ: "Tratando-se de contrato de compra e venda de veículo sob o regime de alienação fiduciária, não há falar em restituição integral das parcelas pagas, considerando que o devedor tem direito a receber o saldo apurado com a venda extrajudicial do bem, não sendo possível negar ao credor o direito de receber o valor do financiamento contratado. Descabe, portanto, a restituição ao devedor da totalidade do que pagou durante a execução do contrato".[183] No mesmo sentido, da 4ª Turma, referindo outro precedente: "Alienação fiduciária. Devolução das parcelas pagas. 'No contrato de alienação fiduciária, o credor tem o direito de receber o valor do financiamento, o que pode obter mediante a venda extrajudicial do bem apreendido, tendo o devedor o direito de receber o saldo apurado, mas não a restituição integral do que pagou durante a execução do contrato.' (Resp nº 250.072/RJ, Rel. Min. Ruy Rosado de Aguiar)".[184]

42. *Impenhorabilidade do bem alienado fiduciariamente*. Não é possível a penhora nas execuções contra o fiduciante, isso pelo fato de que o bem não lhe pertence. Porém, nada obsta a penhora do *direito expectativo*, decorrente da propriedade resolúvel. Neste caso, o arrematante substitui o fiduciante.

O bem alienado fiduciariamente não pode ser objeto de penhora nas execuções ajuizadas por terceiros contra o fiduciante, isso pelo simples fato de que não lhe pertence. O ex-TFR chegou a editar a Súmula 242 dizendo o seguinte: "O bem alienado fiduciariamente não pode ser objeto de penhora nas execuções ajuizadas contra devedor fiduciante." E nesse sentido todas as Cortes do país, inclusive o STF[185] e o STJ.[186]

Pelo mesmo motivo, não poderá ser objeto de penhora na execução que o fiduciário move contra o fiduciante por dívida baseada no contrato, quando, em vez da resolução, opta pela execução (nº 33 *supra*). Aliás, paradoxal seria, para garantir o juízo, penhorar-se bem do credor. Mesmo assim, para evitar argüições descabidas, o art. 5º do DL 911/69, por cautela, salienta que, optando o fiduciário pela ação executiva, serão penhorados "bens do devedor".

No entanto, se não é possível penhorar o bem porque ele não pertence ao fiduciante, não se pode excluir, assim como no *leasing*, a possibilidade de penhora, inclusive na ação promovida pelo credor-fiduciário (nº 33.3 *supra*) dos direitos relativos ao contrato, chamado *direito expectativo*, decorrente da propriedade resolúvel, que sem dúvida tem valor econômico. Havendo almoeda, excluída a adjudicação quando exeqüente for o credor-fiduciário, pois burlaria o veto ao pacto comissório (nºs 39.3 e 40.1.2), o arrematante substitui o fiduciante, promove os registros nos Cartórios competentes, segue pagando e a final a propriedade resolve-se a seu favor.

43. *Substituição do bem alienado fiduciariamente*. Não há confundir alienação fiduciária de *bem fungível* com possibilidade de substituição quando o bem alienado fiduciariamente é *infungível*. Se, na alienação fiduciária *especial*, o objeto é *bem fungível*, a substituição ocorre naturalmente (CC/02, art. 85), e, se é *infungível*, a substituição só é possível com a anuência do credor-fiduciário, com novo contrato.

Como vimos (nº 20.1.1 *supra*), na alienação fiduciária mobiliária *comum* não se admitem bens fungíveis, e com mais forte razão bens consumíveis (CC/02, art. 1.361); na *especial*, passou-se a admitir, apesar da prevalente oposição doutrinária e jurispru-

---

[183] STJ, Resp. 437451/RJ, 3ª Turma, Rel. Carlos Alberto Menezes Direito, em 11-2-03, DJ de 10-3-03, p. 195, ou RSTJ 175, p. 389.

[184] STJ, Resp. 423905/RJ, 4ª Turma, Rel. Min. Barros Monteiro, em 28-5-02, DJ de 16-9-02.

[185] STF , RE 170.414-4, 1ª Turma, Rel. Min. Ilmar Galvão, DJU de 27-2-98.

[186] STJ, Resp. 30.781-1/MG, 4ª Turma, Rel. Min. Ruy Rosado de Aguiar, DJU de 27-6-94.

dencial, a partir do art. 66-A da Lei 4.728/65, acrescido pelo art. 22 da MP 2.160-25/01, o qual foi revogado pelo art. 67 da Lei 10.931/04, mas o teor foi incorporado pelo § 3º do art. 66-B acrescido por essa mesma Lei. Já no que tange à alienação fiduciária imobiliária, não há chance à fungibilidade.

Mas na *especial*, que admite bens fungíveis, não se pode confundir alienação fiduciária de *bem fungível* com possibilidade de substituição quando o bem alienado fiduciariamente é *infungível*, motivo por que existem duas situações: *(a)* quando o objeto é *bem fungível*, a substituição ocorre naturalmente por outro da mesma espécie, qualidade e quantidade (CC/02, art. 85); e *(b)* quando o objeto é *bem infungível* não é possível a substituição, salvo com a anuência do credor-fiduciário.

Com efeito, não é raro, em ação de busca e apreensão, no azáfama da liminar, o pleito de substituição unilateral do *bem infungível* alienado fiduciariamente, a fim de o fiduciante continuar na posse, especialmente quando aparelho indispensável à continuação de atividade econômica.

Em *primeiro lugar*, a substituição depende da anuência do fiduciário, que é o dono; em *segundo*, não há respaldo legal mínimo para pedido de tal natureza; em *terceiro*, o Judiciário, no aspecto, não pode substituir o fiduciário em sua vontade; em *quarto*, a substituição implica celebrar novo contrato, inclusive com registro para fins de constituir a propriedade fiduciária.

Quando ocorre situação aflitiva, o superamento é outro, já demonstrado (nº 35.1.5 *supra*), com orientação jurisprudencial. Em princípio, não se concede liminar quando ela paralisa atividade econômica, admitindo-se que o devedor-fiduciante continue na posse como depositário *judicial*.

44. Benfeitorias nos casos de resolução contratual. Consideração inicial; na alienação fiduciária especial de bens móveis; na alienação fiduciária comum de bens móveis; na alienação fiduciária de bens imóveis.

44.1. *Consideração inicial.* **Quando o fim do contrato é normal, toda benfeitoria se incorpora ao patrimônio do fiduciante por meio da retrotransferência ou reversão automática da propriedade. Os questionamentos surgem quando o fim não é normal, consolidando-se a propriedade no fiduciário.**

Iniciando pela *acessão*, De Plácido e Silva, em *Vocabulário Jurídico*, assim a define, como gênero: "É o direito conferido por lei ao proprietário de bens ou coisas, sobre todos os acréscimos ou frutos produzidos, isto é, sobre tudo o que se incorpora natural ou industrialmente às mesmas coisas ou bens. Chama-se de acessão ao próprio acréscimo verificado ou aos frutos produzidos."

Dentre as espécies, define *acessão artificial* como sendo a que "se gera em conseqüência de ato consciente praticado pelo homem, quer dizer, em virtude de sua própria intenção em promover o acréscimo." Define a *acessão industrial* como sendo a que, "tal qual a artificial, resultou do engenho da própria pessoa favorecida." E define a *acessão natural* como sendo "o modo de aquisição resultante de evento natural, isto é, para cuja realização não cooperou a vontade humana. Diz-se também *acessão física*, porque pela decorrente aderência, de natureza física, acessoria-se ou se integra à coisa principal."

Já, quanto às *benfeitorias*, diz o seguinte: "Expressão que sempre teve o sentido de *benefícios*, foi sempre compreendida como os *melhoramentos* promovidos em um prédio, com a intenção de torná-lo mais útil ou mais agradável. Melhoramentos, aí, tanto se entendem os trabalhos executados no sentido de tornar melhor ou mais agradável a coisa, como as próprias despesas decorrentes desses melhoramentos, mesmo que tais despesas ou tais trabalhos não se tenham mostrado necessários para a conservação da coisa. (...). A benfeitoria denota sempre *melhoramento artificial*, ou seja, o que foi produzido pela vontade ou determinação do homem."

Do exposto, e ainda que se atribua à *acessão* mais o caráter de *obra* que modifica o objeto em sua qualidade ou quantidade, no sentido de *obra nova*, pode-se considerá-la, de modo amplo, como sinônimo de *acréscimo*, portanto *gênero* do qual, ao fim que nos interessa, destacam-se as seguintes espécies: *(a)* a *natural* quando resultante de evento natural ou obra não resultante de atividade humana; e *(b)* a *artificial* quando resultante de atividade humana, sendo que esta, quando realizada com o fim de *melhorar* o bem é denominada *benfeitoria*.

Seguindo, agora, a Lei Civil, *benfeitoria* também pode ser considerada gênero do qual são espécies: *(a)* a *necessária*, assim entendida a que objetiva conservar ou evitar que o bem se deteriore; *(b)* a *útil*, assim entendida a que aumenta ou facilita o uso do bem; e *(c)* a *voluptuária*, assim entendida a de mero deleite ou recreio, que não aumenta o uso habitual do bem, ainda que o torne mais agradável ou seja de elevado valor (CC/1916, art. 63 e §§; CC/2002, art. 96 e §§).

De notar, ainda, que a *acessão* é uma forma de aquisição da propriedade de *bens imóveis*: por formação de ilhas, por aluvião, por avulsão, por abandono de álveo, por plantações ou construções (CC/02, art. 1.248).

Com efeito, na alienação fiduciária essa matéria interessa apenas aos casos de resolução do contrato, pois, se ele tiver fim normal, os acréscimos havidos no bem, objetivando conservá-lo, melhorá-lo, qualificá-lo ou aformoseá-lo se incorporam naturalmente ao patrimônio do fiduciante por meio da retrotransferência *ipso jure* ou reversão automática, isto é, direito real de retorno (nºs 3.2 e 4 *supra*). Os questionamentos sempre surgem quando o fim do contrato é anormal, consolidando-se a propriedade no fiduciário.

Alfim, oportuno é lembrar que, agora, diferentemente da situação havida na chamada *acessão intelectual* ou *por ficção legal* (nº 20.1.3 *supra*), o bem alienado fiduciariamente não é *incorporado* por outrem, mas *incorporador* de outrem.

44.2. *Na alienação fiduciária especial de bens móveis.* Quanto ao direito de indenização (inexistência); quanto ao direito de levantamento (possibilidade).

44.2.1. *Quanto ao direito de indenização (inexistência).* Há norma legal excluindo o direito de indenização por benfeitorias, sejam necessárias, úteis ou voluptuárias.

Dispõe o art. 1.219 do CC/2002 (art. 516 do CC/1916): "O possuidor de boa-fé tem direito à indenização das benfeitorias necessárias e úteis, bem como, quanto às voluptuárias, se não lhe forem pagas, a levantá-las, quando o puder sem detrimento da coisa, e poderá exercer o direito de retenção pelo valor das benfeitorias necessárias e úteis."

Porém, tratando-se de alienação fiduciária, desde o início o fiduciante sabe: *(a)* que o bem não lhe pertence; *(b)* que se não pagar o débito, jamais lhe pertencerá; e *(c)* que se não pagar, terá que devolvê-lo ao fiduciário.

Por isso, formou-se o entendimento da inaplicabilidade do então art. 516 do CC/1916, atual art. 1.219 do CC/2002, por exemplo, de Celso Marcelo de Oliveira, que escreve: "... além de depositário e possuidor direto, é responsável civil pelo bem dado em garantia, devendo arcar com todas as obrigações e diligências no resguardo e preservação da coisa, não havendo despesa efetuada com ela que deva ser arcada pelo credor fiduciário".[187] Diga-se de passagem, no *leasing* ocorre situação de fato idêntica, com idêntico entendimento da doutrina especializada, por exemplo, José Augusto Delgado escreve que "as eventuais benfeitorias (estas de qualquer espécie) se incorporam ao bem, sem que, por elas, possa o locatário financiado postular o direito ao pagamento de indenização",[188] e no mesmo sentido Arnaldo Rizzardo,[189] admitindo-se, porém, consoante José Maria Martín Oviedo, que o arrendatário possa retirá-las, desde que o bem arrendado não sofra detrimento.[190]

Aliás, não seria razoável, nas circunstâncias, reconhecer ao devedor-fiduciante *direito de indenização*, e por conseqüência *direito de retenção*, seja: *(a)* pelas *benfeitorias necessárias*, assim entendidas as que objetivam conservar ou evitar que o bem se deteriore, máxime se o estava usando; *(b)* pelas *benfeitorias úteis*, assim entendidas as que aumentam ou facilitam o uso do bem, portanto não-necessárias; e *(c)* pelas *benfeitorias voluptuárias*, assim entendidas as de mero deleite ou recreio, aformoseamento ou embelezamento, que não aumentam o uso habitual do bem, ainda que o torne mais agradável, como vimos no item anterior.

Este é – digamos – o motivo de ordem geral da exclusão do *direito de indenização* ou de ressarcimento.

Tal não fosse, há regramento legal específico, pelo prisma da condição de depositário, condição que o devedor-fiduciante cumula à de possuidor direto.

Dizia o § 9º do art. 66 da Lei 4.728/65, regente da alienação fiduciária ora sob exame, não se lhe aplicar o art. 1.279 do CC/1916. Revogado e substituído pelo art. 66-B (Lei 10.931/67, arts. 55 e 67), diz o § 6º: "Não se aplica à alienação fiduciária e à cessão fiduciária de que trata esta Lei o disposto no art. 644 da Lei 10.406, de 10 de janeiro de 2002."

O citado art. 644 afirma ao depositário o *direito de retenção* "até que se lhe pague a retribuição devida, o líquido valor das despesas ou dos prejuízos a que se refere o artigo antecedente, provando imediatamente esses prejuízos ou essas despesas." No mencionado *artigo antecedente* consta que o depositante "é obrigado a pagar ao depositário as despesas feitas com a coisa, e os prejuízos que do depósito provierem." Como se vê, é amplo: *despesas*, qualquer delas, e *prejuízos*, qualquer deles, independentemente das respectivas origens.

Considerando que o § 6º do art. 66-B, assim como o anterior § 9º do art. 66, exclui essa responsabilidade do fiduciário-depositante, todo prejuízo e despesa, independentemente da causa e origem, corre por conta do fiduciante-depositário seja por benfeitorias necessárias, úteis ou voluptuárias. Ainda mais, o § 5º do mesmo art. 66-B, diz que se aplicam, dentre outros artigos do Código Civil, o 1.435, o qual arrola as obrigações do "credor pignoratício", posição que, na alienação fiduciária, corresponde à do devedor-fiduciante, sendo que, dentre os deveres consta o de restituir o bem "com os respectivos frutos e acessões" (inc. IV).

Conclusivamente, o credor-fiduciário não é obrigado a indenizar o devedor-fiduciante por benfeitorias sejam quais forem.

---

[187] Celso Marcelo de Oliveira, *Alienação Fiduciária em Garantia*, 2003, p. 191, nº 17.1.

[188] José Augusto Delgado, *A caracterização do leasing e seus efeitos jurídicos*, RF 269, p. 91.

[189] Arnaldo Rizzardo, *Leasing – Arrendamento Mercantil no Direito Brasileiro*, 2ª ed., 1996, p. 125, nº 13.3.

[190] José Maria Martín Oviedo, *El Leasing ante el Derecho Español*, Derecho Financiero, Madri, 1972, p. 27.

44.2.2. *Quanto ao direito de levantamento (possibilidade).* Quando há omissão do contrato; quando não há omissão do contrato.

44.2.2-A. *Quando há omissão do contrato.* Se não há *direito de indenização* por benfeitorias, e há omissão do contrato quanto ao *direito de levantamento*, prevalece a possibilidade deste, se não ocorrer danos ao bem. Se impossível o levantamento sem danos, não há prejuízo irrecuperável ao fiduciante, pois aumenta o preço da venda do bem a terceiro, aumentando a chance de retorno por meio do eventual saldo a receber do fiduciário. A indenização ocorre de modo indireto.

Com efeito, o art. 1.219 do CC/2002, repetindo o art. 516 do CC/1916, estabelece o princípio geral da indenização relativamente às benfeitorias necessárias e úteis, bem como, quanto às voluptuárias, se não lhe forem pagas, a levantá-las, quando o puder "sem detrimento da coisa".

Pois bem, na alienação fiduciária especial, não podendo o devedor-fiduciante, por força de norma legal, exigir do credor-fiduciário indenização por benfeitoria, cumpre examinar o direito de levantá-las.

Primeiro, há distinguir: um é o *direito de indenziação* por benfeitorias, e outro é o *direito de levantamento* das benfeitorias quando não danificar o bem.

Segundo, se o que a lei exclui é o direito de o devedor-fiduciante exigir indenização do credor-fiduciário, não quer isso dizer esteja também excluindo o direito de levantar as benfeitorias, sempre que não houver detrimento do bem. A não ser assim, amplia-se a garantia, sem base contratual, pela agregação de valores novos ao bem, inexistentes no início. Veja-se, por exemplo, o caso bastante comum dos acessórios no automóvel, como os aparelhos de som e de ar-condicionado, adquiridos separadamente pelo devedor-fiduciante. A retirada, em princípio não causa dano ao veículo.

Dessarte, considerando que a exclusão do *direito de indenização* afirma no contraponto o *direito de levantamento*; e *considerando* a natureza adesiva do fiduciante às condições estabelecidas pelo fiduciário, atraindo a incidência do art. 423 do CC/02, forçoso é concluir que o contrato deve se manifestar expressamente. Havendo omissão, incide o princípio geral do *direito de levandamento* das benfeitorias, desde que não haja dano ao bem alienado fiduciariamente. É a entrega segundo as condições originais, com o desgaste do uso normal.

De qualquer modo, se não for possível o levantamento, não há prejuízo irrecuperável ao fiduciante, pois a manutenção da benfeitoria aumenta o valor do bem, que por isso obtém melhor preço na venda a terceiro, que por isso aumenta o eventual saldo a receber do fiduciário (nº 40.1.5 *supra*). Noutras palavras: a indenização ocorre de modo indireto.

44.2.2-B. *Quando não há omissão do contrato.* Se o contrato disciplinar, vigora o princípio *pacta sunt servanda*, salvo revisão por *extrema vantagem* de uma parte (CC/02, art. 478).

Se o contrato disciplinar a questão das benfeitorias, o que é recomendável faça para evitar questionamentos, vigora o princípio *pacta sunt servanda*, pois envolve direito disponível, salvo revisão em caso de *extrema vantagem* de uma parte (CC/02, art. 478), quer dizer, negócio polpudo, muito rendoso, vantagem aberrante.

44.3. *Na alienação fiduciária comum de bens móveis.* A situação jurídica do devedor-fiduciante na alienação fiduciária *comum* é idêntica à do devedor-fiduciante na *especial*.

Assim como na alienação fiduciária *especial*, também na *comum* o devedor-fiduciário cumula as condições de *possuidor* (CC/02, art. 1.361, § 2°) e de *depositário*, conforme o art. 1.363, que diz o seguinte: "Antes de vencida a dívida, o devedor, a suas expensas e risco, pode servir-se da coisa segundo sua destinação, sendo obrigado, como depositário: I – a empregar na guarda da coisa a diligência exigida por sua natureza; II – a entregá-la ao credor, se a dívida não for paga no vencimento."

Em suma, quanto às benfeitorias, a situação jurídica do devedor-fiduciante na alienação fiduciária *comum* é idêntica à do devedor-fiduciante na *especial*, seja quanto à inexistência do *direito de indenização* seja quanto à existência do *direito de levantamento*, desde que não haja dano ao bem, e igualmente no que tange à omissão e não-omissão do contrato (n° 44.2.2 *supra*).

> **44.4. *Na alienação fiduciária de bens imóveis.*** Quanto às *benfeitorias definitivamente integradas* ao imóvel, o devedor-fiduciante faz jus à **indenização, mas tão-só de modo indireto, por meio de eventual saldo resultante do leilão.** Quanto às *não-definitivamente integradas*, repetem-se as situações de omissão e não-omissão do contrato, isto é: *(a)* havendo omissão, faz jus ao *levantamento*, desde que não haja dano ao imóvel; e *(b)* não havendo, prevalece o princípio *pacta sunt servanda*, salvo *extrema vantagem* do credor-fiduciário (CC/02, art. 478).

Dispõe o § 4° do art. 27 da Lei 9.514/97: "Nos cinco dias que se seguirem à venda do imóvel no leilão, o credor entregará ao devedor a importância que sobejar, considerando-se nela compreendido o *valor da indenização de benfeitorias*, depois de deduzidos os valores da dívida e das despesas e encargos de que tratam os §§ 2° e 3°, fato esse que importará em recíproca quitação, não se aplicando o disposto na parte final do art. 516 do Código Civil."

Primeiro, a Lei 10.931/04 não atualizou a referência ao art. 516 do CC/1916 para o art. 1.219 do CC/2002, já acima transcrito e comentado (n° 44.2.1 *supra*), o qual estabelece, como princípio geral, o *direito à indenização* do possuidor relativamente às benfeitorias necessárias e úteis, e o *direito ao levantamento* relativamente às voluptuárias, desde que "sem detrimento da coisa".

Segundo, está assegurado o *direito de indenização* das benfeitorias, porém de modo indireto, isto é, por meio de eventual saldo a favor do devedor-fiduciante, que sobejar do leilão (n° 40.1.5 *supra*), assim como na fiduciária de bens móveis.

Escreve Marcelo Terra: "O devedor (fiduciante) está obrigado a guardar e conservar o imóvel que possui e dado em garantia ao credor (fiduciário); nele pode efetuar obra nova (acessão) ou acrescentar melhoramentos (benfeitorias), que, de pleno direito, integrarão a garantia e passarão ao domínio do credor (fiduciário); o devedor (fiduciante) tem o direito à indenização pelas acessões ou benfeitorias, sendo certo que o valor indenizatório integra, por força de lei, o montante restituível, se e quando realizado proveitosamente o leilão extrajudicial".[191]

No entanto, como sustentamos na alienação fiduciária de bens móveis, a integração de pleno direito só ocorre quando a benfeitoria se incorpora definitivamente ao bem, tornando impossível o *direito de levantamento* sem danificá-lo.

Conclusivamente, havendo resolução do contrato, o devedor-fiduciante, quanto às *benfeitorias definitivamente integradas ao imóvel*, faz jus à *indenização*, mas tão-só de modo indireto, por meio de eventual saldo resultante do leilão, e quanto às benfeitorias *não-definitivamente integradas*, repetem-se as situações de omissão e não-omissão do

---

[191] Marcelo Terra, *Alienação Fiduciária de Imóvel em Garantia*, 1998, p. 36.

contrato (nº 44.2.2 *supra*), isto é: *(a)* havendo omissão do contrato, faz jus ao *levantamento*, desde que não haja dano ao imóvel, por exemplo, se o devedor-fiduciante instalou aparelhos de ar-condicionado, pode retirá-los, restituindo a situação ao *status quo ante*; e *(b)* não havendo omissão, prevalece o princípio *pacta sunt servanda*, salvo *extrema vantagem* ao credor-fiduciário (CC/02, art. 478), quer dizer, negócio polpudo, muito rendoso, vantagem aberrante.

45. *Responsabilidade do fiduciante face ao fiduciário relativamente ao bem*. Responsabilidade do fiduciante como depositário; responsabilidade do fiduciante como possuidor direto; subsistência das obrigações do contrato de financiamento.

45.1. *Responsabilidade do fiduciante como depositário*. Consideração inicial; características comuns dos casos fortuitos e de força maior; características individuais dos casos fortuitos e de força maior; excludentes do depositário quanto aos prejuízos; excludentes do fiduciante enquanto depositário.

45.1.1. *Consideração inicial*. Trata-se de responsabilidade que só existe na alienação fiduciária de bens móveis. Literalmente, o CC/2002 só admite a escusa do depositário nos *casos de força maior*; já o CC/1916 a admitia também nos *casos fortuitos*.

A responsabilidade do fiduciante como *depositário* só existe na alienação fiduciária de bens móveis, especial e comum, nas quais cumula essa condição à de possuidor direto.

O CC/2002 dispõe que o depositário "não responde pelos casos de força maior, mas, para que lhe valha a escusa, terá que prová-los" (art. 642). Também dispõe que, uma vez perdida a coisa depositada por *força maior*, o depositário, tendo "recebido outra em seu lugar, é obrigado a entregar a segunda ao depositante, e ceder-lhe as ações que no caso tiver contra o terceiro responsável pela restituição da primeira" (art. 636), ou seja, ações contra quem arrebatou do depositário a primeira coisa, inclusive substituição processual se houver demanda ajuizada. Repete o que dispunha o CC/1916 (arts. 1.271 e 1.277), com a diferença de que este admitia a escusa também nos *casos fortuitos*. A propósito, no que tange à cessão das ações contra o terceiro, conforme interpretação dada no anterior Estatuto significa apenas *obrigação de habilitar o depositante*, pois este, na medida em que é proprietário, já as dispõe.

Ainda, aplicam-se supletivamente ao *depósito necessário* as normas do *depósito voluntário* (art. 648) e, quanto à responsabilidadde, não há diferença entre *depósito gratuito* e *depósito oneroso*.

45.1.2. *Características comuns dos casos fortuitos e de força maior*. Fato necessário; inevitabilidade, irresistibilidade ou invencibilidade; excludência da responsabilidade.

Ao versar acerca da inexecução das obrigações, o CC/2002, assim como o CC/1916 (art. 1.058 e parágrafo único), estabelece que o devedor "não responde pelos prejuízos resultantes de caso fortuito ou força maior, se expressamente não se houver por eles responsabilizado", entendendo-se como tais o "fato necessário, cujos efeitos não era possível evitar ou impedir." (art. 393 e parágrafo único).

Existem, portanto, nos casos fortuitos e de força maior, características comuns, em relação às quais nada mudou entre o antigo e o atual Estatuto Civil.

45.1.2-A. *Fato necessário*. Resulta *(a)* de forças físicas naturais ou não-inteligentes; ou *(b)* de forças físicas não-naturais ou inteligentes, sobre cujos efeitos a vontade perdeu o controle. A *necessariedade* do fato vincula-se à *espécie* da causa deflagradora.

Fato necessário, ensina De Plácido e Silva, em *Vocabulário Jurídico*, são todos acontecimentos "que vêm ou possam vir, independente da vontade humana. A ele se agregam todos os *casos naturais*, que se anotam por *força da natureza*. Pertence ao grupo de *fatos não voluntários* ou *fatos naturais*, impostos pela *contingência*. Mas, por vezes, pode ser gerado de um fato voluntário, a produzir os efeitos que a vontade não mais possa modificar, na força do princípio: '*quae ab initio sunt voluntatis post factum fiunt necessitatis*'."

Noutras palavras, *fato necessário* é um acontecimento resultante de forças físicas naturais ou não-inteligentes, podendo também resultar de forças físicas não-naturais ou inteligentes, sobre cujos efeitos a vontade perdeu o controle.

Portanto, a *necessariedade* do fato vincula-se à *espécie* da causa deflagradora ou causa eficiente da ocorrência.

45.1.2-B. *Inevitabilidade, irresistibilidade ou invencibilidade*. Ocorre quando supera as forças da vontade ou da ação humana, segundo os meios disponíveis e exigíveis. A característica vincula-se aos *efeitos*.

Fortuito, do latim, *fortuitus*, de *fors*, quer dizer *casual, acidental, ao azar*. Escreve De Plácido e Silva, em *Vocabulário Jurídico*, no respectivo verbete: "O *caso fortuito* é, no sentido exato de sua derivação (acaso, imprevisão, acidente), o caso que não se poderia prever e se mostra superior às forças ou vontade do homem, quando vem, para que seja evitado. O *caso de força maior* é o fato que se prevê ou é previsível, mas que não se pode, igualmente, evitar, visto que é mais forte que a vontade ou ação do homem. Assim, ambos se caracterizam pela *irresistibilidade*. (...). Legalmente são, entre nós, empregados como equivalentes. E a lei civil os define como o evento do fato necessário, cujos efeitos não era possível evitar ou impedir, assemelhando-os em virtude da *invencibilidade, inevitabilidade* ou *irresistibilidade* que os caracteriza."

Conseqüentemente, a característica comum da inevitabilidade, ou irresistibilidade ou invencibilidade vincula-se aos *efeitos*, os quais recebem o qualificativo quando superam as forças da vontade ou da ação humana, segundo os meios disponíveis ao devedor da obrigação e nas circunstâncias exigíveis. É a compreensão que se deve ter do final do parágrafo único do art. 393 do CC/02.

45.1.2-C. *Excludência da responsabilidade*. Os casos fortuitos e de força maior excluem a responsabilidade do devedor da obrigação, desde que não tenha agido com dolo ou culpa, sendo que a força maior pressupõe *fato de terceiro*.

Quanto à responsabilidade pelos danos, a legislação civil exonera o devedor da obrigação tanto nos casos fortuitos quanto nos de força maior. Existe, pois, no particular, equivalência legal. Os efeitos jurídicos são os mesmos.

Mas para a exoneração há dois requisitos.

Um é o da inexistência de dolo ou culpa do devedor da obrigação. Os casos fortuitos e de força maior começam onde acaba o dolo ou culpa do devedor da obrigação. J. M. de Carvalho Santos, referindo-se ao *fato necessário*, é expresso: "... para o qual não concorra de nenhum modo o devedor, nem pela sua ação, nem pela sua vontade".[192]

---

[192] J. M. de Carvalho Santos, *Código Civil Brasileiro Interpretado*, vol. XIV, 10ª ed., 1982, p. 239, nº 4.

Não se admitindo, em qualquer hipótese, conduta dolosa ou culposa, os casos fortuitos e de força maior não podem ser confundidos, *verbi gratia*, com casos impensados, de imprevidência, de negligência, imperícia ou imprudência porque são evitáveis.

Outro requisito é o do *fato de terceiro*, pressuposto à hipótese de *força maior*, ou seja, afasta-se o evento provocado pelo devedor da obrigação, como veremos a seguir. Provocar o fato e argüir a excludente caracteriza torpeza. *Nemo auditur propriam turpitudinem allegans*, diz o brocardo latino.

45.1.3. Características individuais dos casos fortuitos e de força maior. Forças físicas naturais ou não-inteligentes e não-naturais ou inteligentes; previsibilidade e imprevisibilidade.

45.1.3-A. *Forças físicas naturais ou não-inteligentes e não-naturais ou inteligentes.* A definição, por *critério objetivo*, ocorre pela *espécie* da causa deflagradora. O *caso fortuito* resulta de forças físicas naturais ou não-inteligentes, e o *caso de força maior* resulta de forças físicas não-naturais ou inteligentes e pressupõe *fato de terceiro*.

Existem diversas teorias que procuram sublinhar os traços distintivos entre casos fortuitos e casos de força maior, assim enumeradas por Washington de Barros Monteiro: "*a)* teoria da extraordinariedade; *b)* teoria da previsibilidade e da irresistibilidade; *c)* teoria das forças naturais e do fato de terceiro; *d)* teoria da diferenciação quantitativa; *e)* teoria do conhecimento; *f)* teoria do reflexo sobre a vontade humana".[193]

Confessamos a relevância dos serões acerca do tema, com inúmeros questionamentos e enfoques. Porém, face à perpétua instabilidade, já é tempo de serem abandonadas as teorias com elementos subjetivos. Quando possível, e no caso o é, deve-se optar pelo *critério objetivo*, visto que estabiliza as relações e enseja, inclusive em juízo, a mesma solução aos que se encontram na mesma situação.

A necessária estabilidade no tema em liça é garantida pela *teoria das forças físicas naturais* ou *das forças não-inteligentes*, como definidoras dos *casos fortuitos*, e *das forças físicas não-naturais* ou *das forças inteligentes*, como definidoras dos *casos de força maior*.

Leciona Clóvis Beviláqua: "Conceitualmente o *caso fortuito* e a *força maior* se distinguem. O primeiro, segundo a definição de HUC, é 'o acidente produzido por força física ininteligente, em condições que não podiam ser previstas pelas partes'. A segunda é 'o fato de terceiro, que criou, para a inexecução da obrigação, um obstáculo, que a boa vontade do devedor não pode vencer'".[194]

Conclusivamente, enquanto acontecimentos, o *caso fortuito* e o *caso de força maior* distinguem-se pela *espécie* da *causa deflagradora* ou causa eficiente da ocorrência. *Fortuito* é o acontecimento que resulta de força da *espécie* física natural ou não-inteligente, e *de força maior* é o que resulta de força da *espécie* física não-natural ou inteligente, sendo que, por serem inevitáveis, ou irresistíveis ou invencíveis, segundo os meios disponíveis e nas circunstâncias exigíveis, impediram o devedor de cumprir a obrigação. Por conseguinte, o *caso de força maior* pressupõe *fato de terceiro*, isto é, não provocado pelo devedor da obrigação.

J. M. de Carvalho Santos, baseado em Cunha Gonçalves, arrola diversos exemplos que, segundo a *espécie* da causa deflagradora, uma vez agregadas as características comuns, definem-se como *caso fortuito* ou *caso de força maior:* "*a)* os fenômenos naturais,

---

[193] Washington de Barros Monteiro, *Curso de Direito Civil*, vol. IV, 17ª ed., 1982, p. 331, nº 3.

[194] Clóvis Beviláqua, *Código Civil Comentado*, vol. II, edição histórica, 5ª tiragem, p. 173.

como terremoto, as inundações, o raio, o tufão, a seca, etc.; *b)* os atos humanos coletivos, como a guerra interna ou externa, a invasão, o bloqueio, etc.; *c)* as leis novas ou atos das autoridades públicas, que os antigos denominavam por fatos do príncipe, como as proibições de interesse de ordem pública, requisições, desapropriações, etc.; *d)* acidentes da atividade ordinária, como a ruína de uma ponte, a interrupção de tráfego ferroviário, desmoronamento do prédio, etc.; *e)* coação de terceiro, que se opôs ao cumprimento do contrato; *f)* doença grave e prolongada do devedor, fuga ou exílio forçado, nos casos em que a prestação era de fato pessoal".[195]

Também Clóvis cita exemplos: "Uma seca extraordinária, um incêndio, uma tempestade, uma inundação produzem danos inevitáveis. Um embargo da autoridade pública impede a saída do navio do porto, de onde ia partir, e esse impedimento tem por conseqüência a impossibilidade de levar a carga ao porto do destino. Os gêneros que se acham armazenados para ser entregues ao comprador são requisitdos por necessidade de guerra".[196]

45.1.3-B. *Previsibilidade e imprevisibilidade.* A imprevisibilidade é uma característica do caso fortuito, e a previsibilidade, do caso de força maior, mas na prática isso ocorre apenas como preponderante. A previsibilidade não é totalmente estranha ao caso fortuito, assim como a imprevisibilidade não o é ao de força maior.

De Plácido e Silva, em *Vocabulário Jurídico*, no respectivo verbete, após salientar que os casos fortuito e de força maior caracterizam-se pela inevitabilidade, ou irresistibilidade ou invencibilidade dos efeitos, ensina que eles "se distinguem pela *previsibilidade* ou *imprevisibilidade*." Ou seja: o caso de força maior tem a característica individual da *previsibilidade*, e o caso fortuito da *imprevisibilidade*.

Mas há dizer que o calculável, ou aquilo que pode ser vaticinado ou intuído, é apenas mais facilmente reconhecível no caso de força maior, pois não lhe é de todo alheio o incalculável.

No rumo de que a imprevisibilidade é uma característica do caso fortuito, mas não é de todo alheia ao de força maior, redige Clóvis Beviláqua: "Não é, porém, a imprevisibilidade que deve, principalmente, caracterizar o caso fortuito, e, sim, a *inevitabilidade*. E, porque a força maior também é inevitável, juridicamente, se assimilam estas duas causas de irresponsabilidade".[197]

Efetivamente, embora, no âmbito das características individuais, não se possa desconsiderar a previsibilidade e a imprevisibilidade, nem ao caso fortuito nem à força maior, na prática há apenas uma preponderância. Na força maior prepondera a previsibilidade, e no caso fortuito prepondera a imprevisibilidade.

O inconveniente está em que o critério é permeável ao subjetivismo, gerando por conseguinte insegurança acerca do ponto exato da baliza divisória, e daí a conveniência do critério objetivo, isto é, da *teoria da espécie da causa deflagradora*

Por exemplo, o maremoto havido na Ásia em 26-12-04, gerando a *onda gigante* ou *tsuname*, define-se, tranqüila e induvidosamente, pela espécie da causa deflagradora, como *caso fortuito*, pois decorrente de forças físicas naturais ou não-inteligentes. Se visto pelo critério da previsibilidade e imprevisibilidade, fica discutível na medida em

---

[195] J. M. de Carvalho Santos, *Código Civil Brasileiro Interpretado*, vol. XIV, 10ª ed., 1982, p. 239, nº 4.

[196] Clóvis Beviláqua, *Código Civil Comentado*, vol. II, edição histórica, 5ª tiragem, p. 174.

[197] Idem, ibidem.

CONTRATOS EMPRESARIAIS

que existe aparelho capaz de informar com razoável antecedência pelo menos a alta probabilidade. Idem quanto aos ciclones.

45.1.4. *Excludentes do depositário quanto aos prejuízos.* **O depositário não responde pelos prejuízos decorrentes de** *casos de força maior,* **cabendo-lhe a prova. Quanto ao** *caso fortuito,* **omitido no art. 642 do CC/02, sendo** *azar* **tanto ao depositário quanto ao depositante, a partilha dos prejuízos, quando o depositário não se houver responsabilizado, ostenta-se razoável e justa.**

Recobrando, agora, o mote referido no início de que o atual CC (art. 642), diferentemente do anterior, fala apenas em *casos de força maior*, tem-se que, conceitualmente, a escusa do depositário só é possível no que tange aos prejuízos resultantes de forças físicas não-naturais ou inteligentes, desde que *fato de terceiro*, isto é, não provocado por ele. Não é possível a escusa relativamente aos prejuízos resultantes de *caso fortuito*, vale dizer, de forças físicas naturais ou não-inteligentes.

No entanto, alguma reflexão deve ser feita acerca da omissão ao caso fortuito.

Com efeito, a disjuntiva *ou* usada no art. 1.058 pelo CC/1916 – caso fortuito *ou* força maior – ensejou o entendimento, defendido por J. M. de Carvalho Santos, transcrevendo Arnoldo de Medeiros, no sentido de "carecer de fundamento legal entre nós qualquer distinção entre caso fortuito e força maior", porquanto "o Código os equipara". Ainda, em diversas ocasiões o mesmo Código umas vezes referiu-se apenas a caso fortuito e outras apenas a força maior, "sem que, entretanto, aí se possa inferir exprimirem conceitos inversos em face da lei".[198]

Por decorrência, pode-se dizer, pelo menos em tese, que tal seja também o caso do art. 642 do CC/2002.

Conseqüentemente, por uma *interpretação extensiva* chega-se à desinência de que, embora o silêncio do atual Estatuto Civil, subsiste ao depositário, como princípio, a excludente do caso fortuito.

Porém, trata-se de argumento que encontra pelo menos duas dificuldades importantes.

Uma de que toda excludente de responsabilidade é uma exceção à regra; logo, por princípio de hermenêutica, *interpretação restritiva*.

Outra de que o art. 1.277 do CC/1916, precisamente o que disciplinava a escusa do depositário, não usava a conjunção *ou* (caso fortuito *ou* força maior), e sim a conjunção *nem* (caso fortuito *nem* força maior), indubitavelmente disjuntiva informadora de serem duas coisa diferentes, conforme reconhecido pelo mesmo Arnoldo de Medeiros, transcrito por J. M. de Carvalho Santos, embora a conclusão de que "nem mesmo as duas negativas contidas no art. 1.277 significam que haja duas hipóteses diversas".[199]

Resta, pois, invocar a excludente do caso fortuito pelo princípio geral do art. 393 do CC/2002, mas outra vez nos deparamos com importante dificuldade, porquanto, assim como o anterior, também o atual, em outros momentos, refere-se apenas a caso fortuito (art. 492, § 1°; art. 667, § 1°; art. 862 e art. 868) e apenas a força maior (art. 607). Isso evidencia que a omissão ao caso fortuito nos arts. 636 e 642 do CC/2002 não é involuntária, mas intencional.

---

[198] J.M. de Carvalho Santos, *Código Civil Brasileiro Interpretado*, vol. XIV, 10ª ed., 1982, p. 236-7, n° 1.

[199] Idem, p. 237, n° 1.

De qualquer modo, na linha da exclusão da responsabilidade do depositário nos casos fortuitos, com base no princípio geral, não custa imaginar que não seria justo imputar-lhe a obrigação de responder pelo desaparecimento da coisa depositada em razão, por exemplo, da *onda gigante* ou *tsuname* ocorrida na Ásia em 26-12-04, mas também justo não seria imputá-la ao depositante. O motivo é simples: o *fortuitus*, o *casual*, o *acidental*, o *azar* atingiu a ambos com a mesma intensidade.

Por isso, por questão eqüidade, a partilha dos prejuízos, quando o depositário não se houver responsabilizado pelos casos fortuitos, ostenta-se a solução razoável e justa.

45.1.5. *Excludentes do fiduciante enquanto depositário*. O desaparecimento ou perecimento do bem por caso fortuito ou de força maior inviabiliza a ação de depósito, visto que descaracteriza, por justo motivo, a obrigação de o fiduciante, enquanto depositário, devolver o bem ou o equivalente em dinheiro, sob pena de prisão.

O contrato de depósito, existente nas alienações fiduciárias comum e especial, não é substitutivo da responsabilidade do fiduciante, decorrente da condição de *possuidor direto*, e sim aditivo da responsabilidade típica decorrente da condição de *depositário*. Assim, quando o bem desaparece ou perece por caso fortuito ou de força maior, as conseqüências são diversas nos contratos de financiamento e de depósito.

No que tange ao *contrato de financiamento*, considerando que o bem era a *garantia*, o problema se resolve noutro plano, pela substituição, sob pena de vencimento antecipado da dívida, como veremos a seguir.

No que tange ao *contrato de depósito*, o acolhimento das excludentes determina o desacolhimento da ação de depósito.

Relativamente aos *casos de força maior*, em particular tratando-se de veículo automotor, os mais freqüentes são o roubo, o furto e o perecimento por acidente. Em tais ocorrências, cumpre avaliar as atitudes comissivas ou omissivas do fiduciante-depositário no sentido de não agravar o risco.

Uma vez provada a excludente, como exige a lei, exonerado fica o depositário da *restituição do bem*, ou do *equivalente em dinheiro* (nº 35.2.3 *supra*), retirando por conseguinte a justa causa da ação de depósito, mesmo depois do ajuizamento, por incidência do art. 462 do CPC.

Decisão do STF no HC 77.591-3/SP afirma que a prisão por depositário infiel é possível, mas "Obsta, entretanto, a restituição se a coisa foi furtada ou roubada",[200] sendo que no voto do Relator, Min. Ilmar Galvão, constam diversos outros precedentes, sempre no pressuposto da inexistência de participação comissiva ou omissiva do depositário.

Também o STJ, por exemplo, no Resp. 145517-SP, *verbis*: "O furto do bem penhorado em garantia configura força maior, ficando, assim, o devedor exonerado da responsabilidade como depositário",[201] sendo que no voto do Relator, Min. Costa Leite, constam dois precedentes. Ainda, tendo como Relator o Min. Eduardo Ribeiro: "O furto há ser considerado como caso de força maior, exonerando o devedor da responsabilidade como depositário".[202]

---

[200] STF, HC 77.591-3/SP, 1ª Turma, Rel. Min. Ilmar Galvão.

[201] STJ, Resp. 145517/SP, 3ª Turma, Rel. Min. Costa Leite.

[202] STJ, Resp. 43.729-6/RJ, 3ª Turma, Rel. Min. Eduardo Ribeiro, em 26-4-94, DJU 23-5-95, p. 12.607.

Relativamente aos *casos fortuitos*, se o problema, aqui, não é a composição dos prejuízos, mas o justo motivo para não entregar o bem e tampouco do equivalente em dinheiro na ação de depósito, sempre que identificados, igualmente descaracterizam a obrigação típica.

45.2. *Responsabilidade do fiduciante como possuidor direto*. Vincula-se à *garantia* do financiamento; logo, subsiste independentemente do motivo por que o bem pereceu ou desapareceu. O fiduciante deve substituir a garantia, sob pena de vencimento antecipado da dívida.

O revogado art. 66, § 7º, da Lei 4.728/65, da alienação fiduciária *especial*, fazia remissão ao art. 762 do CC/1916, adequado para o art. 1.425 do CC/02 na remissão feita pelo § 5º do art. 66-B, acrescido pela Lei 10.931/04, ao qual também faz remissão o respectivo art. 1.367, que disciplina a alienação fiduciária *comum*. No que tange à alienação *imobiliária*, não há norma explícita, mas isso decorre do próprio sistema.

Dessarte, perecendo ou desaparecendo o bem dado em garantia, e não havendo substituição – com inclusive a condição de depositário relativamente às alienações fiduciárias comum e especial –, acontece o vencimento antecipado da dívida (art. 1.425, IV), tal como na inadimplência (nº 33.2.3-A *supra*).

Aí, ao invés do que acontece nos casos fortuitos e de força maior, não há exclusão da responsabilidade do fiduciante face ao fiduciário, na condição de *possuidor direto*, isso porque ela se vincula à *garantia* do contrato de financiamento. Subsiste independentemente da razão de bem ter perecido ou desaparecido. Desimporta se foi por culpa própria ou de outrem, ou se por caso fortuito ou de força maior.

Significa isso que as exonerações dos casos fortuitos e de força maior – gize-se – vigoram apenas às obrigações típicas do contrato de depósito.

45.3. *Subsistência das obrigações do contrato de financiamento*. O desaparecimento ou perecimento do bem não modifica as obrigações do contrato de financiamento.

O fato de o bem desaparecer ou perecer, mesmo quando sem culpa do fiduciante, não modifica as obrigações do contrato de financiamento. Este continua hígido, podendo até vencer-se antecipadamente se a garantia não for substituída (nº 45.2 *supra*).

Considerando que o dinheiro do mútuo foi aproveitado, desimportando que tenha sido para pagar o bem que desapareceu ou pereceu, o fiduciante-mutuário deve prosseguir no pagamento das prestações, mesmo sem o *direito expectativo* da propriedade resolúvel, sob pena de também por isso motivar o vencimento antecipado (nº 33.2.3-A *supra*).

Dyrceu Cintra, Juiz de Alçada, do ex-2º TA-Civ-SP, Relator da ap. cív. 664.819-0/0, afirma: "O devedor pode ser executado pela dívida independentemente do destino que tomou o bem." E após dizer da vantagem de o devedor-fiduciante seguir pagando pontualmente as prestações para evitar o ainda pior, que é o vencimento antecipado, conclui: "O furto e o roubo não eximem o apelado, enquanto devedor, de honrar as obrigações assumidas".[203]

46. *Responsabilidade relativamente a terceiros*. Quanto ao fiduciante; quanto ao fiduciário.

---

[203] Ex-2º TA-CIV-SP, ap. cív. 664.819-0/0, 5ª Câmara, Rel. Dr. Dyrceu Cintra, em 5-5-04, RT 827, p. 304-6.

Uma situação é a responsabilidade do fiduciante face ao fiduciário relativamente ao bem, analisada no item anterior, e outra é a situação de cada qual relativamente a eventuais danos causados a terceiros no uso do bem.

46.1. *Quanto ao fiduciante*. Se estiver na posse direta do bem, responde pelos danos causados por culpa ou dolo a terceiros no seu uso, seja quando autor direto, seja quando indireto (culpa *in eligendo*).

O fiduciante, sempre que se encontrar na posse do bem, responde pelos danos causados a terceiros por culpa ou dolo no seu uso, seja quando autor direito ou imediato, seja quando indireto ou mediato, por exemplo, quando entrega o automóvel a outrem, que por sua vez provoca acidente. Há culpa *in eligendo* (CC/02, arts. 186, 927 e 942).

Considerando que a posse é *jus dispositivum* (n° 24 *supra*), não responderá se ela ficou em poder do fiduciário.

46.2. *Quanto ao fiduciário*. Na alienação fiduciária em garantia, a *força motriz* é o financiamento. O fiduciário recebe a propriedade resolúvel como *garantia* dele e sem objetivar exploração econômica baseado nela, garantia; logo, não responde em tal condição pelos danos que o uso do bem causar a terceiros. Se a posse direta ficou em seu poder, responderá, como tal, por culpa ou dolo.

O contrato de alienação fiduciária em garantia é uma unidade que contém: *(a)* necessariamente elementos de mais dois, que são o de alienação ou transferência fiduciária da propriedade (resolutividade), e o de financiamento, sendo que este é a força motriz (n°s 3.1 e 14 *supra*); e *(b)* não-necessariamente o contrato de depósito, pois não existe na alienação fiduciária imobiliária.

A *força motriz* no financiamento quer dizer que a alienação fiduciária em garantia, como tipo contratual autônomo, só existe porque o fiduciante precisa de um empréstimo, seja para comprar um bem e pagá-lo em prestações seja simplesmente para se apropriar do dinheiro, haja vista as suas funções social e econômica (n° 15.1 e 15.3 *supra*). Para tanto, oferece *em garantia* o próprio bem adquirido ou algum que já lhe pertence, gravando essa garantia com a transferência da *propriedade resolúvel*, no caso também chamada *propriedade fiduciária*. Excluindo-se o interesse pelo *financiamento*, ou mútuo, ou empréstimo, tudo o mais perde razão de ser.

Dito isso, vem a questão da *responsabilidade civil* por eventuais *danos causados a terceiros* no uso do bem alienado fiduciariamente.

Em *primeiro lugar*, a responsabilidade ora focada não tem relação com a que envolve o depositário – conseqüentemente possível nas alienações fiduciárias comum e especial –, prevista no art. 640 do CC/02, que diz: "Sob pena de responder por perdas e danos, não poderá o depositário, sem licença expressa do depositante, servir-se da coisa depositada, nem a dar em depósito a outrem", ensejando o entender de que, havendo licença o depositário não responde.

Em *segundo*, se o mutuante-fiduciário só recebeu a propriedade resolúvel do bem como *garantia* do empréstimo, portanto – diversamente do que acontece no *leasing*, como veremos (n° 34.2 *infra* do Cap. IV) – sem qualquer exploração econômica baseado nela, garantia, à evidência não responde, na condição de titular da *propriedade fiduciária* do bem, pelos danos que eventualmente o seu uso pelo mutuário-fiduciante causar a terceiros, assim como também não respondem, por exemplo, os credores de todos os demais contratos com garantia real, em que o devedor igualmente fica na posse direta do bem objeto da garantia.

CONTRATOS EMPRESARIAIS · **183**

Ressalva-se, porém, considerando que a posse é *jus dispositivum* (n° 24 *supra*), que responderá por culpa ou dolo se a posse direta do bem ficou em seu poder. Mas em tal caso responde pelo fato da posse, e não pelo fato da propriedade fiduciária.

47. *Parte tributária.* Sobre a propriedade; sobre a transmissão ou circulação da propriedade.

Entre as diversas dimensões do *negócio fiduciário* (n° 4.1 *supra*), com implicações tributárias, nos limitamos à que envolve a *alienação*, especificamente sobre a *propriedade* dos bens e respectiva *transmissão* ou *circulação*, visto dizer com interesses mais imediatos, em particular do fiduciante. Não adentramos em incidências outras, por exemplo, sobre o financiamento.

47.1. *Sobre a propriedade.* Na alienação fiduciária de bens móveis; na alienação fiduciária de bens imóveis.

47.1.1. *Na alienação fiduciária de bens móveis.* Não há tributo sobre a *propriedade* de bens móveis, salvo exceção, como é o caso dos veículos automotores. Na ausência de lei complementar federal acerca das *normas gerais* do *IPVA*, os Estados têm *competência legislativa plena.* Por simetria com os demais impostos, contribuinte do *IPVA* continua o fiduciante.

Pelo fato da *propriedade mobiliária*, não há tributo, salvo exceção, como é o caso da propriedade de *veículos automotores.*

Nesse sentido, diz o art. 155, III, da CF, que aos Estados e ao Distrito Federal compete instituir imposto sobre a "propriedade de veículos automotores", abreviadamente *IPVA*.

Considerando que estabelecer *normais gerais* dos tributos, como definir fatos geradores, bases de cálculo e contribuintes, é matéria privativa de lei complementar federal (CF, art. 146, III, *a*); e *considerando* que relativamente ao IPVA ainda não existe a citada lei, por vezes, os diplomas as leis estaduais, que definem fato gerador, base de cálculo e contribuinte são qustionados, alegando-se usurpação de competência.

Porém, quando não existe lei federal sobre *normas gerais*, os Estados, na vigência da lacuna, têm *competência legislativa plena* para atender a suas peculiaridades, inclusive em *direito tributário* (CF, art. 24, I, e §§ 3° e 4°). É o caso.

Assim, deve-se verificar a lei de cada Estado. De qualquer modo, se o tributo incide sobre a *propriedade*, o fato gerador é definido pela própria Constituição Federal, e por decorrência contribuinte é o proprietário. Na lógica dos demais impostos, contribuinte do IPVA continua sendo o fiduciante, uma vez que, pelo prisma do fiduciário, a alienação só existe para fins de *garantia real* (n° 12.3.1 *supra*). Mesmo assim, para evitar dúvida, Estados, como o Rio Grande do Sul, arrolam, dentre os responsáveis tributários, *o fiduciante ou possuidor direto, em relação ao veículo automotor objeto de alienação fiduciária em garantia* (Lei-RS 8.115/85, art. 5°, II).

47.1.2. *Na alienação fiduciária de bens imóveis.* A propriedade fiduciária não desloca *do* fiduciante *para* o fiduciário as obrigações tributárias sobre a *propriedade* de bens imóveis, haja vista o art. 26, § 1°, da Lei 9.514/97.

Pelo fato da *propriedade imobiliária*, diz o art. 153, VI, da CF, que à União compete instituir imposto sobre a "propriedade territorial rural", abreviadamente *ITR*, e diz o art. 156, I, que compete aos Municípios instituir imposto sobre a "propriedade predial e territorial urbana", abreviadamente *IPTU*.

Fato gerador do ITR é "a propriedade, o domínio útil ou a posse de imóvel por natureza", e contribuinte é "o proprietário do imóvel, o titular de seu domínio útil, ou o seu possuidor a qualquer título" (CTN, arts. 29 e 31), enquanto fato gerador do IPTU é "a propriedade, o domínio útil ou a posse de bem imóvel por natureza ou por acessão física", e contribuinte é "o proprietário do imóvel, o titular de seu domínio ou o seu possuidor a qualquer título" (CTN, arts. 32 e 34).

Primeiro, a propriedade considerada *fato gerador* é a *plena*, uma vez que, sendo a *fiduciária* uma exceção, impunha-se referência expressa. Aliás, difícil senão impossível inserir a propriedade fiduciária na medida em que sobre esta, por ser mera garantia, como visto no item anterior, não há sequer ITBI.

Segundo, o art. 26, § 1º, da Lei 9.514/97, arrola os *tributos* dentre as rubricas que integram a purgação da mora (nº 30.1 *supra*), portanto responsabilidade do fiduciante; logo, ainda que de modo implícito, afirma que a propriedade fiduciária não desloca *do* fiduciante *para* o fiduciário as obrigações tributárias.

Terceiro, considerando que a posse é *jus dispositivum* (nº 24 *supra*), ou seja, não é imprescindível fique em poder do fiduciante, cabe ressalvar, embora de remota ocorrência, a possível responsabilidade tributária do fiduciante quando em seu poder a posse direta do bem imóvel, desde que isso seja devidamente pactuado, assim como nos arrendamentos e locações de bens imóveis os arrendante e locador podem repassar aos arrendatário e locatário, respectivamente.

47.2. Sobre a transmissão ou circulação da propriedade. Na alienação fiduciária de bens móveis; na alienação fiduciária de bens imóveis.

47.2.1. *Na alienação fiduciária de bens móveis*. Não há tributo sobre a *transmissão* ou *circulação* de bens móveis, salvo exceção, como as *mercadorias*, em relação às quais há *ICMS*. Mas este não incide sobre a transmissão da *propriedade fiduciária*, nem quando a *plena* consolidar-se no fiduciário, e tampouco na alienação deste *para* o comprador em venda judicial ou extrajudicial. Não confundir com a possível incidência na anterior compra pelo *fiduciante*.

Pelo fato da *transmissão* ou *circulação* da propriedade mobiliária, que é gênero, não há tributo, salvo exceção, como é o caso da transmissão ou circulação de *mercadorias*, que é espécie, ou seja, bem móvel ainda não adquirido pelo consumidor, último anel das etapas econômicas na marcha desde a sua produção.

Nesse sentido, diz o art. 155, II, da CF, que aos Estados e ao Distrito Federal compete instituir imposto sobre a "circulação de mercadorias e sobre pestações de serviços de transporte interestadual e intermunicipal e de comunicações". No mesmo sentido, a Lei Complementar 87, de 13-9-96. É o *Imposto sobre a Circulação de Mercadorias e Serviços de Transporte Interestadual e Intermunicipal e de Comunicação*, abreviadamente *ICMS*.

Primeiro, no que tange à transmissão ou circulação da propriedade plena *do* anterior dono *para* o fiduciante quando da compra do bem móvel – operação antecedente – há *ICMS*, se a operação constituir *fato gerador*.

Segundo, no que tange à transmissão ou circulação da propriedade fiduciária *do* fiduciante *para* o fiduciário, a LC 87, de 13-9-96, a quem cabe, dentre outros itens, definir os "fatos geradores, bases de cálculo e contribuintes" dos tributos (CF, art. 146, III, *a*), dispõe em seu art. 3º, VII, que não constituem fato gerador de ICMS as

CONTRATOS EMPRESARIAIS

"operações decorrentes de alienação fiduciária em garantia, inclusive a operação efetuada pelo credor em decorrência do inadimplemento do devedor".

Portanto, a transmissão da propriedade fiduciária ou resolúvel *do* fiduciante *para* o fiduciário, mesmo quando a favor deste, por motivo de inadimplência daquele, resolver-se a propriedade plena, não constitui fato gerador de ICMS.

Terceiro, no que tange à transmissão ou circulação da propriedade *do* fiduciário *para* o comprador, operação subseqüente procedida em venda judicial ou extrajudicial (nºs 40.1.2 e 40.1.3 *supra*) – cumpre lembrar que o pacto comissório é proibido (nº 39.2 e 39.3 *supra*) –, e que pela expressão *inclusive a operação efetuada pelo credor em decorrência do inadimplemento*, não há ICMS.

47.2.2. *Na alienação fiduciária de bens imóveis*. Não incide *ITBI* sobre a transmissão da *propriedade fiduciária* de bem imóvel, pois ocorre a título de *garantia*; haverá se a *propriedade plena* consolidar-se no fiduciário. Não confundir com as incidências na anterior compra pelo *fiduciante*, e na posterior venda em leilão pelo *fiduciário*.

Pelo fato da *transmissão* ou *circulação* da propriedade imobiliária, diz o art. 156, II, da CF, que aos Municípios compete instituir imposto sobre a "transmissão *inter vivos*, a qualquer título, por ato oneroso, de bens imóveis, por natureza ou acessão física, e de direitos reais sobre imóveis, exceto os de garantia, bem como cessão de direitos a sua aquisição". No mesmo sentido, o art. 35 do CTN. É o *Imposto sobre a Transmissão de Bens Imóveis e Direitos a eles Relativos*, abreviadamente *ITBI*.

Primeiro, no que tange à transmissão ou circulação da propriedade plena *do* anterior dono *para* o fiduciante quando da compra do imóvel – operação antecedente – há ITBI, se a operação constituir *fato gerador*.

Segundo, no que tange à transmissão ou circulação da propriedade fiduciária *do* fiduciante *para* o fiduciário, pela expressão *exceto os de garantia*, não há ITBI sobre a propriedade fiduciária, pois esta é espécie do gênero *garantia real* (nº 12.3.1 *supra*).

Portanto, a transmissão da *propriedade fiduciária* ou *resolúvel* não constitui fato gerador de ITBI; diferente, porém, se a *propriedade plena* consolidar-se no fiduciário. Para este caso, dispõe o art. 26, § 7º, da Lei 9.514/97, redação do art. 57 da Lei 10.931/04, que na inadimplência, uma vez não purgada a mora, o oficial da Escrivania Imobiliária certificará o fato e promoverá a averbação, na matrícula do imóvel, da consolidação da propriedade, em nome do fiduciário, "à vista da prova do pagamento, por este, do imposto de transmissão *inter vivos* e, se for o caso, do laudêmio."

Terceiro, no que tange à transmissão ou circulação da propriedade *do* fiduciário *para* o comprador, operação subseqüente procedida em leilão (nº 40.2.2 *supra*) – cumpre lembrar que, salvo exceção única (nº 39.6 *supra*), o pacto comissório é proibido –, há ITBI, conforme decorre tanto do art. 30 da Lei 9.514/97 ao fazer remissão ao respectivo art. 26, quanto também das almoedas em execuções judiciais (CPC, art. 703, II).

Capítulo IV

LEASING MOBILIÁRIO E IMOBILIÁRIO – ARRENDAMENTO EMPRESARIAL

1. *Leasing no concerto dos contratos empresariais.* Aproxima-se dos grupos dos compradores e dos financeiros.

Existem, entre o produtor e o consumidor, quatro técnicas empresariais, que formam quatro grupos de agentes: dos não-compradores, dos compradores, dos compradores com cessão de marcas ou patentes e dos financeiros (nº 7 do Cap. I).

O *leasing*, dada sua origem múltipla, não se acomoda, com justeza, em nenhum dos grupos. Pela fase inicial, porque na essência substitui um financiamento, se aproxima do grupo dos financeiros, e pela fase final, por causa da possibilidade de compra, se aproxima do grupo dos compradores.

2. *Noção histórica.* Há três marcos históricos: a *hire purchase*, em 1890, na Inglaterra; o *renting*, em 1920, nos EUA; e o *leasing* financeiro, em 1952, nos EUA.

Não há no Direito antigo sinais do *leasing*, exceto institutos dos quais surgiu, num processo de hibridização. No Direito romano, a locação, o comodato, a compra e venda com reserva de domínio, o depósito e a fiança. O mesmo pode-se dizer no Direito medieval (séc. V d.C. ao séc. XV).

No Direito contemporâneo, o primeiro marco histórico surgiu na década de 1890, na Inglaterra, com a *hire purchase* (locação-compra), contrato praticado pela Singer, fabricante de máquinas de costura, e também pelas fábricas de vagões de locomotivas. Era uma locação com opção de compra celebrada com o próprio fabricante do produto, objetivando estimular o consumo. O consumidor, uma vez cativado pelas qualidades e conforto do produto, estabelecia com ele uma relação de dependência ou necessidade – aliás, é conhecido o adágio de que civilizar é criar necessidades –, sendo, pois, a opção de compra, algo natural.

O segundo marco, ocorreu nos EUA, na década de 1920, quando surgiu o *renting*, contrato em que o fabricante locava produtos, concedendo assistência técnica ao locatário (revisões, manutenção, concertos, etc.), outra forma de cativar o consumidor.

O terceiro marco histórico ocorreu na década de 1950, também nos EUA, quando o *leasing* surgiu como contrato com personalidade própria, que vem a ser o *leasing* financeiro, ou *financial leasing*, chamado *leasing* puro, que nada mais é do que o destaque de uma particularidade de tudo o que estava sendo feito. As fábricas vinham alugando, com ou sem opção de compra, o fazendo por meio de suas filiais, corretores ou representantes comerciais. Em 1952, foi criada uma sociedade – a *U. S. Leasing Boothe Junior* – que profissionalizou esse setor. O objeto social era comprar a pedido

CONTRATOS EMPRESARIAIS

do locatário ou arrendatário, figurando como locadora ou arrendante a sociedade, dando-lhe no final a opção de compra. Portanto, profissionalizou o setor. É o velho *princípio da especialização*, fonte de todas as atividades econômicas.

O *princípio da especialização*, diga-se, é uma etiqueta característica da atualidade. Por exemplo, as fábricas de automóveis são chamadas de montadoras. Cada qual atua numa especialidade para fazer mais e melhor. É a terceirização, inclusive nas atividades-meio do serviço público, como são os serviços de limpeza e os de condução e manutenção de elevadores.

O *leasing* é mais uma atividade econômica, resultado do *princípio da especialização*, aquecido pela *descartabilidade*, outra característica saliente do mundo moderno. A permanente necessidade de renovação dos produtos gera, por causa do constante aperfeiçoamento tecnológico dos novos, acelerada obsolescência tecnológica dos existentes, fazendo com que a compra seja economicamente desinteressante.

3. *Vocábulo*. Lease significa alugar ou arrendar. *Leasing* significa arrendamento, aluguel, traduzido como *ato de arrendar*.

Leasing, do inglês norte-americano, é um vocábulo composto do sufixo *ing*, que exprime ação verbal, e do verbo *to lease*, traduzido como *ato de alugar* ou arrendar. O locador é o *lessor*, e o locatário o *lessee*. No Brasil, introduzido como *arrendamento mercantil*, agora mais adequadamente *arrendamento empresarial*, as partes são o arrendante ou arrendador e o arrendatário.

Numa tentativa de aportuguesar, Waldírio Bulgarelli sugere *lísingue*.[204] Penso que, então, fica melhor *lísin*, com todo o respeito ao mestre. Mas parece que devemos ficar mesmo é com o original – *leasing* –, inclusive pela força em termos de *marketing*.

4. *Expansão*. Expandiu-se rapidamente pelos EUA e mundo. França e Bélgica, 1963; Inglaterra, 1965; Itália, Alemanha e Argentina, 1969; Brasil, *leasing* de bens móveis por meio da Lei 6.099/74, com modificações da Lei 7.132/83, de natureza tributária, e de bens imóveis por meio da Lei 9.514/97, com as modificações da Lei 10.931/04.

Expandiu-se rapidamente pelos EUA e pelo mundo: em 1963, França pelo *crédit-bail* (crédito-locação), e Bélgica pela *location financement*; em 1965, Inglaterra pelo *hire purchase act* ou *purchase finance* (financiamento de locação-compra), e Espanha pelo *préstamo arriendo* ou *préstamo locativo*; em 1969, Itália pela *locatione financiaria* ou *prestito locativo*, Alemanha pelo *finanzierung leasing*, e Argentina.

Em 1974, o *leasing* foi introduzido no Brasil para *bens móveis*, como *arrendamento mercantil* (hoje mais adequadamente *arrendamento empresarial*), por meio da Lei 6.099, de 12-09-74, com as modificações da Lei 7.132/83, restrita a aspectos tributários federais e envolvendo apenas duas espécies: *leasing* financeiro e *lease-back* (com o próprio vendedor), e para *bens imóveis* em 1997, por meio da Lei 9.514, de 20-11-97 (Dispõe sobre o Sistema de Financiamento Imobiliário – SFI), com as modificações da Lei 10.931, de 2-8-04.

5. *Fatores da expansão*. Basicamente, progresso tecnológico, tornando os usados, com rapidez, obsoletos, desestimulando a compra.

São citados quatro fatores que animaram a expansão nos EUA: *(a)* dificuldade de acesso ao mercado de bens mediante compra a médio prazo (de 3 a 7 anos), suprindo o *leasing* essa lacuna, já que os bancos operavam a curto e as seguradoras a longo

---

204 Waldírio Bulgarelli, *Contratos Mercantis*, 10ª ed., 1998, p. 373.

prazo; *(b)* legislação rígida no tocante aos índices de depreciação dos equipamentos; *(c)* ativo imobilizado taxado como lucro; e *(d)* permanente necessidade de renovação dos produtos por causa do constante aperfeiçoamento tecnológico dos novos, o que gera acelerada obsolescência dos existentes, fazendo com que a compra seja economicamente desinteressante (n° 2 *supra*).

6. Distinções necessárias. Noções preliminares; locação e arrendamento; locação e arrendamento de um lado, e arrendamento empresarial *(leasing)* de outro.

6.1. *Noções preliminares*. Há na tipologia clássica: locações de coisa *(locatio rei)*, de serviço ou de trabalho *(locatio operarum)*, que é obrigação de meio, e de obra ou empreitada *(locatio operis)*, que é obrigação de resultado.

Os romanos, sob o gênero *locatio condutio*, nos legaram: *(a)* a *locatio rei* (locação de coisa); *(b)* a *locatio operarum* (locação de serviço ou de trabalho); e *(c)* a *locatio operis faciendi* (locação de obra ou empreitada).

Na locação de obra importa o resultado (obrigação de resultado), e na de serviço importa o trabalho em si (obrigação de meio). Por exemplo, na cirurgia plástica de objetivo estético temos obrigação de resultado, e na de objetivo terapêutico ou curativo temos obrigação de meio.

Inobstante persistir a essência dessa tipologia, as necessidades modernas criaram múltiplas variações com regulações específicas. *Verbi gratia*, na locação de serviços há normas exclusivas à espécie com vínculo empregatício, dentro da qual há regras específicas para subespécies, como o trabalho doméstico. Hoje, como ensina Orlando Gomes, reserva-se *locação* para exclusivamente aquilo que possa "proporcionar a alguém o uso e gozo temporários de uma *coisa restituível*, em troca de retribuição pecuniária. Atualmente, locação é só *de coisas*".[205]

Tanto o ex-CCm (arts. 226-46) quanto o ex-CC (arts. 1.188-247) se ocupavam com as três espécies clássicas de locação (não adentramos nas revogações por motivos de legislações específicas). Já o CC/2002, adequando-se à atualidade, regra tão-só a *locatio rei* (arts. 565-78).

6.2. *Locação e arrendamento*. Na locação, desfruta-se da coisa; no arrendamento, de uma atividade ou serviço da coisa.

A locação e o arrendamento são espécies do gênero *uso de bens de terceiro*. Igualam-se quanto ao uso e se desigualam quanto ao aproveitamento.

Na locação, o locatário usa e goza do próprio bem (CC/02, art. 565), ou seja, desfruta da própria coisa. Exemplo: quem aluga um imóvel para morar, desfruta do próprio imóvel.

No arrendamento, o arrendatário explora uma atividade ou consome um serviço que a coisa desempenha ou produz. Economicamente, não explora a coisa, e sim uma atividade dela. Exemplos: das terras arrendadas para fins agrícolas, explora-se a capacidade produtiva; da máquina fotocopiadora, os serviços.

6.3. *Locação e arrendamento de um lado, e arrendamento empresarial (leasing) de outro*. Naqueles, há *bens à disposição* do interessado, com restituição a final; neste, há *escolha dos bens* pelo interessado, com opção de compra a final.

---

[205] Orlando Gomes, *Contratos*, 8ª ed., 1981, p. 319, n° 209.

Há duas distinções: *(a)* na locação e no arrendamento o locador e o arrendante selecionam bens conforme a procura existente no mercado, colocando-os à disposição de quem os queira locar e arrendar, enquanto no arrendamento empresarial *(leasing)* o arrendante adquire bens por indicação do próprio arrendatário; e *(b)* na locação e no arrendamento é da essência a restituição do bem, enquanto no arrendamento empresarial *(leasing)* é da essência constar a possibilidade de o arrendatário, a final, optar pela compra.

7. *Espécies*. *Leasing* operacional; *leasing* financeiro; *lease-back, self-leasing, dummy corporation*; *leasing* internacional; *leasing* imobiliário.

A doutrina admite apenas um *leasing*: o financeiro. Os demais são o mesmo *leasing* financeiro, apenas com matizes especiais. Ainda que efetivamente seja assim, pois o *modus operandi* é sempre o do financeiro, há conhecer a existência de outras seis espécies.

7.1. *Leasing operacional*. Tem como característica principal a prestação de serviços de assistência técnica pelo arrendante.

O *leasing operacional* está fora dos benefícios tributários da Lei 6.099/74, com as modificações da Lei 7.132/83. Nasceu da *hire purchase*, na Inglaterra, em 1890, pela qual o fabricante locava, concedendo ao locatário opção de compra, e do *renting*, nos EUA, em 1920, pelo qual o fabricante locava, concedendo ao locatário assistência técnica (revisões, manutenção, consertos, etc.). Surgiu, pois, como contrato direto entre o fabricante e o arrendatário, com assistência técnica, e obviamente opção de compra.

Por isso, é também chamado de *leasing industrial*. Não havia intermediário, isto é, sociedade de *leasing*. Essa é – digamos – a forma histórica do *leasing operacional* (arrendante é a própria indústria).

No entanto, pelo art. 6º, I, do Regulamento, do Conselho Monetário Nacional, aprovado pela Resolução nº 2.309/96, do BACEN, o que distingue essa espécie das demais é apenas a prestação de serviços de assistência técnica pelo arrendador, que pode abranger também o treino dos operadores para o correto uso do bem. Não mais precisa ser celebrado com o fabricante, o que significa dizer que é admitida a intermediação da empresa de *leasing*. A espécie é bastante utilizada para máquinas fotocopiadoras.

7.2. *Leasing financeiro*. É tido como o único verdadeiro ou puro porque pressupõe a intermediação de uma sociedade de *leasing* (arrendante). Leva tal nome porque, na essência, substitui um financiamento.

Está contemplado pelos benefícios tributários da Lei 6.099/74, com as modificações da Lei 7.132/83. Nasceu nos EUA, em 1952. É o *financial leasing*, considerado único verdadeiro, ou puro, visto que fornece o *modus operandi* a todas as demais espécies. Também é chamado *leasing financeiro* porque lhe é marcante este aspecto, pois na essência substitui um financiamento, realizado por meio de uma sociedade de *leasing*, ou seja, que tem por objeto social a respectiva atividade. E como essa sociedade quase sempre está ligada a um banco (instituição financeira), junto ao qual contrai o empréstimo para comprar o bem, isso quando não é realizado pelo próprio banco (nºs 14.1.1 e 14.2.1 *infra*), é igualmente denominado *leasing bancário*.

7.3. *Lease-back*. O arrendatário vende o bem ao arrendante e toma-o em arrendamento. Na prática apenas muda a titularidade jurídica. No final, pode recuperar a propriedade pela opção de compra.

190 *Irineu Mariani*

O *lease-back* está previsto no art. 9º da Lei 6.099/74, com as modificações da Lei 7.132/83. É celebrado com o próprio vendedor. Numa operação que lembra a alienação fiduciária em garantia, o arrendatário no *lease-back* vende o bem ao arrendador – com a diferença de que transfere-lhe a *propriedade plena*, e não apenas a *fiduciária* –, e toma-o em arrendamento. Na prática, muda apenas a titularidade jurídica, passando o vendedor a ocupar como arrendatário o que antes ocupava como proprietário.

A espécie tem servido à formação de capital de giro especialmente das pessoas jurídicas. Converte bens em dinheiro. E com isso dispensa empréstimo, com a vantagem de continuar usando os bens. O interesse pode também ficar restrito a uma aplicação mais vantajosa. A espécie lembra também a retrovenda: possibilidade de o vendedor, mediante cláusula expressa, se arrepender, no prazo máximo de três anos, devolvendo o preço e indenizando o comprador (CC/02, arts. 505-8).

A operação é beneficiada com as isenções tributárias, desde que não caracterizada hipótese de exclusão (Lei 6.099/74, art. 2º, e Regulamento, do CMN, editado com base no art. 23 da Lei, aprovado pela Resolução 2.309/96 do BACEN). Isso reclama compreensão dos arts. 2º e 9º da Lei, e dos arts. 13 e 28 do Regulamento, aprovado pela Resolução.

O art. 2º da Lei é *geral* quanto às espécies e *restrito* quanto às conseqüências. Quer dizer: toda espécie de *leasing* (caráter geral) fica excluída das isenções (caráter restrito nas conseqüências) quando realizado entre pessoas jurídicas direta ou indiretamente coligadas ou interdependentes, cujo conceito é dado pelo art. 27 do Regulamento, bem assim o realizado com o próprio fabricante.

Note-se que não é vedada a celebração. Apenas ficam excluídas as isenções.

Por sua vez, o art. 9º da Lei permite que instituições financeiras, autorizadas pelo CMN, façam *leasing* com o vendedor do bem ou pessoas jurídicas a ele vinculadas, por quaisquer das modalidades do art. 2º (sociedades coligadas ou interdependentes).

Distinção: o art. 2º cuida da coligação entre arrendante e arrendatária, o que exclui os benefícios tributários; já o art. 9º cuida da coligação entre uma e outra(s) vendedora(s)-arrendatária(s) que celebram *leasing* com a mesma arrendante, o que não exclui os benefícios tributários. Por exemplo: a arrendante que celebrou *lease-back* com *A* pode também com *B*, mesmo que *A* e *B* sejam empresas coligadas ou interdependentes. Isso não prejudica as isenções tributárias.

Pelo art. 13 do Regulamento, temos: *(a)* as operações de *leasing* com o vendedor do bem, ou com pessoas a ele coligadas ou interdependentes, só podem ser celebradas na modalidade de *leasing* financeiro; *(b)* só pessoa jurídica pode ser arrendatário; e *(c)* podem ser arrendantes também bancos de desenvolvimento (públicos, tipo BNDES) e/ou de crédito imobiliário, bancos de investimento (privados), caixas econômicas e sociedades de crédito imobiliário (§ 2º).

Por sua vez, o art. 28 proíbe as empresas de *leasing* e as instituições financeiras referidas no art. 13 de celebrarem contrato: *(a)* com pessoas jurídicas coligadas ou interdependentes (Lei, art. 2º); *(b)* com administradores da entidade e seus cônjuges e parentes até o 2º grau; e *(c)* com o fabricante do bem.

Note-se: o art. 28 do Regulamento não proíbe espécies de *leasing* no Brasil, e sim impede que certas pessoas, em situações especiais, o celebrem, valendo notar que o art. 23 da Lei autoriza o CMN a fazer essas restrições.

7.4. *Self-leasing*. É celebrado entre sociedades coligadas ou com participação no capital social.

Essa espécie não está contemplada pelos benefícios tributários da Lei 6.099/74, com as modificações da Lei 7.132/83. É traduzido como *leasing consigo* porque ocorre entre sociedades coligadas, ou com participação no capital social, com ou sem controle.

Conforme a Lei 6.404/76, art. 243, §§ 1º e 2º, nas sociedades anônimas a participação mínima é de dez por cento, e o controle só ocorre com a maioria do capital social. Já o CC/02 denomina genericamente *sociedades ligadas*, sendo *(a)* controladora quando participa da outra em mais de cinqüenta por cento do capital com direito a voto; *(b)* filiada quando o capital social é participado por outra de dez a cinqüenta por cento; e *(c)* simples participante quando menos de dez por cento (arts. 1.097 a 1.101).

7.5. *Leasing dummy corporation*. É praticado por um grupo de sociedades, por meio de uma de *leasing*. Sem a conotação pejorativa, pois a espécie é lícita, pode-se chamá-la de sociedade *longa manus*.

Com efeito, sociedades com objetos sociais diversos e que não podem atuar no mercado de *leasing* porque refoge deles, criam uma sociedade de *leasing*, necessariamente anônima, devendo cumprir os mesmos requisitos das instituições financeiras. Desse modo, operam no respectivo mercado por meio dessa sociedade, a qual pode inclusive captar dinheiro do público (empréstimo) por meio de debêntures, com o qual compra bens por indicação de arrendatários. O modo de captação dos recursos substitui o empréstimo junto a instituições financeiras.

Também essa espécie não é abrangida pelas vantagens tributárias. Acha-se ligada ao que os franceses chamam de *société de paille* (sociedade de palha), como registra Waldírio Bulgarelli.[206] Entre nós, sem conotação pejorativa, pois a espécie é lícita, pode-se chamá-la de sociedade *longa manus*.

7.6. *Leasing internacional*. É assim denominado por motivo da origem *do objeto* (importado) ou *das partes* (situadas em países diversos), sendo em muitos aspectos regrado por normas específicas.

O destaque merecido, como espécie, deve-se ao fato de que "ali confluem aspectos econômicos, contábeis, tributários, administrativo-institucionais e jurídico-processuais", como escreve, invocando Thomas Benes Felserg, o eminene Rodolfo de Camargo Mancuso.[207]

Em síntese, denomina-se *leasing internacional* por motivo da origem *do objeto* (importado) ou *das partes* (situadas em países diversos), sendo que em muitos aspectos é regrado por normas específicas.

7.7. *Leasing imobiliário*. Merece reconhecido como espécie não só pelo objeto específico, mas também pelas diferenças no regramento.

Considerando envolver objeto específico (imóveis), e também pelas diferenças decorrentes do regramento (Leis 9.514/97 e 10.931/04), merece reconhecido o *leasing imobiliário* como espécie. Em essência, os motivos são os mesmos pelos quais se confere a distinção ao *leasing internacional*.

8. *Origens do contrato*. Pela preponderância, basicamente três contratos: no início, ênfase ao contrato de financiamento; durante a execução, ao locacional; no fim, ao de compra e venda empresarial, caso houver compra.

---

[206] Waldírio Bulgarelli, *Contratos Mercantis*, 10ª ed., 1998, p. 375.

[207] Rodolfo Camargo de Mancuso, *Leasing*. 3ª ed., 2002, p. 266.

A doutrina em geral informa elementos de oito contratos diversos no de *leasing*. No entanto, sem prejuízo, é possível resumir a três, que são os preponderantes, conforme os momentos principais: *(a)* no início, a ênfase é para o contrato de financiamento, pois se o arrendatário, a final, optar pela compra, o que houve foi uma estratégia de aquisição financiada; *(b)* durante a execução, a ênfase é para o contrato de locação, haja vista que as contraprestações, não havendo opção de compra, indenizam pelo uso; e *(c)* no fim, a ênfase é para o contrato de compra e venda empresarial, caso houver a respectiva opção.

9. *Idéia básica*. Locação com opção de compra. O núcleo está na *opção de compra*.

No âmbito popular, a compreensão de *leasing* é de uma locação com opção de compra. Como idéia básica, está correta. E se possível prensar ainda mais, pode-se dizer que o núcleo está na *opção de compra*, como faculdade do arrendatário.

O que é intolerável é a expressão *comprar no leasing*, por ser pura deturpação do instituto. Se é compra não é *leasing*, e se é *leasing* não é compra.

10. *Conceito e tipicidade*. O *leasing* é um contrato empresarial atípico por prazo certo, em que o arrendante, caso já não seja proprietário do bem, adquire-o a pedido do arrendatário, durante o qual este paga àquele, a depreciação ou desvalorização se bem móvel, e se imóvel o máximo de um por cento do respectivo valor, mais despesas e encargos pelo capital investido, findo o qual o arrendatário pode renovar o pacto, devolver ou comprar pagando o valor residual.

Começando pela questão da tipicidade, no caso do *leasing* não há lei específica. A existente é de natureza tributária. Surge, então, a dúvida: afinal, é um contrato *típico* ou *atípico*?

Claudineu de Melo[208] sustenta que a tipicidade do contrato leva em conta os elementos que o distingue dos demais, e não a previsão legal. Desimporta que ainda não esteja regulado em lei. Importa é que esteja garantido pelo direito. Em suma, basta a *tipicidade de fato*. É dispensável a *de direito*.

No entanto, conforme Orlando Gomes, os contratos "que se formam à margem dos *paradigmas* estabelecidos – como fruto da *liberdade de obrigar-se* – denominam-se *contratos inominados* ou *atípicos*".[209]

Em verdade, dentro de critérios clássicos, a tipicidade dos contratos depende de previsão e regramento legal específicos, mais ainda agora, face ao art. 425 do CC/02. Além disso, se bastar a tipicidade *de fato*, acaba a existência de contrato *atípico*. Sim, pois, se forem suficientes os elementos que dão existência ao contrato para tirá-lo da atipicidade, termina a própria atipicidade. Todo contrato típico existe, mas nem todo que existe é típico.

Como não há uma lei específica, pois a existente – Lei 6.099, de 12-09-74, com as modificações da Lei 7.132/83 – é de natureza tributária, conclui-se que o contrato de *leasing* é atípico.

Relativamente ao *conceito*, é oportuno lembrar que vem de *conceptus*, *concipere*, do latim (conceber, ter idéia, considerar). Serve na terminologia jurídica para indicar o sentido, a significação, a compreensão, que se tem a respeito das coisas, dos fatos e

---

[208] Claudineu de Melo, *Contrato de Distribuição*, p. 39-41, n° 30.

[209] Orlando Gomes, *Contratos*, 8ª ed., 1981, p. 115, n° 75.

das palavras. Por exemplo, pela etimologia da palavra tem-se o seu sentido técnico e conseqüentemente a fidelidade entre a idéia e a escrita.

Conceituar é, pois, dizer em palavras as características essenciais de alguma coisa. Não deve reproduzir todo o real, mas tão-só selecionar as essências. Portanto, deve ser o mais sintético possível, sem cair na pura abstração, já que os conceitos longos são de difícil memorização e os muitos genéricos perdem a função identificadora.

Não havendo lei específica, não há conceito legal. Doutrinariamente, procurando selecionar as essências, pode-se dizer o seguinte: O *leasing* é um contrato empresarial por prazo certo, em que o arrendante, caso já não seja a proprietário do bem, adquire-o a pedido do arrendatário, durante o qual este paga àquele, a depreciação ou desvalorização se bem móvel, e se imóvel o máximo de um por cento do respectivo valor, mais despesas e encargos pelo capital investido, findo o qual o arrendatário pode renovar o pacto, devolver ou comprar pagando o valor residual.

Trata-se, pois, de técnica de comercialização.

À primeira vista, não abrangeria o *lease-back*, espécie em que o vendedor é o próprio arrendatário (nº 7.3 *supra*). Porém, nessa modalidade, o arrendatário indica ao arrendador a compra de um bem dele próprio, arrendatário, para em seguida tomá-lo em arrendamento. Isso por um lado. Por outro, com a expressão *caso já não seja o proprietário* fica abrangido o *leasing* operacional (nº 7.1 *supra*), nas situações em que o arrendante já é proprietário, o que também ocorre quando o arrendatário celebra com a própria indústria.

11. *Funções do contrato*. Função social; função ética; função econômica.

O *leasing*, máxime enquanto atípico, está sujeito às três funções dos contratos em geral definidas no CC/02: social, ética e econômica, tema já desenvolvido nos aspectos gerais (nº 12 do Cap. I), cuja leitura temos como pressuposto para, agora, bem compreendê-las nos possíveis aspectos individuais da espécie contratual ora analisada.

11.1. *Função social*. O constante aperfeiçoamento tecnológico dos bens novos, por um lado estimula o uso, mas, por outro, face ao envelhecimento precoce dos existentes no mercado, desestimula a compra. É nesse permeio que o *leasing* cumpre basicamente a sua função social, ou seja, *possibilidade de usar sem comprar*, salvo por opção. E se houver aquisição, cumpre a função social também no campo do crédito, pois, a final, terá ocorrido uma compra financiada.

Como vimos (nº 12.1.3-B do Cap. I), a *função social* do contrato, pelo prisma do motivo social de existir, significa a sua preservação como entidade jurídica hábil a conciliar interesses e necessidades das pessoas em geral, e pelo prisma das partes significa a garantia do equilíbrio de direitos e obrigações, dentro de parâmetros vigentes na sociedade, salientando que não há confundir *função social* do contrato e *condição social* dos contratantes, pois não é artifício para alcançar ao mais fraco vantagem, como prêmio por ser mais fraco, nem para impor ao mais forte desvantagem, como castigo por ser mais forte.

No caso do *leasing*, a função social ocorre em duas dimenções.

A primeira consiste na *possibilidade de usar sem comprar*. Está ligada ao principal fator de expansão (nº 5 *supra*), qual seja, a permanente necessidade de renovação dos bens face ao constante aperfeiçoamento tecnológico dos novos, o que acelera a obsolescência dos existentes, e torna por conseguinte a compra economicamente desinteressante. Com efeito, o mercado está sempre inundado por produtos novos com mais recursos e a preços mais compensadores. Isso, por um lado, estimula o uso, o gozo ou fruição, mas, por outro, considerando que no contraponto envelhece precocemente os já existentes, desestimula a compra, visto que, em pouco tempo, estarão de igual modo qualitativamente superados.

É nesse permeio que entra o *leasing*, perfeitamente ajustado à necessidade do mundo moderno de permitir o uso, o gozo, o desfrutamento do bem, sem necessidade de comprar, salvo se, a final, houver opção.

A segunda dimensão do *leasing* quanto à função social ocorre no campo do crédito, pois, se houver opção de compra, a final terá ocorrido uma aquisição financiada, coincidindo, neste particular, com a alienação fiduciária (n° 15.1 do Cap. III), sendo oportuno lembrar do fenômeno mundial, a partir da segunda metade do séc. XX, da economia plasmada no consumo de bens, geradores de melhoria na qualidade de vida das pessoas em geral, sendo o instituto do crédito o meio de acesso.

11.2. *Função ética*. Não há aspectos individuais a destacar. Reporta-mo-nos ao n° 12.2 do Cap. I.

11.3. *Função econômica*. No âmbito geral, estimula o consumo e, por decorrência, aquece a economia como um todo, e, no individual, permitindo usar sem comprar, salvo por opção, evita o financiamento e a imobilização de dinheiro (ativo fixo).

A função econômica do *leasing*, está em que, no âmbito geral estimula o consumo, e por decorrência aquece a economia como um todo, e, no individual, permitindo usar sem comprar, salvo a final por opção, evita o financiamento e a imobilização de dinheiro, ativo fixo no caso das empresas. Assim, estas mantêm o dinheiro no capital de giro para realizar o objeto social.

É a razão por que o *leasing* vive a cavaleiro de surpresas agradáveis. Exemplo, a Associação Brasileira das Empresas de Leasing – ABEL, consoante matéria publicada,[210] esperava-se para 2004 um crescimento de 30%. Até novembro já havia crescido 40,8%. Na preferência, 64,9% dos contratos envolvendo automóveis, 20,1% máquinas e equipamentos a empresas, 13% equipamentos de informática, restando 2% a outras espécies. Em nova publicação,[211] a ABEL divulgou que em 2004 a carteira brasileira de *leasing* alcançou R$14,05 bilhões, um crescimento de 55,9% sobre 2003, e foram celebrados 310 mil novos contratos, totalizando 12,69 bilhões, representando uma expansão de 110,79%.

Embora a realidade seja muito dinâmica, a fotografia do período confirma o processo de expansão do *leasing* como contrato ideal num mundo marcado pela descartabilidade e pela rápida obsolescência tecnológica dos bens em geral, por causa do rápido aperfeiçoamento e até barateamento dos novos, não estimulando a compra, mas apenas o uso.

12. *Vantagem e desvantagem*. A vantagem está relacionada à função econômica, e a desvantagem, ao custo e à falta de solidez patrimonial.

A *vantagem* do *leasing* está relacionada à função econômica, como contrato perfeito a uma sociedade consumista e baseada, cada vez mais, na descartabilidade. Enseja a fruição dos bens sem precisar comprá-los. Permite ao arrendatário estar sempre usando equipamento *top line*, sem a necessidade de a empresa contrair empréstimo, ou desviar dinheiro ao ativo fixo, sofrendo as conseqüências do veloz envelhecimento

---

[210] *Jornal do Comércio*, 30-12-04, Porto Alegre, p. 5.

[211] *Revista da Confederação Nacional do Transporte – CNT*, n° 116, abril/2005, p. 26.

tecnológico. O dinheiro fica todo para o capital de giro, a fim de cumprir o objeto social.

A *desvantagem* está relacionada ao custo, pois tudo é repassado ao arrendatário. Ao fim, havendo compra o total pago supera o preço de uma aquisição direta, e não havendo, supera o que teria sido pago por um aluguel. Às vezes, os novos são até mais baratos, além de terem mais recursos. E no contraponto da vantagem de não imobilizar dinheiro, existe o enfraquecimento da solidez patrimonial do arrendatário. Quanto mais *leasing*, menos bens próprios, o que deve merecer atenção dos credores, e por decorrência criar dificuldades na consumação de operações.

13. Contratos empresariais afins. Alienação fiduciária em garantia; compra e venda com reserva de domínio.

Apenas dois contratos empresariais afins realmente interessam: o de alienação fiduciária em garantia e o de compra e venda com reserva de domínio, por fundamentarem no de *leasing* a necessidade de prévia notificação para a eficácia da mora (mora especial ou qualificada), quando o arrendante objetivar a resolução por inadimplência (nº 24.2 *infra*).

13.1. Alienação fiduciária em garantia. Há duas igualdades importantes: (a) o desdobramento da posse; e (b) uma das rubricas das prestações remunera o capital investido.

Existem muitas desigualdades entre os contratos de *leasing* e de alienação fiduciária em garantia. Por exemplo, nesta o devedor-fiduciante compra o bem e aliena-o fiduciariamente ao credor-fiduciário, passando a existir a *propriedade fiduciária* ou *resolúvel*. Na condição resolutiva o vínculo jurídico se estabelece, de modo que, ocorrendo o evento futuro, extingue-se a relação jurídica, diferentemente da condição suspensiva, onde o vínculo não se estabelece. Já no *leasing* a compra do bem ocorre diretamente pelo arrendante, o fazendo a pedido do arrendatário e para o fim específico, sendo que permanece com ele, comprador-arrendante, a *propriedade plena*.

Embora as desigualdades, há duas igualdades importantes: (a) o desdobramento da posse, ficando a direta com o devedor-fiduciante, aqui arrendatário, e a indireta com o credor-fiduciário, aqui arrendante; e (b) uma das rubricas das prestações remunera o capital investido.

13.2. Compra e venda com reserva de domínio. Em ambos há o desdobramento da posse.

Na compra e venda com reserva de domínio o vendedor conserva para si a propriedade da coisa vendida, efetivando apenas a tradição. Caso o comprador-devedor não pagar, cabe ao vendedor-credor reivindicar a coisa, resolvendo o contrato. O domínio fica sob *condição suspensiva*, ou seja, não é transferido, o vínculo jurídico não se estabelece, não se forma, não se conclui enquanto não acontecer o evento futuro, no caso, o pagamento integral.

Também na compra e venda com reserva de domínio, assim como no *leasing*, há o desdobramento da posse do bem, ficando a direta com o devedor-comprador aqui arrendatário, e a indireta com o credor-vendedor, aqui arrendante.

14. Partes (requisito subjetivo). Relativamente ao *leasing* mobiliário; relativamente ao *leasing* imobiliário.

14.1. Relativamente ao leasing mobiliário. Quanto ao arrendante; quanto ao arrendatário.

14.1.1. *Quanto ao arrendante.* Deve ser *pessoa jurídica*. Existem: *(a)* as *entidades oficiais*, autorizadas pelo Regulamento: bancos múltiplos que tenham carteira de arrendamento empresarial, de investimento e/ou de crédito imobiliário, bancos de investimento e de desenvolvimento, caixas econômicas e sociedades de crédito imobiliário; e *(b)* as *entidades não-oficiais*, necessariamente sociedades anônimas cujo objeto seja atuar no ramo, as quais dependem de autorização do BACEN e se sujeitam às mesmas condições ao funcionamento das instituições financeiras.

Pelo parágrafo único do art. 1º da Lei 6.099/74, o *arrendamento mercantil* – atualmente *empresarial* – é "negócio realizado entre pessoa jurídica, na qualidade de arrendadora, e pessoa física ou jurídica, na qualidade de arrendatária".

O art. 1º do Regulamento, do CMN, autorizado pelo art. 23 da Lei, aprovado pela Resolução 2.309/97 do BACEN, diz que as operações de *leasing* só podem ser realizadas por pessoas jurídicas, cujo objeto social principal seja "a prática de operações de arrendamento mercantil", mais os bancos múltiplos com carteira de arrendamento mercantil e as instituições financeiras arroladas no respectivo art. 13. Este, por sua vez, refere que operações "contratadas com o próprio vendedor do bem ou com pessoas a ele coligadas ou interdependentes somente podem ser contratadas na modalidade de arrendamento mercantil financeiro". Ou seja, embora o *modus operandi*, seja do *leasing* financeiro, como em todos, a configuração é de *lease-back* (nº 7.3 *supra*). E o § 2º diz: "Os bancos múltiplos com carteira de investimento, de desenvolvimento e/ou de crédito imobiliário, os bancos de investimento, os bancos de desenvolvimento, as caixas econômicas e as sociedades de crédito imobiliário também podem realizar as operações previstas neste artigo", entenda-se operações de *lease-back*.

Por sua vez, os arts. 3º e 4º do Regulamento, direcionado às demais pessoas jurídicas cujo objeto social seja a prática de operações de *leasing*, estabelecem que elas "dependem de autorização do Banco Central do Brasil" (art. 3º) e que se constituem sob a forma de "sociedades anônimas e a elas se aplicam, no que couber, as mesmas condições estabelecidas para o funcionamento de instituições financeiras (...), devendo constar obrigatoriamente de sua denominação social a expressão 'Arrendamento Mercantil'."

Conclusivamente, *primeiro*, o arrendante deve ser pessoa jurídica; *segundo*, existem: *(a) entidades oficiais*, autorizadas pelo Regulamento, que são os bancos múltipos que tenham carteira de arrendamento empresarial, de investimento e/ou de crédito imobiliário, os bancos de invenstimento, os bancos de desenvolvimento, as caixas econômicas e as sociedades de crédito imobiliário; e *(b) entidades não-oficiais*, necessariamente sociedades anônimas cujo objeto seja atuar no ramo das operações de *leasing*, as quais dependem de autorização do BACEN e se sujeitam às mesmas condições ao funcionamento das instituições financeiras, devendo no nome social usar a expressão *Arrendamento Mercantil*.

14.1.2. *Quanto ao arrendatário.* Tanto pode ser *pessoa jurídica* quanto *natural*.

Consoante o mesmo parágrafo único do art. 1º da Lei 6.099/74, arrendatário pode ser "pessoa física ou jurídica", o que é repetido pelo art. 12 do Regulamento. *Nota bene*: onde consta *pessoa física*, entenda-se *pessoa natural*. Lamenta-se o freqüente equívoco nos ordenamentos normativos.

CONTRATOS EMPRESARIAIS

197

14.2. *Relativamente ao leasing imobiliário.* Quanto ao arrendante; quanto ao arrendatário.

14.2.1. *Quanto ao arrendante.* Deve ser pessoa jurídica. Existem: *(a) entidades oficiais*, autorizadas pela Lei: caixas econômicas, bancos comerciais, bancos de investimento, bancos com carteira de crédito imobiliário, sociedades de crédito imobiliário, associações de poupança e empréstimo e companhias hipotecárias; e *(b) entidades não-oficiais*, necessariamente sociedades anônimas cujo objeto seja atuar no ramo das operações de *leasing*, as quais dependem de autorização do CMN e se sujeitam às mesmas condições ao funcionamento das instituições financeiras.

Na *alienação fiduciária imobiliária*, consoante vimos (n° 19.2 do Cap. III), que só podem celebrá-la como credor-fiduciário entidade integrante do Sistema de Financiamento Imobiliário – SFI –, tendo inclusive o legislador, por meio da Lei 10.931/04, modificado a Lei 9.514/97, e depois retornado ao texto primitivo, por meio da Lei 11.076/04, no sentido de torná-la possível a toda pessoa natural ou jurídica, quer dizer, a condição de fiduciário não privativa das entidades que operam no Sistema de Financiamento Imobiliário (art. 22, parágrafo único).

No *leasing imobiliário*, porém, há contexto normativo que exclui a pessoa natural da condição de arrendante, assim como no *mobiliário*.

Diz o § 2° do art. 5° da Lei 9.514/97: "As operações de comercialização de imóveis, com pagamento parcelado, de arrendamento mercantil de imóveis e de financiamento imobiliário em geral, poderão ser pactuadas nas mesmas condições permitidas para as entidades autorizadas a operar no SFI, observados, quanto a eventual reajuste, os mesmos índices e a mesma periodicidade de incidência e cobrança."

Se, por um lado, não diz que as operações de arrendamento mercantil são privativas das entidades do Sistema de Financiamento Imobiliário, e sim que as operações podem ser pactuadas nas condições permitidas pelo Sistema, por outro não há dúvida de que tais operações integram o mencionado Sistema, haja vista que o citado dispositivo faz parte da *Seção II* (Do financiamento imobiliário) do *Cap. I* (Do Sistema de Financiamento Imobiliário).

Conseqüentemente, só podem operar no *leasing imobiliário* as entidades previstas no art. 2° da Lei 9.514/97, que diz: "Poderão operar no SFI as caixas econômicas, os bancos comerciais, os bancos de investimento, os bancos com carteira de crédito imobiliário, as sociedades de crédito imobiliário, as associações de poupança e empréstimo, as companhias hipotecárias e, a critério do Conselho Monetário Nacional – CMN, outras entidades." (art. 2°).

A ressalva final abre o sistema a toda entidade, desde que haja autorização do CMN.

Lembremos que no *leasing mobiliário* (n° 14.1.1 *supra*) existem as *entidades oficiais*, autorizadas pelo próprio Regulamento, e as *entidades não-oficiais*, necessariamente sociedades anônimas, constituídas para o fim específico, as quais dependem de autorização do BACEN e se sujeitam às mesmas exigências das instituições financeiras.

Pois bem, no *leasing imobiliário* ocorre o mesmo. Também existem as *entidades oficiais*, autorizadas pela própria Lei a operar no Sistema de Financiamento Imobiliário, o qual o *leasing* integra, e existem as *entidades não-oficiais*, as quais, por simetria, também devem ser sociedades anônimas sujeitas às exigências das instituições financeiras, com a diferença de que a autorização não é dada pelo BACEN, mas pelo próprio CMN.

Conclusivamente, *primeiro* o arrendante deve ser pessoa jurídica; *segundo* existem: *(a) entidades oficiais*, autorizadas pela Lei, que são as caixas econômicas, os bancos comerciais, os bancos de investimento, os bancos com carteira de crédito imobiliário, as sociedades de crédito imobiliário, as associações de poupança e empréstimo e as companhias hipotecárias; e *(b) entidades não-oficiais*, necessariamente sociedades anônimas cujo objeto seja atuar no ramo das operações de *leasing*, as quais dependem de autorização do CMN e se sujeitam às mesmas condições ao funcionamento das instituições financeiras, devendo no nome social usar a expressão *Arrendamento Mercantil*.

14.2.2. *Quanto ao arrendatário*. Tanto pode ser *pessoa jurídica* quanto *natural*.

Não existe qualquer restrição, e nem se justificaria existir. Ao invés, o art. 5º da Lei 9.514, ao declinar as condições essenciais do contrato, usa no inc. III expressão genérica: *tomadores de financiamento*.

Portanto, qualquer pessoa pode ser arrendatário no *leasing* de bens imóveis, tanto pessoa jurídica quanto natural.

15. *Objeto (requisito objetivo)*. Relativamente aos bens móveis; relativamente aos bens imóveis.

15.1. *Relativamente aos bens móveis*. A exigência de descrição do bem com todas as características à perfeita identificação, exclui os *bens fungíveis* e os *consumíveis*. Ademais, não há garantia da propriedade pelo pagamento das prestações. Portanto, salvo exceção legal, apenas os *bens infungíveis* podem ser objeto de *leasing* mobiliário.

A Lei 6.099/74 usa sempre a expressão genérica *bens*, e o art. 11 do Regulamento do CMN, autorizado pelo art. 23 da Lei, aprovado pela Resolução 2.309/96 do BACEN, diz: "Podem ser objeto de arrendamento bens móveis, de produção nacional ou estrangeira, e bens imóveis adquiridos pela entidade arrendadora para fins de uso próprio da arrendatária, segundo as especificações desta." Quanto aos requisitos do contrato, o art. 7º exige "a descrição dos bens que constituem o objeto do contrato, com todas as características que permitam a sua perfeita identificação" (inc. I).

A dúvida possível diz respeito à abrangência, ou não, dos bens fungíveis e dos consumíveis.

Com efeito, o CC/2002 define como *fungíveis* os bens móveis "que podem substituir-se por outros da mesma espécie, qualidade e quantidade" (art. 85), e *consumíveis* aqueles "cujo uso importa destruição imediata da própria substância, sendo também considerados tais os destinados à alienação" (art. 86), dessarte, matéria-prima, insumos, as mercadorias armazenadas ou estocadas, etc.

Por exclusão, os *infungíveis* são os que não podem ser substituídos por outros da mesma espécie, qualidade e quantidade, como esclarecia o art. 50 do CC/1916, e menos ainda os que o uso importa destruição imediata da própria substância ou que são destinados à alienação.

De ver, pois, que a característica básica dos fungíveis é a *substitutibilidade*, sem alteração do valor, desde que se possa contar, medir ou pesar, enquanto a dos consumíveis é a *destruição*, a *anulação* ou o *desaparecimento*, desde que cumprida a finalidade ou deles se tenha tirado a utilidade, assim considerados pelo dispositivo legal também os que se destinam à alienação.

No caso do *leasing*, a exigência do Regulamento de no contrato constar a descrição do bem *com todas as características que permitam a sua perfeita identificação* (art. 7, I), por si já exclui os bens fungíveis e mais ainda os consumíveis.

Em reforço a essa exclusão, não custa lembrar que na fiduciária *comum*, o CC/02 só admite *bens infungíveis* (art. 1.361), e no mesmo sentido se posicionaram doutrina e jurisprudência relativamente à fiduciária *especial* (n° 20.1.1-A do Cap. III), de tal modo que foi necessária previsão legal para admitir os *fungíveis* (MP 2.160-25/01, que acresceu o art. 66-A à Lei 4.728/65, atualmente art. 66-B, § 3°, acrescido pela Lei 10.931/04).

Aqui, pelas mesmas razões da alienação fiduciária, não se pode, salvo norma expressa, admitir os *bens fungíveis*, e menos ainda os consumíveis. Aliás, no *leasing* o motivo da recusa é mais forte, pois não há sequer a garantia da propriedade (retrotransferência ou retrotramissão) pelo simples pagamento integral. Não basta o arrendatário pagar as prestações. Ele precisa *optar* pela compra e *pagar* o valor residual, como veremos (n° 21.1.3 *infra*).

Então, salvo exceção normativa expressa, apenas bens infungíveis podem ser objeto de *leasing mobiliário*.

15.2. *Relativamente aos bens imóveis*. Com o advento da Lei 9.514/97, admitindo oficialmente que os bens imóveis sejam objeto de *leasing* (art. 5°, § 3°), toda possível dúvida está superada, desde que abrangidos pelo *Sistema de Financiamento Imobiliário – SFI –*, devendo o bem ser utilizado pelo arrendatário para uso próprio, salvo anuência do arrendante.

O fato de a Lei 6.099/74 usar sempre o gênero *bens*, do qual são espécies os *móveis* e os *imóveis*, permitiu ao Conselho Monetário Nacional – CMN –, autorizado pelo art. 23 da Lei, incluir os *bens imóveis* no art. 11 do Regulamento, aprovado pela Resolução 2.309/96 do BACEN, o que já constava no art. 12 do anterior Regulamento, aprovado pela Resolução 980/84 do BACEN, mas tão-só "para fins de uso próprio da arrendatária".

Essa previsão, dentro da *teoria dos atos comerciais* que vigorou até a entrada em vigor do CC/02, que *adotou a teoria dos atos empresariais*, pela qual os imóveis, por princípio, não podiam ser objeto de contrato mercantil (n° 5.2.2 do Cap. II), constituía uma exceção, tal como na alienação fiduciária pela Lei 9.514/97.

Com o advento da Lei 9.514/97, admitindo oficialmente que os bens imóveis sejam objeto de *leasing* (art. 5°, § 3°), toda possível dúvida está superada, desde que abrangidos pelo *Sistema de Financiamento Imobiliário – SFI –*, sendo natural a exigência do art. 11 do Regulamento de que o bem seja para uso próprio, pois se trata de arrendação, salvo anuência do arrendante.

16. *Natureza jurídica do contrato*. Mista ou híbrida. Resulta do financiamento, da locação e da compra e venda empresarial. É incorreto dizer *contrato complexo, união* ou *coligação* de contratos, ou *simbiose contratual*.

O *leasing* é um contrato de natureza jurídica mista ou híbrida porque resulta da miscigenação da compra e venda empresarial, da locação e do financiamento. Nasce daí um novo indivíduo. Diz-se *misto* ou *híbrido* porque traduz, com fidelidade, o fenômeno ocorrente quando elementos de mais de um contrato se juntam para formar uma unidade indissolúvel e independente. E diz-se *unidade indissolúvel* porque o descumprimento rompe o todo, e não apenas a parte descumprida.

É incorreto dizer *união* ou *coligação* de contratos, pois significam coexistência de mais de um num mesmo instrumento. Justapõem obrigações. Também é incorreto dizer *simbiose* contratual, pois significa vida em comum entre dois seres, com benefícios mútuos, sem perder a individualidade. Simbiose contratual é igual a união ou coligação. O mesmo ocorre quanto a contrato *complexo*, pois, embora as múltiplas origens, existem no *leasing* apenas duas partes: o arrendante e o arrendatário. Conseqüentemente, ato jurídico simples.

Tem-se dito que o *leasing* é um contrato complexo por causa da figura do vendedor do bem. Mas este não participa do *leasing*. Como veremos (nº 17.1 *infra*), o vendedor comparece na fase preliminar; ainda, quando o vendedor é o próprio arrendatário, como acontece no *lease-back* (nº 7.3 *supra*), são celebrados pactos autônomos, embora no mesmo instrumento.

Então, o contrato de *leasing* é de natureza jurídica mista ou híbrida. Não se diga que é complexa, nem que é uma união, coligação ou simbiose contratual.

Por fim, há ressaltar que não se trata de mera costura de partes dos diversos contratos e pronto! Eis uma figura nova e psicodélica chamada *leasing*! Não. Ele é um ser lógico e harmônico, inclusive com elementos que lhe são exclusivos, que o tornam indivíduo perfeitamente distinto dos demais integrantes do universo dos contratos empresariais, como a *origem da contraprestação*, diferente do aluguel e da simples prestação de financiamento, e a *opção de compra*, alfim, como faculdade do arrendatário, pagando o valor residual.

17. *Formação do contrato*. Fase preliminar e outros pactos; fase contratual e consumação.

17.1. *Fase preliminar e outros pactos*. É a fase em que são criadas as condições à celebração do *leasing*. O promitente-arrendatário autoriza o promitente-arrendante para, se necessário, comprar o bem, celebrando, se for o caso, contratos de compra e venda empresarial e de financiamento.

O arrendante normalmente não dispõe do bem pretendido pelo arrendatário. Assim, instaura-se uma fase preliminar, na qual o promitente-arrendatário outorga mandato especial ao promitente-arrendante para que este consiga no mercado o bem, com as características e qualidades declinadas. É momento relevante ao futuro contrato de *leasing*, pois evita a possibilidade de o mandante-arrendatário reclamar do comprador-mandatário-arrendante quanto a tais itens.

É nesta fase que o arrendante, quando não dispuser do bem, celebra outros contratos, se for o caso, de compra e venda empresarial e de financiamento para pagá-lo.

17.2. *Fase contratual e consumação*. O contrato se aperfeiçoa com a assinatura das partes, porém, tratando-se de *contrato real*, a consumação acontece apenas com a efetiva entrega do bem nas condições que lhe permitem cumprir a finalidade.

Já evidenciamos, com doutrina de Orlando Gomes[212] (nº 7 do Cap. II), que, no tangente à consumação, o contrato pode ser *real*, querendo isso dizer que a entrega do objeto é ato de conclusão, e pode ser *consensual*, querendo isso dizer que a entrega do objeto já é ato de execução.

---

[212] Orlando Gomes, *Contratos*, 8ª ed., 1981, p. 88, nº 55.

CONTRATOS EMPRESARIAIS

No contrato do *leasing*, assim como no de alienação fiduciária em garantia, tratando-se de *contrato real*, a assinatura das partes apenas o aperfeiçoa no aspecto formal, pois no substancial a consumação ocorre tão-só com a efetiva entrega do bem nas condições que lhe permitem cumprir a finalidade.

Verbigrácia, uma fotocopiadora deve ser instalada no local combinado, em perfeito funcionamento, inclusive com orientação técnica ao correto manuseio.

18. Características gerais do contrato. Forma; estrutura; comutatividade; onerosidade; relação jurídica continuativa; liberdade; cessão dos direitos contratuais (*intuitu personae*).

18.1. *Forma*. Escrita, por instrumento público ou particular.

A forma é escrita (não é possível contrato verbal) por instrumento público ou particular (Regulamento editado pelo CMN, aprovado pela Resolução 2.309/96, art. 7°), inclusive quando imóvel (Lei 9.514/97, art. 38, redação do art. 57 da Lei 10.931/04).

18.2. *Estrutura*. Bilateral ou sinalagmática, isto é, obrigações recíprocas, e não apenas unilaterais.

18.3. *Comutatividade*. Direitos e obrigações equivalentes.

A comutatividade quer dizer direitos e obrigações equivalentes, obrigações e benefícios proporcionais ou no mesmo grau, o que vem a ser uma dimensão da função social do contrato (n° 12.1.3-C do Cap. I), salvo naquilo que a própria lei diferencia por tratar-se de característica do instituto.

18.4. *Onerosidade*. É inerente à atividade empresarial. Não há contrato empresarial gratuito.

18.5. *Relação jurídica continuativa*. O contrato é de execução continuada. As contraprestações se prolongam no tempo.

18.6. *Liberdade*. Ou as cláusulas são *legais*, impondo-se a ambas as partes, ou são *de adesão*, impostas pelo arrendante; logo, relativamente ao arrendatário, a liberdade é nenhuma.

O contrato ou é regrado por *cláusulas legais* (conteúdos pré-definidos pela lei), portanto impondo-se a ambas as partes, ou por *cláusulas de adesão* (conteúdos impostos pelo arrendante, como é natural).

Assim, ao arrendatário a liberdade é nenhuma. Ou aceita as condições, ou o contrato não é celebrado. Resta-lhe, no que tange às cláusulas de adesão questionar eventual ilegalidade ou abusividade.

18.7. *Cessão dos direitos contratuais (intuitu personae)*. Tanto o *leasing* mobiliário quanto o *imobiliário* é celebrado em função da pessoa, portanto *intuitu personae*, mas trata-se de princípio bastante mitigado.

No que tange ao *leasing mobiliário*, o Regulamento, do CMN, aprovado pela Resolução 2.309/96, pelo BACEN, estabelece no art. 7°, XII, a faculdade de o arrendatário "transferir a terceiros no País, desde que haja anuência expressa da entidade arrendadora, os seus direitos e obrigações decorrentes do contrato, com ou sem co-responsabilidade solidária."

No que tange ao *leasing imobiliário*, além da aplicação subsidiária do mesmo Regulamento, há também a aplicação das normas do Sistema de Financiamento Imobiliário, inclusive da alienação fiduciária de bens imóveis, como veremos (n° 19.1.2-A *infra*), portanto incide o art. 29 da Lei 9.514/97, pelo qual a transmissão dos direitos de que o fiduciante (*rectius*, arrendatário) seja titular depende da *anuência expressa do fiduciário* (*rectius*, arrendante), o que, especificamente quanto à alienação fiduciária reputamos de sentido apenas formal tendo em conta a garantia decorrente do direito real (nº 17.7 do Cap. III).

Assim, o contrato de *leasing* é celebrado em função da pessoa, das qualidades ou requisitos pessoais preenchidos pelo arrendatário, portanto *intuitu personae*, e não *intuitu pecuniae*.

Conseqüentemente, a transferência depende de autorização, mas – há reconhecer – trata-se de princípio bastante mitigado, como em diversos outros contratos, porquanto o que mais interessa ao arrendante é que a obrigação seja cumprida, e não quem a cumpre, sendo oportuno lembrar, como evidência dessa mitigação, a não-prevalência do caráter *intuitu personae* nos casos de falecimento do arrendatário e de arrematação judicial dos direitos contratuais por motivo de penhora, como veremos (nºs 23.1 e 31 *infra*).

19. *Cláusulas*. Cláusulas obrigatórias; cláusulas facultativas.

19.1. *Cláusulas obrigatórias*. No *leasing* mobiliário; no *leasing* imobiliário.

As cláusulas obrigatórias disciplinam o relacionamento das partes com o instituto do *leasing*.

19.1.1. *No leasing mobiliário*. Descrição do bem; prazo do contrato; periodicidade das contraprestações; renovação do contrato, devolução ou aquisição do bem; valor da contraprestação; atualização monetária, multas, juros, encargos especiais, outros encargos, discriminação das rubricas e dos valores; cláusula de variação cambial (bem adquirido com recursos do exterior).

19.1.1-A. *Descrição do bem*. O contrado deve descrever o bem, permitindo sua perfeita identificação.

O art. 7º, I, do Regulamento, editado pelo Conselho Monetário Nacional, com base no art. 23 da Lei 6.099/74, aprovado pela Resolução 2.309/96, do BACEN, exige que "a descrição dos bens que constituem o objeto do contrato, com todas as características que permitam sua perfeita identificação."

O fato de o art. 5º da Lei 6.099/74 não arrolar, dentre os requisitos, a perfeita identificação do bem, não dispensa a necessidade, pois, de outro modo, teríamos contrato cujo objeto não se sabe ao certo, o que não é admissível, até porque só se admite bens infungíveis (15.1 *supra*).

19.1.1-B. *Prazo do contrato*. Desconsiderando o excesso do CMN, e compreendendo o art. 8º do Regulamento pela sua lógica (diferenciar conforme a *vida útil* do bem), os *prazos mínimos* são os seguintes: *(a)* de noventa dias quando o bem tiver vida útil de curta duração (até 2 anos); *(b)* de dois anos quando o bem tiver vida útil de média duração (de dois a cinco anos); e *(c)* de três anos quando o bem tiver vida útil de longa duração (mais de cinco anos).

O art. 5º, *a*, da Lei 6.099/74, exige o "prazo do contrato", o que é repetido no art. 7º, II, do Regulamento.

Prazo é uma expressão genérica, podendo ser *determinado* e *indeterminado*.

Por isso, e porque não seria concebível um contrato de *leasing* por tempo indeterminado, o art. 8º do Regulamento diz o seguinte: "Os contratos devem estabelecer os seguintes *prazos mínimos* de arrendamento: *I* – para o arrendamento mercantil financeiro: *a)* 2 (dois) anos, compreendidos entre a data de entrega dos bens à arrendatária, consubstanciada em termo de aceitação e recebimento dos bens, e a data do vencimento da última contraprestação, quando se tratar de arrendamento dos bens com vida útil igual ou inferior a 5 (cinco) anos; *b)* 3 (três) anos, observada a definição do prazo constante da alínea anterior, para o arrendamento de outros bens; *II* – para o arrendamento mercantil operacional, 90 (noventa) dias."

E quando a vida útil é de curta duração? Se o prazo contratual aumenta de dois para três anos da média para a longa, e se a baliza entre ambas é de cinco anos, pode-se concluir que, em princípio, a vida útil de curta duração vai até dois anos.

É razoável a fixação de *prazos mínimos*, e não *máximos*, como aparentemente poder-se-ia pensar, a fim de evitar burla ao instituto do *leasing*, por exemplo, camuflar uma compra e venda empresarial a prazo, apenas para obter vantagens tributárias. De igual modo é razoável a diferenciação de prazos mínimos, segundo a maior ou menor *vida útil* do bem, por se tratar de *critério natural*.

Entende-se por *vida útil* o período durante o qual se espera a efetiva utilização econômica, em condições normais, cabendo à Secretaria da Receita Federal publicar periodicamente o prazo para cada espécie de bem, vigorando em caso de omissão a *taxa de depreciação* prevista na legislação do Imposto de Renda (Lei 6.099/73, art. 12 e §§).

Porém, o Conselho Monetário Nacional – CMN –, ao diferenciar prazo mínimo também com base em espécies de *leasing* (financeiro e operacional), ultrapassou a competência que lhe delegou o art. 23 da Lei 6.099/74.

Conseqüentemente, desconsiderando o excesso do CMN, e compreendendo o art. 8º do Regulamento pela sua lógica, razoável ao diferenciar os prazos mínimos conforme a vida vida útil do bem – curta, média e longa –, conclui-se que os prazos são os seguintes: *(a)* de noventa dias quando o bem tiver vida útil de curta duração (até dois anos); *(b)* de dois anos quando o bem tiver vida útil de média duração (de dois a cinco anos); e *(c)* de três anos quando o bem tiver vida útil de longa duração (mais de cinco anos).

19.1.1-C. *Periodicidade das contraprestações.* **O comum é contraprestação mensal, nada obstando, porém, seja até semestral, podendo ser até anual se o objeto da operação se destinar a atividades rurais.**

O art. 5º, *b*, da Lei 6.099/74, exige o "valor da contraprestação por períodos determinados, não superiores a 1 (um) semestre", sendo que o parágrafo único, acrescentado pela Lei 7.132/83, delega competência ao CMN para "nas operações que venha a definir, estabelecer que as contraprestações sejam estipuladas por períodos superiores aos previstos na alínea *b* deste artigo." O art. 7º do Regulamento repete a Lei, ou seja, a periodicidade das prestações é de no máximo seis meses, e excepciona dizendo "salvo no caso de operação que beneficiem atividades rurais, quando o pagamento pode ser fixado por períodos não superiores a 1 (um) ano."

O comum é que a periodicidade da contraprestação seja mensal, nada obstando, porém, conforme a conveniência das partes, seja até semestral, podendo ser até anual se o objeto da operação se destinar a atividades rurais.

19.1.1-D. *Renovação do contrato, devolução ou aquisição do bem.* **É essencial que no contrato conste, como faculdades do arrendatário, a**

renovação do pacto, a devolução ou aquisição do bem, sob pena de não existir *leasing*.

O art. 5º, *c*, da Lei 6.099/74, exige "a opção de compra ou renovação do contrato, como faculdade do arrendatário." Pelo art. 7º do Regulamento deve constar "as condições para o exercício por parte da arrendatária do direito de optar pela renovação do contrato, pela devolução dos bens ou pela aquisição dos bens arrendados" (inc. V), e "a concessão à arrendatária de opção de compra dos bens arrendados, devendo ser estabelecido o preço para seu exercício ou critério utilizável na sua fixação" (inc. VI).

Ficando, por ora, na questão focada – *renovação*, *devolução* ou *aquisição*, como faculdades do arrendatário –, trata-se de cláusula essencial, sob pena de não existir contrato de *leasing*, mas compra e venda empresarial a prazo (Lei 6.099/73, art. 11, § 1º).

19.1.1-E. *Valor da contraprestação.* **Tema que envolve múltiplos aspectos, motivo por que é destacado em item específico (nº 22** *infra***).**

19.1.1-F. *Atualização monetária, multas, juros, encargos especiais, outros encargos, discriminação das rubricas e dos valores.* **Temas que envolvem múltiplos aspectos, motivo por que são destacados em itens específicos (nºs 22.4** *usque* **22.9** *infra***).**

19.1.1-G. *Cláusula de variação cambial (bem adquirido com recursos do exterior).* **É obrigatória quando o bem for adquirido com recursos provenientes do exterior.**

Trata-se de cláusula obrigatória apenas aos casos de recursos provenientes do exterior. Estabelece o art. 9º do Regulamento aprovado pela Resolução 2.309/96 que os contratos de *leasing* de bens "cuja aquisição tenha sido efetuada com recursos provenientes de empréstimos contraídos, direta ou indiretamente no exterior, devem ser firmados com cláusula de variação cambial."

A cláusula é legal e sempre foi ratificada pela jurisprudência, como veremos (nº 38 *infra*).

19.1.2. *No leasing imobiliário.* **Consideração inicial (legislação aplicável); identificação do bem; prazo do contrato; periodicidade das contraprestações; valor da contraprestação; renovação do contrato, devolução ou aquisição do imóvel; atualização monetária, multas, juros, encargos especiais, outros encargos, discriminação das rubricas e dos valores.**

19.1.2-A. *Consideração inicial (legislação aplicável).* **A Lei 9.514/97 limita-se a** *instituir* **o** *leasing* **imobiliário e a** *facultar* **pactuação nas condições das entidades autorizadas a operar no SFI. Aplica-se ao** *leasing* **imobiliário as normas do SFI, especialmente da alienação fiduciária, respeitadas as essências do** *leasing* **como instituto, inclusive previstas na legislação do arrendamento empresarial de móveis, a fim de que não deixe de ser** *leasing*.

Diz o art. 5º da Lei 9.514/97: "As operações de financiamento imobiliário em geral, no âmbito do SFI, serão livremente pactuadas pelas partes, observadas as seguintes condições essenciais: *I* – reposição integral do valor emprestado e respectivo reajuste; *II* – remuneração do capital emprestado às taxas convencionadas no

CONTRATOS EMPRESARIAIS

contrato; *III* – capitalização dos juros; *IV* – contratação, pelos tomadores de financiamento, de seguros contra os riscos de morte e invalidez permanente."

O § 2º estabelece: "As operações de comercialização de imóveis, de *arrendamento mercantil de imóveis* e de financiamento imobiliário em geral, poderão ser pactuadas nas mesmas condições permitidas para as entidades autorizadas a operar no SFI, observados, quanto a eventual reajuste, os mesmos índices e a mesma periodicidade de incidência e cobrança."

À sua vez, o art. 36: "Nos contratos de venda de imóveis a prazo, inclusive alienação fiduciária, de *arrendamento mercantil de imóveis*, de financiamento imobiliário em geral e nos títulos de que tratam os arts. 6º, 7º e 8º, admitir-se-á, respeitada a legislação pertinente, a estipulação de cláusula de reajuste e das condições e critérios de sua aplicação."

Por fim, o art. 37 exclui das operações de arrendamento empresarial de imóveis a "legislação pertinente à locação de imóveis residenciais, não-residenciais ou comerciais."

Tem-se, do exposto, que a Lei 9.514/97 faz referência apenas genérica ao *leasing imobiliário*. Limita-se a dois pontos: *um* a instituí-lo, e *outro* a facultar pactuação nas mesmas condições das entidades autorizadas a operar no SFI (art. 5º, § 2º), inclusive cláusula de reajuste, ressalvada quanto a esta a legislação pertinente (art. 36), isto é, eventual legislação específica da espécie contratual.

Assim, temos lacunas, e por decorrência campo a dúvidas, porém vão-se naturalmente se partirmos do princípio básico de que as soluções devem ser buscadas: *primeiro*, dentro do próprio Sistema de Financiamento Imobiliário, conforme as normas, gerais umas, e específicas da espécie contratual outras; *segundo*, fora do Sistema as normas específicas do contrato de *leasing*, afim de o resultado continuar sendo um contrato de *leasing*. Para tanto, é imprescindível preservar as características essenciais do *leasing*, que lhe dão personalidade própria no universo dos contratos empresariais, e não, conforme amiúde acontece, como tabique ou biombo que esconde outros contratos quando não instrumento de burla à legislação tributária.

Com esse norte, chega-se, dentro do Sistema, ao instituto que mais se aproxima do *leasing*: o da alienação fiduciária.

As diferenças, no limite que ora interessa, são três: *(a)* na fiduciária quem compra o bem é o devedor-fiduciante, que o aliena em garantia ao credor-fiduciário, pelo fato de ter pago aquele de quem comprou, enquanto no *leasing* quem compra é o arrendante a pedido do arrendatário; *(b)* na fiduciária o credor tem apenas a propriedade resolúvel (pago o débito, o devedor recupera a propriedade plena pela retrotransferência), enquanto no *leasing* o arrendador tem a propriedade plena e o arrendatário tão-somente a posse direta; e *(c)* na fiduciária o devedor-fiduciante obtém a propriedade automaticamente pela retrotransferência, enquanto no *leasing* o arrendatário apenas pela opção de compra exercida a final.

Quanto aos demais aspectos, pode-se dizer que, relativamente aos imóveis, os temas comuns entre a alienação fiduciária e o *leasing*, em especial no que tange aos encargos *lato sensu*, como atualização monetária, juros, capitalização, despesas, etc., comportam idênticas soluções, como veremos (nºs 22.4 a 22.9 *infra*).

Conclusivamente, aplica-se ao *leasing imobiliário* as normas gerais do Sistema de Financiamento Imobiliário – SFI –, especialmente da *alienação fiduciária imobiliária*, respeitadas as essências do *leasing* como instituto, inclusive previstas na legislação específica do arrendamento empresarial de móveis, a fim de que não seja descaracterizado como instituto, em suma, a fim de que não deixe de ser *leasing*.

19.1.2-B. *Identificação do bem.* Exige-se a descrição do imóvel, a indicação do título e o modo de aquisição; se urbano, basta o número da matrícula, caso tais dados já constem no registro.

Pelos motivos apontados no item anterior, aplica-se o art. 24, IV, da Lei 9.514/97, ou seja, é necessária a descrição do imóvel, a indicação do título e o modo de aquisição.

Porém, tratando-se de imóvel urbano, incide o art. 2º da Lei 7.433/85, como vimos na alienação fiduciária (nº 20.2.2 *supra* do Cap. III), ou seja, dispensa-se a descrição e caracterização se tais dados já constarem no registro, caso em que basta o número da matrícula.

19.1.2-C. *Prazo do contrato.* **A liberdade das partes não é ampla, sob pena de, não observado** *prazo mínimo,* **ocorrer profanação de característica essencial do** *leasing.* **Conforme item desenvolvido conjuntamente com o** *valor máximo* **da contraprestação mensal (nº 22.3.2-B** *infra),* **o máximo desta no** *leasing imobiliário* **é de 1% (um por cento) do valor do imóvel, o qual resulta inversamente proporcional ao VR, isto é, quanto** *menor* **o VR, respeitado o mínimo de 10% (dez por cento),** *maior* **o** *prazo mínimo* **do contrato, e quanto** *maior* **o VR** *menor* **o prazo mínimo do contrato.**

Como vimos (nº 19.1.1-B *supra*), no *leasing mobiliário* há prazo mínimo do contrato, conforme a maior ou menor vida útil do bem. Como também vimos (nº 25.1.2 *supra* do Cap. III), a Lei 9.514/97, que disciplina o Sistema de Financiamento Imobiliário – SFI –, silencia quanto ao prazo dos contratos nela previstos, exceto referência genérica na alienação fiduciária imobiliária (art. 24, II), portanto sem estabelecer período mínimo nem máximo. Infere-se, então, pelo *princípio da livre pactuação*, porém com o alerta de que no financiamento de imóveis a praxe é de prazo longo (cinco, dez, quinze e até vinte anos).

Desse modo, em aparência, também no *leasing* vigoraria o *princípio da livre pactuação* quanto ao prazo. Mas assim não é. Conforme salientamos (nº 19.1.2-A *supra*), aplica-se ao *leasing* imobiliário as normas do SFI, especialmente da alienação fiduciária, porém respeitadas as essências do *leasing* como instituto, inclusive previstas na legislação do arrendamento empresarial de móveis, a fim de que não seja descaracterizado, ou a fim de que não deixe de ser *leasing*.

A questão relativa ao prazo do contrato é uma que, se não fixado limite à liberdade das partes, acontece, por viés, profanação do *leasing*, noutras palavras, descaracterização como tal.

Por isso, é imprescindível manter no *leasing imobiliário* a existência de Valor Residual, como veremos (nº 20.2 *infra*), bem assim veremos ser imprescindível que o VR tenha *valor mínimo* (nº 21.2 *infra*). Adunando esses elementos, chega-se à imprescindibilidade de que a contraprestação tenha *valor máximo*, o que determina *prazo mínimo* ao contrato, temas que, por serem entrelaçados são desenvolvidos conjuntamente (nº 22.3.2-B *infra*).

Por ora, resumindo, adianta-se que o *valor máximo* da contraprestação mensal no *leasing imobiliário* é de 1% (um por cento) do valor do imóvel, o que determina *prazo mínimo* do contrato, o qual resulta inversamente proporcional ao VR, isto é, quanto *menor* o VR, respeitado o mínimo de 10% (dez por cento), *maior* o prazo mínimo do contrato, e quanto *maior* o VR, *menor* o prazo mínimo do contrato.

CONTRATOS EMPRESARIAIS

19.1.2-D. *Periodicidade da contraprestação.* **Vigora o princípio da livre pactuação.**

No *leasing mobiliário*, a periodicidade ou intervalo entre uma e outra contraprestação é no máximo semestral, podendo ser anual nas operações que beneficiem atividades agrícolas (nº 19.1.1-C *supra*); no *imobiliário*, aplicando-se as mesmas normas da alienação fiduciária de imóveis, não há restrição alguma (nº 25.2.1 do Cap. III).

Vigora, pois, o *princípio da livre pactuação*. O comum é a contraprestação mensal, porém nada obsta seja bimestral, trimestral, semestral, anual, etc.

19.1.2-E. *Valor da contraprestação.* **Tema que envolve múltiplos aspectos, motivo por que é destacado em item específico (nº 22 *infra*).**

19.1.2-F. *Renovação do contrato, devolução ou aquisição do imóvel.* **É essencial que no contrato conste, como faculdade do arrendatário, a renovação do contrato, a devolução ou aquisição do imóvel, sob pena de não existir *leasing*.**

É característica histórica e essencial do instituto do *leasing*, como vimos (nºˢ 2 e 10 *supra*), conste no contrato que, no final, o arrendatário tem a faculdade de optar entre renovar o contrato nas mesmas condições, devolver ou adquirir o objeto. Esta é uma das características genéticas do *leasing* que atua no sentido de torná-lo indivíduo autônomo no universo dos contratos empresariais.

Sem a tríplice alternativa não há contrato de *leasing*, mas compra e venda a prazo. Essa marca do *leasing*, reitera-se, por ser nuclear do próprio instituto, não pode ser dispensada pelo fato de nada constar a respeito da legislação do Sistema de Financiamento Imobiliário – SFI –, sob pena de restar totalmente desfigurado. Aplica-se ao *leasing imobiliário* a legislação do *mobiliário* (nº 19.1.1-D *supra*), inclusive porque não é incompatível com o SFI (nº 19.1.2-A *supra*).

19.1.2-G. *Atualização monetária, multas, juros, encargos especiais, outros encargos, discriminação das rubricas e dos valores.* **Temas que envolvem múltiplos aspectos, motivo por que são destacados em itens específicos (nº 22.4 *usque* 22.9 *infra*.)**

19.2. *Cláusulas facultativas.* **Disciplinam o relacionamento entre as partes, conforme os peculiares interesses. Exemplos: seguro do bem, cuidados no seu uso, inspecionamentos, benfeitorias e substituição.**

Enquano as cláusulas *obrigatórias* disciplinam o relacionamento das partes com o instituto do *leasing*, as *facultativas*, diferentemente, disciplinam o relacionamento entre as partes, conforme os peculiares interesses.

Por exemplo, cláusulas quanto ao seguro do bem, aos cuidados no seu uso, aos inspecionamentos, aos eventuais vícios, à substituição por danos ou perecimento.

Não se aplica ao *leasing* imobiliário o seguro pessoal de vida e de invalidez permanente, exigido na alienação fiduciária (nº 26.4 do Cap. III). Acontece que a transferência da propriedade do arrendante para o arrendatário depende sempre de *ato de opção* deste, e não de fato, como os infortúnios mencionados.

20. *Valor depreciado e valor conservado.* **No *leasing* mobiliário; no *leasing* imobiliário (inaplicabilidade do critério).**

20.1. *No leasing mobiliário.* **O *valor depreciado* (perdido) traduz a desvalorização do bem e a parte do capital que deve ser devolvida**

durante o contrato; o *conservado* (mantido) é o que o bem ainda vale no final do contrato.

Como vimos (n°s 2, 10 e 12 *supra*), o *leasing*, historicamente, surgiu como instrumento para ensejar, desde logo, à população em geral, a fruição de bens *móveis*, com a faculdade de optar pela compra só a final. Prosseguindo, tornou-se modernamente o instrumento que vem calhar com o traço marcante do mundo contemporâneo, qual seja o galopante progresso tecnológico dos *bens móveis*, gerando na mesma velocidade o envelhecimento tecnológico dos similares existentes no mercado, de tal modo que a própria compra, em termos econômicos, pode não ser interessante, e por isso é postergada para o final do contrato, como opção do usuário.

Dessarte, o usuário paga durante o contrato o envelhecimento do bem, seja pelo desgaste do uso, seja porque logo superado tecnologicamente. É a depreciação, cujo índice ou taxa (percentual) deve o contrato definir.

Portanto, há duas partes no preço dos *bens móveis*, distintas na substância e na época da exigibilidade. A distinção meramente formal descaracteriza o *leasing*. Se uma essencialidade é a opção de compra, outra é a estrutura do preço, a partir do *valor depreciado* (perdido) e do *valor conservado* (mantido).

O *valor depreciado* traduz a desvalorização do bem durante o contrato. É a parte do capital investido pelo arrendante que o arrendatário deve restituir durante o prazo do contrato. Por exclusão, o *valor conservado* corresponde ao que o bem ainda vale no final do contrato. É o chamado *Valor Residual*, sigla *VR*. Só é devido em caso de opção de compra.

Por exemplo: um automóvel de R$20 mil, com 15% (quinze por cento) anuais de depreciação, no final de três anos valerá R$11 mil. Depreciou R$9 mil. É a quantia do capital que o arrendatário tem que pagar durante a vigência do contrato. Se quiser comprar, terá que pagar os restantes R$11 mil, atualizados monetariamente, os quais só podem ser exigidos nesta oportunidade. Esta é a estrutura científica do *leasing*, exclusivamente a que nos interessa.

20.2. *No leasing imobiliário (inaplicabilidade do critério).* Como não é possível adotar o critério da desvalorização, pois a tendência dos imóveis é o valor subir, ou na pior hipótese manter-se estável, as partes devem eleger como *Valor Residual* uma quantia, a qual ocorre dentro de limite mínimo. Uma vez deduzida do *valor do bem*, resulta o *quantum* que o arrendatário deve retornar, no que tange ao capital, durante o contrato.

Conforme resulta do item anterior, o *leasing* nasceu e cresceu para ter como objeto *bens móveis*, pois a origem do valor da contraprestação fixa ou básica está no índice ou taxa (percentual) de depreciação ou desvaloriação – *valor depreciado* – que por sua vez, a final, permite quantificar o *valor mantido*, que vem a ser o Valor Residual a ser pago pelo arrendatário na hipótese de optar pela compra.

Mas tratando-se de *bens imóveis*, o passar do tempo e o uso não causam desvalorização. Ao invés, a tendência é a valorização ou na pior hipótese manter-se estável.

Assim, por um lado, nos imóveis não é possível o índice de desvalorização para quantificar valor fixo ou básico da contraprestação a ser paga pelo arrendatário durante o contrato (n° 22.3.1 *infra*), mas, por outro, também não é possível simplesmente desconsiderar o *princípio do valor residual*, sob pena de violarmos o *leasing* como instituto. Noutras palavras, mesmo quando tem por objeto *bem imóvel* o *leasing* não pode deixar de ser *leasing*, não pode abrir mão de suas essências.

Por isso, em substituição do critério da depreciação, as partes devem eleger como Valor Residual uma quantia, a qual, como veremos (n° 21.2 *infra*), não acontece ao livre talante, mas dentro de limite mínimo. Uma vez deduzida tal quantia do valor do bem, tem-se como resultado o *quantum* que o arrendatário deve retornar ao arrendante, no que tange ao capital, durante o contrato.

O que não pode é, pelo fato de o objeto ser imóvel, não existir VR a ser pago pelo arrendatário no final do contrato, caso optar pela compra, pois, se não houver, as partes não celebraram contrato de *leasing*, mas compra e venda parcelada.

21. *Valor residual (VR).* No *leasing* mobiliário; no *leasing* imobiliário.

21.1. *No leasing mobiliário.* Origem qualitativa do Valor Residual; sistemas para a definição quantitativa do Valor Residual; fato gerador da obrigação de pagar o Valor Residual; garantia do Valor Residual e conseqüência prática da não-opção de compra; incompatibilidade da garantia do Valor Residual com a lei e o *leasing* como instituto; cobrança antecipada do Valor Residual e descaracterização do *leasing*; quitação antecipada.

21.1.1. *Origem qualitativa do Valor Residual.* Tem origem no *valor conservado.* É o valor do bem no término do contrato. Corresponde àquilo que o arrendatário deve pagar, caso fizer a opção de compra.

O art. 5°, I, do Regulamento, editado pelo Conselho Monetário Nacional com base no art. 23 da Lei 6.099/74, e aprovado pela Resolução 2.309/96 do BACEN – que trata do *leasing financeiro* –, diz que o valor da contraprestação e demais pagamentos previstos no contrato devem ser "suficientes" para o arrendante recuperar, durante o prazo contratual, o "custo do bem arrendado", mais um "retorno" sobre os recursos investidos.

Com efeito, a expressão *custo do bem arrendado* não quer dizer *despesas* com a manutenção e conservação do bem, até porque são da responsabilidade do arrendatário que o está usufruindo e na posse direta, mas o *preço de aquisição*.

Ora, se durante o contrato o arrendatário deve restituir o preço do bem, que vem a ser 100% do capital investido pelo arrendante, nada resta ao *Valor Residual*, o que descaracteriza o contrato como sendo de *leasing*, não bastasse a violação ao art. 12 da Lei 6.099/74, como logo veremos.

O art. 6°, I – que trata do *leasing operacional* –, com a redação aprovada pela Resolução 2.465/98 do BACEN, diz que o valor da contraprestação inclui "o custo de arrendamento do bem" e "os serviços" para colocá-lo à disposição do arrendatário, não podendo a soma de ambos ultrapassar 90% (noventa por cento) do "custo do bem".

Isso ao menos preserva o *Valor Residual* em no mínimo 10% do capital investido pelo arrendante (100 – 90 = 10). Noutras palavras, a desvalorização do bem pode chegar a no máximo noventa por cento do valor original. De notar que pela redação original esse mínimo era de 25% (vinte e cinco por cento), isto é, a desvalorização podia chegar no máximo a 75% (setenta e cinco por cento) do valor do bem.

Como se vê, o fato de os dispositivos regulamentares falarem em *custo de arrendamento do bem* e em *custo do bem arrendado*, confirma que este significa *preço de aquisição*, ou seja, aquilo que o arrendante pagou na compra, ou valor do bem na data do contrato se já era proprietário.

À sua vez, o art. 12 da Lei 6.099/74 – que se aplica todas às espécies de *leasing* – diz que as "cotas de depreciação" do "preço de aquisição" serão admitidas como "custos" da arrendadora, calculadas de acordo com a "vida útil do bem", como tal entendendo-se, conforme o § 1º, o prazo durante o qual se espera a efetiva utilização econômica, sendo que a Secretaria da Receita Federal, de acordo com o § 2º, deve publicar periodicamente tabela com o tempo de vida útil de cada espécie de bem, em condições normais de uso, sendo que, em caso de omissão, vale a "taxa de depreciação" utilizada para o Imposto de Renda (§ 3º).

Segundo o dispositivo legal: *(a)* os *custos* (plural) são as despesas (todas as rubricas), o que não deve ser confundido com *custo do bem arrendado* (uma rubrica); *(b)* as *cotas de depreciação*, ou *valor depreciado* ou *taxa de depreciação* (soma das quotas), são a desvalorização do bem durante a vigência do contrato, correspondendo cada quota à parte básica ou fixa do valor de cada contraprestação (nº 22.3.1 *infra*); e *(c)* o *preço de aquisição* é o preço de compra pago pelo arrendante, ou valor do bem na data do contrato, quando já for proprietário.

Evidente, pois, a *origem qualitativa* do Valor Residual (aquilo que o bem ainda vale no final do contrato ou valor conservado), cujo *quantitativo* é definido por um dos sistemas existentes, como veremos (nº 21.1.2 *infra*).

Do exposto, há duas conclusões.

Uma de que o art. 5º, I, do Regulamento, ao estabelecer que durante o contrato o arrendatário deve devolver, por meio das contraprestações, cem por cento do capital investido pelo arrendante, contêm dois equívocos: *(a)* eliminando na prática o valor residual, torna o *leasing financeiro* idêntico à compra e venda empresarial com pagamento parcelado; *(b)* fere o art. 12 da Lei 6.099/74, pelo qual durante o contrato a recuperação do capital investido acontece por meio das *quotas de depreciação*, cada qual integrando a *parte básica* ou fixa da contraprestação. Por outra, a *parte básica* ou fixa de cada contraprestação traduz aquilo que o bem depreciou no respectivo período. No final, somando-se tais quotas, tem-se o *valor depreciado* ou, como diz o art. 12 da Lei, a *taxa de depreciação*.

Outra conclusão de que – já adiantando o que será aprofundado (nº 22.3.1 *infra*) – o valor da contraprestação no *leasing* não é de livre estipulação pelo arrendante, como se fosse *(a)* uma locação, na qual o locador estipula o preço que bem entende e o locatário aceita ou não, ficando submetidos à disciplina legal apenas os reajustes, ou *(b)* a prestação de um financiamento, em que faz-se variações para mais ou para menos conforme a conveniência das partes. Não. No *leasing*, a disciplina acontece já na definição do valor inicial da contraprestação. É o *princípio da depreciação do bem*, que por sua vez segue o *princípio da vida útil do bem*, nos exatos termos do art. 12 da Lei. Quanto menor o tempo de vida útil, maior a depreciação, e quanto menor esta, maior aquela.

21.1.2. *Sistemas para a definição quantitativa do Valor Residual*. Identificação dos sistemas; Valor Residual Contábil; Valor Residual de Mercado.

21.1.2-A. *Identificação dos sistemas*. O art. 5º, *d*, da Lei 6.099/74, prevê dois sistemas de definição do Valor Residual, inerentes ao *leasing*: o VR Contábil e o VR de Mercado.

Diz o art. 5º, *d*, da Lei 6.099/74, que o contrato deve ter o "preço para opção de compra *ou* critério para sua fixação".

A Lei, embora as compreensíveis lacunas (trata-se de ordenamento para fins tributários), permite a identificação de dois sistemas para definir o *quantum* do Valor Residual: o *VR Contábil* e o *VR de Mercado*.

21.1.2-B. *Valor Residual Contábil.* Estipula-se previamente (*depreciação presumida* ou *programada*), a partir do *tempo de vida útil* do bem, definido pela SRF ou, havendo omissão, pela legislação do IR. É o valor que o arrendatário deve pagar, independentemente do *VR de Mercado*, maior ou menor, caso optar pela compra, e que vigora, salvo expressa contratação deste.

Quanto ao *VR Contábil* – que traduz a depreciação presumida ou programada –, estipula-se a taxa ou percentual de depreciação do bem durante o contrato, conforme o *tempo de vida útil*, definido pela Secretaria da Receita Federal, ou, no caso de omissão, conforme a legislação do Imposto de Renda, daí resultando as *quotas de depreciação* (Lei 6.099/74, art. 12, *caput*, e § 2º).

As *quotas de depreciação* representam a *desvalorização progressiva*, que o arrendatário vai repassando ao arrendante por meio da *parte básica* ou fixa da contraprestação (nº 22.3.1 *infra*), normalmente mensal, mas também pode ser até semestral e, excepcionalmente, até anual quando a operação beneficiar as atividades rurais (nº 19.1.1-C *supra*). Na ausência de qualquer parâmetro oficial, nada obsta que as partes, baseadas na realidade específica, definam qual a taxa de depreciação e a partir daí as diversas quotas de acordo com o número de contraprestações.

Considerando que isso ocorre previamente, na celebração do contrato, a estimativa corresponde uma *depreciação presumida* ou programada que, a final, poderá, ou não, coincidir com a *depreciação real*. Dentro deste sistema, o valor que sobeja no término do contrato é o *VR Contábil*, que deverá ser pago em caso de opção de compra, consoante vimos no exemplo do automóvel (nº 20.1 *supra*), quando não tiver sido eleito o *VR de Mercado*.

Como sempre há *taxa de depreciação*, fixada de modo explícito ou implícito, como veremos (nº 22.3.1 *infra*), isso pelo simples fato de que sempre existe contraprestação, conclui-se que também o *VR Contábil* sempre existe, revelando aquilo que o bem presumivelmente ainda vale, e que deve ser pago na eventual opção de compra pelo arrendatário, atualizado monetariamente, salvo pactuação expressa do *VR de Mercado*, e isso independentemente de este ser maior ou menor, pois envolve risco assumido pelas partes.

21.1.2-C. *Valor Residual de Mercado.* Estipula-se que o mercado dirá quanto o bem valerá no final do contrato para eventual opção de compra pelo arrendatário (*depreciação real*). É o valor que o arrendatário deve pagar, se pactuado este sistema, caso optar pela compra, independentemente de o *VR Contábil* ser maior ou menor.

Quanto ao *VR de Mercado* – que traduz a *depreciação real* –, prevalece quando pactuado pelas partes. Vale apenas para o caso de opção de compra. Desconsidera-se, então, para o fim específico, o *VR Contábil*. Retomando o exemplo do automóvel (nº 20.1 *supra*), vimos que o *VR Contábil* foi de R$11 mil. Já o *VR de Mercado* poderá ser igual, superior ou inferior.

Há, dessarte, uma álea assumida por ambas as partes, o que só pode ser desconsiderado, como diz o art. 478 do CC/02, quando a execução se tornar a uma das partes "excessivamente onerosa, com extrema vantagem para a outra, em virtude de acontecimentos extraordinários e imprevisíveis". É a *teoria da imprevisão*. Orlando Gomes, invocando Massineo (*Dottrina generale del contrato*), ensina que é possível a resolução ou a redução das prestações "quando acontecimentos extraordinários determinam radical alteração no estado de fato contemporâneo à celebração do contrato, acarretando conseqüências imprevisíveis, das quais decorre excessiva onerosidade no cumprimento da obrigação".[213]

O art. 6°, III, do Regulamento, do CMN, aprovado pela Resolução 2.309/96, do BACEN, torna obrigatório o *VR de Mercado* no *leasing* operacional, o que se ostenta abusivo na medida em que, sem previsão legal nem motivo relevante, atenta contra o princípio da *liberdade contratual* ou da *autonomia da vontade*, o qual abrange os poderes de auto-regência, definindo o conteúdo conforme os respectivos interesses, salvo, como ensina Orlando Gomes, casos de ferimento às "leis de *ordem pública* e aos *bons costumes*".[214]

Ademais, como salientamos na identificação dos dois sistemas no art. 5°, *d*, da Lei 6.099/74, o dispositivo legal usa a conjunção alternativa *ou*; logo, mais uma vez, o CMN extrapolou a competência que lhe delegou o art. 23.

Por fim, como a mesma alínea diz "quando for estipulada esta cláusula", referindo-se ao *VR de Mercado*, resulta que ele só vigora quando expressamente contratado.

21.1.3. *Fato gerador da obrigação de pagar o Valor Residual.* É o *exercício* da opção de compra.

O art. 5° da Lei 6.099/74, alínea *d*, refere "preço *para* opção de compra ou critério de sua fixação". Se o preço – entenda-se *valor residual* – é *para* a opção de compra, conclui-se que o *fato gerador* do *VR* é o efetivo *exercício* da faculdade de comprar. Dentro da tríplice alternativa, se houver prorrogação observam-se as normas do contrato originário (Lei 6.099/74, art. 6°, §§ 1° e 2°); se houver término puro e simples, nada é devido; e, se houver opção de compra, é devido o *VR Contábil* ou, se estipulado, o *VR de Mercado*.

21.1.4. *Garantia do Valor Residual e conseqüênia prática da não-opção de compra.* Obrigação de o arrendatário pagar ao arrendante eventual diferença entre o *VR Contábil* (maior) e o *VR de Mercado* (menor), quando este vender o bem. Entende-se, o art. 14, I, do Regulamento, sob pena de inconstitucionalidade, como instituidor apenas da *faculdade* de o arrendante vender.

O chamado *Valor Residual Garantido*, sigla *VRG*, é o mesmo *Valor Residual*. A questão é a *garantia*, e o problema surge quando as partes elegem o *VR de Mercado*.

Digamos que o arrendatário, no final, não renova nem compra. Em tal hipótese, diz o Regulamento que o arrendante pode conservar o bem no ativo imobilizado "pelo prazo máximo de 2 (dois) anos" (art. 14, I). Noutras palavras, na prática obriga o arrendante a vender o bem no citado prazo.

Preliminarmente, entende-se a norma como instituidora apenas da *faculdade* de vender, porquanto o Conselho Monetário Nacional desbordou da competência. Evidente que para ordenar ao arrendante que venda o bem, é necessária *lei formal*, assim como na alienação fiduciária por meio do veto ao pacto comissório quanto à propriedade, isto é, o credor-fiduciário não pode, salvo exceção, ficar em caráter definitivo com o bem, como vimos (n° 39 do Cap. III).

No caso do *leasing*, o Regulamento, ao instituir que o arrendante deve alienar o bem no prazo máximo de dois anos, viola o art. 5°, XXII, da CF, pois, salvo situações especiais previstas – repita-se – em *lei formal*, o direito de propriedade abrange o

---

[213] Orlando Gomes, *Contratos*, 8ª ed., p. 45, n° 20.

[214] Idem, p. 29, n° 14.

CONTRATOS EMPRESARIAIS

direito de o proprietário deixar de ser quando melhor lhe convier, inclusive pelo abandono (*res derelictae*).

Quanto ao mais, admitamos que tenha sido eleito o *VR Contábil*, e que a *depreciação presumida* tenha sido de 60% (sessenta por cento). Admitamos, ainda, que o mercado *de usados* tenha sofrido um desaquecimento, de tal modo que a *depreciação real* tenha sido de 75% (setenta e cinco por cento).

Ocorreu, pois, uma desvalorização efetiva de 15% (quinze por cento) acima da estimada no início. Em vista disso, admitamos, também, que o arrendante, ao vender o bem a terceiro, tenha conseguido apenas 25% (vinte e cinco por cento) do preço de aquisição (100 − 75 = 25), em vez de 40% (quarenta por cento) como seria pela programação inicial (100 − 60 = 40), resultando, conseqüentemente, uma diferença *para menos* de 15% (quinze por cento), uma vez que o arrendatário, durante a vigência do contrato, por meio das contraprestações, pagou apenas a soma das quotas da *depreciação projetada* ou desvalorização presumida (60%).

Pelo VRG − aí a questão da *garantia* − o arrendatário fica obrigado a pagar os 15% (quinze por cento). Isso quer dizer que, na prática, tem o arrendante garantido o *VR Contábil* (40%).

21.1.5. *Incompatibilidade da garantia do Valor Residual com a lei e o leasing como instituto*. Instituição da garantia; inaplicabilidade da garantia no Valor Residual de Mercado; inadmissibilidade legal da garantia no Valor Residual Contábil.

21.1.5-A. *Instituição da garantia*. **A lei apenas *institui* os sistemas de valores residuais e diz que eles são alternativos ou se auto-excluem. Quem *institui* a garantia é o Regulamento. Impõe-se examinar se ela é compatível com as normas legais existentes e com o próprio *leasing* como instituto.**

A Lei 6.099/74 limita-se a *instituir* os sistemas de valores residuais ao dizer que o contrato deve se manifestar a respeito do "preço para opção de compra" − aí o *VR Contábil* − "ou critério para sua fixação" − aí o *VR de Mercado* − (art. 5º, *d*).

Portanto, apenas os institui e afirma a alternatividade, bem clara na conjunção alternativa *ou*. Por decorrência, não é possível misturá-los ou compensar eventual desvantagem ou risco de um com a vantagem de outro. Eles se auto-excluem.

Bem diferente é o que faz o Regulamento. Em vez de *disciplinar* os sistemas instituídos pela Lei, *institui* ele próprio a *garantia* do Valor Residual (art. 7º, VII, *a* e *b*). Diga-se que repetiu o anterior, aprovado pela Resolução nº 980/84 do BACEN (art. 9º, *g*, I).

Mas não se pode, pelo só fato de a Lei não instituir a garantia acoimá-la de ilegal. Impõe-se examinar se ela é compatível com as normas legais existentes e com o próprio o *leasing* como instituto.

21.1.5-B. *Inaplicabilidade da garantia no Valor Residual de Mercado*. **Se as partes elegem o *VR de Mercado* para o caso de opção de compra, jamais há diferença a ser paga pelo arrendatário em caso de venda pelo arrendante por preço inferior ao *VR Contábil*, pois assumiu o risco da atividade empresarial. Assim como não devolve eventual *majus*, também não podem cobra eventual *minus*.**

Quando as partes elegem o *VR de Mercado* para o caso de opção de compra e o arrendatário não opta, não há diferença a ser paga por eventual discrepância entre o

VR *Contábil* (maior) e o preço de venda (menor), que o arrendante faz a terceiro, pois assumiu o risco da atividade empresarial.

Explicando, o valor de mercado oscila conforme as circunstâncias do setor econômico. Ao escolhê-lo as partes assumem uma álea.

Digamos – na seqüência do exemplo já citado (n° 21.1.4 *supra*) – que a desvalorização programada foi de 60% (sessenta por cento), mas na realidade, estando aquecido o mercado *de usados*, desvalorizou apenas 45% (quarenta e cinco por cento), fazendo com que o arrendante na venda a terceiro não consiga apenas 40% (quarenta por cento), como seria pela depreciação programada, mas 55% (cinqüenta e cinco por cento) do preço de aquisição ou quem sabe até mais. Essa diferença *para mais* lhe pertence, como vantagem decorrente do risco assumido ao ser eleito o VR *de Mercado*. Então a recíproca é verdadeira. Também lhe pertence eventual diferença *para menos*, quando a situação se inverte, como desvantagem decorrente do mesmo risco.

Ainda mais, tendo sido eleito o VR *de Mercado*, na hipótese de ser X e o arrendante vender por preço inferior, X menos Y, nada lhe cabe postular contra o arrendatário, uma vez que não pode se beneficiar com a própria desídia ou torpeza (CC/1916, art. 120; CC/2002, art. 129)

Por conseguinte, não há hipótese possível para a *garantia* quando escolhido o VR *de Mercado*, isso por incompatibilidade radical com o próprio sistema. Se na venda o VR *de Mercado* ficar além do VR *Contábil*, o *majus* pertence ao arrendante; logo, quando ficar aquém, o *minus* é um prejuízo que ele deve suportar como risco inerente à atividade empresarial.

21.1.5-C. *Inadmissibilidade legal da garantia no Valor Residual Contábil*. Se não há redução a favor do arrendatário quando opta pela compra, no caso de *VR Contábil* superior ao *VR de Mercado*, também não há acréscimo a favor do arrendante quando na venda este consegue menos que o *VR Contábil*. Ainda, tributariamente, eventual diferença consta como prejuízo do arrendante, inclusive quando vende ao arrendatário. Portanto, não é coerente cobrar do arrendatário eventual diferença quando vende a terceiro.

A princípio, o fato de a garantia, pela estrutura própria do *leasing*, não ser compatível com o VR *de Mercado*, já lança fundado ceticismo acerca da sua compatibilidade com o VR *Contábil*.

No mais, quando por omissão do contrato (n° 21.1.2-B *supra*) ou mesmo por deliberação expressa restar eleito o VR *Contábil*, há duas situações diferentes: *uma* quando o arrendatário não opta pela compra e por isso o arrendante vende o bem a terceiro, e *outra* quando o arrendatário opta pela compra.

Quando o arrendatário *não opta pela compra* e por isso o arrendante vende o bem a terceiro, há dois motivos afirmadores da incompatibilidade da garantia.

O *primeiro* está em que fere o princípio da comutatividade ou da equidade dos contratos (obrigações equivalentes), e por decorrência a função social (n° 12.1.3-C do Cap. I), porquanto a garantia só existe a favor do arrendante.

Explica-se: assim como o débito não diminui a favor do arrendatário, quando ele opta pela compra – quer dizer, terá que pagar o VR *Contábil* mesmo que seja superior ao VR *de Mercado* –, assim também, face ao princípio da comutatividade, não aumenta o crédito a favor do arrendante, quando na venda do bem a terceiro não consegue quantia pelo menos igual ao VR *Contábil*.

No mesmo exemplo acima, se foi pactuado o VR *Contábil*, e o arrendatário optar pela compra, terá que pagá-lo – 40% (quarenta por cento) –, mesmo que no mercado o bem valha 15% (quinze por cento) a mais, pois não depreciou 60% (sessenta por cento) como programado, mas apenas 45% (quarenta e cinco por cento). O arrendatário não faz jus ao abatimento. Na situação inversa, se o bem valer 15% (quinze por cento) a menos, pois não depreciou apenas 60% (sessenta por cento), mas 75% (setenta e cino por cento), de igual modo não faz jus o arrendante a cobrar a diferença.

É assim, e é razoável que assim seja, pois trata-se de risco inerente a todo contrato, calculado e assumido pelas partes.

O *segundo motivo* está no art. 9º, e parágrao único, da Lei 6.099/74, redação da Lei 7.132/83, pelos quais, no *leasing* com o próprio vendedor (*lease-back*) ou pessoas jurídicas a ele vinculadas, *o prejuízo* decorrente da venda do bem não é dedutível do *lucro real*. Isto é: se tiver o arrendadante prejuízo na venda do bem, como no exemplo dos 15% (quinze por cento), em termos tributários (Imposto de Renda) suporta o prejuízo.

Ora, se suporta o prejuízo, não é compatível transferi-lo, ou se ressarcir. Isso por um lado. Por outro, se a lei diz explicitamente que o arrendante não pode deduzir do lucro real apenas no *leasing* com o próprio vendedor ou com pessoa a ele vinculada, por exclusão diz implicitamente que nas demais situações nada obsta a dedução. Então, é dedutível; logo, resta ainda mais evidenciada a inadmissibilidade da cobrança. O fato de ser dedutível do IR subtrai o motivo da cobrança. Cobrar do arrendatário e ainda deduzir do IR gera dupla vantagem.

Ademais, se o arrendante, vendendo por 15% (quinze por cento) a menos que o *VR Contábil*, obriga o arrendatário a pagar a diferença, isso o coage irresistivelmente a comprar, pois de outro modo terá que pagar os quinze e ainda ficar sem o bem. Comprando, paga os quarenta, porém ao menos escapa do prejuízo de quinze.

Evidente que essa coação à compra, viola característica essencial do *leasing* como instituto: a tríplice alternativa entre renovar, devolver ou comprar, a ser exercida a final pelo arrendatário conforme a maior vantagem, e não conforme o menor prejuízo.

Ainda, quando o arrendatário *opta pela compra*, diz o art. 14 da Lei 6.099/74, aplicável a toda espécie de *leasing*, ser vedado o arrendante deduzir do IR a "diferença a menor" entre o "valor contábil residual" e o "preço de venda" ao arrendatário.

Circunstanciando, o arrendante não pode deduzir do lucro tributável do Imposto de Renda a diferença *a menor* que resultar do confronto entre o *VR Contábil* e o *preço de venda para o arrendatário*. O dispositivo regra exatamente a hipótese de o contrato eleger o *VR de Mercado*, ficando este abaixo do *VR Contábil*, com o arrendatário exercendo a opção de compra.

Reunindo, pois, os arts. 9º e 14, temos perfeita lógica: *(a)* se o arrendante, tiver algum prejuízo ao *vender o bem ao arrendatário*, em função da opção de compra, decorrente de eventual diferença entre o *VR de Mercado* (eleito e menor) e o *VR Contábil* (maior), ou *(b)* se tiver algum prejuízo ao *vender o bem a terceiro*, em função da não-opção de compra pelo arrendatário, decorrente de eventual diferença entre o *VR Contábil* (maior) e o *VR de Mercado* (menor), tributariamente suporta-o.

Ora, quando a lei afirma que o arrendante não pode abater do Imposto de Renda a diferença *a menor* entre o *VR Contábil* e o *preço de venda para o arrendatário* quando este exerce a opção de compra, está dizendo que ele suporta o prejuízo. Se quem suporta o prejuízo é ele, arrendante, não pode de qualquer modo se voltar contra o arrendatário para haver a tal diferença, até porque expressamente excluída do preço.

Quer isso dizer: se foi eleito o *VR de Mercado* e o bem, no exemplo que vimos adotando, depreciou 75% (setenta e cinco por cento), e não apenas 60% (sessenta por cento) como programado e pago pelo arrendatário, caso este optar pela compra pagará ainda só mais 25% (vinte e cinco por cento), e não 40% (quarenta por cento), como seria se tivesse sido eleito o *VR Contábil*. Ou seja: o arrendante suporta o prejuízo de 15% (quinze por cento) como risco ou perda normal ou ordinária da atividade, e não extraordinária, haja vista que sequer pode abatê-lo do Imposto de Renda.

Pois bem, se é assim quando o arrendatário compra o bem, pagando o *VR de Mercado*, diferente não pode ser quando o arrendante vende-o a terceiro. Se o arrendante não pode cobrar a diferença quando vende ao arrendatário, cobrá-la do arrendatário quando vende a terceiro, à guisa de *garantia do VR Contábil*, não é coerente. É um contra-senso.

Admitindo-se, *in extremis*, para argumentar, a possibilidade de impor-se ao arrendatário o pagamento da diferença na venda a terceiro, torna-se necessária a sua concordância quanto ao preço, podendo inclusive reconsiderar a não-opção de compra, já que, de qualquer modo, terá que pagar a desproporção, isto é, no exemplo citado, os 15% (quinze por cento). Será, como afirmado antes, o exercício da faculdade de um direito, porém às avessas, pois não ocorre pela maior vantagem, e sim pelo menor prejuízo, o que, em termos de *leasing*, é inconcebível. Ainda mais, se não houver sua anuência fica exposto inclusive ao comodismo do arrendante, e mesmo, em tese, a eventual combinação inescrupulosa entre vendedor e comprador para aumentar o encargo do ex-arrendatário.

Por fim, a observação de que o pretendido com a dita *garantia* do valor residual é o dito *risco empresarial zero*, não como algo justificavelmente almejado por todo empresário, mas como algo concretamente instituído, carregando-se, por meio de artifício, a probabilidade de perda tão-só ao arrendatário.

21.1.6. *Cobrança antecipada do Valor Residual e descaracterização do leasing.* Anula a sua função econômica, fere de morte uma de suas essências e torna-o compra e venda empresarial a prazo. Além disso, o Regulamento estabelece a *faculdade* de o arrendatário adiantar o VR sem que tal caracterize opção de compra, e não a *obrigação*. Se se trata de norma protetiva do arrendatário, não é possível, mediante cláusula contratual, convertê-la em protetiva do arrendante.

Assim como a maligna *garantia*, também o *adiantamento* do Valor Residual não está na Lei, mas apenas no Regulamento, e, como logo veremos, em benefício do arrendatário, e não do arrendante.

Pelo prisma da Lei 6.099/74, diz o art. 11, § 1º, que a aquisição de bens em desacordo com as normas legais "será considerada operação de compra e venda a prestação", o que é repetido pelo art. 10 do Regulamento. Diz, mas dizer não precisava, pois é conhecida a parêmia de que as coisas em Direito não se definem pelos emblemas e títulos, e sim pelos conteúdos.

Pelo prisma do Regulamento, tudo começou com a Portaria 140/84 do Ministério da Fazenda, portanto, anterior ao antigo Regulamento, aprovado pela Resolução 980/84 do BACEN, e logicamente aplicável tão-só no âmbito fiscal. Possibilitava a cobrança antecipada. Isso desapareceu com o antigo Regulamento, uma vez que falava em Valor Residual, mas pago apenas no *final do prazo*.

O atual Regulamento, elaborado pelo Conselho Monetário Nacional, aprovado pela Resolução 2.309/96 do BACEN, fez constar no art. 7º, VII, *a*, a "previsão" de o arrendatário pagar o VR em qualquer momento do contrato, sem caracterizar "exercício da opção de compra".

CONTRATOS EMPRESARIAIS

217

Observe-se, não diz que pode ser cobrado, como vêm sustentando os defensores da não-descaracterização, e sendo pactuado nos contratos, cujo caráter adesivo impõe o adiantamento. Diz apenas que é possível a *previsão* de que o arrendatário pode pagar o Valor Residual antes do término do contrato. Estabelece uma *faculdade*, um direito subjetivo do arrendatário, a ser exercido segundo o seu exclusivo juízo de conveniência, independentemente de constar ou não no contrato. Pode constar no contrato que ao arrendatário é assegurado o direito, não que é um dever, obrigando-o a pagar à vista ou, como é habitual, parceladamente, em quantia embutida na contraprestação. O que o Regulamento estabelece como norma protetiva do arrendatário não pode, mediante cláusula contratual, ser convertida em protetiva do arrendante.

Ademais, no *âmbito específico* do *leasing*, a cobrança antecipada do Valor Residual fere de morte uma de suas essências, qual seja de que, durante a vigência, quanto ao valor do bem, o arrendatário paga tão-só as *quotas de depreciação* ou valor depreciado. O adiantamento do VR anula, pois, a função econômica do *leasing* (nº 11.3 *supra*), tornando-o idêntico à compra e venda parcelada.

Sustenta-se que a antecipação do VR tem apenas caráter de caução, decorrente do fato de que é um valor garantido. Consoante já demonstrado (nº 21.1.5 *supra*), o VR não é garantido. Se não é garantido, descabe falar em caução. E seja qual for o *nomen juris* dado – caução ou qualquer outro –, corrompe o instituto do *leasing* e desnatura a sua função econômica, pois exige que o arrendatário desembolse desde logo os valores, tal qual na compra e venda empresarial a prazo.

Já no *âmbito geral dos contratos*, o adiantamento do VR, seja qual for modalidade, coage o arrendatário a comprar, pois o arrendante pode não devolver espontaneamente o valor, ou querer fazê-lo sem juros nem correção, enfim, lança mão de expedientes constrangedores que forçam o arrendatário a optar pela compra. É certo que o arrendatário pode cobrar em juízo, mas isso demora.

Sem o bem e sem o dinheiro, na prática o arrendatário é posto em evidente inferioridade face à arrendante. Tal suprime-lhe a *faculdade* de não comprar, como já decidiu o TJDF,[215] ferindo-se mais uma essência do *leasing* como instituto, qual seja o direito de comprar, ou não (nº 19.1.2-F *supra*). Alfim, resta configurada, de modo sutil, condição potestativa, uma vez que face à situação de constrangimento, a qual dependendo das circunstâncias pode ser irresistível, o arrendatário, quanto à opção de compra, fica submetido ao inteiro arbítrio do arrendante, o que é ilícito (CC/1916, art. 115; CC/2002, art. 122).

A jurisprudência, porém, certamente pelo fato de ainda não existir lei específica – a existente é de natureza tributária –, tem oscilado. Pode-se dizer que em todos os tribunais há decisões em ambos os sentidos. Predominando o entendimento da descaracterização, inclusive no STJ, houve a edição da Súmula 263 dizendo: "A cobrança antecipada do valor residual (VRG) descaracteriza o contrato de arrendamento mercantil, transformando-o em compra e venda à prestação." Com a ressalva quanto à sigla – *VR*, e não *VRG*, pois, já vimos, não é *G*arantido (nº 21.1.5 *supra*) – a dicção foi perfeita, adequada à realidade e necessária para preservar o instituto do *leasing* das deturpações.

No entanto, a Súmula foi cancelada pela 2ª Seção do STJ, na sessão de 27-8-03, sinal de que jurisprudencialmente ainda não havia um rumo definido. Depois, foi editada a Súmula 293 que diz: "A cobrança antecipada do valor residual garantido (VRG) não descaracteriza o contrato de arrendamento mercantil."

---

[215] TJDF, RT 813/333.

Com efeito, espera-se nova mudança de rumo, pois as vozes das boas razões não se calam nem ecoam inutilmente. O equívoco da Súmula 293 está em que autoriza o arrendante a *cobrar* antecipadamente, quando deveria, no máximo, nos termos do art. 7º, VII, *a*, do Regulamento, apenas *facultar* ao arrendatário o pagamento. E não se baralhe essa faculdade com a quitação antecipada do contrato (nº 21.1.7 *infra*). Não pode constar no contrato como *obrigação* do arrendatário, mas como *faculdade*. É necessário preservar a estrutura científica do *leasing*, salvo se se quiser criar um *leasing à brasileira*, ou seja, aquele em que o arrendatário paga tudo, e depois diz se quer comprar. Difícil, senão impossível, nas circunstâncias, como demonstramos, não optar pela compra.

Conseqüentemente, não bastasse a primeira violência contra o *leasing* relativa ao valor residual e sua origem, uma característica essencial, comete-se a segunda, anulando-se na prática outra característica essencial, qual seja a tríplice alternativa do arrendatário no final do contrato (renovar, devolver, comprar), visto que fica reduzido à condição de quem é obrigado a optar pela compra, e comete-se ainda a terceira violência, qual seja a garantia do Valor Residual tão-só para o arrendante.

Óbvio que, então, na realidade, não se está diante de uma operação de *leasing*, como é cientificamente e deve ser compreendido, e sim de uma compra e venda empresarial a prazo, exatamente como diz o art. 11, § 1º, da Lei 6.099/74. Realmente, não temos boa tradição no sentido de respeitar os princípios científicos dos institutos jurídicos, preservando suas raízes, origens, pureza, e por isso amiúde nos deparamos com figuras antigas com outro nome, no caso, compra e venda a prazo como *leasing*!

Mas em que circunstâncias o pagamento do VR antes do término do contrato pode ser conveniente ao arrendatário? Eis um exemplo. Digamos que o objeto seja um automóvel e que acontece uma greve nas montadoras, paralisando o setor por diversos meses. Exaurido o estoque *de novos*, o aquecimento no comércio *de usados* é efeito natural e imediato, elevando o preço. Nessa moldura, tendo o arrendatário interesse na compra e, desde que tenha sido pactuado o *VR de Mercado*, é-lhe conveniente, máxime se o contrato estiver no final, pagar o preço de mercado antes que os efeitos da greve se façam sentir. Trata-se – reitera-se – de regra protetiva do arrendatário, e não do arrendante.

21.1.7. *Quitação antecipada*. Descaracteriza o *leasing*, pois traduz antecipação da opção de compra. Se tal ocorrer, quitado não terá sido um contrato de *leasing*, mas um de compra e venda empresarial parcelado, com todas as decorrências tributárias.

Vem ocorrendo *quitação antecipada* do contrato. Trata-se de mais uma espécie de violação ao *leasing* como instituto jurídico. Desfigura-o tanto quanto – e pelos mesmos motivos – a antecipação do Valor Residual.

Cuida-se de contrato de arrendamento por prazo certo (nº 19.1.1-B *supra*), que enseja, no final, a opção de compra, e não de compra e venda parcelada. Além disso, caracteriza antecipação da opção de compra, em evidente afronta ao art. 7º, VII, *a*, do Regulamento (nº 21.1.6 *supra*). Sem dúvida, em tal ocorrência, há descaracterização do *leasing* para a compra e venda empresarial a prazo. Na realidade, a *quitação antecipada* é simples decorrência da *antecipação do VR*, pois, se é possível adiantar, também o é quitar desde logo. Uma deturpação gera outra.

Nada obsta que o arrendatário quite antecipadamente, mas em tal caso – repita-se – terá quitado uma compra e venda empresarial, como diz o art. 11, § 1º, da Lei 6.099/74, e não um contrato de *leasing*.

CONTRATOS EMPRESARIAIS

219

21.2. *No leasing imobiliário*. Considerando: *(a)* a lacuna da legislação específica do *leasing imobiliário*; *(b)* ser imprescindível existir *Valor Residual*, sob pena de não existir *leasing*; *(c)* que tal valor não pode apenas cumprir o lado formal, mas também o substancial no sentido de ter um *valor mínimo*; e *(d)* o disposto no art. 6º, I, do Regulamento, conclui-se que o *mínimo* do Valor Residual é de 10% (dez por cento) do valor do imóvel constante do contrato. Quanto aos demais aspectos do Valor Residual que interessam ao *leasing imobiliário*, vale o que foi dito relativamente ao *mobiliário*.

Como vimos (nº 19.1.2-A *supra*), a Lei 9.514/97 limita-se a *instituir* o *leasing* imobiliário e a *facultar* pactuação nas mesmas condições das entidades que operam no Sistema de Financiamento Imobiliário (art. 5º, § 2º), inclusive cláusula de reajuste, ressalvada quanto a esta a legislação pertinente (art. 36), isto é, eventual legislação específica da espécie contratual.

Consoante demonstrado naquela oportunidade, aplica-se ao *leasing imobiliário* as normas gerais do SFI, especialmente da *alienação fiduciária imobiliária*, respeitadas as essências do *leasing*, inclusive previstas na legislação específica do arrendamento empresarial de móveis, a fim de que não seja descaracterizado como instituto, em suma, a fim de que não deixe de ser *leasing*.

Dentre as essências que devem ser preservadas, uma diz respeito ao Valor Residual.

Como também vimos (nº 20.2 *supra*), o *leasing* nasceu e cresceu para ter como objeto *bens móveis*, devendo o arrendatário pagar, durante a vigência do contrato a depreciação ou desvalorização, porém este critério não se aplica aos *imóveis*, pois a tendência é a valorização, ou na pior hipótese manter-se estável.

Mas, se por um lado, o critério da depreciação não se aplica aos *bens imóveis*, por outro, deve necessariamente existir Valor Residual, a ser pago pelo arrendatário no término do contrato para a hipótese de optar pela compra, sob pena de não haver *leasing*. Assim, devem as partes definir certa quantia para tal fim, a qual, deduzida do valor do bem, resulta o *quantum* que o arrendatário deve retornar ao arrendante, a título de capital, durante o contrato.

Com efeito, incorporado ao *leasing* de bens imóveis o *princípio do valor residual*, as partes podem defini-lo ao livre talante? Não, sob pena de, em sendo irrisório ou meramente simbólico, cumprir apenas o lado formal, e o *leasing* prestar-se a farças e burlas à legislação tributária. Deve cumprir também o lado substancial. Portanto, deve ter um *valor mínimo*, sob pena de violar a *tríplice alternativa* do arrendatário. Quer dizer: o fato de o arrendatário já ter pago praticamente todo o preço do bem, coloca-o sob coação irresistível à compra. Isso anula as demais alternativas (renovação e devolução), e por decorrência viola característica essencial do *leasing*.

E qual será esse *valor mínimo*? Deve ser uma *importância razoável*. E quando uma importância é *razoável*?

Certamente, quer dizer algo mais que reles, insignificante, quantia vil, até porque o art. 5º, *d*, da Lei 6.099/74, refere *preço para opção de compra*. O substantivo *preço* contém por si só a idéia de substância em quantidade que se distancia daquilo que é insignificante. Por exemplo, o art. 686 do CPC não admite lanço que ofereça *preço vil*, e pode-se dizer que, pela jurisprudência, a suspeita começa quando não chega a 60% (sessenta por cento) da avaliação. Outro exemplo, tem-se desconsiderado a pessoa jurídica nos casos de supersócio ou megassócio, isto é, quando na prática a sociedade não passa de *alter ego* do sócio supermajoritário, sendo que a suspeita começa quando a participação no capital social ultrapassa os 90% (noventa por cento).

Esses dois exemplos informam que a compreensão de *quantia razoável*, ocorre conforme as circunstâncias, não sendo sinônimo de completo alvedrio das partes.

Pois bem, no caso do *leasing mobiliário*, espécie operacional, temos o art. 6º, I, do Regulamento, pelo qual, como demonstrado (nº 21.1.1 *supra*), a reposição, a partir de 1996, não podia ultrapassar 75% (noventa por cento) do valor original do bem; logo, o Valor Residual mínimo era de 25% (vinte e cinco por cento), sendo que em 1998, por meio da Resolução 2.465, do BACEN, a reposição não pode ultrapassar a 90% (noventa por cento) do valor original do bem; logo, o Valor Residual mínimo é de 10% (dez por cento).

Assim, *considerando* a lacuna da legislação específica do *leasing* imobiliário; *considerando* ser imprescindível existir Valor Residual, sob pena de não existir *leasing*; *considerando* que tal valor não pode apenas cumprir o lado formal, mas deve cumprir também o lado substancial no sentido de ter um *valor mínimo*; e *considerando* o disposto no art. 6º, I, do Regulamento, conclui-se que o mínimo do Valor Residual é de 10% (dez por cento) do valor do imóvel constante do contrato.

Quanto aos demais aspectos do Valor Residual que interessam ao *leasing* imobiliário, quais sejam: *(a)* fato gerador da obrigação de pagar, *(b)* garantia e conseqüência prática da não-opção de compra, *(c)* incompatibilidade da garantia com as normas legais e o *leasing* como instituto, *(d)* cobrança antecipada e descaracterização do *leasing* e *(e)* quitação antecipada, nos reportamos ao que foi dito relativamente ao *leasing mobiliário* (nº 21.1 *supra*).

22. *Contraprestação*. Natureza jurídica; objetivo; rubricas (partes) da contraprestação; atualização monetária do capital investido; multas; juros; encargos especiais (bem não adquirido com recursos próprios); outros encargos; discriminação das rubricas e dos valores.

22.1. *Natureza jurídica*. A natureza jurídica da contraprestação é indenizatória pelo uso, pois a conversão em amortização do preço do bem depende da opção de compra.

A vocação jurídica natural da contraprestação é indenizatória pelo uso do bem, pois a conversão em amortização do preço depende de ato específico do arrendatário: a *opção de compra*.

Prefere-se a natureza indenizatório à locacional, uma vez que esta, segundo as circunstâncias do mercado, pode ficar aquém ou ir além do valor da contraprestação cobrada, e por aí ensejando que se arme questionamento quando há resolução do contrato ou quando não há opção de compra, ou do arrendatário para a devolução do que pagou a mais pelo fato de na prática ter sido aluguel, e este ser menor, ou do arrendante para cobrar o que recebeu a menos, pelo fato de o aluguel ser maior. A natureza indenizatória evita esse tipo de controvérsia, pois, estreme de dúvida, ocorre quitação recíproca pelo que foi pago e recebido. Ainda, a Lei 9.514/97 afasta do *leasing imobiliário* a legislação de direito material relativa à locação (art. 37).

22.2. *Objetivo*. A contraprestação objetiva durante o contrato: *(a)* retorno de parte do capital investido pelo arrendante (parte que não integra o VR); *(b)* encargos *lato sensu* (como atualização monetária, juros e eventual multa); e *(c)* ressarcimento de despesas por custos operacionais (como recibos, correspondências, prêmio de seguro, e imposto, quando repassável).

CONTRATOS EMPRESARIAIS

Quanto ao *leasing mobiliário* (n°s 20.1 e 21.1.1 *supra*), assentamos a distinção entre o *valor depreciado* (desvalorização do bem durante a vigência do contrato) e o *valor conservado* ou Valor Residual, e quanto ao *imobiliário* (n°s 20.2 e 21.2 *supra*), assentamos que não se lhe aplica o critério da desvalorização, pois a tendência é a valorização ou na pior hipótese manter-se estável, motivo por que, em substituição, cumpre às partes definir o Valor Residual, o qual deve ser de no mínimo 10% (dez por cento) do valor do imóvel constante do contrato.

Vem agora o objetivo da contraprestação, a qual se estrutura a partir do *preço de aquisição* do bem, sendo que no *leasing mobiliário* é combinada com a *taxa de depreciação* ou *valor depreciado*, e no *imobiliário* com o valor resultante da dedução do Valor Residual.

Esquematizando, a contraprestação objetiva durante o contrato: *(a)* o retorno de parte do capital investido pelo arrendante, entenda-se parte que não integra o VR (*quantum* desvalorizado pelo bem no *leasing* mobiliário, e *quantum* que resulta da dedução do VR no imobiliário); *(b)* os encargos *lato sensu*, tais como atualização monetária do capital que retorna durante o contrato, juros inclusive compensatórios pelos quais obtém a necessária lucratividade pelo capital investido (valor do bem na data do contrato) e multa quando for o caso; e *(c)* o ressarcimento de despesas por custos operacionais, tais como recibos, correspondências, prêmio de seguro, e imposto, quando repassável.

Quanto ao restante do capital, o retorno em dinheiro ao arrendante acontece: *(a)* por meio do Valor Residual na hipótese de o arrendatário optar pela compra, atualizado monetariamente, exceto no *leasing mobiliário* quando eleito o *VR de Mercado*, pois aí envolve o risco da escolha (n° 21.1.5-B *supra*); ou *(b)* por meio da venda a terceiro.

22.3. *Rubricas (partes) da contraprestação*. Parte básica ou fixa no *leasing mobiliário*; parte básica ou fixa no *leasing imobiliário*; parte variável.

Quais são as rubricas ou partes da contraprestação? Os contratos não explicitam, os arrendantes não esclarecem e os arrendatários só mais tarde percebem existir algo incorreto, que genericamente designam *onerosidade excessiva*, e por isso invocam, impropriamente, a cláusula *rebus sic stantibus*. Então, ajuízam ações revisionais. E como não conseguem localizar nem identificar o problema, tem sido freqüente a articulação de pedidos múltiplos e variados.

Com efeito, a contraprestação tem duas rubricas ou partes principais: *uma* básica ou fixa, e *outra* variável.

22.3.1. *Parte básica ou fixa no leasing mobiliário*. Corresponde à *quota de depreciação* sofrida pelo bem no período que medeia uma e outra contraprestação.

Como vimos (n° 21.1.1 *supra*), o valor da contraprestação no *leasing* não é livre, como se fosse uma locação, onde, quanto ao preço inicial, o locador estipula o que bem entende, inclusive acima do mercado, e o locatário aceita ou não, ficando submetidos à disciplina legal apenas os reajustes, podendo até, decorrido o tempo hábil, ser reduzido por meio de ação revisional. Também não é a prestação de um financiamento, em que faz-se variações para mais ou para menos conforme a conveniência das partes, por exemplo, nos meses de safra, na alta temporada nas cidades balneárias, etc.

No *leasing*, ao invés, a disciplina acontece já na definição do *valor inicial* da contraprestação. Não é questão que pertence à liberdade dos contratantes. Tratando-se de *bem móvel*, a parte básica de cada contraprestação representa a *quota de depreciação* sofrida pelo bem no período que medeia uma e outra, vale dizer, retorno do capital investido. Se o art. 12 da Lei 6.099/74 fala em *custos*, em *preço de aquisição*, em *taxa de depreciação* e em *vida útil do bem*, evidente que são fatores que regram a definição do valor inicial, tanto que o art. 13 dá a base para o Valor Residual: o "saldo não depreciado" (*sic*), que vem a ser o *valor conservado*, ou mantido, que vem a ser o *preço de aquisição* menos o *valor depreciado*, ou perdido, ou desvalorizado.

Portanto, a *parte básica* da contraprestação representa o *valor depreciado*, o qual é obtido pela seguinte operação: *(a)* exclui-se do *preço de aquisição* ou valor do bem na data do contrato (capital investido) o *valor conservado* (valor residual), previamente projetado ou estimado (*VR Contábil*); *(b)* o resultado será o *valor depreciado* (parte do capital que o arrendatário deve repassar ao arrendante no período do contrato); *(c)* divide-se o *valor depreciado* (projetado ou estimado) pelo número de contraprestações; e *(d)* o resultado corresponde à *parte básica* da contraprestação, mais atualização monetária, como veremos (nº 22.4 *infra*).

Por exemplo, admitamos: *(a)* que o objeto seja um automóvel, cujo *preço de aquisição* seja de R$30 mil; *(b)* que o prazo seja de três anos e que a periodicidade das contraprestações seja mensal; e *(c)* que a desvalorização programada seja 60% (sessenta por cento). À vista desses elementos, o *valor depreciado* no final será de R$18 mil, os quais, divididos por 36 (trinta e seis) resultam R$500,00, os quais correspondem à *cota de depreciação mensal*, e aos quais são adicionadas as demais rubricas, como a atualização monetária, os juros, etc.

Porém, o comum é o contrato não revelar a desvalorização de modo explícito, e por decorrência também não o *VR Contábil*.

Supera-se, então, a dificuldade colhendo-se elementos do contrato que levantam o véu. Por exemplo: *(a)* se o VR foi cobrado à vista, para ter-se a desvalorização do bem no prazo do contrato basta *diminuí-lo* do preço de compra; *(b)* se o VR está sendo cobrado parceladamente (nas contraprestações mensais quase sempre é de 1%), basta *multiplicá-lo* pelo número de parcelas que a final terão sido pagas e *diminuir* o resultado do preço de compra; e *(c)* se o VR não foi nem está sendo cobrado, basta *excluir* do valor da contraprestação a *parte variável* (nº 22.3.3 *infra*), *multiplicar* o resultado pelo número de contraprestações que a final terão sido pagas e *diminuir* o resultado do preço de compra.

Alerto que nas situações das alíneas *a* e *b* adota-se a estratégia da cobrança antecipada do VR para se chegar à desvalorização do bem durante o período do contrato, e não para dizer que a cobrança antecipada é lícita (nº 21.1.6 *supra*).

Por exemplo, no caso da alínea *b*, se num contrato de três anos está sendo cobrado 1% (um por cento) ao mês do preço de compra a título de adiantamento do VR, o total é de 36% (trinta e seis por cento); logo, por exclusão, o *valor depreciado* foi indiretamente definido em 64% (100 − 36 = 64). No caso do automóvel de R$30 mil, teremos R$10.800,00 (36%), resultando, pois, R$19.200,00 (*valor depreciado*), que divididos por trinta e seis resultam R$533,33, que vem a ser a *quota mensal de depreciação*, conseqüentemente a parte básica da contraprestação, mais atualização monetária.

Invocando a liberdade de contratar, há entendimento que nega ao arrendatário o direito de questionar o valor da contraprestação, bem assim, por conseqüência, o Valor Residual, reconhecendo que este pode oscilar de 1% a 95% do preço de aquisição.

No entanto, o *valor depreciado*, como visto acima, não é de livre estipulação. Há critério objetivo para a sua definição. Se, por um lado, não se pode estabelecê-lo com exatidão – e por decorrência o *VR Contábil* –, pois foi projetado ou estimado previa-

CONTRATOS EMPRESARIAIS

mente, por outro, há dados concretos que o aproximam da realidade, ficando, eventual diferença por conta da álea inerente a todo negócio.

Dessarte, inadmissível a adoção de valor evidentemente irreal, seja por um extremo (1%), seja por outro (95%), fazendo com que o Valor Residual seja apenas um disfarce formal para ocultar a substância de outro ser. Na primeira hipótese, óbvia a subdesvalorização; na segunda, a super. O Direito como ciência tem compromisso com a realidade, e não com fantasias e disfarces.

São preocupantes, pois, decisões que na prática consagram o *leasing laranja* ou *de fachada*, não o descaracterizando nos casos de "valor residual irrisório", inclusive com evasão tributária,[216] ou "valor simbólico para efeito de opção de compra".[217] O surgimento de compreensões extremadas realçam as que, sem serem infensas às evoluções normais, preservam as essências e, por esse caminho, a individualidade e a pureza dos institutos jurídicos, balizas que, por serem fruto da experiência do passado, fundamentam o presente e dão o rumo do futuro.

22.3.2. *Parte básica ou fixa no leasing imobiliário.* **Consideração inicial; valor máximo da contraprestação e prazo mínimo do contrato.**

22.3.2-A. *Consideração inicial.* **A parte básica ou fixa da contraprestação no** *leasing imobiliário* **corresponde ao preço do imóvel na data do contrato** *menos* **o VR,** *dividido* **pelo número de contraprestações. Por outra: divide-se o número de contraprestações pelo valor do imóvel menos o VR.**

Como vimos (nº 21.2 *supra*), o Valor Residual no *leasing imobiliário* é de no mínimo 10% (dez por cento) do valor do imóvel constante do contrato. Por exclusão, o *quantum* do capital investido pelo arrendante que o arrendatário deve retornar durante o contrato corresponde ao resultado do valor do imóvel *menos* a quantia relativa ao VR. Esse resultado, dividido pelo número de contraprestações ao longo do contrato, fornece a respectiva *parte básica*.

Admitamos, para exemplificar: *(a)* que o valor do imóvel seja de R$200 mil; *(b)* que o VR definido pelas partes seja de 10% (dez por cento), que é o mínimo, portanto R$20 mil; *(c)* que o prazo do contrato seja de dez anos; e *(d)* que a periodicidade das contraprestações seja mensal, portanto 120 (cento e vinte).

Então, R$200 mil *menos* R$20 mil igual a R$180 mil, os quais divididos por 120 (cento e vinte) resultam R$1.500,00. É a parte básica ou fixa da contraprestação, equivalente a 0,75% de R$200 mil (preço do imóvel), à qual são adicionadas as demais rubricas, como a atualização monetária, os juros, etc.

22.3.2-B. *Valor máximo da contraprestação e prazo mínimo do contrato.* **O** *valor máximo* **da contraprestação mensal no** *leasing imobiliário* **é de 1% (um por cento) do valor do imóvel, o que determina** *prazo mínimo* **do contrato, o qual resulta inversamente proporcional ao VR, isto é, quanto** *menor* **o VR, respeitado o mínimo de 10% (dez por cento),** *maior* **o prazo mínimo do contrato, e quanto** *maior* **o VR,** *menor* **o prazo mínimo do contrato.**

Como vimos (nº 22.1 *supra*), a contraprestação tem *natureza jurídica indenizatória pelo uso*, convertendo-se em amortização do preço do bem apenas se houver opção de compra.

---

[216] TRF da 3ª Região, 3ª Turma, RT 790, p. 432.

[217] Ex-2º TACivSP, 12ª Câmara Cível, RT 798, p. 328.

Prosseguindo no exemplo acima, e tendo em conta que a Lei 9.514/97 não estabelece prazo contratual mínimo nem máximo, admitamos que em vez de dez anos, o prazo seja de cinco. A parte básica da contraprestação sobe para R$3 mil, sem falar nos encargos *lato sensu*, como atualização monetária e juros.

Evidente que isso empurra o arrendatário a um brete, pois, no final do contrato, na hipótese de não optar pela compra, a *indenização pelo uso do imóvel* será altíssima, certamente mais que o dobro de um aluguel. Por exemplo, sem falar na atualização monetária mensal, como veremos (nº 22.4 *infra*), só os juros compensatórios mensais, admitindo-se que sejam de 1%, pela taxa média, como também veremos (nº 22.6.4 *infra*), representam no cômputo geral um acréscimo de pelo menos R$1 mil em cada contraprestação.

Por conseguinte, a vingar a plena liberdade na definição do valor da contraprestação, o que repercute necessariamente no prazo do contrato, em *primeiro lugar* nos deparamos com uma quebra do princípio da comutatividade ou da equidade, que informa a função social do contrato na dimensão das partes (nº 12.1.3-C do Cap. I), pois reduz o arrendatário a uma situação de extrema inferioridade face ao arrendante; em *segundo*, novamente nos deparamos, no âmbito específico do contrato, com uma situação que profana o *leasing* como instituto, pois viola a característica essencial da *tríplice alternativa* do arrendatário no final do contrato (renovar, devolver, comprar).

Isso ocorre porque o alto valor da *indenização pelo uso do imóvel* torna irresistível a coação à compra, descaracterizando-se por esse modo o *leasing*, assim como, nos bens móveis, acontece nas questões relativas à garantia do VR e da sua cobrança antecipada (nºs 21.1.5-C e 21.1.6 *supra*), visto que na prática anula as alternativas da renovação e da devolução. Ou compra ou sofre prejuízo que estravasa do nível aceitável ou da margem de risco a todo contrato.

Ainda mais, não se pode excluir que o arrendante, pelo fato de lhe ser altamente vantajoso queira: *(a)* ficar com a atrativa indenização pelo uso, muito superior a qualquer possível aluguel; e *(b)* ficar também com o imóvel para nova operação do gênero – vimos que o art. 14, I, do Regulamento, que obriga o arrendante a vender no prazo máximo de dois anos é inconstitucional (nº 21.1.4 *supra*) –, passando a fazer manobras diversionistas ou a criar dificuldades ao arrendatário quando este optar pela compra, desvirtuando-se, também por aí, o *leasing*, decorrência da transgressão ao princípio da comutatividade.

Vê-se, pois, que pelo prisma de ambas as partes é necessário encontrar um *ponto de equilíbrio*, em respeito à função social do contrato e em respeito à própria estruturação científica do *leasing*.

Esse *ponto de equilíbrio* se define a partir do momento em que se equaliza a balança colocando num prato o *valor máximo* da contraprestação, e noutro o *prazo mínimo* do contrato.

No que tange ao *valor máximo*, o parâmetro é o previsto no art. 37-A da Lei 9.514/97, acrescido pelo art. 55 da Lei 10.931/04, pelo qual, como vimos na *alienação fiduciária imobiliária* (nº 40.2.3 do Cap. III), enquanto o devedor-fiduciante não entrega o imóvel, paga *por mês* uma *taxa de ocupação* igual a 1% (um por cento) do valor do imóvel, dispositivo filho do art. 38 do DL 70/66, o qual, em situação idêntica, diz o seguinte: "No período que mediar entre a transcrição da carta de arrematação no registro geral de imóveis e a efetiva imissão do adquirente na posse do imóvel alienado em público leilão, o juiz arbitrará uma taxa mensal de ocupação compatível com o rendimento que deveria proporcionar o investimento realizado na aquisição, cobrável por ação executiva."

CONTRATOS EMPRESARIAIS

Com efeito, em teor, o art. 37-A apenas definiu que a mencionada *taxa mensal de ocupação* é de 1% (um por cento) do valor do imóvel.

No caso do *leasing imobiliário*, aplicando-se o mesmo princípio, o *valor máximo* do básico da contraprestação *mensal*, prosseguindo no mesmo exemplo, é de R$2 mil, isto é, 1% sobre R$200 mil. Considerando a periodicidade *mensal* e que, excluído o VR de R$20 mil, o arrendatário deve retornar R$180 mil, dividindo-se este número por R$2 mil, resultam noventa contraprestações mensais; logo, o *prazo mínimo* do contrato é de *noventa meses*, ou sete anos e meio. Se aumentarmos o VR para R$40 mil ou para R$60 mil, reduz-se o retorno para R$160 mil e R$140 mil, e por decorrência o *prazo mínimo* do contrato, respectivamente para *oitenta meses* ou seis anos e oito meses, e *setenta meses* ou cinco anos e dez meses.

Quer dizer: o prazo mínimo do contrato é *inversamente proporcional* ao VR. Quanto *maior* o VR, *menor* o prazo mínimo do contrato. Isso equilibra os pratos da balança. Pelo prisma do arrendante, cujo interesse é de que o VR seja o menor possível, tem no contraponto o maior prazo mínimo do contrato, e pelo prisma do arrendatário, cujo interesse é de que o VR seja o maior possível, tem no contraponto o menor prazo mínimo do contrato.

Além do mais, esse jogo de pesos e contrapesos nas forças internas do contrato desestimula o VR mínimo de 10%, o qual, pode-se dizer, está pelo menos na faixa do quase-simbólico, sendo, pois, o citado jogo, elemento de colaboração efetiva para manter o *leasing* como contrato com personalidade própria no universo dos contratos empresariais, e não, como amiúde vem ocorrendo, como tabique ou biombo que esconde outros, quando não se prestando a instrumento de burla à legislação tributária.

Tendo em conta que o valor máximo de R$ 2 mil é *mensal*, nada obsta que se a periodicidade for bimestral seja de R$4 mil, se trimestral seja de R$6 mil e assim por diante.

Com essa compreensão, justificada a partir das lacunas da própria Lei 9.517/97 no que tange ao *leasing imobiliário*, porém baseada em elementos constantes da própria Lei, evita-se a profanação do *leasing* como instituto, preservando-se as suas características essenciais.

Conclusivamente, e ratificando o que já adiantamos no item relativo ao prazo do contrato (nº 19.1.2-C *supra*), eis o enunciado: o *valor máximo* da contraprestação mensal no *leasing imobiliário* é de 1% (um por cento) do valor do imóvel, o que determina *prazo mínimo* do contrato, o qual resulta inversamente proporcional ao VR, isto é, quanto *menor* o VR, respeitado o mínimo de 10% (dez por cento), *maior* o prazo mínimo do contrato, e quanto *maior* o VR, *menor* o prazo mínimo do contrato.

22.3.3. *Parte variável*. Há duas espécies de fatores: permanentes e transitórios.

A parte variável da contraprestação se compõe de duas espécies de fatores: *(a) permanentes*, como são a atualização monetária e os juros compensatórios, isto é, existem em toda contraprestação; e *(b) transitórios*, como são a multa eventualmente devida, o prêmio de seguro e, quando transferível, o imposto, por exemplo, o IPVA do automóvel, tão legítimo o repasse ao arrendatário quanto o IPTU ao locatário, isto é, existem esporádica ou periodicamente.

As correspondências, recibos, despesas de vistorias, despesas com serviços de assistência técnica e correlatos, prêmio de seguro (quando feito pelo arrendante), imposto (quando transferível), etc., não são lucros, mas recuperação ou ressarcimento de despesas. São os demais custos, previstos nos arts. 5º e 6º do Regulamento, para as espécies financeiro e operacional, inclusive os juros que a empresa de *leasing* paga à instituição financeira perante a qual contrai o empréstimo para comprar o bem.

22.4. *Atualização monetária do capital investido.* É devida independentemente de contratação e até de lei. A *base de cálculo* é sempre a totalidade do capital que ainda não retornou ao arrendante. É de livre pactuação, mas é preciso verificar se eventualmente já não se acha embutida na taxa de juros compensatórios, como acontece na *Taxa SELIC*.

É sabido – isso já é truísmo jurídico –, que a atualização monetária não é um *plus*, e sim um *minus* que se evita. Não é remuneração do capital, e sim recomposição do próprio capital; logo, independe de lei e de pactuação, *rectius*, na verdade a pactuação está no próprio capital, pois, sem a recomposição da moeda em seu poder liberatório ou aquisitivo, ele não é integralmente quitado.

No que tange ao *leasing de bens móveis*, face à inexistência de índice oficial, passou-se a dar validade ao pactuado, inclusive a TR, prevista aos financiamentos na Lei do Plano Real (Lei 9.069/95, art. 27, § 5º), e no que tange ao *de bens imóveis*, por integrar o Sistema de Financiamento Imobiliário, está prevista na Lei 9.514/97 ao dizer que é essencial a toda pactuação a reposição do valor emprestado *e respectivo reajuste* (art. 5º, I).

Como também é possível a contratação da chamada *Taxa SELIC* (Sistema Especial de Liquidação e Custódia), instituída pela Lei 9.250/95 (altera a legislação do imposto de renda das pessoas físicas e dá outras providências), deve-se atentar para eventual dupla cobrança, uma vez que a atualização já está embutida na taxa de juros compensatórios.

O STJ, interpretando o art. 39, § 4º, concluiu que a mencionada taxa é composta de *juros remuneratórios* e de *correção monetária*.[218] Outro aspecto é a inconstitucionalidade do § 4º, conforme também já decidiu o STJ,[219] pois cria na prática a figura anômala do *tributo rentável* (os juros remuneratórios significam renda, lucro); logo, caracteriza aumento de tributo sem lei específica, o que vulnera o art. 150, I, da CF, uma vez que ela é fixada pelo BACEN, e também o princípio da indelegabilidade da competência para legislar.

No entanto, as eivas dizem apenas com tributos. Nada obsta no *leasing* a contratação pela *Taxa SELIC*, desde que seja excluída a cobrança da correção monetária como rubrica autônoma.

Relativamente ao *leasing mobiliário*, voltando ao exemplo do automóvel de R$ 30 mil, com prazo de três anos e desvalorização programada em 60% (sessenta por cento), portanto R$ 18 mil, resultando contraprestação mensal básica de R$ 500,00 (nº 22.3.1 *supra*), correspondendo à *quota mensal de depreciação*, temos o seguinte: *(a)* na primeira contraprestação, admitindo-se, por hipótese, índice inflacionário de 1% (um por cento) ao mês, o valor básico ou fixo, mais correção, pois esta apenas recompõe o próprio capital, será de R$ 680,00 (500 + 180 = 680); *(b)* na segunda, a correção incidirá sobre R$ 17.500,00 (18.000 – 500 = 17.500), resultando R$ 175,00, e portanto valor básico de R$ 675,00 (500 + 175 = 675); e *(c)* assim sucessivamente as demais.

---

[218] STJ, Resp. 210645-PR, 2ª T., Rel. Min. Aldir Passarinho Júnior, em 15-05-99, e Resp. 215881-PR, 2ª T., Rel. Min. Franciulli Netto, em 13-06-2000, DJU de 19-06-2000, p. 133.

[219] STJ, Resp. 218881-PR, 2ª T., Rel. Min. Franciulli Netto, em 13-06-2000, DJU de 19-06-2000, p. 133.

Vale notar que a atualização, para fins de contraprestação, incide apenas sobre capital a ser devolvido durante o contrato, quer dizer, sobre o *valor depreciado* ou desvalorização do bem. Exclui-se a atualização o *valor conservado* ou Valor Residual porque sobre este o arrendatário paga-la-á se e quando optar pela compra.

Relativamente ao *leasing imobiliário*, voltando ao exemplo do imóvel de R$200 mil, com prazo de dez anos e R$20 mil de Valor Residual, resultando uma quota de R$180 mil a ser restituída pelo arrendatário durante o contrato, e por decorrência contra-prestação mensal fixa ou básica de R$ 1.500,00 (n° 22.3.2-A *supra*), temos o seguinte: *(a)* na primeira contraprestação, admitindo-se, por hipótese, o mesmo índice inflacio-nário, o valor básico ou fixo, mais correção, será de R$ 3.300,00 (1.500 + 1.800 = 3.300), valendo notar que, pelo mesmo motivo do *leasing mobiliário*, exclui-se o VR da base de cálculo da atualização; *(b)* na segunda, a correção incidirá sobre R$ 178.500,00 (180.000 − 1.500 = 178.500), resultando R$ 1.785,00, e portanto valor básico de R$ 3.285,00 (1.500 + 1.785 = 3.285); e *(c)* assim sucessivamente as demais.

22.5. *Multas*. Licitude da previsão; multa moratória ou sancionatória; multa compensatória ou ressarcitória.

22.5.1. *Licitude da previsão*. É lícito o contrato prever multas morató-ria e compensatória. Cuida-se de princípio geral dos contratos para os casos de inadimplemento das obrigações.

No que tange ao *leasing mobiliário*, a Lei 6.099/74 silencia a respeito das multas, mas isso não exclui a licitude da pactuação, à medida que o CC/02 insere a *cláusula penal* como princípio geral no inadimplemento das obrigações (arts. 408-16). Ademais, o fato de o Regulamento elaborado pelo CMN, aprovado pela Resolução 2.309/96, do BACEN, prever apenas *multa moratória* (art. 7°, XI, *a*), não inibe a contratação da *multa compensatória*, como logo veremos.

No que tange ao *leasing imobiliário*, a Lei 9.514/97 silencia a respeito das multas, inclusive no art. 24, específico da alienação fiduciária, porém, como vimos (n° 25.3.1 do Cap. III), o art. 26, § 1°, ao disciplinar a purgação da mora extrajudicial, estabelece que o devedor-fiduciante deve pagar, dentre outras rubricas, *as penalidades*.

Conclusivamente, é lícito o contrato, independentemente da espécie de *leasing*, estabelecer multas moratória ou sancionatória e compensatória ou ressarcitória, espé-cies do gênero *cláusula penal*.

22.5.2. *Multa moratória ou sancionatória*. Quanto ao objetivo; quanto ao valor.

22.5.2-A. *Quanto ao objetivo*. Coagir o devedor à adimplência. Traduz *efeito instantâneo* da mora.

No direito privado, o objetivo da *multa moratória*, também chamada sancionatória, é coagir o devedor a se empenhar, a fim de não cair em inadimplência. Por isso a necessidade de que tenha força coativa ao adimplemento, necessidade de que as conseqüências gerem temor. Traduz, pois, *efeito instantâneo* da mora.

22.5.2-B. *Quanto ao valor*. A multa moratória é de no máximo 2% (dois por cento) do *valor em atraso*.

O art. 920 do CC/1916 estabelecia à multa como teto valor não-excedente ao da obrigação principal, e o art. 924 estabelecia a redução proporcional nos casos de obrigação parcialmente cumprida. O art. 9° do Decreto 22.626/33 (conhecido como *Lei da Usura*), açambarcando os dois aspectos, baixou o teto para 10% (dez por cento) do *valor da dívida*.

Os arts. 920 e 924 são repetidos nos arts. 412-3 do CC/2002, sendo que este acrescenta a possibilidade de redução pura e simples quando o montante for *manifestamente excessivo*, quer dizer, quando evidente a violação do princípio da proporcionalidade.

Pois bem, na linha do art. 9º do Decreto 22.626/33, o Código de Defesa do Consumidor fixou, para os casos de inadimplemento de obrigação que envolva o fornecimento de produtos e serviços, inclusive serviços de "outorga de crédito ou concessão de financiamento ao consumidor", a multa moratória máxima de 10% (dez por cento) do *valor da prestação* (art. 52, *caput*, e § 1º), reduzida para 2% (dois por cento) pela Lei 9.298/96, valendo observar que isso independe do objeto, "móvel ou imóvel, material ou imaterial" (art. 3º, § 1º).

Especificamente quanto ao *leasing*, o Regulamento dá ensanchas à multa moratória no *mobiliário*, mas limitada a 2% (dois por cento) do valor em atraso (art. 7º, XI, *a*), o que por si só já é motivo suficiente para também no imobiliário fixar o mesmo limite. Tal não fosse, aplica-se ao *imobiliário* as normas da alienação fiduciária de imóveis (nº 19.1.2-A *supra*), na qual, como vimos (nº 25.3.2-B *supra* do Cap. III), a multa moratória é igualmente de no máximo 2% (dois por cento) do valor da prestação.

22.5.3. *Multa compensatória ou ressarcitória*. Quanto ao objetivo; quanto ao valor.

22.5.3-A. *Quanto ao objetivo*. Tarifar (arbitrar) os prejuízos sofridos pelo credor, decorrentes do inadimplemento. Traduz *perdas e danos* fixados por antecipação.

No direito privado, o objetivo da *multa compensatória*, também chamada ressarcitória, é tarifar (arbitrar), por antecipação, os prejuízos sofridos pelo credor, decorrentes do inadimplemento, evitando-se com isso os incômodos, delongas e canseiras da prova e da liquidação (nº 6.3.1 do Cap. II). Assim, traduz *perdas e danos* fixados por antecipação.

Sílvio Rodrigues, discorrendo acerca da matéria no item *cláusula penal*, define essa multa como "cálculo predeterminado das perdas e danos." Quer dizer, ela dispensa o credor de recorrer ao procedimento ordinário para pleitear perdas e danos. Por isso – salienta –, basta ao credor cobrar "a importância da multa, que corresponde, como disse, às perdas e danos estipulada anteriormente pelas partes, e *a forfait*".[220]

A expressão *forfait*, do francês, *for* (no sentido de preço), mais *fait* (feito), em suma, *preço feito*, mas para algo que pode acontecer no futuro. Tem natureza aleatória. Explica De Plácido e Silva, em *Vocabulário Jurídico*, que no modo *a forfait* o preço é definido sobre coisas que possam vir, sem se ter em atenção qualquer fato que o possa alterar, ou quando o preço é avaliado na base de atos que virão depois.

Relevante salientar que o CDC refere e limita apenas a *multa moratória*. Não veda a instituição de multa compensatória, como ensina Ada Pellegrini Grinover *et alii*, ao comentar o art. 52, § 1º, do CDC, *verbis*: "Não impede a fixação de cláusula penal compensatória, nem limita o direito do fornecedor de haver perdas e danos do consumidor. (...). A cláusula penal, quando estipulada para o inadimplemento da obrigação (cláusula penal compensatória), não enseja possibilidade de exigência cumulada de perdas e danos, porque considerada como substituta de indenização".[221]

---

[220] Sílvio Rodrigues, *Direito Civil*, 12ª ed., 1981, vol. 2, p. 89-90, nº 43.

[221] Ada Pellegrini Grinover *et alii*, *Código Brasileiro de Defesa do Consumidor*, 2ª ed., 1992, p. 375-6.

22.5.3-B. *Quanto ao valor.* Não pode exceder ao valor da obrigação principal e fica sujeito à redução proporcional nos casos de cumprimento parcial, bem assim à redução pura e simples quando manifestamente excessivo.

Salvante a questão do percentual, específico à multa moratória na relação de consumo, nos demais aspectos a multa compensatória fica sujeita aos mesmos princípios, ou seja: *(a)* não pode exceder ao valor da obrigação principal; *(b)* nos casos de cumprimento parcial o valor deve ser reduzido na mesma proporção; e *(c)* é possível a redução pura e simples do valor quando manifestamente excessivo (CC/02, arts. 412-3).

De notar-se que o art. 927 do CC/1916 dizia, para deixar estreme de dúvida, que em tal caso o credor não precisava "alegar prejuízo", e que o devedor não se eximia de cumprir a multa "a pretexto de ser excessiva".

Já o art. 416 do CC/2002 repete que o credor não precisa alegar prejuízo e acrescenta que, uma vez estabelecida a multa substitutiva das perdas e danos o credor não pode exigir indenização suplementar, salvo se, diz o parágrafo único, a quantia estipulada o foi a título de "mínimo da indenização, competindo ao credor provar o prejuízo excedente." Ademais, não obsta a redução quando manifestamente excessivo o valor (art. 413).

22.6. *Juros.* **Juros moratórios ou de mora; juros compensatórios ou reais; base de cálculo dos juros compensatórios; sistemas de cobrança dos juros (taxa média e exclusão gradativa do capital já pago); formas usuais de cobrança; capitalização dos juros.**

22.6.1. *Juros moratórios ou de mora.* **Quanto ao objetivo; quanto à taxa.**

22.6.1-A. *Quanto ao objetivo.* **A função dos** *juros moratórios* **é coagir o devedor a sair da inadimplência o quanto antes. Traduzem** *efeito permanente* **da mora. São devidos a partir de quando ela resta caracterizado.**

Como vimos (nº 6.3.1 do Cap. II), enquanto no direito privado a *multa moratória* exerce a função de coagir o devedor a não cair na inadimplência (*efeito instantâneo* da mora), os *juros moratórios* ou de mora exercem a de continuar a coagi-lo, a fim de que saia dela o quanto antes. Traduzem, pois, *efeito permanente* da mora em dever de pagamento, que é *obrigação de dar*, não devendo ser confundidos com a multa *astreinte* (constrangimento), que exerce a mesma função na *obrigação de fazer*.

E não obstante seja uma evidência, é oportuno lembrar que os juros moratórios, diferentemente dos compensatórios, como logo veremos, incidem a partir de quando resta caracterizada a mora.

22.6.1-B. *Quanto à taxa.* **No que tange ao** *leasing mobiliário*, **as normas silenciam quanto aos juros moratórios, e no que tange ao** *imobiliário* **se referem apenas aos compensatórios. Assim, a partir do CC/02, o quadro é o seguinte:** *(a)* **quando não há contratação,** *(b)* **quando há contratação, mas sem taxa definida, e** *(c)* **quando há lei específica, mas de igual modo sem taxa definida, a que vigora aos moratórios é a mesma dos impostos devidos à Fazenda Nacional, a qual, salvo lei diversa, é de um por cento ao mês. Na contratação, recomenda-se, a fim de prevenir argüição de abusividade, que a taxa não se aparte da habitual na praça.**

Na vigência do CC/1916 a taxa dos juros moratórios era de 0,5% (meio por cento) ao mês (art. 1.062), podendo ser convencionada para até 1% (um por cento) mensal (Decreto 22.626/33, art. 1º). Com o CC/2002, o art. 406 estabelece "a taxa que estiver em vigor para a mora do pagamento de impostos devidos à Fazenda Nacional", mas só vale quando "os juros moratórios não forem convencionados, ou forem sem taxa estipulada, ou quando provierem de determinação da lei".

Assim, atualmente, o quadro é o seguinte: *(a)* quando não há contratação, *(b)* quando há contratação, mas sem taxa definida, e *(c)* quando há previsão legal, mas de igual modo sem taxa definida, a que vigora aos juros moratórios é a mesma dos impostos devidos à Fazenda Nacional, o que nos remete ao art. 161, § 1º, do CTN, o qual dispõe: "Se a lei não dispuser de modo diverso, os juros de mora são calculados à base de 1% (um por cento) ao mês."

Este é o arquétipo legal.

No caso, quanto ao *leasing mobiliário*, não há na Lei 6.099/74 e tampouco no Regulamento qualquer referência a juros, e quanto ao *imobiliário* as referências existentes na Lei 9.514/97, seja no que tange à alienação fiduciária, aplicável subsidiariamente, seja no que tange às operações que integram o Sistema de Financiamento Imobiliário, dizem apenas com *juros compensatórios*, no sentido de que o contrato deve estipular a taxa (Lei 9.514/97, arts. 5º, II, e 24, III).

Desse modo, resulta que, no tocante aos *moratórios*, a taxa pode ser contratada, valendo recomendar, na contratação, a fim de prevenir argüição de abusividade, que a taxa não se aparte da habitualmente praticada na praça. Havendo omissão, a taxa é a mesma que vigora aos impostos devidos à Fazenda Nacional, a qual, salvo lei diversa, é de 1% (um por cento) por mês.

22.6.2. *Juros compensatórios ou reais.* Quanto ao objetivo; quanto à taxa.

22.6.2-A. *Quanto ao objetivo.* Os *juros compensatórios* traduzem a justa compensação, lucro ou renda que se deve ter dos dinheiros aplicados em negócios, especialmente empréstimos ou financiamentos. São devidos a partir da aplicação dos dinheiros, ou data posterior convencionada.

No direito privado, enquanto o objetivo da *multa compensatória* é tarifar (arbitrar) por antecipação, ou *a forfait*, desfalque patrimonial, prejuízo ou perdas e danos, evitando-se os inconvenientes da liquidação, o dos *juros compensatórios*, ou reais ou remuneratórios, é a justa compensação que se deve ter dos dinheiros aplicados em negócios, especialmente empréstimos ou financiamentos. Traduzem, pois, não reposição de prejuízo, mas renda, lucro, remuneração do capital.

Não obstante seja uma evidência, é oportuno lembrar que os juros compensatórios, diferentemente dos moratórios, como vimos, incidem a partir da aplicação dos dinheiros, ou data posterior convencionada.

Por fim, se os juros moratórios são cobráveis a partir da caracterização da inadimplência e objetivam continuar coagindo o devedor ao adimplemento (nº 6.3.1 *supra*), nada obsta que, no mútuo a fins econômicos, e situações equivalentes haja, como forma de ressarcimento por lucro cessante, cumulação dos moratórios e dos compensatórios, pois exercem funções diversas, questão que – há reconhecer – ainda não foi devidamente argüida perante os tribunais.

22.6.2-B. *Quanto à taxa.* Seja quando *leasing mobiliário* seja quando *imobiliário*, seja quando operações realizadas por entidades financei-

ras seja quando por entidades que a elas se equiparam, é possível pactuação dos juros compensatórios, sem o limite previsto no art. 591 do CC/02. Na pactuação, recomenda-se, a fim de prevenir argüição de abusividade, seja eleito parâmetro ou indicador existente no mercado, por exemplo, a *Taxa SELIC*, caso em que se exclui a correção monetária como rubrica autônoma, sob pena de haver dupla cobrança. Portanto, apenas quando não há contratação é que vigora a mesma taxa dos juros moratórios.

No que se refere à *taxa*, em *primeiro lugar* a limitação a 12% (doze por cento) está superada, desde a revogação do § 3º do art. 192 da CF pela EC 40/03; em *segundo*, o art. 591 do CC/02 estabelece que os juros compensatórios, "sob pena de redução, não poderão exceder a taxa a que se refere o art. 406", o qual, consoante visto, estabelece "a taxa que estiver em vigor para a mora do pagamento de impostos devidos à Fazenda Nacional", mas só vale quando "os juros moratórios não forem convencionados, ou forem sem taxa estipulada, ou quando provierem de determinação da lei".

A possível dúvida que surge é relativa ao alcance da expressão "taxa a que se refere o art. 406", usada pelo art. 591. Cabe indagar: refere-se a toda taxa que resulta do art. 406, convencionada ou não, de tal modo que os compensatórios regidos pelo CC/02 jamais podem exceder aos moratórios? Refere-se apenas à taxa que vigora aos impostos devidos à Fazenda Nacional, de tal modo que, salvo lei diversa, jamais podem exceder a 1% (um por cento) ao mês?

A interpretação literal induz a que, salvo lei diversa, não podem exceder a 1% (um por cento), pois a única taxa referida explicitamente no art. 406 é a dos impostos devidos à Fazenda Nacional. As demais situações são para quando não houver definida.

Porém, não é a compreensão que se deve ter do art. 591, e por duas razões: *(a)* porque, via artifício de interpretação, reinstitui-se o limite de 12% (doze por cento) anuais, ignorando-se a sua impraticabilidade, motivadora da revogação do § 3º do art. 192 da CF pela EC 40/03; e *(b)* porque a possibilidade de os juros moratórios, quando contratados, serem superiores aos compensatórios vai de encontro à tradição inversa, ou seja, os compensatórios superiores aos moratórios, inclusive com taxa flutuante, conforme as oscilações do mercado, o que é razoável.

Dessarte, com a taxa dos juros compensatórios, desde que – atente-se – regida pelo CC/02, ocorre o seguinte: *(a)* não sofre o limite de 1% (um por cento) ao mês porque isso seria, por artifício de interpretação, reinstituir os 12% (doze por cento) ao ano; mas *(b)* não pode exceder a taxa dos moratórios, a qual, como vimos, pode ser pactuada.

Assim como no item anterior, este é o arquétipo legal.

No que tange ao *leasing*, há distinguir: quanto ao *mobiliário* e ao *imobiliário*.

Quanto ao *leasing mobiliário*, não há na Lei 6.099/74 e no Regulamento referência a juros; logo, cumpre definir se os juros compensatórios estão sujeitos ao CC/02, especificamente ao limite fixado no art. 591.

Como vimos (nº 14.1.1 *supra*), as operações de *leasing* são restritas, na condição de arrendante, à *pessoa jurídica* com tal objeto, necessariamente *sociedade anônima*, mais bancos múltiplos com carteira de arrendamento empresarial e instituições financeiras arroladas no art. 13, *caput*, e § 2º, do Regulamento elaborado pelo CMN, aprovado pela Resolução 2.309/96 do BACEN, ou seja, operações com o próprio vendedor do bem ou com pessoas a ele coligadas ou interdependentes, em suma, *lease-back* (nº 7.3 *supra*), sendo que a sociedade depende de autorização do BACEN e se sujeita às condições estabelecidas ao funcionamento das instituições financeiras (Regulamento, arts. 3º e 4º).

A questão que ora surge – e que repercute nos juros compensatórios – está em definir se as sociedades que têm por objeto operações de *leasing*, integram, ou não, o Sistema Financeiro Nacional, o qual é composto, dentre outras instituições nominadas pelo art. 1º da Lei 4.595/64, pelas "demais instituições financeiras públicas e privadas" (inc. V).

Com efeito, o art. 17 define como instituições financeiras as que "tenham como atividade principal ou acessória a coleta, intermediação ou aplicação de recursos financeiros próprios ou de terceiros, em moeda nacional ou estrangeira, e a custódia de valor de propriedade de terceiros." E o parágrafo único diz: "... equiparam-se às instituições financeiras as pessoas físicas que exerçam qualquer das atividades referidas neste artigo, de forma permanente ou eventual."

A rigor, não se pode concluir pela integração. Porém, se a própria Lei se utiliza da *equiparação* relativamente às *pessoas naturais* que exercem as atividades típicas, não há dúvida de que se pode equiparar também relativamente ao *objeto*, porquanto a operação de arrendamento empresarial, no fundo, inclusive na sua função econômica, substitui um financiamento, haja vista o *leasing financeiro* ser o único pela doutrina que realmente existe (nº 7.2 e 11.3 *supra*). Quer dizer: embora o objeto das empresas de *leasing* não seja típico de instituição financeira, equipara-se a tal, visto que se situa no mesmo campo, haja vista a sujeição aos mesmos requisitos.

Ainda, quando o Regulamento fala em "bancos múltiplos com carteira de arrendamento mercantil" (art. 1º), calham ensinamentos de Aramy Dornelles da Luz, a respeito do Banco múltiplo, na prática resultante de fusões de bancos comerciais, estimulada pela Reforma Bancária de 1964, formando conglomerados financeiros, sendo que o fortalecimento desses grupos financeiros "dotou-os de fôlego suficiente para se lançarem em outras áreas do mesmo campo, que antes eram exploradas por empresas que se devotavam a elas com exclusividade. Os Bancos comerciais criaram então seus Bancos de investimento, empresas de seguro e capitalização, de *leasing*, sociedade corretora de seguros, corretora de valores mobiliários e câmbio. A instituição financeira assim organizada denominou-se Banco múltiplo. Em realidade são várias pessoas jurídicas, cada uma tratando de seus negócios específicos, porém, atuam organicamente como se fossem uma só empresa. Normalmente tudo acontece em uma só sede, à sombra do Banco comercial, prestando este, com seu pessoal e sua estrutura físico-operacional, serviço às demais empresas filiadas, que, todavia, possuem direção própria, embora, por vezes, constituída com alguns administradores do próprio Banco comercial".[222]

Conclusivamente, as sociedades de operações de *leasing mobiliário*, quando não-oficialmente instituições financeiras, mas constituídas com tal objetivo, embora não sejam instituições financeiras, se equiparam a elas, pois cumprem os mesmos requisitos e o objeto se situa no mesmo campo.

Quanto ao *leasing imobiliário*, como também vimos (nº 14.2.1 *supra*), as operações só podem ser realizadas, na condição de arrendante: *(a)* por *entidades oficiais*, autorizadas pela Lei; e *(b)* por *entidades não-oficiais*, necessariamente sociedades anônimas que incluam no objeto atuação no ramo de imóveis, sendo que, pelos mesmos motivos de quando atuam no ramo de móveis, se equiparam às instituições financeiras integrantes do Sistema Financeiro Nacional.

---

[222] Aramy Dornelles da Luz, *Negócios Jurídicos Bancários*, 1996, p. 24, nº 1.5.

Pois bem, as instituições integrantes do Sistema Financeiro Nacional, tendo em conta o disposto no art. 4º, IX, da Lei 4.595/95 (Reforma Bancária), não se sujeitam à legislação comum, haja vista a Súmula 596 do STF, que diz: "As disposições do Decreto nº 22.626/33 não se aplicam às taxas de juros e aos outros encargos cobrados nas operações realizadas por instituições públicas ou privadas que integram o Sistema Financeiro Nacional."

Não bastasse, a Lei 9.514/97, tanto na alienação fiduciária, aplicável subsidiariamente ao *leasing*, quanto nas operações que integram o Sistema de Financiamento Imobiliário, não apenas autoriza, como determina que no contrato seja estipulada a taxa de juros (Lei 9.514/97, arts. 5º, II, e 24, III). Aliás, o art. 5º prevê a livre pactuação ao falar em remuneração do capital "às taxas convencionadas no contrato" (inc. II).

Portanto, seja quando *leasing mobiliário* seja quando *imobiliário*, seja quando operações realizadas por entidades financeiras seja quando por entidades que a elas se equiparam, no que tange aos juros compensatórios é possível a pactuação, sem o limite previsto no art. 591 do CC/02. Em decorrência, apenas quando não houver pactuação é que se aplica a taxa que vigora aos impostos devidos à Fazenda Nacional, a qual, salvo lei diversa, é de 1% (um por cento) ao mês (CC/02, art. 591, c/c o art. 406, c/c o art. 161, § 1º, do CTN).

Na pactuação, recomenda-se, a fim de prevenir argüição de abusividade, seja eleito parâmetro ou indicador existente no mercado, por exemplo, a *Taxa SELIC* (Sistema Especial de Liquidação e Custódia), instituída pela Lei 9.250/95 (altera a legislação do imposto de renda das pessoas físicas e dá outras providências).

No entanto, é oportuno registrar que o STJ, interpretando o art. 39, § 4º, da mencionada Lei, concluiu que a *Taxa SELIC* é composta de *juros remuneratórios* e de *correção monetária*.[223] Outro aspecto que envolve a referida taxa é a inconstitucionalidade do § 4º, conforme também já decidiu o STJ,[224] pois cria na prática a anômala figura do *tributo rentável* (os juros remuneratórios significam renda, lucro); logo, caracteriza aumento de tributo sem lei específica, o que vulnera o art. 150, I, da CF, uma vez que ela é fixada pelo BACEN, e também o princípio da indelegabilidade da competência para legislar.

Mas tendo em conta que as eivas reconhecidas pelo STJ dizem respeito apenas aos tributos, nada obsta a sua contratação pelas partes, desde que, então, seja excluída a correção monetária como rubrica autônoma, sob pena de haver dupla cobrança.

22.6.3. *Base de cálculo dos juros compensatórios*. É a totalidade do capital que ainda não retornou ao arrendante, devidamente corrigido, pois a atualização apenas recompõe o próprio capital. Tal é a base porque os juros compensatórios têm a função de lucro pelo total que ainda resta do investimento, no qual se insere o Valor Residual.

Ao invés da base de cálculo da atualização monetária (nº 22.4 *supra*), a base de cálculo dos juros compensatórios não é apenas o *valor depreciado* ou a desvalorização do bem no *leasing mobiliário*, ou o resultado do preço do imóvel menos o Valor Residual no *imobiliário*, mas a totalidade do capital que ainda não retornou ao arrendante, e devidamente corrigido, pois a atualização apenas recompõe o próprio capital.

---

[223] STJ, Resp. 210645-PR, 2ª T., Rel. Min. Aldir Passarinho Júnior, em 15-05-99, e Resp. 215881-PR, 2ª T., Rel. Min. Franciulli Netto, em 13-06-2000, DJU de 19-06-2000, p. 133.

[224] STJ, Resp. 218881-PR, 2ª T., Rel. Min. Franciulli Netto, em 13-06-2000, DJU de 19-06-2000, p. 133.

A incidência ocorre em tal base porque a função dos juros compensatórios é carrear ao arrendante, no período entre uma e outra contraprestação, o lucro pelo total que ainda resta do investimento, no qual se insere o Valor Residual.

Relativamente ao *leasing mobiliário*, prosseguindo no exemplo do automóvel de R$30 mil, com prazo de três anos, contraprestações mensais, logo, trinta e seis parcelas, e inflação de 1% (um por cento) ao mês, temos, quanto à *primeira* e à *segunda contraprestação*, o seguinte.

Quanto à *primeira*: *(a)* no que tange à *parte básica*, consoante vimos (nº 22.4 *supra*), o parâmetro é de R$18 mil (total da desvalorização programada), por decorrência R$500,00 mensais, mais a correção dos R$18 mil, por decorrência R$180,00, resultando R$680,00; *(b)* no que tange aos *juros compensatórios*, admitindo-se que também sejam de um por cento ao mês, o parâmetro é de R$30 mil (total do investimento que ainda não retornou ao arrendante), cuja atualização monetária, igualmente de um por cento, adiciona R$300,00, elevando a base para R$30.300,00, e por decorrência a quantia de R$303,00; e *(c)* fazendo-se a soma, chega-se a R$983,00, sem computar eventuais outros encargos.

Quanto à *segunda contraprestação*: *(a)* no que tange à *parte básica*, consoante vimos (nº 22.4 *supra*), mantidos os R$500,00, a correção incidirá sobre R$17.500,00 (18.000 − 500 = 17.500), por decorrência R$175,00, resultando R$675,00; *(b)* no que tange aos *juros compensatórios*, o parâmetro é de R$29.500,00 (total do investimento que ainda não retornou ao arrendante), cuja atualização monetária de um por cento, adiciona R$295,00, elevando a base para R$29.795,00, e por decorrência a quantia de R$297,95; *(c)* fazendo-se a soma, chega-se a R$972,95, sem computar eventuais outros encargos; e *(d)* assim sucessivamente as demais.

Relativamente ao *leasing imobiliário*, prosseguindo no exemplo do imóvel de R$200 mil, com prazo de dez anos, contraprestações mensais, logo, cento e vinte parcelas, e inflação de 1% (um por cento) ao mês, temos, quanto à *primeira* e à *segunda contraprestação*, o seguinte.

Quanto à *primeira*: *(a)* no que tange à *parte básica*, consoante vimos (nº 22.4 *supra*), o parâmetro é de R$180 mil (total do investimento menos o Valor Residual), por decorrência R$1.500,00, mais a correção dos R$180 mil, por decorrência R$1.800,00, resultando R$3.300,00, valendo notar que, pelo mesmo motivo do *leasing mobiliário*, exclui-se o VR da base de cálculo da atualização; *(b)* no que tange aos *juros compensatórios*, admitindo-se que também sejam de um por cento ao mês, o parâmetro é de R$200 mil (total do investimento que ainda não retornou ao arrendante), cuja atualização de 1% (um por cento) adiciona R$2.000,00, elevando a base para R$202.000,00, e por decorrência, admitindo-se que também os juros sejam de 1% (um por cento) ao mês, a quantia de R$2.020,00; *(c)* fazendo-se a soma, chega-se a R$5.320,00, sem computar eventuais outros encargos.

Quanto à *segunda contraprestação*: *(a)* no que tange à *parte básica*, consoante vimos (nº 22.4 *supra*), mantidos os R$1.500,00, a correção incidirá sobre R$178.500,00 (180.000 − 1.500 = 178.500), por decorrência R$1.785,00, resultando R$3.285,00; *(b)* no que tange aos *juros compensatórios*, o parâmetro é de R$198.500,00 (total do investimento que ainda não retornou ao arrendante), cuja atualização monetária de um por cento adiciona R$1.985,00, elevando a base para R$200.485,00, e por decorrência a quantia de R$2.004,85; *(c)* fazendo-se a soma, chega-se a R$5.289,85, sem computar eventuais outros encargos; e *(d)* assim sucessivamente as demais.

Por fim, a observação de que os cálculos foram procedidos pelo *sistema de exclusão gradativa* do capital já pago da base de cálculo dos juros, mas há também o *sistema da taxa média*, como veremos a seguir.

CONTRATOS EMPRESARIAIS

22.6.4. Sistemas de cobrança dos juros (taxa média e exclusão gradativa do capital já pago). Ou exclui-se gradativamente da base de cálculo dos juros o capital já pago pelo arrendatário, ou cobra-se pela taxa média. **Cobrar taxa integral, durante o tempo integral e sobre a base integral, dobra o lucro.**

O arrendante recupera o capital investido por meio da *parte básica* ou fixa da contraprestação e do VR.

Há dois sistemas de cobrança dos juros: um, *de exclusão gradativa* do capital já pago da base de cálculo dos juros; outro, *de cobrança pela taxa média*.

No caso do automóvel de R$30 mil no *leasing mobiliário*, e do imóvel de R$200 mil no *leasing imobiliário*, os cálculos elaborados no item anterior seguiram o *sistema de exclusão gradativa* do capital já pago, o que estabelece uma *escala decrescente* do valor. Este é – digamos – o critério natural e fiel à realidade presente, quer dizer, juros na exata proporção do capital que ainda não retornou. Pelo sistema da *taxa média*, que por não ser critério natural depende de contratação, se estabelece uma *escala linear*, quer dizer, cobra-se durante o tempo integral e sobre a base integral, mas a metade da taxa estipulada. Por este sistema, até a metade a base é maior e cobra-se a menor, logo vantagem ao arrendatário, e a partir da metade a base é menor e cobra-se a maior, logo vantagem ao arrendante. Na desinência, o resultado é o mesmo. Embora mais simples, o sistema pressupõe contrato levado a bom termo, e também por isso a necessidade de pactuação, pois envolve risco.

O que não pode acontecer é a cobrança pela taxa integral, durante todo o tempo sobre a base integral. Isso na prática dobra a taxa, e por conseguinte o lucro. Note-se que na fase final do contrato, quando o arrendante já recuperou quase todo o capital, máxime quando cobra também o VR, os juros não podem incidir sobre o total do preço de aquisição, salvo se aplicada desde o início a taxa média. E nada muda o fato de constar, quando exigido o VR, que ele é depositado num "fundo", pois este é administrado pelo arrendante, o que pode se constituir em mais uma fonte de lucro pelas aplicações que faz.

22.6.5. *Formas usuais de cobrança*. Com prévio cálculo e capitalização, e sem prévio cálculo.

Têm os arrendantes adotado duas formas de cobrança dos juros: *com* prévio cálculo e capitalização, e *sem* prévio cálculo.

Para exemplificar o prévio cálculo e capitalização, valemo-nos outra vez do caso do automóvel de R$30.000,00, com juros compensatórios de 1% (um por cento) ao mês e contrato por trinta e seis meses. Então, 1% de R$30.000,00 resultam R$300,00, que multiplicados por trinta e seis resultam R$10.800,00, que somados aos R$30.000,00 totalizam R$40.800,00, que passa a ser o valor do contrato, como se fosse o *preço de aquisição*, e por decorrência o valor básico ou fixo da contraprestação R$1.133,33. Não há previsão de juros compensatórios no contrato porque já foram calculados e capitalizados.

Essa prática, além do ilícito de calcular a taxa integral, durante todo o tempo sobre a base integral, ainda aumenta a base de cálculo da multa e dos juros moratórios na hipótese de inadimplemento.

Não havendo prévio cálculo e capitalização, a cobrança opera-se pelos sistemas da exclusão gradativa do capital já pago ou da taxa média, como vimos no item anterior.

22.6.6. *Capitalização dos juros.* A capitalização só existe nos juros compensatórios. No *leasing*, no que tange ao *imobiliário* há lei expressa determinando que o contrato disponha a respeito da *capitalização dos juros*, e no que tange ao *mobiliário*, embora não haja lei expressa, ou as operações são realizadas por entidades financeiras ou por sociedades que a elas se equiparam por sujeitas aos mesmos requisitos e atuarem no mesmo campo. Só na omissão do contrato é que incide o princípio da capitalização anual.

Capitalização, seja no sentido jurídico seja no econômico, significa a *conversão* dos frutos ou rendimentos de um capital *em capital*, unindo-se, ou fundindo-se ou acumulando-se a ele.

Quanto aos *juros moratórios*, descarta-se, porquanto só é possível *converter* em capital frutos ou rendimentos *do capital*, pois na essência capital são. Os juros moratórios são de outra natureza. Objetivam coagir permanentemente o devedor a sair da inadimplência (nº 22.6.1-A *supra*). Capitalizar juros moratórios não é cobrar juros *de capital*, mas juros *de juros*. É o anatocismo no sentido pejorativo.

Quanto aos *juros compensatórios*, a capitalização era prevista no CC/1916 (art. 1.062), restando proibida, exceto os vencidos "aos saldos líquidos em conta-corrente de ano a ano" (Decreto 22.626/33, art. 4º). Já o CC/2002 refere apenas que nos mútuos presumem-se devidos juros, "permitida a capitalização anual" (art. 591).

Se envolve juros vencidos, não há lugar à capitalização nas prestações mensais com inclusão dos exigíveis até então. Diferente será, por exemplo, se a prestação for bimestral. Em tese, é possível capitalizar no segundo mês os juros vencidos no primeiro, a fim de que, desde logo, passem a render frutos, e assim sucessivamente na prestação trimestral, quadrimestral, semestral, etc.

A questão que surge é se o art. 591 do CC/02, ao dizer *permitida a capitalização anual*, apenas institui a capitalização anual quando de outro modo não convencionaram as partes, ou se limitou a capitalização a apenas uma vez por ano.

Com efeito, em teor, o art. 591 do CC/02 apenas repete o art. 4º do Decreto 22.626/33, o qual permitia *juros compostos* – contrastando com *juros simples* – nos saldos líquidos em conta-corrente "de ano a ano", originando a Súmula 121 do STF, excluindo a possibilidade de pactuação diversa. Porém, relativamente às instituições financeiras, tendo em conta que o art. 4º, IX, da Lei 4.595/64 (Reforma Bancária), outorga ao Conselho Monetário Nacional competência para limitar os juros, passou-se a entender não mais se aplicar a restrição às instituições públicas ou privadas que integram o Sistema Financeiro Nacional (STF, Súmula 596).

Conseqüentemente, subsiste o princípio geral de que a capitalização dos juros compensatórios, salvo lei que excepcione, só é possível uma vez por ano.

Exemplos de exceções são o art. 5º do DL 167/67, o art. 5º do DL 413/69 e art. 5º da Lei 6.840/80 (cédulas de crédito rural, comercial e industrial), os quais prevêm capitalização em 30 de junho e 31 de dezembro, originando a Súmula 93 do STJ. Outro exemplo são os contratos que integram o Sistema de Financiamento Imobiliário – SFI –, pois o art. 5º da 9.514/97 estabelece que as operações "serão livremente pactuadas", observadas algumas "condições essenciais", dentre elas a "capitalização dos juros".

Assim, no que tange *leasing imobiliário* o art. 5º da Lei 9.514/97 determina que o contrato disponha a respeito da "capitalização dos juros", e no que tange ao *mobiliário*, embora não haja norma legal expressa, ou as operações são realizadas por entidades financeiras ou por sociedades que a elas se equiparam por sujeitas aos mesmos

CONTRATOS EMPRESARIAIS

requisitos e atuarem no mesmo campo, e por conseguinte abrangidas pelas mesmas normas e Súmula 596 do STF, como vimos (n° 22.6.2-B *supra*).

Então, se a prestação for bimestral, nada obsta seja pactuada a capitalização no segundo mês dos juros vencidos no primeiro, a fim de que, desde logo, passem a render frutos, e assim sucessivamente na prestação trimestral, quadrimestral, semestral, etc. Só em caso de omissão do contrato é que vigorará a capitalização anual.

22.7. *Encargos especiais (bem não adquirido com recursos próprios).* Além dos juros compensatórios que o arrendante cobra do arrendatário como lucro *seu*, há os encargos especiais por ele pagos quando a compra do bem não ocorre com recursos próprios, mas de terceiros, perante aos quais contrai empréstimo, inclusive no mercado externo, o que ao arrendatário encarece sobremaneira a operação de *leasing*. Se, por um lado, há o direito ao repasse, por outro, há o dever de constar no contrato, inclusive no recibo da contraprestação qual o impacto no respectivo valor.

Com efeito, o art. 19 do Regulamento elaborado pelo CMN, aprovado pela Resolução 2.309/97, declina as fontes de receita das sociedades de *leasing*: "I – empréstimos contraídos no exterior; *II* – empréstimos e financiamentos de instituições nacionais, inclusive de repasses de recursos externos; *III* – instituições financeiras oficiais, destinados a repasses de programas específicos; *IV* – colocação de debêntures de emissão pública ou particular e de notas promissórias destinadas à oferta pública; *V* – cessão de contratos de arrendamento mercantil, bem como dos direitos creditórios deles decorrentes; *VI* – depósitos interfinanceiros, nos termos de regulamentação em vigor; *VII* – outras formas de captação de recursos, autorizadas pelo Banco Central do Brasil."

Como se vê, além dos juros compensatórios que o arrendante cobra do arrendatário como lucro *seu* pelo investimento, existem os encargos pagos pelo arrendante quando a compra do bem não ocorre com recursos próprios, mas de terceiros. Por exemplo, *(a)* quando contrai empréstimo no exterior, há o problema da variação cambial, pela qual responde o arrendatário, como vimos (n° 19.1.1-G *supra*); *(b)* quando obtém o dinheiro por meio de debêntures, há os juros pagos aos debenturistas; e *(c)* quando contrai empréstimo em instituições financeiras nacionais, há os respectivos juros, sendo oportuno lembrar que, embora as sociedades de *leasing*, por equiparação, estejam sujeitas às normas das instituições financeiras, como vimos (n° 22.6.2-B *supra*), pois atuam no mesmo campo, elas não são instituições financeiras.

O arrendante pode repassar tais custos ao arrendatário? O entendimento é o de que pode, visto que, de outro modo, esvai-se completamente o *seu* lucro, o que ao arrendatário encarece sobremaneira a operação de *leasing*. Por isso alertamos para a desvantagem sob o ponto de vista pecuniário (n° 12 *supra*).

Mas, se por um lado há o direito ao repasse, por outro há o dever de constar no contrato, inclusive no recibo da contraprestação, qual o impacto no respectivo valor. O argumento dos arrendantes é o de que pagam taxas elevadas a quem lhes empresta para a compra do bem. É mais uma razão para que o arrendatário seja devidamente informado acerca dessa operação de financiamento, autônoma face ao *leasing*, porém com repercussões diretas.

Há decisões que negam ao arrendatário o direito de questionar tais encargos porque o arrendante apenas faz o repasse. No entanto, se o impacto financeiro recai sobre o arrendatário, ostenta-se inegável o direito de questionar seja o repasse em si, quando não pactuado, seja o *quantum* repassado, quando entender que existe ilegalidade.

22.8. *Outros encargos*. São rubricas que emanam da parte variável da contraprestação, e especialmente dos fatores transitórios. É legítima a pactuação do repasse dos custos ao arrendatário.

São as correspondências, recibos, despesas de vistorias, despesas com serviços de assistência técnica e correlatos, prêmio de seguro (quando feito pelo arrendante), imposto (quando transferível), etc. Não são lucros, mas recuperação ou ressarcimento de despesas. São os demais custos, previstos nos arts. 5º e 6º do Regulamento, para as espécies financeiro e operacional. Pode também, eventualmente, haver multa. Quanto ao imposto, vale o exemplo do IPVA (nº 39.2 *infra*), transferível ao arrendatário.

Enfim, são rubricas que emanam da *parte variável* da contraprestação, e especialmente dos *fatores transitórios*, como vimos (nº 22.3.3 *supra*), sendo legítima a pactuação do repasse dos custos ao arrendatário.

22.9. *Discriminação das rubricas e dos valores*. É direito natural do devedor e requisito da quitação.

O arrendante deve discriminar no recibo o valor de cada rubrica. É direito natural do devedor saber o que está pagando e quanto. Assim como no CC/1916 (art. 940), também o atual Código é expresso no sentido de que a quitação, dentre outros itens, "designará o valor e a espécie da dívida quitada" (art. 320).

Designará quer dizer que deve *discriminar*, e *espécie* da dívida quitada quer dizer que deve *identificar* a sua origem, cada rubrica. Só assim o devedor pode questionar individualmente, evitando-se impugnações praticamente genéricas e imprecisas, toleradas em juízo por causa do estado de perplexidade gerado aos arrendatários pela consolidação em valor único de quantias com diversas origens.

23. *Término antecipado do contrato*. Por morte do arrendatário; por falência ou insolvência do arrendatário; por resolução decorrente de inadimplência do arrendatário.

Dentro do princípio *pacta sunt servanda*, os contratos, envolvam ou não relação jurídica continuativa, e tenham ou não prazo certo, são celebrados para cumprimento até o fim, porém, em especial quando se alongam no tempo, amiúde terminam prematuramente por inúmeros episódios.

No caso do *leasing*, e levando em conta os episódios mais comuns envolvendo o arrendatário, o término do contrato pode ser antecipado por morte, por falência ou insolvência e por resolução decorrente da inadimplência.

23.1. *Por morte do arrendatário*. Não prevalece o *intuitu personae*, pois a transferência ocorre por *ato involuntário*. A continuidade do contrato depende apenas do interesse dos herdeiros, inventariando-se os *direitos contratuais* havidos pelo *de cujus*, procedendo-se à substituição subjetiva *ex vi legis*.

Se é verdade que uma das característisticas do *leasing* é a celebração *intuitu personae*, e não *intuitu pecuniae* (nº 18.7 *supra*), também o é que ao arrendante mais interessa que a obrigação seja cumprida, e não quem a cumpre. A característica está bastante mitigada, assim como em diversos outros contratos.

Este é o primeiro aspecto. O segundo é o de que, no caso de morte do arrendatário, a transferência ocorre por *ato involuntário*, isto é, por *saisine* ou transmissão automática dos direitos que compõem o patrimônio da herança aos herdeiros

(CC/1916, art. 1.572; CC/2002, art. 1.784); logo, não prevalece o *intuitu personae*, assim como na alienação fiduciária, como vimos (nº 27.1 do Cap. III).

Portanto, a continuidade depende apenas do interesse dos herdeiros, inventariando-se os *direitos contratuais* até então havidos pelo *de cujus*, procedendo-se à substituição subjetiva *ex vi legis*. Nesse sentido ensinamentos de Arnaldo Rizzardo[225] e de José Francisco Lopes de Miranda Leão.[226]

Diga-se de passagem, se não se admite a penhora do bem porque não pertence ao arrendatário, mas admite-se a penhora dos *direitos contratuais*, como veremos (nº 31 *infra*), obviamente que tais direitos, com a morte do arrendatário, devem ser destinados aos herdeiros, e não ao arrendante. Por exemplo, no final do contrato, quando, com pequeno valor, é possível adquirir o bem, os *direitos contratuais* têm expressão econômica significativa.

23.2. *Por falência ou insolvência do arrendatário*. Cláusula que institui a possibilidade de rompimento; direito de restituição.

23.2.1. *Cláusula que institui a possibilidade de rompimento*. Consideração inicial; quando a quebra repercute e quando não repercute no contrato.

23.2.1-A. *Consideração inicial*. Não confundir vencimento antecipado da dívida em caso de falência ou insolvência com cláusula que institui a possibilidade de resolução do contrato.

A princípio, não se pode confundir o *vencimento antecipado da dívida* em caso de falência ou de insolvência com a *cláusula que institui* a possibilidade de resolução do contrato.

Quanto ao *vencimento antecipado da dívida*, estava previsto na legislação anterior (CC/1916, art. 954, I; DL 7.661/45, art. 25) e está previsto na atual (CC/2002, art. 333, I; Lei 11.101/05, art. 122), ao referir vencimento proveniente da *sentença de falência*.

Leciona Rubens Requião: "Não seria possível, com efeito, que os credores tivessem que aguardar o vencimento de seus créditos, assistindo passivamente ao desenvolver do processo falimentar, sem poder tomar nenhuma providência em defesa de seus interesses. O tratamento igualitário dos credores (*par condicio creditorum*) impõe que todos os credores, mesmo os titulares de créditos não vencidos, possam comparecer desde logo, atuando em defesa de seus interesses".[227]

Observe-se que não há falar no *leasing* em *vencimento antecipado da dívida*, como veremos (nº 25.2.3 *infra*), pois não se trata de financiamento, e sim de arrendamento, no qual a dívida existe na proporção em que passa o tempo, especialmente no *leasing mobiliário* onde o fato gerador é a gradativa depreciação.

Quanto à *cláusula que institui* a possibilidade de resolução por motivo de falência ou insolvência do devedor, há distinguir duas situações: quando o fato da quebra repercute e quando não repercute no contrato.

23.2.1-B. *Quando a quebra repercute e quando não repercute no contrato*. A cláusula que autoriza a outra parte romper o contrato pelo só

---

[225] Arnaldo Rizzardo, *Leasing – Arrendamento Mercantil no Direito Brasileiro*, 2ª ed., 1996, p. 141, nº 16.1.

[226] José Francisco Lopes de Miranda Leão, *Leasing – O Arrendamento Financeiro*, 2ª ed., p. 60, nº 20.

[227] Rubens Requião, *Curso de Direito Falimentar*, 6ª ed., 1981, vol. I, p. 138, nº 117.

fato da falência ou insolvência é abusiva e ilegal. Cabe ao administrador a escolha de lhe dar ou não seguimento. Ressalva-se o direito de romper quando o fato gerar conseqüências econômicas negativas sobre o contrato. Isso ocorrendo, e não havendo garantia suficiente de adimplência, nada obsta que, então, por *justo motivo*, haja rompimento.

A cláusula que institui a possibilidade de uma das partes romper o contrato pelo só fato de ter a outra decretada a falência ou insolvência é abusiva e ilegal.

No que tange à *abusividade*, se por um lado a cláusula que estabelece conseqüência sobre o contrato por motivos exteriores ou alheios a ele não é, por si só, abusiva, por outro deve existir um liame objetivo, uma repercussão de natureza econômica negativa sobre o contrato, no sentido de colocar em risco a sua continuidade, gerando insegurança futura à outra parte. É admissível, por exemplo, no caso de o devedor sofrer notório abalo em seu estado (CC/02, arts. 477 e 590), a exigência de garantia ou reforço, podendo até, por isso, chegar-se ao rompimento. No entanto, por dizer respeito a situações excepcionais, a cláusula merece interpretação restritiva.

Por isso, a cláusula é admitida apenas quando o fato gera conseqüências econômicas negativas, colocando objetivamente em risco a adimplência, e não houver oferecimento de garantia suficiente.

É o que acontece na falência e insolvência (vulgar *falência civil*). É abusiva a cláusula que autoriza o rompimento do contrato pelo só fato da quebra, sem que tal faça, *per se*, periclitar a adimplência e a segurança de que necessita a outra parte para prosseguir.

No que tange à *ilegalidade*, dispõe o art. 117 e §§ da Lei 11.101/05 (regula a recuperação judicial, a extrajudicial e a falência do empresário e da sociedade empresária), repetindo, em teor, o que dispunha o art. 43, *caput*, do DL 7.661/45, que a falência não resolve os contratos bilaterais, os quais "podem ser cumpridos pelo administrador judicial se o cumprimento reduzir ou evitar o aumento do passivo da massa falida ou for necessário à manutenção e preservação de seus ativos, mediante autorização do Comitê", cabendo ao contratante, conforme o § 1º, apenas interpelar o administrador judicial, no prazo de até 90 (noventa) dias, contado da assinatura do termo de sua nomeação, para que, dentro de 10 (dez) dias, declare se cumpre ou não o contrato."

É ensinamento de Requião: "... os contratos bilaterais não se resolvem pela falência e podem ser executados pelo síndico (atualmente *administrador*), se achar de conveniência para a massa. Assim, se o síndico considerar inconveniente seu cumprimento para os interesses da massa, pode denunciá-lo".[228]

E se assim é na falência e na insolvência, com mais forte razão diferente não pode ser quando existir apenas *estado de recuperação* judicial ou extrajudicial (ex-concordata), inclusive porque é um direito; logo, o regular exercício não pode prejudicar o exercente.

Compete, pois, à respectiva Massa, dentro das recomendações legais, escolher entre dar, ou não, seguimento ao contrato, daí por que a cláusula que institui a resolução contratual pelo só fato da falência ou insolvência é ilegal, e daí a sua inutilidade, como diz J. A. Penalva Santos, citado por Rodolfo Mancuso.[229]

---

[228] Rubens Requião, *Curso de Direito Falimentar*, 6ª ed., 1981, vol. I, p. 160, nº 140.

[229] Rodolfo de Camargo Mancuso, *Leasing*, 3ª ed., 2002, p. 188.

É evidente que a supressão do direito de romper o contrato face à faculdade legal de a Massa cumpri-lo, existe na proporção em que a falência ou a insolvência não o afetar objetivamente, gerando-lhe conseqüências econômicas negativas, colocando em risco a sua continuidade. Isso ocorrendo, e não havendo garantia suficiente, nada obsta que, então, por *justo motivo*, e não pelo só fato da falência ou insolvência, a outra parte considere rompido o contrato.

Outro justo motivo, independente da quebra, haverá se a Massa continuar no contrato e incorrer em inadimplência (nº 27.1 *infra*), caso em que o arrendante pode deflagrar o procedimento específico.

23.2.2. *Direito de restituição*. Pelo só fato da falência ou insolvência; por arrecadação do bem pela Massa.

23.2.2-A. *Pelo só fato da falência ou insolvência*. Não há norma expressa no *leasing mobiliário*, e há no *imobiliário* por subsidiariedade da prevista à alienação fiduciária. No entanto, em qualquer hipótese, como a *propriedade plena* é do arrendante, desimporta até mesmo a eventual ausência de lei, pois o bem não pertence à Massa. Mas impõe-se interpretação harmonizada com a necessidade de a falência ou insolvência gerar conseqüências negativas sobre o contrato.

Como vimos (nº 27.2.2 do Cap. III), relativamente à alienação fiduciária *especial* de bens móveis e à de imóveis, há norma legal expressa no sentido de que tem o credor-fiduciário, em caso de falência do devedor-fiduciante, o direito de pedir a restituição. Não há norma legal relativamente à fiduciária *comum* de bens móveis, mas isso em nada prejudica a restituição, pois o bem não pertence à Massa.

Pois bem, no *leasing*, no que tange ao *mobiliário*, não há norma legal nem regulamentar alguma a respeito do tema, e no que tange ao *imobiliário*, como também vimos (nº 19.1.2-A *supra*), preservadas as essências do instituto, aplicam-se as normas do Sistema de Financiamento Imobiliário, inclusive subsidiariamente as específicas da alienação fiduciária de imóveis; logo, há previsão legal (Lei 9.514/97, art. 32).

De qualquer modo, tem o arrendante não apenas a *propriedade resolúvel* como o fiduciário, mas a *propriedade plena* do bem. Assim, desimporta a eventual ausência de lei.

No entanto, considerando que o *direito de restituição* contém implícita a cláusula do rompimento pelo só fato da falência ou insolvência, impõe-se interpretação harmonizada com o princípio de que, como vimos no item anterior, há necessidade de o fato gerar conseqüências negativas sobre o contrato, afetando objetivamente a sua continuidade, sem que a Massa ofereça garantia suficiente. Fora disso, não há *justo motivo* para o rompimento, prevalecendo, dessarte, os interesses coletivos do juízo universal no sentido da sua continuidade.

Por exemplo, e especificamente no caso do *leasing*, qual risco a falência do arrendatário produz ao arrendante se há a garantia da restituição, ou seja, o bem não integra o ativo da Massa, e esta se propõe a continuar no contrato, pagando regularmente as prestações? Em princípio, nenhum.

23.2.2-B. *Por arrecadação do bem pela Massa*. A propriedade do bem arrendado pertence ao arrendante; logo, não pode ser arrecadado pela Massa. Se isso ocorrer, o arrendante dispõe da ação de restituição.

Na hipótese de a Massa não manifestar interesse na continuidade do contrato, cabe-lhe devolver o bem, uma vez que não lhe pertence. Se isso não ocorrer e, pior ainda, se houver arrecadação pelo administrador (ex-síndico), a lei assegura ao arrendante a restituição, porquanto resolvido o contrato.

Com efeito, a arrecadação do bem arrendado é indevida, pois tal só pode acontecer relativamente aos bens que pertencem à Massa. Como o bem arrendado pertence ao arrendante, este dispõe da ação de restituição (DL 7.661/45, art. 76; Lei 11.101/05, art. 85). Diga-se que o art. 85 é expresso no sentido de que o "proprietário de bem arrecadado" pode pedir a restituição. É o caso do arrendante.

Por fim, escreve Arnaldo Rizzardo: "Com a insolvência ou quebra do arrendatário, não entra a coisa arrendada na arrecadação que formará a massa falida. Pelo contrato de *leasing*, a propriedade permanece com a empresa arrendante, recebendo a outra parte apenas o uso e a posse precária do bem. Pode a arrendante, pois, pleitear a restituição da coisa, por não integrar o acervo da massa falida.[230]

23.3. *Por resolução decorrente de inadimplência do arrendatário.* Tema que envolve múltiplos aspectos, motivo por que são destacados em itens específicos (nºs 24 *usque* 28 *infra*).

Tornando-se inadimplente o arrendatário, tem o arrendante duas opções: a *execução* ou a *resolução do contrato*.

Pela *execução*, cobra a parcialidade da dívida pendente (vencida até a data do pagamento), sendo que para tanto a mora *ex re* existe e vigora desde logo, vale dizer, é eficaz, e pela *resolução* põe fim ao contrato, podendo evitá-la o devedor purgando a mora, sendo que para tanto a mora *ex re* existe, mas não vigora desde logo (não é eficaz), estando por isso os efeitos condicionados à notificação.

Cada tema envolve múltiplos aspectos, inclusive processuais, motivo por que são destacados em itens específicos (nºs 24 *usque* 28 *infra*).

24. *Mora para fins de resolução do contrato por inadimplência do arrendatário.* Consideração inicial; ineficácia da mora automática e necessidade de notificação; requisitos formais da notificação; requisitos substanciais da notificação.

24.1. *Consideração inicial.* Como princípio geral, o descumprimento produz a resolução do contrato. Se a obrigação tem dia definido para ser adimplida, ocorre mora *ex re* (vigora o princípio *dies interpellat pro homine*); se não tiver, ocorre mora *ex persona*, impondo-se prévia notificação.

Como regra, a mora acontece de modo automático pelo simples inadimplemento da obrigação. Não pago o preço ou não recebido o objeto no tempo, lugar e forma que a lei ou a convenção estabelece, o devedor da obrigação entra em mora (CC/1916, arts. 955 e 960; CC/2002, arts. 394 e 397). É o princípio *dies interpellat pro homine*, isto é, o termo, o prazo, a data certa estabelecida interpela a parte devedora em nome da parte credora. Vem daí a mora *ex re* (o devedor tem dia sabido para cumprir a obrigação), contrapondo-se com a mora *ex persona* (o devedor não tem dia sabido para cumprir a obrigação).

Também como regra, toda infração gera resolução contratual. Isso não precisa clausular. É inerente a todo contrato. É o *pacto comissório tácito* ou *cláusula resolutiva tácita* (CC/1916, art. 1.092, parágrafo único; CC/2002, art. 475). Todavia, há de igual modo o *pacto comissório expresso* ou *cláusula resolutiva expressa*, ou *cláusula compromissória*

---

[230] Arnaldo Rizzardo, *Leasing – Arrendamento Mercantil no Direito Brasileiro*, 2ª ed., 1996, p. 166.

CONTRATOS EMPRESARIAIS

ou *lex commissoria*, vale dizer, é pactuado explicitamente que a infração extingue o contrato.

Commissorius, de *committere*, do latim, explica De Plácido e Silva, em *Vocabulário Jurídico*, significa poder conferido a alguém para que proceda conforme está estipulado. Se constar expressamente no contrato: *(a)* autoriza uma parte a proceder *unilateralmente* quando a outra não cumpre as respectivas obrigações, sendo que – continua – pode se manifestar em cláusula que autoriza o credor a se *apoderar* do bem em caráter definitivo; e *(b)* também pode se manifestar em cláusula que o *desfaz* de pleno direito.

Pois bem, diz o art. 474 do CC/02 que a cláusula resolutiva ou resolutória expressa "opera de pleno direito", isto é, o contrato deixa de existir, e que a resolutiva ou resolutória tácita "depende de interpelação judicial." *Interpelare*, do latim, significa *dirigir a palavra, intimar a respeito de certos fatos*. Tratando-se de constituir o devedor em mora, tem o mesmo sentido de *notificação* e *intimação*, como ensina De Plácido e Silva em *Vocabulário Jurídico*.

Alertamos que o *pacto comissório* a que nos referimos agora é o da *resolução do contrato*, e não o do veto à propriedade em caráter definitivo, como acontece na alienação fiduciária (nº 39 do Cap. III).

24.2. Ineficácia da mora automática e necessidade de notificação. Às vezes, face à gravidade da conseqüência, a lei, mesmo havendo *cláusula resolutiva expressa*, condiciona a eficácia da mora *ex re* à prévia notificação. No *leasing mobiliário*, como o efeito da mora é tão grave quanto na reserva de domínio e na alienação fiduciária, a jurisprudência consagrou a necessidade de prévia notificação, e no *imobiliário*, há norma expressa, por subsidiariedade da que vigora à alienação fiduciária de imóveis.

Uma é a *mora comum* ou normal no que tange ao *débito*, existente e eficaz desde logo, e outra é a *mora especial* ou qualificada no que tange à *resolução* do contrato. Ambas são *ex re*, portanto existem desde logo, como vimos no item anterior, mas a *especial*, embora existente, não vigora, não é eficaz, sendo para tanto necessária notificação, mesmo havendo cláusula resolutiva expressa.

Ocupa-nos, aqui, o tema relativo à *mora especial* ou qualificada, a que objetiva pôr fim ao contrato.

Com efeito, embora a convenção expressa de resolução contratual de pleno direito, há situações em que as conseqüências são de gravidade tal que a lei, por exceção, condiciona a eficácia da mora *ex re* à prévia notificação. O objetivo é preservar o contrato. *Notificare*, do latim, significa *dar a saber, noticiar, avisar* a pessoa de alguma coisa ou fato de seu interesse, ensina De Plácido e Silva em *Vocabulário Jurídico*.

Cuida-se de cautela histórica nas relações jurídicas continuativas, baseada no *princípio da preservação dos contratos*, o que justifica a advertência para fins de emenda. Por exemplo, na promessa de compra e venda objeto de loteamento (DL 58/1937, art. 14; Lei 6.766/79, art. 32), nos financiamentos da casa própria via Sistema Financeiro da Habitação (Lei 5.741/71, art. 2º, IV), também na compra e venda com reserva de domínio, por meio do protesto do título, se o vendedor quiser desde logo obter liminar (CPC, art. 1.071, *caput*), o mesmo ocorrendo com a alienação fiduciária, como vimos (nº 28.2 do Cap. III).

No que tange ao *leasing mobiliário*, por um lado nem a Lei 6.099/74, até porque de natureza tributária, haja vista ainda ser contrato atípico, nem o Regulamento prevêem notificação, e por outro não excluem a resolução de pleno direito quando há cláusula, o que permite concluir que incide o art. 474 do CC/02.

Suprindo essa lacuna, a jurisprudência adotou como paradigmas os chamados *institutos jurídicos afins*, especificamente os contratos de alienação fiduciária e de compra e venda com reserva de domínio para, analogicamente, tendo em conta os fenômenos coincidentes (nº 13 *supra*), assentar que também no de *leasing* há necessidade de prévia notificação, mesmo havendo cláusula resolutiva expressa. Justifica-se estender a supressão da eficácia automática da mecionada cláusula porque as conseqüências são tão graves quanto nos citados contratos. Também o de *leasing* deixa de existir. Por isso mesmo o arrendatário comete esbulho possessório, ensejando medida liminar de reintegração.

No que tange ao *leasing imobiliário*, como vimos (nº 19.1.2-A *supra*), preservadas as essências, aplicam-se as normas do Sistema de Financiamento Imobiliário, especialmente da alienação fiduciária de imóveis, logo, incide o art. 26, § 1º, da Lei 9.514/97, o qual estabelece a necessidade de notificação, ou *intimação*, como diz.

Assim, ao invés da aparência, a notificação é exigida, não porque a mora seja *ex persona*, e sim porque, apesar de *ex re*, não é eficaz antes dela por causa da pretensão de resolver o contrato.

24.3. *Requisitos formais da notificação.* No *leasing* mobiliário; no *leasing* imobiliário.

24.3.1. *No leasing mobiliário.* A notificação tanto pode ser judicial, quanto extrajudicial por qualquer modo formal; basta que seja hábil a atingir o objetivo de cientificar o devedor. Ainda, não precisa ser pessoal; basta que seja entregue no endereço do devedor. Se ninguém for encontrado, resta o edital.

Toda forma de notificação é válida, judicial ou extrajudicial, esta pelo Cartório de Registro de Títulos e Documentos, pelo Correio, com aviso de recepção, ou entrega por funcionário do arrendante, mediante recibo. Ainda, para a presunção de que atingiu o objetivo de cientificar o arrendatário, basta que a notificação seja recebida por alguém no endereço por ele indicado. Se trocou de endereço e não avisou, assumiu o risco, "afastando-se do princípio-mór dos contratos, que é o da boa-fé", como já decidiu o ex-2º TACivSP.[231] E se ninguém é encontrado, autoriza o aviso por edital.

Tal como na reserva de domínio, por meio do protesto do título, e na alienação fiduciária mobiliária, por meio do protesto ou outra forma, a notificação não precisa ser pessoal.

Eis o aforismo jurídico: salvo exigência legal, não é necessária notificação pessoal. Quer isso dizer que a exigência da pessoalidade deve ser expressa, como acontece, por exemplo, na alienação fiduciária de bens imóveis (Lei 9.514/97, art. 26, § 3º). Observe-se que até mesmo nas citações judiciais nem sempre a pessoalidade é imprescindível, como na execução fiscal (Lei 6.830/80, art. 8º, II). Portanto, não há motivo para a rigorosa exigência relativamente à notificação procedida no *leasing mobiliário*, inclusive porque, em tais situações, trata-se de simples advertência de algo que o devedor já sabe (mora *ex re*).

Assim, importa é a segurança de que o ato atingiu a finalidade de avisar formalmente o arrendatário.

---

[231] Ex-2º TACivSP, RT 787, p. 313.

É pertinente invocar orientação do STJ de que, na alienação fiduciária de bens móveis – que autoriza se faça ao mesmo no *leasing mobiliário* – não é necessária a notificação pessoal do devedor para o efeito de constituição em mora, sendo suficiente que tenha sido entregue no endereço correto.[232] [233] [234]

24.3.2. *No leasing imobiliário*. A notificação, sem necessidade de clausular prazo de carência (Lei 9.514/97, art. 26, § 2º), nem que seja procedida por meio do Oficial do Registro de Imóveis, deve ser pessoal ao arrendatário, representante legal ou procurador com poderes especiais. Se nenhum for localizado, resta o edital (três publicações em edições seguidas de jornal de grande circulação local).

Como vimos na alienação fiduciária de bens imóveis (nº 28.3.2 do Cap. III), conforme o art. 26 e §§ da Lei 9.514/97, há expressa exigência de notificação pessoal ao fiduciante, ao representante legal ou ao procurador com poderes especiais, procedida pelo Oficial do Registro de Imóveis a requerimento do fiduciário, sendo que: *(a)* pode ocorrer pelo próprio Oficial da Escrivania Imobiliária, via Correio, com aviso de recebimento, ou via Oficial do Registro de Títulos e Documentos; e *(b)* se o fiduciante, ou representante legal ou procurador se encontrar em lugar incerto e não sabido, uma vez certificado o fato, o Oficial do Registro de Imóveis procede via edital, publicado por três dias, pelo menos, em um dos jornais de maior circulação local ou noutro de comarca de fácil acesso, se no local não houver *imprensa diária*, expressão que não pode ser interpretada literalmente. Ao objetivo da lei é suficiente que o jornal seja de grande circulação local e que sejam feitas três publicações em *edições* seguidas. É comum no interior a edição semanal.

Com efeito, como fica a situação no *leasing imobiliário*?

Se aplicarmos o que vimos sustentando, de que, preservadas as essências do instituto, sujeita-se às normas do Sistema de Financiamento Imobiliário, especialmente da alienação fiduciária de imóveis (nº 19.1.2-A *supra*), impõe-se concluir pela adoção de idêntico procedimento no *leasing imobiliário*.

Mas na Ciência Jurídica é muito difícil, senão impossível, escapar das exceções. Nada pode ser aplicado cegamente, nem os princípios gerais nem as exceções.

É o caso, pois a exigência de notificação pelo Oficial do Registro de Imóveis na alienação fiduciária deve-se ao fato de, na seqüência – não havendo purgação da mora, e por conseguinte resolvendo-se de pleno direito o contrato –, ocorrer a *consolidação da propriedade resolúvel* a favor do fiduciário, ato a ser praticado pelo citado Oficial, conferindo-lhe a *propriedade plena*. Ora, isso é estranho ao *leasing*, na medida em que a *propriedade plena* já pertence do arrendante. A resolução contratual não repercute no direito de propriedade de qualquer das partes, mas tão-só no direito de posse do arrendante, no sentido de recuperá-la.

Logo, em *primeiro lugar*, descarta-se a notificação pelo Oficial do Registro de Imóveis; em *segundo* – pergunta-se – é necessário que seja pessoal ao arrendatário, representante legal ou procurador?

A resposta deve ser afirmativa, *primeiro* porque é compatível com o *leasing imobiliário* e simétrico à alienação fiduciária imobiliária; *segundo* porque o art. 39 da Lei 9.514/97, ao tempo em que no inc. I afasta do Sistema de Financiamento Imobiliário a aplicação da Lei 4.380/64 (dispõe sobre Sistema Financeiro da Habitação), no

---

[232] STJ, Resp. nº 557411-DF, 3ª T., Rel. Min. Menezes Direito, em 28-6-04, DJU de 11-10-04, p. 316.

[233] STJ, Resp. nº 275324-MG, 4ª T., Rel. Min. Barros Monteiro, em 22-6-04, DJU de 18-10-04, p. 280.

[234] STJ, Resp. nº 536733-MG, 3ª T., Rel. Min. Menezes Direito, em 9-12-03, DJU de 22-3-04, p. 299.

inc. II estabelece que se aplicam às operações do SFI, das quais o *leasing* é integrante, "as disposições dos arts. 29 a 41 do Decreto-lei 70, de 21.11.1966" (dispõe sobre o funcionamento de associações de poupança e empréstimo, institui a cédula hipoteária e dá outras providências). Obviamente, aplicação com critério, isto é, preservadas as características essenciais do *leasing*.

Pois bem, o § 1º do art. 29 do DL 70/66 estabelece que "o agente fiduciário" – *rectius*, aqui, arrendante – "comunicará ao devedor que lhe é assegurado o prazo de 20 (vinte) dias para vir purgar o débito", e diz o § 2º: "As participações e comunicações deste artigo serão feitas através de carta entregue mediante recibo ou enviada pelo registro de títulos e documentos ou ainda por meio de notificação judicial."

Quanto ao prazo de 20 (vinte) dias, como veremos (nº 26.1 *infra*), mais adequado, para saírmos menos possível da Lei do Sistema de Financiamento Imobiliário, é adotar o de 15 (quinze) dias previsto à alienação fiduciária.

Quanto ao requisito formal, sem dúvida o § 2º do art. 29 do DL 70/66 exige notificação pessoal. Carta *entregue mediante recibo* a quem? Notificação pelo Cartório de Títulos e Documentos ou judicial a quem? Só pode ser pessoalmente ao devedor, entenda-se, no caso do *leasing imobiliário*, ao arrendatário.

Por conseguinte, afirmada a necessidade de *notificação pessoal*, todo modo é válido, judicial ou extrajudicial, esta pelo Cartório de Registro de Títulos e Documentos, pelo Correio, com aviso de recepção, ou entrega por funcionário do arrendante, mediante recibo. Importa é que seja pessoal.

Finalmente, não envolvendo repercussão alguma no direito de propriedade, não há pertinência nem motivo relevante ao prazo de carência previsto no § 2º do art. 26 da Lei 9.514/97 à alienação fiduciária (nº 26.3 do Cap. III), o que não exclui a pactuação, como cláusula facultativa.

24.4. *Requisitos substanciais da notificação.* **Prescindibilidade do** *valor do débito*; **imprescindibilidade do prazo para purgar a mora.**

24.4.1. *Prescindibilidade do valor do débito.* **No** *leasing* **mobiliário; no** *leasing* **imobiliário.**

24.4.1-A. *No leasing mobiliário.* **A notificação diz com simples aviso, lembrança, advertência de algo que o devedor já sabe, pois envolve mora** *ex re.* **Não é imprescindível constar o valor do débito, assim como na alienação fiduciária (STJ, Súm. 245).**

Como vimos (nº 24.3.1 *supra*), a notificação premonitória diz com simples notícia, aviso, lembrança, advertência de algo que o devedor já sabe, pois envolve mora *ex re*. Portanto, salvo norma expressa, não é imprescindível constar o *valor do débito*, junto com outros detalhamentos como às vezes é dito, como se fosse uma citação judicial, em que é necessário entregar cópia da petição. Basta *lembrar* ao arrendatário de que no dia tal venceu a prestação tal. Cuida-se de mero aviso, mera advertência de algo que o devedor já sabe, reitera-se.

Conquanto assim seja, o tema não é pacífico nos tribunais. Somos do entendimento da dispensa do valor na notificação, como já decidido pelo ex-TARS.[235] Também neste particular, assim como na dispensa do recebimento pelo próprio devedor, pode-se dizer que se trata de princípio geral; logo, a exigência de que conste o valor deve ser expressa. Por exemplo, nunca se cogitou de inserir o valor da dívida entre os requisitos da notificação premonitória relativa à *casa própria* havida por meio

---

[235] Ex-TARS, apelação cível nº 197049695, 6ª Câmara, Rel. Dr. Irineu Mariani.

do Sistema Financeiro da Habitação (Lei 5.741/71, art. 2º, IV), algo socialmente mais relevante por dizer com *direito à moradia* (CF, art. 6º).

O mesmo acontece na alienação fiduciária – contrato referência ao *leasing* nessa questão – conforme reiteradas decisões do STJ,[236] [237] [238] culminando com a Súmula 245 de seguinte dicção: "A notificação destinada a comprovar a mora nas dívidas garantidas por alienação fiduciária dispensa a indicação do valor do débito."

24.4.1-B. *No leasing imobiliário*. É prescindível constar o valor do débito na notificação. Não é admissível qualificar como essencial algo que não só não consta na lei, como se ostenta precário, face à evolução do débito após expedida a notificação.

Evidente que, no caso, o paradigma, como vimos (nº 19.1.2-A *supra*), é a alienação fiduciária imobiliária, na qual, como também vimos (nº 28.4.1-B do Cap. III), não consta que a notificação deve especificar o valor, mas tão-só que o devedor tem o prazo de quinze dias para pagar "a prestação vencida e as que se vencerem até a data do pagamento, os juros convencionados, as penalidades e os demais encargos contratuais, os encargos legais, inclusive tributos, as contribuições condominiais imputáveis ao imóvel, além de despesas de cobrança e de intimação" (Lei 9.514/97, art. 26, § 1º).

Primeiro, o valor não consta como requisito; *segundo*, devem ser pagas não só as prestações vencidas, mas também *as que se vencerem até a data do pagamento*, ou seja, as prestações cujos vencimentos acontecerem *após* expedida a notificação. Noutras palavras: o débito evolui. É *um* quando expedida a notificação, e pode ser *outro* quando ocorre o pagamento. O devedor não é notificado para quitar o débito vencido até o dia da notificação, mas até o dia do pagamento.

Portanto, se constar na notificação, será efêmero. Juridicamente, é inadmissível qualificar como essencial, e por isso obrigatório, algo que não só não consta na lei, como se ostenta precário.

24.4.2. *Imprescindibilidade do prazo para purgar a mora*. No *leasing* mobiliário; no *leasing* imobiliário.

24.4.2-A. *No leasing mobiliário*. A notificação objetiva evitar a consumação da mora e com ela a resolução do contrato. Isso requer prazo ao arrendatário regularizar a situação. No *leasing mobiliário*, o prazo é de no mínimo *três dias úteis*, por analogia ao concedido no protesto de título. A omissão torna írrita a notificação, e a referência a prazo inferior não reduz o legalmente garantido.

Há três aspectos a analisar: *(a)* a necessidade de que conste prazo; *(b)* a definição do prazo; e *(c)* a conseqüência do descumprimento.

Quanto à *necessidade de que conste prazo*, se a notificação é necessária para a eficácia da mora, óbvio que pressupõe certo prazo para que o arrendatário possa evitá-la, regularizando a situação. Não há sentido notificar para simplesmente dizer ao arrendatário que, no mesmo instante, *consumou-se a mora*, e que, portanto, o contrato não mais existe, e que, por isso, já está cometendo esbulho possessório. A notificação não ocorre para dizer que o contrato *está findo*, e sim que *findará* se, em determinado prazo,

---

[236] STJ, Resp. nº 557414-RS, 3ª T., Rel. Min. Menezes Direito, em 28-6-04, DJU de 18-10-04, p. 270.

[237] STJ, Resp. nº 265341-RS, 4ª T., Rel. Min. Barros Monteiro, em 26-11-02, DJU de 10-3-03, p. 224.

[238] STJ, Resp. nº 469406-RS, 4ª T., Rel. Min. Passarinho Júnior, em 5-12-02, DJU de 23-3-03, p. 235.

o débito não for pago. A razão de ser da notificação nas relações jurídicas continuativas, consoante já exposto (nº 24.2 *supra*), é exatamente o de oportunizar que o devedor evite a consumação da mora, preservando-se o contrato.

Quanto à *definição do prazo*, no *leasing* mobiliário o parâmetro é o protesto de título, que *deve* ser feito na reserva de domínio, se o vendedor quiser requerer medida liminar (CPC, art. 1.071, *caput*), e *pode* ser feito na alienação fiduciária (DL 911, art. 2º, § 2º), ambos institutos jurídicos afins (nº 13 *supra*).

Então, considerando que no protesto de título o devedor tem o prazo de *três dias úteis*, contados a partir da intimação pelo Cartório, para adotar as devidas providências, sob pena de o ato ser lavrado (Lei 9.492/97, art. 12 c/c o art. 20 e este c/c o art. 19), nada mais natural, pois, do que adotar o mesmo prazo também às outras formas de notificação, como decidiu o ex-TARS,[239] contado a partir da entrega a alguém, mediante recibo, no endereço declinado pelo arrendatário, ou por meio de edital, se não for encontrado. Nada obsta prazo maior concedido por liberalidade pelo arrendante.

Quanto à *conseqüência do descumprimento*, assim como na citação judicial, a ausência do prazo para defesa (CPC, art. 225, VI) torna ineficaz o ato para tal fim, e a referência a prazo inferior não reduz o assegurado em lei, assim também na notificação premonitória. A omissão quanto ao requisito substancial do prazo torna-a írrita, e a referência a prazo inferior não reduz o legalmente garantido.

24.4.2-B. *No leasing imobiliário*. O prazo é de no mínimo *quinze dias*. A omissão torna írrita a notificação, e a referência a prazo inferior não reduz o legalmente garantido.

Tendo novamente como paradigma, pelo mesmo motivo, a alienação fiduciária imobiliária, aplica-se o art. 26, § 1º, da Lei 9.514/97, o qual estabelece que o devedor-fiduciante – aqui arrendatário – deve ser notificado para regularizar a situação "no prazo de quinze dias," apenas que, conforme já demonstrado (nº 24.3.2 *supra*), não há necessidade de prazo de carência (§ 2º), salvo se for practuado. Nada obsta prazo maior concedido por liberalidade pelo arrendante.

Aliás, o fato de ser necessário constar o prazo quando o objeto for bem imóvel, conforta a tese da imprescindibilidade de constar prazo também quando for bem móvel, aplicando-se o mesmo princípio de que a omissão torna írrita a notificação, e a referência a prazo inferior não reduz o legalmente garantido.

25. *Purgação da mora no leasing mobiliário*. Purgação extrajudicial; purgação judicial; purgação da mora pela massa falida ou insolvente.

25.1. *Purgação extrajudicial*. Direito e objetivo da purgação; prazo para purgar; dívida vencida até a data do pagamento.

25.1.1. *Direito e objetivo da purgação*. O *direito* decorre naturalmente da necessidade de notificação. O *objetivo* é evitar o perecimento do contrato sinalizado pela notificação.

Uma é a *mora comum* ou normal no que tange à dívida, e outra é a *mora especial* ou qualificada no que tange à pretensão resolutória do contrato (nº 24.2 *supra*). Ambas, por serem *ex re*, existem desde logo, mas a especial, tendo em conta a gravidade da conseqüência, não vigora antes da notificação. Cuida-se de cautela histórica no Di-

---

[239] Ex-TARS, agravo de instrumento nº 197059454, 6ª Câmara, Rel. Dr. Irineu Mariani.

reito brasileiro nas relações jurídicas continuativas, baseada no *princípio da preservação dos contratos*.

Portanto, no âmbito extrajudicial, o *direito à purgação da mora* no *leasing mobiliário*, decorre naturalmente da necessidade de notificação, pela qual o credor anuncia a intenção de resolver o contrato. Se a notificação é necessária, óbvio que ela não ocorre para dizer que o pacto *está findo*, e sim para alertar que *findará* se, em determinado prazo, o débito não for pago.

Por conseguinte, o *objetivo da purgação da mora* é evitar o perecimento do contrato, sinalizado pela notificação. Trata-se de mecanismo que oportuniza ao arrendatário o restabelecimento da saúde do contrato, o convalescimento, a purificação, evitando com isso o término por sua culpa.

25.1.2. *Prazo para purgar.* **Por analogia ao protesto de título, deve ocorrer no prazo de três dias úteis.**

Como vimos (nº 24.4.2-A *supra*), no *leasing mobiliário* o prazo à purgação da mora é de *três dias úteis*, por analogia ao concedido no protesto de título.

Dentro do citado prazo, ou eventualmente maior concedido por liberalidade pelo arrendante, o arrendatário deve exercer o direito de purgar a mora no âmbito extrajudicial, sob pena de se tornar eficaz a *mora especial*, vale dizer, aquela que resolve, desfaz, desconstitui de pleno direito o contrato (nº 24.2 *supra*).

25.1.3. *Dívida vencida até a data do pagamento.* **A purgação da mora ocorre na medida suficiente para evitar o perecimento do contrato, ou seja, dívida vencida até a data do pagamento, com os encargos decorrentes da mora *ex re*.**

Como vimos (nº 24.2 *supra*), relativamente ao débito a mora *ex re* existe e vigora desde logo, e veremos (nº 28.1 *infra*), em razão disso o arrendante pode cobrar a dívida vencida até a data do pagamento.

Pretendendo, porém, resolvê-lo, o que é sinalizado pela notificação, enseja ao arrendatário a purgação da mora, no âmbito extrajudicial, pagando a dívida na exata medida em que é suficiente para evitar o perecimento do contrato, ou seja, vencida até a data do pagamento, com os encargos decorrentes da mora *ex re*, tal como acontece na alienação fiduciária de bens móveis (nº 29.1.3 do Cap. III).

A negativa do arrendante em receber autoriza a consignação em pagamento (CC/02, art. 335, I), judicial ou extrajudicial, conforme dispõe o CPC (art. 890).

25.2. *Purgação judicial.* **Possibilidade; prazo para requerer e purgar a mora; dívida vencida até a data do pagamento; honorários advocatícios e despesas processuais; direito de cumular purgação da mora e contestação do valor.**

25.2.1. *Possibilidade.* **A jurisprudência, por analogia aos institutos afins (reserva de domínio e especialmente alienação fiduciária), tendo em conta as conseqüências fáticas serem as mesmas, passou a admitir a possibilidade da purgação da mora em juízo também no *leasing mobiliário*.**

Houve tempo em que não se reconhecia a possibilidade de o arrendatário purgar a mora em juízo, por não mais existir contrato, haja vista o cometimento de esbulho possessório, como veremos (nº 28.2.1-A *infra*).

Mas, uma vez definida a necessidade de prévia notificação por analogia aos institutos afins – compra e venda com reserva de domínio e especialmente a alienação fiduciária –, a jurisprudência passou a admitir também em juízo a purgação da mora no *leasing mobiliário*, mas já em condições menos favoráveis por motivo dos encargos processuais. Acontece, então, o revigoramento ou ressuscitamento do contrato.

Desse modo, consolidou-se o entendimento de que, uma vez atendido o pressuposto dos institutos afins, ou seja, desde que já tivesse o arrendatário pago pelo menos 40% (quarenta por cento) do valor do objeto, impunha-se reconhecer o direito de purgar a mora em juízo, por exemplo, decisões do STJ[240] [241] e do ex-TAPR.[242] Com a ressalva de que melhor era dizer 40% do valor do objeto *menos* o Valor Residual, a exigência não mais vigora, como logo veremos (nº 25.2.3 *infra*).

25.2.2. *Prazo para requerer e purgar a mora*. É de cinco dias, contados a partir da juntada aos autos do mandado de execução da liminar e de citação quando concomitantes, ou conforme o ato praticado por último quando não-concomitantes.

Adotando como paradigma a alienação fiduciária *especial* de bens móveis, e nos reportando ao respectivo item (nº 29.2.1-A do Cap. III), o prazo para requerer e purgar a mora é de *cinco dias* contado, não a partir da *execução da liminar* (DL 911/69, art. 3º, §§ 1º e 2º, redação do art. 56 da Lei 10.931/04), visto que ela pode ocorrer *antes* da citação, e sim: *(a)* a partir da juntada aos autos do mandado de execução da liminar e de citação quando concomitantes; ou *(b)* conforme o ato praticado por último quando não-concomitantes, tendo em vista que, por exceção, o prazo para contestar não flui antes do cumprimento da liminar, isso por um lado, e, por outro, também não pode fluir antes da citação e da juntada do mandado aos autos.

No caso do *leasing mobiliário*, a liminar é a da ação de reintegração de posse, demanda cabível, como veremos (nº 28.2.1-A *infra*).

25.2.3. *Dívida vencida até a data do pagamento*. A purgação da mora ocorre pela dívida vencida até a data do pagamento. Deve a inicial da ação de reintegração de posse, por força do art. 3º, § 2º, do DL 911/69, redação da Lei 10.931/04, aplicável à espécie, apresentar os valores para fins de purgação da mora.

Quanto a este ponto, na alienação fiduciária *especial*, como vimos (nº 29.2.1-B do Cap. III), o § 2º do art. 3º do DL 911/69, na redação do art. 56 da Lei 10.931/04, exige a purgação da mora pela *integralidade da dívida pendente*. Incluem-se, pois, as parcelas vencidas e vincendas. O *vencimento antecipado* é obra da lei.

Em *primeiro lugar*, acabou a exigência de pagamento prévio de no mínimo 40% (quarenta por cento) para o exercício da purgação da mora (nº 29.2.1-B do Cap. III).

Em *segundo*, não há falar no *leasing* em purgação da mora mediante o pagamento integral da dívida pendente (vencida e vincenda), pois não se trata de financiamento, no qual a dívida existe desde o início e o que se programa é a forma de pagamento, e sim de arrendamento, no qual a dívida é gerada pelo passar do tempo, especialmente no *leasing mobiliário* onde o fato gerador é a gradativa depreciação; logo, não existe dívida presente por tempo futuro. Não bastasse, seria exercício antecipado da opção de compra, descaracterizando o *leasing* para "compra e venda a prestação", conforme o art. 10 do Regulamento, aprovado pela Resolução 2.309/96.

---

[240] STJ, Resp. 6696-SP, Rel. Min. Dias Trindade, DJU de 22-4-91, p. 4.785.

[241] STJ, Resp. 9219-MG, Rel. Min. Athos Carneiro, DJU de 23-9-91, p. 13.086.

[242] Ex-TAPR, RT 678, p. 181.

CONTRATOS EMPRESARIAIS

Em *terceiro*, considerando o disposto no art. 3º, § 2º, do DL 911/69, com a redação do art. 56 da Lei 10.931/04, aplicável à espécie, deve o arrendante na inicial da ação de reintegração de posse apresentar os valores para fins de purgação da mora pelo arrendatário. Se tal não ocorrer, pode o juiz *ex officio* determinar a emenda, e o arrendatário pode argüir a falha, com as decorrências processuais pertinentes.

25.2.4. *Honorários advocatícios e despesas processuais*. A inclusão na purgação da mora decorre da rubrica genérica *despesas* (DL 911/69, art. 2º, *caput*, c/c o art. 26 do CPC, aplicável ao *leasing mobiliário*). Trata-se de princípio geral e de encargo legal; logo, a exclusão é que deve ser expressa, e não a inclusão.

Como vimos na alienação fiduciária *especial* (nº 29.2.1-C do Cap. III), aplicável ao *leasing mobiliário*, a inclusão dos honorários advocatícios e despesas processuais na purgação da mora decorre da rubrica genérica *despesas* (DL 911/69, art. 2º, *caput*, c/c o art. 26 do CPC). Trata-se de princípio geral e de encargo legal; logo, a exclusão é que deve ser expressa, e não a inclusão.

Os opositores da inclusão, conforme salientado na alienação fiduciária especial, argumentam que a liberdade não pode periclitar por causa de honorários advocatícios e despesas processuais na ação de busca e apreensão, convertida em ação de depósito, porém tal não acontece, uma vez que, para fins de evitar a prisão civil, considera-se apenas o débito *stricto sensu*, portanto sem as chamadas *rubricas acessórias*.

Por conseguinte, e tendo em conta que no *leasing* a reintegração de posse não é conversível em ação de depósito, a purgação da mora em juízo inclui tanto o débito *stricto sensu* apresentado pelo arrendante na inicial quanto as custas e honorários advocatícios arbitrados desde logo pelo juiz.

25.2.5. *Direito de cumular purgação da mora e contestação do valor*. Uma vez reconhecido o direito de o arrendatário purgar a mora em juízo, cumpre na seqüência adotar o *modus operandi* do paradigma, no caso, a alienação fiduciária *especial*, onde há o direito de purgar a mora e ao mesmo tempo contestar o valor, com restituição em caso de cobrança excessiva. Em tal caso, a contestação, que deverá ser restrita à questão do valor, tem caráter reconvencional.

Como vimos, tanto na alienação fiduciária *especial* quanto na *comum*, o devedor tem o direito de cumular purgação da mora e contestação do valor, independentemente da demanda, seja ação de busca e apreensão, seja de depósito, seja de reintegração de posse (nºs 35.1.10, 35.3.3, 36.1.3 e 36.2.2 do Cap. III).

Tal se apóia no § 4º do art. 3º do DL 911/69, na redação do art. 56 da Lei 10.931/04, o qual consagrou o princípio *solve et repete* (paga agora, discute depois), o qual consideramos profilático e equilibrado. *Profilático* porque acabou com a controvérsia que era gerada quanto ao débito correto na purgação da mora, com idas e vindas, inclusive recursos, e *equilibrado* porque, no contraponto, garante ao devedor o direito de impugnar o débito e inclusive de obter, numa verdadeira contestação de natureza reconvencional, a restituição no mesmo processo, no caso de cobrança excessiva, o que é justificável na medida em que a purgação ocorre pelos valores apresentados "na inicial" (art. 3º, § 2º).

Reconhecido o direito de o arrendatário purgar a mora em juízo (nº 25.2.1 *supra*), cumpre na seqüência adotar o *modus operandi* do mesmo paradigma.

Considerando que as conseqüências fáticas são idênticas às da alienação fiduciária, há reconhecer o mesmo direito ao arrendatário, no *leasing mobiliário*, evidentemente na mesma limitação, isto é, apenas de eventual pagamento *a maior* na purgação da mora, cujo valor lhe foi apresentado na inicial pelo arrendante, caso em que, uma vez acolhida, por lógica o contestante faz jus à restituição. Dessarte, se o arrendatário quiser suscitar outras questões, não poderá optar pela purgação da mora.

25.3. *Purgação da mora pela massa falida ou insolvente.* **Há ter-se atenção para eventual regalia específica.**

Se a purgação da mora for articulada por massa falida ou insolvente, cujo direito pode ser exercido nas circunstâncias já expostas (nºs 25.1 e 25.2 *supra*), há ter-se atenção para eventual regalia específica, por exemplo, o art. 124 da Lei 11.101/05, repetindo o art. 26 do DL 7.661/45, estabelece a inexigibilidade dos juros contra a massa falida, "vencidos após a decretação da falência, previstos em lei ou em contrato, se o ativo apurado não bastar para o pagamento dos credores subordinados."

26. *Purgação da mora no leasing imobiliário.* **Admissibilidade da purgação na fase extrajudicial; inadmissibilidade da purgação na fase de processo judicial; purgação da mora pela massa falida ou insolvente.**

26.1. *Admissibilidade da purgação na fase extrajudicial.* **Deve ocorrer no prazo constante da notificação, o qual é de no mínimo quinze dias. Paga-se o débito, com os encargos da mora *ex re*, a qual existe e vigora (independe de notificação).**

A necessária notificação e o necessário prazo nela constante, de pelo menos três dias úteis no *leasing mobiliário* (nº 24.4.2-A *supra*), e de pelo menos quinze dias no *imobiliário* (nº 24.4.2-B *supra*), neste por subsidiariedade da norma relativa à alienação fiduciária de imóveis (nº 19.1.2-A *supra*), gera o direito de purgar a mora na *fase extrajudicial*, direito esse também previsto no art. 29, § 1º, do DL 70/66, aplicável às operações do Sistema de Financiamento Imobiliário – SFI, as quais o *leasing imobiliário* integra (Lei 9.514/97, arts. 5º, § 2º, e 39, II). Aliás, o prazo objetiva exatamente alertar o arrendatário de que o contrato *não está* findo, mas *findará* se no prazo que lhe é concedido o débito não for pago.

Aplica-se, pois, como vimos (nº 24.3.2 *supra*), o art. 26, § 1º, da Lei 9.514/97, sem necessidade de haver prazo de carência, salvo se for pactuado, afastando-se, porém, o prazo de vinte dias previsto no § 1º do art. 29 do DL 70/66, isso porque: *(a)* deve-se sair menos possível do Diploma básico (Lei 9.514/97); e *(b)* deve-se padronizar mais possível os procedimentos.

Para evitar a consumação da *mora especial* ou qualificada, e por decorrência a resolução contratual, o arrendatário deve pagar "a prestação vencida e as que se vencerem até a data do pagamento, os juros convencionados, as penalidades e os demais encargos contratuais, os encargos legais, inclusive tributos, as contribuições condominiais imputáveis ao imóvel, além das despesas de cobrança e de intimação" (art. 26, § 1º). Observe-se que os encargos, como juros e penalidades, são devidos porque face a elas a mora *ex re* existe e vigora (independe de notificação). A negativa do arrendante em receber autoriza a consignação em pagamento (CC/02, art. 335, I), judicial ou extrajudicial (CPC, art. 890).

26.2. *Inadmissibilidade da purgação na fase de processo judicial.* **Uma vez resolvido o contrato, nada obsta que o arrendante, que tem pro-priedade plena, venda o imóvel ou celebre novo contrato. Assim, nas circunstâncias, sem previsão legal expressa, reconhecer ao ex-arrenda-tário direito de purgar a mora é demasiadamente tumultuário, causan-**

CONTRATOS EMPRESARIAIS

do grande insegurança nas relações jurídicas, inclusive privando o arrendante do direito de alienar. Ademais, o *leasing* não figura entre os institutos que conferem direito real; logo, não tem eficácia *erga omnes*.

Relativamente à *alienação fiduciária imobiliária*, como vimos (n° 30.2 e 30.3 do Cap. III), não há previsão à purgação da mora na *fase da venda* e tampouco na *fase de processo judicial*, sendo que isso o legislador omitiu intencionalmente. Acontece que o pagamento do imposto e a consolidação da propriedade em nome do credor-fiduciário criam realidade que torna o ato registral insuscetível de modificação (cancelamento) por simples artifício de purgação da mora, não bastasse o tumulto e instabilidade nas relações jurídicas. Para tal seria necessária norma legal expressa.

Relativamente ao *leasing imobiliário*, numa análise *a priori*, a tese da possibilidade da purgação da mora na fase de processo judicial impressiona, pois neste não há pagamento de imposto nem propriedade resolúvel nem ato registral, no entanto numa análise *a posteriori*, chega-se à conclusão de que, sem previsão legal expressa, não é possível.

Em *primeiro lugar*, assim como na alienação fiduciária imobiliária (n° 30.2 do Cap. III), não há falar em aplicação do art. 34 do DL 70/66, por remissão do art. 39, II, da Lei 9.514/97, inclusive por mais forte razão, pois ele é exclusivo à *fase de venda*, a qual não existe no *leasing imobiliário*.

Em *segundo*, uma vez resolvido o contrato, e tendo o arrendante *propriedade plena*, nada obsta que: *(a)* desde logo celebre novo *leasing*, necessitando do imóvel para consumá-lo, visto que se trata de *contrato real* (n° 17.2 *supra*), não sendo para tanto obrigado a aguardar que o ex-arrendatário o desocupe, ou, quem sabe, aguardar o resultado de sempre demorado processo judicial com desalojamento compulsório; ou *(b)* desde logo faça venda, caso em que o novo proprietário pode necessitá-lo, e por conseguinte ajuizar processo (n° 28.2.2-D e E *infra*).

Assim, nas circunstâncias, sem previsão expressa, é demasiadamente tumultuário, causando grande insegurança nas relações jurídicas, reconhecer ao ex-arrendatário direito de purgar a mora na fase de processo judicial. Convém não esquecer que a oportunidade ordinária acontece no âmbito extrajudicial, para a qual inclusive exige-se *notificação pessoal* (n° 24.3.2 *supra*), portanto qualificada, induvidosa.

Dir-se-á que o novo proprietário comprou sabendo ou em condições de saber da ocupação. Acontece que o *leasing* não figura nem na Lei 9.514/97, que o instituiu genericamente para bens imóveis, nem no art. 1.225 do CC/02, entre os institutos que conferem *direito real*; logo, não tem eficácia *erga omnes*. Dir-se-á, igualmente, que o arrendante pode aguardar seja para novo contrato seja para vender. Ocorre que o direito de propriedade garantido constitucionalmente (CF, art. 5°, XXII), implica direito de ao bem dar função econômica e também de não mais ser proprietário, haja vista a *res derelictae*.

In extremis, resta ao ex-arrendatário a demanda autônoma, obviamente ajuizada a tempo de evitar a consolidação de situação jurídica nova.

26.3. *Purgação da mora pela massa falida ou insolvente.* **Há ter-se atenção para eventual regalia específica.**

Se a purgação da mora for articulada por massa falida ou insolvente, há ter-se atenção para eventual regalia específica, por exemplo, o art. 124 da Lei 11.101/05, repetindo o art. 26 do DL 7.661/45, estabelece a inexigibilidade dos juros contra a massa falida, "vencidos após a decretação da falência, previstos em lei ou em contrato, se o ativo apurado não bastar para o pagamento dos credores subordinados".

27. *Inadimplência pela massa falida ou insolvente.* Resolução do contrato; habilitação e classificação do crédito.

27.1. *Resolução do contrato.* Tanto no *leasing mobiliário* quanto no *imobiliário*, se o arrendante objetivar a resolução contratual, compete-lhe deflagrar o ritual típico da notificação e, uma vez consumada a mora, e não havendo a devolução espontânea, ajuizar a demanda cabível.

Como vimos (n° 23.2.1-B *supra*), a falência ou a insolvência do devedor-fiduciante por si só não resolve o contrato bilateral (Lei 11.101/05, art. 117 e §§, repetindo em teor o art. 43, *caput*, do DL 7.661/45), o que *a fortiori* se estende ao *estado de recuperação* judicial e extrajudicial, sendo que, se o contrato prosseguir e houver inadimplência da Massa, não fica excluída a resolução por este motivo.

Ocorrendo inadimplência, se o arrendante objetivar a resolução do contrato, compete-lhe deflagrar o ritual típico da notificação (n° 24 *supra*), segundo o objeto (móvel ou imóvel), e uma vez consumando-se a mora sem devolução espontânea, ajuizar a demanda cabível (n° 28.2.1-A *infra*).

Assim decidiu o ex-2° TACivSP envolvendo *leasing*: "Ocorrendo a inadimplência, quanto ao pagamento das parcelas contratadas, referida mora não inibe a ação de reintegração de posse, ante à falência da devedora, uma vez que o proprietário (arrendante) pode reivindicar a coisa em poder de quem quer que seja".[243]

27.2. *Habilitação e classificação do crédito.* O crédito deve ser habilitado na classe dos quirografários.

Havendo crédito pendente, ao arrendante cabe habilitá-lo na forma da lei, na classe dos quirografários, conforme ensinamentos de Arnaldo Rizzardo,[244] o que dispunha o parágrafo único do art. 43 do DL 7.661/45 e dispõe atualmente o § 2° do art. 117 da Lei 11.101/05.

Assim como na alienação fiduciária (n° 31.4 do Cap. III) já decidiu o ex-2° TACivSP,[245] tem-se que também no *leasing* não é admissível, para contornar a classe de quirografário, a instituição de *garantia real*, noutro ajuste, do crédito decorrente do arrendamento.

28. *Opções do arrendante face à mora do arrendatário.* Cobrança da dívida com ou sem resolução do contrato; resolução do contrato (demanda cabível).

28.1. *Cobrança da dívida com ou sem resolução do contrato.* Direito natural do arrendante de apenas cobrar; dívida vencida com ou sem resolução contratual; inexistência de incompatibilidade entre as demandas que objetivam o bem e a dívida; processo de execução; emissão de duplicata para cobrar contraprestação; executados.

28.1.1. *Direito natural do arrendante de apenas cobrar.* O arrendante, inclusive face ao princípio da preservação dos contratos, tem o direito natural de, em vez de resolvê-lo, apenas cobrar a dívida.

---

[243] Ex-2° TACivSP, 11ª Câmara, ap. cív. 519684-0/0, Rel. Dr. Melo Bueno.

[244] TJSP, 2ª Câmara Cível, ap. cív. 76.642-4, Rel. Des. J. Roberto Bedran.

[245] Ex-2° TACivSP, 5ª Câmara, ap. cív. 509776-0, em 4-3-98, Rel. Dr. Laerte Sampaio.

Como vimos (nº 24.2 *supra*), face à dívida a mora *ex re* existe e vigora desde logo. É eficaz. Para a cobrança não há necessidade de notificação.

No mais, há reconhecer ao credor-arrendante o direito natural de, conforme juízo de conveniência e oportunidade, em vez da resolução do contrato, optar apenas pela cobrança, até porque esta é ato normal, enquanto a resolução é extraordinário, inclusive indo de encontro ao *princípio da preservação dos contratos*.

28.1.2. *Dívida vencida com ou sem resolução contratual.* Não se tratando de financiamento, e sim de arrendamento, não há falar em vencimento antecipado da dívida. Cobra-se apenas a vencida, sendo, em caso de resolução contratual, até a efetiva entrega do bem.

Como vimos (nº 25.2.3 *supra*), diferentemente da alienação fiduciária, no *leasing* não há falar em vencimento antecipado da dívida, pois não se trata de financiamento, no qual a dívida existe desde o início e o que se programa é a forma de pagamento, e sim de arrendamento, no qual a dívida é gerada pelo passar do tempo, especialmente no *leasing mobiliário* onde o fato gerador é a gradativa depreciação; logo, não existe dívida presente por tempo futuro. Não bastasse, seria exercício antecipado da opção de compra, descaracterizando o *leasing* para "compra e venda a prestação" (Regulamento, art. 10, aprovado pela Resolução 2.309/96, do BACEN).

28.1.3. *Inexistência de incompatibilidade entre as demandas que objetivam o bem e a dívida.* A cobrança é restrita à dívida vencida, e a possível venda do bem pelo arrendante não quita financiamento nem decorre de veto ao pacto comissório. Assim, não há incompatibilidade entre demanda objetivando o bem, decorrente da resolução contratual, e demanda objetivando a dívida.

Na alienação fiduciária, como vimos (nº 33.1 do Cap. III), existe incompatibilidade entre a cobrança da dívida e a resolução contratual, pois, optando por esta, o fiduciário obtém o crédito, inclusive parcelas vencidas até então, por meio da venda do bem.

Já no *leasing*, conforme o item anterior, não há vencimento antecipado. Mesmo optando pela resolução do contrato, o direito do arrendante relativamente ao crédito vai apenas até a efetiva recuperação do bem. Isso por um lado. Por outro, a possível venda do bem pelo arrendante não tem o caráter que existe na alienação fiduciária, isto é, de quitação do financiamento e de veto ao pacto comissório (nº 39 do Cap. III).

Conseqüentemente, não há incompatibilidade entre a demanda objetivando recuperar a posse do bem, decorrente da resolução contratual, e a demanda, após vencido o prazo para eventual purgação da mora, objetivando cobrar a dívida até a efetiva recuperação do bem.

28.1.4. *Processo de execução.* O contrato e o demonstrativo da evolução do débito aperfeiçoam título executivo extrajudicial (CPC, art. 585, II, c/c o art. 614, II).

Quanto ao remédio jurídico-processual, é cabível o processo de execução. Assim como o contrato de alienação fiduciária (nº 33.3 do Cap. III), com jurisprudência do STJ, também o *leasing*, o contrato e o demonstrativo da evolução do débito aperfeiçoam título executivo extrajudicial (CPC, arts. 585, II, e 614, II), como decidiu o ex-2º TACivSP.[246] Na pior hipótese, cabível a ação monitória (CPC, art. 1.102-*A*).

---

[246] Ex-2º TACivSP, RT 790, p. 329.

Efetivamente, uma dívida não deixa de ser líquida e certa – *certa* quanto à existência e *líquida* ou determinada quanto ao objeto – se a apuração depender de simples cálculo aritmético, conforme resulta da combinação do art. 585, II, com o art. 614, II, do CPC. Eventual erro de cálculo não descaracteriza a liquidez. Se foi além do devido, basta excluir o *majus*; se ficou aquém, não é possível acrescer o *minus* porque ultrapassa o pedido.

28.1.5. *Emissão de duplicata para cobrar contraprestação*. Não é admissível, pois a contraprestação não envolve mercadoria nem serviços. A emissão de duplicada pode, sim, ser emitida quando contratados e prestados serviços de assistência no *leasing* operacional (Lei 5.474, arts. 20 e 22).

A duplicata é um título de crédito que pressupõe uma operação de compra e venda empresarial, ou de prestação de serviços, desde que devidamente contratados (Lei 5.474/68, arts. 1º, 20 e 22).

Não é admissível, pois, no *leasing* emitir duplicata para cobrar a contraprestação, nada obstando, porém, quanto aos serviços de assistência no *leasing* operacional (nº 7.1 *supra*), conforme jurisprudência pela inadmissibilidade da emissão para cobrar a contraprestação e pela admissibilidade para cobrar os serviços.[247] [248] [249]

28.1.6. *Executados*. Relativamente à dívida, conseqüência da escolha pela *execução do contrato*, parte passiva são o arrendatário, os fiadores e também os avalistas quando houver Nota Promissória vinculada.

28.2. *Resolução do contrato (demanda cabível)*. No *leasing* mobiliário; no *leasing* imobiliário; cobrança das contraprestações vencidas na reintegração de posse (inadmissibilidade).

28.2.1. *No leasing mobiliário*. Ação de reintegração de posse e medida liminar; parte passiva; direito de cumular purgação da mora e contestação do valor; multa quando improcedente a reintegratória e o bem já tiver sido alienado.

28.2.1-A. *Ação de reintegração de posse e medida liminar*. Pela tese de que a antecipação do VR descaracteriza o *leasing*, e quando houver adiantamento não é cabível a reintegratória. Já pela tese de que não o descaracteriza, e quando não houver adiantamento, ela é cabível, pois, não mais havendo contrato, há esbulho, mas o cumprimento da liminar deve, por justiça e isonomia, ser condicionado ao depósito do *quantum*, pelo arrendante, atualizado e com juros compensatórios.

Quanto ao *pedido reintegratório*, consumada a mora *especial* ou qualificada pelo decurso do prazo legal mínimo para purgar a mora, o contrato deixa de existir. Por isso: *(a)* o arrendatário que não devolve espontaneamente o bem comete esbulho, uma vez que a posse fica sem título jurídico; *(b)* o remédio jurídico-processual adequado é a reintegração de posse, inclusive com medida liminar; e *(c)* a purga da mora em juízo não quer dizer que o pacto ainda vive, e sim, por exceção, o restabelecimento ou revigoramento.

---

[247] STJ, 4ª T., Resp. 45792-0-GO, Rel. Min. Barros Monteiro, em 3-3-98.

[248] TJRS, 1ª Câmara, ap. cív. 196143573, Rel. Des. Irineu Mariani.

[249] Ex-TARS, 1ª Câmara, ap. cív. 195077649, Rel. Dr. Arno Werlang, RT 726, p. 426.

Pela tese de que a antecipação do Valor Residual, por qualquer artifício, descaracteriza o *leasing*, visto que transmuda-o em compra e venda empresarial, não é cabível a reintegratória, pois o arrendante não tem sequer posse indireta.[250] [251] [252]

Quanto à *medida liminar*, assim como na alienação fiduciária (n° 35.3.1 do Cap. III), inclusive porque existe a possibilidade de purgação da mora, há entendimento jurisprudencial no sentido de manter-se o arrendatário na posse, como depositário judicial, quando ela for imprescindível à continuação de atividade econômica, por exemplo, as máquinas relativamente a uma indústria.[253] Em essência, é o mesmo que na execução tem servido de justificativa ao devedor continuar na posse dos bens penhorados até a hasta pública.

Então, na linha da tese da não-descaracterização, tem o arrendante, salvo situações especiais, direito à liminar de reintegração. Isso por um lado. Mas, por outro, há o problema da restituição do Valor Residual quando antecipado.

Se houve antecipação do VR, e se o entendimento for de que tal não descaracteriza o *leasing*, sendo conseqüentemente cabível a reintegratória, o arrendante é obrigado a devolvê-lo, conforme decidiu o ex-2° TACivSP.[254]

Dessarte, a fim de o arrendatário não ficar numa situação de grande inferioridade ou vulnerabilidade face ao arrendante, isto é, sem o bem e o dinheiro do VR que adiantou, ao qual, indubitavelmente, faz jus à devolução, pois não ocorreu o fato gerador (n° 21.1.3 *supra*), o cumprimento da liminar deve, por justiça e tratamento isonômico das partes (CPC, art. 125, I), ser condicionado ao depósito do respectivo *quantum* pelo arrendante, atualizado a partir de cada adiantamento e com juros compensatórios (n° 22.6.2 *supra*).

28.2.1-B. *Parte passiva*. Apenas o arrendatário é parte passiva legítima.

Sabidamente, os coobrigados (avalista e fiador) respondem apenas pela dívida. Considerando que o objeto da reintegração de posse não é a cobrança da dívida, mas a recuperação do bem, eles não são parte passiva neste processo.

Portanto, deve o pedido ser articulado apenas contra o arrendatário.

28.2.1-C. *Direito de cumular purgação da mora e contestação do valor*. Se à época em que o devedor purgava a mora *ou* contestava, a alienação fiduciária de bens móveis era paradigma ao *leasing mobiliário*, por lógica deve continuar sendo agora quando o devedor pode purgar a mora *e* contestar o valor.

Como vimos (n° 35.1.10 do Cap. III), na alienação fiduciária mobiliária, há previsão expressa na ação de busca e apreensão ensejando ao devedor purgar a mora *e* contestar o valor, sendo que a contestação tem caráter reconvencional, porquanto obriga o credor a devolver eventual excesso da quantia apresentada na inicial. Lembremos que é requisito da inicial a apresentação do valor para fins de purgação da mora (DL 911/69, art. 3°, § 1°, redação do art. 56 da Lei 10.931/04), e por isso é justificável a restituição de eventual excedente do que era realmente devido.

---

[250] TJSE, RT 805, p. 393.

[251] Ex-TAMG, RT 798, p. 401.

[252] TJBA, RT 794, p. 349, com o Relator invocando precedentes do STJ.

[253] STJ, 3ª T., Resp. 111182-SC, Rel. Min. Waldemar Zveiter, em 2-9-97, com o Relator invocando precedentes.

[254] Ex-2° TACivSP, RT 794, p. 312.

Ademais, considerando que o credor, em vez de busca e apreensão, também pode ajuizar reintegração de posse, concluímos que, a fim de o devedor não restar prejudicado, deve-se nesta igualmente ser-lhe garantida a mesma regalia (nº 35.3.3 *supra* do Cap. III).

A questão que se apresenta agora é se o direito de cumular purgação da mora *e* contestação do valor deve ser estendido ao *leasing mobiliário*.

Com efeito, se à época em que na alienação fiduciária de bens móveis o devedor purgava a mora *ou* contestava, ela era paradigma ao *leasing mobiliário*, por lógica deve continuar sendo agora quando o devedor pode purgar *e* contestar o valor.

Obviamente, a regalia acontece nos respectivos limites, vale dizer, a contestação-reconvenção deve por coerência ficar restrita ao valor.

Por fim, o alerta de que a inicial deve apresentar os valores para fins de purgação da mora. Havendo omissão, o juiz pode determinar *ex officio* a emenda, e o réu pode argüir a falha, com as conseqüências processuais pertinentes.

28.2.1-D. *Multa quando improcedente a reintegratória e o bem já tiver sido alienado.* **Prevista à alienação fiduciária** *especial,* **a multa, mesmo quando atendidos os pressupostos, não pode ser estendida ao** *leasing mobiliário,* **no mesmo processo, mas é razoável adotar o parâmetro em demanda autônoma do arrendatário.**

Vimos na alienação fiduciária *especial* (nº 35.1.9 e 35.3.4 do Cap. III), que a improcedência do pedido de busca e apreensão ou reintegratório ajuizado pelo fiduciário, conjugada com a venda do bem, determina a imposição de multa, no mesmo processo, multa essa de natureza compensatória ou ressarcitória, equivalente a 50% (cinqüenta por cento) do valor originalmente financiado (DL 911/69, art. 3º, § 6º, redação do art. 56 da Lei 10.931/04), norma que lhe é exclusiva, motivo por que, como também vimos (nº 36.3 do Cap. III), não se estende à alienação fiduciária *comum*, sendo contudo razoável adotar-se o parâmetro numa eventual demanda autônoma ajuizada pelo fiduciante.

No que tange ao *leasing mobiliário*, descabe – pelo mesmo motivo da alienação fiduciária *comum* – multar o arrendante no processo por ele posto em juízo, quando julgado improcedente o pedido, e o bem, havido mediante liminar, já tiver sido alienado ou já for objeto de outro contrato, não mais sendo possível, conseqüentemente, o arrendatário recuperá-lo.

Porém, há reconhecer que são idênticas a moldura dos fatos e as conseqüências, motivo por que é razoável adotar-se o parâmetro em demanda autônoma ajuizada pelo arrendatário, inclusive a presunção de ocorrência de perdas e danos até o citado limite.

28.2.2. *No leasing imobiliário.* **Ação de reintegração de posse; autor-arrendante, réu-arrendatário e prazo à desocupação; autor-arrendante, réu-locatário e prazos à denúncia e à desocupação; autor-novo dono, réu-arrendatário e prazo à desocupação; autor-novo dono, réu-locatário e prazos ao ajuizamento e à desocupação; taxa de ocupação do arrendatário ao arrendante ou novo dono; aluguel do locatário ao arrendante ou novo dono; responsabilidade pelos encargos relativos ao imóvel até a entrega.**

28.2.2-A. *Ação de reintegração de posse.* **Assim como no** *leasing mobiliário* **e nas alienações fiduciárias de bens móveis e imóveis, também no** *leasing imobiliário,* **uma vez resolvido o contrato, a detenção pelo**

arrendatário fica sem título jurídico, sendo pois igualmente adequada a reintegratória de posse.

Vimos que no *leasing mobiliário*, uma vez consumada a resolução contratual, a demanda adequada ao arrendante recuperar o bem é a reintegração de posse porque a detenção pelo arrendatário fica sem título jurídico (nº 28.2.1-A *supra*). Também vimos que, pelo mesmo motivo, na alienação fiduciária de bens móveis, tanto *especial* quanto *comum*, a reintegração de posse é um dos remédios jurídico-processuais adequado (nºs 35.3 e 36.1 do Cap. III). Vimos igualmente que na fiduciária de bens imóveis, integrante do Sistema de Financiamento Imobiliário, por disposição legal expressa (Lei 9.514/97, art. 30), a reintegratória é a demanda adequada (nº 37 do Cap. III).

Força é concluir, pois, inclusive por aplicação subsidiária (nº 19.1.2-A *supra*), que também no *leasing imobiliário* a ação adequada é a reintegratória, visto que de igual modo, uma vez resolvido o contrato pela consumação da mora especial ou qualificada (nºs 24.1 e 24.2 *supra*), a detenção pelo arrendatário fica sem título jurídico, portanto há esbulho, seja detenção direta (se estiver ocupando o imóvel) seja indireta (se estiver alugado), e por isso as situações diferenciadas conforme análise que segue.

28.2.2-B. *Autor-arrendante, réu-arrendatário e prazo à desocupação*. O prazo à desocupação só ocorre em juízo, sendo: *(a)* de sessenta dias, se deferida a liminar no início; *(b)* de trinta dias, se deferida depois, mais eventual sobra do básico de sessenta, na hipótese de ainda não-inteiramente exaurido, se deferida tivesse sido no início; *(c)* de quinze dias, se passados mais de quatro meses entre a citação e a sentença; e *(d)* se o réu concordar com o pedido de modo explícito ou implícito (não contestando) e liberar o imóvel no prazo, fica isento dos encargos processuais.

Com efeito, não há caminho processual ao *leasing imobiliário* que não o da sua irmã *alienação fiduciária imobiliária*. Trata-se de simples decorrência do que já evidenciamos alhures (nº 19.1.2-A *supra*).

Pois bem, como vimos (nº 40.2.5-A do Cap. III), na relação entre fiduciário e fiduciante, o prazo para este desocupar o imóvel ocorre apenas em juízo, na respectiva ação reintegratória, sendo o seguinte: *(a)* de sessenta dias, se deferida a liminar no início; *(b)* de trinta dias, se deferida depois, mais eventual sobra do básico de sessenta, na hipótese de ainda não-inteiramente exaurido, se deferida tivesse sido no início; *(c)* de quinze dias, se passados mais de quatro meses entre a citação e a sentença; e *(d)* se o réu concordar com o pedido de modo explícito ou implícito (não contestando) e liberar o imóvel no prazo, fica isento dos encargos processuais.

Então, e pelos motivos lá expostos circunstanciadamente, é o que vale ao *leasing imobiliário*, fazendo-se constar arrendante onde consta fiduciário, e arrendatário onde consta fiduciante.

28.2.2-C. *Autor-arrendante, réu-locatário e prazos à denúncia e à desocupação*. Se o arrendante anuiu com a locação, não pode denunciá-la; se não anuiu, há a *fase da denúncia extrajudicial do contrato de locação*, o que deve ocorrer em noventa dias, a partir do término do contrato de *leasing* (consumação da mora), concedendo ao locatário trinta dias à desocupação, sob pena de decadência, caso em que assume em definitivo a posição de locador, só podendo resolver o pacto locatício pelas hipóteses típicas previstas na Lei do Inquilinato. Se não

260   *Irineu Mariani*

houver desocupação, resta-lhe a reintegração de posse, na qual haverá o prazo básico de sessenta dias, com todos os possíveis desdobramentos (nº 28.2.2-B *supra*).

A princípio, lembremos ser razoável a exigência do art. 11 do Regulamento, aprovado pela Resolução 2.309 do BACEN, de que o objeto deve ser para uso do arrendatário, sendo possível outrem, desde que mediante anuência do arrendador (nº 15.2 *supra*).

No mais, como vimos (nº 40.2.5-B do Cap. III), na relação entre fiduciário e locatário, acontece o seguinte: *(a)* se o fiduciário anuiu com a locação, não pode denunciá-la; *(b)* se não anuiu, há a *fase da denúncia extrajudicial do contrato de locação*, o que deve ocorrer em noventa dias, a partir da consolidação da propriedade, concedendo ao locatário trinta dias para a liberação, sob pena de decadência, caso em que assume em definitivo a posição de locador, só podendo resolver o pacto locatício pelas demais hipóteses previstas na Lei do Inquilinato; *(c)* se não houver desocupação, resta-lhe a reintegração de posse, na qual haverá o prazo básico de sessenta dias, com todos os possíveis desdobramentos.

Tais desdobramentos são os alinhados no item anterior, ou seja: *(a)* prazo de sessenta dias, se deferida a liminar no início; *(b)* de trinta dias, se deferida depois, mais eventual sobra do básico de sessenta, na hipótese de ainda não-inteiramente exaurido, se deferida tivesse sido no início; *(c)* de quinze dias, se passados mais de quatro meses entre a citação e a sentença; e *(d)* se o réu concordar com o pedido de modo explícito ou implícito (não contestando) e liberar o imóvel no prazo, fica isento dos encargos processuais.

Então, e pelos motivos lá expostos circunstanciadamente, é o que vale ao *leasing imobiliário*, fazendo-se constar arrendante onde consta fiduciário, isso de um lado, de outro subsiste a figura do locatário. Ainda, pela locação sem anuência, pode o *leasing* com o primitivo arrendatário ser resolvido por infração contratual.

28.2.2-D. *Autor-novo dono, réu-arrendatário e prazo à desocupação.* **Pode ajuizar desde logo a reintegratória, sem necessidade de prévia notificação concedendo prazo, visto que este ocorre apenas em juízo, com os desdobramentos da relação autor-arrendante e réu-arrendatário (nº 28.2.2-B *supra*). A decadência estabelece locação, pois o novo proprietário não pode ser arrendante em contrato de *leasing* (nº 14.2.1 *supra*).**

28.2.2-E. *Autor-novo dono, réu-locatário e prazos ao ajuizamento e à desocupação.* **A dispensa da *fase da denúncia extrajudicial do contrato*, não quer dizer que o locatário fica indefinidamente sob insegurança. O ajuizamento da reintegratória deve ocorrer em noventa dias, contados da aquisição, sob pena de decadência, caso em que, assume em definitivo a condição de locador, só podendo resolver o pacto locatício pelas demais hipóteses previstas na Lei do Inquilinato. Quanto ao prazo à desocupação, em juízo, repetem-se os mesmos desdobramentos dos itens anteriores.**

A princípio, lembremos da possibilidade de o imóvel não ser ocupado pelo arrendatário, com anuência do arrendante conforme já demonstrado (nº 28.2.2-C *supra*).

CONTRATOS EMPRESARIAIS

No mais, vimos na alienação fiduciária de bens imóveis, envolvendo a relação entre o novo proprietário e o locatário (n° 40.2.5-D do Cap. III), que a dispensa da *fase da denúncia extrajudicial do contrato* não quer dizer que o locatário fica indefinidamente sob insegurança, motivo por que o ajuizamento da reintegratória deve ocorrer em noventa dias, contados a partir da aquisição, sob pena de decadência, caso em que assume a posição de locador, só podendo resolver o pacto locatício pelas demais hipóteses previstas na Lei do Inquilinato.

A decadência converte o novo proprietário em locador, inclusive porque não pode ser arrendante em contrato de leasing (n° 14.2.1 *supra*).

E quanto ao prazo à desocupação, em juízo, repetem-se os mesmos desdobramentos dos itens anteriores, ou seja: *(a)* de sessenta dias, se deferida a liminar no início; *(b)* de trinta dias, se deferida depois, mais eventual sobra do básico de sessenta, na hipótese de ainda não-inteiramente exaurido, se deferida tivesse sido no início; *(c)* de quinze dias, se passados mais de quatro meses entre a citação e a sentença; e *(d)* se o réu concordar com o pedido de modo explícito ou implícito (não contestando) e liberar o imóvel no prazo, fica isento dos encargos processuais.

28.2.2-F. *Taxa de ocupação do arrendatário ao arrendante ou novo dono*. Se na posse, o arrendatário deve por mês ao arrendante ou novo proprietário, conforme o caso, desde o término do contrato até a entrega, uma *taxa de ocupação* de um por cento ao mês sobre o valor referido no art. 24, VI, da Lei 9.514/97.

Como vimos na alienação fiduciária de bens imóveis (n° 40.2.3 do Cap. III), o fiduciante que estiver na posse, deve mensalmente até a efetiva liberação ao fiduciário ou ao novo proprietário, conforme o caso, uma *taxa de ocupação*, igual a um por cento do valor a que se refere o art. 24, VI, da Lei 9.514/97 (preço do imóvel para efeito de venda em leilão), portanto preço de uso ou de utilização.

Assim também deve-se entender no *leasing imobiliário*, desde o término do contrato – por resolução ou exaurimento do prazo – até a efetiva entrega do imóvel. Poder-se-ia pensar na pura e simples cobrança da contraprestação até a entrega, quando envolvendo arrendante e arrendatário, assim como no *leasing mobiliário* (n° 29 *infra*). Seria a solução caso não houvesse previsão legal específica.

28.2.2-G. *Aluguel do locatário ao arrendante ou novo dono*. Como a ocupação do imóvel, onerosa face ao arrendatário, não pode se converter em gratuita face ao arrendante ou novo proprietário, deve o locatário, desde o término do *leasing* até a entrega, pagar alugueres a estes, respectivamente.

Como vimos na alienação fiduciária de bens imóveis (n° 40.2.5-B e C do Cap. III), desde o momento da consolidação da propriedade em seu nome, o credor-fiduciário faz jus aos alugueres até a entrega do imóvel, mesmo que já tenha denunciado a locação, pois não é admissível que, por lacuna legal, a ocupação até então onerosa se converta em gratuita, o mesmo ocorrendo, quando for o caso, ao novo proprietário.

Assim, também no *leasing imobiliário*, desde o término do contrato de *leasing* até a efetiva entrega do imóvel, deve o locatário pagar ao arrendante ou novo proprietário, conforme o caso, os alugueres.

28.2.2-H. *Responsabilidade pelos encargos relativos ao imóvel até a entrega.* **Responde o arrendatário, desde o início até a efetiva entrega, mesmo quando ocupado por inquilino, pelos encargos incidentes sobre o imóvel que tenham sido pactuados.**

Como vimos na alienação fiduciária de bens imóveis (n° 40.2.4 do Cap. III), o fiduciante responde, desde o início até a efetiva entrega, mesmo quando o imóvel estiver ocupado por inquilino, por todos os encargos incidentes sobre o imóvel.

Assim, também no *leasing imobiliário*, responde o arrendatário, mesmo havendo inquilino, por todos os encargos incidentes sobre o imóvel, e que tenham sido objeto de pactuação (n° 22.8 *supra*), desde o início até a efetiva entrega.

28.2.3. *Cobrança das contraprestações vencidas na reintegração de posse (inadmissibilidade).* **A natureza dúplice da possessória admite a cobrança das perdas e danos tão-só relacionados ao esbulho; logo, não é admissível a cobrança de contraprestações vencidas.**

A natureza dúplice da ação reintegratória autoriza cumular ao pedido possessório também o de *perdas e danos* (CPC, art. 921, I), porém são apenas os relacionados ao esbulho.

Por conseguinte, no *leasing* não é admissível cumular ao pedido possessório o de cobrança das contraprestações vencidas decorrentes da relação jurídica continuativa, como já decidiu a 1ª Câmara Cível do TJRS.[255] Para tal, deve o arrendante valer-se de processo autônomo, execução ou, pelo menos, ação monitória (n° 28.1.4 *supra*).

29. *Função das contraprestações quando há resolução contratual e não há opção de compra.* **Em tais situações, a responsabilidade do arrendatário vai até a efetiva entrega do bem, pagando as contraprestações no *leasing mobiliário*, e no *imobiliário* as contraprestações antes, e, estando na posse do bem, a taxa de ocupação depois. Tanto no *mobiliário* quanto no *imobiliário*, o que foi pago adquire *natureza indenizatória* pelo uso do bem, com recíproca quitação pelo que foi pago e recebido.**

Como vimos (n° 22.1 *supra*), a vocação jurídica natural da contraprestação é indenizatória pelo uso ou utilização do bem, porquanto para se converter em amortização do preço depende de ato específico do arrendatário: a *opção de compra*.

Prefere-se a natureza indenizatório à locacional, uma vez que esta, segundo as circunstâncias do mercado, pode ficar aquém ou ir além do valor da contraprestação cobrada, e por aí ensejando que se arme questionamento quando há resolução do contrato ou quando não há opção de compra, ou do arrendatário para a devolução do que pagou a mais pelo fato de na prática ter sido aluguel, e este ser menor, ou do arrendante para cobrar o que recebeu a menos, pelo fato de o aluguel ser maior. A natureza indenizatória evita esse tipo de controvérsia, pois, estreme de dúvida, ocorre quitação recíproca pelo que foi pago e recebido.

Ainda, a Lei 9.514/97 afasta do *leasing imobiliário* a legislação de direito material relativa à locação (art. 37), e, como vimos (n° 28.2.2-F *supra*), se o arrendatário estiver na posse do imóvel, deve por mês ao arrendante ou novo proprietário, conforme o caso, desde o término do contrato – por resolução ou exaurimento do prazo – até a entrega do imóvel, uma *taxa de ocupação* igual a um por cento do valor referido no art. 24, VI, da Lei 9.514/97 (valor para venda em leilão).

---

[255] TJRS, 1ª Câmara Cível, ap. cív. 197049695, Rel. Des. Irineu Mariani.

Se o pago *depois* da resolução ou do exaurimento do prazo é *taxa de ocupação*, a qual – vimos na alienação fiduciária (n° 40.2.3 do Cap. III) –, prevista no art. 37-A da Lei 9.514/97, filho do art. 38 do DL 70/66, objetiva compensar o proprietário com rendimento que d'outro modo teria, conclui-se que o pago *antes*, quando há resolução contratual ou não há opção de compra, adquire a mesma natureza.

Assim, relativamente ao *leasing imobiliário*, em tais circunstâncias, tudo o que o arrendatário pagou a título de contraprestação ou de taxa de ocupação, até a efetiva entrega do imóvel, tem *natureza indenizatória* pelo uso ou utilização.

O mesmo acontece relativamente ao *mobiliário*. Como não se aplica a *taxa de ocupação*, mas a *taxa de depreciação* ou *quota de depreciação*, que é o valor básico da contraprestação, sobre o qual são adicionadas as demais rubricas (n° 22.3.1 e 22.3.3 *supra*), o arrendatário deve a contraprestação normal até a efetiva entrega do bem, mesmo depois da resolução do contrato. Garante-se com isso, ao arrendante, não só a desvalorização do bem, mas também o necessário lucro pelo investimento, essência da *taxa de ocupação* no *leasing imobiliário*.

Tal não fosse, chegaríamos alfim ao mesmo resultado pela necessidade de o arrendatário responder pelo quanto usou e depreciou o bem, sob pena de haver enriquecimento sem causa, o que não é admitido (CC/02, art. 884).

30. *Conversão das contraprestações vincendas em perdas e danos*. Fixar perdas e danos em valor igual ao das parcelas vincendas, não significa pagar perdas e danos, e sim quitar integralmente o débito, e sem oportunizar opção de compra mediante o acréscimo do valor residual. Cláusula assim fere o princípio da comutatividade, e por conseguinte a função social do contrato, pois transfere todos os direitos ao arrendante e subtrai todos os do arrendatário, portanto, e inclusive, é leonina.

Ocorrido o inadimplemento e na seqüência a resolução contratual, o arrendatário deve no *leasing mobiliário* as contraprestações, e no *imobiliário* as contraprestações antes da resolução e a taxa de ocupação depois, e em ambos até a efetiva entrega do bem, como vimos no item anterior. Também vimos que no *leasing* não há vencimento antecipado, pois não se trata de financiamento, no qual a dívida existe desde o início e o que se programa é a forma de pagamento, e sim de arrendamento, no qual a dívida é gerada pelo passar do tempo, especialmente no *leasing mobiliário* onde o fato gerador é a gradativa depreciação; logo, não existe dívida presente por tempo futuro (n° 25.2.3 *supra*). Não bastasse, a cobrança antecipada caracteriza na prática opção de compra, desfigurando o próprio *leasing*.

Para contornar esse obstáculo, tem aparecido contratos elegendo o valor resultante das contraprestações vincendas como perdas e danos, tratando-se, pois, na realidade, de *multa compensatória* ou ressarcitória para evitar os inconvenientes da liquidação, o que é lícito (n° 22.5.3 *supra*), porém leoninamente, o que lícito não é.

Com efeito, a cláusula fere o princípio da comutatividade ou dos direitos e deveres equivalentes, e por conseguinte fere também a função social do contrato pelo prisma das partes (n° 12.1.3-C do Cap. I). É que transfere todos os direitos ao arrendante e subtrai todos os do arrendatário. Ora, pagar quantia igual às parcelas vincendas não significa pagar danos, e sim *quitar integralmente o débito*, e ainda sem oportunizar a opção de compra, mediante o acréscimo do valor residual. Exatamente aí flagra-se, inclusive, o caráter leonino, conforme tranqüila orientação jurisprudencial.[256]

---

[256] RT 758/272, do ex-2° TACivSP; RT 745/232, do TJSP; RT 732/260, do ex-1° TACivSP; RT 728/371, do ex-TARS; RT 724, p. 403; RT 700/203, Resp. 16824-0, DJU de 28-6-93, do STJ, Rel. Min. Athos Carneiro; Resp. 146.437-RS, do STJ, Rel. Min. Ruy Rosado de Aguiar.

31. Penhora dos direitos contratuais do arrendatário. Impossível a penhora da propriedade do bem porque é do arrendante, mas possível a dos *direitos contratuais* do arrendatário, pois têm valor econômico. O arrematante substitui o arrendatário. Por ser *ex vi legis* (CC, art. 942), não prevalece o *intuitu personae*.

Como vimos (n° 18.7 *supra*), tanto o *leasing mobiliário* quanto o *imobiliário* é celebrado em função da pessoa, portanto *intuitu personae*, mas trata-se de princípio bastante mitigado, como em diversos outros contratos, porquanto o que mais interessa ao arrendante é que a obrigação seja cumprida, e não quem a cumpre, sendo oportuno lembrar, como evidência dessa mitigação, a não-prevalência do caráter *intuitu personae* no caso de falecimento do arrendatário (n° 23.1 *supra*) e a arrematação judicial dos direitos contratuais por motivo de penhora.

Com efeito, o princípio geral é o da penhorabilidade. Salvo disposição legal diversa, todo bem que possua valor econômico é penhorável.

No *leasing* não se penhora a propriedade do bem, visto que pertence ao arrendante,[257] mas isso não impede que sejam penhorados os *direitos contratuais* do arrendatário, inclusive na execução promovida pelo arrendante (n° 28.1 *supra*), assim como na alienação fiduciária (n° 42 do Cap. III). Por exemplo, especialmente no final do contrato, quando, com pequeno valor, é possível adquirir o bem, mediante a opção de compra, os direitos contratuais podem ter grande valor econômico e despertar elevado interesse numa hasta pública.

Em tal caso, o arrematante substitui o arrendatário. A cláusula *intuitu personae* não é oponível porque ocorre substituição subjetiva por força de lei (CC/02, art. 942).

32. Benfeitorias nos casos de resolução contratual ou de não-opção de compra. Consideração inicial; no *leasing* mobiliário; no *leasing* imobiliário.

32.1. Consideração inicial. Quando o fim do contrato é normal e o arrendatário opta pela compra, toda benfeitoria se incorpora naturalmente ao seu patrimônio. Os questionamentos surgem quando o fim não é normal e quando o arrendatário não opta pela compra.

Iniciando pela *acessão*, como vimos na alienação fiduciária (n° 44.1 do Cap. III), ainda que se lhe atribua mais o caráter de *obra* que modifica o objeto em sua qualidade ou quantidade, no sentido de *obra nova*, pode-se considerá-la, de modo amplo, como sinônimo de *acréscimo*, portanto *gênero* do qual, ao fim que nos interessa, destacam-se as seguintes espécies: *(a)* a *natural* quando resultante de evento natural ou obra não resultante de atividade humana; e *(b)* a *artificial* quando resultante de atividade humana, sendo que esta, quando realizada com o fim de *melhorar* o bem é denominada *benfeitoria*.

Seguindo, agora, a Lei Civil, *benfeitoria* também pode ser considerada gênero do qual são espécies: *(a)* a *necessária*, assim entendida a que objetiva conservar ou evitar que o bem se deteriore; *(b)* a *útil*, assim entendida a que aumenta ou facilita o uso do bem; e *(c)* a *voluptuária*, assim entendida a de mero deleite ou recreio, que não aumenta o uso habitual do bem, ainda que o torne mais agradável ou seja de elevado valor (CC/1916, art. 63 e §§; CC/2002, art. 96 e §§).

[257] Ex-2° TACivSP, 5ª Câmara, agravo de instrumento 528492-0/7, em 22-4-98, Rel. Dr. Dyrceu Cintra.

CONTRATOS EMPRESARIAIS

De notar, ainda, que a *acessão* é uma forma de aquisição da propriedade de *bens imóveis*: por formação de ilhas, por aluvião, por avulsão, por abandono de álveo, por plantações ou construções (CC/02, art. 1.248).

Com efeito, no *leasing*, essa matéria interessa tanto nos casos de resolução contratual quanto nos de não-opção de compra – hipóteses que ensejam questionamentos –, pois, se ele tiver fim normal e o arrendatário optar pela compra, as acessões havidas no bem (acréscimos) objetivando conservá-lo, melhorá-lo, qualificá-lo ou aformoseá-lo se incorporam naturalmente ao seu patrimônio.

Alfim, oportuno é lembrar que na acessão ora focada, o bem objeto do *leasing* é *incorporador* de outrem, diferente da chamada *acessão intelectual* ou *por ficção legal*, como veremos (n° 33.2.4 *infra*), na qual é *incorporado* por outrem.

32.2. No leasing mobiliário. Quanto ao direito de indenização (inexistência); quanto ao direito de levantamento (possibilidade).

32.2.1. *Quanto ao direito de indenização (inexistência).* Como desde o início o arrendatário sabe: *(a)* que o bem não lhe pertence; *(b)* que se não pagar as contraprestações, não optar pela compra e não pagar o VR, jamais lhe pertencerá; e *(c)* que se não pagar tudo o que é devido nem optar pela compra, terá que devolvê-lo, formou-se, por isso, o entendimento da inaplicabilidade do art. 1.219 do CC/2002 (art. 516 do CC/1916). Portanto, não há direito de indenização por benfeitorias, sejam quais forem.

Dispõe o art. 1.219 do CC/2002 (art. 516 do CC/1916): "O possuidor de boa-fé tem direito à indenização das benfeitorias necessárias e úteis, bem como, quanto às voluptuárias, se não lhe forem pagas, a levantá-las, quando o puder sem detrimento da coisa, e poderá exercer o direito de retenção pelo valor das benfeitorias necessárias e úteis."

Porém, tratando-se de *leasing*, desde o início, o arrendatário sabe: *(a)* que o bem não lhe pertence; *(b)* que se não pagar as contraprestações, não optar pela compra e não pagar o Valor Residual, jamais lhe pertencerá; e *(c)* que se não pagar tudo o que é devido nem optar pela compra, terá que devolvê-lo ao arrendante.

Formou-se, por isso, o entendimento da inaplicabilidade do então art. 516 do CC/1916, atual art. 1.219 do CC/2002. Por exemplo, José Augusto Delgado escreve que "as eventuais benfeitorias (estas de qualquer espécie) se incorporam ao bem, sem que, por elas, possa o locatário financiado postular o direito ao pagamento de indenização",[258] e no mesmo sentido Arnaldo Rizzardo,[259] admitindo-se, porém, consoante José Maria Martín Oviedo, que o arrendatário possa retirá-las, desde que o bem arrendado não sofra detrimento.[260] Diga-se de passagem, na alienação fiduciária ocorre situação de fato idêntica, com idêntico entendimento da doutrina especializada, por exemplo, Celso Marcelo de Oliveira,[261] como vimos (n° 44.2.1 do Cap. III).

Aliás, não seria razoável, nas circunstâncias, reconhecer ao arrendatário *direito de indenização*, e por conseqüência *direito de retenção*, seja: *(a)* pelas *benfeitorias necessárias*,

---

[258] José Augusto Delgado, *A caracterização do leasing e seus efeitos jurídicos*, RF 269, p. 91.

[259] Arnaldo Rizzardo, *Leasing – Arrendamento Mercantil no Direito Brasileiro*, 2ª ed., 1996, p. 125, n° 13.3.

[260] José Maria Martín Oviedo, *El Leasing ante el Derecho Español*, Derecho Financiero, Madri, 1972, p. 27.

[261] Celso Marcelo de Oliveira, *Alienação Fiduciária em Garantia*, 2003, p. 191, n° 17.1.

assim entendidas as que objetivam conservar ou evitar que o bem se deteriore, máxime se o estava usando; *(b)* pelas *benfeitorias úteis*, assim entendidas as que aumentam ou facilitam o uso do bem, portanto não-necessárias; e *(c)* pelas *benfeitorias voluptuárias*, assim entendidas as de mero deleite ou recreio, aformoseamento ou embelezamento, que não aumentam o uso habitual do bem, ainda que o torne mais agradável, como vimos no item anterior.

Conclusivamente, no *leasing mobiliário*, o arrendante não é obrigado a indenizar o arrendatário por benfeitorias, sejam quais forem.

32.2.2. *Quanto ao direito de levantamento (possibilidade)*. Quando há omissão do contrato; quando não há omissão do contrato.

32.2.2-A. *Quando há omissão do contrato*. Se não há *direito de indenização* por benfeitorias, e há omissão do contrato quanto ao *direito de levantamento*, prevalece a possibilidade deste, se não ocorrer danos ao bem.

Com efeito, o art. 1.219 do CC/2002, repetindo o art. 516 do CC/1916, estabelece o princípio geral da indenização relativamente às benfeitorias necessárias e úteis, bem como, quanto às voluptuárias, se não lhe forem pagas, a levantá-las, quando o puder "sem detrimento da coisa".

No *leasing* de bens móveis, não podendo o arrendatário exigir do arrendante indenização por benfeitoria, cumpre examinar o direito de levantá-las.

Primeiro, há distinguir: um é o *direito de indenziação* por benfeitorias, e outro é o *direito de levantamento* das benfeitorias quando não danificar o bem.

Segundo, se o que a lei exclui é o direito de o arrendatário exigir indenização, não quer isso dizer esteja também excluindo o direito de levantar as benfeitorias, sempre que não houver detrimento do bem. Veja-se, por exemplo, o caso bastante comum dos acessórios no automóvel, como os aparelhos de som e de ar-condicionado, adquiridos separadamente pelo arrendatário. A retirada, em princípio não causa dano ao veículo.

Dessarte, *considerando* que a exclusão do *direito de indenização* afirma no contraponto o *direito de levantamento*; e *considerando* a natureza adesiva do arrendatário às condições estabelecidas pelo fiduciário, atraindo a incidência do art. 423 do CC/02, forçoso é concluir que o contrato deve se manifestar expressamente. Havendo omissão, incide o princípio geral do *direito de levandamento* das benfeitorias, desde que não haja dano ao bem. É a entrega segundo as condições originais, com o desgaste do uso normal.

32.2.2-B. *Quando não há omissão do contrato*. Se o contrato disciplinar, vigora o princípio *pacta sunt servanda*, salvo *extrema vantagem* de uma parte (CC/02, art. 478).

Se o contrato disciplinar a questão das benfeitorias, o que é recomendável faça para evitar questionamentos, vigora o princípio *pacta sunt servanda*, pois envolve direito disponível, salvo revisão para fins de equilíbrio em caso de *extrema vantagem* de uma parte (CC/02, art. 478), quer dizer, negócio polpudo, muito rendoso, vantagem aberrante.

José Francisco Lopes de Miranda Leão cogita a possibilidade de alguma forma de compensação ao arrendatário, por exemplo, quando "o sobrevalor decorrente da benfeitoria a ser realizada pelo arrendatário já foi levado em conta por ambas as partes no momento da contratação".[262]

---

[262] José Francisco Lopes de Miranda Leão, *Leasing – O Arrendamento Financeiro*, 2ª ed., p. 50.

Noutras palavras: o arrendante paga a benfeitoria ao arrendatário, dando-lhe um abatimento na contraprestação.

32.3. *No leasing imobiliário.* Como a forma legal da *indenização indireta* prevista na alienação fiduciária não casa com o *leasing*, supera-se o problema reconhecendo-se o *direito de levantamento*, assim como no *mobiliário*, isto é: *(a)* havendo omissão do contrato, o arrendatário pode levantar todas as benfeitorias (necessárias, úteis e voluptuárias), desde que não haja dano ao imóvel; e *(b)* não havendo omissão, prevalece o princípio *pacta sunt servanda*, salvo *extrema vantagem* ao arrendante (CC/02, art. 478).

Tem-se como paradigma, inclusive por subsidiariedade (nº 19.1.2-A *supra*), a alienação fiduciária de bens imóveis, na qual, como vimos (nº 44.4 do Cap. III), nos cinco dias seguintes ao leilão, o credor deve entregar ao devedor a importância que sobejar, após deduzidos os valores da dívida e das despesas e encargos, inclusive *indenização de benfeitorias*, fato que *importará em recíproca quitação, não se aplicando o disposto na parte final do art. 516 do Código Civil* (Lei 9.514/97, art. 27, § 4º).

Primeiro, a Lei 10.931/04 não atualizou a referência ao art. 516 do CC/1916 para o art. 1.219 do CC/2002, o qual estabelece, como princípio geral, o *direito à indenização* relativamente às benfeitorias necessárias e úteis, e o *direito ao levantamento* relativamente às voluptuárias, se não lhe forem pagas, desde que "sem detrimento da coisa".

Segundo, está assegurado o *direito de indenização* das benfeitorias, porém de modo indireto, isto é, por meio de eventual saldo a favor do devedor-fiduciante que resulta do leilão.

Acontece, porém, que no *leasing* não há leilão; por conseguinte, resta afastada a forma legal de indenização indireta prevista na alienação fiduciária.

Como resolver o problema? Para evitar que isso se torne fonte inesgotável de pendengas, a solução plausível é estabelecer uma *capitis diminutio* ao *direito de indenização*.

A maneira de superá-lo, com equidade, é garantir ao arrendatário no *leasing imobiliário* o *direito de levantamento* nas mesmas condições ocorrentes no *mobiliário*, inclusive circunstâncias de omissão e de não-omissão do contrato (nº 32.2.2 *supra*).

Em suma: *(a)* havendo omissão do contrato, o arrendatário faz jus ao levantamento, tanto das benfeitorias necessárias ou úteis quanto das voluptuárias, desde que não haja dano ao imóvel, por exemplo, se instalou aparelhos de ar-condicionado, pode retirá-los, restituindo a situação ao *status quo ante*; e *(b)* não havendo omissão, prevalece o princípio *pacta sunt servanda*, salvo *extrema vantagem* ao arrendante (CC/02, art. 478), quer dizer, negócio polpudo, muito rendoso, vantagem aberrante.

33. *Substituição do bem arrendado.* Por conveniência do arrendatário; por sinistro (responsabilidade do arrendatário face ao arrendante relativamente ao bem).

33.1. *Por conveniência do arrendatário.* O contrato deve fixar as condições à substituição por outro bem de maior conveniência ao arrendatário. A omissão por si só não exclui o direito, se houver prova de o bem não cumprir a finalidade esperada, e isso o arrendatário não sabia nem tinha condições de saber.

Diz o art. 7º, VIII, do Regulamento elaborado pelo do CMN, aprovado pela Resolução nº 2.309/96 do BACEN, que o contrato deve estabelecer "as condições para eventual substituição dos bens arrendados, inclusive na ocorrência de sinistro, por outros da mesma natureza, que melhor atendam as conveniências da arrendatária, devendo a substituição ser formalizada por intermédio de aditivo contratual".

Sendo obrigatória, a cláusula disciplina a relação das partes com o instituto do *leasing*, (nº 19.1 *supra*).

Ademais, embora dirigido ao *leasing mobiliário*, aplica-se também ao *imobiliário*, tendo em conta a ausência de regramento específico na Lei 9.514/97 (nº 19.1.2-A *supra*).

Por fim, *considerando* que pelo Regulamento o contrato *deve* ter a cláusula, e *considerando* que ele é celebrado sob comando ou orientação do arrendante, a eventual omissão não pode por si só excluir o direito do arrendatário. Isso por um lado. Por outro, também não pode a eventual demanda prestar-se à satisfação de mero impulso, nem à emenda por falta de atenção na oportunidade da escolha nem à colheita de alguma vantagem extra. Impõe-se prova de que o bem na prática não cumpre a finalidade esperada e que, nas circunstâncias, o arrendatário não sabia nem tinha condições de saber. Em situações assim é que fica visível a importância da fase preliminar do contrato (nº 17.1 *supra*).

33.2. *Por sinistro (responsabilidade do arrendatário face ao arrendante relativamente ao bem).* Consideração inicial; características comuns dos casos fortuitos e de força maior; características individuais dos casos fortuitos e de força maior; sinistro da espécie acessão intelectual ou por ficção legal (inadmissibilidade); sinistro da espécie furto (danos ou desaparecimento); sinistros de outras espécies (danos ou desaparecimento).

33.2.1. *Consideração inicial.* O devedor da obrigação não responde pelos prejuízos resultantes de caso fortuito ou força maior, salvo se expressamente houver se responsabilizado.

O art. 7º, VIII, do Regulamento, do CMN, estabelece que o contrato deve conter as condições para eventual substituição do bem no caso de *ocorrência de sinistro*.

Em essência, repete-se o quadro da *substituição por conveniência*, vista no item anterior, apenas que em perspectiva inversa. Assim como a omissão do contrato não exclui o direito de o arrendante responsabilizar o arrendatário por ocorrência de sinistro causado por atos dolosos ou culposos, visto que a responsabilidade decorre de lei, portanto independe de norma contratual, assim também a omissão exclui – porque não expressamente assumida – a responsabilidade do arrendatário por sinistro decorrente de caso fortuito ou de força maior.

Com efeito, ao versar acerca da inexecução das obrigações, o CC/2002, assim como o CC/1916 (art. 1.058 e parágrafo único), estabelece que o devedor "não responde pelos prejuízos resultantes de caso fortuito ou força maior, se expressamente não se houver por eles responsabilizado", entendendo-se como tais o "fato necessário, cujos efeitos não era possível evitar ou impedir." (art. 393 e parágrafo único).

Assim, os questionamentos possíveis, ante eventual omissão do contrato, migram para o âmbito do caso fortuito ou de força maior e as ocorrências que, em concreto, os caracterizam.

33.2.2. *Características comuns dos casos fortuitos e de força maior.* Fato necessário; inevitabilidade, irresistibilidade ou invencibilidade; excludência da responsabilidade.

33.2.2-A. *Fato necessário.* Resulta *(a)* de forças físicas naturais ou não-inteligentes; ou *(b)* de forças físicas não-naturais ou inteligentes, sobre cujos efeitos a vontade perdeu o controle. A *necessariedade* do fato vincula-se à *espécie* da causa deflagradora.

Fato necessário, ensina De Plácido e Silva, em *Vocabulário Jurídico*, são todos acontecimentos "que vêm ou possam vir, independente da vontade humana. A ele se agregam todos os *casos naturais*, que se anotam por *força da natureza*. Pertence ao grupo de *fatos não voluntários* ou *fatos naturais*, impostos pela *contingência*. Mas, por vezes, pode ser gerado de um fato voluntário, a produzir os efeitos que a vontade não mais possa modificar, na força do princípio: '*quae ab initio sunt voluntatis post factum fiunt necessitatis*'".

Noutras palavras, *fato necessário* é um acontecimento resultante de forças físicas naturais ou não-inteligentes, podendo também resultar de forças físicas não-naturais ou inteligentes, sobre cujos efeitos a vontade perdeu o controle.

Portanto, a *necessariedade* do fato vincula-se à *espécie* da causa deflagradora ou causa eficiente da ocorrência.

33.2.2-B. *Inevitabilidade, irresistibilidade ou invencibilidade.* **Ocorre quando supera as forças da vontade ou da ação humana, segundo os meios disponíveis e exigíveis. A característica vincula-se aos** *efeitos.*

Fortuito, do latim, *fortuitus*, de *fors*, quer dizer *casual, acidental, ao azar*. Escreve De Plácido e Silva, em *Vocabulário Jurídico*, no respectivo verbete: "O *caso fortuito* é, no sentido exato de sua derivação (acaso, imprevisão, acidente), o caso que não se poderia prever e se mostra superior às forças ou vontade do homem, quando vem, para que seja evitado. O *caso de força maior* é o fato que se prevê ou é previsível, mas que não se pode, igualmente, evitar, visto que é mais forte que a vontade ou ação do homem. Assim, ambos se caracterizam pela *irresistibilidade*. (...). Legalmente são, entre nós, empregados como equivalentes. E a lei civil os define como o evento do fato necessário, cujos efeitos não era possível evitar ou impedir, assemelhando-os em virtude da *invencibilidade, inevitabilidade* ou *irresistibilidade* que os caracteriza."

Conseqüentemente, a característica comum da inevitabilidade, ou irresistibilidade ou invencibilidade vincula-se aos *efeitos*, os quais recebem o qualificativo quando superam as forças da vontade ou da ação humana, segundo os meios disponíveis ao devedor da obrigação e nas circunstâncias exigíveis. É a compreensão que se deve ter do final do parágrafo único do art. 393 do CC/02.

33.2.2-C. *Excludência da responsabilidade.* **Os casos fortuitos e de força maior excluem a responsabilidade do devedor da obrigação, desde que não tenha agido com dolo ou culpa, sendo que a força maior pressupõe** *fato de terceiro.*

Quanto à responsabilidade pelos danos, a legislação civil exonera o devedor da obrigação tanto nos casos fortuitos quanto nos de força maior. Existe, pois, no particular, equivalência legal. Os efeitos jurídicos são os mesmos.

Mas para a exoneração há dois requisitos.

Um é o da inexistência de dolo ou culpa do devedor da obrigação. Os casos fortuitos e de força maior começam onde acaba o dolo ou culpa do devedor da obrigação. J. M. de Carvalho Santos, referindo-se ao *fato necessário*, é expresso: "... para o qual não concorra de nenhum modo o devedor, nem pela sua ação, nem pela sua vontade".[263]

---

[263] J. M. de Carvalho Santos, *Código Civil Brasileiro Interpretado*, vol. XIV, 10ª ed., 1982, p. 239, nº 4.

Não se admitindo, em qualquer hipótese, conduta dolosa ou culposa, os casos fortuitos e de força maior não podem ser confundidos, por exemplo, com casos impensados, de imprevidência, de negligência, imperícia ou imprudência porque são evitáveis.

Outro requisito é o do *fato de terceiro*, pressuposto à hipótese de *força maior*, ou seja, afasta-se o evento provocado pelo devedor da obrigação, como veremos a seguir. Provocar o fato e argüir a excludente caracteriza torpeza. *Nemo auditur propriam turpitudinem allegans*, diz o brocardo latino.

33.2.3. *Características individuais dos casos fortuitos e de força maior.* **Forças físicas naturais ou não-inteligentes e não-naturais ou inteligentes; previsibilidade e imprevisibilidade.**

33.2.3-A. *Forças físicas naturais ou não-inteligentes e não-naturais ou inteligentes.* **A definição, por** *critério objetivo*, **ocorre pela** *espécie* **da causa deflagradora. O** *caso fortuito* **resulta de forças físicas naturais ou não-inteligentes, e o** *caso de força maior* **resulta de forças físicas não-naturais ou inteligentes e pressupõe** *fato de terceiro.*

Existem diversas teorias que procuram sublinhar os traços distintivos entre casos fortuitos e casos de força maior, assim enumeradas por Washington de Barros Monteiro: "*a)* teoria da extraordinariedade; *b)* teoria da previsibilidade e da irresistibilidade; *c)* teoria das forças naturais e do fato de terceiro; *d)* teoria da diferenciação quantitativa; *e)* teoria do conhecimento; *f)* teoria do reflexo sobre a vontade humana".[264]

Confessamos a relevância dos serões acerca do tema, com inúmeros questionamentos e enfoques. Porém, face à perpétua instabilidade, já é tempo de serem abandonadas as teorias com elementos subjetivos. Quando possível, e no caso o é, deve-se optar pelo *critério objetivo*, visto que estabiliza as relações e enseja, inclusive em juízo, a mesma solução aos que se encontram na mesma situação.

A necessária estabilidade no tema em liça é garantida pela *teoria das forças físicas naturais* ou *das forças não-inteligentes*, como definidoras dos *casos fortuitos*, e *das forças físicas não-naturais* ou *das forças inteligentes*, como definidoras dos *casos de força maior*.

Leciona Clóvis Beviláqua: "Conceitualmente o *caso fortuito* e a *força maior* se distinguem. O primeiro, segundo a definição de HUC, é 'o acidente produzido por força física ininteligente, em condições que não podiam ser previstas pelas partes'. A segunda é 'o fato de terceiro, que criou, para a inexecução da obrigação, um obstáculo, que a boa vontade do devedor não pode vencer'".[265]

Conclusivamente, enquanto acontecimentos, o *caso fortuito* e o *caso de força maior* distinguem-se pela *espécie* da *causa deflagradora* ou causa eficiente da ocorrência. *Fortuito* é o acontecimento que resulta de força da *espécie* física natural ou não-inteligente, e *de força maior* é o que resulta de força da *espécie* física não-natural ou inteligente, sendo que, por serem inevitáveis, ou irresistíveis ou invencíveis, segundo os meios disponíveis e nas circunstâncias exigíveis, impediram o devedor de cumprir a obrigação. Por conseguinte, o *caso de força maior* pressupõe *fato de terceiro*, isto é, não provocado pelo devedor da obrigação.

J. M. de Carvalho Santos, baseado em Cunha Gonçalves, arrola diversos exemplos que, segundo a *espécie* da causa deflagradora, uma vez agregadas as características comuns, definem-se como *caso fortuito* ou *caso de força maior*: "*a)* os fenômenos naturais,

---

[264] Washington de Barros Monteiro, *Curso de Direito Civil*, vol. IV, 17ª ed., 1982, p. 331, nº 3.

[265] Clóvis Beviláqua, *Código Civil Comentado*, vol. II, edição histórica, 5ª tiragem, p. 173.

como terremoto, as inundações, o raio, o tufão, a seca, etc.; *b)* os atos humanos coletivos, como a guerra interna ou externa, a invasão, o bloqueio, etc.; *c)* as leis novas ou atos das autoridades públicas, que os antigos denominavam por fatos do príncipe, como as proibições de interesse de ordem pública, requisições, desapropriações, etc.; *d)* acidentes da atividade ordinária, como a ruína de uma ponte, a interrupção de tráfego ferroviário, desmoronamento do prédio, etc.; *e)* coação de terceiro, que se opôs ao cumprimento do contrato; *f)* doença grave e prolongada do devedor, fuga ou exílio forçado, nos casos em que a prestação era de fato pessoal".[266]

Também Clóvis cita exemplos: "Uma seca extraordinária, um incêndio, uma tempestade, uma inundação produzem danos inevitáveis. Um embargo da autoridade pública impede a saída do navio do porto, de onde ia partir, e esse impedimento tem por conseqüência a impossibilidade de levar a carga ao porto do destino. Os gêneros que se acham armazenados para ser entregues ao comprador são requisitdos por necessidade de guerra".[267]

33.2.3-B. *Previsibilidade e imprevisibilidade.* A imprevisibilidade é uma característica do caso fortuito, e a previsibilidade do caso de força maior, mas na prática isso ocorre apenas como preponderante. A previsibilidade não é totalmente estranha ao caso fortuito, assim como a imprevisibilidade não ao de força maior.

De Plácido e Silva, em *Vocabulário Jurídico*, no respectivo verbete, após salientar que os casos fortuito e de força maior caracterizam-se pela inevitabilidade, ou irresistibilidade ou invencibilidade dos efeitos, ensina que eles "se distinguem pela *previsibilidade* ou *imprevisibilidade.*" O seja: o caso de força maior tem a característica individual da *previsibilidade*, e o caso fortuito da *imprevisibilidade.*

Mas há dizer que o calculável, ou aquilo que pode ser vaticinado ou intuído, é apenas mais facilmente reconhecível no caso de força maior, pois não lhe é de todo alheio o incalculável.

No rumo de que a imprevisibilidade é uma característica do caso fortuito, mas não é de todo alheia ao de força maior, redige Clóvis Beviláqua: "Não é, porém, a imprevisibilidade que deve, principalmente, caracterizar o caso fortuito, e, sim, a *inevitabilidade.* E, porque a força maior também é inevitável, juridicamente, se assimilam estas duas causas de irresponsabilidade".[268]

Efetivamente, embora, no âmbito das características individuais, não se possa desconsiderar a previsibilidade e a imprevisibilidade, nem ao caso fortuito nem à força maior, na prática há apenas uma preponderância. Na força maior prepondera a previsibilidade, e no caso fortuito prepondera a imprevisibilidade.

O inconveniente está em que o critério é permeável ao subjetivismo, gerando por conseguinte insegurança acerca do ponto exato da baliza divisória, e daí a conveniência do critério objetivo, isto é, da *teoria da espécie da causa deflagradora.*

Por exemplo, o maremoto havido na Ásia em 26-12-04, gerando a *onda gigante* ou *tsuname*, define-se, tranqüila e induvidosamente, pela espécie da causa deflagradora, como *caso fortuito*, pois decorrente de forças físicas naturais ou não-inteligentes. Se visto pelo critério da previsibilidade e imprevisibilidade, fica discutível na medida em

---

[266] J. M. de Carvalho Santos, *Código Civil Brasileiro Interpretado*, vol. XIV, 10ª ed., 1982, p. 239, nº 4.

[267] Clóvis Beviláqua, *Código Civil Comentado*, vol. II, edição histórica, 5ª tiragem, p. 174.

[268] Idem, ibidem.

que existe aparelho capaz de informar com razoável antecedência pelo menos a alta probabilidade. Idem quanto aos ciclones.

33.2.4. *Sinistro da espécie acessão intelectual ou por ficção legal (inadmissibilidade).* A incorporação ao solo de bem móvel objeto de *leasing,* inserindo-o na classe dos imóveis (*acessão intelectual* ou *por ficção legal*), não caracteriza sinistro. No entanto, se o arrendante, sob cujo comando foi realizado o contrato, não se precaveu disciplinando a ocorrência, responde pelos danos decorrentes da retirada (desincorporação), inlusive eventual destruição.

Dizia o art. 43, III, do CC/1916, ser bem imóvel tudo quanto nele o proprietário mantivesse "intencionalmente empregado em sua exploração industrial, aformoseamento ou comodidade," podendo ser – completava o art. 45 – "em qualquer tempo, mobilizados". O CC/2002 trocou a fórmula circunstanciada pela concentrada. Diz apenas que são bens imóveis o solo "e tudo quanto se lhe incorporar natural ou artificialmente." (art. 79).

Como a *incorporação artificial* enfeixa toda agregação ao solo em sua exploração industrial, aformoseamento ou comodidade, subsiste a chamada *acessão intelectual* ou *por ficção legal.*

Portanto, assim como na alienação fiduciária de bens móveis (nº 20.1.3 do Cap. III), também no *leasing mobiliário* pode acontecer a denominada *acessão intelectual* ou *por fição legal,* assim entendida aquela em que o objeto do contrato é *incorporado* por outrem, diferentemente de quando é *incorporador* de outrem, como vimos (nº 32.1 *supra*).

Tal ocorrendo, pode surgir a argüição de sinistro por ocorrência de danos na desincorporação ou mesmo desaparecimento como individualidade da classe dos móveis porque integrado à dos imóveis.

O problema, tal como na alienação fiduciária, surge quando envolve, por exemplo, maquinários que são fixados ao solo, tese defendida também em processos envolvendo equipamentos agrícolas, como tratores e colheitadeiras, porque incorporados ao solo em sua atividade produtiva.

Porém, assim como lá, também aqui a tese não merece acolhida, valendo os mesmos argumentos doutrinários e jurisprudenciais, isto é – resumindo e adaptando ao *leasing* –, o arrendatário não pode alegar seja o que for para escusar-se das obrigações ou tirar algum proveito.

Mas nem tudo fica resolvido se a retirada do bem implicar destruição, modificação, fratura, ou dano, como dizia o art. 43, II, do CC/1916.

Para tais ocorrências, perfeitamente previsíveis, cabia ao arrendante, sob cujo comando o pacto foi ajustado, se precaver com disciplina específica. Se tal não fez, e acontecer resolução ou no final o arrendatário não optar pela compra nem renovar, responde o arrendante por todos os danos decorrentes da retirada, inclusive eventual destruição. De outro modo, também por esse meio, assim como noutras situações (nºs 21.1.6 e 22.3.2-B *supra*), o arrendatário fica sob coação irresistível no sentido da compa, a fim de não ficar sem o bem e ainda ter de pagar os danos decorrentes da remoção.

33.2.5. *Sinistro da espécie furto (danos ou desaparecimento).* Se o arrendatário assumiu a responsabilidade por caso fortuito ou de força maior, *tollitur quaestio;* se não assumiu, pode não responder pelos prejuízos se provar a excludente, podendo suspender o pagamento enquanto não restituído o *status quo ante*, pois, em princípio, o fato gerador das contraprestações tem como pressuposto a *disponibilidade do bem*.

Na hipótese de o bem desaparecer ou sofrer danos por motivo de sinistro da espécie *furto*, configura-se em tese motivo de *força maior*, pois, como vimos (n° 33.2.3-A *supra*), resulta de forças físicas não-naturais ou inteligentes e de fato de terceiro.

Se o arrendatário tiver assumido a responsabilidade, *tollitur quaestio*. Deve seguir pagando normalmente as contraprestações e repor a situação ao *status quo ante*, inclusive, sendo o caso, substituindo o bem por outro da mesma natureza, valor e eficiência qualitativa e quantitativa. Se não a tiver assumido, pode não responder pelos prejuízos se provar a excludente, sendo relevante observar as cautelas preventivas adotadas, a fim de não aumentar de qualquer modo o risco normal, por exemplo, deixando o objeto exposto, e com isso facilitando a ação dos ladrões.

Em tal caso, cabe-lhe, desde logo, uma vez registrada a ocorrência no Distrito Policial, comunicar ao arrendante, podendo suspender o pagamento enquanto não lhe for entregue outro nas mesmas condições,[269] isso porque, sendo *contrato real* (n° 17.2 *supra*), em princípio o fato gerador da contraprestação tem como pressuposto a *disponibilidade do bem*.

Por fim, calha a observação de que a existência de seguro só resolve a questão dos prejuízos relativamente ao bem (danos e eventual substituição). Salvo disposição contratual diversa, quando o arrendatário assume a responsabilidade por caso fortuito ou de força maior, assume também, por lógica, a obrigação de pagar independentemente da disponibilidade do bem; logo, neste caso, não pode suspender o pagamento das contraprestações.

33.2.6. *Sinistros de outras espécies (danos ou desaparecimento)*. Repetem-se as mesmas situações do sinistro da espécie furto.

Além do furto, são muitas as outras espécies de sinistros que geram danos ao bem arrendado ou mesmo perecimento. As ocorrências mais comuns são o incêndio e, no caso de veículo automotor, danos decorrentes de inundações, de vandalismos, de acidentes, etc., decorrência do fato de estar disparadamente em primeiro lugar – na faixa dos 60% (sessenta por cento) – dos contratos de *leasing*, conforme levantamento de 2004 (n° 11.3 *supra*).

Repetem-se aqui as mesmas situações do item anterior, seja quando o arrendatário assumiu seja quando não assumiu a responsabilidade por caso fortuito ou de força maior, seja quanto à reposição ao estado anterior seja quanto ao seguro e à suspensão do pagamento.

34. *Responsabilidade relativamente a terceiros*. Quanto ao arrendatário; quanto ao arrendante.

Uma situação é a responsabilidade do arrendatário face ao arrendante relativamente ao bem, analisada no item anterior, e outra é a situação de cada qual relativamente a terceiros por eventuais danos causados no uso do bem.

34.1. *Quanto ao arrendatário*. Responde pelos danos causados por culpa ou dolo a terceiros no uso do bem, seja quando autor direto seja quando indireto (culpa *in eligendo*).

---

[269] Ex-1° TACivSP, 7ª Câmara Cível, Rel. Dr. Paulo Guimarães, RT 724, p. 328.

O arrendatário responde pelos danos causados a terceiros por culpa ou dolo no uso do bem, seja quando autor direto ou imediato, seja quando indireto ou mediato, como acontece, por exemplo, quando entrega o automóvel a outrem, que por sua vez provoca acidente. Há culpa *in eligendo* (CC/02, arts. 186, 927 e 942).

34.2. *Quanto ao arrendante.* Consideração inicial; inexistência de norma excludente; caráter prevalente durante a execução do contrato; responsabilidade pela teoria do proveito econômico ou por atividade de risco.

34.2.1. *Consideração inicial.* Diferentemente da alienação fiduciária e da compra e venda com reserva de domínio, no *leasing* o arrendante transfere a posse direta *com fins lucrativos*, permanecendo com a *propriedade plena*, isto é, o arrendatário não compra o bem, salvo por faculdade no final. Ademais, se há *faculdade*, a ser exercida no final, não se pode falar, no início, em *promessa unilateral de compra e venda futura*, que pressupõe compromisso, excluindo a facultatividade. Por fim, só mesmo por desaviso é que, às vezes, se reduz o *leasing* desde logo a simples financiamento.

O STF quando competente para julgar a matéria,[270] e atualmente o STJ,[271] se posicionaram no sentido de o arrendante não responder pelos danos causados a terceiros no uso do bem porque: *(a)* não há responsabilidade nos institutos afins (alienação fiduciária e compra e venda com reserva de domínio); *(b)* o *leasing* envolve promessa unilateral de compra e venda futura, em que a posse é transferida antecipadamente; e *(c)* o *leasing* é uma operação de financiamento, não oferecendo a atividade financeira potencial de risco capaz de acarretar a responsabilidade.

No que tange aos *institutos afins*, a diferença, no aspecto, é considerável, pois neles existe a *compra* por aquele que, na posse direta, usa o bem, apenas que na reserva de domínio a propriedade fica sob condição suspensiva, e na alienação fiduciária sob condição resolutiva, sendo que em ambas a transferência da posse ocorre *sem fins lucrativos*. Especificamente na alienação fiduciária, como vimos (nº 46.2 do Cap. III), não há responsabilidade civil do fiduciário por eventuais danos que no uso do bem o fiduciante causar a terceiros, pois recebe a *propriedade resolúvel* como *garantia* do financiamento, e sem objetivar exploração econômica baseado nela, garantia.

Já no *leasing* o arrendatário *não compra* o bem, salvo a final se fizer opção, e o arrendante, sem abrir mão da *propriedade plena*, transfere a posse *com fins lucrativos*.

No que tange à *promessa unilateral de compra e venda futura*, o equívoco é manifesto. Avilta-se o *leasing*, pois implanta-se *no presente* como *compromisso*, situação que só existirá *no futuro* como *faculdade*. Se o arrendatário tem a *faculdade* de, *no final*, optar pela compra – vale dizer, o direito de livremente comprar ou não, conforme a conveniência –, não se pode falar, *no início*, em *promessa de compra futura*, ainda mais *unilateral*, o que pressupõe compromisso, dever, excluindo o caráter facultativo, deixando por conseguinte de existir *leasing* (nº 19.1.1-D *supra*). Aliás, não custa lembrar, no *leasing* só existe *promessa* na fase preliminar do contrato (nº 17.1 *supra*).

Quanto ao *financiamento*, a ênfase inicial do *leasing* é de um financiamento, visto que se o arrendatário – no final, reitere-se – optar pela compra, o que houve foi uma estratégia de aquisição financiada, como vimos (nº 8 *supra*).

---

[270] STF, RTJ 125/894, RE 114.938-8, julgado em 12-4-88, Rel. Min. Oscar Corrêa.

[271] STJ, Resp. 4.187, 4ª T., Rel. Min. Sávio de Figueiredo Teixeira, em 23-10-90, DJU de 19-10-90.

No entanto, em *primeiro lugar*, as sociedades de *leasing*, quando constituídas ao fim específico, não são instituições financeiras, embora sujeitas aos mesmos requisitos (nºs 14.1.1 e 14.2.1 *supra*), haja vista contraírem empréstimo junto a elas para, quando for o caso, comprar o bem (nº 22.7 *supra*); em *segundo*, só mesmo por desaviso é que, às vezes se reduz o *leasing* desde logo a simples financiamento. Avilta-se-o novamente, pois comete-se a aventura de trazer ao *presente* situação que só existirá *no futuro*, caso houver opção de compra.

A exclusão da responsabilidade merece, pelo menos, meditação mais profunda, à vista dos argumentos a seguir alinhados.

34.2.2. *Inexistência de norma excludente.* Vige o princípio geral de que o dono da coisa responde pelos danos que ela causar, mesmo quando operada por terceiros, pois não há norma excludente especial, salvo as excludentes normais.

Não havendo norma excludente da responsabilidade, incide o princípio geral de que o dono do bem, mesmo quando operado por terceiros, responde pelos danos que ele causar a outrem. Nos danos cometidos pelo arrendatário na operação do bem arrendado é invocável a culpa *in eligendo* de parte do arrendante, que é o proprietário do bem.

Só não há responsabilidade nas excludentes normais, como nos atos de legítima defesa ou exercício regular de direito e quando houver deterioração ou destruição da coisa alheia, ou quando houver lesão a pessoa, a fim de remover perigo iminente (art. 188), e no caso fortuito ou força maior, salvo se assumido o risco (art. 394).

34.2.3. *Caráter prevalente durante a execução do contrato.* Pela Súmula 492 do STF, a empresa locadora responde civil e solidariamente, com o locatário, pelos danos por este causados a terceiros. A situação de fato entre arrendante e arrendatário é idêntica, pois igualmente, em caráter profissional, portanto *com fins lucrativos*, transfere a este a posse direta; logo, assume o risco decorrente da atividade.

Durante a vigência do contrato de *leasing*, exatamente aquela em que os danos a terceiros podem ocorrer, prevalece o caráter locacional (nº 8 *supra*), e sendo o arrendante o proprietário, a situação de fato é idêntica à que levou o STF a editar a Súmula 492, que diz: "A empresa locadora responde civil e solidariamente, com o locatário, pelos danos por este causados a terceiros."

Embora não mais sirva de parâmetro para fins recursais, pois o STF não é mais competente para julgar a matéria, subsiste como fonte de orientação jurisprudencial. Verdade que nos precedentes do STF e do STJ, mencionados no item anterior, é afirmada a inaplicabilidade da citada Súmula porque há diferenças entre o *leasing* e a locação. É certo que existem, mas não quanto à situação de fato especificamente quanto ao ponto ora focado.

Impressiona que, neste ponto, para excluir a responsabilidade do arrendante, vê-se o que não existe, ou seja, diferença na situação de fato com as locadoras de veículos, enquanto nos pontos anteriores, relativos aos institutos afins e ao financiamento, para excluir a responsabilidade do arrendante, não é visto o que existe, ou seja, as diferenças, bem contrastantes, diga-se de passagem.

34.2.4. *Responsabilidade pela teoria do proveito econômico ou por atividade de risco.* Quem, por meio de atividade lucrativa, cria perigo de dano, assume a responsabilidade caso isso ocorrer, mesmo que não tenha sido o autor direto. Não há atividade lucrativa com *risco zero*.

Ainda, o art. 931 do CC/02 responsabiliza os empresários pelos danos causados pelos produtos postos em circulação.

Desde especialmente a década de 1980, alastrou-se a responsabilidade civil com base na *teoria do proveito econômico* ou *por atividade de risco*. Quem cria um risco, um perigo, ou contribui, mesmo que seja mediante atividade lícita, e dele tira proveito econômico, responde pelos danos que eventualmente ocorrerem. O mesmo acontece quando, embora não seja atividade de risco, é exercida em caráter profissional, vale dizer, extrai-se dela *proveito econômico*. Trata-se de uma dimensão nova da responsabilidade objetiva.

Muito contribuiu ao aperfeiçoamento e consolidação da tese a situação das distribuidoras de energia elétrica, na medida em que exercem uma atividade de risco. Não obstante a licitude e a relevância social, a atividade em si, da qual auferem lucro, é geradora de risco de dano. Sedimentaram-se por aí as teorias da responsabilidade civil por exercício de atividade de risco e do proveito econômico.

Em essência, no *leasing* acontece a mesma coisa. Vale o exemplo, bem comum, do automóvel, que em 2004 alcançou 64,9% dos contratos celebrados no Brasil (nº 11.3 *supra*). O arrendante sabe que existe um risco inerente ao só fato da circulação, que é a finalidade óbvia do objeto. Sabe e mesmo assim pratica a atividade de risco que é, no caso, arrendar um automóvel, o fazendo em caráter profissional, isto é, objetivando lucro. Pela teoria do proveito econômico, a responsabilidade por eventual dano, por culpa do arrendatário, é inevitável.

Em boa hora, o CC/02 incorporou a nova dimensão da responsabilidade objetiva, estabelecendo no parágrafo único do art. 927 a obrigação de indenizar o dano causado por atividade que implicar, por sua natureza, risco para os direitos de outrem, complementando o art. 931 quando refere que as empresas respondem pelos danos causados pelos produtos postos em circulação. O produto posto em circulação tanto pode ser um fármaco prejudicial à saúde das pessoas, quanto um automóvel que uma empresa de *leasing* arrenda a alguém, o que vimos de há muito sustentando.[272]

É de todo conveniente registrar o abalizado entendimento de Rodolfo de Camargo Mancuso, quando afirma que "não necessariamente a causa da responsabilidade reside na *culpa* do agente, ou releva de uma estrita *imediatidade física* entre ele e a coisa manejada (bastando lembrar os casos de responsabilidade objetiva, ou a responsabilidade que advém de certas situações jurídicas, como a filiação ou a relação de emprego)". Ainda, "não parece razoável, nem equânime, que o arrendador, fazendo do *leasing* o seu ramo habitual de negócio – profissional e lucrativo – fique imune à responsabilidade civil perante terceiros, ao singelo argumento de que cedeu o uso do bem, apenas retendo o domínio e a posse indireta. Ao contrário, a regra é que o proprietário responde pela coisa (*res perit domino*) – e o arrendante *proprietário é*, enquanto o arrendatário não exerce a opção de compra" Por fim, lembra que "incide na espécie a teoria do *risco*, ou do *proveito econômico*, fundada em razões de equidade: quem aufere vantagem deve suportar o custo (...)".[273]

Em suma, quer-se instituir atividade lucrativa com *risco zero*, o que é de todo inadmissível, pois são-lhe inerentes os bônus e os ônus.

35. *Responsabilidade pelas infrações de trânsito*. Permanece o arrendante com a propriedade plena; logo: *(a)* quanto às consequências patrimoniais ou pecuniárias, por se vincularem ao veículo (obrigação

---

[272] Irineu Mariani, *Leasing em Tópicos*, Revista da AJURIS 79, p. 125, item 22.

[273] Rodolfo de Camargo Mancuso, *Leasing*, 3ª ed., 2002, p. 242.

propter rem), responde sempre aquele em cujo nome consta no Departamento de Trânsito, com exclusividade no que tange às infrações por falta de condições legais para trafegar regularmente, bem assim, com direito de regresso contra o infrator, no que tange às infrações por violação das normas de circulação; e *(b)* quanto às *conseqüências pessoais*, por se vincularem ao infrator (obrigação *propter personam*), deve informar ao Departamento de Trânsito no prazo de quinze dias a partir da notificação, sob pena de sofrer as sanções legais.

Como vimos (nº 12.3.2-A do Cap. III), na alienação fiduciária, por motivo de regramento específico junto ao Departamento de Trânsito, onde consta o nome do devedor-fiduciante, e tendo em conta que o bem serve apenas de *garantia* do financiamento, por óbvio não há responsabilidade do credor-fiduciário quanto às infrações de trânsito.

Realidade bem diversa ocorre no *leasing*, visto que permanece com o arrendante a propriedade plena, sendo que o alto índice de contratos tendo por objeto veículos automotores – oportuno é lembrar que em 2004 alcançou 64,9% do total celebrado no Brasil (nº 11.3 *supra*) –, é necessário adentrar no tema da responsabilidade quanto às infrações de trânsito.

Com efeito, há distinguir nas infrações previstas no *Código de Trânsito Brasileiro – CTB* (Lei 9.503/97) duas espécies básicas de conseqüências: *(a) pessoais*, que traduzem obrigação *propter personam*, portanto se vinculam ao *condutor*, por exemplo, os pontos negativos na CNH; e *(b) patrimoniais* ou pecuniárias, que traduzem obrigação *propter rem*, portanto se vinculam ao veículo, por exemplo, as multas.

Quanto às *conseqüências pessoais* (obrigação *propter personam*, isto é, interessa *quem* deve), a lei, excepcionando, atinge aquele em cujo nome está o veículo registrado no Departamento de Trânsito sempre que não houver identificação do condutor, como acontece no sistema de *fiscalização eletrônica*, salvo se, no prazo de quinze dias, após a notificação, este apresentar quem na oportunidade conduzia o veículo (CTB, art. 257, § 7º).

Quanto às *conseqüências patrimoniais* ou pecuniárias (obrigação *propter rem*, isto é, não interessa quem deve, e sim *que coisa* deve), a prova de que se vincula ao automotor está no art. 131, § 2º, do CTB, que diz: "O veículo somente será considerado licenciado estando quitados os débitos relativos a tributo, encargos e multas de trânsito e ambientais, *vinculados ao veículo, independentemente da responsabilidade pelas infrações cometidas.*" Entenda-se, independentemente *de quem seja* o responsável pelas infrações cometidas.

Assim decidiu a 1ª Câmara Cível do TJRS: "Direito Público não especificado. Trânsito. Licenciamento de veículo. Multas cometidas por terceiros que assumiram a responsabilidade, mas não pagaram. Distinção entre conseqüências pessoais e patrimoniais. 1. Há distinguir nas infrações de trânsito as *conseqüências pessoais*, por exemplo, pontos na habilitação, e *conseqüências patrimoniais*, por exemplo, multas. Quanto às *conseqüências patrimoniais*, dizem com obrigação *propter rem*, ou seja, vinculam-se ao veículo, independentemente de quem tenha sido o condutor. Por conseguinte, na ocasião do licenciamento, as multas devem ser pagas, desimportando que o proprietário do veículo não tenha sido o infrator. Ademais, se o infrator se defendeu, ou não, se a autuação foi válida, ou não, diz com exceções pessoais, para as quais o proprietário não tem legitimidade. Cabe-lhe, sim, pagar, ficando-lhe garantido o *direito de regresso* (...). Exegese do art. 131, § 2º, da Lei 9.503/97 (CTB). 2. Apelo desprovido".[274]

---

[274] TJRS, 1ª Câmara Cível, ap. cív. 70003493871, Rel. Des. Irineu Mariani.

Como falou-se em *direito de regresso*, cumpre esclarecer que tal se restringe às infrações cometidas pelo condutor por violação às *normas de circulação*, pois, no que tange às condições legais para trafegar regularmente, a responsabilidade é exclusiva do proprietário. Diz § 2º do art. 257: "Ao proprietário caberá sempre a responsabilidade pela infração referente à prévia regularização e preenchimento das formalidades e condições exigidas para o trânsito do veículo na via terrestre, conservação e inalterabilidade de suas características, componentes agregados, habilitação legal e compatível de seus condutores, quando esta for exigida, e outras disposições que deve observar."

Dessarte, no caso do *leasing*, permanece o arrendante com a propriedade plena, logo: *(a)* quanto às *conseqüências patrimoniais* ou pecuniárias, por se vincularem ao veículo (obrigação *propter rem*), responde sempre aquele em cujo nome consta no Departamento de Trânsito, com exclusividade no que tange às infrações por falta de condições legais para trafegar regularmente, bem assim, com direito de regresso contra o infrator, no que tange às infrações por violação das normas de circulação; e *(b)* quanto às *conseqüências pessoais*, por se vincularem ao infrator (obrigação *propter personam*), deve informar ao Departamento de Trânsito no prazo de quinze dias a partir da notificação, sob pena de sofrer as sanções legais.

No sentido de que os pontos negativos na CNH, por serem *obrigação propter personam*, uma vez identificado o condutor, não podem ser lançados contra aquele em cujo nome consta o veículo no Departamento de Trânsito, assim decidiu a 1ª Câmara Cível do TJRS: "(...). Quanto às *conseqüências pessoais*, uma vez identificado o condutor, a pontuação negativa deve ser lançada na respectiva CNH, e não automaticamente na do proprietário. O lançamento ocorre na CNH daquele em cujo nome está o veículo, evidentemente quando a tiver, apenas quando o condutor não é identificado, e o proprietário, uma vez notificado, não informa no prazo de quinze dias (CBT, art. 257, § 7º). Assim, ostenta-se ilegal, e por conseguinte feridor de direito líquido e certo protegível por mandado de segurança, o lançamento dos pontos na CNH daquele em cujo nome está registrado o veículo no Órgão de Trânsito, quando o condutor, pela própria autuação, era outro".[275]

Se o proprietário do veículo for *pessoa jurídica*, que vem a ser o caso do arrendante no *leasing*, em não havendo informação de quem era o condutor, incide o § 8º do art. 257, pelo qual, após expirado o prazo de quinze dias, "não havendo identificação do infrator e sendo o veículo de propriedade de pessoa jurídica, será lavrada nova multa ao proprietário do veículo, mantida a originada pela infração, cujo valor é o da multa multiplicada pelo número de infrações iguais cometidas no período de doze meses."

O eminente Nei Pires Mitidiero comenta dizendo ser justa a penalização porque à pessoa jurídica não é possível suspender o direito de dirigir, podendo lhe ser, então, mais conveniente ocultar o transgressor a ela vinculado, razão por que o legislador "atento a essa possível negativa, resolveu puni-la agudamente" de modo autônomo.[276]

36. *Leasing* e CDC. O CDC não rege contratos, mas *relações de consumo*. Tais relações se formam difusamente nos contratos, independentemente da espécie. O normal é a relação de consumo surgir em questões pontuais no microssistema ou sistema capilar de relações afirmadas pelo contrato. No *leasing*, configura-se, por exemplo, rela-

---

[275] TJRS, 1ª Câmara Cível, ap. cív. 70007544091, Rel. Des. Irineu Mariani.

[276] Nei Pires Mitidiero, *Comentários ao Código de Trânsito Brasileiro*, 2004, p. 1267.

tivamente às qualidades do objeto arrendado e quanto aos serviços de assistência técnica.

No que tange à incidência do CDC no *leasing*, o dissídio, especialmente na jurisprudência, é tão farto que dispensa até mesmo indicação de precedentes.

No entanto, como salientamos (n° 11.3 do Cap. I), não há contrato específico *de consumo* regido pelo CDC, e sim incidência específica do CDC sobre *relação* de consumo, a qual surge difusamente nos contratos empresariais, podendo abrangê-los total ou parcialmente. A ausência dessa clareza tem, ao nosso ver, alimentado controvérsias acerca da regência, ou não, do contrato *X*, ou do *Y*, pelo CDC. Porém, na realidade ele não rege contratos, mas relações de consumo. Tais relações se formam difusamente nos diversos contratos, independentemente da espécie. O normal é a relação de consumo surgir dentro do microssistema ou sistema capilar de relações afirmadas pelo contrato. Nesse sentido já sinalizou o STF, tendo como relator o Min. Sepúlveda Pertence, ao decidir: "É indiferente a espécie de contrato firmado, bastando que seja uma relação de consumo".[277]

A abrangência será total se o contrato coincidir com a própria relação de consumo, por exemplo, na compra e venda empresarial ao consumidor; e será parcial se a relação de consumo se restringir a determinado aspecto, por exemplo, no *leasing* financeiro relativamente à qualidade do objeto, e no operacional relativamente à qualidade dos serviços de assistência. No respectivo âmbito, há os elementos típicos da relação de consumo; logo, no respectivo limite incide o CDC. Aí a incidência do CDC ocorre em questões pontuais ou dimensões específicas do contrato.

37. *Opção de compra e recusa do arrendante*. Se o arrendatário optar pela compra e o arrendante se negar a consumar o negócio, há possibilidade de execução específica.

Se o arrendatário optar pela compra e o arrendante, por motivos que não vêm ao caso, mas que podem até se relacionar a um melhor Valor Residual, se opuser à consumação do negócio, qual é o remédio jurídico-processual disponível ao arrendatário?

Como desaguadouro geral, restam sempre as perdas e danos. Mas não é descabida a execução específica, tranqüila se se entender que o direito à compra corresponde a uma dimensão específica da condição de consumidor relativamente ao objeto (CDC, arts. 83-4). Se se entender que o direito não é abrangido pela legislação consumerista, nem por isso a possibilidade fica arredada como execução de obrigação de fazer (CPC, arts. 639-41).

38. *Leasing e variação cambial*. Legalidade da vinculação; pressuposto para a revisão.

Como adiantamos (n° 19.1.1-G *supra*), trata-se de cláusula obrigatória apenas quando os recursos provierem do exterior (Regulamento, aprovado pela Resolução 2.309/96 do BACEN, art. 9°). O tema começou a despertar interesse a partir de janeiro de 1999 ante a maxidesvalorização do Real face ao Dólar. Há dois aspectos a considerar.

38.1. *Legalidade da vinculação*. Desde que o bem tenha sido comprado com empréstimo em moeda estrangeira, a vinculação do reajuste à variação cambial está prevista legalmente.

---

[277] STF, RT 828, p. 164.

Quanto à vinculação, a jurisprudência, desde que tenha o arrendante comprado o bem com empréstimo em moeda estrangeira, sempre se posicionou pela validade da cláusula que vincula o reajuste à variação cambial, tendo em conta o DL 857/69, por exemplo, decisão já antiga, ocorrida em 1985, do TJRS.[278]

Posteriormente, o art. 6º da Lei 8.880/94 (Lei da Urverização), cominou de nula a cláusula de reajuste vinculado à variação cambial, com exceção de autorizações em lei federal e dos "contratos de arrendamento mercantil" entre pessoas naturais e domiciliadas no país, com base em "captação de recursos provenientes do exterior", ressalva mantida pelos arts. 27, § 1º, e 28, § 4º, II, da Lei 9.069/95 (Lei do Plano Real). Nesse sentido decisão do ex-2º TACivSP.[279]

38.2. *Pressuposto para a revisão*. Teorias da imprevisão; teoria da revisão da base objetiva.

A possibilidade de *revisão do contrato* vem a ser a cláusula *rebus sic stantibus* (estando assim as coisas), não-escrita, mas sempre invocável e inerente a todo contrato.

Quanto ao pressuposto para a revisão, o direito surge, em tese, sempre que, por fato superveniente à celebração, acontece onerosidade excessiva a uma das partes, rompendo a equação econômico-financeira do contrato, que é uma de suas essências. A possibilidade de readequá-la por motivos excepcionais existe nos contratos públicos e nos privados, e ocorre mediante duas teorias: a *teoria da imprevisão* e a *teoria da revisão da base objetiva*.

38.2.1. *Teoria da imprevisão*. O elemento *imprevisibilidade* que gera o rompimento da equação econômico-financeira existe quanto à *ocorrência* do fato.

Pela *teoria da imprevisão*, o elemento *imprevisibilidade* existe quanto à ocorrência do fato. Presume-se na execução do contrato a mantença das condições econômicas vigentes à época da celebração, excluídos – por evidente – os riscos assumidos e os normais ao negócio em si.

Há, dessarte, uma álea assumida por ambas as partes, o que só pode ser desconsiderado, como diz o art. 478 do CC/02, quando a execução se tornar a uma das partes "excessivamente onerosa, com extrema vantagem para a outra, em virtude de acontecimentos extraordinários e imprevisíveis". É a *teoria da imprevisão*. Consoante ensinamentos de Orlando Gomes, invocando Massineo (*Dottrina generale del contrato*), é possível a resolução ou a redução das prestações "quando acontecimentos extraordinários determinam radical alteração no estado de fato contemporâneo à celebração do contrato, acarretando conseqüências imprevisíveis, das quais decorre excessiva onerosidade no cumprimento da obrigação".[280]

Por essa teoria, o fato gerador do rompimento da equação econômico-financeira não era razoavelmente previsível à época da celebração. São os eventos imprevisíveis *quanto à ocorrência*.

No caso do *leasing*, o episódio em janeiro de 1999 é emblemático. É preciso lembrar que a paridade entre as moedas Real e Dólar vinha sendo tachada de artificial havia anos. Todos sabiam, inclusive por pressão dos segmentos exportadores para tornar os nossos produtos mais competitivos lá fora, que a moeda brasileira iria sofrer uma desvalorização significativa face à norte-americana.

---

[278] TJRS, RT 601, p. 191.

[279] Ex-2º TACivSP, RT 763, p. 269.

[280] Orlando Gomes, *Contratos*, 8ª ed., p. 45, nº 20.

Portanto, o arrendatário que aceitou pactuar em tais condições estava ciente do risco. O fato da variação cambial, mesmo às pessoas comuns do povo, não era imprevisível, desmerecendo por isso acolhida a tese.

38.2.2. *Teoria da revisão da base objetiva.* O elemento *imprevisibilidade* que gera o rompimento da equação econômico-financeira existe quanto ao *grau de conseqüência* do fato.

Pela teoria da *revisão da base objetiva*, o elemento *imprevisibilidade* se desloca *do* fato *para* o grau da conseqüência. O fato gerador do rompimento da equação econômico-financeiro era previsível, mas não o índice da conseqüência, ultrapassando a álea normal e ínsita ao contrato.

Retornando ao mesmo exemplo da ocorrência havida em 1999, se era previsível a sua ocorrência, pode-se dizer o mesmo em relação ao percentual?

A jurisprudência, como era esperado, se dividiu, sendo exemplo os precedentes citados por Justino Magno Araújo e Renato Sandreschi Sartorelli.[281] Passada a turbulência inicial, pode-se dizer que, inclusive no STJ – dentro da compreensão de não ser possível transferir ao arrendatário o risco da atividade no mercado de capitais –, prevaleceu o entendimento da imprevisibilidade do índice de desvalorização, qualificada de *maxidesvalorização*, livrando-se por isso o arrendatário do impacto, mediante a substituição do indexador contratado pelo INPC.[282]

Nas circunstâncias, a solução dada ao problema, vista pelo prisma da equidade, não foi bem equalizada. *Considerando* que o *fato* da desvalorização era previsível, e imprevisível apenas o *índice* alcançado; e *considerando* que não existe desvalorização sem índice, impunha-se dividir os encargos, ou, por algum método, definir qual seria o percentual previsível, sendo este de responsabilidade do arrendatário como álea normal assumida no contrato, ficando por conta do arrendante apenas o excesso.

39. *Parte tributária. Leasing* e ISS; *leasing* e IPVA; *leasing* e ITBI *inter vivos.*

De todo o elenco de incidências tributárias, nos restringimos às que têm maior potencial a processos: ISS, IPVA e ITBI.

39.1. *Leasing e ISS.* Fato gerador; base de cálculo; local da prestação do serviço (Município credor).

39.1.1. *Fato gerador.* O ISS não incide sobre o ato de dar (entregar) o bem arrendado, que é a conseqüência, mas sobre o *serviço* prestado em *caráter profissional* de consegui-lo *para* e *a pedido* do arrendatário, inclusive comprá-lo se necessário, que é a causa (obrigação de fazer). Nesse âmbito, o arrendatário *contrata* (loca) os *serviços* do arrendante para em seu nome conseguir o bem.

Pela Constituição Federal compete aos Municípios instituir imposto sobre "serviços de qualquer natureza" – abreviadamente *ISS* – cabendo à Lei Complementar Federal defini-los, entenda-se, listá-los (art. 156, III).

A princípio, registra-se a não-pertinência, no caso, do antigo item 48 da Lista Anexa à LC 56/86, o qual, com o acréscimo do *leasing*, passou ao item 10.04 da Lista Anexa à LC 116/03, com a seguinte redação: "Agenciamento, corretagem ou inter-

---

[281] Justino Magno Araújo e Renato Sandreschi Sartorelli, *Leasing*, 1999, p. 291 a 317.

[282] STJ, RT 813, p. 232, com o relator invocando outros precedentes.

mediação de contratos de arrendamento mercantil (*leasing*), de franquia (*franchising*) e de faturação (*factoring*)."

É que a incidência, aí, ocorre sobre o *agenciamento, corretagem* ou *intermediação* de contratos de *leasing*, de *franchising* e de *factoring*, e não sobre os *serviços* que são prestados pelo arrendante, franqueador e faturizador.

No mais, cabe lembrar que o item 52 da Lista Anexa ao DL 834/69, referia apenas "locação de bens móveis", armando-se controvérsia acerca da abrangência, ou não, do *leasing* como arrendamento, dissipada com o advento da LC 56/87, que renumerou a Lista de Serviços sujeitos ao ISS e incluiu o *leasing* no item 79: "Locação de bens móveis, inclusive arrendamento mercantil".

Uma vez *listado* na legislação complementar federal, os Municípios inseriram nos respectivos ordenamentos o ISS sobre as operações de *leasing*. O STJ editou a Súmula 138 de seguinte dizer: "O ISS incide na operação de arrendamento mercantil de coisas móveis."

Ocorre que desde a decisão do STF no RE 116.121-3/SP, envolvendo o citado item 79 relativamente à *locação de bens móveis*, sob o entendimento de que envolve obrigação de dar, e não de fazer, os arrendantes reacenderam a controvérsia com a tese de que, pelo mesmo motivo, também não incide sobre o *leasing*, visto que, no respectivo entender, igualmente envolve *obrigação de dar*.

No entanto, *(a)* o caso foi relativo ao aluguel de um guindaste, sendo a inconstitucionalidade restrita à expressão *locação de bens móveis* e ocorreu por escassa maioria; *(b)* após décadas de jurisprudência a respeito dos mesmos dispositivos legais, não se pode concluir que estava tudo manifestamente errado, motivo por que se ostenta surpreendente a reviravolta no STF, implantando grande insegurança jurídica no País; *(c)* não se pode ignorar aquele que presta profissionalmente o *serviço* de colocar bens próprios ou alheios à disposição de terceiros, atividade prevista inclusive no Regulamento 737, de 1850, em complemento ao Código Comercial.

Com efeito, não se pode confundir o *serviço* com o *produto* resultante do serviço. Por exemplo, na *construção civil*, o ISS não incide sobre a construção (prédio), que é a conseqüência (obrigação de dar, entregar, transferir), mas sobre o *serviço* (atividade) de construir, prestado em caráter profissional, que é a causa (obrigação de fazer); na *locação*, não incide sobre o ato de dar (entregar) o objeto, que é a conseqüência, mas sobre o *serviço* prestado em caráter profissional de consegui-lo e colocá-lo à disposição do locatário, que é a causa (obrigação de fazer); no *leasing*, não incide sobre o ato de dar (entregar) o bem arrendado, que é a conseqüência, mas sobre o *serviço* prestado em caráter profissional de consegui-lo *para* e *a pedido* do arrendatário, inclusive comprá-lo se necessário, que é a causa (obrigação de fazer).

Nesse âmbito, o arrendatário *contrata* os serviços do arrendante para em seu nome conseguir o bem; existe, pois, uma *prestação de serviço*, em que o arrendatário, que figura como locatário dos serviços do arrendante, que por sua vez figura como locador dos serviços, assumindo perante aquele uma dívida de fazer, tal como ensina Pontes de Miranda: "*serviço*, senso largo, qualquer obrigação de fazer (...). *Servir* é prestar atividade a outrem. (...). Trata-se de *dívida de fazer*, que o locador assume. O serviço é a prestação".[283]

Conseqüentemente, não há sequer território à invocação do art. 110 do CTN, pois a lei tributária não altera a definição, o conteúdo e o alcance de instituto, conceito e forma de direito privado, utilizados, expressa ou implicitamente, pela

---

[283] Pontes de Miranda, *Tratado de Direito Privado*, 3ª ed., 1984, vol. XLVII, p. 3-4, §§ 5.038, nºs 1 e 2.

CONTRATOS EMPRESARIAIS

283

Constituição Federal, pelas Constituições dos Estados, ou pelas Leis Orgânicas do Distrito Federal ou dos Municípios, para definir ou limitar competências tributárias.

A despeito disso, há decisões excluindo o ISS do *leasing*, invocando o precedente do STF a respeito da locação, no entanto a própria Suprema Corte, em oportunidades posteriores, deliberou que o arrendamento empresarial continua sujeito ao referido imposto, inclusive em decisão singular do Min. Néri da Silveira.[284]

Por fim, a LC 116/03 manteve o *leasing* na Lista Anexa, conforme o item 15 ("Serviços relacionados ao setor bancário ou financeiro, inclusive aqueles prestados por instituições financeiras autorizadas a funcionar pela União ou por quem de direito"), subitem 15.9, *verbis*: "Arrendamento mercantil (*leasing*) de quaisquer bens, inclusive cessão de direitos e obrigações, substituição de garantia, alteração, cancelamento e registro de contrato, e demais serviços relacionados ao arrendamento mercantil (*leasing*)." Diga-se que não apenas o arrendamento *mercantil* está sujeito ao ISS, mas também o *arrendamento*, isto é, o comum (subitem 3.04).

Portanto, o tributo é devido, assim deliberando a 1ª Câmara Cível do TJRS.[285]

39.1.2. Base de cálculo. É o preço do serviço, assim entendido o valor da operação.

A *base de cálculo*, na hipótese, é o *preço do serviço*. Assim era à época do DL 406/68, art. 9º), e continua sendo com a LC 116/03, conforme o art. 7º, *caput*, sendo evidente, mas não custa registrar, a inaplicabilidade do § 2º, I, o qual exclui "o valor dos materiais fornecidos pelo prestador dos serviços previstos nos itens 7.02 e 7.05 da lista de serviços anexa" (*rectius*, materiais empregados em obras civis novas ou reformadas).

No caso do *leasing*, a base de cálulo só pode ser o *valor da operação*, isto é, "a expressão econômico-financeira do fato gerador respectivo, qual seja, o preço cobrado pelo serviço, abrangendo, pois, no arrendamento mercantil (*leasing*), o valor total da operação contratada", como deliberado pela 2ª Câmara Cível do TJRS.[286]

39.1.3. Local da prestação do serviço (Município credor). Credor é o Município onde houve a efetiva prestação do serviço, entenda-se, aquele em que os serviços produzem os efeitos. De outro modo, dota-se de extraterritorialidade a lei de um Município, e nega-se a outro competência de tributar fato gerador ocorrido em seu território. Ademais, o art. 4º da LC 116/03 alargou sobremaneira, para o fim específico, a compreensão de *estabelecimento*. Alfim, a empresa de *leasing*, quase sempre criatura de uma instituição financeira, vale-se da rede de agências desta para capilarizar a sua atividade.

Pelo art. 116, I e II, do CTN, considera-se ocorrido o *fato gerador*, tratrando-se de *situação de fato*, desde o momento em que se verifiquem as circunstâncias materiais necessárias a que produza os efeitos que normalmente lhe são próprios; e, tratando-se de *situação jurídica*, desde o momento em que esteja definitivamente constituída, nos termos do direito aplicável.

Diante disso, não há dúvida de que o serviço prestado num Município, lugar onde acontecem os eventos materiais de fato, não pode ser tributado por outro. Isso, por

---

[284] STF, RE 149206-SP, em 22-11-01, decisão singular do Min. Néri da Silveira.

[285] TJRS, 1ª Câmara Cível, ap. cív. 70013253430, em 14-12-05, Rel. Des. Henrique Osvaldo Poeta Roenick.

[286] TJRS, 2ª Câmara Cível, ap. cív. 70011621455, em 15-6-05, Rel. Des. Roque Joaquim Volkweiss.

um lado, seria dotar a lei municipal de extraterritorialidade, e, por outro, negar competência ao Município de tributar fato gerador ocorrido em seu território, o que afronta a Constituição Federal, sendo nesse sentido a orientação da 1ª Câmara Cível do TJRS, em decisão assim ementada: "Pela competência, sujeito ativo da relação tributária do ISS é sempre o Município em que acontece o fato gerador, ou seja, onde o serviço é prestado, produzindo os seus efeitos. De outro modo, confere-se vigência extraterritorial à lei de um Município, bem assim viola-se a competência de outro no sentido de tributar fatos geradores ocorridos em seu território. Exegese combinada dos arts. 156, III, 155, II, e § 2º, IX, *b*, da CF; art. 116 do CTN; art. 12, *a*, do DL 406/68, atualmente art. 3º e incisos da LC 116/03".[287]

Com efeito, dispunha o art. 12, *a*, do DL 406/68, considerar-se local da prestação do serviço "o estabelecimento prestador ou, na falta de estabelecimento, o domicílio do prestador". A LC 116/03 reafirma o teor, dizendo no art. 3º: "O serviço considera-se prestado e o imposto devido no local do estabelecimento prestador ou, na falta do estabelecimento, no local do domicílio do prestador, exceto nas hipóteses previstas nos incisos I a XXII, quando o imposto será devido no local: I – do estabelecimento do tomador ou intermediário do serviço (...); ..."

Por sua vez, o art. 4º diz: "Considera-se estabelecimento prestador o local onde o contribuinte desenvolva a atividade de prestar serviços, de modo permanente ou temporário, e que configure unidade econômica ou profissional, sendo irrelevantes para caracterizá-lo as denominações de sede, filial, agência, posto de atendimento, sucursal, escritório de representação ou contato ou quaisquer outras que venham a ser utilizadas."

Sabidamente, na acepção clássica, *estabelecimento* é gênero do qual são espécies o *principal*, ou matriz, ou sede, e o *derivado*, que por sua vez pode ser *filial* (o administrador não tem autonomia alguma), *sucursal* (o administrador tem alguma autonomia) e *agência* (designação adequada para os estabelecimentos derivados das instituições financeiras), como ensina Rubens Requião,[288] invocando Waldemar Ferreira.

Fácil é notar, pois, que o art. 4º da Lei 116/03, para os fins específicos desbordou da acepção clássica de estabelecimento. Basta que seja uma unidade econômica ou profissional de caráter permanente ou temporário. Sequer precisa ser escritório. É suficiente alguém que sirva de *ponto de contato*, por exemplo, determinada pessoa na localidade. Enfim, a expressão *local da prestação* não significa necessariamente local em que o serviço é preparado ou cumpre alguma etapa, mas lugar em que produz efeitos.

Nesse eito, é oportuno relembrar os ensinamentos de Aramy Dornelles da Luz, já transcritos (nº 22.6.2-B *supra*), quando a respeito do *banco múltiplo* afirma que ele diversificou as atividades, formando grupos financeiros com várias pessoas jurídicas, envolvendo "empresas de seguro e capitalização, de *leasing*, sociedade corretora de seguros, corretora de valores mobiliários e câmbio." E continua dizendo que esse *grupo*, como é óbvio, atua organicamente "como se fosse uma só empresa". E arremata: "Normalmente tudo acontece em uma só sede, à sombra do Banco comercial, prestando esse, com seu pessoal e sua estrutura físico-operacional, serviço às demais empresas filiadas, que, todavia, possuem direção própria, embora, por vezes, constituída com alguns administradores do próprio Banco comercial".[289]

Veramente, a empresa de *leasing* é quase sempre criatura de alguma instituição financeira (banco), na qual contrai empréstimo para a compra dos bens objeto de

---

[287] TJRS, 1ª Câmara Cível, reexame necessário 70007302813, Rel. Des. Irineu Mariani.

[288] Rubens Requião, *Curso de Direito Comercial*, vol. I, 25ª ed., 2003, p. 276-7, nº 159.

[289] Aramy Dornelles da Luz, *Negócios Jurídicos Bancários*, 1996, p. 24, nº 1.5.

CONTRATOS EMPRESARIAIS

arrendamento. Enquanto a instituição bancária tem rede de agências cobrindo pelo menos grande parte do território nacional, a empresa de *leasing*, sediada apenas em determinada cidade, capilariza a sua atuação por meio da citada rede.

Em tais circunstâncias, local da prestação dos serviços não é aquele em que os documentos são remetidos ao cumprimento de alguma etapa formal, e sim o local onde os serviços foram contratados e efetivamente prestados, local onde a prestação produziu efeitos, onde o contrato é efetivamente executado.

Mas qual seria o motivo de o legislador ampliar tanto, ao fim específico, a compreensão de *estabelecimento*? Sem dúvida, objetivou recepcionar o entendimento da jurisprudência que reiteradamente vinha deliberando, inclusive em observância ao art. 116 do CTN, acima comentado, no sentido de o local da prestação do serviço ser aquele em que se produzem os efeitos, até porque, de outro modo, seria dotar a lei municipal de extraterritorialidade. Isso por um lado. Por outro, seria negar competência ao Município de tributar fato gerador ocorrido em seu território.

Nesse sentido, decisões do STF,[290] [291] e também do STJ, *verbis*: "1. Para a incidência do ISS, quanto ao fato gerador, considera-se o local onde se efetiva a prestação do serviço, competindo ao Município do território da atividade constitutiva daquele fato a imposição e o recolhimento do tributo. 2. Multiplicidade de precedentes jurisprudenciais. 3. Recurso improvido."[292] Ainda, e de modo ainda mais incisivo: "Embora a lei considere local da prestação do serviço, o do estabelecimento prestador (art. 12 do Decreto-Lei nº 406/68), ela pretende que o ISS pertença ao Município em cujo território se realizou o fato gerador. É o local da prestação do serviço que indica o Município competente para a imposição do tributo (ISS), para que se não vulnere o princípio constitucional implícito que atribui àquele (município) o poder de tributar as prestações ocorridas em seu território. A lei municipal não pode ser dotada de extraterritorialidade, de modo a irradiar efeitos sobre um fato ocorrido no território de município onde não pode ter voga".[293]

Se era tal o entendimento à época do art. 12, *a*, do DL 406-68, com mais razão agora face à larguesa do art. 4º da LC 116/03.

39.2. *Leasing* e IPVA. O arrendante é o proprietário do veículo. As convenções particulares não são oponíveis à Fazenda Pública. Ainda, se o novo dono adquiriu o veículo em arrematação judicial, a Fazenda Pública se sub-roga no preço, que é o *mais*; logo, pode ajuizar processo contra o antigo dono, que é o *menos*.

Pelo fato da *propriedade mobiliária*, não há tributo, salvo exceção, como é o caso da propriedade de *veículos automotores*.

Nesse sentido, diz o art. 155, III, da CF, que aos Estados e ao Distrito Federal compete instituir imposto sobre a "propriedade de veículos automotores", abreviadamente *IPVA*.

Considerando que estabelecer *normais gerais* dos tributos, como definir fatos geradores, bases de cálculo e contribuintes, é matéria privativa de lei complementar federal (CF, art. 146, III, *a*); e *considerando* que relativamente ao IPVA ainda não existe a citada lei, questiona-se, por vezes, as leis estaduais que definem fato gerador, base de cálculo e contribuinte, alegando-se usurpação de competência.

---

[290] STF, RE 92.883-RS, 1ª Turma, Rel. Min. Rafael Mayer, RTJ 96/912.

[291] STF, RE 99.397-5-ES, 2ª Turma, Rel. Min. Djaci Falcão, DJU de 6-5-83.

[292] STJ, Resp. 720-0-MA, Rel. Min. Mílton Luiz Pereira, DJU de 15-5-95, p. 13.365.

[293] STJ, Resp. 54002-0-PE, Rel. Min. Demócrito Reinaldo, DJU de 8-5-95, p. 12.309.

Porém, quando não existe lei federal sobre *normas gerais*, os Estados, na vigência da lacuna, têm *competência legislativa plena* para atender a suas peculiaridades, inclusive em *direito tributário* (CF, art. 24, I, e §§ 3º e 4º). É o caso.

Assim, deve-se verificar a lei de cada Estado. De qualquer modo, se o tributo incide sobre a *propriedade*, o fato gerador é definido pela própria Constituição Federal, e por decorrência contribuinte é o proprietário.

No contrato de *leasing* a propriedade plena permanece com o arrendante, resultando daí que é o contribuinte do IPVA quando objeto for veículo automotor. As convenções particulares, como a transferência da obrigação de pagar o tributo, não são oponíveis à Fazenda Pública (CTN, art. 123). Em tal categoria se insere o inc. VIII do art. 8º da Resolução 351/75, do BACEN, que estabelece a responsabilidade do arrendatário relativamente aos impostos incidentes sobre a propriedade do objeto de *leasing*, até porque chega a ser heresia jurídica sustentar competência do BACEN seja para incluir contribuinte, no caso o arrendatário ou *lessee*, seja para excluir contribuinte, no caso o arrendante ou *lessor*, como já decidiu o TJRS.[294]

Ainda, se contribuinte do IPVA é o proprietário do veículo, a sua transferência pode acrescer mais um responsável, jamais excluir quem à época do fato gerador era o dono. E se o novo dono obteve a propriedade em arrematação judicial, incide o art. 130, parágrafo único, do CTN, quer dizer, o credor tributário não dispõe de ação contra ele. Apenas se sub-roga no preço. E se se sub-roga no preço, que é o *mais*, pode ajuizar processo executório contra o antigo proprietário, que é o *menos*, como também já decidiu a 1ª Câmara Cível do TJRS.[295]

39.3. *Leasing e ITBI inter vivos*. Pelo sistema tributário vigente, cabe ao Município instituí-lo. Salvo norma isentiva expressa, o tributo incide em todas as operações, inclusive na recompra pelo arrendatário (*lease-beck*).

O ITBI *inter vivos* interessa apenas ao *leasing imobiliário*. Incide tanto no ato de compra do bem pela arrendante quanto mais tarde na eventual compra pelo arrendatário, inclusive na recompra que acontece no *lease-beck* (nº 7.3 *supra*), pois há duas transferências de propriedade, conforme Arnaldo Rizzardo,[296] e Celso Benjó.[297]

No mesmo sentido decisão STF, da qual foi relator o Min. José Néri da Silveira, o qual invoca diversos outros autores,[298] todos no sentido da incidência do ITBI no *leasing imobiliário*, ou seja, nenhuma espécie é beneficiada tributariamente pela Lei 6.099/74, até porque pelo sistema tributário constitucional antigo o tributo pertencia aos Estados e ao DF (art. 23, I), e pelo atual a parte *inter vivos* pertence aos Municípios (art. 156, II), sendo vedado à União instituir isenções de tributos da competência dos Estados, do DF ou dos Municípios (art. 151, III).

Conseqüentemente, a questão envolvendo o *leasing* e o ITBI *inter vivos* está entregue a cada Município. Salvo norma isentiva expressa de todas ou algumas operações, por exemplo, apenas do arrendatário, especialmente quando recompra o bem (*lease-back*), o imposto é devido.

---

[294] TJRS, 1ª Câmara Cível, ap. cív. 70007018310, Rel. Des. Irineu Mariani; idem ap. cív. 70006641666, mesmo relator, em 10-12-03, RT 825, p. 369.

[295] TJRS, 1ª Câmara Cível, ap. cív. 70007745854, Rel. Des. Irineu Mariani.

[296] Arnaldo Rizzardo, *Leasing – Arrendamento Mercantil no Direito Brasileiro*, 2ª ed., 1996, p. 229.

[297] Celso Benjó, *O Leasing na sistemática jurídica nacional e internacional*, RF 274, p. 20.

[298] STF, 1ª Turma, RE 107979-7-MG, Rel. Min. José Néri da Silveira, em 4-12-87.

CONTRATOS EMPRESARIAIS

Capítulo V

FACTORING – FOMENTO EMPRESARIAL

1. *Factoring* no concerto dos contratos empresariais. Pelo princípio da prevalência, pertence ao grupo dos agentes financeiros.

Existem, entre o produtor e o consumidor, quatro técnicas empresariais, que formam quatro grupos de agentes: dos não-compradores, dos compradores, dos compradores com cessão de marcas ou patentes e dos agentes financeiros. O *factoring*, pelo princípio da prevalência, pertence ao grupo dos agentes financeiros (nº 7.4 do Cap. I).

2. *Noção histórica*. O contrato de representação comercial gerou o de comissão mercantil *tipo clássico* para possibilitar ao comissário *vender em nome próprio* e *garantir a solvabilidade e pontualidade* do devedor face ao comitente, que por sua vez gerou um *tipo especial* de contrato de comissão mercantil para possibilitar ao comissário a *antecipação do pagamento* ao comitente nas vendas a prazo, como se à vista fosse, que por sua vez gerou o contrato de *factoring* com o acréscimos de serviços de gestão do crédito e de administração.

Fran Martins conta que as raízes históricas do *factoring* encontram-se na Roma e na Grécia antigas, onde "comerciantes incumbiam agentes (*factors*), disseminados por lugares diversos, à guarda e venda de mercadorias de sua propriedade",[299] forma contratual que se propagou a outros povos da Idade Média (sécs. V ao XV d.C.), expandindo-se ainda mais na época dos grandes descobrimentos.

Pode-se dizer que era o que hoje é o contrato de representação comercial ou de agência. Neste, o representante, exatamente por ser *representante*, não vende em nome próprio, e sim do *representado*, que é o comerciante.

O fato de na representação comercial não ser possível ao agente a venda em nome próprio, ensejou o contrato de comissão mercantil tipo clássico, a fim de possibilitá-la, no qual o comissário recebe uma comissão chamada *del credere*, pela qual garante a solvabilidade e a pontualidade do comprador perante o comitente, que é o comerciante, além de ser possível a venda em nome próprio (ex-CCm, arts. 165-6 e 179).

Noutras palavras: ainda que o contrato, nas técnicas empresariais, pertença ao grupo dos não-compradores, o vínculo jurídico se estabelece apenas entre o comissário, como vendedor, e o comprador; dele não participa o comerciante. Não há vínculo entre o comerciante e o comprador, embora tenha este contra o comissário-vendedor todas as exceções como se tivesse comprado do próprio comerciante.

---

[299] Fran Martins, *Contratos e Obrigações Comerciais*, 1990, p. 560.

Acontece que a venda a prazo fez nascer um *tipo especial* de contrato de comissão mercantil, o qual gerou o *factoring*, complementa Fran Martins.[300]

A venda gera, como é sabido, um crédito do vendedor perante o comprador, o qual é quitado à vista ou a prazo. Nas vendas a prazo, o agente ou *factor* passou não só a vender e cobrar dos compradores, mas também a adiantar o preço aos vendedores-comerciantes. Portanto, acresceu-se o item *antecipação*.

Assim, o *factoring*, que tem na *compra de créditos* ou de *ativos financeiros* uma das características mais típicas – embora não seja imprescindível –, é resultante de um longo processo evolutivo daquele *tipo especial* de comissão mercantil, acrescendo-se mais um item: serviços de gestão do crédito e de administração.

Na prática, os créditos resultantes das compras e vendas empresariais a prazo passaram a ser tratados como um *novo produto*; logo, passíveis de negociação. O comerciante vende a mercadoria e não recebe o preço no ato, e sim um crédito; então, em *nova operação*, vende-o a alguém que não é nem o representante comercial nem o comissário, mas alguém que resolveu fazer da atividade – compra de créditos e prestação de serviços de administração *lato sensu* – uma profissão, valendo-se de firma individual (empresário individual) ou de sociedade (empresário coletivo). A compra dos créditos é feita exclusivamente com recursos próprios, aí residindo uma das diferenças com a atividade das instituições financeiras, isto é, a *fonte dos recursos*.

Como se costuma dizer, civilizar é criar necessidades, pois é delas que, pelo *princípio da especialização*, nascem as novas profissões. Assim tem andado a Humanidade, em particular a partir de quando na Id. Média (sécs. V a XV d.C.) evoluiu do escambo para a economia monetária ou de mercado, permitindo-lhe reinvestimento no próprio negócio, que por seu turno aumenta a produção e estimula o fenômeno da especialização, que hoje alimenta o fenômeno mundial chamado *terceirização*, inclusive na Administração Pública.

O *factoring*, atualmente, é mais uma dimensão do *princípio da especialização*. No início, envolvia apenas a compra e venda de crédito; depois, ampliou-se para os serviços de gestão do crédito e de administração, com e sem compra, transformando-se em *atividade econômica de natureza empresarial*, como veremos (nº 15.1.1 *infra*). Tais serviços (nºs 6.2.1 e 6.2.2 *infra*), acabaram se constituindo em *objeto social* de empresário coletivo (sociedade) ou indiviual (firma): o especialista na gestão dos serviços relativos ao crédito de outro empresário coletivo ou individual, bem assim de pessoa natural, desde que seja crédito decorrente de *atividade profissional*.

Em suma: *(a)* o contrato de representação comercial gerou o de comissão mercantil *tipo clássico* para possibilitar ao comissário *vender em nome próprio* e *garantir a solvabilidade e pontualidade* do devedor face ao comitente; *(b)* que gerou um *tipo especial* de contrato de comissão mercantil para possibilitar ao comissário a *antecipação do pagamento* ao comitente nas vendas a prazo, como se à vista fosse; e *(c)* que gerou o contrato de *factoring* com o acréscimos de serviços de gestão do crédito e de administração.

> **3. Vocábulo.** Do verbo *facere* (fazer), do latim, proveniente do substantivo *factor* (nominativo), *factoris* (genitivo), significando *aquele que faz*. Originou a palavra inglesa *factoring* (acresceu o sufixo *ing*), significando *em fazendo, em agindo*. No Brasil, embora oficialmente não exista, está consagrado o vocábulo *faturização*.

---

[300] Fran Martins, *Contratos e Obrigações Comerciais*, 1990, p. 561.

Conforme Arnaldo Rizzardo,[301] a origem histórica é do verbo *facere* (fazer), do latim, proveniente do substantivo *factor* (nominativo), *factoris* (genitivo), significando *aquele que faz*. Aos romanos era um agente comercial ou intermediário de comerciante na troca de produtos em locais distantes. Originou a palavra inglesa *factoring* (acresceu o sufixo *ing*), significando *em fazendo*, *em agindo*.

No Direito brasileiro, desde as primeiras manifestações adotou-se *faturização*, vocábulo usado por Fábio Konder Comparato,[302] criticado por Luiz Lemos Leite,[303] pois ele não existe no idioma português e nada tem a ver com *factoring* – diz.

No entanto, escreve com inteiro acerto Rizzardo: "Os neologismos sempre surgem e decorrem da própria evolução das coisas. Como aparecem novas formas de condutas e de relações econômicas, jurídicas e sociais, a tendência é encontrar denominações condizentes com o sentido que encerram, aproveitando palavras já existentes e significativas de seus conteúdos".[304]

É verdadeiro que *faturização* deriva de *fatura*, porém, no caso, não tem relação com o verbo *faturar*, ou seja, ação de extrair *fatura*, documento que materializa a compra e venda empresarial, constando a quantidade, a qualidade, o preço, etc., das mercadorias, bem assim a prestação de serviços. Quando se fala em *faturização*, não se quer dizer ato de extrair fatura ou de incluir mercadorias em fatura, mas *ação* ou *atividade* de quem trabalha com valores faturados, com os valores que as faturas representam, com os ativos financeiros que elas encerram e sua negociação, e isso com um sentido largo, pois abrange todo crédito decorrente de *atividade profissional*, independentemente de ser empresário, como veremos (nºs 15.1.2 e 15.2 *infra*).

Assim, como lidamos numa área bastante nova de nosso Direito, o neologismo é inerente. Não há por que recusar o vocábulo *faturização* com o sentido de *factoring*, ainda mais quando, definitivamente, passa a significar *fomento empresarial*, algo bem mais abrangente do que a simples cessão de crédito.

De qualquer modo, não custa preferencialmente manter o original *factoring*, inclusive por causa da força em termos de *marketing*, assim como vem ocorrendo com *leasing* e *franchising*.

4. *Expansão*. No mundo; no Brasil.

4.1. *No mundo*. Em 1808, nos EUA, surgiu a primeira sociedade de *factoring*; em 1831, admitiu-se fosse o cedente excluído da obrigação original. Nova Iorque, em 1911; Pensylvânia, em 1941. A partir de 1960, o instituto caminha efetivamente no sentido de uma *personalidade própria*. Dos EUA expandiu-se a outros países, como, Espanha, França, Holanda, Inglaterra (em 1925), Alemanha e Bélgica (em 1958), Itália (em 1991), Japão, México e Portugal.

A primeira sociedade de *factoring* que se tem notícia surgiu em 1808 nos EUA. Em 1831, deu-se passo importante rumo à *personalidade própria* do instituto: admitiu-se fosse o cedente excluído da obrigação original. Ficou possível, depois da cessão, o cedente ser considerado estranho à relação original.

No entanto, a expansão começou a ocorrer efetivamente no séc. XX, e, por conseqüência, também a aquisição de personalidade própria no sentido de configurar

---

[301] Arnaldo Rizzardo, *Factoring*, 1997, p. 15.

[302] Fábio Konder Comparato, *Factoring*, RDM 6, p. 173.

[303] Luiz Lemos Leite, *Factoring no Brasil*, 2ª ed., 1994, p. 23.

[304] Arnaldo Rizzardo, *Factoring*, 1997, p. 16.

compra de crédito, com ou sem direito de regresso, até chegar no estágio atual, com a agregação de serviços relacionados ao crédito e à administração.

Com efeito, a primeira regulamentação surgiu em 1911, em Nova Iorque, com o *Act Factor* (*Lei do Factor*); em 1941, a Pensylvânia editou o *Uniform Commercial Code* (Código Comercial Uniforme), adotado aos poucos pelos demais Estados, cujo art. 9º, em seu extenso rol de parágrafos, contemplava normas típicas de *factoring* quando, em síntese, previa a possibilidade de uma empresa obter recursos vendendo os respectivos créditos para outra, especializada na atividade, inclusive disciplinando a relação entre elas (cedente-cessionária) e a questão da notificação ao devedor (§ 318).

No entanto, é a partir de 1960 que o *factoring* começa a se expandir mais rapidamente, ganhando espaço, despertando o interesse das instituições financeiras, a ponto de muitas constituírem suas próprias carteiras, exatamente pela importância que o mercado adquiriu. Desde então, instalou-se um litígio que durou décadas, inclusive no Brasil, onde houve até mesmo a ousada proibição pelo BACEN por meio da Resolução 703/82, revogada pela Resolução 1.359/88, não proibição ao *factoring* em si, mas ao seu exercício por instituições não-financeiras.

A controvérsia teve o mérito de fixar bem a distinção: as empresas de *factoring* não exercem atividade privativa de instituição financeira, pois, enquanto estas aplicam *recursos de terceiros*, ou captados de terceiros, enfim, do público, aquelas aplicam tão-só *recursos próprios*, além de não se restringirem à compra de crédito. Elas não exercem atividade financeira ou bancária, mas parafinanceira ou parabancária.

Dos EUA, em 1808, expandiu-se para outros países, como Espanha, França, Holanda, Inglaterra (em 1925), Alemanha e Bélgica (em 1958), Itália (em 1991), Japão, México e Portugal.

4.2. *No Brasil.* Começou a despertar interesse a partir da década de 1980; em 1982, surgiu a Associação Nacional de *Factoring* – ANFAC. Tramita no Congresso Nacional o Projeto de Lei 230/95, o qual disciplinará a atividade, deixando então o *factoring* de ser um contrato atípico.

No Brasil, pode-se dizer que o *factoring* começou a despertar interesse e, por decorrência, a ganhar espaço, a partir da década de 1980; em 1982, ganhou grande impulso com o surgimento da Associação Nacional de *Factoring* – ANFAC –, já naquele ano com 783 associadas. Para exemplificar, em 2002 o *factoring* comprou 26,75 bilhões de Reais em créditos, e, em 2003, 29,42 bilhões (crescimento de 10%).[305]

Consuelo Taques Ferreira Salamacha registra que há empresas de *factoring* no Brasil com dez mil clientes, sendo oitenta por cento indústrias; que em 1990 as empresas de *factoring* no Brasil, associadas à ANFAC, realizaram negócios na ordem de U$400 milhões, administrando sete mil contratos, num movimento mensal em torno de cento e quarenta mil títulos, envolvendo pequenos e médios empresários, com a seguinte distribuição nos diversos segmentos: 80% para indústria em geral, 14% para o comércio, 4% para a prestação de serviços e 2% para o transporte.[306]

A situação, sob o ponto de vista legal, só estará resolvida quando o Projeto 230/95 for convertido em lei, deixando então o *factoring* de ser um contrato *atípico*.

---

[305] Revista do *Factoring* nº 1, julho/agosto de 2003.

[306] Consuelo Taques Ferreira Salamacha, *O Factoring como instrumento de auxílio às pequenas e médias empresas*, RT 822, p. 91, item 12.

5. *Fatores da expansão*. Fator histórico; fatores contemporâneos.

5.1. *Fato histórico*. Diz com a própria razão do surgimento do *factoring*: garantia pelo faturizador ao faturizado quanto à inadimplência e/ou insolvência dos respectivos devedores.

O fator histórico da expansão diz com a própria razão do surgimento do *factoring*. Em síntese, garantia pelo faturizador ao faturizado quanto à inadimplência e/ou insolvência dos respectivos devedores.

Conforme Arnaldo Rizzardo, "no auge da colonização européia da América, especialmente a Inglaterra colocava agentes que se familiarizavam com os compradores. Conhecendo a situação patrimonial dos mesmos, em vista de um clima de confiança que se criava, os agentes remetiam aos vendedores o preço das mercadorias tão prontamente quando recebidas, com a dedução de uma comissão remuneratória. Posteriormente, recebiam os preços junto aos adquirentes, quando efetivamente se reembolsavam dos pagamentos adiantados".[307]

Antônio Bertuccelli narra: "Os grandes riscos comerciais, as distâncias notáveis e a precariedade dos meios de transporte criavam uma situação nova e problemática, para a qual foi encontrada uma solução original, isto é, de constituir-se nas terras coloniais representantes-depositários, os quais receberiam as mercadorias, fazendo a comercialização das mesmas. Eles providenciavam a entrega das mercadorias, a sua armazenagem, bem como a organização das vendas a uma clientela idônea."

"Agindo localmente, recolhiam eles informações sobre os clientes e era sempre esperado que tivessem o conhecimento das características das mercadorias. Estas condições operativas permitiam aos mesmos fornecer assessoramento às empresas comitentes européias, agilizando assim o desenvolvimento da atividade e, simultaneamente, selecionando cuidadosamente a clientela indígena pela qual tomavam toda a responsabilidade. Definitivamente, eles garantiam os comitentes europeus contra uma possível insolvência, também chegando a fazer adiantamentos pecuniários sobre os valores confinados para a venda".[308]

Vê-se, pois, nesse fator de expansão do contrato que mais tarde veio a constituir-se no *factoring*, o próprio motivo histórico de seu surgimento: a garantia do comissário ao comitente-vendedor quanto à solvência e pontualidade dos devedores-compradores, algo significativo aos exportadores numa época em que, pelas distâncias e dificuldades de transporte, o risco das vendas a prazo era alto.

Não é demais relembrar a suma da evolução histórica (nº 2 *supra*): *(a)* o contrato de representação comercial gerou o de comissão mercantil tipo clássico para possibilitar ao comissário *vender em nome próprio* e *garantir a solvabilidade e pontualidade* do devedor face ao comitente; *(b)* que gerou um tipo especial de contrato de comissão mercantil para possibilitar ao comissário a *antecipação do pagamento* ao comitente nas vendas a prazo, como se à vista fosse; e *(c)* que gerou o contrato de *factoring* com o acréscimos de serviços de gestão do crédito e de administração.

5.2. *Fatores contemporâneos*. Mercado-alvo; procedimento sumário; serviços de gestão relativos ao crédito.

5.2.1. *Mercado-alvo*. É constituído pelas micro, pequenas e médias empresas (sigla MPME), mercado não-atrativo às instituições finan-

---

[307] Arnaldo Rizzardo, *Factoring*, 1997, p. 19.

[308] Antônio Bertucelli, *Factoring – Noções elementares da nova técnica de financiamento à empresa*, RF 288, p. 184.

ceiras. As operações com elas são consideradas de alto risco. Os valores são pequenos, e grandes os riscos de inadimplência e de insolvência. É nesse vazio de assistência financeira pelas instituicões bancárias que entram as *factorings*.

O mercado-alvo das *factorings*, pouco interessante às instituições financeiras, é as micro, as pequenas e as médias empresas, sigla *MPME*.

No que tange ao crédito, as *MPME* não constituem mercado atrativo às instituições financeiras, uma vez que, individualmente, os valores são pequenos e grandes os riscos de inadimplência e mesmo de insolvência. Porém, no conjunto, o valor é expressivo, haja vista que as faturizadoras negociaram 26,67 bilhões de Reais em 2002, estimando 29,42 bilhões para 2003 (crescimento de 10%), ano em que no Brasil havia em torno de cento e cinqüenta mil micro e pequenas empresas.[309]

Não raras vezes, as pequenas empresas, em razão de dívidas e de circunstâncias momentâneas, são consideradas clientes de alto risco pelos bancos. São tantas as exigências que na prática funcionam como excludentes da pretensão. Resta-lhes, então, recorrer às *factorings*.

Luiz Lemos Leite escreve: "O *factoring* é uma atividade de fomento mercantil que se destina a ajudar, sobretudo, o segmento das pequenas e médias indústrias a expandir seus ativos, a aumentar suas vendas, sem fazer dívidas".[310]

E Antônio Carlos Donini: "A principal função de uma empresa de *factoring* – induvidosamente – é fomentar as pequenas e médias empresas. O fomento caracteriza-se pela compra de créditos pela faturizadora junto às empresas faturizadas, representados pelas duplicatas e cheques pós-datados advindos de vendas de produtos ou prestação de serviços."

"A compra de crédito constitui a base, e muitas vezes, o único produto oferecido pelas empresas de *factoring*. Esse fato decorre, conforme já explicitamos, em razão da extrema necessidade de giro das empresas que, por várias razões, não encontram nas instituições financeiras a necessária ajuda. As micro, pequenas e médias empresas, destarte, procuram as *factorings* com o intuito de ceder seus créditos representados por duplicatas ou cheques pós-datados oriundos de operações mercantis, na modalidade de *factoring* convencional, para ver suprida a necessidade de capital de giro".[311]

Também Consuelo Taques Ferreira Salamacha, em trabalho específico, acentua que "o mercado-alvo das empresas de *factoring* é, historicamente, o segmento das pequenas e médias empresas".[312]

É – digamos – nesse vazio de assistência financeira pelas instituições bancárias que entram as *factorings*, preenchendo a lacuna. É a fatia do mercado em que elas atuam predominantemente, com a vantagem de que os faturizados não contraem dívidas, como ocorre no financiamento puro, que é uma operação passiva, mas, ao contrário, numa operação ativa, negociam créditos decorrentes de atividades profissionais, quer dizer, produtivas. Assim, a operação de *factoring* constitui estímulo ao aumento da produtividade.

---

[309] Revista de *Factoring* n° 2, julho-agosto de 2003.

[310] Luiz Lemos Leite, *Factoring no Brasil*, 2ª ed., 1994, p.23-4.

[311] Antônio Carlos Donini, RT 810, p. 83, item 2.1.1.

[312] Consuelo Taques Ferreira Salamacha. *O factoring como instrumento de auxílio às pequenas e médias empresas*, RT 822, p. 91, n° 12.

5.2.2. *Procedimento sumário.* **O sistema bancário ocorre em procedimento demorado e burocrático (passa por diversos departamentos), sem falar na garantia e na reciprocidade. O sistema** *factoring* **ocorre em procedimento rápido, simples e desburocratizado.**

Além de as instituições bancárias dificultarem a concessão de assistência financeira às *MPME*, tudo ocorre num procedimento demorado e burocrático. O pedido faz longa peregrinação por diversos departamentos, com grande volume de formulários, sem falar na garantia, mesmo no desconto bancário, que é um contrato semelhante ao de *factoring*.

Quer dizer: as instituições financeiras, até porque lidam com dinheiro de terceiros, reduzem a margem de risco a praticamente zero. Ainda, não raro há a chamada reciprocidade, ou seja, condicionam a assistência à realização de seguros, aquisição de títulos de capitalização, etc.

Isso contrasta com o sistema *factoring*, onde o procedimento é sumário. Tudo anda rapidamente, de modo simples e desburocratizado.

5.2.3. *Serviços de gestão relativos ao crédito.* **As** *factorings***, para mais se contrastarem com as instituições financeiras, e baseadas na idéia de parceria, começaram a oferecer um novo produto: serviços de gestão relativos ao crédito. Há, aí, uma terceirização. Com isso, a faturizada pode se dedicar exclusivamente à realização do objeto social; logo, produzir mais.**

Trata-se de item que foi acrescido ao *factoring* em época recente e pelas próprias empresas, fim de se contrastarem ainda mais com as atividades das instituições financeiras. Elas começaram a oferecer um novo produto: os serviços relativos ao crédito, ou de gestão do crédito, a ponto de, atualmente, estarem integrados ao próprio conceito de *factoring*, tanto doutrinário quanto legal, para fins de imposto sobre a renda, bem assim ao Projeto de Lei 230, de 1995, como veremos (nº 6 *infra*).

Decorrentemente, o conceito tradicional ficou desatualizada. Deu-se ao *factoring* novos rumos, nele integrando-se novo campo de atividade, como é o caso dos serviços de gestão relativos ao crédito, estabelecendo-se entre faturizador e faturizado uma parceria. O *factoring* deixou de ser tão-só uma atividade de socorro ao caixa das empresas.

"O Factoring – ensina Luiz Lemos Leite – é uma atividade complexa, cujo fundamento é a prestação de serviços, ampla e abrangente, que pressupõe sólidos conhecimentos de mercado, de gerência financeira, de matemática e de estratégia empresarial, para exercer suas funções de parceiro dos clientes. O sentido da parceria é essencial ao exercício efetivo do Factoring".[313]

"Passou a espécie a atingir novos rumos – também ensina Arnaldo Rizzardo –, como gestão financeira, administração do crédito ou de contas a receber e a pagar, planejamento econômico e de mercados, seleção e cadastramento de clientes, assessoria creditícia e até elaboração de política de conquista de mercados, além de outros envolvimentos".[314]

Acontece, pois, verdadeira ingerência do faturizador na administração do faturizado, no que tange aos serviços relacionados ao crédito. Ocorre a terceirização desses serviços, o que constitui uma das vantagens oferecidas pelo *factoring* – na medida em

---

[313] Luiz Lemos Leite, *Factoring no Brasil*, 2ª ed., 1994, p. 22-3.

[314] Arnaldo Rizzardo, *Factoring*, 1997, p. 13-4.

294   *Irineu Mariani*

que o faturizado pode se dedicar exclusivamente à realização do objeto social (n° 6.2.2 *infra*).

6. Atividades típicas (abrangência da atividade factoringária). Consideração inicial; atividade do faturizador na área dos serviços; atividade do faturizador na área da assistência; atividade do faturizador na área da cobertura de riscos; definição das espécies de *factoring* a partir das espécies de atividades.

6.1. Consideração inicial. Como não são cumulativas, mas alternativas, as *atividades típicas* do faturizador ocorrem como especialidades, ao menos enquanto o Projeto n° 230/95 não se transformar em lei, e isso em três áreas: dos serviços, da assistência e da cobertura de risco.

Quanto às *atividades típicas* do faturizador, a *Convenção Internacional sobre Factoring*, realizada em 28-5-88, em Otawa, Canadá, ou simplesmente *Convenção de Otawa*, da qual o Brasil não participou como signatário, pois o Embaixador não tinha poderes especiais, motivo por que se limitou a assinar as atas de reuniões, enumerou quatro: *(a)* adiantamento do faturizador ao faturizado; *(b)* livro com os valores a receber (gerência contábil); *(c)* cobrança dos valores a receber; e *(d)* proteção do faturizado pelo faturizador contra o inadimplemento, devendo o faturizador exercer pelo menos duas.

No Brasil, enquanto aguardamos lei específica, as *atividades típicas* são alternativas, e não cumulativas, exigência injustificável do Projeto de Lei n° 230, que tramita no Congresso Nacional desde 1995.

Si et in quantum não sendo cumulativas, na prática elas funcionam como especialidades, assim como nas diversas profissões. Por exemplo, o advogado não deixa de sê-lo por não atuar em todas as áreas do Direito, nem o médico por não atuar em todas as áreas da Medicina, etc. O mesmo acontece no *factoring* relativamente ao seu objeto global. Não fica descaracterizado se o faturizador não exercer uma ou algumas atividades típicas, motivo por que não identificamos justificativa para a cumulatividade constante do Projeto de Lei.

É que o *factoring*, à vista de quando surgiu – em síntese, financiamento nas vendas a prazo, assumindo o *factor* o risco da inadimplência e/ou insolvência do devedor (cessão *pro soluto*) –, ampliou em muito o seu objeto.

Considerando que a inexistência de uma classificação distinguindo as *espécies de atividades*, individualizando com precisão os respectivos territórios, contribui para que ainda haja uma *faixa gris* nas respectivas fronteiras; e *considerando* que as *espécies de factoring* (n° 7 *infra*), bem assim as *espécies de comissões* (n° 26 *infra*), se distinguem a partir das *espécies de atividades*, estreitar aquela é contribuir para distinguir estas.

Com efeito, levando em conta o objeto global, a *atividade factoringária* oferece, isolada ou cumulativamente, produtos e serviços. Isso acontece em três áreas distintas, a saber: *(a)* área dos serviços; *(b)* área da assistência; e *(c)* área da cobertura de riscos.

6.2. Atividade do faturizador na área dos serviços. Serviços comuns ou convencionais; serviços especiais ou diferenciados.

6.2.1. Serviços comuns ou convencionais. Serviços de análise de risco; serviços de cobrança.

Os serviços *comuns ou convencionais* são meramente executivos ou burocráticos, podendo ser *de análise de risco* e *de cobrança de crédito*.

CONTRATOS EMPRESARIAIS

295

6.2.1-A. *Serviços de análise de risco.* **Não** *havendo* **assistência financeira, os serviços abrangem a investigação a respeito do** *possível compra-dor*, **e** *havendo*, **ampliam-se também à conveniência da compra do crédito, especialmente quando o faturizador assume o risco da inadimplência e/ou insolvência.**

No que tange aos serviços de *análise de risco*, há distinguir quando há e quando não há *assistência financeira*.

Não havendo assistência financeira, os serviços do faturizador (empresário coletivo ou individual) abrangem a investigação a respeito da situação do *possível comprador*, obviamente antes de o faturizado concretizar a venda, e *havendo* assistência financeira os serviços ampliam-se também ao exame da conveniência da compra do crédito, especialmente quando o faturizador assume, como um *plus*, o risco da inadimplência e/ou da insolvência (n° 21.2 *infra*).

Eis exemplos de *serviços de análise de risco*, preservado o sigilo e a não-quebra ilegal: investigação junto a bancos de dados, tipo Serasa, SPC, Cartório de Protestos, junto ao Fisco, ao Judiciário e verificação das condições de solvabilidade. Tratando-se de transferência de crédito, envolve também a investigação a respeito das condições de o faturizado vender o crédito, como a efetiva ocorrência da venda ou prestação do serviço e sua validade.

Antônio Bertuccelli escreve: "O factor iniciará a instrução do processo analisando a capacidade de empreendimento, bem como a eficiência do objetivo econômico da empresa, prosseguindo com o estudo da empresa, seja sob o ponto de vista financeiro como de sua estrutura organizacional e econômica. Estas complexas indagações reverterão na manutenção do sistema contábil, sobre a gestão do negócio propriamente dito, sobre a análise dos balanços, sobre os clientes, etc. A fase mais delicada do processo de instrução diz respeito ao estudo da clientela, o que induzirá a determinações do valor médio de faturamento, média de protelações de pagamentos concedidos, das condições de pagamento utilizadas ou aplicadas, para depois passar às indagações sobre os inadimplentes nos vencimentos, perdas parciais e totais, casos judiciais pendentes, etc."

No tocante ao preço ou comissão, orienta: "O faturizador deverá efetuar os seus mais corretos cálculos de conveniência, considerando, sejam os elementos de custo da comissão e juros, sejam os efeitos positivos que a aplicação será em grau de produzir rentabilidade empresarial. São notáveis as dificuldades que se encontram para a quantificação de alguns elementos de cálculo, pelos quais qualquer resultado obtido conterá sempre uma sensível margem de erro ou incerteza. De qualquer maneira, a comparação entre as economias realizáveis com o *factoring* e o item comissão dará sempre uma orientação".[315]

Antônio Carlos Donini leciona que a prestação de serviços comuns, os quais denomina *convencionais* "não requer do faturizador com o faturizado uma relação de parceria ou co-gestão (...). Nesta forma de atuação o faturizador presta ao faturizado serviços administrativos usuais. A prestação de serviços convencionais envolverá atos como: avaliação de fornecedores e clientes, acompanhamento de contas a receber e a pagar, organização contábil, controle de fluxo de caixa, de estoques, análise de crédito, etc. A remuneração do faturizador nesta função varia entre 0,5% e 3%, com base no valor de face dos títulos cedidos pela cessão de crédito (*ad valorem*)".[316]

---

[315] Antônio Bertucelli, *Factoring – Noções elementares da nova técnica de financiamento às empresas*, RF 288, p. 198-9.

[316] Antônio Carlos Donini, RT 802, p. 732, item 3.2.

6.2.1-B. *Serviços de cobrança*. Os serviços são sempre os típicos de *gestão* ou de *administração do crédito*, seja quando há transferência por *cessão* ou por *endosso translativo* ao faturizador seja quando este o recebe por *endosso-mandato*.

No que tange aos *serviços de cobrança*, há distinguir quando há e quando não há transferência do crédito ao faturizador.

Não havendo transferência, o faturizador recebe o crédito por *endosso-mandato*, e por conseguinte age na condição de mandatário do faturizado, como veremos (nº 20.2 *infra*), e os serviços – prestados como *atividade-fim*, quer dizer, se exaurem nos serviços de cobrança em si – são os típicos de *gestão* ou de *administração*, por exemplo, o controle dos vencimentos, o envio de boletos, o acompanhamento da taxa de juros, a remessa de avisos, a realização de contatos pessoais com os devedores inadimplentes, as medidas asseguratórias do direito creditício, enfim, atos que têm em mira a cobrança; e, *havendo* transferência, o faturizador pratica os mesmos atos, com a diferença de que recebe o crédito por *cessão* ou por *endosso translativo*, como também veremos (nº 20.1 *infra*), e portanto os serviços são prestados como *atividade-meio*.

Antônio Carlos Donini escreve: "Na prestação dos serviços convencionais o faturizador presta ao faturizado serviços usuais. Por serviços usuais entende-se tãosomente a análise do risco e a cobrança dos créditos. Esses serviços ditos usuais são praticados na modalidade convencional pela maioria das empresas de *factoring*. A análise do risco envolve, por exemplo, a constatação junto aos bancos de dados (Serasa, SPC, etc.) dos nomes dos sacadores e sacados para fins de aquisição ou não dos títulos cedidos. A cobrança dos créditos envolverá a remessa de boletos bancários para o sacado, pelo faturizador, na condição de titular do crédito ou apenas como mandatário do faturizado, onde, neste caso, receberá os títulos somente por endosso-mandato, não envolvendo cessão de crédito".[317]

Em suma, os serviços de cobrança de crédito são sempre os típicos de *gestão* ou de *administração do crédito*, seja quando há transferência para o faturizador (por cessão ou por endosso translativo), seja quando não há (por endosso-mandato), com a diferença de que, neste caso, os serviços são prestados como *atividade-fim*, enquanto naquele como *atividade-meio*.

6.2.2. *Serviços especiais ou diferenciados*. Na realidade pactua-se uma ingerência do faturizador na administração do faturizado. Terceirizase determinados itens de comando. Sendo deliberativos, esses serviços afirmam a idéia de parceria, ou co-administração ou co-gestão, acrescendo ao *factoring* mais um componente à expressão que bem o resume: *fomento empresarial*.

Os *serviços especiais ou diferenciados* são deliberativos, próprios de quem comanda. Na realidade pactua-se uma ingerência do faturizador na administração do faturizado, um e outro podendo ser empresário coletivo ou individual. Noutras palavras: terceiriza-se determinados itens de comando. Vem daí a idéia consolidada de que eles afirmam verdadeira *parceria*, ou co-administração ou co-gestão, acrescendo ao *factoring*, portanto, mais um componente à expressão que bem o resume: *fomento empresarial*.

Essa idéia de *envolvimento* entre faturizador e faturizado, tornando-os *parceiros*, ganhou estímulo no Brasil, na fase inicial (princípios da década de 1980), a fim de, com isso, uma vez ampliando-se as atividades das empresas de *factoring*, mais contras-

---

[317] Antônio Carlos Donini, RT 810, p. 84-5, item 2.1.2.

tá-las com os bancos, haja vista o art. 1º do Projeto de Lei 230/95 consagrar a prestação de serviços especiais ou diferenciados, como veremos (nº 7.3 *infra*).

O mestre Antônio Carlos Donini ensina: "O faturizador, nessa função, presta serviços de: *1)* gestão empresarial, parcial (em determinados departamentos da empresa) ou não; *2)* co-gestão (em conjunto com o faturizado); *3)* parcerias, etc. A remuneração do faturizador na prestação de serviços diferenciados será estipulada com o faturizado livremente, podendo-se tomar como base o faturamento da empresa, por exemplo. Por envolver confiança entre os contraentes em razão da espécie de serviços prestados, onde o faturizado, praticamente, deixa na mão do faturizador o comando da empresa, a modalidade de *factoring* se ajusta ao *trustee*".[318]

De igual modo, ensina o eminente Arnaldo Rizzardo que o *factoring* passou a atingir novos rumos, "como gestão financeira, administração do crédito ou de contas a receber e a pagar, planejamento econômico e de mercados, seleção e cadastramento de clientes, assessoria creditícia e até elaboração de política de conquista de mercados, além de outros envolvimentos".[319]

6.3. *Atividade do faturizador na área da assistência*. Assistência financeira; assistência não-financeira.

6.3.1. *Assistência financeira*. Há compra e venda de crédito. A transferência (por cessão ou por endosso translativo) do crédito a prazo, resultante de atividade profissional, pode ser *com* e *sem* antecipação do valor, sendo que, neste caso, o faturizador apenas garante a adimplência ou pontualidade, e em ambos a garantia pode, como um *plus*, se estender à insolvência.

Na *assistência financeira* – o que só acontece nos casos de transferência (por cessão ou por endosso translativo), e não de simples endosso-mandato no qual o faturizador atua apenas como mandatário do faturizado –, há oferecimento de um produto chamado *dinheiro*, por meio do qual o faturizador compra do faturizado crédito com vencimento futuro, resultante de atividade profissional, portanto atividade econômica, empresarial ou não. A transferência, sub-rogando-se o faturizador nos direitos do faturizado, pode ser *com* e *sem* antecipação do valor.

Não havendo antecipação, o faturizador apenas garante ao faturizado a adimplência ou pontualidade do devedor, ou seja, tem a segurança de que, no dia do vencimento, receberá a importância; e, *havendo* antecipação, o faturizador adianta desde logo a importância, sendo que, num e noutro caso a garantia pode, ou não, conforme o que tiver sido pactuado, se estender à inadimplência e/ou insolvência, ou seja, à *área da cobertura de riscos* (nº 6.4 *infra*), o que repercute no direito de regresso (nº 21 *infra*).

Essa atividade representa uma evolução histórica do contrato de comissão mercantil *tipo clássico*, o qual gerou um *tipo especial* de contrato de comissão mercantil, que por sua vez gerou o contrato o *factoring* (nº 2 *supra*).

6.3.2. *Assistência não-financeira*. O faturizado, por não ter recursos para comprar a matéria-prima e/ou insumos à industrialização, ou por não querer usá-los ou usá-los noutra finalidade, consegue-os mediante um *factoring*. O faturizador os compra, em nome próprio ou do faturizado, exigindo, ou não, garantia.

---

[318] Antônio Carlos Donini, RT 802, p. 731-2, item 3.3.

[319] Arnaldo Rizzardo, *Factoring*, 1997, p. 13-4.

Na *assistência não-financeira*, o faturizador oferece como produto matéria-prima e/ou insumos para fins de industrialização. Tal é o fomento que o faturizado tem, e não o aporte de recursos financeiros. É que, às vezes, o faturizado dispõe de tecnologia, mas não de recursos para comprar matéria-prima e insumos, ou, como também pode acontecer, dispõe de recursos, mas não quer usá-los ou prefere usá-los noutra finalidade. O faturizador, então, adquire o que necessário for à industrialização, em nome próprio ou do faturizado, exigindo, ou não, garantia.

Em essência, a operação econômica lembra o chamado *sócio de indústria*, atualmente admitido nas sociedades simples e em nome coletivo (CC/02, arts. 997, V, e 1.039), ou seja, aquele que participa da sociedade sem participar do capital social, e que por isso entra com a força de seu trabalho (art. 1.006).

Quando isso ocorre, o faturizado transfere ao faturizador, na forma de dação em pagamento, ou outra que tiver sido pactuada, os créditos oriundos da venda dos produtos industrializados, em quantia que corresponda ao também pactuado, vale dizer, que faça retornar ao faturizador o capital investido mais a comissão garantidora do necessário lucro, cancelando-se a eventual garantia.

Antônio Carlos Donini afirma que isso não descaracteriza o *factoring*, "pois tais necessidades pertencem à cadeia produtiva do faturizado, enquadrando-se dentro da modalidade matéria-prima. A remuneração do faturizador – continua – na prática é estipulada com base na venda do produto, cujo insumo ou matéria-prima foram adquiridos pelo *factor*, tendo, por isso, convencionado com o faturizado a preferência e exclusividade para aquisição dos títulos (sacados com base na venda a prazo dos produtos), através de contrato de fomento convencional, onde a cessão de crédito dar-se-á como dação em pagamento (*datio in solutum*)".[320]

E Arnaldo Rizzardo: "O fomento mercantil se dá, nesta modalidade, através da compra de matéria-prima e insumos para o desenvolvimento de negócios futuros. Este o objeto do contrato, que costuma ocorrer quando o fabricante não dispõe de recursos próprios para a aquisição. Os contratantes assinalam quem deverá ser o fornecedor, discriminando as mercadorias, sua quantidade, classe, preço, etc." Um pouco adiante, refere que o contrato deve estabelecer "a garantia oferecida pela faturizada pelos pagamentos procedidos pelo faturizador, consignando-se, ainda, que, adquiridos os títulos de crédito emanados da venda dos produtos fabricados com a matéria-prima, desaparecem as garantias".[321]

6.4. Atividade do faturizador na área da cobertura de riscos. O objeto é *produto*, especificamente *garantia* contra a inadimplência e/ou insolvência do devedor do faturizado.

Na *área da cobertura de riscos*, a atividade do faturizador consiste em oferecer *produto*, especificamente *garantia* contra a inadimplência e/ou insolvência do devedor do faturizado. Corresponde à uma atividade similar à securitária, haja vista a existência de uma comissão específica similar ao prêmio de seguro, chamada *comissão de risco* (n° 26.4 *infra*).

Na prática, a *cobertura de riscos* funciona como um acréscimo, um *plus* à assistência financeira (n° 6.3.1 *supra*), o que repercute no *direito de regresso* (n° 21 *infra*).

6.5. Definição das espécies de factoring a partir das espécies de atividades. Eis o quadro: *(a)* existindo apenas *serviços*, isto é, serviços

---

[320] Antônio Carlos Donini, RT 802, p. 732, item 3.2.

[321] Arnaldo Rizzardo, *Factoring*, 1997, p. 66.

CONTRATOS EMPRESARIAIS

299

como *atividade-fim*, o *factoring* é apenas da espécie *trustee*, independentemente de serem comuns ou especiais; *(b)* existindo *assistência* (financeira ou não-financeira), isto é, assistência como *atividade-fim*, os serviços – que serão sempre comuns – passam a ser *atividade-meio*, e portanto, dependendo das características da assistência, abre-se o leque às demais espécies de *factoring*, cada qual abrangendo os respectivos *serviços vinculados*; *(c)* considerando que os serviços especiais são sempre *atividade-fim*, conclui-se que em relação a eles o *factoring* é sempre da espécie *trustee*; e *(d)* nada obsta que num mesmo contrato haja mais de uma espécie de *factoring*.

Como vimos (nº 6.1 *supra*), e veremos (nº 7 *infra*), as espécies de *factoring* se distinguem basicamente a partir das espécies de atividades. Por isso a necessidade de estas serem classificadas.

A dificuldade é saber onde está a linha divisória para a definição das espécies de *factoring*, a partir das espécies de atividades.

Antônio Carlos Donini,[322] relativamente à *análise de risco* fala em *títulos cedidos*, o que pressupõe transferência do crédito do faturizado ao faturizador, e no que tange à *cobrança* fala: *(a)* em faturizador *titular* do crédito, o que igualmente pressupõe transferência; e *(b)* em *endosso-mandato*, o que exclui a titularidade e, por conseguinte, a transferência.

A dificuldade para delimitar a fronteira entre uns e outros de igual modo é registrada por Arnaldo Rizzardo quando escreve a respeito do *factoring* como técnica financeira e de gestão empresarial, dizendo que os serviços de administração dos créditos, o fornecimento de informação a respeito do comércio, a seleção de clientes para o faturizado, a gestão das contas a pagar e a receber traduzem uma *aproximação* com a espécie *trustee*, o que se confirma, um pouco adiante, quando, também invocando ensinamentos de Luiz Lemos Leite,[323] desenvolve o tema relativo à citada espécie.[324]

Fábio Ulhoa Coelho, por sua vez, diz que o empresário ao conceder crédito aos seus consumidores – e às vezes é forçado a tanto por causa da concorrência – "passa a ter uma preocupação a mais: a administração da concessão do crédito, que compreende controle dos vencimentos, acompanhamento da flutuação das taxas de juros, contatos com os devedores inadimplentes, adoção de medidas assecuratórias do direito creditício, etc." E conclui, dizendo que ao faturizador compete "gerir os créditos do faturizado, procedendo ao controle dos vencimentos, providenciando os avisos e protestos assecuratórios do direito creditício, bem como cobrando os devedores das faturas".[325]

Com efeito, o *trustee* é uma espécie de *factoring* que tem por objeto exclusivamente a *área dos serviços*, portanto abrange tanto os comuns quanto os especiais, ou seja, o objeto é sempre *serviços não-vinculados*. Quer dizer: os serviços são *atividade-fim*, se exaurem na própria prestação.

E quando é que eles perdem a característica de *serviços não-vinculados* e adquirem a de *serviços vinculados*? Tal ocorre quando se ligam à assistência seja financeira seja não-financeira. Aí eles não se exaurem na própria prestação, mas constituem-se

---

[322] Antônio Carlos Donini, RT 810, p. 84-5, item 2.1.2.

[323] Luiz Lemos Leite, *Factoring no Brasil*, 2ª ed., p. 21.

[324] Arnaldo Rizzardo, *Factoring*, 1997, p. 33, item II, e p. 36, item XI.

[325] Fábio Ulhoa Coelho, *Curso de Direito Comercial*, 3ª ed., 2002, vol. III, p. 134-5.

atividade-meio. E quais são os serviços que podem se vincular à assistência? Evidentemente, apenas os comuns ou convencionais; logo, por exclusão, os especiais ou diferenciados são sempre objeto de *trustee factoring*.

Procurando, então, pelo menos reduzir a *faixa gris*, eis o quadro: *(a)* existindo apenas *serviços*, isto é, serviços como *atividade-fim*, o *factoring* é apenas da espécie *trustee*, independentemente de serem comuns ou especiais; *(b)* existindo *assistência* (financeira ou não-financeira), isto é, assistência como *atividade-fim*, os serviços – que serão sempre comuns – passam a ser *atividade-meio*, e portanto, dependendo das características da assistência, abre-se o leque às demais espécies de *factoring*, cada qual abrangendo os respectivos *serviços vinculados*; *(c)* considerando que os serviços especiais são sempre *atividade-fim*, conclui-se que em relação a eles o *factoring* é sempre da espécie *trustee*; e *(d)* nada obsta que num mesmo contrato haja mais de uma espécie de *factoring*.

7. Espécies básicas de factoring. Com antecipação ou convencional; sem antecipação ou *maturity*; *trustee*; matéria-prima; internacional (*import-export factoring*).

A boa compreensão das *espécies de atividades*, conforme visto no item anterior, facilita a compreensão das *espécies de factoring*, muitas se restringindo a detalhes que se acomodam perfeitamente nas consideradas *modalidades básicas*, que são também as mais freqüentes, a saber: com antecipação ou convencional, sem antecipação ou *maturity*, *trustee*, matéria-prima e internacional (*import-export factoring*).

São formas, ou modalidades, ou técnicas diferentes de concretizar o *factoring* como instituto jurídico. São espécies de *factoring*, e não de empresas de *factoring*. Nada obsta, outrossim, que num só contrato haja mais de uma espécie ou até mesmo situações mistas ou novas, conforme o interesse das partes, observados os limites da liberdade contratual.

7.1. Com antecipação ou convencional. Características: *(a)* o faturizador recebe o crédito por transferência (cessão ou endosso translativo); *(b)* o faturizador antecipa o pagamento, assumindo ou não, como um *plus*, o risco da insolvência e/ou inadimplência; e *(c)* há serviços comuns vinculados ao crédito, isto é, como *atividade-meio* para chegar-se ao objetivo final que é a antecipação.

Por ser a modalidade resultante do processo evolutivo histórico, a espécie é também chamada *old line factoring* e *factoring puro*. É a espécie-matriz. A partir dela foram surgindo as demais, conforme as necessidades e conveniências. É despachadamente a mais praticada e por decorrência a mais conhecida.

Nessa espécie, existe assistência financeira de crédito a prazo resultante de operação empresarial, ou não, desde que decorrente de atividade profissional, inclusive exercida por pessoa natural, como veremos (n° 15.1.2 e 15.2 *infra*), normalmente de até três meses e excepcionalmente de até seis. O faturizador recebe o crédito por transferência (cessão ou endosso translativo), e não por endosso-mandato, quando atua apenas na condição de mandatário (n°s 20.1 e 20.2 *infra*). O diferencial está em que o faturizador faz a *antecipação* do pagamento, assumindo ou não, como um *plus*, o risco da inadimplência e/ou insolvência, caso em que faz jus à respectiva comissão (n° 26.4 *infra*). Quer dizer: paga desde logo ao faturizado, motivo da nossa designação *com antecipação*, deduzindo do *valor de face* – ou seja, *por dentro* – a respectiva contraprestação.

No que tange aos serviços, existem os comuns vinculados ao crédito, vale dizer, serviços como *atividade-meio*, os quais se restringem aos de *análise de risco* e aos de

CONTRATOS EMPRESARIAIS

301

cobrança do crédito, realizados pelo faturizador no próprio interesse, tendo em conta o financiamento.

Tem, pois, a espécie, as seguintes características nucleares: *(a)* o faturizador recebe o crédito por transferência (cessão ou endosso translativo); *(b)* o faturizador antecipa o pagamento, assumindo ou não, como um *plus*, o risco da inadimplência e/ou insolvência; e *(c)* há serviços comuns vinculados ao crédito, isto é, serviços como *atividade-meio* para chegar-se ao objetivo final que é a antecipação.

7.2. *Sem antecipação ou maturity*. Características: *(a)* o faturizador recebe o crédito por transferência (cessão ou endosso translativo); *(b)* o faturizador apenas garante a adimplência ou pontualidade, podendo se estender, como um *plus*, à insolvência; e *(c)* existem serviços comuns vinculados ao crédito, ou seja, como *atividade-meio* para chegar-se ao objetivo final que é o oferecimento da garantia.

Como há apenas garantia de pagamento num determinado prazo, é chamado de *factoring maturity*, vocábulo inglês que significa *no vencimento*.

Nessa espécie, existe assistência financeira de crédito a prazo, objeto de transferência (cessão ou endosso translativo), portanto excluem-se os casos de endosso-mandato, apenas que não há antecipação do pagamento, e sim garantia da adimplência ou pontualidade, fazendo jus o faturizador, quanto ao risco assumido, à respectiva comissão (nº 26.4 *infra*), podendo se estender, como um *plus*, também ao risco de eventual insolvência ou quebra do devedor.

Na prática, a garantia da adimplência ou pontualidade, no vencimento, ou em prazo máximo posterior, conforme o que tiver sido pactuado, lembra o *aluguel-garantido* que muitas imobiliárias oferecem aos locadores como vantagem.

No que tange aos serviços, existem os comuns vinculados ao crédito, vale dizer, serviços como *atividade-meio*, os quais se restringem aos de *análise de risco* e aos de *cobrança do crédito*, realizados pelo faturizador no próprio interesse, tendo em conta a segurança oferecida.

Se não há *antecipação* do pagamento, qual a vantagem ao faturizado? Libera-se dos serviços de cobrança e tem a garantia de que, no dia combinado, receberá do faturizador a importância. Como o *maturity* com apenas essa vantagem é considerado pouco atrativo ao faturizado, há doutrina sustentando lhe ser inerente a garantia da solvência, e não apenas da adimplência ou pontualidade, por exemplo, Antônio Carlos Donini,[326] isto é, fica interessante ao faturizado tão-somente quando o faturizador assume o risco pela eventual bancarrota do devedor, mas na realidade trata-se de juízo de conveniência que deve ser entregue às partes.

Tem, pois, a espécie, as seguintes características nucleares: *(a)* o faturizador recebe o crédito por transferência (cessão ou endosso translativo); *(b)* o faturizador apenas garante a adimplência ou pontualidade, no vencimento ou em prazo máximo posterior, conforme o que tiver sido pactuado, podendo se estender, como um *plus*, à insolvência; e *(c)* existem serviços normais vinculados ao crédito, ou seja como *atividade-meio* para chegar-se ao objetivo final que é o oferecimento da garantia.

7.3. *Trustee*. Tem como característica o fato de envolver tão-só a prestação de *serviços não-vinculados*, comuns e/ou especiais, isto é, serviços como *atividade-fim*, ou que se exaurem na própria prestação. Quando o objeto do *factoring* for assistência (financeira e/ou não-fi-

---

[326] Antônio Carlos Donini, RT 802, p. 734, item 4.3.

nanceira) ou cobertura de riscos, os respectivos serviços (sempre comuns) passam a ser *atividade-meio*, portanto refogem da espécie trustee.

Como vimos (n° 6.2 *supra*), a *área dos serviços* divide-se em: *(a) comuns ou convencionais*, que podem ser *de análise de risco* e *de cobrança de crédito*, isto é, executivos ou burocráticos; e *(b) especiais ou diferenciados*, isto é, de comando, de co-administração ou co-gestão, vindo daí a própria designação *trustee*, vocábulo inglês que significa fiduciário, curador, administrador, depositário de bens. Não confundir com *trust*, que significa organização financeira com grande poder econômico.

É ensinamento de Antônio Carlos Donini: "Somente na modalidade de *factoring* conhecida por *trustee* o faturizador prestará serviços diferenciados, como co-gestão, consultoria, etc. Podemos afirmar – sem nenhuma dúvida – que é raro uma operação de *factoring* que envolva a modalidade *trustee*. A mais usualmente praticada é a modalidade convencional".[327]

Por sua vez, Arnaldo Rizzardo escreve que o *factoring* passou a atingir novos rumos, "como gestão financeira, administração do crédito ou de contas a receber e a pagar, planejamento econômico e de mercados, seleção e cadastramento de clientes, assessoria creditícia e até elaboração de política de conquista de mercados, além de outros envolvimentos." Aprofundando o tema, invoca Luiz Lemos Leite[328] e diz o seguinte: "Cria-se uma relação de confiança, de fidúcia entre a empresa de *factoring* e as empresas-clientes, que passa a formar uma parceria, com interesses convergentes no fomento mercantil. À empresa de *factoring* cabe dirigir e administrar as contas da empresa-cliente, assessorar na seleção de compradores e de riscos, planejar a expansão do comércio e o desenvolvimento do mercado. Teria iniciado esta expansão de *factoring*, no Brasil, em 1982, constituindo mais uma técnica de fomento mercantil, segundo o renomado especialista. Como se depreende, procura este ramo de atividade expandir seu campo de atuação, invadindo novos setores, antes mais afetos à ciência da administração de empresas".[329]

Essa idéia de envolvimento entre faturizador e faturizado tornando-os parcerios – oportuno é reiterar – ganhou estímulo no Brasil, na fase inicial (princípios da década de 1980), a fim de, ampliando as atividades das empresas de *factoring*, mais contrastar com as dos bancos, e consta no Projeto de Lei 230, em tramitação no Congresso Nacional desde 1995, cujo art. 1° consagra a prestação de serviços especiais ou diferenciados ao dizer que entende-se por "fomento mercantil – na nomenclatura do CC/02 leia-se *empresarial* – a prestação *contínua e cumulativa* de serviços de assessoria creditícia, mercadológica, de gestão de crédito, de seleção de riscos, de acompanhamento de contas a receber e a pagar e outros serviços, conjugada com a aquisição *pro labore* de créditos de empresas resultantes de suas vendas mercantis, a prazo, ou de prestação de serviços", reproduzindo, em essência, a Lei 8.981/95, relativa ao Imposto sobre a Renda, art. 28, § 1°, alínea *c*-4, redação do art. 10, § 1°, *d*, da Lei 9.065/95.

Ao falar em *assessoria* nas áreas do crédito e do mercado, em *gestão* dos créditos, em *seleção* (de clientes), em *riscos* (conveniência na venda) e em *administração* de contas a pagar e a receber, o Projeto consagra a prestação de *serviços especiais ou diferenciados*, típicos de administração ou de comando. Reitera-se – *en passant* – que, uma vez convertido em lei, suscitará questionamentos a exigência de exercício *cumulativo* de

---

[327] Antônio Carlos Donini, RT 810, p. 85, item 2.1.2.

[328] Luiz Lemos Leite, *Factoring no Brasil*, 2ª ed., 1994, p. 21.

[329] Arnaldo Rizzardo, *Factoring*, 1997, p. 13-4 e 36.

tais atividades, e não apenas alternativos, como vimos (nº 6.1 *supra*), e a *conjugação* com a aquisição de créditos.

De qualquer modo, tem-se que o *trustee* é um *factoring* cujo campo é exclusivamente a *área dos serviços*, abrangendo tanto os comuns ou convencionais quanto os especiais ou diferenciados. Este é o primeiro aspecto. O segundo, conseqüência do primeiro, está em que, se o objeto é exclusivamente *serviços*, o *factoring* da espécie *trustee* abrange apenas os *não-vinculados*, ou serviços *atividade-fim* ou que se exaurem na própria prestação, como acontece, por exemplo, nos de cobrança realizados no endosso-mandato (nº 6.2.1-B *supra*), isto é, sem transferência por cessão ou por endosso translativo.

E – pergunta-se – quando eles mantêm e quando eles perdem tal característica? No que tange aos serviços comuns ou convencionais, eles perdem a característica de *atividade-fim* e adquirem a de *atividade-meio* quando saem da *área dos serviços* (nº 6.2 *supra*) e vão para as áreas *da assistência* e *da cobertura de riscos* (nºs 6.3 e 6.4 *supra*). Em tais hipóteses, não se exaurem na própria prestação, mas servem de *meio* para chegar-se ao *fim* (assistência e/ou cobertura de riscos). No que tange aos serviços especiais ou diferenciados (nº 6.2.2 *supra*), como nunca se vinculam a objetivo outro que não eles mesmos, sempre se exaurem na própria prestação; logo, são sempre objeto de *trustee factoring*.

Tem, pois, a espécie, a seguinte característica nuclear: o faturizador presta apenas *serviços não-vinculados*, comuns e/ou especiais, isto é, serviços como *atividade-fim*, ou que se exaurem na própria prestação. Quando o objeto do *factoring* for assistência (financeira e/ou não-financeira) ou cobertura de riscos, os respectivos serviços (sempre comuns) passam a ser *atividade-meio*, portanto refogem da espécie *trustee*.

7.4. *Matéria-prima*. Tem como característica o fato de que a assistência constitui-se em aporte de matéria-prima e/ou insumos para a industrialização. O faturizado tem tecnologia e produto, mas, por não ter recursos para comprar matéria-prima e/ou insumos, ou por não querer usá-los, consegue-os mediante um *factoring*.

Nessa modalidade, o faturizado tem como fomento o aporte de matéria-prima e/ou insumos para a industrialização, e não recursos financeiros. Às vezes, o faturizado dispõe de tecnologia e de produto competitivo no mercado, mas por não ter recursos para comprar matéria-prima e/ou insumos, ou, como também pode acontecer, dispõe de recursos, mas não quer usá-los ou prefere usá-los noutra finalidade, consegue-os mediante um contrato de *factoring* designado *matéria-prima*.

Antônio Carlos Donini escreve o seguinte: "A faturizada, nesta operação, não terá como fomento recursos financeiros, mas matéria-prima/insumo e estoque para sua produção (manufaturação ou industrialização), onde o custo será bancado pelo faturizador, junto ao fornecedor, em nome deste ou do próprio faturizador. (...). A empresa de *factoring* assume, junto ao fornecedor, o pagamento à vista ou faturado do produto (matéria-prima e/ou insumo). Essa responsabilidade pelo pagamento poderá ser direta ou indireta. Direta se em nome próprio adquirir o produto, assumindo a responsabilidade junto ao fornecedor como principal ou único devedor. Indireta se apenas se responsabilizar como devedor principal ou único responsável pelo pagamento, mas figurando como compradora a faturizada".[330]

---

[330] Antônio Carlos Donini, RT 802, p. 732, item 3.4, e p. 734, item 4.5.

No mesmo sentido Arnaldo Rizzardo salientando que "adquiridos os títulos de crédito emanados da venda dos produtos fabricados com a matéria-prima, desaparecem as garantias".[331]

Portanto, a espécie ocorre na área da assistência não-financeira, como vimos (nº 6.3.2 *supra*), e existem dois momentos distintos.

No *primeiro*, o faturizador compra o que necessário for para a industrialização, em nome próprio ou do faturizado, exigindo-lhe, ou não, garantia; no *segundo*, o faturizado transfere ao faturizador, na forma de dação em pagamento, ou outra forma que tiver sido pactuada, os créditos oriundos da venda dos produtos industrializados, em quantia que corresponda ao também pactuado, ou seja, que faça retornar ao faturizador o capital investido mais a comissão garantidora do necessário lucro, restando automaticamente cancelada a eventual garantia.

Os serviços são comuns e vinculados à operação, portanto integram a espécie como *atividade-meio*.

Tem, pois, a espécie, como característica nuclear, o fato de que a assistência constitui-se em aporte de matéria-prima e/ou insumos para a industrialização.

7.5. Internacional (import-export factoring). Características: (a) envolve ordenamentos jurídicos de países diferentes; (b) envolve importador-comprador e exportador-vendedor, mais faturizador do país exportador (de origem) e faturizador do país importador (de destino); (c) o exportador-vendedor contrata um faturizador em seu país (*export-factor*), que por seu turno contrata um faturizador no país do importador-comprador (*import-factor*), que por sua vez prestará os serviços comuns ou convencionais vinculados à operação a ser concretizada; (d) concretizada a operação, o faturizador contratado pelo exportador paga-lhe à vista ou conforme combinado, o qual, por sua vez, tem a garantia do faturizador por ele contratado no país estrangeiro. Alfim, exportador, embora com um lucro menor, teve-o garantido, além de expandir a produção, liberando-se da parte burocrática da operação, quase sempre insuperável às pequenas empresas.

Como veremos (nº 8.6 *infra*), os contratos *forfaiting* e *factoring internacional* (*import-export factoring*), ou importação-exportação, ou externo, são semelhantes.

Para facilitar, não custa adiantar que: *(a)* são *semelhantes* pelo objeto e finalidade, pois em ambos há negociação de crédito com dedução dos custos do valor do crédito e um dos objetivos é proteger o exportador das instabilidades políticas e econômicas no país do importador; e *(b)* são *diferentes* porque no *forfaiting* participam importador e exportador, mais um banco e uma instituição avalista ou outro banco, enquanto no *factoring internacional* participam importador e exportador, mais duas empresas de *factoring*.

A atuação requer especialidade ainda pouco acessível, haja vista que, segundo a Associação Nacional de Factoring – ANFAC –, em agosto/03 havia setecentas e oitenta empresas associadas, das quais só trinta estavam preparadas para o *factoring internacional*, sendo que apenas duas o praticavam efetivamente, existindo no Brasil em torno de quinhentas pequenas empresas exportadoras, portanto, *mercado potencial*. Em relação ao mundo, segundo a mesma Revista, em torno de oitenta bilhões de dólares anuais são objeto de *factoring internacional*.[332]

---

[331] Arnaldo Rizzardo, *Factoring*, 1997, p. 66.

[332] Revista do *Factoring* nº 2, julho-agosto de 2003.

A propósito do *mercado potencial*, Luiz Lemos Leite diz que a espécie "Servirá para comercializar no exterior bens produzidos pelo segmento de nossas pequenas e médias empresas, que não têm a menor possibilidade de fazê-lo".[333]

Maria Helena Brito, à sua vez, assim se pronuncia: "Este sistema, designado 'sistema de dois factors' (ou *import-export factoring*) tem por objeto a cessão, por um exportador, a uma sociedade de *factoring* estabelecida no seu próprio país (*export-factor*), de créditos sobre devedores estabelecidos em outro país. O *export-factor*, porém, em vez de cobrar diretamente os créditos sobre devedores estabelecidos fora do seu país, contrata com uma sociedade de *factoring* do país do devedor (*import-factort*) a cobrança desses créditos".[334]

Segundo a Associação Nacional de Factoring, "nas operações de factoring exportação, uma vez fechado o contrato, a empresa de *factoring* brasileira cobra uma comissão, conhecida como *service fee*, pelos serviços de apoio e compra à vista, em reais, os direitos decorrentes da venda de produtos de sua empresa-cliente e a *factoring* no exterior, representante do importador, garante a liquidez da operação, efetuando o pagamento, em dólar, em conta da empresa de *factoring* representante da exportadora".[335]

Oportunas também as lições de Arnaldo Rizzardo, no sentido de que o risco é um componente natural a todo negócio, mas ele se torna muito maior num mercado além das fronteiras, quando não em país pouco desenvolvido e com instabilidade política ou econômica. Isso por um lado. Por outro, os países produtores sempre estimularam as exportações, razão por que estas, além de influir no desenvolvimento dos países, ensejou, pelos motivos apontados, a propagação do *factoring* como instituto, especificamente o *internacional*, pois nas exportações dificilmente o valor da compra é pago à vista. "Dentre os vários mecanismos existentes para a cobrança ou o recebimento do preço no comércio exterior – escreve – há o *factoring*, uma opção já bastante desenvolvida e adotada por muitos, que favorece o aumento dos fluxos de caixa, o poder de compra e expande as vendas." E prossegue: "O exportador comunica ou notifica, então, o importador que o crédito foi cedido, que a mercadoria será remetida e que os pagamentos devem ser encaminhados à companhia de faturização, sob pena de não valerem."

"Ao ser embarcada a mercadoria, enviará o factor uma cópia da documentação à companhia de *factoring* do país de destino. Possibilita-se, com isso, a conferência e análise da operação. Esta empresa de *factoring* do exterior efetuará a cobrança do valor, que o remeterá à companhia de *factoring* do país do exportador. As relações entre aquela empresa e o importador, quanto ao pagamento, não interessam ao exportador, porquanto tem este direitos e obrigações exclusivamente com a sua empresa de faturização".[336] No mesmo rumo Newton de Lucca.[337]

Conclusivamente, o *factoring internacional* (*import-export factoring*), ou externo ou importação-exportação, tem as seguintes características: *(a)* envolve ordenamentos jurídicos de países diferentes; *(b)* envolve importador-comprador e exportador-vendedor, mais faturizador do país exportador (de origem) e faturizador do país importador (de destino); *(c)* o exportador-vendedor contrata um faturizador em seu país, chamado *export-factor*, que por seu turno contrata um faturizador no país do importa-

---

[333] Luiz Lemos Leite, *Factoring no Brasil*, 2ª ed., 1994, p. 21.

[334] Maria Helena de Brito, *O Factoring Internacional e a Convenção de Unidroit*, 1998, p. 24.

[335] Informativo da Associação Nacional de Factoring nº 24, fevereiro e março de 2000.

[336] Arnaldo Rizzardo, *Factoring*, 1997, p. 97-9.

[337] Newton de Lucca, *A Faturização no Direito Brasileiro*, 1986, p. 68.

dor-comprador, chamado *import-factor*, que por sua vez prestará os serviços comuns ou convencionais vinculados à operação a ser concretizada; *(d)* concretizada a operação, o faturizador contratado pelo exportador paga-lhe à vista ou conforme combinado, o qual, por sua vez, tem a garantia do faturizador por ele contratado no país estrangeiro.

Alfim, o exportador, embora com um lucro menor, teve-o garantido, além de expandir a produção, liberando-se da parte burocrática da operação, quase sempre insuperável às pequenas empresas.

8. *Semelhanças e diferenças com outros contratos empresariais*. Comissão mercantil; desconto bancário; abertura de crédito (crédito rotativo); seguro de crédito; mútuo; *forfaiting*.

Para tornar mais nítida a imagem do *factoring* como indivíduo, com personalidade e conteúdos próprios, item importante para definir a sua natureza jurídica, é imprescindível destacar as semelhanças e diferenças com outros contratos empresariais.

8.1. *Comissão mercantil*. *Semelhança*: havendo garantia da solvabilidade e pontualidade do comprador, em ambos há uma comissão. *Diferenças*: no contrato de comissão mercantil o comissário pode vender em nome próprio, enquanto no de *factoring*, com objeto mais amplo, o faturizador presta, cumulativa ou alternativamente, assistência financeira e não-financeira e serviços comuns ou convencionais de gestão relativos ao crédito e especiais ou diferenciados relativos à administração.

Como vimos (n° 2 *supra*), o *factoring* resulta de um processo histórico evolutivo de três contratos, iniciando pelo de representação comercial, no qual o representante, exatamente por ser apenas representante, *vende em nome do representado*. Surgiu daí o contrato de comissão mercantil *tipo clássico* para, dando um passo, ensejar ao comissário a também *vender em nome próprio*. Por este, há possibilidade de o comissário garantir perante o comitente-vendedor a solvabilidade e pontualidade do comprador, bem assim possibilidade de vender em nome próprio.

Isso deu origem um *tipo especial* de comissão mercantil para, dando mais um passo, ensejar ao comissário financiar o comitente nas vendas.

Daí surgiu, apoiado no princípio da especialização, o contrato de *factoring* para, dando mais um passo e já como *profissão* (meio de vida), permitir ao faturizador não só financiar o faturizado em todas vendas a prazo e garantir-lhe a solvabilidade e pontualidade do comprador, mas também prestar-lhe assistência e serviços tanto relativos ao crédito quanto à administração.

Os contratos de *factoring* e de comissão mercantil são *semelhantes* porque em ambos, havendo assistência financeira com garantia da solvabilidade e pontualidade do comprador, há uma comissão, que vem a ser um seguro-fiança ou solvabilidade, na comissão mercantil chamada *del credere* (ex-CCm, art. 179; CC/02, art. 698), e no *factoring* chamada *comissão de risco* (n° 26.4 *infra*).

Mas também são *diferentes* porque no contrato de comissão mercantil há possibilidade de o comissário garantir perante o comitente-vendedor a solvabilidade e pontualidade do comprador, bem assim possibilidade de vender em nome próprio (ex-CCm, arts. 165-6; CC/02, arts. 693-4), enquanto no de *factoring*, com objeto bem mais amplo, o faturizador presta ao faturizado, cumulativa ou alternativamente, assistência financeira e não-financeira e serviços comuns ou convencionais relativos à gestão do crédito e especiais ou diferenciados relativos à administração.

CONTRATOS EMPRESARIAIS

8.2. *Desconto bancário. Semelhança*: ambos negociam crédito e cobram um custo pelo financiamento, deduzido do *valor de face* do título ou por *por dentro*. *Diferenças*: no contrato de desconto bancário o direito de regresso é uma garantia (operação cambiária) e a instituição financeira opera com recursos próprios e de terceiros, enquanto no de *factoring* o direito de regresso é uma faculdade (operação contratual), e o faturizador opera tão-só com recursos próprios, além de ser mais amplo, uma vez que pode envolver assistência não-financeira e serviços relativos ao crédito e à administração.

Escreve Arnaldo Rizzardo haver "estreito relacionamento" entre o desconto bancário e o *factoring*,[338] invocando doutrina de Gonçalo Ivens Ferraz da Cunha e Sá que diz o seguinte: "A principal diferença entre o desconto e o *factoring* é que, no primeiro, o descontado adquire os créditos do descontário e mantém o direito de regresso contra este – diz-se que ocorreu uma *cessio pro solvendo*; diferentemente, no *factoring*, em regra, os créditos são cedidos ao *factor* em caráter definitivo – diz-se que houve uma *cessio pro soluto*".[339]

De igual modo Fábio Konder Comparato: "A diferença específica se encontra no fato de que o desconto é sempre operado *pro solvendo*, enquanto a cessão de créditos faturizados é feita sem direito de regresso do *factor* contra o cedente. Não obstante, como vimos, nem sempre a empresa de *factoring* aceita os créditos cedidos sem direito de regresso. Em tais hipóteses, se tiver havido adiantamento do seu valor ao cedente, ter-se-á uma autêntica operação de desconto".[340]

Os contratos de *factoring* e de desconto bancário são *semelhantes* porque ambos, no tocante à assistência financeira, têm por objeto a negociação de crédito e cobram um custo pela antecipação, deduzido do chamado *valor de face* do título ou *por dentro*.

Mas também são *diferentes* porque no contrato de desconto bancário o direito de regresso é uma garantia e a instituição financeira opera com recursos próprios e de terceiros, enquanto no de *factoring* o direito de regresso é uma faculdade (operação contratual), e o faturizador opera tão-só com recursos próprios, além de o *factoring* ser mais amplo, uma vez que pode envolver assistência não-financeira e serviços relativos ao crédito e à administração.

8.3. *Abertura de crédito (crédito rotativo). Semelhança*: também no *factoring* pode ser aberta conta do faturizado junto ao faturizador com o mesmo sistema operacional do crédito bancário rotativo. *Diferenças*: no contrato de abertura de crédito o banco passa recursos de terceiros a título de financiamento, enquanto no de *factoring* o faturizador passa recursos próprios a título de pagamento de compra de crédito, além de ser mais amplo, uma vez que pode envolver assistência não-financeira e serviços de gestão relativos ao crédito e à administração.

Na abertura de crédito ou crédito rotativo, ensina Arnaldo Rizzardo, "coloca-se à disposição de um interessado um crédito até certo montante, podendo ser utilizado por um determinado período de tempo. Há, portanto, um contrato através do qual o banco se compromete a liberar quantias, dentro do limite previsto, no que se distingue do empréstimo, cujo montante é colocado à disposição do prestatário quando da

---

[338] Arnaldo Rizzardo, *Factoring*, 1997, p. 40.

[339] Gonçalo Ivens Ferraz da Cunha e Sá, *O Factoring e a Nova Constituição*, RDM 73, p. 104.

[340] Fábio Konder Comparato, *Factoring*, RT 249, p. 389.

assinatura do contrato. Na abertura de crédito, os encargos começam a incidir somente na data em que a parte utiliza o crédito. No *factoring* poderá acontecer alguma semelhança se contratado que a venda do título permite a abertura de uma conta, com a sua utilização segundo as necessidades do proprietário da obra. Ou seja, o faturizado possui um crédito aberto perante a empresa de faturização."[341]

Os contratos de *factoring* e de abertura de crédito (crédito rotativo) são *semelhantes* porque também no *factoring* pode ser aberta uma conta do faturizado junto ao faturizador com o mesmo sistema operacional do crédito bancário rotativo, ou seja, o valor fica à disposição, e o faturizado vai usando na medida em que precisa, correndo os encargos a partir do uso.

Mas também são *diferentes* porque no contrato de abertura de crédito o banco passa recursos de terceiros a título de financiamento, enquanto no de *factoring* o faturizador passa recursos próprios a título de pagamento de compra de crédito, além de ser mais amplo, uma vez que pode envolver assistência não-financeira e serviços de gestão relativos ao crédito e à administração.

8.4. *Seguro de crédito*. *Semelhança*: em ambos (no de *factoring* só quando há transferência *pro soluto*) há garantia contra a insolvência do devedor. *Diferenças*: no contrato de seguro de crédito o pagamento da *indenização* é eventual (em caso de sinistro, insolvência do devedor), há uma franquia e não há transferência, enquanto no de *factoring* o pagamento do *crédito* sempre ocorre, não há franquia e há transferência do crédito, além dos serviços de gestão relativos ao crédito e relativos à administração.

Escreve Fran Martins: "O pagamento se faz a título de indenização de dano proveniente do não-cumprimento de obrigação do garantido, enquanto na faturização o pagamento do faturizador ao faturizado ocorre sempre, seja antecipadamente, seja no vencimento da dívida; por ser condição substancial do contrato, a álea do não-cumprimento da obrigação do comprador ocorre por conta do faturizador em virtude da própria natureza do contrato."[342]

Os contratos de *factoring* e de seguro de crédito são *semelhantes* porque em ambos (no de *factoring* só quando há transferência *pro soluto*), existe garantia contra a insolvência do devedor, recebendo a seguradora para tanto o respectivo prêmio, assim como o faturizador a respectiva comissão diferenciada pelo risco assumido (nº 26.4 *supra*).

Mas também são *diferentes* porque no seguro de crédito o pagamento da *indenização* é eventual, vale dizer, só em caso de haver sinistro (insolvência do devedor), sempre há uma franquia (parte não coberta) e não há transferência, enquanto no *factoring* o pagamento do *crédito* sempre ocorre, além de não haver franquia e haver transferência (o faturizador ocupa a posição do faturizado), sem falar nos serviços de gestão relativos ao crédito e relativos à administração inexistentes naquele.

8.5. *Mútuo. Semelhança*: também no *factoring*, quando há adiantamento, ocorre algo parecido com o empréstimo. *Diferenças*: no contrato de mútuo não há transação de crédito, o mutuário deve restituir e os encargos são cobrados *por fora*, enquanto no de *factoring* há transação de crédito, não há restituição ao faturizador na inadimplência do de-

---

[341] Arnaldo Rizzardo, *Factoring*, 1997, p. 41-2.

[342] Fran Martins, *O contrato de factoring e sua introdução do direito brasileiro*, RF 262, p. 10.

CONTRATOS EMPRESARIAIS

309

vedor, isso na transferência *pro soluto*, e os encargos são cobrados *por dentro*, sem falar nos serviços de gestão relativos ao crédito e à administração inexistentes naquele.

Escreve Newton de Lucca: "Nos termos da lei civil pátria, o mutuário é obrigado a restituir ao mutuante o que dele receber em coisa do mesmo gênero, qualidade e quantidade. Na operação de faturização, ao invés, se a transferência dos créditos foi feita *pro soluto*, e não *pro solvendo*, é transparente que, mesmo na hipótese de inadimplência dos devedores das importâncias que foram objeto da operação de faturização, estará o faturizado desobrigado de efetuar qualquer restituição e nem responderá por eventuais perdas e danos".[343]

E Arnaldo Rizzardo: "Será o *factoring* um simples mútuo? Já observado que pode o mesmo representar um adiantamento de crédito, especialmente na modalidade convencional. Jamais, porém, se pode ter a espécie como um mútuo, ou empréstimo de dinheiro, pois, neste, se compromete a parte, após certo prazo, a devolver o valor ou a coisa fungível. No *factoring*, constata-se a transação do crédito. Paga-se pelo valor do título, e acrescenta-se mais uma enumeração pela atividade e uma compensação pelo risco do não-recebimento do valor".[344]

Os contratos de *factoring* e de mútuo são *semelhantes* porque igualmente no *factoring*, quando há adiantamento do crédito, ocorre, em essência, algo parecido com o empréstimo.

Mas também são *diferentes* porque no contrato de mútuo não há transação de crédito, após certo prazo o mutuário é obrigado a restituir integralmente ao mutuante e os encargos são cobrados por fora (além do valor emprestado), enquanto no de *factoring* há transação de crédito, não há restituição do faturizado ao faturizador em caso de inadimplência do devedor, isso quando a transferência foi *pro soluto*, e os encargos (comissão) são cobrados *por dentro* ou deduzidos do *valor de face* do título, sem falar nos serviços de gestão relativos ao crédito e à administração inexistentes naquele.

8.6. *Forfaiting*. Semelhança: ocorre pelo objeto e finalidade (especificamente o *factoring internacional*), pois em ambos há negociação de crédito. *Diferenças*: no contrato *forfaiting* participam importador e exportador, mais um banco e uma instituição avalista ou outro banco, enquanto no de *factoring internacional* participam importador e exportador, mais duas empresas de *factoring*.

A tessitura do *forfaiting* é bastante complexa. É contrato adequado às operações de exportação. Guarda muitas semelhanças com o *factoring internacional* (*import-export factoring*) ou externo ou exportação-importação (nº 7.5 *supra*).

Haroldo Medeiros Duclerc Verçosa descreve o seguinte roteiro na formação do *forfaiting*: "*1*) Exportador e importador se entendem sobre o negócio a ser realizado, ainda no plano das intenções de contratar, sendo certa a necessidade de um financiamento pelo segundo; *2*) O exportador procura um banco internacional de primeira linha, que opera no ramo do *forfaiting* e submete a este as condições do negócio pretendido; *3*) Enquanto isso, o importador providencia em uma garantia incondicional e irrevogável, a ser dada ao banco por uma outra instituição de âmbito internacional aceitável por aquele, na forma de aval nos títulos originados da venda, ou por uma carta de crédito; *4*) O banco analisa o projeto (...), levando em conta os ambientes

---

[343] Newton de Lucca, *A Faturização no Direito Brasileiro*, 1986, p. 50.

[344] Arnaldo Rizzardo, *Factoring*, 1997, p. 43.

macro, interno e operacional para uma operação determinada; *5)* Concretizada a operação, o exportador encaminha ao importador (via banco) os documentos de embarque e os saques recebendo-os de volta aceitos, acompanhados da garantia correspondente; *6)* De posse dos títulos aceitos e garantidos, pelo banco deste, o exportador desconta-os sem garantia ao *forfaitor*, recebendo o valor de face menos os juros da operação; *7)* Feito isso, esses papéis podem ser negociados no mercado mediante novo desconto, responsabilizando-se o *forfaitor* perante o investidor pela inadimplência do devedor principal (importador e seu garantidor); e *8)* No vencimento, se o título tiver sido negociado, o investidor recebe o valor correspondente do *forfaitor*, o qual, por sua vez, apresenta-o em cobrança ao banco garantidor, liquidando-se a operação pelo pagamento".[345]

Em essência: *(a)* importador e exportador resolvem fazer uma transação comercial a prazo, porém, como o exportador não pode esperar, há necessidade de um financiamento; *(b)* o importador procura uma instituição de conhecida idoneidade que avalize os títulos ou ofereça uma carta de crédito (neste caso um banco), e o exportador procura uma instituição financeira que opere no sistema *forfaiting* e que aceite os títulos e a garantia; *(c)* consumada a operação, parte-se para a execução: a mercadoria é enviada e o banco *forfaitor* paga o exportador, deduzindo os custos do valor dos títulos, assumindo o risco da operação perante o importador, quer dizer, *sem direito de regresso.*

Escreve Wue Waldemar Rasmussen: "*Forfaiting* nada mais é que a compra de instrumentos de crédito, vinculados à exportação a prazos médios por uma instituição bancária sem contingências judiciais, no futuro, para o exportador." E explicita: "Neste sistema um banco compra, com considerações de um desconto, notas promissórias ou letras de câmbio vinculadas a uma transação de exportação. Notas promissórias são os instrumentos preferidos nestas transações, pois o exportador pode evitar com este instrumento de crédito qualquer tipo de recurso legal regressivo em caso de não-cumprimento, sendo que a transação não causa reservas de contingências e o banco comprador assume todos os riscos da transação." Ao tempo em que reconhece haver semelhança entre o *forfaiting* e o *factoring*, também reconhece haver diferenças: no *factoring* o prazo das operações é menor e não há exclusão da responsabilidade dos cedentes.[346]

Arnaldo Rizzardo, por sua vez, acrescenta que a prática do *forfaiting* é mais comum nos "países onde os importadores não gozavam de grande credibilidade, especialmente nos momentos de instabilidade econômica e política. O custo desta compra e venda oscila entre dois e três por cento sobre a taxa comum dos juros cobrados nos empréstimos e financiamentos externos. Explica-se este custo para fazer frente ao risco decorrente da operação levada a efeito pelo banqueiro.(...). De outro lado, os títulos são resgatáveis num prazo que vai até sete anos. O importador adquire bens duráveis, especialmente máquinas com técnica avançada e de alto custo. Por isso, sempre há financiamento. O exportador receberá o valor da transação, abatida já a importância correspondente aos juros, às despesas administrativas e à taxa de risco." E mais adiante, após salientar que no *forfaiting* ressai a tonalidade bancária da operação, enquanto o *factoring* é uma operação comercial, conclui: "*Factoring*, tanto no mercado interno como no internacional é utilizado para financiar operações envolvendo produtos de consumo, e não bens produtivos ou de raiz. Os prazos máximos de maturidade de operações de *factoring* são, geralmente, de noventa dias;

---

[345] Haroldo de Medeiros Duclerc Verçosa, *Forfaiting*, RF 323, p. 384-5.

[346] Wue Waldemar Rasmussen, *Forfaiting e Factoring*, 1986, p. 39.

CONTRATOS EMPRESARIAIS

311

há, porém, casos em que chegam a ser aceitos até cento e oitenta dias. Aqueles que exportam alimentos, como, por exemplo: carnes, peixes, frangos, etc., poderiam ser financiados com o sistema de *factoring*, desde que estes desejem liquidez imediata para repor o seu capital de giro".[347]

Os contratos de *factoring* e de *forfaiting* são *semelhantes* pelo objeto e finalidade (especificamente o *factoring internacional*, ou externo ou importação-exportação), pois em ambos há negociação de crédito com dedução dos custos do valor do crédito e um dos objetivos é proteger o exportador das instabilidades políticas e econômicas no país do importador.

Mas também são *diferentes* porque no contrato de *forfaiting* há operação bancária (participa necessariamente uma instituição financeira e uma empresa avalista ou outro banco que ofereça carta de crédito), há exclusão do direito de regresso, a espécie é considerada adequada para a exportação a médio e longo prazo (até sete anos) de *bens de raiz*, como máquinas de alta tecnologia, cujo preço é sempre muito elevado, enquanto no de *factoring* há operação comercial comum (participam duas empresas de *factoring*, uma de cada país), a exclusão do direito de regresso do faturizador contra o faturizado é facultativa, a espécie é considerada adequada para a exportação a curto prazo (até noventa dias, excepcionalmente seis meses) de *bens de consumo*, como ocorre no setor de carnes (gado, suínos, aves, peixes), em que o exportador tem necessidade de liquidez para repor o capital de giro.

Em suma: no contrato *forfaiting* participam importador e exportador, mais um banco e uma instituição avalista ou outro banco, enquanto no de *factoring internacional* participam importador e exportador, mais duas empresas de *factoring*.

9. *Idéia básica*. É de atividades do faturizador ao faturizado, cumulativa ou alternativamente, relativas a fomento (auxílio, proteção, estímulo) nas áres de serviços, de assistência e de cobertura de riscos. O núcleo está no *fomento*.

A idéia básica a respeito do *factoring* é de atividades do faturizador ao faturizado, cumulativa ou alternativamente, relativas a *fomento* no sentido de auxílio, proteção, estímulo: *(a)* na área de serviços (comuns relativos à gestão do crédito, ou especiais relativos à administração; *(b)* na área de assistência (financeira e não-financeira); e *(c)* na área de cobertura de riscos (inadimplência e/ou insolvência dos devedores dos faturizados). O núcleo está no *fomento*.

10. *Conceitos*. Consideração inicial; contrato atípico; conceito legal provisório; conceito doutrinário.

10.1. *Consideração inicial*. Conceituar é dizer em palavras as características essenciais de alguma coisa. Deve ser o mais sintético possível, sem cair na pura abstração.

Conceito vem de *conceptus, concipere*, do latim (conceber, ter idéia, considerar). Serve na terminologia jurídica para indicar o sentido, a significação, a interpretação, que se tem a respeito das coisas, dos fatos e das palavras. Por exemplo, pela etimologia da palavra tem-se o seu sentido técnico e conseqüentemente a fidelidade entre a idéia e a escrita.

Conceituar é, pois, dizer em palavras as características essenciais de alguma coisa. Não deve reproduzir todo o real, mas tão-só selecionar as essências. Portanto, deve

---

[347] Arnaldo Rizzardo, *Factoring*, 1997, p. 45-7.

ser o mais sintético possível, sem cair na pura abstração, já que os conceitos longos são de difícil memorização, e os muito genéricos perdem a função identificadora.

No caso do *factoring*, há diversos conceitos, porém exprimem apenas a espécie *com antecipação* ou *convencional*, ou *pura*, ou *old line factoring*, que envolve basicamente a compra e venda de créditos, com antecipação do valor, historicamente a espécie que gerou o próprio instituto.

10.2. *Contrato atípico*. Enquanto não houver lei específica, o *factoring* é um contrato empresarial atípico.

No caso do *factoring* não há lei específica, mas apenas Projeto. Existe um conceito legal, como logo veremos, mas para fins tributários. Surge, então, a dúvida: afinal, é um contrato *típico* ou *atípico*?

O eminente Claudineu de Melo[348] sustenta que a tipicidade do contrato leva em conta os elementos que o distingue dos demais, e não a previsão legal. Desimporta que ainda não esteja regulado em lei. Importa é que esteja garantido pelo direito. Em suma, basta a *tipicidade de fato*. É dispensável a *de direito*.

No entanto, conforme Orlando Gomes, os contratos "que se formam à margem dos *paradigmas* estabelecidos – como fruto da *liberdade de obrigar-se* – denominam-se *contratos inominados* ou *atípicos*".[349]

Em verdade, dentro de critérios clássicos, a tipicidade dos contratos depende de previsão e regramento legal específicos, mais ainda agora, face ao art. 425 do CC/02. Além disso, se bastar a tipicidade *de fato*, acaba a existência de contrato *atípico*. Sim, pois, se forem suficientes os elementos que dão existência ao contrato para tirá-lo da atipicidade, termina a própria atipicidade. Todo contrato típico existe, mas nem todo que existe é típico.

Como não há uma lei específica, conclui-se que o contrato de *factoring* é atípico.

10.3. *Conceito legal provisório*. Enquanto não houver lei específica, usa-se, provisoriamente, o conceito da Lei 8.981/95, relativa ao IR, cujo art. 28, § 1º, alínea *c*-4, redação do art. 10, § 1º, *d*, da Lei 9.065/95, define o *factoring* como "prestação cumulativa e contínua de serviços de assessoria creditícia, mercadológica, gestão de crédito, seleção e riscos, administração de contas a pagar e a receber, compras de direitos creditórios resultantes de vendas mercantis a prazo ou de prestação de serviços (*factoring*)." Em suma: serviços relativos ao crédito e à administração, assistência financeira mediante a compra de créditos, que por sua vez contém a cobertura de riscos de inadimplência e/ou insolvência.

Diferentemente do que acontece com outros contratos empresariais, por exemplo, o de *franchising* e o de representação comercial, no que tange ao *factoring*, ainda não há uma lei específica.

Neste item, convém iniciar pela *Convenção Internacional sobre Factoring*, realizada em 28-5-88, em Ottawa, Canadá, ou simplesmente Convenção de Ottawa, da qual o Brasil não participou como signatário, pois o Embaixador não tinha poderes especiais, motivo por que se limitou a assinar as atas de reuniões.

Embora o Brasil não seja signatário, mesmo assim tornou-se uma referência, influenciando o legislador nacional, sendo, pois, relevante saber que no art. 1º, nº 2,

---

[348] Claudineu de Melo, *Contrato de Distribuição*, p. 39-41, nº 30.

[349] Orlando Gomes, *Contratos*, 8ª ed., 1981, p. 115, nº 74.

CONTRATOS EMPRESARIAIS   **313**

item *b*, consta que o faturizador deve desempenhar ao faturizado pelo menos duas das seguintes atividades: *(a)* adiantamento do faturizador ao faturizado; *(b)* livro com os valores a receber (gerência contábil); *(c)* cobrança dos valores a receber; e *(d)* proteção do faturizado pelo faturizador contra o inadimplemento.

Dizendo respeito ao Imposto sobre a Renda, o art. 28, § 1º, alínea *c*-4, da Lei 8.981/96, taxou em 30% a receita bruta auferida "em prestação cumulativa e contínua de serviços de assessoria creditícia, mercadológica, gestão de crédito, seleção e riscos, administração de contas a pagar e a receber, compras de direitos creditórios resultantes de vendas mercantis a prazo ou de prestação de serviços *(factoring)*." Em seguida, a Lei 9.065/95 reduziu o tributo para 10% (art. 10, § 1º, *d*). O mesmo conceito foi repetido pelo art. 58 Lei 9.430/96 (Dispõe sobre a legislação tributária federal, as contribuições para a seguridade social, o processo administrativo de consulta e dá outras providências), repetindo o que já constava na Lei 9.245/95.

Embora o conceito de *factoring* valha para os fins tributários específicos, tornou-se uma referência para fins de definir o *factoring* como instituto jurídico.

Finalmente, e demonstrando o aproveitamento daquele conceito, há o Projeto de Lei 230, no Congresso Nacional desde 1995, cujo art. 1º, se aprovado, traduz *factoring* como *fomento mercantil*, e assim o define: "Entende-se por fomento mercantil, para efeitos desta lei, a prestação contínua e cumulativa de serviços de assessoria creditícia, mercadológica, de gestão de crédito, de seleção de riscos, de acompanhamento de contas e receber e a pagar e outros serviços, conjugada com a aquisição *pro labore* de créditos de empresas resultantes de suas vendas mercantis, a prazo, ou de prestação de serviços."

O Projeto praticamente adota o conceito previsto no art. 28, § 1º, alínea *c*-4, da Lei 8.981/95, que, por sua vez, não adotou inteiramente o art. 1º, nº 2, item *b*, da Convenção de Ottawa, por exemplo, o dever de o faturizador proteger o faturizado contra a insolvência e o inadimplemento dos devedores, vale dizer, inexistência de direito de regresso.

Por ora, são oportunas duas observações a respeito do Projeto 230/95.

A *uma* está em que não consta ser obrigatório o faturizador garantir ao faturizado a solvência e pontualidade dos devedores, ou seja, a compra e venda de crédito tanto pode ser *pro soluto* quanto *pro solvendo*.

A *duas* está em que, se vingar a prestação *cumulativa* das atividades, certamente vai suscitar polêmica. Embora a cumulatividade já conste no dispositivo da Lei 8.981/95, o conceito é exclusivo para fins de Imposto sobre a Renda, isto é, não obriga a exigência pelo Registro Empresarial. O advento de diploma específico, tal como consta no Projeto, repercutirá no Registro Empresarial, podendo criar embaraços à constituição das novas empresas, pois, no que tange às existentes, estão ao abrigo do ato jurídico perfeito (CF, art. 5º, XXXVI).

Conclusivamente, enquanto não houver lei específica, usa-se provisoriamente, o conceito da Lei 8.981/95, relativa ao IR, previsto no art. 28, § 1º, alínea *c*-4, redação do art. 10, § 1º, *d*, da Lei 9.065/95, repetido nas Leis 9.249/95 e 9.430/96, merecendo lembrança ainda, quanto à atividade em si, que o art. 594 do CC/02 estabelece: "Toda espécie de serviço ou trabalho lícito, material ou imaterial, pode ser contratada mediante retribuição."

Em suma, pelo prisma legal provisório, temos no *factoring* serviços relativos ao crédito e à administração, assistência financeira mediante a compra de créditos, que por sua vez contém a cobertura de riscos de inadimplência e/ou insolvência.

314 *Irineu Mariani*

10.4. *Conceito doutrinário.* **Factoring** **é um contrato empresarial em que o faturizador, mediante remuneração, presta ao faturizado, cumulativa ou alternativamente, serviços relativos ao crédito e à administração, assistências financeira e não-financeira e cobertura de riscos de inadimplência e/ou insolvência.**

A princípio, adiantamos que o conceito doutrinário de *factoring*, a final apresentado, é mais amplo que o legal provisório.

Com efeito, há diversos conceitos, porém exprimem apenas a espécie *com antecipação* ou *convencional*, ou *pura*, ou *old line factoring*, que envolve basicamente a compra e venda de créditos, com antecipação do valor, historicamente a espécie que gerou o próprio instituto.

Arnoldo Wald assim define: "O contrato de *factoring* ou de faturização consiste na aquisição, por uma empresa especializada, de créditos faturados por um comerciante ou industrial, sem direito de regresso contra o mesmo. Assim, a empresa de *factoring*, ou seja, o *factor*, assume os riscos da cobrança e, eventualmente, da insolvência do devedor, recebendo uma remuneração ou comissão, ou fazendo a compra dos créditos com redução em relação ao valor dos mesmos".[350]

Fran Martins: "O contrato de faturização ou de *factoring* é aquele em que um comerciante cede a outro os créditos, na totalidade ou em parte, de suas vendas a terceiros, recebendo o primeiro do segundo o montante desses créditos, mediante o pagamento de uma remuneração".[351]

Fábio Ulhoa Coelho: "O fomento mercantil (*factoring*) é um contrato pelo qual um empresário (faturizador) presta a outro (faturizado) serviços de administração do crédito concedido e garante o pagamento das faturas emitidas (*maturity factoring*). É comum, também, o contrato abranger a antecipação do crédito, numa operação de financiamento (*conventional factoring*)".[352]

Caio Mário da Silva Pereira: "Pelo *factoring* ou faturização, uma pessoa (*factor* ou faturizador) recebe de outra (faturizado) a cessão de créditos oriundos de operações de compra e venda e outras de natureza comercial, assumindo o risco de sua liquidação. Incumbe-se de sua cobrança e recebimento".[353]

Maria Helena Diniz: "O contrato de *factoring* é aquele em que um industrial ou comerciante (faturizado) cede a outro (faturizador), no todo ou em parte, os créditos provenientes de suas vendas mercantis a terceiros, mediante o pagamento de uma remuneração; ou consiste no desconto sobre os respectivos valores, ou seja, conforme o montante de tais créditos. É um contrato que se liga à emissão e transferência das faturas".[354]

Carlos Renato de Azevedo Ferreira: "O seu objeto é tríplice: garantia, gestão de créditos e financiamento. O fulcro da operação é uma cessão de créditos, a título oneroso, não podendo o *factor house* exercitar o seu direito de regresso contra a empresa cedente, a qual somente se responsabiliza pela boa constituição dos créditos cedidos.[355]

---

[350] Arnold Wald, *Curso de Direito Civil*, 1991, vol. II, p. 466.

[351] Fran Martins, *Contratos e Obrigações Comerciais*, 1990, p. 559.

[352] Fábio Ulhoa Coelho, *Curso de Direito Comercial*, 3ª ed., 2002, vol. III, p. 135.

[353] Caio Mário da Silva Pereira, *A nova tipologia contratual no direito brasileiro*, RF 281, p. 12.

[354] Maria Helena Diniz, *Tratado Teórico e Prático dos Contratos*, 4ª ed., p. 57.

[355] Carlos Renato de Azevedo Ferreira, *Factoring*, Cadernos de Direito Econômico, 2, Centro de Estudos Superiores – COAD, p. 24.

Antônio Carlos Donini: "O conceito de *factoring* resume-se simplesmente em atos que envolvem a cessão de crédito, antecipação de recursos não financeiros e prestação de serviços convencionais ou diferenciados, conjugados ou separadamente, a título oneroso, entre dois empresários, faturizador e faturizado".[356]

Arnaldo Rizzardo: "O *factoring* traduz uma relação jurídica entre duas empresas, em que uma delas entrega à outra um título de crédito, recebendo, como contraprestação constante do título, do qual se desconta certa quantia, considerada uma remuneração pela transação. Uma empresa faz a venda de seus produtos a outra. O pagamento não se concretiza à vista, postergando-se para um prazo em geral de trinta ou sessenta dias. A empresa vendedora emite uma duplicata contra o comprador, que é o título representativo do valor devido. Em seguida, a mesma empresa vendedora transfere o título a outra empresa, que é a de *factoring*. Além de receber de imediato o seu crédito, se libera das custas que teria se mantivesse os serviços de cobrança. Contrata-se, pois, com outra empresa a compra e venda do crédito".[357]

Reunindo os elementos doutrinários, como vimos, exclusivos da espécie tradicional, ou pura, ou *old line factoring*, bem assim as atividades típicas e a idéia básica – enfim, procurando aglutinar os elementos essenciais do *factoring* como instituto –, pode-se dizer: o *factoring* é um contrato empresarial em que o faturizador, mediante remuneração, no exercício de atividade profissional, presta ao faturizado, cumulativa ou alternativamente, serviços relativos ao crédito, os quais podem ser comuns (de análise de risco e de cobrança) e especiais (próprios de quem comanda), bem assim assistências, podendo ser financeira (compra de créditos decorrentes de operações empresariais) e não-financeira (compra de matéria-prima e/ou de insumos), e ainda cobertura contra riscos de inadimplência e/ou insolvência.

Se, por um lado, o conceito agrega boa quantidade de elementos, por outro, é muito longo. Então, desde que se tenha presentes esse elementos, é possível reduzi-lo dizendo o seguinte: o *factoring* é um contrato empresarial em que o faturizador, mediante remuneração, presta ao faturizado, cumulativa ou alternativamente, serviços relativos ao crédito e à administração, assistências financeira e não-financeira e cobertura de riscos de inadimplência e/ou insolvência.

Penso ser este o conceito que define o *factoring* como instituto, dizendo as essências. Perdendo bastante a função identificadora, pois fica muito genérico na parte das atividades típicas, é possível reduzir ainda mais, dizendo o seguinte: o *factoring* é um contrato empresarial em que o faturizador presta ao faturizado, cumulativa ou alternativamente, serviços, assistências e cobertura de riscos.

Tendo presentes esses elementos básicos, e já não considerando conceito, mas tão-só núcleo, pode-se dizer: o *factoring* é uma técnica pela qual o faturizador presta ao faturizado *fomento empresarial*. E se formos ao desafio de uma só palavra, ei-la: *fomento*.

11. *Funções do contrato*. Função social; função ética; função econômica.

O *factoring*, máxime enquanto atípico, está sujeito às três funções dos contratos em geral definidas no CC/02: social, ética e econômica, tema já desenvolvido nos aspectos gerais (nº 12 do Cap. I), cuja leitura temos como pressuposto para, agora, bem compreendê-los nos possíveis aspectos individuais da espécie contratual ora analisada.

---

[356] Antônio Carlos Donini, *Factoring*, RT 802, p. 730.

[357] Arnaldo Rizzardo, *Factoring*, 1997, p. 11.

11.1. *Função social.* Há *dimensão interna* (concilia interesses entre duas partes) e *dimensão externa* (o faturizado negocia créditos da respectiva atividade, o que estimula a sua intensificação, repercutindo na geração de emprego, além de, não raras vezes, constituir o único socorro de caixa às micro, pequenas e médias empresas).

Como vimos (n° 12.1.3-B do Cap. I), a *função social* do contrato, pelo prisma do motivo social de existir, significa a sua preservação como entidade jurídica hábil a conciliar interesses e necessidades das pessoas em geral, e pelo prisma das partes significa a garantia do equilíbrio de direitos e obrigações, dentro de parâmetros vigentes na sociedade, salientando que não há confundir *função social* do contrato e *condição social* dos contratantes, pois não é artifício para alcançar ao mais fraco vantagem, como prêmio por ser mais fraco, nem para impor ao mais forte desvantagem, como castigo por ser mais forte.

No *factoring*, a função social tem duas dimensões: interna e externa.

Na *dimensão interna*, possibilita a conciliação racional de interesses entre faturizador e faturizado, seja na parte da assistência financeira, um fazendo investimento, e outro se capitalizando, seja na parte dos serviços comuns ou convencionais relativos ao crédito, permitindo que o faturizado concentre as forças na atividade profissional ou atividade-fim, o que realmente lhe interessa, seja na parte dos serviços especiais ou diferenciados relativos à administração, qualificando a gestão, e com isso contribuindo ao êxito do empreendimento.

Na *dimensão externa*, a operação de *factoring* permite que o faturizado se capitalize não comprando dinheiro, como é o caso do empréstimo, que é uma operação passiva, e sim vendendo crédito, que é uma operação ativa, crédito esse gerado – isso é importante – no exercício da respectiva atividade-fim, o que estimula a intensificação da produtividade, contribuindo à geração de emprego, não se podendo olvidar que as micro, pequenas e médias empresas – mercado-alvo das *factorings* – são as que, proporcionalmente, mais oferecem emprego, num mundo em que nos últimos onze anos a mecatrônica (substituição do homem pela máquina) eliminou 10,8 milhões postos de trabalho.[358]

Quer dizer: o faturizado não compra riqueza de terceiro (empréstimo), mas vende riqueza a terceiro (crédito decorrente de atividade profissional). Ainda mais, o *factoring* não raras vezes constitui o único socorro de caixa às micro, pequenas e médias empresas.

11.2. *Função ética.* Não há aspectos individuais a destacar. Reportamo-nos ao n° 12.2 do Cap. I.

11.3. *Função econômica.* Ocorre de *modo direto*, pelas assistências financeira e não-financeira, permitindo a capitalização do faturizado e até a dispensa da compra de matéria-prima e insumos, e também de *modo indireto*, pela prestação de serviços e cobertura de riscos, permitindo que o faturizado, livre de atividades administrativas e tendo garantido o retorno, possa se dedicar mais à atividade-fim, e por decorrência produzir mais.

A *função econômica* traduz a causa do contrato, o seu motivo, o seu por quê. É o fato econômico. Isso define os vários tipos de contratos, conforme a função econômica específica.

---

[358] Jornal Zero Hora, Porto Alegre, edição de 21-1-03, p. 3.

No caso do *factoring*, ocorre de modo direto e indireto.

O *modo direto* ocorre pelas assistências, como vimos (n° 6.3 *supra*), *financeira* que permite a capitalização do faturizado vendendo créditos gerados no exercício da atividade-fim, que são operações ativas, e *não-financeira*, que vai ainda mais longe, pois dispensa o faturizado até mesmo da compra de matéria-prima e insumos necessários à produção, cuja operação econômica lembra o chamado *sócio de indústria*, atualmente admitido nas sociedades simples e em nome coletivo (CC/02, arts. 997, V, e 1.039), ou seja, aquele que, por motivos diversos, inclusive falta de condições, participa da sociedade sem participar do capital social, e que por isso entra com a força de seu trabalho (art. 1.006).

O *modo indireto* ocorre pelos serviços comuns ou convencionais relativos ao crédito, e especiais ou diferenciados relativos à administração, e também na área da cobertura de riscos, tudo se alinhando no sentido de permitir que o faturizado, livre de atividades administrativas e tendo garantido o retorno, possa se dedicar mais à atividade-fim, e por decorrência produzir mais.

Veja-se que os valores objeto desse tipo de operação no cômputo geral são expressivos e o mercado é crescente. Conforme divulgação especializada, os faturizadores negociaram, em Reais, 26,67 bilhões em 2002, estimando 29,42 bilhões para 2003 (crescimento de 10%), ano em que no Brasil havia em torno de cento e cinqüenta mil micro e pequenas empresas.[359] Embora a realidade seja muito dinâmica, a fotografia do período confirma o processo de expansão do *factoring* como contrato de fomento, estímulo, auxílio ao micro, pequeno e médio empresário.

12. *Vantagens e desvantagens*. Ao faturizador; ao faturizado.

12.1. *Ao faturizador*. No exercício de atividade profissional, as vantagens estão relacionadas ao lucro, e as desvantagens aos riscos inerentes a toda atividade econômica, variáveis umas e outras conforme as habilidades de quem administra e as oscilações do mercado.

O faturizador exerce atividade profissional por livre opção. Não há, em relação a ela, um rol previamente conhecido de vantagens e desvantagens; ao contrário, quanto às vantagens, ele é que deve oferecê-las, a fim de tornar as atividades típicas um produto competitivo no mercado consumidor.

De qualquer modo, por envolver atividade profissional privada, as vantagens dizem com o lucro, e as desvantagens com os riscos do negócio. Para tanto, há dois momentos importantes: antes e depois de iniciar.

Antes de iniciar, o interessado deve, como em todo empreendimento econômico, realizar criteriosa avaliação das condições do mercado, como as oscilações ocorridas nos últimos anos, a situação no momento, as perspectivas de expansão, etc., bem assim levantamento dos custos permanentes e temporários, mais a rentabilidade mínima. A partir daí é possível chegar-se a um volume necessário de operações mensais, em termos de valor, e, então, com base em dados objetivos, decidir a respeito da viabilidade do projeto. Aliás, se não souber fazer isso para si, como poderá ensinar o faturizado a bem administrar na questão dos serviços especiais ou diferenciados?

Depois de iniciar, requer de seu administrador sensibilidade e conhecimentos específicos, experiência, qualificação profissional, etc. Precisa aprimorar constantemente os conhecimentos nas áreas de interesse da sua empresa e das empresas-clientes, como princípios, normas e estratégias. Precisa conhecer o mercado próprio e das

---

[359] Revista de *Factoring* n° 2, julho-agosto de 2003.

clientes, o que abrange as empresas concorrentes, taxas e tarifas que estão praticando, compradores dos clientes que estão em crise e que estão bem, setores do mercado que estão em crise e que estão aquecidos. É fundamental que conheça as técnicas e ferramentas da administração financeira para melhor orientar as empresas-clientes.

O *factoring*, conforme ensinamentos do eminente Luiz Lemos Leite, é uma "atividade complexa, ampla e abrangente", cujo exercício "pressupõe sólidos conhecimentos de mercado, de gerência financeira, de matemática e de estratégia empresarial".[360]

Consta na *Revista do Factoring*, texto importante a respeito do *Gerente Operacional*: "O Gerente de Operações deve ser uma pessoa com as habilidades inerentes àqueles que trabalham com contatos comerciais. Só que ele não vende qualquer mercadoria, ele vende dinheiro. Para o seu crescimento profissional e o desenvolvimento de sua empresa, é necessário que ele se aprimore constantemente, buscando conhecimento em todas as áreas que afetem a sua relação com os seus clientes, a relação dos clientes com o mercado e com a empresa de *Factoring*. É fundamental que ele conheça bem a sua empresa, principalmente no que se refere aos princípios, normas, áreas e estratégias de interesse. É fundamental que ele conheça o mercado; seus concorrentes, as taxas e tarifas que estão sendo praticados, os clientes e setores que estão apresentando problemas e os clientes e setores que estão em crescimento. É fundamental, ainda, que ele conheça bem o funcionamento dos negócios dos segmentos dos seus clientes. É importante que o G.O. busque se aprofundar nas técnicas e ferramentas da Administração Financeira, pois no assessoramento aos clientes, esse conhecimento será muito importante."[361]

12.2. *Ao faturizado*. Vantagens; desvantagens.

12.2.1. *Vantagens*. **São arroladas as seguintes:** *(a)* **forma simplificada e rápida de converter o ativo realizável em disponível;** *(b)* **garantia contra a inadimplência e/ou insolvência do devedor;** *(c)* **simplificação dos serviços contábeis;** *(d)* **havendo financiamento, há venda a prazo com efeito de à vista; e** *(e)* **terceirização de serviços, permitindo dedicação exclusiva à atividade-fim.**

As vantagens estão basicamente relacionadas aos fatores de expansão (nº 5 *supra*) e existem em abstrato ou teoricamente, pois em concreto ou na prática dependem dos termos do contrato.

Habitualmente, são arroladas as seguintes:

(a) Forma simplificada e rápida de conseguir capital de giro, convertendo o ativo realizável em ativo disponível, ao invés do sistema bancário (nº 5.2.2 *supra*). Com efeito, o sistema bancário ocorre em procedimento demorado e burocrático (passa por diversos departamentos), sem falar na garantia, e na reciprocidade, uma vez que os bancos, às vezes, condicionam à feitura de seguros, compra de títulos de capitalização, etc.

O sistema *factoring*, ao invés, ocorre em procedimento rápido, simples e desburocratizado, sem exigência de garantia, muito menos reciprocidade. Representa uma perspectiva de socorro para a empresa conseguir capital de giro em momentos de apuros, de baixa produção, de recessão no país, tudo de forma simplificada e independentemente da situação econômica. Não raras vezes, o *factoring* constitui a única maneira de as empresas em dificuldades econômicas, com títulos protestados, cobran-

---

[360] Luiz Lemos Leite, *Factoring no Brasil*, 2ª ed., 1994, p. 23-4.

[361] Revista do *Factoring* nº 2, julho-agosto de 2003.

CONTRATOS EMPRESARIAIS

ças judiciais, etc., conseguirem recursos financeiros para superar crises que podem ser momentâneas. Assim é porque os bancos classificam empresas em dificuldades como de *alto risco* e por isso não lhes concedem crédito, além de os valores, normalmente pequenos, despertarem pouco interesse.

(b) Garantia contra a inadimplência e/ou insolvência do devedor. Essa garantia diz com a própria razão do surgimento do *factoring* (n° 5.1 *supra*). Ocorrendo transferência *pro soluto*, o faturizado fica protegido de eventual quebra do devedor. Mesmo que a garantia se restrinja à pontualidade (n° 6.3.1 *supra*), fica protegido da inadimplência, pelo menos momentânea, caso a cessão tenha ocorrido *pro solvendo*.

(c) Havendo financiamento (n° 6.3.1 *supra*), *há a facilidade nas vendas a prazo, sem abrir mão dos efeitos positivos da venda à vista.* Às vezes, o empresário é forçado a vender a prazo por causa da concorrência. O faturizado oferece aos compradores em geral as facilidades da venda a prazo, o que estimula a manutenção e ampliação da clientela, inclusive no mercado externo, sem abrir mão dos efeitos positivos da venda à vista. Reduzindo o período saída-entrada do dinheiro em caixa, permite-lhe melhor preço na compra de matérias-primas, sempre mais favorável na negociação à vista. O resultado final será o aumento do volume de operações, aquecendo as economias individual e geral.

(d) Simplificação dos serviços contábeis (substitui as contas geral e individual de cada comprador por uma única em nome do faturizador). Escreve o ilustre Jacobo Leonis: "Contabilmente, o *factoring* permite que o cliente possa suprimir as contas de todos e de cada um de seus compradores, substituindo-as por uma única, em nome do *factor*, e que representará a soma das faturas comerciais que lhe irá cedendo. Desta sorte, o *factor* aparecerá como se fosse o único comprador do cliente e lhe irá pagando o valor das faturas comerciais cedidas, nos seus vencimentos, a menos que se pactue o serviço de financiamento, caso em que entregará adiantamentos".[362]

(e) Terceirização de serviços relacionados ao crédito e ao mercado (n° 6.2 *supra*), *permitindo dedicação exclusiva ao objeto empresarial (atividade-fim).* O faturizado libera-se de atividades relativas ao crédito, mercado de consumo, cadastramento de clientes, assessoria creditícia e mercadológica, administração de contas a pagar e a receber. Isso permite-lhe se concentrar apenas na atividade profissional ou atividade-fim. Se for uma indústria, poderá se dedicar tão-só à produção, e por decorrência oportunidade de aperfeiçoar o sistema produtivo. Por exemplo, medidas para reduzir os custos operacionais, para aumentar a eficiência (produtividade), para reduzir o desperdício, para aumentar a qualidade evitando as devoluções, etc.

12.2.2. *Desvantagens.* **São arroladas as seguintes: *(a)* os custos reduzem a margem de lucro; *(b)* custo superior em relação às formas comuns de conseguir crédito; *(c)* aumenta do risco ao faturizado, pois atua com baixa margem de lucro e pequenos faturamento e clientela; *(d)* a ausência de lei específica alimenta controvérsia a respeito de inúmeros pontos.**

Habitualmente, são arroladas as seguintes:

(a) Os custos reduzem a margem de lucro. Então, para compensar, ou aumenta-se o preço, tornando os produtos menos competitivos no mercado, ou tolera-se a baixa lucratividade. Num e noutro caso, sobem os riscos de o empreendimento fracassar, seja por eventual baixa nas vendas, seja por eventual lucratividade insuficiente.

---

[362] Jacobo Leonis. *O contrato de factoring*, RF 254, p. 462.

O eminente Arnaldo Rizzardo refere ocorrências de os encargos (juros e comissão de risco), atingir a faixa de vinte por cento ao mês, o que caracteriza verdadeira sangria dos faturizados que produzem, em benefício de intermediários, e por isso alerta: "Quando não bem dirigido e controlado, o *factoring* pode levar à descapitalização e à insolvência dos que dele se socorrem".[363]

(b) *Custo superior em relação às formas comuns de conseguir crédito.* O custo final é naturalmente superior se comparado às formas comuns de o faturizado conseguir crédito, pois, além das taxas normais, há a comissão de risco (n° 26.4 *infra*) nas transferências *pro soluto*, se isso for pactuado. Diria que, salvante este aspecto, não há por que as taxas do *factoring* serem maiores do que as cobradas pelas instituições financeiras. Aliás, a respeito deste item, a revista especializada publica matéria demonstrando que as taxas médias das *factorings* não superam as dos bancos, além de oferecerem muito mais serviços.[364] Mas cabe à empresa avaliar, caso a caso, conforme as circunstâncias do momento, qual a melhor opção.

Arnaldo Rizzardo alerta que no final verifica-se um custo superior, pois "Além dos juros, correção monetária e eventualmente taxas de operacionalização, estas componentes da remuneração, deverá o cliente pagar um equivalente ao risco, ou à margem de insegurança que suporta o *factor* referentemente aos devedores insolventes ou que simplesmente não pagam por várias outras razões como: desaparecimento do domicílio, contestações judiciais demoradas ou protelatórias, argüição de exceções pessoais e desconstituição irregular das sociedades".[365]

À sua vez, Jacobo Leonis: "Econômica e financeiramente, diz-se que o custo do *factoring* é caro, tanto em suas comissões como em juros, quando também se pactua o serviço financeiro, não obstante possamos considerar que, com ele, se reduzem os gastos fixos ou estruturais das empresas clientes – que incidem sobre elas tanto em épocas de pleno rendimento como de recessão – e que os bancos somente concedem créditos em função da solvência que lhes merece o prestatário".[366]

(c) *Aumento do risco ao faturizado, pois atua com baixa margem de lucro e pequenos faturamento e clientela.* O *factoring* aí não é aconselhável porque, na prática, ou o faturizado fica sem lucro algum, ou será tão reduzido que inviabiliza o empreendimento. Ainda, com pequenos faturamento e clientela, qualquer impacto negativo pode ser decisivo para o futuro.

Fábio Konder Comparato escreve que a faturização não é aconselhada "nas seguintes hipóteses: *1)* indústrias que fabricam produtos pouco elaborados, vendidos com baixa margem de lucro unitário (siderurgia mecânica pesada, indústrias petrolíferas, produtos agrícolas e agropecuários); *2)* empresas que vendem diretamente ao consumidor; *3)* empresas em situação de oligopólio, ou de monopólio de fato; *4)* empresas com reduzida clientela ou de escasso faturamento".[367]

(d) *A ausência de lei específica alimenta controvérsia a respeito de inúmeros pontos.* A ausência de regulamentação específica enseja inúmeros questionamentos, como veremos nos itens subseqüentes, de tal modo que o *factoring* se levado a juízo, no tocante ao vínculo entre faturizador e faturizado, enseja demoradas discussões e entendimentos divergentes.

---

[363] Arnaldo Rizzardo, *Factoring*, 1997, p. 50.

[364] Revista do Factoring n° 2, julho-agosto de 2003, p. 10.

[365] Arnaldo Rizzardo, *Factoring*, 1997, p. 51.

[366] Jacobo Leonis, *O contrato de factoring*, RF 254, p. 389.

[367] Fábio Konder Comparato, *Factoring*, RT 249, p. 389.

CONTRATOS EMPRESARIAIS

13. *Natureza jurídica do contrato.* Mista ou híbrida. Resulta da combinação de diversos outros contratos empresariais, mas especialmente do contrato de comissão mercantil. Exceto no *factoring internacional* é incorreto dizer *contrato complexo*, pois participam apenas duas partes (faturizador e faturizado), ou *união*, ou *coligação* de contratos ou *simbiose* contratual.

A natureza jurídica do *factoring* é de contrato misto ou híbrido porque resulta da miscigenação de diversos outros, como vimos pelas semelhanças (n° 8 *supra*), a saber: desconto bancário, abertura de crédito (crédito rotativo), seguro de crédito, mútuo, *forfaiting*, mas resulta especialmente do contrato de comissão mercantil.

O *factoring*, como vimos (n° 2 *supra*), resulta de um processo histórico evolutivo de três contratos, iniciando pelo de representação comercial, que gerou o contrato de comissão mercantil *tipo clássico*, ensejando ao comissário a também *vender em nome próprio*, e por conseguinte abrindo possibilidade de o comissário (aqui *faturizador*) garantir perante o comitente-vendedor (aqui *faturizado*) a solvabilidade e pontualidade do comprador. O passo seguinte foi o surgimento de um *tipo especial* de comissão mercantil, abrindo a possibilidade de o comissário (aqui *faturizador*) financiar o comitente vendedor (aqui *faturizado*) nas vendas a prazo.

Daí surgiu, apoiado no *princípio da especialização*, o contrato de *factoring* para, dando mais um passo e já como uma profissão, permitir ao faturizador não só financiar o faturizado em todas vendas a prazo e garantir-lhe a solvabilidade e/ou a pontualidade do comprador, mas também prestar-lhe assistência e serviços tanto relativos ao crédito quanto à administração.

Trata-se de novo indivíduo. Diz-se *misto* ou *híbrido* porque traduz, com fidelidade, o fenômeno ocorrente quando elementos de mais de um contrato se juntam para formar uma unidade indissolúvel e independente. E diz-se *unidade indissolúvel* porque o descumprimento rompe o todo, e não apenas a parte descumprida. É incorreto dizer *união* ou *coligação* de contratos, pois significam coexistência de mais de um num mesmo instrumento. Justapõem obrigações. Também é incorreto dizer *simbiose* contratual, pois significa vida em comum entre dois seres, com benefícios mútuos, sem perder a individualidade. No *factoring* não ocorre isso. De igual modo, exceto no *factoring internacional* (n° 7.5 *supra*), não é correto dizer *contrato complexo* porque, embora as múltiplas origens, dele participam apenas duas partes: faturizador e faturizado. Quem compra os produtos vendidos ou serviços prestados pelo faturizado, portanto contrato de compra e venda empresarial, de igual modo não participa do contrato de faturização.

14. *Características gerais do contrato.* Forma; estrutura; comutatividade; onerosidade; *intuitu personae*; liberdade.

14.1. *Forma.* Escrita, por instrumento público ou particular.

Quanto à forma, o contrato pode ser por escritura pública ou particular, mas, a rigor, no que tange aos serviços relativos ao crédito, o *factoring* é um contrato informal, porquanto basta a prova de que os títulos foram entregues numa operação de faturização, havendo por óbvio os inconvenientes de todo ajuste verbal, caso em que será importante verificar as práticas habituais, especialmente entre as mesmas partes ou mesmo entre o faturizador e terceiros, conforme o art. 488 do CC/02, resolvendo-se as dúvidas contra o faturizador, porquanto cabe-lhe, na condição de profissional do ramo, a formalização, não podendo tirar proveito da própria falha.

322   *Irineu Mariani*

14.2. *Estrutura.* Bilateral ou sinalagmática, isto é, obrigações recíprocas, e não apenas unilaterais.

14.3. *Comutatividade.* Direitos e obrigações equivalentes.

A comutatividade quer dizer direitos e obrigações equivalentes, obrigações e benefícios proporcionais ou no mesmo grau, o que vem a ser uma dimensão da função social do contrato (nº 12.1.3-C do Cap. I), salvo naquilo que a própria lei diferencia ou por tratar-se de característica do instituto.

14.4. *Onerosidade.* É inerente à atividade empresarial. Não há contrato empresarial gratuito.

14.5. *Intuitu personae.* Havendo cessão de crédito, especialmente quando *pro soluto* (sem direito de regresso), se estende também ao devedor do faturizado.

Enquanto noutros contratos esta característica se estabelece, como é normal, entre as partes diretamente envolvidas, no *factoring*, havendo cessão de crédito, especialmente quando *pro soluto* (sem direito de regresso), se estende também ao devedor do faturizado. Quer dizer, em tal situação, a característica *intuitu personae* tem uma dimensão diferenciada, pois, na realidade, ao faturizador interessam apenas as qualidades ou condições pessoais do devedor.

14.6. *Liberdade.* Como não há lei especial, sujeita-se apenas as limitações dos princípios gerais dos contratos e, quando há transferência de crédito, também às respectivas normas específicas.

Como ainda não há lei especial, a liberdade é bastante ampla. O *factoring* sujeita-se apenas as limitações estabelecidas pelos princípios gerais dos contratos (CC/02, arts. 421-26), tais como das funções social e ética, cláusulas abusivas, etc., e, quando há transferência de crédito (por cessão ou por endosso translativo), como veremos (nº 20.1 *infra*), sujeita-se também às respectivas normas específicas.

15. *Partes e objeto do contrato.* Quanto às partes (requisitos subjetivos); quanto ao objeto (requisito objetivo).

15.1. *Quanto às partes (requisito subjetivo).* Relativamente ao faturizador; relativamente ao faturizado.

15.1.1. *Relativamente ao faturizador.* Sempre um empresário. Toda *atividade factoringária* é de *natureza empresarial*, mesmo quando serviços especiais ou diferenciados e prestados a sociedade simples; logo, quando exercício coletivo, o faturizador deve se organizar como *sociedade empresária*, e quando exercício individual deve se organizar como *empresário individual*.

Relativamente ao *faturizador*, toda *atividade factoringária*, seja no campo dos serviços, seja no das assistências e seja no da cobertura de riscos (nº 6 *supra*), desde o CC/02 é de *natureza empresarial*, pois, conforme o *caput* do art. 966 cabe no conceito de "atividade econômica organizada para a produção ou a circulação de bens ou de serviços", sem ser abrangida pelas exceções do parágrafo único, o qual exclui as "de natureza científica, literária ou artística".

Não custa lembrar que, pela *teoria da empresa* ou dos *atos empresariais*, adotada pelo atual Código Civil, todas as atividades econômicas, entenda-se privadas e lucrativas, são empresariais, inclusive os serviços, salvo as exceções previstas no parágrafo único do art. 966, as quais, se exercidas coletivamente resultam *sociedade simples* (antiga civil).

Poder-se-ia questionar acerca dos *serviços especiais ou diferenciados* (n° 6.2.2 *supra*), objeto de *trustee factoring* (n° 7.3 *supra*), no sentido de serem apenas de assessoramento, portanto científicos, e por conseguinte não-empresariais; logo, quando *exercício coletivo*, a sociedade cujo objeto fosse tão-só a prestação de tais serviços seria *sociedade simples*, e não empresarial, dispensando, por decorrência, quando *exercício individual*, registro como empresário individual (firma), assim como o médico, o advogado, o administrador, etc.

Porém, não é possível tal classificação na medida em que os serviços especiais ou diferenciados traduzem, como vimos, co-administração, co-gestão, parceria, terceirização de itens de comando. Isso é mais que assessoramento: é envolvimento, é co-autoria. Ao nosso ver, trata-se de *atividade empresarial*, mesmo que a faturizada não seja uma *sociedade empresarial*, vale dizer, esteja organizada como *sociedade simples*.

Portanto, sendo sempre *atividade empresarial*, quando *exercício coletivo* o faturizador deve se organizar como *sociedade empresária*, e quando *exercício individual* deve se organizar como *empresário individual*. Conclusivamente: como faturizador, temos sempre um empresário *coletivo* ou *individual*.

Preocupa, sim, o art. 1°, § 2°, *a*, do Projeto de Lei 230/95, quando refere que o cedente-endossante deve ser *pessoa jurídica*, o que levado ao pé da letra, exclui o empresário individual, uma vez que este *não é* pessoa jurídica, mas apenas equiparado a tal para fins de Imposto de Renda.

15.1.2. *Relativamente ao faturizado*. Não há necessidade de que seja empresário. Nada obsta seja sociedade simples, e inclusive pessoa natural que, no exercício de atividade econômica de natureza não-empresarial, gerou crédito para recebimento futuro.

Relativamente ao *faturizado*, não há necessidade de que seja empresário coletivo ou individual. Nada obsta figure como faturizada uma sociedade que tenha por objeto, por exemplo, a pintura de telas, portanto atividade artística, conseqüentemente não-empresarial (CC/02, art. 966, parágrafo único), e por conseguinte *sociedade simples*.

Na seqüência, também nada obsta figure como faturizada pessoa natural que, no exercício de atividade econômica de natureza não-empresarial, gerou crédito para recebimento futuro.

15.2. *Quanto ao objeto (requisito objetivo)*. Não há dúvida no que tange às atividades típicas. Entende-se que, salvo restrição legal específica (ainda inexistente), o limite é a atividade privativa de instituição financeira; logo, quanto à *forma*, independe de como esteja documentado o crédito e, quanto à *origem*, independe de ser ou não resultante de atividade empresarial ou não-empresarial, bastando que seja de *atividade profissional*, quer dizer *econômica*.

A possível dúvida não existe no que tange às atividades típicas em si (n° 6 *supra*), mas aos créditos passíveis de operação de *factoring*, seja quanto à forma seja quanto à origem.

Há o *entendimento amplo* de que, quanto à *forma*, independe de como esteja documentado, se em título de crédito, ou qualquer papel executivo, inclusive confissão de dívida; e, quanto à *origem*, independe de ser resultante de atividade empresarial ou não-empresarial, bastando que seja resultante de atividade profissional, quer dizer, atividade econômica, o que abrange inclusive, por exemplo, honorários médicos, advocatícios, etc., já devidos, mas não-exigíveis, em virtude de pactuação para recebimento futuro.

A esse, contrapõe-se o *entendimento restrito* de que, quanto à *origem*, só pode ser crédito decorrente de *atividade empresarial*, excluindo dessarte a sociedade simples e o profissional liberal *lato sensu*, e desde que, quanto à *forma*, esteja atestado por duplicata.

Considerando que a *atividade factoringária*, mesmo que não tenha lei específica, está definitivamente implantada, não se pode restringir por restringir, sob pena de vulneração ao princípio constitucional de que ninguém é obrigado a fazer ou deixar de fazer alguma coisa senão em virtude de lei (CF, art. 5º, II).

Assim, e inclusive porque não há lei restringindo, o entendimento amplo é o que se amolda à realidade vigente. O limite é a atividade privativa de instituição financeira (Lei 4.595/65, art. 17), como veremos (nº 17 *infra*). Por exemplo, não se admite que o faturizado emita uma Nota Promissória a favor do faturizador, portanto figurando como devedor ele próprio, e não terceiro perante o qual ele, faturizado, é credor, pois, aí, não temos compra e venda de crédito, e sim empréstimo puro e simples, em caráter profissional, atividade privativa das instituições financeiras.

Arnaldo Rizzardo defendendo o entendimento amplo, assevera que "não se concebe a idéia de que a *atividade factoringária* transite apenas no campo das duplicadas, ou das transações reguladas pela Lei 5.474, de 1968. Quaisquer títulos de crédito podem ser objeto do *factoring*: as letras de câmbio, as notas promissórias, as duplicatas, os conhecimentos de transporte, os conhecimentos de depósito, os *warrants*, os cheques, as cédulas pignoratícias e hipotecárias, e até contratos escritos de confissão de dívida".[368]

Preocupa, sim, o texto do art. 1º do Projeto de Lei 230/95, pelo quanto que de restritivo pode ter ao limitar-se, no campo do crédito das *factorings*, a referir os decorrentes das *vendas mercantis* (entenda-se *empresariais*) e de *prestação de serviços*. Há entender, a fim de que não haja retrocesso, toda e qualquer operação empresarial, aí incluído todo contrato empresarial, bem assim toda e qualquer prestação de serviço, seja de natureza empresarial ou não.

16. Formação e execução do contrato (sistemas individual e coletivo). É *sistema individual* quando há um contrato autônomo para cada operação, sendo de execução continuada no caso de serviços especiais. É *sistema coletivo* quando há um contrato-padrão, integrando-se cada operação mediante um termo aditivo ou simples encaminhamento da documentação pelo faturizado e recepção pelo faturizador.

No *factoring* há distinguir dois sistemas na sua formação e execução do contrato: o individual e o coletivo.

No *sistema individual*, as partes celebram um contrato autônomo para cada operação. E uma vez executado, exaure-se a relação jurídica. Inclui-se neste sistema a celebração de contrato de prestação de serviços especiais (nº 6.2.2 *supra*), com a diferença de que institui relação jurídica continuativa, isto é, o contrato é de execução continuada.

No *sistema coletivo*, as partes celebram um contrato-padrão, o qual contempla em abstrato as cláusulas que vigorarão quando de cada operação em concreto. Neste sistema, integra-se cada operação ao contrato-padrão mediante um termo aditivo ou, entende-se que também é suficiente, e inclusive mais adequado à dinâmica da ativi-

---

[368] Arnaldo Rizzardo, *Factoring*, 1997, p. 75-6.

CONTRATOS EMPRESARIAIS

dade empresarial, o simples encaminhamento da documentação pelo faturizado e a recepção pelo faturizador.

17. *Não-coincidência com a atividade bancária*. As empresas de *factoring* não concedem empréstimos, e sim compram créditos resultantes de atividades profissionais, e, com ou sem antecipação, não o fazem com recursos de terceiros, mas próprios. A tese da coincidência com a atividade bancária está superada.

O tema foi bastante polêmico. O BACEN chegou a emitir a Circular 703/82 dizendo estarem os responsáveis pela prática do *factoring* sujeitos às penas do art. 44, § 7º, da Lei 4.595/64 (multa e detenção de um a dois anos), portanto indiretamente proibindo a atividade, mas revogou-a pela Circular 1.359/88, pois falece-lhe competência para qualificar o exercício de atividades econômicas e para interferir em questões de registro empresarial.

Ocorre que o Judiciário desde muito antes da Circular 703/82, vinha decidindo que a compra de crédito com recursos próprios não caracterizava atividade privativa das instituições financeiras, haja vista a inexistência de crime.[369] Depois da Circular 703 foram concedidos diversos mandados de segurança para fins de arquivamento de contratos na Junta Comercial.[370]

É que nos termos do art. 17 da Lei 4.595/64, que por seu turno puxa o art. 44, § 7º, instituição financeira é a pessoa jurídica pública ou privada que tem por "atividade principal ou acessória a coleta, intermediação ou aplicação de recursos financeiros próprios ou de terceiros, em moeda nacional ou estrangeira, e a custódia de valor de propriedade de terceiros."

Ora, as empresas de *factoring* não concedem empréstimos, e sim compram créditos resultantes de atividades profissionais, o que é diferente; e quando os compram, com ou sem antecipação (nºs 7.1 e 7.2 *supra*), não o fazem coletando, ou intermediando ou aplicando recursos de terceiros, mas exclusivamente próprios.

Desde que restou bem clara essa diferença, a divergência rumou para a superação, e o próprio legislador, percebendo que era um caminho sem volta, até porque em franca expansão em diversos outros países, cuidou de imediatamente tributar a atividade, como veremos (nº 29 *infra*). Por fim, não se pode desconsiderar, ao menos como intenção do legislador, o Projeto de Lei 230, no Congresso Nacional, em tramitação desde 1995, regulamentando a atividade.

E, assim, está estruturado o *factoring*, cujas atividades típicas do faturizador (nº 6 *supra*) vão além da compra de crédito, diferenciando-se da atividade bancária inclusive em relação a este, uma vez que realiza serviços não oferecidos pelas instituições financeiras, máxime quando há garantia contra a inadimplência e/ou insolvência do devedor. Aliás, há um dispositivo no Projeto 230, acrescido em maio-2003, pela Comissão de Constituição e Justiça do Senado, que autoriza as empresas faturizadoras a emitirem debêntures quando antecipam os valores. Se vingar, certamente vingará com as devidas cautelas, mas o só fato de tal ser possível aproxima ainda mais as *factorings* dos bancos, pois a debênture é uma forma de captação de dinheiro do público.

Dessarte, a tese da coincidência com a atividade bancária na questão da compra do crédito está superada, assim como em diversos outros países, desde que, obviamente, nem por disfarce haja violação ao art. 17 da Lei 4.595/64.

---

[369] Ex-TFR, Habeas Corpus nº 2.555-ES, em 1971.

[370] Ex-TFR, AMS 99964-RS/86 e 100282-RS/88.

18. Uso do vocábulo "banco" no nome empresarial. Não é privativo das instituições financeiras. Nada consta na Lei 4.595/64. A proibição é só para as cooperativas e consta na respectiva Lei.

A controvérsia surgiu quando as Juntas Comerciais – com os aplausos das instituições financeiras – começaram a recusar o arquivamento de ato constitutivo de empresa de *factoring* contendo o vocábulo *banco* no nome empresarial, sob a alegação de ser privativo das instituições bancárias regidas pela Lei 4.595/64. A origem do entendimento foi a Resolução 11/65 do BACEN, dizendo que as cooperativas (existem cooperativas de crédito) não podiam usar tal palavra. Mas isso ocorreu com base na respectiva legislação, atualmente art. 5º, parágrafo único, da Lei 5.764/71, que diz: "É vedado às cooperativas o uso da expressão "Banco"."

Quanto às sociedades de *factoring*, não há veto algum, nem mesmo na Lei 4.595/64, a ponto de o próprio BACEN, de Porto Alegre, por meio do Ofício 690/88, informar isso à Junta Comercial. Enfim, a palavra *banco* no nome empresarial não é privativa das instituições financeiras, consoante jurisprudência do STF.[371]

Diga-se de passagem, conforme alerta o eminente Arnaldo Rizzardo, há mais instituições que se servem do termo, adicionado a outro ou outros expressando uma atividade, como "banco de olhos, banco de dados, banco de sangue, etc."

Acontece que o significado da palavra *banco* encerra *arquivo, depósito, guarda*. Porém, entende o festejado autor que em relação às *factorings* não é conveniente o uso porque, tratando-se de empresas que atuam principalmente com ativos financeiros, portanto, há afinidades com as instituições bancárias, a utilização "pode confundir ou iludir o público quanto aos objetivos da sociedade mercantil".[372] Já em sentido favorável, sem fazer qualquer restrição, matéria do ilustre Carlos Renato de Azevedo Ferreira.[373]

19. Registro no Conselho Regional de Administração. É plausível a necessidade, face ao art. 2º da Lei 4.769/65, apenas quando o objeto social contemplar, isolada ou cumulativamente, serviços especiais ou diferenciados do *trustee factoring*.

Os Conselhos Regionais de Administração têm notificado as *factorings*, a fim de que encaminhem cópia dos atos constitutivos e alterações para fins de exame, resultando, não raras vezes, deliberação pela necessidade do registro perante o respectivo órgão de classe, assim como acontece, por exemplo, com a sociedade de advogados.

Com efeito, o art. 2º da Lei 4.769/65, que dispõe a respeito do exercício da profissão de administrador, enumera as atividades do referido profissional: "*a)* pareceres, relatórios, planos, projetos, arbitragens, laudos, assessoria em geral, chefia intermediária, direção superior; *b)* pesquisas, estudos, análise, interpretação, planejamento, implantação, coordenação e controle dos trabalhos no campo da Administração, como administração e seleção de pessoal, organização e métodos, orçamentos, administração de material, administração financeira, administração mercadológica, administração de produção, relações industriais, bem como outros campos em que desdobrem ou aos quais sejam conexos."

Para tanto, conforme o art. 3º, o exercício é privativo dos bacharéis em Administração Pública ou de Empresas, inclusive diplomados no exterior, mas com revalidação pelo Ministério da Educação, admitindo-se quem, à data da vigência da Lei,

---

[371] STF, 1ª Turma, RE 72.432-SP, em 1971, RTJ 59/918.

[372] Arnaldo Rizzardo, *Factoring*, 1997, p.17.

[373] Carlos Renato de Azevedo Ferreira, RT 672, p. 90.

contasse pelo menos cinco anos de atividades próprias no campo profissional de administrador.

Considerando as atividades típicas do *factoring* (nº 6 *supra*) e as respectivas espécies, é plausível a necessidade de registro no Conselho Regional de Administração, apenas quando o objeto social contemplar, isolada ou cumulativamente, o *trustee* (nº 7.3 *supra*), mais precisamente serviços especiais ou diferenciados, pois só estes incluem, por exemplo, assessoria, pesquisas, planejamentos, administrações financeiras e mercadológica, etc., caso em que a empresa individual ou coletiva deve ter alguém que responda pelos atos privativos.

Como resolver se o empresário individual não é bacharel nem a sociedade tem sócio com a qualificação?

Por analogia, é invocável a Lei das Licitações. Deverá ter alguém do *quadro permanente* que responda pelos atos privativos. O significado da expressão foi dado pela 1ª Câmara Cível do TJRS, quando assim deliberou: "A expressão *quadro permanente* usada no art. 30, § 1º, I, da Lei 8.666/93, tem o sentido de *quadro efetivo*. Assim, abrange tanto o *quadro social* quanto o *quadro de empregados*, mas não vai além disso, pois se contrapõe ao quadro eventual, temporário, ou não-efetivo. Conseqüentemente, a lei exclui a possibilidade de o responsável técnico integrar-se ao quadro esporadicamente, ou tão-só para os fins da obra ou da prestação dos serviços. Enfim: a lei não admite responsável técnico *ad hoc*."[374]

Cumpre, pois, verificar o objeto social da empresa de *factoring*. Ele é que define quais são as atividades-fins ou típicas e a partir daí a necessidade, ou não, de registro no Conselho Regional de Administração.

Antônio Carlos Donini sugere a seguinte redação, no caso de uma empresa atuar apenas no *factoring com financiamento* ou *convencional*: "A empresa atuará em operações de fomento mercantil, na modalidade convencional, envolvendo funções de compra de crédito (cessão de crédito) e prestação de serviços convencionais (análise de riscos dos títulos e cobrança de créditos da faturizada), conjugada ou separadamente."

E prossegue o culto autor: "Aquelas empresas que quiserem atuar em outras modalidades (como o *trustee*, por exemplo), que eventualmente poderá envolver atos de co-gestão, administração e consultoria, deverão adequar seu objeto no contrato social e, possivelmente, sujeitar-se-ão, também, ao Conselho Federal de Administração. (...). As empresas de *factoring* que atuam na modalidade *convencional* não estão no alcance da fiscalização do Conselho Federal de Administração, pela singela e boa razão de que sua atividade-fim não se enquadra nas hipóteses elencadas como 'natureza administrativa', nos termos da legislação desta atividade." E conclui dizendo que a única modalidade de *factoring* que, em tese, admite discutir essa possibilidade – refere-se ao registro no Conselho Regional – é a modalidade conhecida como *trustee*.[375]

> **20. *Formas de recebimento do crédito pelo faturizador*. Com transferência do crédito (cessão e endosso translativo); sem transferência do crédito (endosso-mandato).**
>
> **20.1. *Com transferência do crédito (cessão e endosso translativo)*. Por cessão; por endosso translativo.**

---

[374] TJRS, 1ª Câmara, ap. cív. 70001123249, Rel. Des. Irineu Mariani.

[375] Antônio Carlos Donini, RT 810, p. 86-7.

20.1.1. *Por cessão*. Envolve *relação obrigacional civil comum*; logo, igualmente regida pela legislação civil comum.

Seguindo ensinamentos de Rubens Requião,[376] *(a)* na cessão há título *do* crédito; *(b)* o ato é contratual bilateral e admite a forma verbal; *(c)* confere direitos derivados, significando isso que a nulidade da anterior afeta a posterior; *(d)* transfere ao cessionário *o crédito*; *(e)* o devedor pode opor ao cessionário a exceção pessoal que tem contra o cedente; e *(f)* salvo estipulação contrária, o cedente não responde pela solvência do devedor.

Portanto, a cessão de crédito envolve *relação obrigacional civil comum*; logo, igualmente regida pela legislação civil comum (CC/02, arts. 286-98).

20.1.2. *Por endosso translativo*. Envolve *relação civil cambiária*; logo igualmente regida pela legislação civil cambiária.

Novamente seguindo Requião, *(a)* no endosso translativo o ato é unilateral; *(b)* só admite a forma escrita; *(c)* confere direitos autônomos, significando isso que a nulidade do anterior não afeta o posterior; *(d)* o endossante ou endossador transfere ao endossatário *o título*, e em conseqüência o crédito nele incorporado; *(e)* o devedor não pode opor ao endossatário exceção pessoal que tem contra o endossante; e *(f)* salvo estipulação contrária, o endossante responde pela solvência do devedor.

Portanto, o endosso translativo de crédito envolve *relação civil cambiária*; logo, igualmente regida pela legislação civil cambiária.

20.2. *Sem transferência do crédito (endosso-mandato)*. O faturizador recebe o título tão-só na condição de mandatário, com poderes para praticar *atos de cobrança* (serviços de cobrança).

Diz o art. 18 da chamada *Lei Uniforme de Genebra*, promultada pelo Decreto 57.663/66: "Quando o endosso contém a menção 'valor a cobrar' (*valeur en recouvrement*), 'para cobrança' (*pour encaissement*), 'por procuração' (*par procuration*), ou qualquer outra menção que implique um simples mandato, o portador pode exercer todos os direitos emergentes da letra, mas só pode endossá-la na qualidade de procurador."

É o chamado *endosso-mandato*, relativamente ao qual os tribunais sempre deliberaram que, em tal hipótese, não há transferência da propriedade do título ao endossatário, pois este recebe-o tão-só na condição de mandatário, com poderes para praticar *atos de cobrança* (serviços de cobrança), por exemplo, no sistema constitucional anterior, decisão do STF, dizendo o seguinte: "... o endosso-mandato não transfere a propriedade do título ao endossatário, sendo, pois, este, parte ilegítima para estar em juízo como autor ou réu, uma vez que é simples procurador do endossante",[377] bem assim atualmente o STJ,[378] [379] não sendo diferente nas Cortes de segundo grau.[380] [381]

No caso do *factoring*, acontece o *endosso-mandato* quando o faturizador recebe o título apenas ao fim de cobrança, como vimos no item relativo às *atividades típicas* (nº 6.2.1-B *supra*), sendo que os serviços são prestados como *atividade-fim* porque se

---

[376] Rubens Requião, *Curso de Direito Comercial*, 23ª ed., 2003, vol. II, p. 407, nº 550.

[377] STF, RE 89.417, RTJ 94/765, Rel. Min. Cunha Peixoto.

[378] STJ, Resp. 57.097-MG, 4ª T., Rel. Min. Sálvio de Figueiredo Teixeira, em 26-5-97, DJU de 16-3-98.

[379] STJ, Resp. 52.937, 3ª T., Rel. Min. Carlos Alberto Menezes Direito, em 15-10-96, DJU de 3-2-97.

[380] TJSE, RT 793/403, Rel. Desª Marilza Maynard Salgado de Carvalho.

[381] Ex-1º TACivSP, 3ª Câmara Extraordinária, RT 748/253, Rel. Dr. Antônio Rigolin.

exaurem na própria prestação, e portanto caracterizam *trustee factoring*, como também vimos (n° 7.3 *supra*).

21. Relação entre faturizador e faturizado quanto ao direito de regresso. Responsabilidade pactuável; responsabilidade pela inadimplência e/ou insolvência do devedor; responsabilidade pela existência do crédito.

Diferentemente do item seguinte, cujo objetivo será *definir as exceções pessoais* do demandado perante o faturizador e o faturizado, o objetivo do ora focado é *definir o direito de regresso* entre estes.

21.1. *Responsabilidade pactuável*. Sendo o *factoring* um contrato atípico, submete-se aos princípios gerais das funções social, ética e econômica, e, no caso, aos específicos da transferência do crédito, nos quais não há responsabilidade indisponível na relação faturizador-faturizado, inclusive no que tange ao *direito de regresso*.

Há entendimento, em especial na jurisprudência, de que a responsabilidade do faturizador pela inadimplência e/ou insolvência do devedor – chamada garantia *bonitas*, ou *nomen bonum* ou *titulum bonum* – é indisponível ou inegociável, vale dizer, não pode ser objeto de pactuação diversa, pois ela cobra uma comissão. Conseqüentemente, seja por meio de cessão ou de endosso translativo, a transferência do crédito é invariavelmente *pro soluto*, integrada ao *factoring* como característica inerente, e portanto o faturizador jamais dispõe de *direito de regresso*.

Mas a aplicação a varrer, leva a injustiças, pois a cobrança de comissão não quer dizer por si só tenha o faturizador assumido o risco da inadimplência e/ou insolvência. É preciso verificar se existe a chamada *comissão de risco*.

Aí a necessidade da discriminação dos valores, como veremos (n° 26.5 *infra*). É direito natural do faturizado saber o que paga e quanto paga, especialmente, no caso, para fins de saber se foi estipulada contraprestação, a qual, com a natureza de prêmio de seguro, objetiva precisamente cobrir o risco da inadimplência e/ou insolvência do devedor, como veremos (n° 26.4 *infra*). Se foi pactuada a responsabilidade pelo faturizador, ou o pagamento de *comissão de risco* pelo faturizado, a transferência ocorreu *pro soluto*; logo, não há direito de regresso daquele contra este na hipótese de impontualidade ou insolvência do devedor.

Ademais, sendo o *factoring* um contrato atípico, submete-se aos princípios gerais das funções social, ética e econômica (n° 11 *supra*) e, no caso, aos específicos da transferência do crédito, nos quais não há responsabilidade indisponível na relação faturizador-faturizado, inclusive no que tange ao *direito de regresso*. Tudo é de livre pactuação, tal como diz o art. 525 do CC/02 em relação aos contratos atípicos: "É lícito às partes estipular contratos atípicos, observadas as normas gerais fixadas neste Código."

Dessarte, no que tange ao ponto focado, enquanto não tivermos lei específica, as partes definem os compromissos de acordo com as conveniências, inclusive – repita-se – no que tange ao direito de regresso, e assim continuará se a lei específica vier nos termos do Projeto 230/95, pois o art. 1°, § 1°, estabelece que o endosso deve conter cláusula especial e reger-se pelas "disposições pactuadas em contrato específico, que estabelecerá as obrigações das partes contratantes, obedecido o disposto nesta lei."

Alfim, se a legislação fala apenas em *insolvência*, que é o *majus*, também pode haver pactuação apenas quanto à *inadimplência*, que é o *minus*.

21.2. *Responsabilidade pela inadimplência e/ou insolvência do devedor.* Assumida pelo faturizado na cessão de crédito; assumida pelo faturizador no endosso translativo de crédito.

21.2.1. *Assumida pelo faturizado na cessão de crédito.* Na cessão há título *do* crédito, não *de* crédito. Salvo cláusula contrária, o faturizado-cedente *não responde* pela inadimplência e/ou insolvência do devedor; logo, em princípio a cessão é *pro soluto.* Se for pactuado que é *pro solvendo,* o faturizador-cessionário ganha o direito de regresso ou de circulação inversa.

Considerando a vinculação do *factoring* com operações e serviços empresariais a prazo, o título *do* crédito (não confundir com título *de* crédito que ocorre no endosso translativo) é a própria fatura (nota fiscal), sendo oportuno lembrar que a emissão de duplicata não é obrigatória, mas facultativa (Lei 5.474/68, art. 2º).

Tendo em conta que a cessão é regulada pelo direito obrigacional comum, incide o art. 296 do CC/2002, que repetiu o art. 1.074 do CC/1916, pelo qual, salvo estipulação contrária, o faturizado-cedente *não responde* pela solvência do devedor. Portanto, em princípio a cessão é *pro soluto.*

Mas, como ressalva o art. 296, isso não é imodificável. Pode o faturizador não aceitar a operação sem que o faturizado assuma a responsabilidade pela inadimplência e/ou insolvência do devedor. Se isso acontecer, a cessão fica *pro solvendo,* ganhando o faturizador-cessionário o direito de regresso ou de circulação inversa.

21.2.2. *Assumida pelo faturizador no endosso translativo de crédito.* Consideração inicial; na duplicada; no cheque pós-datado.

21.2.2-A. *Consideração inicial.* No endosso translativo há título *de* crédito, e não *do* crédito. Salvo cláusula contrária, o faturizado-endossante *responde* pela inadimplência e/ou insolvência do devedor; logo, em princípio o endosso é *pro solvendo.* Se for pactuado que é *pro soluto,* o faturizador-cessionário perde o direito de regresso ou de circulação inversa.

Tendo em conta que o endosso translativo é regulado pelo Direito Cambiário, o faturizado-endossante, salvo estipulação contrária, *responde* pela inadimplência e/ou insolvência do devedor. Portanto, em princípio o endosso é *pro solvendo.*

Por decorrência, se for pactuado que é *pro soluto,* o faturizador-endossatário perde o direito de regresso. Para tanto basta que o endossante faça constar que o endosso é *pro soluto* e tenha o endossatário praticado ato revelador de aceitação.

Como o endosso é típico do Direito Cambiário, no *factoring* tal ocorre quando há título *de* crédito; em tese, qualquer um (nº 15.2 *supra*), mas dentro da tradição histórica e perspectiva legal específica de abranger exclusivamente *vendas mercantis* (entenda-se *empresariais*) e *prestação de serviços* (Projeto 230/95, art. 1º), interessam-nos dois: a duplicata e o cheque pós-datado, este inexistente em termos legais, mas de geral adoção.

21.2.2-B. *Na duplicata.* A **LUG** se plica à duplicata apenas *no que couber.* A **LUG** veda a exoneração do sacador da letra de câmbio só quando ele não pode ser endossante (não cumula a condição de credor). Assim, o veto não atinge o sacador-credor da Duplicada. Nada obsta, pois, que o sacador da **DP** seja, na condição de endossante, exonerado da *garantia do pagamento*; logo, em princípio o endosso é *pro solvendo*. Se for pactuado que é *pro soluto*, o faturizador-endossa-tário perde o direito de regresso.

O art. 25 da Lei 5.474/68 diz que se aplica à duplicata, "no que couber", a legislação da letra de câmbio quanto à emissão, circulação e pagamento. A LUG, aprovada pelo Decreto Legislativo 57/65 e promulgada pelo Decreto Presidencial 57.663/66, diz no art. 9º que o sacador da LC é "garante" da aceitação e do paga-mento, podendo exonerar-se da "garantia da aceitação"; no que tange à "garantia do pagamento", eventual exoneração é considerada "não-escrita", o que já dizia o art. 44, IV, e § 2º, do Decreto 2.044/1908. Por sua vez, diz o art. 11 que a LC "é transferível por via do endosso", o que já dizia o art. 8º do Decreto 2.044/1908. E a 1ª parte do art. 15, também da LUG dispõe: "O endossante, salvo cláusula em contrário, é garante tanto da aceitação como do pagamento da letra", nada dizendo a respeito o Decreto 2.044/1908.

Assim, pelo art. 9º da LUG é indissolúvel a *garantia do pagamento* pelo sacador da LC, havendo até quem fale em impasse com o respectivo art. 15, que, mediante cláusula, enseja a exoneração mediante o endosso, mas atente-se que o art. 9º se refere ao *sacador*, enquanto o art. 15 se refere ao *endossante*, sendo certo que na LC, tendo em conta a sua estruturação, salvo quando sacada sobre o próprio sacador, como logo veremos, as figuras do *sacador* e do *endossante* não coincidem.

Importa, porém, ao tema ora focado, é que existem dois motivos pelos quais não se aplica à duplicata o proibitivo do art. 9º da LUG, e por decorrência não há estorvo algum ao *factoring* quanto à possibilidade do endosso *pro soluto* relativamente à Duplicata.

O *primeiro* está em que, o § 1º do art. 15 da Lei 5.474/68 prevê o endosso da duplicata – conseqüentemente, também o endosso procedido pelo próprio sacador –, e o respectivo art. 25 estabelece que só se lhe aplica a Lei da Letra de Câmbio *no que couber*. Conclui-se daí que o art. 9º da LUG, que impede a exoneração *do sacador*, não se aplica à Duplicada, mas tão-só o art. 15, que autoriza a exoneração *do endossante*.

O *segundo* motivo está em que é diferente a posição do sacador na Letra de Câmbio e na Duplicata.

Com efeito, é sabido que na LC há uma triangulação. Por exemplo: *Antônio*, credor de *Bonifácio* e devedor de *Carlos*, saca uma Letra contra *Bonifácio* a favor de *Carlos*; desse modo, *Bonifácio* (sacado) quitando-a, paga para *Carlos* (tomador, bene-ficiário, credor ou proprietário) a dívida que tinha junto a *Antônio* (sacador, subscri-tor ou emitente). Como o endosso é privativo do credor ou proprietário, só quem pode sê-lo é *Carlos*, cujo endossatário, por seu turno, poderá efetivar nova trans-ferência "e assim – ensina Rubens Requião – pode seguir indefinidamente a circulação do título".[382] O sacador *Antônio* jamais poderá ser endossante, pois não é credor. Ao emitir a Letra, deu em pagamento a *Carlos* o crédito que tinha junto a *Bonifácio*.

Assim, na LC o sacador pode não ser o credor, enquanto na DP necessariamente o é.

Dir-se-á que, em sendo a LC sacada sobre o próprio sacador (LUG, art. 3º), as condições de sacador e de credor recaem sobre a mesma pessoa, assim como na DP; logo, poderá ser endossante, restabelecendo-se, por esse modo, a impossibilidade de o sacador de uma DP exonerar-se da *garantia do pagamento* face ao disposto no citado art. 9º.

---

[382] Rubens Requião, *Curso de Direito Comercial*, 23ª ed., 2002, vol. II, p. 388-9, nº 533.

No entanto, em tal caso incide o art. 15 da LUG que funciona como exceção ao respectivo art. 9°, pois o sacador cumula a condição de credor, e por isso pode endossar, exonerando-se da garantia do pagamento mediante cláusula.

Ainda, tratando-se de título de crédito, a regra é da possibilidade de o credor-endossante poder se exonerar da garantia do pagamento. A impossibilidade é a exceção, só prevista para o sacador de letra de câmbio quando ele não cumula a condição de credor. A exceção, seja ampliadora ou redutora de direitos, por princípio de hermenêutica deve ser interpretada restritivamente.

Não bastasse, cumpre lembrar que o art. 44, IV, do Decreto 2.044, de 1908, tal como também consta no art. 9° da LUG, já considerava cláusula não-escrita a excludente ou restritiva de responsabilidade beneficiando o *devedor ou o credor*, nada constando a respeito da possibilidade de exoneração, como no art. 15 da LUG, motivo de a doutrina, no regime daquele Diploma, ter negado validade à cláusula exonerativa, conforme sintetizado por Fábio Konder Comparato ao indagar: "... admite-se a cláusula 'sem garantia' no endosso cambial?" E respondendo: "É sabido que no regime do Decreto n° 2.044, de 1908, a doutrina sem discrepância tem-lhe negado validade cambial, interpretando a maior parte dos autores o disposto no seu art. 44, e IV, como proibitivo dessa cláusula (Cf. Carvalho de Mendonça, *Tratado de Direito Comercial Brasileiro*, vol. 2, 2ª parte, 5ª ed., n° 686; João Eunápio Borges, *Títulos de Crédito*, n° 82; Pontes de Miranda, *Tratado de Direito Privado*, 3ª ed., tomo XXXIV, p. 332)."

Mas – alerta – "A Lei Uniforme de Genebra, ao contrário, admite-a expressamente (art. 15). Se esta lei entrou em vigor em nosso país, como decidiu o Supremo Tribunal Federal, deve-se reconhecer, por via de conseqüência, que ao endosso de duplicatas também se aplica a cláusula 'sem garantia', por força da norma remissiva contida no art. 25 da Lei n° 5.474, de 1968".[383]

E ensina Rubens Requião: "Aludimos acima ao direito de regresso. Indaga-se se é válida a renúncia do credor ao direito de regresso, isto é, se alguém, descontando uma letra de câmbio através de endosso, pode convencionar que o credor (endossatário) não lhe exigirá o reembolso, dirigindo-se apenas aos outros obrigados. Não temos dúvida de que é válido o pacto extracambial, mas essa renúncia vinculará estritamente apenas aos que a formularam".[384]

Também Eduardo de Sousa Carmo: "É inequívoco que, por força do art. 25 da Lei 5.474, de 18.07.1968, aplica-se à duplicata a faculdade do endosso sem garantia. Por conseguinte, ainda que tirado o protesto contra o principal obrigado (aceitante, na letra de câmbio e na duplicata; subscritor na nota promissória) ou contra o sacado (na letra de câmbio e na duplicata) – ato extrajudicial que autorizaria ação de regresso contra os obrigados subsidiários (sacadores, endossantes e seus respectivos avalistas) – o endossante, que transmitiu o documento, por via do endosso sem garantia, estará protegido das ações do portador do título, visando ao pagamento da obrigação cartular".[385]

Soma-se que o direito obrigacional comum não é de todo alheio ao cambiário, haja vista que o art. 11 da LUG diz que o fato de o sacador inserir as palavras "não à ordem" a letra só fica intransferível em termos cambiários, pois poderá sê-lo "pela forma e com os efeitos de uma cessão ordinária de crédito."

---

[383] Fábio Konder Comparato, *apud* Waldírio Bulgarelli, *Contratos Mercantis*, 10ª ed., 1998, p. 390, n° 534.

[384] Rubens Requião, *Curso de Direito Comercial*, 23ª ed., 2003, vol. II, p. 390, n° 534.

[385] Eduardo de Sousa Carmo, *Endosso sem garantia e o factoring*, RDM 71, p. 59.

Noutras palavras: a eventual intransferibilidade *via endosso translativo* (direito cambiário) não exclui a transferibilidade *via cessão* (direito obrigacional comum).

Conclusivamente, por um ou por outro instituto sempre é possível a transferência do crédito, e considerando que no *endosso* a cláusula é necessária para *exonerar* da garantia o faturizado-endossante, e na *cessão* o é para *não exonerar* o faturizado-cedente, chega-se, por caminho diverso, ao mesmo resultado: quando o interesse das partes não coincide com o princípio legal disponível, basta clausular.

21.2.2-C. *No cheque pós-datado.* Face ao uso correntio, admite-se o cheque *pós*-datado como documento de operações empresariais e prestação de serviços com pagamento a prazo. Assim, pode ser objeto de operação de *factoring*. Salvo estipulação contrária, o endossante do cheque assegura o pagamento; logo, em princípio, o endosso é *pro solvendo*. Se for pactuado que é *pro soluto*, o faturizador-endossatário perde o direito de regresso.

Considerando que no *factoring* a assistência financeira pressupõe crédito a prazo, originado de *operações* empresariais, ou de prestação de *serviços* empresariais ou não, decorrente de atividade profissional; e *considerando* que o art. 2º da Lei 5.474/68 diz que a duplicata é o único título, excluído qualquer outro, que documenta crédito resultante de *operações* empresariais e de *serviços* quando prestados por *sociedade* empresarial ou não, conclui-se que o cheque, por si só, não pode ser objeto de operação de *factoring*, inclusive o *pós*-datado, que legalmente não existe, pois é pagável à vista da apresentação, mesmo antes do dia indicado como de emissão (Lei 7.357/85, art. 32).

Mas nem sempre é possível o mundo do direito desconhecer o mundo heterodoxo. É o caso do popularmente chamado *pré*-datado, embora exato seja dizer *pós*-datado, porquanto grafa-se no *presente* data *futura*, posterior (*pós*), e não *passada*, anterior (*pré*). Trata-se de instrumento de crédito já de uso correntio.

Na realidade, em tal situação, o cheque se transforma em *promessa de pagamento* que, incrivelmente, vence no dia colocado como emissão, aí diferenciando-se da Nota Promissória. Trata-se de artifício à concessão de crédito de modo simples e desburocratizado nas operações empresariais ou não, a prazo, com ou sem parcelamento, cuja adoção é generalizada.

Por conseguinte, desde que não seja mero esquema para "fazer caixa" – isso porque, então, será empréstimo puro e simples, em caráter profissional, portanto usurpando atividade privativa das instituições financeiras –, e sim corresponda a uma efetiva operação empresarial ou de prestação de serviços empresariais ou não, abrangendo inclusive o profissional liberal, pode o cheque *pós*-datado ser objeto de operação de *factoring*.

Afirmada a possibilidade, cabe dizer da sua transmissibilidade "por via de endosso" (Lei 7.357/85, art. 17), o qual deve ser "puro e simples", reputando-se como "não-escrita" qualquer condição a que seja subordinado (art. 18), transmitindo "todos os direitos" resultantes do cheque (art. 20) e – aqui o ponto – "salvo estipulação em contrário, o endossante garante o pagamento", podendo apenas proibir haja novo endosso, sendo que, em havendo mesmo assim, o responsável fica automaticamente liberado da garantia (art. 21 e parágrafo único).

Portanto, em princípio, endosso *pro solvendo*. Se for pactuado que é *pro soluto*, o faturizador-endossatário perde o direito de regresso.

21.3. *Responsabilidade pela existência do crédito.* Responsabilidade assumida pelo faturizador por eventuais vícios; responsabilidade não assumida pelo faturizador e ciência dos vícios.

Uma coisa é o credor não receber pontualmente por motivo de inadimplência do devedor, ou jamais receber por motivo de insolvência, e outra porque o crédito não é devido em razão de vícios, sendo que este aspecto está relacionado às defesas ou exceções pessoais do devedor, como veremos (nºs 22.3 e 22.4 *infra*).

21.3.1. *Responsabilidade assumida pelo faturizador por eventuais vícios.* Consideração inicial; na cessão; no endosso translativo.

21.3.1-A. *Consideração inicial.* Nada obsta que, ressalvados casos de má-fé do faturizado, o faturizador assuma os riscos quanto à existência do crédito resultante de cessão ou endosso translativo, renunciando, por conseguinte, ao direito de regresso, o que não interfere nas exceções pessoais do devedor, pois estas seguem regramento específico.

Incluem-se na expressão *existência do crédito* todas as formas pelas quais o faturizado responde perante o faturizador pela exigibilidade, ou legalidade, ou higidez do crédito em si.

A questão, aqui, é a existência de entendimento no sentido de ser obrigatória a responsabilidade do faturizado por eventuais vícios do crédito, pois independe de figurar no contrato.

É certo que não precisa figurar no contrato, pois se trata de responsabilidade aquiliana, para a qual vigora o princípio *neminem laedere* ou *alterum non laedere* (a outrem não ofender), mas também é certo que isso diz exclusivamente com os interesses patrimoniais das partes envolvidas.

Nada obsta, portanto, que o faturizador assuma os riscos, cobrando a respectiva comissão (nº 26.4 *infra*), e por decorrência exonere o faturizado, repercutindo no direito de regresso, não apenas quanto a eventual inadimplência e/ou insolvência do devedor, como já vimos (nº 21.1 *supra*), igualmente chamada garantia *bonitas*, ou *nomen bonum* ou *titulum bonum*, mas também quanto a eventuais vícios do crédito, igualmente chamada garantia *veritas*, ou *nomen verum* ou *titulum verum*, sendo oportuno observar que o ajuste não interfere nas defesas e exceções pessoais do devedor, porquanto seguem regramento específico (nºs 22.3 e 22.4 *infra*).

A ressalva a ser feita diz respeito a casos de má-fé do faturizado, uma vez que, então, o faturizador não terá conhecimento da eiva. Aliás, se o cedente de má-fé responde até na cessão gratuita (CC/02, art. 295), com mais razão na onerosa, o que se estende ao endosso translativo.

21.3.1-B. *Na cessão.* O cedente responde pela existência do crédito na data da cessão. Porém, o faturizador-cessionário pode liberar o faturizado-cedente, assumindo os riscos de eventuais vícios do crédito, todos ou alguns, como os redibitórios e os da evicção, ressalvados os casos de má-fé do faturizado-cedente.

Tratando-se de *cessão*, o art. 295 do CC/2002, repetindo art. 1.073 do CC/1916, dispõe que sendo por título oneroso, o cedente fica responsável perante o cessionário "pela existência do crédito ao tempo em que lhe cedeu", bem assim na cessão gratuita, se tiver agido de má-fé.

J. M. de Carvalho Santos assim comenta: "A exigibilidade do título não se confunde com a solvência do devedor: a garantia a ela relativa significa a validade e

CONTRATOS EMPRESARIAIS

subsistência do título no momento da cessão. Se a esta o devedor cedido opuser exceção, que seja anterior à cessão e pela qual se torne inexigível, o cessionário tem direito de voltar-se contra o cedente e cobrar-lhe ressarcimento de perdas e danos".[386]

Washington de Barros Monteiro leciona que de outro modo "o cedente enriquecer-se-ia ilicitamente se recebesse pagamento por crédito irreal, de incerta existência. Por essa razão, a lei impõe-lhe a obrigação de responder pela positiva existência do crédito cedido." E continua: "Em três hipóteses diferentes subsiste a responsabilidade do cedente: *a)* transfere este crédito inexistente; *b)* contra o crédito cedido existe exceção, que o inutiliza, como o de dolo, ou compensação; *c)* o crédito tem existência positiva, mas não em favor do cedente, que assim aliena bem alheio".[387]

Exemplos de transferência de crédito inexistente são a venda fictícia, o que inclusive tipifica delito (CP, art. 172, redação do art. 26 da Lei 5.474/68), e a venda futura, pois o crédito deve existir no momento da cessão; exemplos de exceção contra o crédito cedido são a compensação, os vícios redibitórios e a evicção; por fim, a cessão de crédito alheio, uma vez que a titularidade é pressuposto para o ato.

No tocante ao *vício redibitório*, não custa lembrar, configura-se quando o bem se apresentar inapto ao uso legitimamente esperado, por deficiência na qualidade, na quantidade, ou valor inferior ao do comprado (CC, arts. 441-6).

No tocante à *evicção*, o vício desloca-se do bem para o negócio. O vendedor responde pelas conseqüências se o comprador perder o bem por reivindicação de terceiros (CC, arts. 447-57). Doente – digamos – não é o bem, e sim a relação jurídica. A cláusula pode ser reforçada, diminuída ou excluída e não prevalece quando o adquirente sabia que o bem era alheio ou litigioso (arts. 448 e 457). Vê-se, pois, a disponibilidade.

Adunando-se essa disponibilidade ao princípio de que em *factoring*, observados os princípios gerais dos contratos (nº 11 *supra*), nada é não-pactuável no âmbito da relação faturizador-faturizado (nº 21.1 *supra*), tem-se que – embora na cessão por princípio legal o cedente responde pela existência do crédito à época da cessão –, nada obsta que o faturizador-cessionário libere o faturizado-cedente, assumindo os riscos de eventuais vícios do crédito, todos ou alguns, como os redibitórios e os da evicção, ressalvados os casos de má-fé do faturizado-cedente.

21.3.1-C. *No endosso translativo.* **O endossante responde pela existência do crédito na data da cessão. Porém, o faturizador-endossatário pode liberar o faturizado-endossante, assumindo os riscos de eventuais vícios do crédito, todos ou alguns, ressalvados os casos de má-fé do faturizado-endossante.**

Tratando-se de *endosso translativo*, repetem-se as situações da cessão, e, pois, valem os mesmos argumentos. Tem o endossante responsabilidade aquiliana quanto a eventuais vícios do crédito perante o endossatário. Porém, nada impede que, conforme o juízo de conveniência e oportunidade, haja negociação.

Por isso, o faturizador-endossatário pode liberar o faturizado-endossante, assumindo os riscos de eventuais vícios do crédito, todos ou alguns, ressalvados os casos de má-fé do faturizado-endossante.

21.3.2. *Responsabilidade não assumida pelo faturizador e ciência dos vícios.* **A ciência do faturizador quanto a eventuais vícios do crédito,**

---

[386] J. M. de Carvalho Santos, *Código Civil Brasileiro Interpretado*, 8ª ed., 1964, vol. XIV, p. 376.

[387] Washington de Barros Monteiro, *Curso de Direito Civil*, 23ª ed., 1989, vol. IV, p. 349.

não quer dizer, por si só, no silêncio do contrato, que assumiu a responsabilidade. É preciso identificar na *comissão de risco* a cobrança do respectivo *plus*.

Há o entendimento de que se o faturizador, mesmo que não tenha assumido contratualmente a responsabilidade no que tange a eventuais vícios do crédito, ainda assim responde se deles tinha prévio conhecimento. Conforme Antônio Carlos Donini, a responsabilidade do cedente pode desaparecer "quando o cessionário (*rectius*, faturizado) tem conhecimento do risco e perigos do crédito".[388]

No entanto, há dois aspectos a considerar.

O *primeiro* é o de que o critério objetivo tem prevalência porque o subjetivo estimula infindáveis questionamentos, levando não raro a soluções conflitantes.

No caso do *factoring*, se as partes silenciaram quanto a eventuais moléstias do crédito, não se pode concluir pela responsabilidade do faturizador, mesmo estando ciente. Implantar esse questionamento na relação faturizador-faturizado, que exige soluções rápidas, é atiçar demoradas peleias judiciais no pantanoso terreno do subjetivismo. Ademais, esse perigo não deve ao natural correr por conta do faturizador que, certamente no bom propósito de colaborar com o faturizado ante situação embaraçosa, aceitou negociar, e sim deste que arriscou oferecer produto que de igual modo sabia ser de incerta higidez.

O *segundo* é o de que é possível a responsabilidade do faturizador, mesmo no silêncio do contrato, porém quando for reconhecido que cobrou um *plus* na comissão de risco, portanto, critério objetivo. Quer dizer, além da quantia relativa ao risco pela insolvência, cobrou outra relativa ao risco pelos vícios do crédito (nº 26.4 *infra*).

Como desinência, resta claro que o ideal é o contrato explicitar. Seja cessão seja endosso, deve dizer por conta de quem correm os riscos de o crédito eventualmente fenecer por doença prévia à transferência, recomendando-se objetividade inclusive no registro, quer dizer, fazer constar apenas quem responde, e não, por exemplo, de que as partes *não têm conhecimento de qualquer vício*, expressão que enseja prova em contrário e pode até dar margem a *reserva mental*, como prevê o art. 110 do CC/02 e definida por Nélson Nery Júnior como "produto da divergência entre a vontade e a manifestação, o que implica uma manifestação, mas não uma vontade de manifestação ou de seu conteúdo",[389] não se resolvendo o problema, pois.

22. *Relação entre faturizado-faturizador e demandado quanto às exceções*. Consideração inicial; exceções gerais; exceções pessoais na cessão de crédito; exceções pessoais no endosso translativo de crédito.

22.1. *Consideração inicial*. Não há confundir as *exceções* com a responsabilidade quanto à inadimplência e/ou insolvência, onde, salvo cláusula diversa (matéria disponível), a cessão libera o cedente, e o endosso não libera o endossante. Nas *exceções*, tanto *gerais* quanto *pessoais*, a disciplina é legal (matéria indisponível).

Diferentemente do item anterior, cujo objetivo foi *definir o direito de regresso* na relação faturizador-faturizado, o objetivo deste é *definir as exceções*, tanto *gerais* quanto *pessoais*, do demandado perante eles.

Com efeito, é preciso definir quando o devedor, uma vez demandado, pode e quando não pode argüir exceções ou defesas, as quais dizem com vícios formais e/ou

---

[388] Antônio Carlos Donini, RT 802, p. 739, item 5.2.2.3.

[389] Nélson Nery Júnior, *Vícios do Ato Jurídico e Reserva Mental*, 1983, p. 16.

CONTRATOS EMPRESARIAIS

337

substanciais do crédito. É preciso definir quando o devedor, uma vez demandado, tendo exceções pessoais contra o faturizado, com quem contratou diretamente, pode argüi-las contra o faturizador.

A matéria, conforme igualmente anunciado (n° 21.3.1-A *supra*), segue regramento específico. Isso quer dizer que os princípios legais que regem a relação faturizador-faturizado, e as respectivas combinações acerca dos riscos da insolvência e eventuais vícios do crédito – por aí se definindo o *direito de regresso* –, não interferem no direito do devedor quanto às exceções. A isenção de responsabilidade do faturizado, cedente ou endossante, no tocante à adimplência e/ou insolvência do devedor, não quer dizer que o demandado está inibido de argüir contra o faturizador, cessionário ou endossatário, as exceções contra aquele.

Não há confundir, portanto, as *exceções* com a responsabilidade quanto à inadimplência e/ou insolvência, onde, salvo cláusula diversa (matéria disponível), a cessão libera o cedente, e o endosso não libera o endossante.

Com efeito, nas *exceções* a disciplina é legal (matéria indisponível), sendo que, como veremos a seguir, estrutura-se do seguinte modo: *(a)* quanto às *gerais*, o devedor pode argüi-las contra qualquer credor; e *(b)* quanto às *pessoais*, na *cessão* o devedor pode argüi-las contra qualquer credor, e no *endosso translativo* tão-só as que dispõe contra o exeqüente, salvo má-fé entre endossante e endossatário.

22.2. *Exceções gerais*. Dizem com nulidades do negócio jurídico, matéria indisponível, que o juiz inclusive pode-deve pronunciá-las de ofício; logo, podem ser argüidas por qualquer demandado, independentemente de quem seja o credor e de sua boa-fé.

As *exceções gerais* dizem, em princípio, com matéria indisponível. Por exemplo, as nulidades do negócio.

O art. 166 do CC/02 comina de nulo o negócio jurídico quando: "*I* – celebrado por pessoa absolutamente incapaz; *II* – for ilícito, impossível ou indeterminável o seu objeto; *III* – o motivo determinante, comum a ambas as partes, for ilícito; *IV* – não revestir a forma prescrita em lei; *V* – for preterida alguma solenidade que a lei considere essencial para a sua validade; *VI* – tiver por objetivo fraudar lei imperativa; *VII* – a lei taxativamente o declarar nulo, ou proibir-lhe a prática, sem cominar sanção."

Por seu turno, o art. 168 confere a qualquer interessado o direito de alegar as nulidades, e o parágrafo único estabelece que, uma vez provadas, o juiz deve pronunciá-las de ofício, não lhe sendo permitido supri-las.

Se, no devido processo, *devem* ser pronunciadas de ofício pelo juiz, vale dizer, não dependem de iniciativa das partes (CPC, art. 128), assim como determinadas questões processuais (CPC, art. 267, § 3°), óbvio que também podem ser argüidas por elas.

Por exemplo, se num endosso translativo houver nulidade do título de crédito, perdendo o papel a executividade, nada obsta a argüição pelo executado, independentemente de quem seja o exeqüente e de sua boa-fé.

Rubens Requião, comentando acerca dos títulos de crédito, leciona que "podem ser opostos a *qualquer portador* os vícios formais ou de falta de requisito necessário ao exercício da ação. Uma letra de câmbio, por exemplo, a que lhe falte um requisito essencial, não configura título cambiário, e qualquer pessoa que nele apareça em posição de devedor pode opor ao credor esse vício fundamental, elidindo a ação fundada no título de crédito. O mesmo ocorre quando o emissor do título for incapaz, não podendo o credor dele exigir o crédito igualmente reconhecido pelo menor".[390]

---

[390] Rubens Requião, *Curso de Direito Comercial*, 23ª ed., vol. II, p. 366, n° 514.

338   *Irineu Mariani*

22.3. Exceções pessoais na cessão de crédito. Prevalece a *oponibilidade das exceções pessoais*, ao invés do endosso translativo. Como a cessão transmite *direitos derivados*, e não autônomos, o demandado cumula as defesas que tem contra o faturizador-cessionário, bem assim contra o faturizado-cedente.

Dispõe o art. 294 do CC/02 que o devedor "pode opor ao cessionário as exceções que lhe competirem, bem como as que, no momento em que veio a ter conhecimento da cessão, tinha contra o cedente."

Isso ocorre porque a cessão transmite direitos derivados, e não autônomos, diferentemente do endosso. Lembrando Rubens Requião, a *cessão* confere direitos derivados, quer isso dizer que a nulidade da antecedente afeta as subseqüentes. Em suma, o cedente transfere ao cessionário *o crédito* e o devedor pode opor ao cessionário a mesma defesa que teria contra o cedente.[391]

A redação da 1ª parte do art. 1.072 do CC/1916 falava apenas em *ações que lhe competirem*, sem a expressão *contra o cedente* posta no final do art. 294 do CC/2002.

Numa leitura acelerada, fica-se com a idéia de que o devedor só pode fazer as argüições que tinha contra *o último* cedente; contra eventuais outros, não. Porém, há compreender contra todos os cedentes integrantes da cadeia, uma vez que, diferentemente do endosso translativo, como veremos (nº 22.4.1 *infra*), na cessão prevalece, em razão de os direitos serem derivados, o *princípio da oponibilidade das exceções pessoais*. Demais disso, a vingar a interpretação literal do art. 294 do CC/02 bastará ao credor *nova cessão* para que ao devedor reste burlado o direito de cumular as defesas.

Conclui-se, pois, que na *cessão de crédito* ocorrente no *factoring* o devedor cumula contra o faturizador-cessionário as defesas que tem contra este, com base em relação pessoal (direito decorrente de relação direta), mais as contra o faturizado-cedente até quando tomou conhecimento da cessão. Tudo o que afeta o crédito, integral ou parcialmente, mesmo que seja de relação individual do devedor com o faturizado-cedente, pode ser argüido perante o faturizador-cessionário, como vícios de consentimento e redibitórios, evicção, pagamento, novação, compensação, etc.

Digamos que numa cessão de onze mil, o devedor dispõe de um título líquido e certo de sete mil contra o faturizado-cedente e, fruto de relações outras, de um de três mil contra o faturizador-cessionário. Pode argüir a extinção de dez mil por meio da compensação (CC/02, art. 368), desimportando a natureza da cessão, se *pro solvendo* ou *pro soluto*, porquanto, como vimos (nº 21 *supra*), repercute apenas no *direito de regresso*. Restará ao faturizador-cessionário apenas um mil reais.

J. M. de Carvalho Santos comenta: "São sempre oponíveis as exceções que afetam a própria substância do crédito, como as de nulidade por vícios de consentimento, a prescrição, etc. As exceções pessoais do devedor só podem ser opostas ao cessionário quando ele estiver, em relação àquela, na mesma situação em que estava o cedente, isto é, tenham origem anterior ao momento em que o cedente ficou ciente da cessão. Entre essas exceções, chamadas *ad persona cedendis*, estão as de pagamento e novação".[392]

22.4. Exceções pessoais no endosso translativo de crédito. Consideração inicial; características gerais e especiais dos títulos de crédito; exceções pessoais na duplicata; exceções pessoais no cheque.

---

[391] Rubens Requião, *Curso de Direito Comercial*, 23ª ed., 2003, vol. II, p. 407, nº 550.

[392] J. M. de Carvalho Santos, *Código Civil Brasileiro Interpretado*, 8ª ed., 1964, vol. XIV, p. 371.

22.4.1. *Consideração inicial.* No endosso translativo prevalece a *inoponibilidade das exceções pessoais* do demandado, ao invés da cessão. Decorre do *princípio da circulação*, o qual radica na característica geral e essencial da *autonomia das relações cartulares.* Como o endosso transmite *direitos autônomos,* e não derivados, o devedor não cumula as defesas que tem contra o endossatário e as que tem contra o endossante, salvo má-fé para prejudicá-lo.

No *endosso translativo de crédito* vigora o princípio de que, salvo prova de má-fé do endossador e do endossatário na transferência, prevalece a *inoponibilidade das exceções pessoais* do demandado, vale dizer, com quem não contratou diretamente, ou com quem se encontra em contato apenas em razão da circulação do título. Para romper a inoponibilidade, cabe ao demandado provar que o endosso ocorreu para prejudicar a sua defesa face ao primeiro (caso de endossatário testa-de-ferro ou *laranja* do endossador). Por exemplo, para evitar argüição de compensação.

Com efeito, o *princípio da inoponibilidade das exceções pessoais* do devedor com quem não travou relação individual existe nos títulos de crédito por causa da *circulação.*

A *circulação* diz com princípio histórico e imprescindível, o qual por sua vez radica na característica geral ou comum e essencial da *autonomia das relações cartulares.*

A *autonomia,* ao contrário do que às vezes é dito, não quer dizer *independência* – que é uma característica especial e não-essencial –, mas, sim, que individualmente cada obrigação decorre do título. Cada relação é autônoma em relação às demais, salvo nos casos de má-fé. Cada possuidor, desde o primeiro credor até o último endossatário, exercita direito próprio, e não derivado como na cessão, motivo por que, diferentemente desta, no endosso translativo, como ensina Rubens Requião, a nulidade do antecedente não afeta o subseqüente.[393]

Isso faz com que o título circule hígido, puro, livre de questões disponíveis envolvendo os portadores antecedentes e o devedor. Na realidade a autonomia entre eles é relativa, ou, como disse antes, não ocorre em termos absolutos, pois ficam ressalvados os casos de má-fé na transferência.

Tirante a má-fé na transferência, o sistema funciona como se em cada circulação houvesse novo título entre o endossatário e o demandado. Este só pode argüir questões disponíveis se forem pessoais com aquele que lhe cobra. O direito do exeqüente não é diminuído ou destruído por questões que o executado tem com terceiros, as quais desconhece e sequer tem obrigação de conhecer e, por conseguinte, não tem condições de se defender, salvo – repita-se – os casos de má-fé.

Foi o modo inteligente e justo encontrado pelo direito moderno para, de um lado, cumprir com segurança o *princípio da circulação dos títulos de crédito* e preservar o portador de boa-fé, e, de outro, nos casos de má-fé, não privar o demandado de fazer contra este argüições que tem contra terceiro.

22.4.2. *Características gerais e especiais dos títulos de crédito. Gerais:* literalidade, autonomia e cartularidade. *Especiais:* idependência e abstração ou abstratividade.

A princípio, necessário relembrar, seguindo ensinamentos de Rubens Requião,[394] as características comuns ou gerais dos títulos de crédito:

(a) Literalidade. Existe na exata medida do que está escrito; enuncia-se em *escrito,* e só o que escrito está se leva em consideração.

---

[393] Rubens Requião, *Curso de Direito Comercial,* 23ª ed., 2003, vol. II, p. 407, n° 550.

[394] Idem, p. 559-60, n°s 505-7.

(b) Autonomia. Cada obrigação decorrente do título é autônoma das demais; o possuidor de boa-fé exercita direito próprio, que não pode ser restringido ou destruído por relações entre outros possuidores e o devedor.

(c) Cartularidade. Assenta-se, materializa-se numa cártula, num papel, num suporte material, num documento, necessário ao exercício do direito de crédito, requisito que, há reconhecer, está sendo afetado pelo mundo virtual trazido com a informática.

Necessário igualmente relembrar as características especiais dos títulos de crédito:

(a) Independência. Motivo de confusões com a autonomia, quer dizer que o título se basta a si próprio, não se liga ao ato original de onde proveio, não é causal, por exemplo, a LC e a NP, diferente do causal, que se liga a um contrato que lhe deu origem, por exemplo, as ações da S/A se ligam ao ato constitutivo, e a DP se liga a operações empresariais ou prestação de serviços.

(b) Abstração. Refere-se à circulação. Vem a ser a independência aplicada à circulação, quer dizer, na circulação todo título, mesmo que originalmente não goze de independência, adquire a característica especial da abstratividade quando o vínculo entre credor e devedor existe tão-só por motivo da circulação.

22.4.3. *Exceções pessoais na duplicata.* O art. 17 da LUG exclui as exceções pessoais do demandado com os endossadores antecedentes, salvo má-fé para prejudicá-lo; logo, subsistem as exceções gerais ou indisponíveis.

Tratando-se de Duplicata, incide, por força do art. 25 da Lei 5.474/68, o art. 17 da LUG (Decreto 57.663/66), que diz: "As pessoas acionadas em virtude de uma letra não podem opor ao portador as exceções fundadas sobre as relações pessoais delas com o sacador ou com os portadores anteriores, a menos que o portador ao adquirir a letra tenha procedido consciente em detrimento do devedor." E o art. 51 do Decreto 2.044/1908: "Na ação cambial, somente é admissível defesa fundada no direito pessoal do réu contra o autor, em defeito de forma do título e na falta de requisito necessário ao exercício da ação."

Em síntese, o art. 17 da LUG exclui as exceções pessoais do demandado com os endossadores antecedentes, salvo má-fé para prejudicá-lo; por decorrência, subsistem as gerais ou indisponíveis. Já o art 51 do Decreto exclui até mesmo as questões indisponíveis que tecnicamente não derivam do direito cambiário, e por isso há doutrina que o critica. Como, rigorosamente, cuida de matéria diversa, Rubens Requião considera-o não revogado pelo art. 17 da LUG.[395]

Dispõe, ainda, o art. 8º da Lei 5.474/68 que o comprador pode recusar aceite da duplicata por motivo de: "*I* – avaria ou não-recebimento das mercadorias, quando não expedidas ou não entregues por sua conta e risco; *II* – vícios, defeitos e diferenças na qualidade das mercadorias, devidamente comprovados; *III* – divergência nos prazos ou nos preços ajustados."

No que tange à necessidade de, relativamente aos títulos de crédito, serem excluídas as exceções pessoais do demandado face a terceiros (*rectius*, com quem não contratou diretamente), salvo casos de má-fé, escreve o eminente Prof. Requião: "O interesse social visa, no terreno do crédito, a proporcionar ampla circulação dos títulos de crédito, dando aos terceiros de boa-fé plena garantia e segurança na sua aquisição. É necessário que na circulação do título, aquele que o adquiriu, mas não conheceu ou participou da relação fundamental ou da relação anterior que ao mesmo deu nascimento ou circulação, fique assegurado de que nenhuma surpresa lhe venha

---

[395] Rubens Requião, *Curso de Direito Comercial*, 23ª ed., 2003, vol. II, p. 454, nº 601.

CONTRATOS EMPRESARIAIS **341**

perturbar o seu direito de crédito por quem com ele não esteve em relação direta. O título deve, destarte, passar-lhe às mãos purificado de todas as questões fundadas em direito pessoal, que porventura os antecessores tivessem entre si, de forma a permanecer límpido e cristalino nas mãos do novo portador."

"A segurança do terceiro de boa-fé é essencial na negociabilidade dos títulos de crédito. O direito, em diversos preceitos legais, realiza essa proteção, impedindo que o subscritor ou devedor do título se valha, contra o terceiro adquirente, de defesa que tivesse contra aquele com quem manteve relação direta e a favor de quem dirigiu a sua declaração de vontade. Por conseguinte, em toda a fase da circulação do título, o emissor pode opor ao seu credor direto as exceções de direito pessoal que contra ele tiver, tais como, por exemplo, a circunstância de já lhe ter efetuado o pagamento do mesmo título, ou pretender compensá-lo com crédito que contra ele possuir. Se o mesmo título houver saído das mãos do credor direto e for apresentado por um terceiro, que esteja de boa-fé, já nenhuma exceção de defesa ou oposição poderá usar o devedor contra o novo credor, baseado na relação pessoal anterior. Este, ao receber o título, houve-o purificado de todas as relações pessoais anteriores que não lhe dizem respeito."

E um pouco adiante: "Se, todavia, o adquirente do título agir de má-fé, estando, por exemplo, conluiado com o portador anterior, a fim de frustrar o princípio da inoponibilidade da exceção de defesa que contra ele tivesse o devedor, este tem o direito de opor-lhe a defesa que teria contra o antecessor."

"A inoponibilidade das exceções fundadas em direito pessoal do devedor contra o credor constitui a mais importante afirmação do direito moderno em favor da segurança da circulação e negociabilidade dos títulos de crédito".[396]

22.4.4. *Exceções pessoais no cheque.* **O art. 25 da Lei 7.357/85 exclui as exceções pessoais do demandado com os endossadores antecedentes, salvo má-fé para prejudicá-lo; logo, subsistem as exceções gerais ou indisponíveis.**

Tratando-se de *cheque*, diz o art. 25 da Lei 7.357/85: "Quem for demandado por obrigação resultante de cheque não pode opor ao portador exceções fundadas em relações pessoais com o emitente, ou com os portadores anteriores, salvo se o portador o adquiriu conscientemente em detrimento do devedor."

Portanto, e pelas mesmas razões doutrinárias dos demais títulos, vigora para o cheque o mesmo princípio da inoponibilidade das exceções pessoais do demandado face a terceiros, salvo má-fé para prejudicá-lo; logo, subsistem as exceções gerais ou indisponíveis.

23. *Interpretação da cessão e do endosso como institutos auxiliares do factoring.* **O objeto do** *factoring* **na área da assistência é a negociação ou compra e venda de crédito. A cessão e o endosso não são institutos de compra e venda de crédito. Embora isso, cumprem satisfatoriamente o objetivo, apenas que, operando como institutos auxiliares, o norte é interpretá-los do modo que melhor atendam aos interesses daquele a quem servem.**

A cessão e o endosso translativo não são institutos concebidos para se vincularem a outros, como acontece quando se vinculam ao *factoring*.

---

[396] Rubens Requião, *Curso de Direito Comercial*, 23ª ed., 2003, vol. II, p. 365-6, nº 514.

No *factoring*, quando há transferência de crédito, na realidade não ocorre simples cessão ou endosso, mas *negociação de crédito*, compra e venda mesmo. Por isso, rigorosamente, a cessão e o endosso não são adequados. A cessão, por óbvio, traduz *cessão* de crédito, e não compra e venda. Já no endosso não circula *o crédito*, e por decorrência o título, mas *o título*, e por decorrência o crédito. Distancia-se ainda mais da compra e venda.

Mas, embora não haja perfeito ajuste, são os instrumentos disponíveis ao *factoring*, os quais atendem satisfatoriamente aos seus fins, apenas que, operando como institutos auxiliares, o norte é interpretá-los do modo que melhor atendam aos interesses daquele a quem servem, obviamente com a cautela de não se cair na pura heterodoxia, criando-se figuras estupendas.

Oportunos os ensinamentos de Arnaldo Rizzardo: "Assim acontece com o *factoring*, revelando uma tipicidade particular, de relações econômicas não identificadas com determinados padrões de regulações das atividades humanas. (...). Possui a sua marca, as suas características, o seu objeto e se impõe por si mesmo, dentro da sua peculiaridade. Chega-se, daí, a afastar o emprego de princípios e ditames de outras figuras. O decreto 2.044, e assim a Lei 5.474, bem como a Lei Uniforme de Genebra sobre letras de câmbio e notas promissórias, disciplinam a emissão e circulação de títulos de crédito não ligados ou utilizados em figuras distintas. Surgindo o *factoring* dentro de suas características peculiares, impõe o respeito e a obediência segundo o seu conteúdo".[397]

24. *Notificação do devedor*. Na cessão de crédito; no endosso translativo de crédito.

24.1. *Na cessão de crédito*. Para a cessão ser eficaz *em relação a terceiros*, deve ocorrer em instrumento próprio, e para que seja eficaz *em relação ao devedor*, este deve ser notificado. Qualquer forma é válida. O pagamento ao credor primitivo antes da notificação desobriga o devedor, não, porém, o posterior. Havendo mais de uma cessão, há prioridade ao crédito notificado que constar de escritura pública.

Para que a cessão de crédito seja eficaz em *relação a terceiros*, diz o art. 288 do CC/02 que deve ocorrer por instrumento público ou particular com os requisitos do art. 654, § 1°, o qual dispõe acerca do mandato e exige a qualificação das partes e do objeto, mais data e lugar. O art. 1.069 do CC/1916 fazia remissão ao art. 135, que exigia duas testemunhas, e que passou para o art. 211 do CC/2002 sem tal exigência (lembremos, porém, que sem as duas testemunhas o documento não é título executivo, conforme o art. 585, II, do CPC).

Como também no mandato não há necessidade de testemunha, parece-nos que a remissão à 1ª parte do art. 221, e não ao art. 654, § 1°, seria mais adequada.

Para que a cessão seja eficaz *em relação ao devedor*, exige-se ainda a notificação.

Com efeito, o art. 290 do CC/02 dispõe que a cessão do crédito "não tem eficácia em relação ao devedor, senão quando a este notificada". Admite-se qualquer forma, inclusive o simples ciente pessoal. O § 3° do art. 1° do Projeto de Lei 230/95, estabelece que o devedor deve ser notificado "da cessão havida".

À sua vez, o art. 292 desobriga o devedor que "antes de ter conhecimento da cessão" paga ao credor primitivo ou, havendo mais de uma cessão notificada, paga ao cessionário que lhe apresenta os títulos da cessão e do crédito, com prioridade ao

---

[397] Arnaldo Rizzardo, *Factoring*, 1997, p. 71-2.

CONTRATOS EMPRESARIAIS

343

da notificação quando o crédito constar de escritura pública. A contrario senso, se o devedor, após a notificação, pagar ao credor primitivo, pagará mal, e por decorrência não obterá o efeito liberatório perante o cessionário.

Não é, pois, a notificação, requisito de validade da cessão entre o faturizado-cedente e o faturizador-cessionário, mas tão-só de eficácia perante o devedor. E quando houver mais de uma cessão, a lei concede apenas *prioridade* ao crédito notificado que constar de escritura pública.

24.2. *No endosso translativo de crédito*. O endosso é lançado no próprio título ou em folha ligada. Não há necessidade de notificação do devedor, para fins de eficácia, até porque sendo dívida *querable*, credor é quem se apresenta com o título. Ao devedor cabe exigir o resgate. Mas há entendimento da necessidade da notificação porque no *factoring* não há simples endosso, mas, antes, compra e venda de crédito, entendimento esse que perderá a atualidade na hipótese de o § 3º, do art. 1º, do Projeto 230/95, se converter em lei.

No endosso, não há necessidade de notificação do devedor para eficácia porque, envolvendo título *de* crédito, ele se opera no próprio documento ou, inexistindo espaço, em "folha ligada" ou "anexa" (LUG, art. 13), ou "folha de alongamento" (Lei 7.357/85, art. 19), entenda-se *folha colada*.

Dessarte, a eficácia do endosso perante o devedor independe de notificação. Ela ocorre *ex vi legis*, como decorrência da própria dinâmica do instituto cambiário. Aliás, não custa lembrar, o § 3º do art. 1º do Projeto 230/95 fala que o devedor deve ser notificado "da cessão". É que o endosso, diferentemente da cessão, como vimos no item anterior, é obrigatoriamente lançado no próprio título de crédito ou em folha colada e a quitação regular *a priori* só ocorre mediante o resgate da cártula, até porque sendo por natureza dívida *querable* o devedor não sabe, no dia do vencimento, onde e com quem ela se encontra.

"A apresentação do título – ensina Rubens Requião a respeito da LC, mas aplicável a todo título de crédito – é condição essencial, pois o portador, exibindo-o, comprova, em princípio, sua qualidade de credor. Essa apresentação e a restituição do título ao devedor constituem, como lembram Percerou e Bouteron, uma condição do exercício do direito".[398]

Conclusivamente, assim como no título *do* crédito, o devedor paga mal (não obtém o efeito liberatório), se o fizer ao cedente após notificado da cessão, o mesmo acontece no título *de* crédito, independentemente de notificação, se, tendo sido objeto de endosso, o fizer ao credor original sem exigir a respectiva entrega.

Ainda que assim seja sob o ponto de vista técnico, há registrar corrente doutrinária e jurisprudencial, pode-se dizer majoritária, de que, embora a falta de notificação não iniba o faturizador de demandar contra o devedor, a sua falta o autoriza a pagar diretamente ao faturizado.

Quer isso dizer que a notificação do devedor é sempre imprescindível, mesmo tratando-se de endosso, se o faturizador quiser excluir o efeito liberatório de eventual pagamento direto ao credor primitivo. Noutras palavras: aplica o instituto da cessão de crédito aos títulos de crédito, sob o argumento de que aí não se trata de mero endosso, mas, antes, de *negociação de crédito*.

Nesse sentido o entendimento de Arnaldo Rizzardo, salientando que o maior interessado na notificação é o faturizador, mas também é obrigação do faturizado,

---

[398] Rubens Requião, *Curso de Direito Comercial*, 23ª ed., 2003, vol. II, p. 228-9, nº 579.

"sendo relevante, senão indispensável, a confirmação da transferência do próprio titular do crédito. Normalmente, é ele que providencia em dar ciência ao devedor, o que afasta qualquer dúvida sobre o titular do crédito, e dispensa outras medidas certificadoras do ato".[399]

A 2ª Câmara Cível do ex-TARS decidiu que o *factoring* não depende da concordância do devedor, porém "o contrato só atinge a plenitude de seus efeitos – quer dizer no sentido de oponibilidade – após a notificação do devedor".[400] A 14ª Câmara Cível do TJRS, num caso em que o devedor não notificado pagou duplicata mercantil – portanto, caso de endosso – diretamente ao faturizado-sacador-endossante, proclamou a sua ilegitimidade passiva em demanda ajuizada pelo faturizador-endossatário, reconhecendo a este apenas o direito de regresso.[401]

Como vimos (nº 23 *supra*), a cessão e o endosso translativo de crédito são institutos auxiliares do *factoring*. Neste não se opera simples cessão ou endosso, mas compra e venda de crédito. Por isso, nas circunstâncias, é razoável o entendimento da exigência da notificação do devedor para fins de eficácia perante ele, inclusive no endosso, o que, no rigor do Direito Cambiário, é despiciendo.

Contudo – cumpre alertar –, na hipótese de o § 3º do art. 1º, do Projeto 230/95, se converter em lei, a exigência de notificação ficará restrita à cessão de crédito. O respeitável entendimento perderá atualidade.

25. *Fontes de receita do faturizador*. São as seguintes: *(a)* por serviços não-vinculados ou como atividade-fim; *(b)* por assistência financeira e respectivos serviços vinculados ou como atividade-meio; *(c)* por assistência não-financeira e respectivos serviços vinculados ou como atividade-meio; e *(d)* por cobertura de riscos de inadimplência e/ou insolvência. Em suma, coincidem com as três áreas de atividade: dos serviços, da assistência e da cobertura de riscos.

É incontornável adotar como norte o Projeto 230/95, cujo art. 3º, se transformado em lei, dirá que as receitas operacionais do faturizador compõem-se de: "*I* – comissão de prestação de serviços; *II* – diferencial na aquisição de créditos; *III* – outras, que não conflitem com o disposto na alínea *b* do parágrafo único do art. 2º desta lei", o qual refere-se às atividades privativas dos bancos.

O projetado inc. I refere-se à remuneração por *apenas* prestação de serviços, entenda-se não-vinculados ou como atividade-fim, abrangendo tanto os comuns ou convencionais quanto os especiais ou diferenciados (nº 6.2 *supra*).

Já o projetado inc. II refere-se à remuneração por *aquisição de créditos*, quer dizer, envolve *assistência financeira* e os respectivos serviços vinculados ou como atividade-fim (nº 6.3.1 *supra*).

À sua vez, o projetado inc. III é um *tipo aberto*, pois refere-se genericamente a *outras* remunerações, entenda-se quaisquer outros serviços e/ou investimentos empresariais, desde que não sejam privativos da atividade bancária. Por exemplo, a assistência não-financeira, consistente na compra de matéria-prima e/ou insumos, e a cobrança de comissão especial na área da cobertura de risco (nºs 6.3.2 e 6.4 *supra*).

---

[399] Arnaldo Rizzardo, *Factoring*, 1997, p. 78-9.

[400] ex-TARS, 2ª Câmara, ap. cív. 195075064, em 10-8-95, Rel. Dr. Marco Aurélio dos Santos Caminha.

[401] TJRS, 14ª Câmara, ap. cív. 70005062104, em 27-11-03, Rel. Des. Marco Antônio Bandeira Scapini.

Tem-se, pois, as seguintes fontes de receita: *(a)* por serviços não-vinculados ou como atividade-fim; *(b)* por assistência financeira e respectivos serviços vinculados ou como atividade-meio; *(c)* por assistência não-financeira e respectivos serviços vinculados ou como atividade-meio; e *(d)* por cobertura de riscos de inadimplência e/ou insolvência. Em suma, coincidem com as três áreas de atividade: dos serviços, da assistência e da cobertura de riscos.

26. *Comissões do faturizador*. Denominação; comissão de serviços; comissão de assistência; comissão de risco; discriminação das rubricas e dos valores.

26.1. *Denominação*. Em simetria com as atividades nas três áreas básicas e com as fontes de receitas, a designação deve identificar genericamente as três espécies de comissões: *(a)* comissão de serviços; *(b)* comissão de assistência; e *(c)* comissão de riscos. Pode-se acrescer elementos para identificação mais específica.

Como adiantamos (nº 6.1 *supra*), as espécies de comissões se distinguem a partir das espécies de atividades.

Tendo novamente como norte o art. 3º do Projeto 230/95, no qual identificamos as fontes de receita (nº 25 *supra*), vimos que são referidas: *(a)* comissão por *prestação de serviços*, identificando genericamente a atividade (serviços); *(b)* comissão por *diferencial na aquisição de créditos*, de igual modo identificando genericamente a atividade (assistência financeira); e *(c)* comissões *outras*, decorrentes de outras atividades, desde que não privativas das instituições bancárias.

Nota-se, pois, o princípio de que a comissão é designada conforme a identificação genérica da atividade.

Ante isso, e em simetria com as três áreas básicas de atividade do faturizador (de *serviços*, de *assistência* e de *cobertura de riscos*), que por sua vez constituem as diversas fontes de receita, conclui-se que existem três espécies de comissões, conforme a *natureza da contraprestação*, a saber: *(a)* comissão de serviços; *(b)* comissão de assistências; e *(c)* comissão de riscos. Em suma: serviços, investimentos e assunção de riscos, o que, como veremos (nº 29 *infra*), clareia a parte tributária.

É possível acrescer complementos para maior individualização. Por exemplo, comissão de serviços comuns, ou especiais; comissão de assistência financeira, ou não-financeira; comissão de risco de inadimplência, ou de insolvência, etc. De qualquer modo, o recibo deve cumprir os requisitos legais, sendo ainda mais específico (CC/02, art. 320).

26.2. *Comissão de serviços*. Natureza jurídica; por serviços comuns ou convencionais; por serviços especiais ou diferenciados; valor da comissão; base de cálculo.

26.2.1. *Natureza jurídica*. Representa contraprestação por trabalho.

Do já exposto (nº 6.2 *supra*), não é difícil concluir que a *comissão de serviços* representa contraprestação por trabalho do faturizador, vale dizer, serviços comuns e especiais.

Noutras palavras: apenas serviços não-vinculados ou serviços como atividade-fim. Significa isso dizer que ela é exclusiva do *trustee factoring* (nº 7.3 *supra*), porquanto apenas neste os serviços são prestados como atividade-fim, não se vinculando a qualquer espécie de assistência seja financeira seja não-financeira, abrangendo inclusive, em tal hipótese, a comissão *service fee* cobrada no *factoring internacional* (nº 7.5 *supra*).

346 *Irineu Mariani*

26.2.2. *Por serviços comuns ou convencionais.* Dizem com atividades executivas ou burocráticas. Dividem-se em *serviços de análise de risco* e *serviços de cobrança de crédito.*

Os serviços *comuns ou convencionais* dizem com atividades executivas ou burocráticas relativas ao crédito. Dividem-se em *serviços de análise de risco* e *de cobrança de crédito*, como vimos (n° 6.2.1 *supra*).

São exemplos de *serviços de análise de risco*, preservado o sigilo e a não-quebra ilegal: investigação junto a bancos de dados, tipo Serasa, SPC, Cartório de Protestos, junto ao Fisco, ao Judiciário e verificação das condições de solvabilidade, inclusive, quando houver transferência de crédito – embora aí já diga com *factoring* que não o *trustee* –, investigação a respeito das condições de a faturizada vender o crédito, como a efetiva ocorrência da venda ou prestação do serviço e sua validade.

São exemplos de *serviços de cobrança de crédito*: controle dos vencimentos, envio de boletos, acompanhamento da taxa de juros, remessa de avisos, realização de contatos pessoais com os devedores inadimplentes, medidas assecuratórias do direito creditício, enfim, atos que têm em mira a cobrança, sendo que, quando não há transferência de crédito, como é o caso do *trustee factoring*, o faturizador recebe os títulos por endosso-mandato, e não por transferência do crédito (cessão ou endosso translativo).

26.2.3. *Por serviços especiais ou diferenciados.* Dizem com atividades deliberativas, próprias de quem comanda. Na prática, terceiriza-se determinados itens de comando. É a idéia de parceria entre faturizador e faturizado.

Os serviços especiais ou diferenciados dizem com atividades deliberativas típicas de comando. Na prática, há co-gestão, co-administração. Pactua-se uma ingerência do faturizador na administração do faturizado. Terceiriza-se determinados itens de comando. Em suma: envolvimento, parceria entre faturizador e faturizado, como vimos (n° 6.2.2 *supra*).

Temos neste particular um exemplo de o quanto avança o *princípio da especialização*, fonte de todas as atividades econômicas e etiqueta característica da atualidade. Chega-se ao ponto ser criada uma empresa para administrar ou compartilhar da administração de outra.

26.2.4. *Valor da comissão.* Como não há valor nem balizas legais, a pactuação é livre, respeitados os princípios gerais dos contratos. A abusividade, para mais ou para menos, pode ser argüida quando aberrante, gerando *extrema vantagem* a uma das partes (CC/02, art. 478).

Como não há valor fixado em lei nem balizas legais, como existem, por exemplo, em relação aos honorários advocatícios (CPC, art. 20), as partes é que deliberam a respeito.

O faturizador, tendo em conta os exemplos de serviços acima arrolados, e eventualmente outros, seleciona os pertinentes ao caso concreto, avalia a extensão e a complexidade do trabalho e faz a proposta, estabelecendo-se a partir daí a definição.

Portanto, o valor da comissão de serviços é fixado livremente pelas partes, porém devem ser respeitados os princípios gerais dos contratos, nominadamente as funções social e ética, como vimos (n°s 11.1 e 11.2 *supra*), o que autoriza que as partes invoquem abusividade do *quantum* para mais ou para menos, pois a liberdade é relativa.

Com efeito, o contrato deve servir de instrumento racional de conciliação de interesses públicos e privados, porém nos limites da equidade (princípio da comuta-

Contratos Empresariais   **347**

tividade ou do equilíbrio nos direitos e obrigações) e baseado na idéia daquilo que é justo (regras que marcam a vida comunitária, como a solidariedade e a co-participação). Também dirige-se às partes no sentido da observância da probidade (integridade de caráter, honradez) e da boa-fé subjetiva e objetiva, interessando no caso a objetiva porque diz respeito à conduta ou comportamento na execução dos negócios, por exemplo, agir conforme os costumes, não mudar o comportamento usual, não agir com surpresa, não abusar da confiança.

Há ressaltar, porém, que em se tratando de remuneração de trabalho, o locador fixa o preço e o locatário aceita ou não. Aceitá-lo e depois tachá-lo de abusivo, em princípio é temerário. Por isso, deve-se analisar caso a caso, e dentro de critérios rigorosos, a fim de que a possibilidade não sirva a arrependidos oportunistas.

O descomedimento para cima ou para baixo deve ser evidente, de tal modo que, desbordando de todo parâmetro de razoabilidade, na prática não traduza apenas uma remuneração aumentada ou reduzida para uma atividade empresarial.

O princípio é o da revisão por *onerosidade excessiva*, resolvendo-se o contrato ou modificando-se *equitativamente as condições*, mas não por qualquer desequilíbrio, e sim apenas por aquele que gera *extrema vantagem* para a outra parte (CC/02, arts. 478-80), quer dizer, negócio polpudo, muito rendoso, vagantem aberrante.

26.2.5. *Base de cálculo*. Nos *serviços comuns* não-vinculados ou como atividade-fim, a base pode ser percentual do *valor de face* dos créditos para os quais foram prestados; nos *especiais*, pode ser percentual sobre a receita bruta ou líquida do faturizado, se o assessoramento for geral, ou sobre o valor de cada operação se o assessoramento for individual.

Relativamente aos *serviços comuns* ou convencionais envolvendo transferência de crédito, portanto serviços *vinculados*, ou como *atividade-fim*, Antônio Carlos Donini registra que a remuneração do faturizador "nesta função varia entre 0,5% e 3%" do valor de face dos títulos.[402]

Sem excluir outras formas que podem ser adequadas, tem-se que lógico é as partes, mesmo quando serviços comuns *não-vinculados* ou como *atividade-fim*, elegerem um percentual tendo por base o valor dos créditos, chamado *valor de face*, para os quais os serviços foram prestados.

No que tange aos *serviços especiais* ou diferenciados, considerando que se baseiam na idéia de parceria, e parceria quer dizer também *riscos empresariais*, tem-se que lógico é de igual maneira definir a comissão num percentual, podendo incidir sobre a receita bruta ou líquida (conceituada para evitar dúvidas) do faturizado se o assessoramento for geral (toda e qualquer operação), ou sobre o valor de cada uma se o assessoramento for individual.

26.3. *Comissão de assistência*. Natureza jurídica; por assistência financeira; por assistência não-financeira.

26.3.1. *Natureza jurídica*. Tem natureza jurídica *mista*, pois tanto representa lucro pelo investimento quanto atualização do capital investido e ressarcimento de custos operacionais.

A *comissão de assistência* seja financeira seja não-financeira tem natureza jurídica mista, uma vez que tanto representa contraprestação por investimento do faturizador, portanto lucro, quanto atualização do capital investido e ressarcimento de custos operacionais, portanto não-lucro.

---

[402] Antônio Carlos Donini, RT 802, p. 732, item 3.2.

26.3.2. *Por assistência financeira.* Juros moratórios ou de mora (objetivo e taxa); juros compensatórios ou reais (objetivo e taxa); capitalização dos juros; atualização monetária do capital investido; ressarcimento de custos operacionais.

26.3.2-A. *Juros moratórios ou de mora (objetivo e taxa).* Quanto ao *objetivo*, a função é coagir o devedor a sair da inadimplência o quanto antes. Traduzem *efeito permanente* da mora. São devidos a partir de quando ela resta caracterizada. Quanto à *taxa*, a partir do CC/02, o quadro é o seguinte: *(a)* quando não há contratação, *(b)* quando há contratação, mas sem taxa definida, e *(c)* quando há lei específica, mas de igual modo sem taxa definida, a que vigora aos moratórios é a mesma dos impostos devidos à Fazenda Nacional, a qual, salvo lei diversa, é de um por cento por mês. Na contratação, recomenda-se, a fim de prevenir argüição de abusividade, que a taxa não se aparte da habitual na praça.

Quanto ao *objetivo*, como vimos (nº 6.3.1 do Cap. II), enquanto no direito privado a *multa moratória* exerce a função de coagir o devedor a não cair na inadimplência (*efeito instantâneo* da mora), os *juros moratórios* ou de mora exercem a de continuar a coagi-lo, a fim de que sai dela o quanto antes. Traduzem, pois, *efeito permanente* da mora em dever de pagamento, que é *obrigação de dar*, não devendo ser confundidos com a multa *astreinte* (constrangimento), que exerce a mesma função da *obrigação de fazer*.

Não obstante seja uma evidência, é oportuno lembrar que os juros moratórios, diferentemente dos compensatórios, como logo veremos, incidem a partir de quando resta caracterizada a mora, e são devidos pelo devedor da operação original ao credor, independentemente de quem seja este (faturizado ou faturizador).

Quanto à *taxa*, na vigência do CC/1916 a dos juros moratórios era de 0,5% (meio por cento) ao mês (art. 1.062), podendo ser convencionada para até 1% (um por cento) mensal (Decreto 22.626/33, art. 1º). Com o CC/2002, o art. 406 estabelece "a taxa que estiver em vigor para a mora do pagamento de impostos devidos à Fazenda Nacional", mas só vale quando "os juros moratórios não forem convencionados, ou forem sem taxa estipulada, ou quando provierem de determinação da lei".

Assim, atualmente, o quadro é o seguinte: *(a)* quando não há contratação, *(b)* quando há contratação, mas sem taxa definida, e *(c)* quando há lei específica, mas de igual modo sem taxa definida, a que vigora aos juros moratórios é a mesma dos impostos devidos à Fazenda Nacional, o que nos remete ao art. 161, § 1º, do CTN, o qual dispõe: "Se a lei não dispuser de modo diverso, os juros de mora são calculados à base de 1% (um por cento) ao mês."

Este é o arquétipo legal, valendo recomendar, na contratação, a fim de prevenir argüição de abusividade, que a taxa não se aparte da habitualmente praticada na praça.

No caso do *factoring*, observados os parâmetros legais, o faturizador pode cobrar do devedor na operação original, ou do faturizado nos casos de direito de regresso (nº 21 *supra*), a mesma taxa de juros moratórios que seria cobrada por este, caso ainda fosse o credor.

26.3.2-B. *Juros compensatórios ou reais (objetivo e taxa).* Quanto ao *objetivo*, traduzem lucro ou renda que se deve ter dos dinheiros aplicados em negócios, especialmente empréstimos ou financiamentos. São devidos a partir da aplicação, ou data posterior convencionada. Quanto à *taxa*, a dos juros compensatórios, quando regidos pelo

CC/02, não pode exceder a dos moratórios. Na pactuação, recomenda-se, a fim de prevenir argüição de abusividade, seja eleito parâmetro ou indicador existente no mercado, por exemplo, a *Taxa SELIC*, caso em que se exclui a correção monetária como rubrica autônoma, sob pena de haver dupla cobrança.

No *factoring*, os juros compensatórios interessam à *área da assistência* (n° 6.3 *supra*), especificamente a *financeira*, podendo também se estender à *não-financeira*, como veremos (n° 26.3.3 *infra*).

Quanto ao *objetivo*, no direito privado, enquanto o objetivo da *multa compensatória* é tarifar (arbitrar) por antecipação, ou *a forfait*, desfalque patrimonial ou prejuízo, evitando-se os inconvenientes da liquidação, o dos *juros compensatórios*, ou reais ou remuneratórios, é a justa compensação que se deve ter dos dinheiros aplicados em negócios, especialmente empréstimos ou financiamentos. Traduzem, pois, não reposição de prejuízo, mas renda, lucro, remuneração do capital investido.

Não obstante seja uma evidência, é oportuno lembrar que os juros compensatórios, diferentemente dos moratórios, como vimos, incidem a partir da aplicação dos dinheiros, ou data posterior convencionada, e são devidos pelo faturizado ao faturizador, podendo ser transferido ao devedor da operação original o *quantum* dos devidos ao faturizado, se credor fosse este.

Quanto à *taxa*, há distinguir o período anterior e o posterior à entrada em vigor do CC/02.

Relativamente ao *período anterior*, a jurisprudência se orientou no sentido de que os juros compensatórios cobrados pelas empresas de *factoring* estavam sujeitos ao limite do art. 1° do Dec. 22.626/33, visto não integrarem o Sistema Financeiro Nacional, aliás, decorrência lógica da não-coincidência com a atividade bancária por elas mesmas sustentado (n° 17 *supra*), por exemplo, o STJ,[403] o ex-TARS[404] e o TJRS,[405] valendo a lembrança de que a discussão acerca da limitação desses juros a 12% (doze por cento) está superada, desde a revogação do § 3° do art. 192 da CF pela EC 40/03.

Relativamente ao *período posterior* à entrada em vigor do CC/02, o art. 591 do CC/02 estabelece que os juros compensatórios, "sob pena de redução, não poderão exceder a taxa a que se refere o art. 406", o qual estabelece "a taxa que estiver em vigor para a mora do pagamento de impostos devidos à Fazenda Nacional", mas só vale quando "os juros moratórios não forem convencionados, ou forem sem taxa estipulada, ou quando provierem de determinação da lei".

A possível dúvida que surge é relativa ao alcance da expressão "taxa a que se refere o art. 406", usada pelo art. 591. Cabe indagar: refere-se a toda taxa que resulta do art. 406, convencionada ou não, de tal modo que os compensatórios regidos pelo CC/02 jamais podem exceder aos moratórios? Refere-se apenas à taxa que vigora aos impostos devidos à Fazenda Nacional, de tal modo que, salvo lei diversa, jamais podem exceder a 1% (um por cento) ao mês?

A interpretação literal induz a que, salvo lei diversa, não podem exceder a 1% (um por cento), pois a única taxa referida explicitamente no art. 406 é a dos impostos devidos à Fazenda Nacional. As demais situações são para quando não houver definida.

---

[403] STJ, Resp. 119.705-RS, RSTJ 109, p. 161.

[404] Ex-TARS, Julgados 81, p. 314, e 97, p. 165.

[405] TJRS, Apelações Cíveis 70001157478 e 70002203545.

Irineu Mariani

Porém, não é a compreensão que se deve ter do art. 591, e por duas razões: *(a)* porque, via artifício de interpretação, reinstitui-se o limite de 12% (doze por cento) anuais, ignorando-se a sua impraticabilidade, motivadora da revogação do § 3º do art. 192 da CF pela EC 40/03; e *(b)* porque a possibilidade de os juros moratórios, quando contratados, serem superiores aos compensatórios vai de encontro à tradição inversa, ou seja, os compensatórios superiores aos moratórios, inclusive com taxa flutuante, conforme as oscilações do mercado, o que é razoável.

Dessarte, quanto à taxa dos *juros compensatórios*, desde que – atente-se – regida pelo CC/02, como é o caso do *factoring*, ocorre o seguinte: *(a)* não sofre o limite de 1% (um por cento) ao mês porque isso seria, por artifício de interpretação, reinstituir os 12% (doze por cento) ao ano; mas *(b)* não pode exceder a taxa dos moratórios, a qual, como vimos, pode ser pactuada.

Assim como no item anterior, este é o arquétipo legal.

Firmado que é possível contratar a taxa dos juros compensatórios, desde que não ultrapasse a dos moratórios, cabe analisar o problema do parâmetro ou indicador.

Um dos parâmetros – respeitado o limite dos moratórios – é a *Taxa SELIC* (Sistema Especial de Liquidação e Custódia), instituída pela Lei 9.250, de 26-12-95 (altera a legislação do imposto de renda das pessoas físicas e dá outras providências), mas em tal caso deve ser excluída a cobrança de correção monetária como rubrica independente.

Com efeito, o STJ, interpretando o art. 39, § 4º, concluiu que a *Taxa SELIC* é composta por *juros remuneratórios* e de *correção monetária*.[406] Outro aspecto que envolve a referida taxa é a inconstitucionalidade do § 4º, conforme também já decidiu o STJ,[407] pois cria na prática a anômala figura do *tributo rentável* (os juros remuneratórios significam renda, lucro); logo, caracteriza aumento de tributo sem lei específica, o que vulnera o art. 150, I, da CF, uma vez que ela é fixada pelo BACEN, o que caracteriza inclusive violação ao princípio da indelegabilidade da competência para legislar.

Considerando que as eivas reconhecidas pelo STJ dizem apenas com tributos, nada obsta que os juros compensatórios no *factoring*, pelo investimento por meio da assistência financeira, sejam contratados pela *Taxa SELIC*, como entende, por exemplo, Fábio Ulhoa Coelho ao escrever acerca da compra e venda empresarial financiada, dizendo inclusive ser a única taxa contratável.[408]

Mas, então, impõe-se excluir a correção monetária como rubrica autônoma, sob pena de haver dupla cobrança, pois já se acha nela embutida.

Outro parâmetro que vem sendo adotado é a taxa dos Certificados de Depósito Bancário (CDBs). Segundo a *Revista do Factoring*, corresponde ao "principal componente da taxa de juros cobrada pelas *factorings*. Assim, as taxas praticadas só recuarão quando os juros dos CDBs caírem", constando inclusive que em abril/2003, a taxa média estava em 4,40% ao mês, incluídos outros encargos e depesas.[409]

Observe-se, no entanto, nesse parâmetro, em *primeiro lugar*, a inclusão de *encargos e despesas*, ou seja, a taxa não representa apenas lucro *stricto sensu*; em *segundo*, assim como na *Taxa SELIC*, há verificar eventual abrangência da correção monetária.

---

[406] STJ, Resp. 210645-PR, 2ª T., Rel. Min. Aldir Passarinho Júnior, em 15-05-99, e Resp. 215881-PR, 2ª T., Rel. Min. Franciulli Netto, em 13-06-2000, DJU de 19-06-2000, p. 133.

[407] STJ, Resp. 218881-PR, 2ª T., Rel. Min. Franciulli Netto, em 13-06-2000, DJU de 19-06-2000, p. 133.

[408] Fábio Ulhoa Coelho, *Curso de Direito Comercial*, vol. III, 3ª ed., 2002, p. 60, nº 2.

[409] Revista do *Factoring* nº 2, Ano 1, julho-agosto/2003, p. 16.

Por fim, se os juros moratórios são cobraveis a partir da caracterização da inadimplência e objetivam continuar coagindo o devedor ao adimplemento (n° 26.3.2-A *supra*), nada obsta que, no mútuo a fins econômicos, e situações equivalente haja, como forma de ressarcimento por lucro cessante, cumulação dos moratórios e dos compensatórios, pois exercem funções diversas, questão que – há reconhecer – ainda não foi devidamente argüida perante os tribunais.

26.3.2-C. *Capitalização dos juros*. A capitalização só existe nos juros compensatórios. O art. 591 do CC/02 em teor apenas repete o princípio geral do art. 4° do Decreto 22.626/33, no sentido da capitalização dos juros compensatórios uma vez por ano, inclusive originando a Súmula 121 do STF. Considerando que no *factoring* não há norma legal excepcionando, só se admite a capitalização anual.

Capitalização, seja no sentido jurídico, seja no econômico, significa a *conversão* dos frutos ou rendimentos de um capital *em capital*, unindo-se, ou fundindo-se ou se acumulando a ele.

Quanto aos *juros moratórios*, descarta-se, porquanto só é possível *converter* em capital frutos ou rendimentos *do capital*, pois na essência capital são. Os juros moratórios são de outra natureza. Objetivam coagir permanentemente o devedor a sair da inadimplência (n° 26.3.2-A *supra*). Capitalizar juros moratórios não é cobrar juros *de capital*, mas juros *de juros*. É o anatocismo no sentido pejorativo.

Quanto aos *juros compensatórios*, a capitalização era prevista no CC/1916 (art. 1.062), restando proibida, exceto os vencidos "aos saldos líquidos em conta-corrente de ano a ano" (Decreto 22.626/33, art. 4°). Já o CC/2002 refere apenas que nos mútuos presumem-se devidos juros, "permitida a capitalização anual" (art. 591).

Se envolve juros vencidos, não há lugar à capitalização nas prestações mensais com inclusão dos exigíveis até então. Diferente será, por exemplo, se a prestação for bimestral. Em tese é possível capitalizar no segundo mês os juros vencidos no primeiro, a fim de que, desde logo, passem a render frutos, e assim sucessivamente na prestação trimestral, quadrimestral, semestral, etc.

A questão que surge é se o art. 591 do CC/02 ao dizer *permitida a capitalização anual*, apenas institui a capitalização anual quando de outro modo não convencionaram as partes, ou se limitou a capitalização a apenas uma vez por ano.

Com efeito, em teor, o art. 591 do CC/02 apenas repete o art. 4° do Decreto 22.626/33, o qual permitia *juros compostos* – contrastando com *juros simples* – nos saldos líquidos em conta-corrente "de ano a ano", originando a Súmula 121 do STF, excluindo a possibilidade de pactuação diversa. Porém, relativamente às instituições financeiras, tendo em conta que o art. 4°, IX, da Lei 4.595/64 (Reforma Bancária), outorga ao Conselho Monetário Nacional competência para limitar os juros, passou-se a entender não mais se aplicar a restrição às instituições públicas ou privadas que integram o Sistema Financeiro Nacional (STF, Súmula 596).

Conseqüentemente, subsiste o princípio geral de que a capitalização dos juros compensatórios, salvo lei que excepcione, só é possível uma vez por ano.

No caso do *factoring* não há falar em capitalização dos juros além da anual, seja porque as próprias empresas faturizadoras sustentam a não-coincidência com a atividade bancária (n° 17 *supra*), seja porque não há lei especial.

26.3.2-D. *Atualização monetária do capital investido*. Na omissão do contrato prevendo a cobrança distinta, entende-se que a atualização monetária está abrangida pela taxa de juros compensatórios.

A atualização monetária, isso já é truísmo jurídico, não é um *plus*, mas um *minus* que se evita. Não é remuneração do capital, e sim recomposição do próprio capital em seu poder aquisitivo; logo, independe de lei e de pactuação.

Porém no *factoring* é diferente. As circunstâncias peculiares das rubricas que integram a comissão de assistência, onde nem tudo é lucro *stricto sensu*, inclusive possibilidade de a correção monetária já estar contida na taxa de juros, torna-se imprescindível, para a sua cobrança autônoma ou distinta, que tenha havido pactuação, com identificação do parâmetro ou indicador, sob pena de entender-se que a atualização monetária do capital investido está abrangida pela taxa de juros compensatórios.

Com essa observação, é lícita, se o faturizador antecipou o pagamento, a cobrança distinta da correção monetária, projetando-se a inflação do *período vincendo* (desde o adiantamento até o vencimento do crédito) pelo último índice do parâmetro eleito no contrato, fazendo-se a dedução do *valor de face*, em discriminação no recibo.

26.3.2-E. *Ressarcimento de custos operacionais.* **Na omissão do contrato prevendo a cobrança distinta, entende-se que o ressarcimento de custos operacionais está abrangido pela taxa de juros compensatórios.**

Nada obsta que na composição da *comissão de assistência financeira*, além da rubrica relativa aos juros, com o valor discriminado no recibo, bem assim da relativa à correção monetária distinta, nas circunstâncias já apontadas, igualmente com valor discriminado no recibo, haja outra relativa ao ressarcimento de custos ou despesas operacionais, igualmente com o valor discriminado.

No entanto, isso deve ser pactuado. Não o sendo, entende-se que estão cobertos pela taxa de juros compensatórios.

26.3.3. *Por assistência não-financeira.* **Pode ocorrer:** *(a)* **pela participação no preço de venda dos produtos, ou apenas no lucro, em percentual previamente estabelecido, assumindo o risco do negócio conjunto; ou** *(b)* **pela incidência de encargos sobre o valor do capital investido, assim como na assistência financeira.**

Essa forma diversa de investimento acontece no *factoring matéria-prima* (nº 7.4 *supra*). O faturizador compra, em nome próprio ou do faturizado, a matéria-prima e/ou os insumos necessários para a industrialização pelo faturizado.

Na venda dos produtos, o faturizado cede ao faturizador, na forma de dação em pagamento, créditos em valor que lhe permita recuperar o capital investido e as despesas, bem assim lhe garanta o necessário lucro.

A *comissão de assistência não-financeira* pode compor-se de duas maneiras: *(a)* pela participação no preço de venda dos produtos, ou apenas no lucro, em percentual previamente estabelecido, como no sistema da comissão de serviços especiais (nº 26.2.5 *supra*), por conseguinte, assumindo o risco do negócio conjunto; e *(b)* pela incidência de encargos sobre o valor do capital, como no sistema da comissão de assistência financeira (nº 26.3.2 *supra*).

26.4. *Comissão de risco.* **Natureza jurídica; riscos objeto da cobertura; valor da comissão.**

26.4.1. *Natureza jurídica.* **É de seguro-fiança, ou seguro-solvabilidade ou pontualidade.**

A *comissão de risco*, também chamada *taxa de risco*, tem no *factoring* como paradigma perfeito a comissão *del credere* no contrato de comissão mercantil, aliás, particularidade que afirma semelhança entre os contratos, como vimos (nº 8.1 *supra*), atualmente prevista no contrato de comissão (CC/02, art. 698), ou seja, natureza jurídica de um seguro-fiança ou seguro-solvabilidade ou pontualidade, cujo prêmio, assim como no contrato de seguro, é a comissão.

No contrato de comissão mercantil o comissário cobra a *star del credere* – traduzida como *responder pelo crédito concedido* –, abreviadamente *del credere*, para garantir perante o comitente-vendedor a solvabilidade e a pontualidade do devedor, quer dizer, na prática o comissário se transforma em fiador de quem comprou o produto, recebendo para tanto certa quantia, dizendo o art. 693 do CC/02 que pela garantia da solidariedade o comissário tem direito a uma remuneração "mais elevada".

No *factoring*, o faturizador cobra a *comissão de risco* para idêntica finalidade. A *del credere* está para a comissão mercantil, assim como a *de risco* para o *factoring*.

Por isso, como vimos (nº 21.1 *supra*), o equívoco da tese que subtrai a varrer o direito de regresso do faturizador contra o faturizado por eventual inadimplência e/ou insolvência do devedor, uma vez que depende da efetiva cobrança da *comissão de risco*.

26.4.2. *Riscos objeto da cobertura*. Cumulativa ou alternativamente, a inadimplência e/ou insolvência do devedor e os vícios dos créditos.

Risco significa probabilidade de ocorrência de fato ou evento danoso futuro e incerto. A probabilidade é pressuposto. O fato danoso temido deve ser de ocorrência *possível*, sob pena de nulidade do contrato por falta de objeto, pois se o evento for de ocorrência *impossível* não há risco; logo, não há objeto.

No caso do *factoring*, os eventos danosos futuros e incertos de ocorrência possível são, cumulativa ou alternativamente, conforme o pactuado, a impontualidade ou inadimplência e/ou insolvência do devedor (nº 21.2 *supra*), caso em que o faturizador na prática se transforma em fiador do devedor perante o faturizado, bem assim a proteção do crédito contra eventuais vícios (nº 21.3.1 *supra*), o mesmo ocorrendo com a comissão *service fee* prevista no *factoring internacional* (nº 7.5 *supra*).

26.4.3. *Valor da comissão*. A comissão de risco, por não ter valor nem balizas legais específicas, deve seguir os mesmos princípios do prêmio de seguro, do qual tem a mesma natureza jurídica, ou seja, as partes estabelecem o valor dentro do binômio *valor do crédito X intensidade do risco*.

Qual o valor da *comissão de risco*? Como princípio geral deve-se ter presente que ele deve ser tal que garanta, dentro de padrões razoáveis, à respectiva carteira do faturizador, a necessária lucratividade como empreendimento. É assim que funciona a atividade privada, sob pena de quebrar.

O paradigma perfeito, consoante visto acima, é a comissão *del credere*, para a qual dizia o art. 179 do ex-CCm, que o comissário era o garante da "solvabilidade e pontualidade" e que devia ser ajustada "por escrito". Não tendo sido ajustada por escrito e querendo o comitente "impugnar o quantitativo", este era "regulado pelo estilo da Praça" do comissário, e, na falta de estilo, estabelecida "por arbitradores." Pelo atual CC/02, diz o art. 701 que não tendo sido estipulada, "será ela arbitrada segundo os usos correntes no lugar".

Portanto, não existia e não existe um valor proporcional ao valor do crédito e tampouco balizas para a definição, como nos honorários advocatícios (CPC, art. 20), cabendo às partes fazê-lo por escrito, indo-se à praxe em caso de não haver definição por escrito e ao arbitramento em caso de não haver praxe.

Um pouco diferente, porém, era e é quanto ao prêmio no contrato de seguro, que igualmente é paradigma à comissão de risco, tendo em conta a mesma natureza jurídica. Também não havia e não há um valor proporcional, mas havia e há balizas, precisamente o binômio *quantia segurada X intensidade do risco*, conforme se deduzia tanto do CC/1916 (arts. 1.432-48), quanto se deduz do CC/2002 (arts. 757-77).

Discorrendo acerca do tema, Antônio Carlos Donini ensina que o fato de a transferência ser *pro soluto* influencia para mais o valor da comissão, a qual chama de *fator*, sendo isso uma decorrência do equilíbrio do tratamento entre os contratantes.[410]

No mesmo rumo, Arnaldo Rizzardo dizendo que a *taxa de risco* eleva a comissão porque aí o faturizador suporta "um grau de risco bastante elevado, superior ao dos bancos", sendo que ele a partir daí fica exposto "aos entraves que poderão advir no futuro. Há, sempre, um percentual de devedores que resta inadimplente, obrigando o ingresso do pedido de cobrança na justiça, o que acarreta considerável atraso na satisfação do crédito, ou a completa impossibilidade em razão da insolvência, da impenhorabilidade dos bens, da não-localização do devedor ou de patrimônio penhorável".[411]

Entendemos, porém, que a relação entre o faturizador e o faturizado pode avançar no sentido da clareza e transparência, não constando apenas genericamente uma comissão "mais elevada", como diz o art. 698 do novo Estatuto Civil, porque dentro dela há um risco assumido pelo faturizador. Para o aperfeiçoamento do *factoring* as comissões devem ser identificadas nas suas espécies e os valores devidamente discriminados.

No tocante ao valor em si, a comissão deve seguir os mesmos parâmetros básicos do prêmio de seguro, ou seja, *valor do crédito X intensidade do risco*. Relativamente à intensidade do risco, serve de exemplo o prêmio do seguro de automóvel. Quando ao furto, oscila de acordo com a preferência dos ladrões e o número de ocorrências.

Enfim, as partes devem estabelecer no contrato o valor da comissão, sendo que a respeito de seu valor só é possível dizer que deve ser compatível com o valor do crédito e a intensidade do risco assumido.

26.5. *Discriminação das rubricas e dos valores.* É direito natural do devedor e requisito da quitação.

O faturizador deve discriminar no recibo o valor de cada rubrica. É direito natural do devedor saber o que está pagando e quanto. Assim como no CC/1916 (art. 940), também o atual Código é expresso no sentido de que a quitação, dentre outros itens, "designará o valor e a espécie da dívida quitada" (art. 320).

Designará quer dizer que deve *discriminar*, e *espécie* da dívida quitada quer dizer que deve *identificar* a sua origem, cada rubrica. Só assim o devedor pode questionar individualmente, evitando-se impugnações praticamente genéricas e imprecisas, decorrentes da consolidação em valor único de quantias com diversas origens.

27. *Sistemas de cobrança e de pagamento na assistência financeira.* Cobrança pelo faturizador segundo o *valor de face* ou *por dentro*; pagamento ao faturizado à vista ou parceladamente.

27.1. *Cobrança pelo faturizador segundo o valor de face ou por dentro.* O faturizador cobra do faturizado as comissões a que faz jus, operando a dedução do valor nominal do crédito.

---

[410] Antônio Carlos Donini, RT 802, p. 747, item 5.3.6.

[411] Arnaldo Rizzardo, *Factoring*, 1997, p. 88-9.

Quando envolve assistência financeira, com ou sem antecipação (n°s 7.1 e 7.2 *supra*), o faturizador cobra do faturizado as comissões a que faz jus, operando a dedução do importe nominal do crédito, ou seja, é pago com o deságio. É o chamado sistema de cobrança pelo *valor de face* do título ou sistema de cobrança *por dentro*.

Este é – digamos – o modo mais adotado, o que não exclui outro de conveniência das partes.

27.2. *Pagamento ao faturizado à vista ou parceladamente*. O faturizador paga ao faturizado o saldo do crédito à vista ou parceladamente, podendo neste caso adotar o mecanismo da abertura do chamado *crédito rotativo* bancário.

O faturizador pode pagar ao faturizado o saldo do crédito (o valor nominal menos as comissões) à vista ou parceladamente.

O mecanismo do modo parcelado é o mesmo da abertura de crédito bancário (n° 8.3 *supra*), dito *rotativo*, com a diferença de que o banco faz empréstimo ao correntista, imputando-lhe os encargos na medida em que houver saque, e o faturizador passa ao faturizado numerário que a este pertence, resultante da compra e venda de crédito.

Neste caso, à medida que o faturizado vai sacando, o faturizador vai deduzindo as comissões devidas.

28. *Factoring e CDC*. O CDC não rege contratos, mas *relações de consumo*. Tais relações se formam difusamente nos contratos, independentemente da espécie. O normal é a relação de consumo surgir em questões pontuais no microssistema ou sistema capilar de relações afirmadas pelo contrato. No *factoring*, não se pode *a priori* afirmar a existência de *relação de consumo* entre faturizador e faturizado e também não se pode negar possa eventualmente acontecer. Tudo depende do caso concreto em que restarem caracterizadas as figuras do faturizador-fornecedor e do faturizado-consumidor.

No que tange à incidência do CDC, como já salientamos (n° 11 do Cap. I), entendemos que não há contrato específico *de consumo* regido pelo CDC, e sim incidência específica do CDC sobre *relação* de consumo, a qual surge difusamente nos contratos empresariais, podendo abrangê-los total ou parcialmente. A ausência dessa clareza tem alimentado controvérsias acerca da regência, ou não, do contrato X, ou do Y, pelo CDC. Porém, na realidade ele não rege contratos, mas relações de consumo. Tais relações se formam difusamente nos diversos contratos, independentemente da espécie. O normal é a relação de consumo surgir dentro do microssistema ou sistema capilar de relações afirmadas pelo contrato. Nesse sentido já sinalizou o STF, tendo como relator o Min. Sepúlveda Pertence, ao decidir: "É indiferente a espécie de contrato firmado, bastando que seja uma relação de consumo".[412]

Assim, no caso do contrato de *factoring*, ao mesmo tempo em que *a priori* não se pode afirmar a existência de *relação de consumo* entre faturizador e faturizado, também não se pode negar possa eventualmente acontecer. Tudo depende do caso concreto, em que restarem caracterizadas as figuras do fornecedor e do consumidor.

Aliás, sem que se olvide a não-coincidência das atividades das *factorings* com as instituições financeiras (n° 17 *supra*), é certo que existem pontos semelhantes, razão pela qual é oportuno lembrar a Súmula 297 do STJ, que diz: "O Código de Defesa do Consumidor é aplicável às instituições financeiras."

---

[412] STF, RT 828, p. 164.

356   *Irineu Mariani*

29. Parte tributária. Factoring e ISS; *factoring* e IOF; *factoring* e IR.

29.1. *Factoring* e *ISS*. Fato gerador; base de cálculo; local da prestação do serviço (Município credor).

29.1.1. Fato gerador. É a *prestação de serviços*. O tributo incide apenas quando contraprestação por *trabalho*, ou seja, *serviços não-vinculados* ou *atividade-fim*. Não incide quando *serviços vinculados* ou *atividade-meio*.

Constitucionalmente, o imposto sobre serviços de qualquer natureza consta no art. 156, III, da CF/88, cabendo à Lei Complementar Federal defini-los, entenda-se, listá-los.

Em *primeiro lugar*, para evitar baralhamento de situações distintas, convém registrar a não-pertinência, no caso, do antigo item 48 da Lista Anexa à LC 56/86, que, com o acréscimo do *leasing*, passou para o item 10.04 da Lista Anexa à LC 116/03, com a seguinte redação: "Agenciamento, corretagem ou intermediação de contratos de arrendamento mercantil (*leasing*), de franquia (*franchising*) e de faturização (*factoring*)."

Observe-se que a incidência, aí, ocorre sobre o *agenciamento, corretagem* ou *intermediação* de contratos de *leasing*, de *franchising* e de *factoring*, e não sobre os *serviços* que são prestados pelo arrendante, franqueador e faturizador.

Em *segundo lugar*, a sujeição ao ISS ocorria pelo item 22 da Lista Anexa à LC 56/87, com o seguinte dizer: "Assessoria ou consultoria de qualquer natureza, não contida em outros itens desta lista, organização, programação, planejamento, assessoria, processamento de dados, consultoria, financeira ou administrativa."

Considerando que o tributo incide apenas sobre os *serviços*, Arnaldo Rizzardo alerta: "No tocante, porém, à compra de ativos, ou do faturamento de uma empresa, através da cessão de créditos, não ocorre a incidência do ISSQN. Existe, na espécie, uma compra de crédito, ou negociação de ativos patrimoniais".[413]

Em *terceiro lugar*, a sujeição ao ISS, desde o advento da LC 116, de 31-7-03, ocorre pelo item 17.23, que dispõe: "Assessoria, análise, avaliação, atendimento, consulta, cadastro, seleção, gerenciamento de informações, administração de contas a receber ou a pagar e em geral, relacionados a operações de faturização (*factoring*)."

No entanto, há considerar o chamado *princípio da preponderância* consagrado no art. 8º, §§ 1º e 2º, do DL 406/68, e mantido no art. 1º, § 2º, da LC 116/03, ou seja, deve-se distinguir o que é serviço *atividade-fim* e serviço *atividade-meio*.

Como o fato gerador do ISS é a *prestação de serviços* devidamente listados, no caso do *factoring* a incidência é restrita aos *serviços não-vinculados* ou *serviços atividade-fim*, onde a comissão corresponde a contraprestação por trabalho (nº 26.2 *supra*), *rectius*, serviço prestado, e por isso nominamos *comissão de serviços*. Não incide ISS sobre a *comissão de assistência*, pois não traduz contraprestação por serviço prestado, e sim por *investimento* (nº 26.3 *supra*), o mesmo acontecendo com a *comissão de risco*, pois traduz contraprestação por *risco assumido* (nº 26.4 *supra*). Os serviços em tais circunstâncias são *vinculados* ou *atividade-meio*.

Acerca dos serviços vinculados ou atividade-meio, não custa lembrar a celeuma havida no passado envolvendo o ISS e o ICMS relativamente aos bares e restaurantes, culminando com a Súmula 163 do STJ, *verbis*: "O fornecimento de mercadorias com

---

[413] Arnaldo Rizzardo, *Factoring*, 1997, p. 101.

a simultânea prestação de serviços em bares, restaurantes e estabelecimentos similares constitui fato gerador do ICMS a incidir sobre o valor total da operação."

Como o ISS não incide sobre todas as atividades do faturizador, mais evidencia-se a necessidade da classificação das comissões de acordo com a *natureza da contraprestação* (prestação de serviços, prestação de assistência e cobertura de riscos), como vimos (n° 26 *supra*).

29.1.2. *Base de cálculo*. É o preço do serviço.

A *base de cálculo* é o *preço do serviço*. Assim era à época do DL 406/68, art. 9°), e continua sendo com a LC 116/03, conforme o art. 7°, *caput*, sendo evidente, mas não custa registrar, a inaplicabilidade do § 2°, I, o qual exclui "o valor dos materiais fornecidos pelo prestador dos serviços previstos nos itens 7.02 e 7.05 da lista de serviços anexa" (*rectius*, materiais empregados em obras civis novas ou reformadas).

No caso do *factoring*, a base de cálulo só pode ser o *valor cobrado pelos serviços*, reitera-se, quando prestados como atividade-fim, e não como atividade-meio.

29.1.3. *Local da prestação do serviço (Município credor)*. Credor é o Município onde houve a efetiva prestação do serviço, entenda-se, aquele em que os serviços produzem os efeitos. De outro modo, dota-se de extraterritorialidade a lei de um Município, e nega-se a outro competência de tributar fato gerador ocorrido em seu território. Ademais, o art. 4° da LC 116/03 alargou sobremaneira, para o fim específico, a compreensão de *estabelecimento*. No *factoring*, em princípio os serviços típicos são prestados na sede do faturizador, e aí consumidos pelo faturizado, portanto credor é o Município do respectivo território, mesmo que a sede deste esteja noutro.

Pelo art. 116, I e II, do CTN, considera-se ocorrido o *fato gerador*, tratrando-se de *situação de fato*, desde o momento em que se verifiquem as circunstâncias materiais necessárias a que produza os efeitos que normalmente lhe são próprios; e, tratando-se de *situação jurídica*, desde o momento em que esteja definitivamente constituída, nos termos do direito aplicável.

Diante disso, não há dúvida de que o serviço prestado num Município, lugar onde acontecem os eventos materiais de fato, não pode ser tributado por outro. Isso, por um lado, seria dotar a lei municipal de extraterritorialidade, e, por outro, negar competência ao Município de tributar fato gerador ocorrido em seu território, o que afronta a Constituição Federal, sendo nesse sentido a orientação da 1ª Câmara Cível do TJRS, em decisão assim ementada: "Pela competência, sujeito ativo da relação tributária do ISS é sempre o Município em que acontece o fato gerador, ou seja, onde o serviço é prestado, produzindo os seus efeitos. De outro modo, confere-se vigência extraterritorial à lei de um Município, bem assim viola-se a competência de outro no sentido de tributar fatos geradores ocorridos em seu território. Exegese combinada dos arts. 156, III, 155, II, e § 2°, IX, b, da CF; art. 116 do CTN; art. 12, *a*, do DL 406/68, atualmente art. 3° e incisos da LC 116/03".[414]

Com efeito, dispunha o art. 12, *a*, do DL 406/68, considerar-se local da prestação do serviço "o estabelecimento prestador ou, na falta de estabelecimento, o domicílio do prestador". A LC 116/03 reafirma o teor, dizendo no art. 3°: "O serviço considera-se prestado e o imposto devido no local do estabelecimento prestador ou, na falta do estabelecimento, no local do domicílio do prestador, exceto nas hipóteses

---

[414] TJRS, 1ª Câmara Cível, reexame necessário 70007302813, Rel. Des. Irineu Mariani.

previstas nos incisos I a XXII, quando o imposto será devido no local: *I* – do estabelecimento do tomador ou intermediário do serviço (...); ..."

Por sua vez, o art. 4º diz: "Considera-se estabelecimento prestador o local onde o contribuinte desenvolva a atividade de prestar serviços, de modo permanente ou temporário, e que configure unidade econômica ou profissional, sendo irrelevantes para caracterizá-lo as denominações de sede, filial, agência, posto de atendimento, sucursal, escritório de representação ou contato ou quaisquer outras que venham a ser utilizadas."

Sabidamente, na acepção clássica, *estabelecimento* é gênero do qual são espécies o *principal*, ou matriz, ou sede, e o *derivado*, que por sua vez pode ser *filial* (o administrador não tem autonomia alguma), *sucursal* (o administrador tem alguma autonomia) e *agência* (designação adequada para os estabelecimentos derivados das instituições financeiras), como ensina Rubens Requião,[415] invocando Waldemar Ferreira.

Fácil é notar, pois, que o art. 4º da Lei 116/03, para os fins específicos desbordou da acepção clássica de estabelecimento. Basta que seja uma unidade econômica ou profissional de caráter permanente ou temporário. Sequer precisa ser escritório. É suficiente alguém que sirva de *ponto de contato*, por exemplo, determinada pessoa na localidade.

Mas qual seria o motivo de o legislador ampliar tanto, ao fim específico, a compreensão de *estabelecimento*? Sem dúvida, objetivou recepcionar o entendimento da jurisprudência que reiteradamente vinha deliberando, inclusive em observância ao art. 116 do CTN, acima comentado, no sentido de o local da prestação do serviço ser aquele em que se produzem os efeitos, até porque, de outro modo, seria dotar a lei municipal de extraterritorialidade. Isso por um lado. Por outro, seria negar competência ao Município de tributar fato gerador ocorrido em seu território.

Nesse sentido, decisões do STF,[416] [417] e também do STJ, *verbis*: "1. Para a incidência do ISS, quanto ao fato gerador, considera-se o local onde se efetiva a prestação do serviço, competindo ao Município do território da atividade constitutiva daquele fato a imposição e o recolhimento do tributo. 2. Multiplicidade de precedentes jurisprudenciais. 3. Recurso improvido".[418] Ainda, e de modo ainda mais incisivo: "Embora a lei considere local da prestação do serviço, o do estabelecimento prestador (art. 12 do Decreto-Lei nº 406/68), ela pretende que o ISS pertença ao Município em cujo território se realizou o fato gerador. É o local da prestação do serviço que indica o Município competente para a imposição do tributo (ISS), para que se não vulnere o princípio constitucional implícito que atribui àquele (município) o poder de tributar as prestações ocorridas em seu território. A lei municipal não pode ser dotada de extraterritorialidade, de modo a irradiar efeitos sobre um fato ocorrido no território de município onde não pode ter voga".[419]

Se era tal o entendimento à época do art. 12, *a*, do DL 406-68, com mais razão agora face à largueza do art. 4º da LC 116/03.

No caso do *factoring*, os serviços típicos sujeitos ao ISS são prestados na sede do faturizador, e aí consumidos pelo faturizado, portanto credor é o Município do respectivo território, mesmo que a sede deste esteja noutro.

---

[415] Rubens Requião, *Curso de Direito Comercial*, vol. I, 25ª ed., 2003, p. 276-7, nº 159.

[416] STF, RE 92.883-RS, 1ª Turma, Rel. Min. Rafael Mayer, RTJ 96/912.

[417] STF, RE 99.397-5-ES, 2ª Turma, Rel. Min. Djaci Falcão, DJU de 6-5-83.

[418] STJ, Resp. 720-0-MA, Rel. Min. Mílton Luiz Pereira, DJU de 15-5-95, p. 13.365.

[419] STJ, Resp. 54002-0-PE, Rel. Min. Demócrito Reinaldo, DJU de 8-5-95, p. 12.309.

CONTRATOS EMPRESARIAIS

Mas não se pode excluir a possibilidade de o faturizador manter, segundo a largueza do art. 4º da Lei 116/03, alguma unidade em caráter permanente ou temporário, mesmo alguém que sirva apenas de ponto de contato para receber pedidos e transmitir orientação. Em tal hipótese, local da prestação dos serviços não é aquele em que os documentos são remetidos ao cumprimento de alguma etapa formal, e sim o local onde os serviços foram contratados e efetivamente prestados e produziram efeitos.

29.2. *Factoring e IOF*. A compra e venda de crédito realizada pelo faturizador caracteriza *operação* de crédito. Embora não caiba exatamente no clichê legal por causa da referência a *instituições financeiras*, importa é a bitola quanto ao *fato gerador*, sob pena de tratamento privilegiado. Em suma, contribuinte é toda entidade que, em caráter profissional, realiza operações de crédito.

Constitucionalmente, o imposto sobre operações financeiras consta no art. 153, V, da CF/88, e, infraconstitucionalmente, na Lei 5.143/66, cujo art. 1º estabelece como fato gerador, no que interessa, a "operação de crédito", que se consuma no ato de "entrega do respectivo valor ou sua colocação à disposição do interessado" (inc. II).

O problema está no *caput* do artigo, pois fala em "instituições financeiras". No entanto, em análise estrita do *fato gerador*, a compra de crédito pelo faturizador, com ou sem antecipação (nºs 7.1 e 7.2 *supra*), caracteriza *operação de crédito*.

Embora não caiba exatamente no clichê legal por causa da referência a instituições financeiras, mais importa é a bitola quanto ao *fato gerador*, sob pena de se implantar inconcebível privilégio aos faturizadores. Em suma, contribuinte do IOF é toda entidade que em caráter profissional efetua operações de crédito.

Salienta Arnaldo Rizzardo: "... como não existe outro imposto que melhor se afeiçoe à espécie, coerente a exigibilidade do IOF nas aquisições de crédito." O que não se pode, como bem lembra, é dispensar "tratamento diferenciado" às empresas que atuam no *factoring*,[420] sendo no mesmo sentido Consuelo Taques Ferreira Salamacha.[421]

29.3. *Factoring e IR*. Está prevista a incidência sobre a receita bruta.

Constitucionalmente, o imposto sobre a renda consta no art. 153, III, da CF, e, infraconstitucionalmente, na Lei 8.981/95, cujo art. 28, § 1º, alínea *c*-4, taxou em 30% a receita bruta auferida "em prestação cumulativa e contínua de serviços de assessoria creditícia, mercadológica, gestão de crédito, seleção e riscos, administração de contas a pagar e a receber, compras de direitos creditórios resultantes de vendas mercantis a prazo ou de prestação de serviços (*factoring*)." Em seguida, a Lei 9.065/95 reduziu o tributo para 10% (art. 10, § 1º, *d*).

---

[420] Arnaldo Rizzardo, *Factoring*, 1997, p. 102.

[421] Consuelo Taques Ferreira Salamacha, RT 822, p. 98, nº 16.

Capítulo VI

FRANCHISING – FRANQUIA EMPRESARIAL

1. *Franchising no concerto dos contratos empresariais*. Pertence, pelo princípio da prevalência, ao grupo dos compradores com cessão de marcas e patentes.

Existem, entre o produtor e o consumidor, quatro técnicas empresariais, que formam quatro grupos de agentes: dos não-compradores, dos compradores, dos compradores com cessão de marcas ou patentes e dos financeiros. O *franchising* pelo princípio da prevalência, pertence ao grupo dos compradores com cessão de marcas e patentes (nº 7.3 do Cap. I).

2. *Noção histórica*. EUA em 1850, com a Singer. Regiões norte e oeste na década de 1860 (Guerra da Secessão). Ganhou impulsos dos setores automobilístico (em 1889, com a GM), de bebidas (com a Coca-Cola franqueando a produção e o engarrafamento), petrolífero (década de 1930), e também dos ex-combatentes da 2ª Guerra Mundial. Em 1988, nos EUA, 1/3 (um terço) das vendas a varejo ocorriam por esse sistema.

O *franchising* surgiu em 1850, nos EUA, com a Singer. Após a Guerra da Secessão (década de 1860), recebeu o *primeiro grande impulso*: muitos industriais das regiões norte e oeste, objetivando a expansão, começaram a fazer acordos com os comerciantes para que vendessem produtos de suas marcas.

Em 1889, recebeu o *segundo grande impulso*: o setor automobilístico, com a GM, iniciando processo de expansão da rede de distribuição, mais do setor de bebidas, com a Coca-Cola franqueando a produção e o engarrafamento e, já na década de 1930, do setor petrolífero.

Após a 2ª Guerra Mundial, recebeu o *terceiro grande impulso*: milhares de ex-combatentes norte-americanos valeram-se do sistema, pois dispensa experiência prévia, bastando seguir a orientação do franqueador, além da facilidade de lidar com marcas e produtos consagrados, o que dispensa luta pela conquista de mercado.

3. *Vocábulo*. *Franchising* já é forma abreviada de *business format franchising* (negócio formatado). Em inglês tem sentido mais amplo do que *franquia* em português (conceder, permitir). Por isso, em vez de *franquia empresarial*, prefere-se *franchising*.

Franchising, tal como concebido nos EUA, significa *business format franchising*. Portanto, *franchising*, quando se quer referir ao instituto da franquia ou ao contrato, já é uma forma abreviada. Em inglês, no particípio presente, quer dizer complexo de atividades ou sistema de atividades destinado a desencadear processos de venda e distribuição em escala.

CONTRATOS EMPRESARIAIS

361

Daí vem *franchise* quando se quer referir simplesmente franquia, e *franchisor* para designar aquele que cede o uso da marca, produtos ou serviços (franqueador), e *franchisee* para designar aquele que se compromete a utilizar a marca, a fim de produzir e/ou vender bens ou prestar serviços (franqueado).

No *business format* – negócio formatado – está a característica nuclear do *franchising* que o distingue dos demais contratos. Como em inglês tem sentido mais amplo do que *franquia* em Português (conceder, permitir), em vez de *franquia empresarial*, prefere-se mesmo *franchising*, inclusive por causa da força em termos de *marketing*, assim como vem ocorrendo com *leasing* e *factoring*.

4. *Expansão*. Dos EUA para a Europa e para o restante do mundo. As grandes marcas já esquadrinharam o globo. No Brasil, foi introduzido por empresas de cinema. Contrato atípico até a Lei 8.955/94, que o denomina de *franquia empresarial*.

O sucesso nos EUA justificou a propagação pela Europa e pelo restante do mundo. Os dados são sempre a fotografia de um momento. Deve ser considerada a época e a partir dela o ritmo expansionista. Por exemplo, em 1988, o Departamento de Comércio divulgou que 1/3 (um terço) das vendas a varejo ocorriam por meio do sistema *franchising*, com 533 mil empresários franqueados, gerando oito milhões de empregos, faturando US$717 bilhões anuais, pouco menos que o PIB brasileiro.

Atualmente, as grandes marcas já esquadrinharam o globo, fazendo os seus produtos e serviços chegar a todos os cantos por meio do sistema que, em última análise, dispensa as filiais. Em 1988, na Europa, havia mil e oitocentos franqueadores e oitenta mil franqueados, faturando US$92 bilhões anuais. Já passados tantos anos, e considerando a tendência expansionista, os números são bem maiores.

No Brasil, chegou pelas distribuidoras de cinema, como técnica de distribuição de filmes pelas empresas das grandes marcas dos estúdios norte-americanos. Depois, foi adotado pelas indústrias.

Existiu como contrato atípico até a Lei 8.955, de 15-12-94, que o denomina de *franquia empresarial*. Em 1996, no Brasil, segundo a revista *Pequenas Empresas, Grandes Negócios*, havia 724 (setecentos e vinte e quatro) franqueadores, sendo 102 (cento e dois) estrangeiros, dos quais 66 (sessenta e seis) norte-americanos, e 18.086 (dezoito mil e oitenta e seis) franqueados.

5. *Aspectos do formato*. Consideração inicial; forma visual dos estabelecimentos (*engineering*); forma de administrar os estabelecimentos (*management*); forma de produção e/ou distribuição de bens e de prestação de serviços *(marketing)*.

5.1. *Consideração inicial*. Formato no *franchising* significa dar forma, feitio particular, individual, configuração, colocar na fôrma, no clichê.

Formato significa feitio, imagem. Daí vem *forma*, que significa limites exteriores de um objeto, desenho que lhe confere um feitio particular, individual, configuração. Também daí vem o verbo *formatar*, ou seja, ação de a um objeto dar forma ou figura, ação de colocar na fôrma, no clichê. Diferentemente, em informática, significa ato de preparar um disco para que possa receber dados, preparação do terreno – pode-se enunciar –, para que possa receber os conteúdos, e não dar forma ou figura.

No *franchising*, o vocábulo *formato*, sempre significando figura, feitio particular, é tridimensional: *(a)* forma visual; *(b)* forma de administrar; e *(c)* forma de produzir e/ou distribuir e de prestar serviços, as quais dão as imagens *externa*, *interna* e *divulgada*. Da

362   *Irineu Mariani*

combinação dos três aspectos nasce um *ser*, o franqueado, que tem – digamos – o mesmo patrimônio genético do franqueador.

Pode-se dizer, para fins didáticos, que o franqueado é um clone do franqueador. A *franchise* (franquia) está para o Direito, assim como a clonificação para a Biologia. *Clone*, do grego, *klón*, significa broto, e daí atribuir-se tal designação ao indivíduo originado de outro por multiplicação assexuada. Mercadologicamente, o franqueado não aparece, fica oculto, inclusive dando ao consumidor a crença de que está negociando com o próprio franqueador.

5.2. *Forma visual dos estabelecimentos (engineering)*. A *forma visual* é também chamada *engineering* porque envolve a engenharia, mediante a uniformaziação dos padrões arquitetônicos, dando uma unidade na forma visual dos estabelecimentos. É bandeira. É logomarca. Diz com a *imagem externa*.

Acerca da *forma visual*, o eminente Prof. Adalberto Simão Filho, ensina que ela pode incluir não só projetos e *designs* para a montagem do estabelecimento franqueado, mas também os aspectos de ornamentação, embelezamento ou decoração do local e a forma de operação, e até mesmo a disposição das mercadorias nas prateleiras, colocação delas nos diversos ambientes, número de funcionários, vestimentas, forma das vitrines, locais dos *displays*, etc. Cita como exemplo o *McDonald's* no ramo *fast food* (comida rápida). Os franqueados, empresários coletivos (sociedades) ou individuais, obedecem a rígidos padrões previstos nos manuais de *franchise*, que incluem aspectos como a obrigatoriedade de utilizar os produtos em pesos e misturas predeterminadas, obedecer à forma de preparo, tempo de fritura ou cozimento, embalagem, etc.[422]

A *forma visual* é também chamada *engineering* porque envolve a engenharia de montagem do material do negócio, dando uma unidade no aspecto visual de todos os estabelecimentos. É o modelo ou uniformização dos padrões arquitetônicos, das instalações, dos locais, enfim, do *layout*, de tal modo que o público, pela imagem exterior, identifica a que rede o estabelecimento pertence. É a bandeira do franqueador. É a sua logomarca. Diz, pois, com a *imagem externa*.

5.3. *Forma de administrar os estabelecimentos (management)*. A *forma de administrar* é também chamada *management* porque envolve o modo de gerenciar, dando uma unidade no modo de governar os estabelecimentos. Diz com a *imagem interna*.

O franqueador fornece ao franqueado um esquema completo de organização empresarial, desde o organograma de pessoal (recrutamento e treinamento), da contabilidade, da política de estoque (sistema computadorizado integrado de estoques e compras), até a formação administrativa do franqueado para operar o negócio. Diz, pois, com a *imagem interna*.

A *forma de administrar* também é chamada *management* porque envolve o modo de governar, de gerenciar, de manejar, dando uma unidade na forma de administrar todos os estabelecimentos.

5.4. *Forma de produção e/ou distribuição de bens e de prestação de serviços (marketing)*. Essa *forma* é também chamada *marketing* porque envolve estudo e medidas nos lançamentos de produtos e serviços e sustentações no mercado, inclusive publicidade, dando à rede uma

---

[422] Adalberto Simão Filho, *Franchising*, 1997, p. 44.

CONTRATOS EMPRESARIAIS

unidade no modo de produzir e/ou distribuir bens e de prestar serviços. Diz com a *imagem divulgada.*

O franqueador passa ao franqueado os métodos, meios e técnicas de produção e/ou de distribuiçãou ou comercialização, bem assim, quando for o caso, de prestação do serviço, estudos de mercado, propaganda em níveis internacionais, nacionais, regionais ou locais, vendas e eventos promocionais, lançamento de novos produtos ou serviços, etc. Diz, pois, com a *imagem divulgada.*

Essa *forma* é também chamada *marketing* porque envolve estudo e medidas estratégicas de lançamento de produtos e serviços e sustentações no mercado, inclusive publicidade, dando uma unidade na forma de vender os produtos e serviços de toda a rede. *Market* significa mercado, comércio, cotação, tráfico.

6. *Idéia básica*. O *franchising* é um sistema de produção e/ou distribuição de bens e de prestação de serviços, segundo o *formato* dado pelo franqueador. O núcleo está no *formato*.

Usando as duas palavras de seu país de origem – *business format –*, o *franchising* é um *negócio formatado*. Esta é a idéia básica. O núcleo está no *formato*.

O *franchising* é um sistema de produção e/ou distribuição de bens e de prestação de serviços, ou complexo de atividades objetivando tal, mediante licença ou cessão de uso de marca ou patente, segundo o *formato* dado pelo franqueador, que para tanto presta assistências técnica e administrativa ao franqueado.

7. *Conceitos*. Consideração inicial; conceito legal; conceito doutrinário.

7.1. *Consideração inicial. Conceituar* é dizer as características essenciais de alguma coisa. Deve ser o mais sintético possível, sem cair na pura abstração. Ainda, o *franchising* é contrato empresarial independentemente da qualidade das partes (empresárias ou não) e da natureza do objeto (empresarial ou não).

Em *primeiro* lugar, *conceito* vem de *conceptus, concipere*, do latim (conceber, ter idéia, considerar). Serve na terminologia jurídica para indicar o sentido, a significação, a interpretação, que se tem a respeito das coisas, dos fatos e das palavras. Por exemplo, pela etimologia da palavra tem-se o seu sentido técnico e conseqüentemente a fidelidade entre a idéia e a escrita.

Conceituar é, pois, dizer em palavras as características essenciais de alguma coisa. Não deve reproduzir todo o real, mas tão-só selecionar as essências. Portanto, deve ser o mais sintético possível, sem cair na pura abstração, já que os conceitos longos são de difícil memorização, e os muito genéricos perdem a função identificadora.

Em *segundo*, o art. 1º da Lei 8.955/95, classifica o *franchising* como contrato empresarial. Portanto, é empresarial por força de lei, vale dizer, independentemente da qualidade das partes (empresárias ou não), bem assim do objeto (empresarial ou não), como veremos (nº 15.1 *infra*).

7.2. *Conceito legal*. Está no art. 2º da Lei 8.955/94: "Franquia empresarial é o *sistema* pelo qual um franqueador *cede* ao franqueado o *direito de uso de marca ou patente*, associado ao direito de *distribuição* exclusiva ou semi-exclusiva de *produtos ou serviços* e, eventualmente, também ao direito de uso de *tecnologia* de implantação e *administração* de negócios ou sistema operacional desenvolvidos ou detidos pelo franqueador, mediante *remuneração* direta ou indireta, *sem* que, no entanto, fique caracterizado *vínculo empregatício*."

O conceito legal revela os elementos estruturais do *franchising* quando refere *sistema, cessão, distribuição, uso de tecnologia, remuneração* e *inexistência de vínculo empregatício*, como veremos (n° 8 *infra*).

Diz o art. 2° da Lei 8.955/94: "Franquia empresarial é o *sistema* pelo qual um franqueador *cede* ao franqueado o direito de uso de marca ou patente, associado ao direito de *distribuição* exclusiva ou semi-exclusiva de produtos ou serviços e, eventualmente, também ao direito de *uso de tecnologia* de implantação e administração de negócios ou sistema operacional desenvolvidos ou detidos pelo franqueador, mediante *remuneração* direta ou indireta, *sem* que, no entanto, fique caracterizado *vínculo empregatício*."

7.3. *Conceito doutrinário*. O *franchising* é um contrato empresarial que traduz um sistema de produção e/ou distribuição de bens e de prestação de serviços, pelo qual o franqueador cede ao franqueado o direito de uso de marca ou patente, mediante uma entrada e participação no volume dos negócios, formatando-lhe tanto o visual do estabelecimento, quanto o modo de administrá-lo, bem assim de produzir e/ou comerciar bens e de prestar serviços.

Modesto Carvalhosa conceitua o *franchising* como "Contrato de distribuição de bens com uma determinada marca, ou de realização de serviços específicos, padronizados por um comerciante independente." E chama atenção que esse comerciante independente – o franqueado – adota como nome de seu estabelecimento, não o seu, mas do franqueador. Ele "omite para o público o seu nome comercial operando mercadologicamente (e não juridicamente) apenas com a marca do produto franqueado".[423]

Orlando Gomes escreve que o *franchising* é uma "operação pela qual um empresário concede a outro o direito de usar a marca de produto seu com assistência técnica para a sua comercialização, recebendo, em troca, determinada remuneração".[424]

Waldírio Bulgarelli diz que é uma "operação pela qual um comerciante, titular de uma marca comum, cede seu uso, num setor geográfico definido, a outro comerciante. O beneficiário da operação assume integralmente o financiamento da sua atividade e remunera o seu co-contratante com uma porcentagem calculada sobre o volume dos negócios".[425]

Nélson Abrão: "É um contrato pelo qual o titular de uma marca de indústria, comércio ou serviço (franqueador), concede seu uso a outro empresário (franqueado), posicionando no nível de distribuição, prestando-lhe assistência técnica no que concerne aos meios e métodos para viabilizar a exploração dessa concessão, mediante o pagamento de uma entrada e um percentual sobre o volume dos negócios realizados pelo franqueado".[426]

À sua vez, o Adalberto Simão Filho formula definição, a qual considero relevante porque é articulada a partir dos elementos característicos. Diz que o *franchising* "é um sistema que visa à distribuição de produtos, mercadorias ou serviços em zonas previamente delimitadas, por meio de cláusula de exclusividade, materializado por contrato(s) mercantil(is) celebrado(s) por comerciantes autônomos e independentes, imbuídos de espírito de colaboração estrita e recíproca, pelo qual, mediante recebi-

---

[423] Modesto Carvalhosa, *Apostila do Seminário Nacional sobre Contratos*, Belo Horizonte, 1978, p. 218.

[424] Orlando Gomes, *Contratos*, 8ª ed., 1981, p. 567, n° 393.

[425] Waldírio Bulgarelli, *Contratos Mercantis*, 10ª ed., 1998, p. 521.

[426] Nélson Abrão, *Da franquia comercial*, 1984, p. 10.

mento de preço inicial apenas e/ou prestações mensais pagas pelo franqueado, o franqueador lhe cederá, autorizará ou licenciará para uso comercial propriedade incorpórea constituída de marcas, insígnias, título de estabelecimento, *know-how*, métodos de trabalho, patentes, fórmulas, prestando-lhe assistência técnica permanente no comércio específico".[427]

No âmbito internacional, há diversos autores como Jean Guyenot, francês, Aldo Frignani, italiano, e Roberto Baldi, espanhol, citados por Adalberto Simão Filho, os quais ensinam ser o *franchising*, em última análise, uma cadeia de distribuição; uma forma de estrita colaboração entre empresas por meio da qual se integra a distribuição de produtos e prestação de serviços; uma concessão de uma marca de produtos ou de serviços que se agrega à concessão de um conjunto de métodos e meios de venda; um sistema de colaboração entre duas empresas.

Como se vê, a doutrina em geral, além dos elementos objetivos da definição legal, acrescenta expressões, que informam elementos subjetivos das partes ligados à *affectio* contratual, as quais destaco, pois também revelam características, como veremos (nº 8 *infra*): *(a)* estrita colaboração; *(b)* parceria entre franqueado e franqueador; *(c)* agregação à concessão de um conjunto de métodos e meios de venda; e *(d)* distribuição de bens e prestação de serviços com assistência técnica e administrativa.

Os conceitos, inclusive o da lei, são longos, o que torna difícil a memorização.

De qualquer modo, procurando incorporar as essências da idéia básica e dos conceitos legal e doutrinário, e sendo o mais sintético possível, sem cair na pura abstração, pode-se dizer: o *franchising* é um contrato empresarial que traduz um sistema de produção e/ou distribuição de bens e de prestação de serviços, pelo qual o franqueador cede ao franqueado o direito de uso de marca ou patente, mediante uma entrada e participação no volume dos negócios, formatando-lhe tanto o visual do estabelecimento, quanto o modo de administrá-lo, bem assim de produzir e/ou comerciar bens e de prestar os serviços.

Para lembrar, *marca* diz respeito a produto, e *patente* a invento.

Mais sinteticamente: o *franchising* é um sistema de produção e/ou distribuição de bens e de prestação de serviços, mediante cessão de marca ou patente, em que franqueador e franqueado, sob comando do primeiro, celebram um negócio formatado. Em suma, é um *negócio formatado* ou, expressão também usada, um *pacote formatado*, isso porque o franqueado muito mais do que assinar um contrato, adere a um *sistema*, sendo que o núcleo está exatamente no *formato*.

8. Elementos estruturais do sistema franchising. Produção e/ou distribuição de bens e de prestação de serviços; colaboração recíproca; preço; cessão de direito de uso de marca ou patente; independência entre franqueado e franqueador; métodos e assistências técnico-administrativas permanentes; território; exclusividade e semi-exclusividade quanto ao território; exclusividade e semi-exclusividade quanto aos produtos e à comercialização.

Além do *formato* em suas três dimensões (imagens externa, interna e divulgada), reunindo lei e doutrina, o *franchising* na realidade compõe um *sistema*, ou seja, uma estrutura integrada por diversos elementos relacionados entre si.

8.1. Produção e/ou distribuição de bens e de prestação de serviços. É o objeto do *franchising*.

---

[427] Adalberto Simão Filho, *Franchising*, 1997, p. 35.

O *franchising* como *sistema* é uma técnica de produção e/ou de distribuição, venda ou comercialização de bens, e de prestação de serviços. É o seu objeto.

8.2. *Colaboração recíproca*. A colaboração recíproca está para o *franchising*, assim como a *affectio* para as sociedades de pessoas. É imprescindível.

A colaboração recíproca entre os contratantes é inerente ao *franchising*. É o princípio da parceria entre franqueador e franqueado. Reflete como deve funcionar o *franchising* na parte interna. Eles se unem para produzir e/ou distribuir, vender ou comerciar bens, ou prestar serviços, cada qual desempenhando função específica. É imprescindível o sincero empenho no sentido do êxito.

Pode-se dizer que o princípio da colaboração recíproca, que institui verdadeira parceria, está para o *franchising*, assim como o da *effectio* para as sociedades de pessoas. É imprescindível.

8.3. *Preço*. Tema que envolve múltiplos aspectos, motivo por que é destacado em item específico (nº 19 *infra*).

8.4. *Cessão de direito de uso de marca ou patente*. O franqueador deve ser proprietário da marca ou patente, sendo necessário que a propriedade seja objeto de cessão ou licença de uso.

Em *primeiro lugar*, marca diz respeito a *produto*, e patente a *invento*; em *segundo*, é essencial que o franqueador seja o proprietário da marca, sinal, insígnia, bandeira ou logomarca, patente, fórmula especial, denominação, etc., isso junto ao Instituto Nacional de Propriedade Industrial – INPI, tanto assim que deve constar na *Circular de Oferta de Franquia* (Lei 8.955/94, art. 3º, XIII); em *terceiro*, é essencial, também, que essa propriedade seja objeto de cessão ou licença de uso, conforme o que for pactuado.

Sem registro no INPI e cessão ou licença, não há *franchising*.

8.5. *Independência entre franqueado e franqueador*. O franqueado fica sob o manto do franqueador, mas sem perder, em termos legais, a independência ou autonomia.

O franqueado atua sob o manto do franqueador, utilizando as mesmas marcas e técnicas de produção e/ou comercialização e de prestação de serviço, mas sem perder, em termos legais, a independência ou autonomia. O franqueado não deixa de ser entidade autônoma. Isso é relevante no *franchising* porque, na prática, é o que dá viabilidade ao sistema, por exemplo, na questão dos empregados (nº 12.1.1-D *infra*).

8.6. *Métodos e assistências técnico-administrativas permanentes*. Abrange a orientação ou como fazer aquilo que é necessário para o funcionamento do sistema, por exemplo, a metodologia, o assessoramento na parte dos produtos ou serviços, enfim, são os itens da dimensão interna do *formato*.

Os métodos e assistências técnico-administrativas permamentes são os itens do formato na sua dimensão interna (nº 5.3 *supra*). É o *management*. Devem constar na *Circular de Oferta de Franquia* (Lei 8.955/94, art. 3º, XII). Abrange como fazer aquilo que é necessário para o funcionamento do sistema, por exemplo, a metodologia das operações para a melhor exploração do negócio, o assessoramento na parte dos produtos ou serviços, o sigilo e o *know-how* (técnica, experiência, conhecimento da

CONTRATOS EMPRESARIAIS

367

matéria de fazer algo, práticas desenvolvidas no sentido do êxito; experiência do profissional no ramo de atividade).

O art. 2º da Lei 8.955/94 usa o advérbio *eventualmente* para o "direito de uso de tecnologia de implantação e administração de negócios ou sistema operacional desenvolvidos ou detidos pelo franqueador", deixando a impressão de que ao *franchising* basta a primeira parte do conceito, ou seja, a simples cessão do "direito de uso de marca ou patente, associado ao direito de distribuição exclusiva ou semi-exclusiva de produtos ou serviços", como prevêm os arts. 61 e 139 da Lei 9.279, de 14-5-96 (Lei de Marcas e Patentes).

Acontece que a licença ou cessão do direito de uso de marca ou patente é apenas um dos elementos do *sistema franchising*. O instituto *franchising* é muito mais do que isso, sob pena de não ser um *sistema*, como diz o mesmo art. 2º, isto é, conjunto de partes ordenadas entre si, de modo a concorrerem para um resultado.

O que se quer dizer com isso é que, embora alguns dos componentes não estejam na definição legal de *franchising*, nem por isso deixam de ser essenciais. No caso das assistências técnica e administrativa, a definição passa a idéia de que são facultativas.

Com efeito, o art. 3º da Lei determina que o franqueador que desejar implantar um "sistema de franquia empresarial" forneça ao pretendente um documento chamado *Circular de Oferta de Franquia*, que vem a ser o *Manual do Franqueado*, em "linguagem clara e acessível", contendo *obrigatoriamente* diversas informações, dentre as quais, conforme o inc. XII, a indicação do que é efetivamente oferecido ao franqueado pelo franqueador, no que se refere a: "*a)* supervisão da rede; *b)* serviços de orientação e outros prestados ao franqueado; *c)* treinamento do franqueado, especificamente duração, conteúdo e custos; *d)* treinamento dos funcionários do franqueado; *e)* manuais de franquia; *f)* auxílio de análise e escolha do ponto onde será instalada a franquia; e *g)* layout e padrões arquitetônicos das instalações do franqueado."

Isso tudo pode ser resumido na expressão *assistências técnico-administrativas*, enfim, como o sistema deve funcionar internamente.

Se, por um lado, não se pode concluir que todos os itens do inc. XII sejam obrigatórios, haja vista a referência de que a *Circular de Oferta de Franquia* deve indicar, dentre eles, o que é *efetivamente* oferecido, por outro, não se pode admitir que nenhum seja oferecido, como se deduz do art. 2º ao usar o advérbio *eventualmente*, sob pena de não existir *franchising*, mas pura e simples licença para exploração de marcas e patentes, como veremos (nº 10.2 *infra*).

Ainda, diz no inc. XIV que a Circular deve dizer a situação do franqueado após o término do contrato em relação a: "*a)* know-how ou segredo de indústria a que venha ter acesso em função da franquia; e *b)* implantação de atividade concorrente da atividade do franqueador."

Quanto ao *know-how*, ocorre inegavelmente como algo inerente ao *sistema franchising*, e, quanto às informações privilegiadas de indústria, podem ocorrer, não raras vezes de igual modo como algo inerente ao *sistema*.

8.7. *Território*. O contrato deve delimitar o território ou espaço geográfico de abrangência, não podendo o franqueado atuar fora dele, nem mesmo indiretamente, por exemplo, fazendo *tele-venda* com sistema de entrega direta, salvo se expressamente convencionado.

No que tange à comercialização de bens e prestação de serviços, o contrato deve limitar o território ou espaço geográfico, o qual pode abranger um país, uma região, um ou vários Estados, um ou vários Municípios, uma ou várias cidades, um ou vários bairros, e até um ponto num *shopping center*.

E uma vez delimitado o território, o franqueado não pode atuar fora dele, salvo autorização expressa, o que se deduz não só porque, então, não haveria motivo para delimitá-lo, mas também porque deve constar na *Circular de Oferta de Franquia* a "possibilidade de o franqueado realizar vendas ou prestar serviços fora de seu território ou realizar exportações" (Lei 8.955/94, art. 3º, X, *b*).

Importante é salientar as formas já bastante usuais de comércio do tipo *tele-venda* com sistema de entrega a domicílio, ou comércio *via malote* a consumidores localizados fora do mapa estabelecido no contrato. Trata-se de artifício que viola a delimitação do território. Só mediante autorização expressa é que o franqueado pode fazê-lo.

8.8. *Exclusividade e semi-exclusividade quanto ao território*. Enquanto a *semi-exclusividade* se presume, a *exclusividade*, sendo exceção, deve ser pactuada, haja vista que, às vezes, é confundida com monopólio privado de mercado ou abuso de poder econômico. Assim, salvo cláusula de exclusividade, nada obsta que o franqueador celebre *franchising* com outro(s) franqueado(s) no mesmo território, não ficando inibido ele próprio de atuar, desde que nas mesmas condições, a fim de não provocar evasão da freguesia do franqueado.

Uma fez definido o território, exsurge a questão relativa à exclusividade ou semi-exclusividade dentro dele, vale dizer, se o franqueador pode, ou não, celebrar contrato de *franchising* com outro(s) franqueado(s), ou se ele próprio pode atuar, na comercialização de bens ou prestação de serviço.

Entende-se que a exclusividade é uma exceção; logo, deve ser pactuada, haja vista a exigência de constar na *Circular de Oferta de Franquia* a "exclusividade ou preferência sobre determinado território de atuação e, em caso positivo, em que condições o faz" (Lei 8.955/94, art. 3º, X, *a*). E tanto é uma exceção que não raras vezes chega a ser confundida com *monopólio privado de mercado* ou *abuso de poder econômico* (nº 20 *infra*). Ainda mais, vale como subsídio a Lei 4.886, de 9-12-65, com a redação da Lei 8.420, de 8-5-92, que regula o contrato de *representação comercial* (entenda-se *empresarial*), no qual também consta o zoneamento, estabelecendo no parágrafo único do art. 31 que a exclusividade da representação "não se presume".

Portanto, sem cláusula expressa, não há exclusividade territorial do franqueado, vigorando, pois, a semi-exclusividade. Quer isso dizer que o franqueador pode autorizar outros franqueados a atuarem no mesmo território, bem assim ele próprio não está inibido de fazê-lo.

No entanto, a semi-exclusividade não significa desigualdade nas condições. É o problema que surge a partir da territorialidade e seus contornos específicos face, por exemplo, ao *marketing* de vendas feito em televisão ou por anúncios pelo franqueador, alcançando toda uma região, oferecendo no seu estabelecimento maiores vantagens (descontos, benefícios, etc.) do que aquelas permitidas no estabelecimento do(s) franqueado(s). Quer dizer: se o consumidor comprar do franqueado a vantagem é X, e se comprar do franqueador é X mais Y, provocando evasão da respectiva freguesia.

Mesmo não havendo exclusividade ao franqueado, essa forma de captação de freguesia, seja pelo franqueador ou mesmo por outro franqueado, levando o consumidor a outro estabelecimento no mesmo território, caracteriza violação contratual.

Ora, se o *franchising* é um *sistema*, pressupõe atitudes uniformes para toda a rede, pelo menos regional, o que exclui haja concorrência interna seja entre os franqueados, seja entre estes e o franqueador. É possível até ser estratégia do franqueador para quebrar o(s) franqueado(s), movido por interesses inconfessáveis. Enfim, no tocante

CONTRATOS EMPRESARIAIS

369

à comercialização, não há verticalidade na relação franqueador-franqueado, mas tão-só horizontalidade.

8.9. *Exclusividade e semi-exclusividade quanto aos produtos e à comercialização.* **Enquanto a** *exclusividade* **se presume, a** *semi-exclusividade* **deve ser pactuada. É assim porque não é razoável possa o franqueado, sem autorização expressa, comercializar outros produtos, isto é, mercadorias estranhas ao** *negócio formatado,* **ou, ainda pior, de marcas concorrentes.**

O *franchising* é um sistema, vale dizer, a montagem de um conjunto de elementos que devem funcionar combinadamente, a fim de obter um resultado. Exige-se, pois, homogeneidade na cadeia de fornecimento dos produtos, tipos e marcas, produção e/ou distribuição ou comercialização, e prestação de serviço, o que pressupõe tudo ocorra dentro de padrões previamente formatados.

Dentro do clichê, seja no que tange ao fornecimento dos produtos, tipos e marcas, seja no que tange à comercialização pode haver *exclusividade* e *semi-exclusividade.*

Quanto aos produtos e à comercialização, inverte-se a presunção ocorrente quanto ao território, ou seja, enquanto a *exclusividade* se presume, pois é naturalmente compatível com *factoring* como sistema que exige uniformidade nos procedimentos, produtos e serviços, a *semi-exclusividade,* ao invés, não lhe é naturalmente compatível, e por isso deve ser expressamente pactuada. É assim porque não é razoável possa o franqueado, sem autorização expressa, comercializar outros produtos, isto é, mercadorias estranhas ao *negócio formatado,* ou, ainda pior, de marcas concorrentes.

Ambas as partes devem se manter nos lindes contratuais, sob pena de ensanchar resolução. Por exemplo, o franqueador deve prover seja nas espécies seja nas quantidades, ou indicar o fornecedor, conforme pactuado, como exige o art. 3º, XI, da Lei 8.955/94, quando menciona que deve constar na *Circular de Oferta de Franquia,* dentre outros elementos, a relação dos fornecedores.

Se tal não ocorrer, cabe ao franqueado resolver o contrato, com as decorrências, e não também violá-lo introduzindo no sistema, sem a devida autorização, mercadorias de tipos ou marcas estranhas.

Por fim, oportuno é alertar, não se deve confundir a introdução de mercadorias estranhas na rede com *franchaise multimarcas* (nº 9.2.5 *infra*).

9. *Espécies de franchise.* **Quanto ao conteúdo (tipo de atividade); quanto à forma (estruturação prática).**

9.1. *Quanto ao conteúdo (tipo de atividade).* **De serviços; de produção; de distribuição; de indústria.**

Quanto ao conteúdo, ou tipo de atividade, existem quatro espécies, conforme bem expõe o eminente Prof. Adalberto Simão Filho.[428]

9.1.1. *De serviços.* **Qualquer tipo de serviço pode ser objeto de** *franchise.* **É o estilo, o modo original de prestá-los que identifica o franqueador.**

Qualquer tipo de serviço pode ser objeto de *franchise,* inclusive atividades não-empresariais, como veremos (nº 15.3 *infra*). É o estilo, o modo original de prestá-los, o feitio, o talhe que identifica o franqueador. No Brasil, há bastante nos setores hoteleiro e didático (escolas de idiomas, de informática, etc.).

---

[428] Adalberto Simão Filho, *Franchising,* 1997, p. 45.6.

Ganha espaço o setor de segurança privada (empresas de vigilância). Nos EUA, há *franchise* de tinturaria, de lavagens, de aluguel de veículos, de academias de dança, de musculação, de escritórios de contabilidade e até de advocacia.

9.1.2. *De produção*. O franqueador faz os produtos, que são comercializados pela rede de franqueados.

O franqueador faz os produtos, que são comercializados pela rede de franqueados. É famosa, na França, a *franchise* das *Lãs Pingüin*.

9.1.3. *De distribuição*. O franqueador manda fazer os produtos de suas marcas, por meio de outras empresas, cabendo a comercialização à rede de franqueados.

O franqueador manda fazer os produtos de suas marcas, por meio de outras empresas. Na prática terceiriza a produção, cabendo a comercialização à rede de franqueados. Prepondera a marca do franqueador. Serve de exemplo no ramo de vestimenta a marca *Lee*.

9.1.4. *De indústria*. O franqueador ministra ao franqueado o cabedal necessário de tecnologia para que este industrialize o produto para posterior comercialização.

O franqueador ministra ao franqueado o cabedal necessário de tecnologia, *know-how*, métodos, etc., para que esta industrialize o produto para posterior comercialização. Serve de exemplo, no ramo de refrigerantes, a *Coca-Cola*. É nesta espécie que pode existir o chamado *segredo de indústria*, que deve ser objeto de disciplina contratual após o termino do contrato e que inclusive deve constar na *Circular de Oferta de Franquia* ou *Manual do Franqueado*, confome o art. 3º, XIV, *a*, da Lei 8.955/94, como vimos (nº 8.6 *supra*).

9.2. *Quanto à forma (estruturação prática)*. Pura ou mista; subfranquia ou *master*; de desenvolvimento de área (*development franchise*); multifranchise; multimarcas; córner; associativa; financeira; de nova instalação; de conversão; itinerante.

Dizem com a *forma* como cada espécie quanto ao *conteúdo* (tipo de atividade) se estrutura na prática. Seguindo novamente o Prof. Adalberto Simão Filho,[429] são conhecidas onze espécies.

9.2.1. *Pura ou mista*. Isso conforme envolver um ou mais tipo de atividade.

A *franchise* será pura ou mista conforme envolver um ou mais tipo de atividade, resultando daí múltiplas combinações, por exemplo, serviços e produção.

9.2.2. *Subfranquia ou "master"*. O franqueador celebra com o franqueado para este subfranquear. O franqueado monta a rede por meio de subfranqueados.

A espécie está prevista no art. 9º da Lei 8.955/94. O franqueador celebra com o franqueado para este subfranquear, portanto, quem monta a rede é o franqueado, por meio dos subfranqueados, ou seja, estès é que montam os estabelecimentos. Quem na prática opera o *pacote* são os subfranqueados. É bastante utilizada pelas multina-

---

[429] Adalberto Simão Filho, *Franchising*, 1997, p. 47-50.

CONTRATOS EMPRESARIAIS

cionais para a cobertura de grandes regiões, por exemplo, um país ou parte dele, possibilitando a formação da rede.

9.2.3. *De desenvolvimento de área* (*development franchise*). O franqueado escolhe a área e dentro dela opera pessoalmente tantos estabelecimentos quantos quiser e onde quiser.

Compete ao franqueado escolher a área e dentro dela explorar tantos quantos estabelecimentos quiser e onde quiser. É diferente, pois, da subfranquia. Enquanto na subranquia acontece a cessão do negócio a outrem, na *franchise* de desenvolvimento de área o franqueado, dentro do território, opera pessoalmente, e com liberdade, quanto ao lugar e número de estabelecimentos.

9.2.4. *Multifranchise*. O franqueado opera, mediante contratos autônomos, mais de uma franquia da mesma rede ou marca.

O franqueado, com base em contratos autônomos, opera mais de uma franquia da mesma rede ou marca. Ele monta a sua rede com diversos estabelecimentos. A diferença com a *franchise* de desenvolvimento de área está em que, enquanto nesta o franqueado, dentro da área, pode abrir tantas lojas quantas quiser e onde quiser, com com base no mesmo contrato, na *multifranchise* há contrato autônomo para cada ponto.

9.2.5. *Multimarcas*. O franqueado opera mais de uma franquia de redes ou marcas diversas.

Ocorre quando o franqueado opera mais de um *pacote*, quer dizer, com mais de uma franquia, mas de redes ou marcas diversas, por óbvio não concorrentes. Ele atua com poderes contratuais para a gestão de todas, em conjunto ou separadamente, conforme os acordos e deliberações prévias dos franqueadores. É a situação oposta da *multifranchise*.

9.2.6. *Córner*. O franqueador contrata pequenos pontos ou cantos (não nos locais das lojas), os quais são *formatados*.

O franqueador contrata pequenos pontos ou cantos (não os locais das lojas), os quais são *formatados*, por exemplo, em *shopping centers* ou em locais de grande movimento. *Córner*, do inglês, significa ângulo, esquina, canto. É aí, neste limite, que o franqueado opera o *pacote*.

9.2.7. *Associativa*. O franqueado participa do capital da franqueada ou vice-versa.

Acontece quando o franqueador participa do capital social do franqueado ou vice-versa. São situações que envolvem Direito Societário, com ou sem controle de uma ou outra sociedade, que o CC/02 no art. 1.097 e seguintes chama de *sociedades ligadas*, e a Lei 6.404/76 (disciplina as sociedades por ações) chama de *sociedades coligadas, controladoras e controladas*.

9.2.8. *Financeira*. O franqueado compra o *pacote* e monta o estabelecimento, colocando outra pessoa na gestão. Faz um investimento.

Ocorre quando o franqueado compra o *pacote* e monta o estabelecimento, colocando outra pessoa na gestão do negócio, ou seja, terceiriza a administração. Portanto, limita-se a fazer um investimento. Não é usual porque o franqueador normalmente prefere gestão pelo próprio franqueado, inclusive face ao *intuitu personae* (nº 14.6 *infra*). É diferente da subfranquia porque nesta quem monta o estabelecimento é o subfranqueado.

9.2.9. *De nova instalação.* **O franqueado assume o compromisso de comprar o local da atividade.**

O franqueado adquire ou se obriga adquirir o local em que a atividade será desenvolvida. Na realidade, não passa de uma cláusula contratual.

9.2.10. *De conversão.* **Quem já opera no local, passa a fazê-lo por meio de *franchise*.**

Ocorre quando alguém, já operando num lugar, passa a fazê-lo por meio de uma *franchise*, formatando o local conforme o exigido.

9.2.11. *Itinerante.* **É a *franchise* em unidade móvel.**

A operação do *pacote* acontece em unidade móvel do franqueado. Pode ser *trailler*, ônibus ou qualquer outro veículo. A espécie vem sendo bastante usada em veículo tipo *van* (furgão) no ramo do *fast food* (comida rápida).

10. *Semelhanças e diferenças com outros contratos empresariais.* **Compra e venda empresarial; licença para exploração de marcas ou patentes; mandato mercantil; comissão mercantil; concessão mercantil; representação comercial.**

Para tornar mais nítida a imagem do *franchising* como indivíduo novo, com personalidade e conteúdos próprios – item importante para definir a sua natureza jurídica –, é imprescindível destacar as suas semelhanças e diferenças com outros contratos empresariais.

10.1. *Compra e venda empresarial. Semelhança*: **em ambos acontece compra e venda.** *Diferença*: **no contrato de compra e venda a relação negocial se esgota no ato, enquanto no de *franchising* se estende ao preço de revenda e à forma de realizá-la.**

10.2. *Licença para exploração de marcas ou patentes. Semelhança*: **em ambos ocorre autorização.** *Diferença*: **no contrato de licença o controle na execução se limita à exploração da marca ou patente, enquanto no de *franchising* tal ocorre como parte de uma relação mais ampla do *negócio formatado*.**

Waldírio Bulgarelli escreve que "a licença de uso de marca ou a eventual prestação de serviços do concedente ao concessionário são meros acessórios do pacto principal que estipula a exclusividade na distribuição de produtos, ou seja, bens fabricados pelo concedente. Na franquia, o essencial é a licença de utilização de marca e a prestação de organização e métodos de venda pelo franqueador ao franqueado".[430]

Vale lembrar que marca diz respeito a produto, e patente a invento.

O contrato de licença para exploração de marcas ou patentes está previsto na Lei 9.279, de 14-5-96, arts. 139 e 61. Assemelham-se porque em ambos acontece a autorização, mas diferem-se porque no contrato de licença o controle durante a execução se limita à exploração da marca ou patente, enquanto no de *franchising* esse controle ocorre como parte de uma relação mais ampla do *negócio formatado*. Como vimos, o *franchising* é muito mais do que uma licença para exploração de marcas ou patentes (nº 8.6 *supra*).

10.3. *Mandato mercantil. Semelhança*: **em ambos acontece uma autorização dada a terceiro.** *Diferença*: **no contrato de mandato mercantil**

---

[430] Waldírio Bulgarelli, *Contratos Mercantis*, 10ª ed., 1998, p. 526.

CONTRATOS EMPRESARIAIS

o mandatário pratica atos *em nome do mandante*, vinculando-o, enquanto no de *franchising* o franqueado pratica-os *em nome próprio*, vinculando-se.

Assemelham-se porque em ambos acontece uma autorização dada a terceiro (mandatário e franqueado, respectivamente) para que pratique atos empresariais em benefício, respectivamente, do mandante e franqueador, mas diferem-se porque, enquanto no contrato de mandato mercantil o mandatário pratica atos em nome do mandante, vinculando-o, no de *franchising* o franqueado pratica-os em nome próprio, vinculando-se.

10.4. *Comissão mercantil. Semelhança*: assemelham-se porque também no contrato de comissão mercantil o comissário pode contratar em nome próprio. *Diferença*: no contrato de comissão mercantil o beneficiário é o comitente, e não o comissário que faz o negócio, enquanto no de *franchising*, além de todos os envolvimentos decorrentes do sistema, o beneficiário é quem faz o negócio, o franqueado.

No contrato de comissão mercantil, *internamente* a relação comitente-comissário é de mandato, portanto com representação, e *externamente* a relação comissário-comprador, face ao próprio comprador, pode ser sem representação, ou seja, o comissário pode atuar em nome próprio; já no de *franchising* perante o comprador o franqueado atua sempre em nome próprio.

Assemelham-se porque também no contrato de comissão mercantil o comissário pode contratar em nome próprio, mas diferem-se porque no de comissão o beneficiário é o comitente, e não o comissário, que é quem faz o negócio, enquanto no de *franchising*, além de todos os envolvimentos decorrentes do sistema, o beneficiário é quem faz o negócio, o franqueado.

10.5. *Concessão mercantil. Semelhança*: ambos são canais de distribuição e têm as questões relativas à exclusividade e à assistência técnica (esta, na concessão, ocorre no pós-venda). *Diferença*: no contrato de *franchising* há *negócio formatado* técnica e administrativamente, tanto interna quanto externamente, prevalecendo, ainda, as marcas e insígnias do franqueador, enquanto no de concessão prevalece as do concessionário.

O contrato de concessão mercantil é atípico, exceto quanto aos veículos automotores, porquanto é regido pela Lei 6.729/79, com as modificações da Lei 8.132/90.

Pode-se dizer que este é o contrato que mais se assemelha ao de *franchising*, haja vista que Rubens Requião, em 1978, em Parecer,[431] sustentou que ele já era conhecido no Brasil como *concessão mercantil*.

Waldírio Bulgarelli esclarece que "o contrato de concessão é no fundo um contrato de compra e venda, com um caráter de estabilidade, não se esgotando instantaneamente, como na compra e venda simples; portanto, uma compra e venda com encargos, principalmente a exclusividade." Acentua que a compra e venda decorrente do contrato de concessão não é única, mas continuada, "e com certas obrigações complementares e suplementares, de ambas as partes. Entre elas, por exemplo, na concessão automobilística, está a assistência pós-venda e mesmo a mantença de estoques de peças de reposição." E mais adiante: "A concessão de vendas é, exclusivamente, contrato de distribuição de produtos (*omissis*). Na franquia, o

---

[431] Rubens Requião, RT 513, p. 41.

essencial é a licença de utilização de marca e a prestação de organização e métodos de venda pelo franqueador ao franqueado".[432]

Assemelham-se porque ambos são canais de distribuição e têm as questões relativas à exclusividade e à assistência técnica (esta, na concessão, diz respeito ao pós-venda), mas diferem-se porque no contrato de *franchising* há *negócio formatado* técnica e administrativamente, tanto interna quanto externamente, prevalecendo, ainda, as marcas e insígnias do franqueador, enquanto no de concessão prevalece as do concessionário.

10.6. *Representação comercial. Semelhança*: **em ambos existem as questões relativas ao território e à exclusividade.** *Diferença*: **no contrato de representação o representante atua como intermediador de negócios, agenciando propostas ao representado, enquanto no de** *franchising* **o franqueado compra do franqueador os produtos no atacado, ou de quem este autorizar, e vende-os no varejo, agindo em nome próprio.**

O contrato de representação comercial é regido pela Lei 4.886/65, com as alterações da Lei 8.420/92. Assemelham-se porque em ambos existem as questões relativas ao território e à exclusividade, mas diferem-se porque, no de representação, o representante atua como intermediador de negócios, agenciando propostas ao representado (vendedor), enquanto no de *franchising* o franqueado compra os produtos do franqueador a grosso ou no atacado, ou de quem este autorizar, e vende-os a retalho ou no varejo, agindo em nome próprio.

11. *Funções do contrato*. **Função social; função ética; função econômica.**

O *franchising*, ainda que regrado por lei específica, está sujeito às três funções dos contratos em geral definidas no CC/02: social, ética e econômica, tema já desenvolvido nos aspectos gerais (n° 12 do Cap. I), cuja leitura temos como pressuposto para, agora, bem compreendê-los nos possíveis aspectos individuais da espécie contratual ora analisada.

11.1. *Função social*. **O** *franchising* **cumpre uma função social nobre, uma vez que dispensa experiência prévia. Funciona como escola profissionalizante. Os franqueados vão acumulando bagagem cultural específica de ampla aplicabilidade, quer dizer, não acaba com o eventual rompimento do contrato, habilitando-os à plena autonomia noutro empreendimento.**

Como vimos (n° 12.1.3-B do Cap. I), a *função social* do contrato, pelo prisma do motivo social de existir, significa a sua preservação como entidade jurídica hábil a conciliar interesses e necessidades das pessoas em geral, e pelo prisma das partes significa a garantia do equilíbrio de direitos e obrigações, dentro de parâmetros vigentes na sociedade, salientando que não há confundir *função social* do contrato e *condição social* dos contratantes, pois não é artifício para alcançar ao mais fraco vantagem, como prêmio por ser mais fraco, nem para impor ao mais forte desvantagem, como castigo por ser mais forte.

No caso do *franchising*, como veremos (n° 12.2.1-B *infra*), há uma função social verdadeiramente nobre, à medida que dispensa prévia experiência, bastando ao franqueado seguir a orientação do franqueador, além da facilidade de lidar com marcas e

---

[432] Waldírio Bulgarelli, *Contratos Mercantis*, 10ª ed., 1998, p. 450 e 526.

CONTRATOS EMPRESARIAIS

375

produtos consagrados, o que dispensa luta para conquista de mercado. O contrato funciona como escola profissionalizante, haja vista o fenômeno ocorrido após a 2ª Guerra Mundial, quando milhares de ex-combatentes norte-americanos valeram-se do sistema (nº 2 *supra*).

Com efeito, a *experiência anterior*, referida no art. 3º, V, da Lei 8.955/93, no traço do perfil do chamado *franqueado ideal*, como requisito da *Circular de Oferta de Franquia*, não quer dizer que deva ter experiência. Trata-se de faculdade do franqueador.

Os franqueados, com isso, vão armazenando conhecimentos, estabelecendo contatos, somando experiências, etc. Essa acumulação de bagagem cultural específica é de ampla aplicabilidade, quer dizer, não acaba com o eventual rompimento do contrato, podendo habilitá-los à plena autonomia noutro empreendimento.

11.2. *Função ética.* **Não há aspectos individuais a destacar. Reporta-mo-nos ao nº 12.2 do Cap. I.**

11.3. *Função econômica.* **O franqueador amplia a rede sem precisar abrir filiais, o franqueado ingressa no mercado baseado em imagem empresarial conhecida e o consumidor tem mais opções de compra e preços.**

A *função econômica* traduz a causa do contrato, o seu motivo, o seu por quê. É o fato econômico. Isso define os vários tipos de contratos, conforme a função econômica específica.

No caso do *franchising* a função econômica tanto ocorre pela vantagem de o franqueador ampliar a rede sem a necessidade de abrir filiais, quanto pela vantagem de o franqueado ingressar no mercado baseada em imagem empresarial já conhecida, quanto igualmente pela vantagem de o consumidor ter ampliados os pontos de venda e por conseguinte mais opções inclusive de preços, tanto assim que, consoante vimos (nº 4 *supra*), em 1988, nos EUA, 1/3 (um terço) das vendas a varejo ocorriam por meio do sistema *franchising*, com 533 mil empresários franqueados, gerando oito milhões de empregos, faturando US$717 bilhões anuais, pouco menos que o PIB brasileiro. Naquele mesmo ano, na Europa, havia mil e oitocentos franqueadores e oitenta mil franqueados, faturando US$92 bilhões anuais. Considerando a tendência expansionista, presume-se que os números atuais são bem maiores. Em 1996, no Brasil, segundo a revista *Pequenas Empresas, Grandes Negócios*, havia 724 (setecentos e vinte e quatro) franqueadores, sendo 102 (cento e dois) estrangeiros, dos quais 66 (sessenta e seis) norte-americanos, e 18.086 (dezoito mil e oitenta e seis) franqueados.

12. *Vantagens e desvantagens.* **Ao franqueador; ao franqueado; ao consumidor.**

12.1. *Ao franqueador.* **Vantagens; desvantagens.**

12.1.1. *Vantagens.* **Expansão da rede e novos mercados a pequeno custo; efeito multiplicador; redução do custo dos produtos; ausência de relação empregatícia; redução de custos operacionais.**

12.1.1-A. *Expansão da rede e novos mercados a pequeno custo.* **Multiplica os pontos de venda, os quais funcionam como filiais, a baixo custo.**

A *franchise* multiplica os pontos de venda, os quais funcionam para o franqueador como filiais, sendo este um dos motivos de sua expansão pelo mundo (nº 4 *supra*), atingindo novos mercados, inclusive noutros países, isso tudo a pequeno custo, pois além de não ter responsabilidade com os funcionários do franqueado, as despesas de instalação normalmente cabem a este.

12.1.1-B. *Efeito multiplicador*. O aumento do número de pontos de venda tem efeito multiplicador aos produtos e serviços da respectiva marca, o que multiplica o consumo.

O aumento do número de pontos de venda tem efeito multiplicador aos produtos e serviços da respectiva marca, tornando-os mais conhecidos, multiplicando por conseguinte o consumo, que gera interesse de outros na celebração de franquias, que por seu turno ampliarão o mercado ainda mais.

12.1.1-C. *Redução do custo dos produtos*. Compra em grande quantidade, gerando a necessidade de produção em grande escala, gera o barateamento final dos produtos, tornando-os mais competitivos no mercado.

A compra em grande quantidade quer dizer também grande poder de pechincha, isto é, pagar menos pelo fato de comprar mais. Além disso, o fato da produção em grande escala, por sua vez propicia o mesmo junto aos fornecedores de matéria-prima, insumos, etc., resultando no final que o franqueador pode prover os franqueados a preços menores; logo, produtos mais baratos, maior competitividade no mercado.

12.1.1-D. *Ausência de relação empregatícia*. A inexistência de relação empregatícia dos funcionários do franqueado face ao franqueador é vantagem porque dispensa estrutura administrativa específica.

A inexistência de relação empregatícia dos funcionários do franqueado face ao franqueador (Lei 8.955/94, art. 2º), mais do que uma vantagem ao franqueador, pois o libera de estrutura administrativa específica e de setor sempre muito sensível e vocacionado a turbulências, na prática dá viabilidade ao sistema pela afirmação da independência legal entre um e outro (nº 8.5 *supra*).

12.1.1-E. *Redução de custos operacionais*. Aumentando a cadeia de distribuição, diminuem-se alguns custos. Por exemplo, a mesma publicidade alcança território antes não coberto pela rede.

Aumentando a cadeia de distribuição, diminuem-se alguns custos. Por exemplo, a mesma publicidade alcança território antes não coberto pela rede, e que, por isso, os consumidores potenciais não adquiriam os produtos ou não dispunham dos serviços. A vantagem pode ser repassada equitativamente aos franqueados. Aumentando o divisor (número de franqueados) em relação ao dividendo (custos da publicidade), o resultado é menor (taxa individual de cada uma). Outra opção é intensificar a publicidade, a fim de conquistar novos consumidores.

A importância da publicidade nos é dita por David Aaker, norte-americano, especialista em *marketing*, no livro *Brand Equity* (*brand* significa marca de ferro em brasa, marca de fábrica ou marca registrada; *equity* significa valor líquido, lucro), escreve que a marca passa por três etapas: na primeira, torna-se conhecida; na segunda, lembrada; na terceira, atinge o *top of mind* (topo da mente) do consumidor, sendo a comunicação a principal chave para a construção desse patrimônio.

12.1.2. *Desvantagens*. Indisciplina do franqueado; incompetência do franqueado; violação do formato.

12.1.2-A. *Indisciplina do franqueado*. Gera desprestígio aos produtos e marca, afeta a credibilidade, pois mercadologicamente apenas o franqueador aparece.

CONTRATOS EMPRESARIAIS

377

A indisciplina do franqueado, aí considerado o mau atendimento e a própria falta de adaptação, gera desprestígio aos produtos e marca, afetando a credibilidade do franqueador, pois mercadologicamente apenas a bandeira deste aparece, como vimos (nº 5.2 *supra*), e ainda veremos (nº 18 *infra*).

12.1.2-B. *Incompetência do franqueado.* **Apesar das assistências técnico-administrativas permamentes, o franqueado pode ser incompetente para operar o *pacote*, o que igualmente desprestígia os produtos e marca.**

É o risco pelo qual passa o franqueador e que faz contraponto à vantagem de mercadologicamente aparecer com exclusividade (nº 18 *infra*). O franqueado pode ser incompetente para operar o *pacote*, apesar das assistências técnico-administrativas permanentes (nº 8.6 *supra*), o que também desprestígia os produtos e marca, atingindo o franqueador em sua fama.

12.1.2-C. *Violação do formato.* **Pode acontecer que o franqueado busque alguma compensação, adotando métodos próprios, violando o formato, o que afeta o sistema.**

Pode acontecer que, por motivos que só caso a caso é possível verificar, por exemplo, rentabilidade aquém da esperada, o franqueado busque alguma compensação, adotando métodos próprios, violando o formato, o que afeta o sistema.

12.2. *Ao franqueado.* **Vantagens; desvantagens.**

12.2.1. *Vantagens.* **Êxito praticamente assegurado; dispensa de prévia experiência.**

12.2.1-A. *Êxito praticamente assegurado.* **O franqueado lida com uma estrutura administrativa já montada e funcionando, inclusive de divulgação, ponto relevante para chegar ao consumidor. Incorpora o prestígio da rede, o que praticamente assegura êxito.**

Antes de aderir ao sistema, o franqueado pode, mediante constatação própria, conhecer a credibilidade dos produtos e serviços, fama da marca, consagração perante o público, etc. São itens dessa ordem que despertam o interesse do franqueado e que praticamente lhe asseguram êxito, pois incorpora o prestígio da rede.

Ao aderir, o franqueado exerce a atividade sob a bandeira ou logomarca do franqueador e com uma estrutura administrativa já montada e funcionando, inclusive de divulgação, ponto relevante para chegar ao consumidor.

12.2.1-B. *Dispensa de prévia experiência.* **As assistências técnico-administrativas permanentes dispensam prévia experiência do franqueado. Basta seguir os itens do *pacote*.**

A *experiência anterior*, referida no art. 3º, V, da Lei 8.955/93, no traço do perfil do chamado *franqueado ideal*, como requisito da *Circular de Oferta de Franquia*, não quer dizer que deva ter experiência. Trata-se de faculdade do franqueador.

Na prática, importa é que as assistências técnico-administrativas permanentes (nº 8.6 *supra*) dispensam prévia experiência do franqueado, o que inclusive traduz função social do contrato de *franchising* (nº 11.1 *supra*). Basta que os seus administradores sigam os itens do *pacote*. Foi assim que nos EUA iniciaram milhares de ex-combatentes da 2ª Guerra Mundial.

Óbvio que isso, mais a inserção no mundo dos negócios, funciona como escola profissionalizante, pois os franqueadores vão armazenando conhecimentos, estabele-

378   *Irineu Mariani*

cendo contatos, somando experiências, etc., os quais não acabam com o eventual rompimento do contrato, habilitando-os à plena autonomia noutro empreendimento.

12.2.2. *Desvantagens*. Inexistência de autonomia empresarial; controles interno e externo; limitação a produtos e serviços do franqueador ou de quem este indicar; desamparo na falência ou insolvência civil.

12.2.2-A. *Inexistência de autonomia empresarial*. O franqueado não tem autonomia técnica nem administrativa.

Embora a autonomia ou independência do franqueado em termos legais (n° 8.5 supra), em termos empresariais ela não existe. Sendo sociedade, fica tão-só com a personalidade jurídica, e sendo empresário individual, com apenas o respectivo registro. Não bastasse externamente ser um clone, internamente o franqueado não tem autonomia técnica nem administrativa. Em suma, não tem sequer vontade própria. Não tem função decisória; só executória.

12.2.2-B. *Controles interno e externo*. Quem governa é o franqueador. O franqueado fica sob total controle interno e externo.

Na realidade, quem governa é o franqueador. O franqueado fica sob total controle interno e externo, que vai desde, por exemplo, operações financeiras e modo de fazer a contabilidade, até o uniforme dos funcionários e como colocar o produto na vitrine ou estante, etc.

12.2.2-C. *Limitação a produtos e serviços do franqueador ou de quem este indicar*. O franqueado, salvo autorização expressa, só pode vender produtos e prestar serviços com marca do franqueador ou por este indicados, mesmo que existam similares a melhor preço.

Salvo autorização expressa (n° 8.9 *supra*), o que dificilmente ocorre, o franqueado pode vender produtos provisionados ou comprados e prestar serviços tão-só com a marca do franqueador, ou de quem este indicar, mesmo que existam similares de outras marcas e a melhor preço. É a questão da exclusividade, às vezes confundida com *monopólio privado de mercado* ou *abuso de poder econômico* (n° 20 *infra*).

12.2.2-D. *Desamparo na falência ou insolvência civil*. Pode haver cláusula de resolução em caso de falência ou insolvência civil, a qual, em princípio, se ostenta ilegal e abusiva.

Assim como noutros contratos, quase sempre há cláusula de resolução em caso de falência ou de recuperações judicial ou extrajudicial (ex-concordata), bem como na insolvência civil, o que em princípio se ostenta ilegal e abusivo, salvo quando houver repercussão econômica negativa sobre o contrato, como veremos (n° 23.2.2-B *infra*).

12.3. *Ao consumidor*. Vantagens; desvantagem.

12.3.1. *Vantagens*. Aumento de opções de consumo; dispensa de pesquisa.

Colecionamos duas, sem excluir outras, por exemplo, a relação que existe entre o acesso a novos produtos e a melhoria da qualidade de vida da população em geral.

12.3.1-A. *Aumento de opções de consumo*. Maior número de pontos de venda, maiores opções de compra.

À evidência, o maior número de pontos de venda, significa maiores opções de compra, sem falar no conforto da proximidade, evitando o custo dos deslocamentos, em tempo e dinheiro, e inclusive risco.

CONTRATOS EMPRESARIAIS

12.3.1-B. *Dispensa de pesquisa.* **Os preços dos produtos da rede são uniformes, o que dispensa pesquisa.**

Com efeito, as unidades de um produto da mesma qualidade e marca têm o mesmo preço num mesmo estabelecimento, variando sim o preço entre uma e outra marca, porém é muito variável o preço dos produtos da mesma qualidade e marca entre um e outro estabelecimento.

Pois bem, aí está um dos grandes problemas do consumidor: a diferença de preço para o mesmo produto, entre os diversos estabelecimentos vendedores, impondo-lhe peregrinação, gastando tempo, dinheiro com deslocamentos, sem falar no risco, de tal modo que, no final, a diferença de preço a menor não compensa.

Pelo menos em relação à rede de franqueados o consumidor está dispensado da pesquisa porque os preços devem necessariamente ser os mesmos (n° 8.8 *supra*).

12.3.2. *Desvantagem.* **O *formato* do negócio passa ao consumidor a idéia de que se trata de filial.**

Na realidade, como desvantagem, só existe uma possível. É que a bandeira, a logomarca, o *formato* do negócio passa ao consumidor a idéia de que se trata de filial, ou seja, leva-o a pensar que está negociando com o próprio franqueador.

Considerando que isso não causa prejuízo econômico ao consumidor, e tampouco ao terceiro vítima de eventuais danos quando não houver relação de consumo, como veremos (n° 21 e 22 *infra*), registra-se essa possível desvantagem apenas para constar, pois não é relevante.

13. *Natureza jurídica.* **Mista ou híbrida. Resulta da combinação de diversos outros contratos empresariais. Nasce daí um novo indivíduo. É incorreto dizer *união* ou *coligação* de contratos, *simbiose* contratual e contrato *complexo*.**

O *franchising* é um contrato de natureza jurídica mista ou híbrida porque resulta da miscigenação de diversos outros empresariais, como vimos pelas semelhanças (n° 10 *supra*), nominadamente compra e venda empresarial, licença para exploração de marcas ou patentes, mandato mercantil, comissão mercantil, concessão mercantil e representação comercial.

Daí surgiu o contrato de *franchising*. Trata-se de novo indivíduo. Diz-se *misto* ou *híbrido* porque traduz, com fidelidade, o fenômeno ocorrente quando elementos de mais de um contrato se juntam para formar uma unidade indissolúvel e independente. E diz-se *unidade indissolúvel* porque o descumprimento rompe o todo, e não apenas a parte descumprida.

É incorreto dizer *união* ou *coligação* de contratos, pois significam coexistência de mais de um num mesmo instrumento. Justapõem obrigações. Também é incorreto dizer *simbiose* contratual, pois significa vida em comum entre dois seres, com benefícios mútuos, sem perder a individualidade. Simbiose contratual é igual a união ou coligação. No *franchising* isso não ocorre. Também não se pode falar em contrato *complexo*, pois, embora as múltiplas origens, existem no contrato apenas duas partes: franqueador e franqueado.

14. *Características gerais do contrato.* **Forma; estrutura; comutatividade; onerosidade; relação jurídica continuativa; *intuitu personae*; liberdade.**

14.1. *Forma.* **Escrita, por instrumento público ou particular. Não há *franchising* verbal (Lei 8.955/94, art. 6°).**

14.2. *Estrutura.* **Bilateral ou sinalagmática, isto é, obrigações recíprocas, e não apenas unilaterais.**

14.3. *Comutatividade.* **Direitos e obrigações equivalentes.**

A comutatividade quer dizer direitos e obrigações equivalentes, obrigações e benefícios proporcionais ou no mesmo grau, o que vem a ser uma dimensão da função social do contrato (nº 12.1.3-C do Cap. I), salvo naquilo que a própria lei diferencia ou por tratar-se de característica do instituto.

14.4. *Onerosidade.* **É inerente à atividade empresarial. Não há contrato empresarial gratuito.**

Pode haver contrato gratuito no Direito Civil comum, jamais no Comercial. A onerosidade é uma característica inerente à atividade econômica em geral, e empresarial em particular.

14.5. *Relação jurídica continuativa.* **O contrato é de execução continuada, pois se prolonga no tempo.**

14.6. *Intuitu personae.* **É celebrado em função da pessoa (requisitos, qualidades, etc.**

O contrato não é realizado *intuitu pecuniae*, mas *intuitu personae*, isto é, em função da pessoa (requisitos, qualidades, etc); logo, a transferência depende de autorização. Porém, no mundo dos negócios, mais importa o cumprimento, e não quem cumpre, motivo por que, há reconhecer, trata-se de característica mitigada, sendo oportuno lembrar o caso de falecimento do franqueado, como veremos (nº 23.1.1 *infra*).

14.7. *Liberdade.* **Como não há lei específica, sofre apenas as limitações dos princípios gerais dos contratos e, quando envolver transferência de crédito, sujeita-se às normas específicas.**

Face às cláusulas legais (conteúdos definidos pela lei), a liberdade a ambas as partes fica reduzida, e reduz-se ainda mais ao franqueado tendo em conta as cláusulas impostas pelo franqueador, como decorrência do *negócio formatado*, haja vista a referência a *contrato-padrão* e *pré-contrato padrão*, como item obrigatório da *Circular de Oferta de Franquia* (Lei 8.955/95, art. 3º, XV), também chamada *Manual do Franqueado*, de modo que, na prática, a este a liberdade é nenhuma.

15. *Partes e objeto do contrato.* **Consideração inicial (classificação *ex vi legis* do contrato); quanto às partes (requisito subjetivo); quanto ao objeto (requisito objetivo).**

15.1. *Consideração inicial (classificação ex vi legis do contrato).* **Pode eventualmente, no contrato de *franchising*, não haver empresário algum no exercício da atividade, como acontece nas atividades não-empresariais. Mesmo assim, *ex vi legis*, continua sendo empresarial.**

Como vimos (nºs 5.2 e 6 do Cap. I), é empresarial o contrato que tem por objeto *ato empresarial*, assim considerado aquele do qual participa ao menos um empresário no exercício da atividade-fim, e que, por isso, os *contratos empresariais* exigem dois requisitos: *(a)* que em pelo menos num dos pólos haja um empresário; e *(b)* que o ato seja praticado no exercício da respectiva atividade.

No entanto, por exceção legal, há contrato em que deve constar empresário no exercício da atividade em ambos os pólos, e também há contrato em que pode eventualmente não constar empresário algum, valendo como exemplo o de *franchising*.

CONTRATOS EMPRESARIAIS

381

Efetivamente, no contrato de *franchising* pode não haver empresário algum. Tal ocorre quando envolve as *atividades não-empresariais*, consoante veremos a seguir, porém, *ex vi legis*, continua sendo empresarial, visto que assim é classificado pelo art. 1º da Lei 8.955/94, ao dizer: "Os contratos de *franquia empresarial* são disciplinados por esta Lei."

15.2. *Quanto às partes (requisito subjetivo).* Relativamente ao franqueador; relativamente ao franqueado.

15.2.1. *Relativamente ao franqueador.* Tanto pode ser *empresário* individual (firma) ou coletivo (sociedade), vale dizer *atividades empresariais*, quanto pode ser *não-empresário* individual (pessoa natural) ou coletivo (sociedade), vale dizer *atividades não-empresariais*, isto é, de natureza científica, literária ou artística, bastando que seja detentor dos direitos das marcas e/ou patentes perante o Instituto Nacional de Propriedade Industrial – INPI (Lei 8.955/94, art. 4º, XIII).

Tínhamos *antes* do CC/02 a *teoria dos atos comerciais*, adotada pelo ex-CCm de 1850, seguindo o CCm francês de 1807 (Código Napoleônico), pela qual a distinção entre o *civil comercial* e o *civil comum* ocorria *por atividade*, isto é, critério enumerativo do legislador. Por exemplo, os serviços e as atividades rurais, salvo exceção legal, eram atividade civil.

Temos *depois* do CC/02 a *teoria da empresa* ou dos *atos empresariais*, a qual classifica as atividades econômicas em *empresariais* e *não-empresariais*. Por isso, o *caput* do art. 966 do CC/02, conceitua empresário como quem exerce "atividade econômica organizada para a produção ou a circulação de bens ou de serviços", o que abrange todas as atividades econômicas, salvo as exceções do parágrafo único, o qual diz não ser empresário quem exerce atividade econômica "de natureza científica, literária ou artística".

Assim, as atividades econômicas previstas no *caput* – por conseguinte *empresariais* –, tanto podem ser exercidas individualmente, caso em que teremos *empresário individual* (firma), quanto coletivamente, caso em que teremos *sociedade empresária*. Já as atividades econômicas previstas no parágrafo único – por conseguinte *não-empresariais* – de igual modo podem ser exercidas individualmente (pessoa natural), caso em que teremos, por exemplo, o advogado no seu escritório, o médico no seu consultório, o dentista no seu gabinete, etc., quanto coletivamente, caso em que teremos *sociedade simples* (antiga civil). Força é destacar as duas exceções: a anônima é sempre sociedade *empresarial*, independentemente do objeto (Lei 6.404/76, art. 2º, § 1º), e a cooperativa é sempre sociedade *simples*, independentemente do objeto (Lei 5.764/71, art. 4º).

Pois bem, no contrato de *franchising*, ao invés de outros que pressupõem empresário, relativamente ao *franqueador* tanto pode ser *empresário* individual (firma) ou coletivo (sociedade), vale dizer *atividades empresariais*, quanto pode ser *não-empresário* individual (pessoa natural) ou coletivo (sociedade), vale dizer *atividades não-empresariais*, isto é, de natureza científica, literária ou artística, bastando que seja detentor dos direitos das marcas e/ou patentes perante o Instituto Nacional de Propriedade Industrial – INPI (Lei 8.955/94, art. 4º, XIII).

Diga-se de passagem, nesse sentido é que deve ser interpretado o art. 3º, I, da Lei 8.955/94, quando refere que na *Circular de Oferta de Franquia* deve constar a "forma societária" do franqueador, mas não fica apenas nisso, pois refere de igual modo "nome completo" do franqueador e "razão social", portanto abrange tanto pessoa natural, quanto empresário individual e pessoa jurídica.

15.2.2. *Relativamente ao franqueado.* **Tanto pode ser** *empresário* **individual (firma) ou coletivo (sociedade), vale dizer** *atividades empresariais,* **quanto pode ser** *não-empresário* **individual (pessoa natural) ou coletivo (sociedade), vale dizer** *atividades não-empresariais.*

Diz o art. 2º da Lei 8.955/94 que a *franquia empresarial* tem por objeto "produtos ou serviços", sem fazer qualquer exclusão; logo, cumprido o requisito do registro no INPI, abrange todas as atividades econômicas, independentemente da natureza, o que significa dizer *empresariais,* e também *não-empresariais,* como são as de natureza científica, literária e artística.

Conseqüentemente, *franqueado* tanto pode ser *empresário* individual (firma) ou coletivo (sociedade), quanto pode ser *não-empresário* individual (pessoa natural) ou coletivo (sociedade).

15.3. *Quanto ao objeto (requisito objetivo).* **Todas** *atividades econômicas* **podem ser objeto de** *franchise,* **inclusive as** *não-empresariais.* **O art. 2º da Lei 8.955/94 refere genericamente** *produtos ou serviços,* **sem qualquer exclusão.**

O art. 2º da Lei 8.955/94, refere genericamente que a *franquia empresarial* tem por objeto "produtos ou serviços", sem fazer qualquer exclusão. Assim, desde que atendido o requisito do registro no INPI, como exige o art. 3º, XIII, abrange todas atividades econômicas, empresariais e não-empresariais.

Como vimos no item relativo às espécies quanto ao conteúdo ou tipo de atividade (nº 9.1.1 *supra*), qualquer serviço pode ser objeto de *franchise,* inclusive de natureza não-empresarial, sendo oportuno lembrar as *escolas de idiomas.*

16. *Formação do contrato.* **Pré-***franchise;* **prazo à entrega da Circular de Oferta de Franquia e anulabilidade; linguagem clara e acessível da Circular de Oferta de Franquia; efeito vinculante da Circular de Oferta de Franquia; testemunhas presenciais e validade independentemente de registro.**

16.1. *Pré-franchise.* **Trata-se de pré-contrato, ou contrato preliminar, limitado no tempo a critério das partes. A Lei 8.955/94 silencia quanto ao prazo. Na prática, funciona como experiência.**

O art. 4º da Lei 8.955/94 refere a possibilidade de "pré-contrato de franquia".

É o que se denomina pré-*franchise*, pré-contrato, ou contrato preliminar. Se é pré-contrato, entende-se que é limitado no tempo. No entanto, não há referência a prazo mínimo nem máximo, razão por que fica a critério das partes. Trata-se de período de experiência, assim como na relação laboral, a fim de cada parte avaliar a conveniência da continuidade, valendo a adaptação, desempenho, sucesso, etc.

De qualquer modo, para fins de baliza, e inclusive porque o vulto de investimento exigido é muito semelhante ao que se exige do franqueado, oportuno é lembrar que no contrato de *concessão mercantil de veículos automotores,* regido pela Lei 6.729/79, o parágrafo único do art. 21 refere a possibilidade de, inicialmente, o contrato ser por "prazo determinado", mas "não inferior a 5 (cinco) anos".

16.2. *Prazo à entrega da Circular de Oferta de Franquia e anulabilidade.* **O só ato de não ter sido entregue no prazo, ou mesmo a não-entrega em tempo algum, por si só não justifica a anulação. Há verificar, caso a caso, até que ponto isso influenciou o franqueado a fazer um negócio apressado.**

CONTRATOS EMPRESARIAIS   **383**

Diz o art. 4° da Lei 8.955/94 que a *Circular de Oferta de Franquia* – também chamada *Manual do Franqueado* – "deverá ser entregue ao candidato a franqueado no mínimo 10 (dez) dias antes da assinatura do contrato ou pré-contrato de franquia ou ainda do pagamento de qualquer tipo de taxa pelo franqueado ao franqueador ou a empresa ou pessoa ligada a este." Por sua vez, o parágrafo único estabelece que o não-cumprimento autoriza o franqueado a "argüir a anulabilidade do contrato e exigir a devolução de todas as quantias que já houver pago ao franqueador ou a terceiros por ele indicados, a título de taxa de filiação e *royalties*, devidamente corrigidos, pela variação da remuneração básica dos depósitos de poupança, mais perdas e danos."

Isso, evidentemente, deve ser examinado caso a caso, a fim de não permitir puro artifício de arrependimento. O fato de não ter sido entregue no prazo, ou mesmo a não-entrega em tempo algum, por si só não justifica a anulação.

Há verificar até que ponto a omissão influenciou o franqueado a fazer um negócio apressado, impensado, precipitado. O tempo já decorrido é elemento importante nessa avaliação.

16.3. *Linguagem clara e acessível da Circular de Oferta de Franquia.* **A exigência de** *linguagem clara e acessível* **refere-se apenas à** *Circular de Oferta de Franquia* **e reside no fato de representar o** *Manual do Franqueado.*

A determinação do art. 3° da Lei 8.955/94 de ser utilizada "linguagem clara e acessível", ou seja, de cunho circunstanciado ou explicativo, refere-se à *Circular de Oferta de Franquia* e reside no fato de representar o *Manual do Franqueado.*

Não quer dizer que o contrato ou pré-contrato não deve usar a linguagem ténica adequada à espécie.

16.4. *Efeito vinculante da Circular de Oferta de Franquia.* **A** *Circular de Oferta de Franquia* **ou** *Manual do Franqueado* **integra o contrato ou pré-contrato. Tem efeito vinculante.**

Aspecto relevante é o que diz respeito às alterações unilaterais da *Circular de Oferta de Franquia* ou *Manual do Franqueado* (Lei 8.955/94, art. 3°), promovidas pelo franqueador. Há contratos nos quais consta, de modo expresso, que a Oferta de Franquia integra o contrato.

Não há dúvida, ensina o Prof. Adalberto Simão Filho, que a Oferta de Franquia "é o elemento mais expressivo da relação existente entre as partes, resultando, em termos obrigacionais, mais forte até do que o próprio contrato. Este fator se deve a possível intelecção do legislador de ter o *franchising* não como um contrato, mas como um sistema. Nesta visão, o contrato é mero integrante da Circular de Oferta, como previsto no inciso XV do artigo em análise (art. 3°). Não se deve olvidar – continua – que o vínculo obrigacional pleno só se formará com a efetiva assinatura do contrato ou pré-contrato; a partir de então é que a Circular de Oferta será vinculante e poderá preponderar aos termos do contrato firmado. Exemplo assemelhado desta situação tem-se no Código de Defesa do Consumidor, em que a informação ou publicidade veiculada vincula as partes e integra o próprio contrato firmado (art. 30 da Lei n° 8.079/90)".[433]

Efetivamente, pode-se entender a *Circular de Oferta de Franquia* como publicidade do franqueador, atraindo por conseguinte a incidência do art. 30 do CDC, pelo qual

---

[433] Adalberto Simão Filho, *Franchising*, 1997, p. 97.

toda informação ou publicidade "obriga o fornecedor que a fizer veicular ou dela se utilizar e integra o contrato que vier a ser celebrado".

Portanto, a eventual omissão do contrato a algum direito constante da mencionada *Circular* em nada prejudica o franqueado.

16.5. *Testemunhas presenciais e validade independentemente de registro.* **A ausência de testemunhas presenciais por si só não anula o contrato. A omissão causa, sim, empecilhos administrativos, como é o caso do registro no INPI.**

O art. 6º da Lei 8.955/94, exige que o contrato de franquia "deve ser sempre escrito e assinado na presença de 2 (duas) testemunhas e terá validade independentemente de ser levado a registro perante cartório ou órgão público."

Com efeito, não custa lembrar que a função da *testemunha instrumental* é apenas informar se o documento que lhe é apresentado é o mesmo, em conteúdo e forma, de quando o assinou, e a função da *testemunha presencial* é informar também acerca do ambiente em que o documento foi assinado, por exemplo, a leitura, comentários, esclarecimentos, espontaneidade das partes, situações de constrangimento, etc.

No caso, a Lei refere *testemunhas presenciais*, mas a ausência não é motivo para anular o contrato, visto que, na realidade, mais do que a um contrato, as partes aderem a um sistema. As testemunhas não são da essência do ato. Além disso, trata-se de exigência já dispensada pelo atual CC/2002 (art. 221), diferentemente do CC/1916 (art. 135). Porém, oportuno é lembrar que sem duas testemunhas o documento não é título executivo (CPC, art. 585, II), o que repercute no tipo de processo quando se objetivar a execução do contrato (nº 23.3.2-B *infra*).

A omissão pode tão-só causar empecilhos administrativos, como é o caso do registro no INPI previsto nos arts. 61 e 140 da Lei 9.279/96 (Lei de Registro de Marcas e Patentes), para validade perante terceiros. Nesse sentido, decisão do TJSP.[434]

17. *Alterações unilaterais pelo franqueador.* **Normas de funcionalidade ou de política empresarial; normas que agravam as condições do franqueado.**

17.1. *Normas de funcionalidade ou de política empresarial.* **O franqueador pode alterar unilateralmente cláusulas que traduzem mero roteiro de conduta ou de política empresarial. Do contrário, fica impossibilitado de aperfeiçoar o sistema. Isso é contra a dinâmica própria das atividades, máxime quando de natureza empresarial, sempre sensíveis a mutações e até a modismos.**

As normas que dizem respeito à funcionalidade ou à conduta, ou que dizem respeito à política empresarial, podem ser objeto de alteração unilateral pelo franqueador, sejam, ou não, cláusulas contratuais.

Acontece que tais normas são instáveis por natureza. Estão – e devem estar – sujeitas a aperfeiçoamentos para o sistema funcionar melhor. O mesmo acontece com as normas relativas à política ou estratégia de atuação empresarial. É razoável, pois, que o franqueador, que detém a orientação dos negócios da rede, tenha poderes para determinar novas técnicas de comercialização, de disposição dos produtos, de atendimento, de contabilização, de publicidade. Do contrário, ficará impossibilitado de aperfeiçoar o sistema, corrigindo equívocos, suprimindo ou acrescendo itens, etc. A

---

[434] TJSP, 8ª Câmara Cível, RT 726, p. 258, Rel. Des. Osvaldo Caron.

estabilidade dessas normas vai de encontro à dinâmica própria das atividades econômicas, máxime quando de natureza empresarial, sempre muito sensíveis a mutações e até a modismos.

Conforme Rubens Requião, tratando-se de normas que dizem com "roteiro de conduta", ou "regras de funcionalidade" ou "regras de método de operação" é possível "alteração unilateral" conste ou não a integração ao contrato. E complementa: "Essas regras funcionais de conduta ou comportamento comercial estão, na sociedade de hoje, sujeitas a constantes e contínuos aperfeiçoamentos e evolução. Nada mais razoável, pois, já que o franqueador, pelo contrato, detém a orientação dos negócios de todo o conjunto da rede de franquia que implantar, que possa determinar novas técnicas de comércio, de propaganda, de contabilidade, de comercialização, enfim".[435]

Por óbvio, tratando-se de exceção ao princípio geral dos contratos – estabilidade das relações e alterações apenas mediante mútua concordância – o exercício de tal poder pelo franqueador deve acontecer de modo estrito ou parcimonioso e devidamente justificado. Não pode constituir artifício para o franqueador submeter o franqueado ao seu inteiro arbítrio, forçando – digamos – a inadimplência e, por conseguinte, a resolução. Por exemplo, não é razoável admitir que o franqueador que exigiu um *layout* e certo padrão arquitetônico, de repente, imponha mudanças com pesados custos.

17.2. *Normas que agravam as condições do franqueado*. Ultrapassando as normas da funcionalidade e da política empresarial, criando novos ônus ou agravando as obrigações do franqueado, não é possível modificar ou acrescer item sem o seu consentimento.

Convém não olvidar o veto à *cláusula potestativa* (CC/2002, art. 122; CC/1916, art. 115), como tal entendida a que submete uma das partes ao inteiro arbítrio da outra. Então, ultrapassando as normas da funcionalidade e da política empresarial, criando novos ônus ou agravando as obrigações do franqueado, não é possível modificar ou acrescer item sem o consentimento deste.

18. *Posição jurídica e mercadológica do franqueado*. Juridicamente, o franqueado atua autonomamente; mercadologicamente, só aparece o franqueador. O franqueado fica oculto.

Juridicamente, o franqueado atua com autonomia, quer dizer, negocia com os fornecedores e compradores como se não existisse *franchise*, autonomia essa que se estende face aos empregados (nº 12.1.1-D *supra*).

Mercadologicamente, porém, só aparece o franqueador. O franqueado fica oculto. É imperioso alertar que não se trata de algo indevido, em que um trabalha bonito, e o outro leva a boa fama. Não, até porque há risco. A fama pode não ser boa, tendo em conta a incompetência do franqueado (nº 12.1.2-B *supra*).

Como vimos (nº 5.2 *supra*), no que tange à forma visual dos estabelecimentos (*engineering*), a montagem material do negócio reproduz a bandeira, a imagem do faturizador (uniformização dos padrões arquitetônicos, das instalações, dos locais, enfim, do *layout*), de tal modo que o público, pela *imagem externa*, identifica o franqueador, e não o franqueado, haja vista, pelo prisma do consumidor, ser considerada uma desvantagem – ainda que irrelevante – à medida que é induzido a pensar que está negociando com o próprio franqueador (nº 12.3.2 *supra*).

---

[435] Rubens Requião, RT 513, p. 53, item 7.2.

---

386   *Irineu Mariani*

É que o *franchising* é um sistema de produção e/ou distribuição ou comercialização de bens e de prestação de serviços de determinada marca ou patente, sendo que o franqueador *formata* as técnicas de produção, de venda, os locais, presta instruções e assistência técnica, etc., sendo-lhe, pois, inerente a dicotomia entre o jurídico e o mercadológico.

19. *Preço*. Consideração inicial; taxa de filiação ou de franquia; pagamento sobre as vendas (*royalties*); pagamentos a títulos diversos; discriminação das rubricas e dos valores.

19.1. *Consideração inicial*. O *preço*, em sentido largo, abrange todos as rubricas (itens), as quais devem constar na *Circular de Oferta de Franquia*, não que o franqueador deva cobrar todas, mas todas que cobrar devem nela constar, inclusive finalidade e base de cálculo.

O art. 3º da Lei 8.955/94, arrola os itens obrigatórios da *Circular de Oferta de Franquia* – chamada *Manual do Franqueado* –, dentre eles, no inc. VII, *b*, o "valor da taxa inicial de filiação ou taxa de franquia e da caução", e no inc. VIII informações quanto a taxas periódicas e outros valores a serem pagos pelo franqueado ao franqueador, indicando especificamente o seguinte: "*a)* remuneração periódica pelo uso do sistema, da marca ou em troca dos serviços efetivamente prestados pelo franqueador ao franqueado (*royalties*); *b)* aluguel de equipamentos ou ponto comercial; *c)* taxa de publicidade ou semelhante; *d)* seguro mínimo; e *e)* outros valores devidos ao franqueador ou a terceiros que a ele sejam ligados."

O preço, em sentido largo, abrange todos as rubricas (itens), embora possuam naturezas distintas. Não que o franqueador deva cobrar todas, mas todas que cobrar devem constar na *Circular de Oferta de Franquia*, "detalhando as respectivas bases de cálculo e o que as mesmas remuneram ou o fim a que se destinam" (art. 3º VIII).

O eminente Prof. Adalberto Simão Filho[436] divide o preço do *franchising* em três espécies: taxa de filiação ou de franquia, pagamento sobre as vendas e pagamentos a títulos diversos.

19.2. *Taxa de filiação ou de franquia*. É o pagamento inicial para *entrar* na rede ou cadeia de produção e/ou distribuição de bens e prestação de serviços e receber todos os benefícios.

O art. 3º, VII, *b*, da Lei 8.955/94, refere que a *Circular de Oferta de Franquia* deve especificar – portanto autoriza a cobrança – "o valor da taxa inicial de filiação ou de franquia e de caução".

Trata-se de pagamento inicial que o franqueado paga para *entrar* na rede ou cadeia de produção e/ou distribuição de bens e prestação de serviços e receber todos os benefícios. É chamada de *entry fee* e inicial *franchise fee* (*fee*, em inglês, significa remuneração, honorários, emolumentos, jóia, taxa de exame).

19.3. *Pagamento sobre as vendas (royalties)*. É a porcentagem que o franqueado deve pagar ao franqueador, tendo por base o volume de vendas ou faturamento, sendo que a lei confere a essa contraprestação a natureza de *royalties*.

Diz o art. 3º, VIII, da Lei 8.955/94, que na *Circular de Oferta de Franquia* deve constar "informações claras quanto a taxas periódicas e outros valores a serem pagos pelo franqueado ao franqueador ou a terceiros por este indicado, detalhando as

---

[436] Adalberto Simão Filho, *Franchising*, 1997, p. 68-9.

respectivas bases de cálculo e o que as mesmas remuneram ou o fim a que se destinam, indicando, especificamente, o seguinte: *a)* remuneração periódica pelo uso do sistema, da marca ou em troca dos serviços efetivamente prestados pelo franqueador ao franqueado *(royalties)*".

É o pagamento sobre as vendas ou porcentagem que deve o franqueado ao franqueador, tendo por base o volume de vendas ou faturamento. Nos EUA e no Brasil vem sendo consagrada a participação entre 5% e 10%, conforme anota Adalberto Simão Filho.[437]

Essa contraprestação – importante é notar, pois inclusive repercute na parte tributária, como veremos (nº 24.1 *infra*) – tem a natureza jurídica de *royalties*. *Royalty* significa realeza, dignidade real, majestade; *direitos autorais, direitos de exploração de patente.*

19.4. *Pagamentos a títulos diversos.* **Engloba, genericamente, todo outro encargo, seja a título de contraprestação de serviços cobrados autonomamente, seja a título de ressarcimento.**

Prosseguindo no inc. VIII do art. 3º, consta nas demais alíneas o seguinte: *"b)* aluguel de equipamentos ou ponto comercial; *c)* taxa de publicidade ou semelhante; *d)* seguro mínimo; e *e)* outros valores devidos ao franqueador ou a terceiros que a ele sejam ligados."

No gênero *títulos diversos* inclui-se todo e qualquer outro encargo, seja a título de contraprestação de serviços cobrados autonomamente, face aos quais é possível inclusive a emissão de duplicata (nº 23.3.2-B *infra*), seja a título de ressarcimento – portanto, não se trata de lucratividade –, conforme autoriza o *tipo aberto* da alínea *e*, ao referir "outros valores devidos ao franqueador ou a terceiros que a ele sejam ligados".

19.5. *Discriminação das rubricas e dos valores.* **É direito natural do devedor e requisito da quitação.**

O franqueador deve discriminar no recibo o valor de cada rubrica. É direito natural do devedor saber o que está pagando e quanto. É uma decorrência do art. 3º, VIII, da Lei 8.955/94, ao dizer que a *Circular de Oferta de Franquia* deve identificar as rubricas "detalhando as respectivas bases de cálculo e o que as mesmas remuneram ou o fim a que se destinam". Assim como no CC/1916 (art. 940), também o atual Código é expresso no sentido de que a quitação, dentre outros itens, "designará o valor e a espécie da dívida quitada" (art. 320).

Designará quer dizer que deve *discriminar*, e *espécie* da dívida quitada quer dizer que deve *identificar* a sua origem, cada rubrica. Só assim o devedor-franqueado pode questionar individualmente, evitando-se impugnações praticamente genéricas e imprecisas, decorrentes da consolidação de valores de diversas origens num único.

20. *Cláusula de exclusividade e monopólio privado de mercado ou abuso de poder econômico.* **Consideração inicial; cláusula protetiva do interesse de ambas as partes; precedentes na legislação; direito inerente à propriedade industrial; monopólio privado de marca.**

20.1. *Consideração inicial* **A tese de que a** *cláusula de exclusividade* **caracteriza** *monopólio privado* **ou** *abuso de poder econômico* **desmerece acolhida, pois: (a) ela é protetiva do interesse de ambas as partes;**

---

[437] Adalberto Simão Filho, *Franchising*, 1997, p. 69, nota nº 2.

(b) há outros casos na legislação; *(c)* trata-se de direito inerente à propriedade industrial; e *(d)* o monopólio privado é de marca, e não de mercado.

Conforme já referido (n° 8.8 *supra*), há quem sustente que a *cláusula de exclusividade* caracteriza *monopólio privado de mercado* ou *abuso de poder econômico.*

É dito, pelo *prisma do franqueador*, que a exclusividade de venda ao franqueado no respectivo território, no sentido de que não pode vender a concorrentes deste, caracterizaria recusa de venda, portanto crime contra a economia popular (Lei 1.521/ 51, art. 2°, I); e, pelo *prisma do franqueado*, é dito que a impossibilidade de vender produtos que não sejam do franqueador – isto é, de comerciar produtos semelhantes de outras marcas –, caracteriza restrição ao livre comércio, violando-se o art. 170, IV, da CF.

Preocupa-se a doutrina moderna com os chamados *monopólios privados*, que são instituídos, sobretudo mediante a cláusula de exclusividade ou semi-exclusividade. No passado, há reconhecer, deu margem a argüição de abuso de poder econômico.

Porém, a tese desmerece acolhida por quatro argumentos, a seguir analisados: *(a)* a cláusula é protetiva do interesse de ambas as partes; *(b)* há outros casos na legislação; *(c)* trata-se de direito inerente à propriedade industrial; e *(d)* o monopólio privado é de marca, e não de mercado.

20.2. *Cláusula protetiva do interesse de ambas as partes.* O franqueado tem a garantia de ser o único, e o franqueador a de que o franqueado não atuará com produtos e serviços de marcas concorrentes.

Bem ao invés do que é sustentado, a cláusula da exclusividade protege o interesse do franqueado, pois lhe garante ser no território o único vendedor dos produtos ou prestador dos serviços com a marca do franqueador, e também protege os interesses do franqueador, pois lhe garante que o franqueado não atuará com produtos e serviços de marcas concorrentes, o que se ostenta plenamente razoável.

20.3. *Outros casos na legislação.* Há cláusula de exclusividade também no contrato de *concessão mercantil, especificamente na venda de veículos automotores, e também no de representação comercial.*

A *cláusula de exclusividade* não existe apenas no contrato de *franchising*, mas também no de *concessão mercantil* – contrato atípico, exceto quanto aos veículos automotores –, por meio do chamado *índice de fidelidade*, conforme a Lei 6.729/79, com modificações da Lei 8.132/90 (arts. 4°, I, e 8°), bem assim no de *representação comercial*, conforme a Lei 4.886/65, com alterações da Lei 8.420/92 (arts. 27, *g*, e 31), e não se tem notícia de decisão favorável à tese do abuso de poder econômico pela formação de monopólio privado de mercado.

O Tribunal de Justiça Europeu, à época da Comunidade Econômica, hoje União Européia, recusou a tese de que a cláusula de exclusividade caracteriza abuso de poder econômico.[438]

20.4. *Direito inerente à propriedade industrial.* A exclusividade é direito inerente à propriedade industrial. Não é razoável que o franqueador, dono de uma patente ou marca de produtos ou serviços, tolere que o franqueado preste serviços, fabrique ou venda produtos similares de concorrentes.

---

[438] Adalberto Simão Filho, *Franchising*, 1997, p. 73-8.

CONTRATOS EMPRESARIAIS

A exclusividade é inerente ao Direito de Propriedade Industrial, ou seja, nasce como direito natural da própria garantia constitucional (CF, art. 5º, XXIX). Os privilégios de invenção de marcas de indústria e comércio ou serviços são um direito natural ao fruto da criatividade da inteligência e da competência humanas.

Não é razoável, pois, que, nas circunstâncias do *franchising*, o franqueador, dono de uma patente ou marca de produtos ou serviços, após a devida formatação (nº 5 *supra*), seja obrigado a tolerar que o franqueado preste serviços, fabrique ou venda produtos similares de concorrentes, consoante bem analisado pelo eminente Prof. Rubens Requião.[439]

20.5. *Monopólio privado de marca.* **O monopólio privado que se forma é *de marca*, e não *de mercado* (afasta a competição entre revendedores tão-só de produtos da marca).**

A exclusividade não visa controlar o mercado, e sim a venda de produtos ou serviços de determinada marca, e isso – importante salientar – por seu próprio dono, o que tem base na Lei 8.955/94 e na própria Constituição Federal (art. 5º, XXIX).

Portanto, o monopólio privado que se forma é *de marca*, e não *de mercado*, isto é, afasta a competição entre revendedores tão-só de produtos da respectiva marca. O possível monopólio de mercado seria porque não são vendidos outros produtos similares pelo mesmo estabelecimento, e com isso o consumidor fica sem outra opção. Mas aí retornamos à questão legal e constitucional referida na alínea anterior. Ademais, há distinguir direito do consumidor e mero luxo ou comodismo.

Requião, invocando lições de Savatier, em *Les Métamorphoses Économiques et Sociales du Droit d'Aujourd'hui*, escreve: "Não se forma, pois, com a exclusividade de fornecimento ou venda de determinada marca, um monopólio total. O monopólio privado que se forma afasta a competição entre revendedores de produtos assinalados pela própria marca. É, de fato, um monopólio de marca. Esse monopólio, portanto, se refere apenas à marca e decorre, isso sim, do próprio direito de seu criador, na preservação de sua clientela. O direito resulta do registro a que a lei a submete para dar nascimento ao direito exclusivo."[440]

21. *Franchising e CDC.* **Consideração inicial; relação entre franqueador e franqueado; relação franqueador-franqueado e consumidores dos produtos e serviços.**

21.1. *Consideração inicial.* **O CDC não rege contratos, mas *relações de consumo*. Tais relações se formam difusamente nos contratos, independentemente da espécie. O normal é a relação de consumo surgir em questões pontuais no microssistema ou sistema capilar de relações afirmadas pelo contrato.**

No que tange à incidência do CDC, como já salientamos (nº 11 do Cap. I), não há contrato específico *de consumo* regido pelo CDC, e sim incidência específica do CDC sobre *relação* de consumo, a qual surge difusamente nos contratos empresariais, podendo abrangê-los total ou parcialmente. A ausência dessa clareza tem alimentado controvérsias acerca da regência, ou não, do contrato X, ou do Y, pelo CDC. Porém, na realidade ele não rege contratos, mas relações de consumo. Tais relações se formam difusamente nos diversos contratos, independentemente da espécie. O nor-

---

[439] Rubens Requião, RT 513, p. 48, nºs 4.2 a 4.5.

[440] Rubens Requião, RT 513, p 48, item 4.2.

mal é a relação de consumo surgir dentro do microssistema ou sistema capilar de relações afirmadas pelo contrato.

Nesse sentido já sinalizou o STF: "É indiferente a espécie de contrato firmado, bastando que seja uma relação de consumo".[441]

21.2. *Relação entre franqueador e franqueado.* **No** *franchising,* **não se pode** *a priori* **afirmar a existência de** *relação de consumo* **entre franqueador e franqueado e também não se pode negar possa eventualmente acontecer. Tudo depende do caso concreto.**

No *franchising,* assim como em todo contrato, ao tempo em que *a priori* não se pode afirmar a existência de *relação de consumo,* também não se pode negar possa eventualmente acontecer. Tudo depende do caso concreto, em que restarem caracterizadas as figuras do fornecedor e do consumidor, sendo que, no que tange a este, quem sabe até, em situações especiais, reste caracterizada a condição de *consumidor atípico,* como vimos na compra e venda empresarial (nº 12.1.2 do Cap. II).

21.3. *Relação franqueador-franqueado e consumidores dos produtos e serviços.* **Há responsabilidade do franqueador e do franqueado pelos produtos vendidos e serviços prestados por este, tanto quanto respondem fornecedor e cadeia ascendente face ao consumidor. Só não há responsabilidade do franqueador quando o franqueado, atuando como comerciante, responde com exclusividade (CDC, art. 13).**

O Prof. Rubens Requião defendeu, em 1978, que, tendo em conta a independência entre as partes, e surgindo a solidariedade da lei ou do contrato, conforme o art. 896 do CC/1916 (art. 265 do CC/2002), não havia responsabilidade do franqueador por atos do franqueado, por inexistir lei, salvo previsão contratual. Afirmou: "O negócio que o franqueado estabelece, no balcão, com o consumidor, é seu, de sua responsabilidade e interesse".[442]

Esse entendimento serve exatamente de ponto de partida para, atualmente, pensarmos de modo diverso, porquanto a compreensão acerca da responsabilidade civil ampliou-se bastante, inclusive no plano legal, haja vista o advento do Código de Defesa do Consumidor.

Como vimos (nº 11.1 do Cap. I), *fornecedor* é toda pessoa, natural ou jurídica, pública ou privada, nacional ou estrangeira, bem como o ente despersonalizado, que desenvolve atividade de oferecimento de bens ou de serviços ao mercado, tais como "produção, montagem, criação, construção, transformação, importação, exportação, distribuição ou comercialização" (art. 3º).

Assim, em *primeiro lugar,* o rol dos abrangidos pela condição de fornecedor é meramente exemplificativa, e não exaustiva; em *segundo,* a responsabilidade civil decorrente da condição de fornecedor, se estende a toda a cadeia ascendente. Porém, no que tange ao comerciante, há responsabilidade exclusiva quando não houver identificação do fornecedor, ou não for possível identificá-lo, e quando não tiver conservado adequadamente produtos perecíveis (art. 13).

Importante alertar, ainda, que não se deve confundir as situações de resposabilidade exclusiva dos fornecedores do vendedor (comerciante), que funciona para fins de direito de regresso entre eles, com a responsabilidade deles face ao consumidor, disciplinada no art. 18. Como ensina a boa doutrina, "importa esclarecer que no pólo

---

[441] STF, AgRg no AgIn 491.195-7, 1ª Turma, Rel. Min. Sepúlveda Pertence, RT 828, p. 164.

[442] Rubens Requião, RT 513, p. 47, item 3.3.

CONTRATOS EMPRESARIAIS

391

passivo desta relação de responsabilidade se encontram todas as espécies de fornecedores, coobrigados e solidariamente responsáveis pelo ressarcimento dos vícios de qualidade e quantidade eventualmente apurados no fornecimento de bens ou serviços. (*omissis*). Se o comerciante, em primeira intenção, responder pelos vícios de qualidade ou quantidade – nos termos do § 1º do art. 18 – poderá exercitar seus direitos regressivos contra o fabricante, produtor ou importador, no âmbito da *relação interna* que se instaura após o pagamento, com vista à recomposição do *status quo ante*".[443]

Ademais, em todas as situações vigora para o fornecedor a *responsabilidade objetiva* (arts. 12-25), quer dizer, responde independentemente de culpa tanto pelos produtos quanto pelos serviços.

Na *responsabilidade objetiva*, ao consumidor cabe provar o nexo etiológico (causa e efeito), e ao fornecedor a excludente, qual seja a culpa exclusiva do consumidor ou de terceiro, rompendo com isso a relação causal. A *culpa exclusiva* do consumidor ou de terceiro significa apenas pressuposto à integral exclusão do fornecedor. Não elimina a responsabilidade proporcional pela culpa concorrente, quando a culpa não for exclusiva do consumidor ou de terceiro.

No caso do *franchising*, existindo relação de consumo, há responsabilidade do franqueador e do franqueado pelos produtos vendidos e serviços prestados por este, tanto quanto respondem fornecedor e cadeia ascendente face ao consumidor. Só não há responsabilidade do franqueador quando o franqueado, atuando como comerciante, responde com exclusividade (CDC, art. 13).

22. *Responsabilidade civil por danos a terceiros.* É razoável a co-responsabilidade do franqueador pela *teoria do proveito econômico.* Quem, por meio de atividade lucrativa, cria perigo de dano, assume a responsabilidade caso isso ocorrer, mesmo que não tenha sido o autor direto. Não há atividade lucrativa com *risco zero.* Ainda, o art. 931 do CC/02 responsabiliza os empresários pelos danos causados pelos produtos postos em circulação.

Quando não há relação de consumo, dúvida pode surgir quando o fato danoso resultar, por exemplo, de ação imperita, negligente ou imprudente relacionada com o contrato de *franchising*. Por exemplo, o desabamento do painel da logomarca do franqueador, integrante do *formato*, mal colocado pelo franqueado, causando dano a terceiro.

Pergunta-se: a responsabilidade será apenas do franqueado?

Com efeito, desde especialmente a década de 1980, alastrou-se a responsabilidade civil com base na *teoria do proveito econômico* e *por atividade de risco*. Quem cria um risco, um perigo, ou contribui, mesmo que seja mediante atividade lícita, e dele tira proveito econômico, responde pelos danos que eventualmente ocorrerem, ainda que não seja o autor direto. Trata-se de dimensão nova da responsabilidade objetiva. O mesmo acontece quando, embora não seja atividade de risco, é exercida em caráter profissional, vale dizer, extrai-se dela *proveito econômico*.

Muito contribuiu ao aperfeiçoamento e consolidação da tese a situação das distribuidoras de energia elétrica, na medida em que exercem uma atividade de risco. Não obstante a licitude e a relevância social, a atividade em si, da qual auferem lucro, é geradora de risco de dano. Sedimentaram-se as teorias da responsabilidade civil por exercício de atividade de risco e do proveito econômico.

---

[443] Ada Pellegrini Grinover, *et alii*, *Código Brasileiro de Defesa do Consumidor*, Forense Universitária, 2ª ed., 1992, p. 99-100.

No caso do *franchising*, o franqueador na prática vale-se do franqueado para exercer atividade lucrativa, haja vista que participa do faturamento, como vimos (nº 19.3 *supra*). Aufere lucro disso. Pela *teoria do proveito econômico*, a responsabilidade por eventual dano, por culpa do franqueado, é incontornável. O direito é uma via de duas mãos. São-lhes inerentes os bônus e os ônus. Não é razoável atividade lucrativa com risco zero.

Ademais, em boa hora, o CC/02 incorporou a nova dimensão da responsabilidade objetiva, estabelecendo-a no parágrafo único do art. 927 a obrigação de indenizar o dano causado por atividade que implicar, por sua natureza, risco para os direitos de outrem, complementando o art. 931 quando refere que as empresas respondem pelos danos causados pelos produtos postos em circulação.

Pois bem, o *produto posto em circulação* tanto pode ser aquele da indústria, quanto pode ser, como acontece no caso da *franchise*, o próprio franqueador ao vender a sua imagem no *pacote formatado* (nº 5 *supra*).

Conforme o exemplo dado e em situações semelhantes, há co-responsabilidade do franqueador por culpa *in eligendo*. É o que sustenta inclusive o Prof. Adalberto Simão Filho quando afirma que a responsabilização dos franqueadores protege a sociedade porque força-os a selecionar melhor os franqueados, o que qualifica o próprio instituto do *franchising*, além do que nos EUA a jurisprudência de alguns Estados já tem condenado franqueadores por atos dos franqueados, colocando estes, no tópico, como meros agentes subordinados ou quase-empregados daqueles.[444]

23. *Término antecipado do contrato*. Por falecimento; por falência ou insolvência civil; por resolução decorrente de inadimplência.

Dentro do princípio *pacta sunt servanda*, os contratos, envolvam ou não relação jurídica continuativa, e tenham ou não prazo certo, são celebrados para cumprimento até o fim, porém, em especial quando se alongam no tempo, amiúde terminam prematuramente por inúmeros episódios.

No caso do *franchising*, e levando em conta os episódios mais comuns envolvendo as partes, o término do contrato pode ser antecipado por morte, por falência ou insolvência e por resolução decorrente da inadimplência.

23.1. *Por falecimento*. Do franqueado; do franqueador.

23.1.1. *Do franqueado*. Em caso de morte do franqueado, não prevalece o *intuitu personae*, pois a transferência ocorre por *ato involuntário*. A continuidade do contrato depende apenas do interesse dos herdeiros, inventariando-se a existência (estabelecimento e bens), procedendo-se à substituição subjetiva *ex vi legis*.

Em *primeiro lugar*, cabe lembrar a possibilidade de no *franchising* existir como franqueado empresário individual e pessoa natural (nº 15.2.2 *supra*); em *segundo*, se é verdade que uma das características do *franchising* é a celebração *intuitu personae*, e não *intuitu pecuniae* (nº 14.6 *supra*), também o é que ao franqueador mais interessa que a obrigação seja cumprida, e não quem a cumpre; em *terceiro*, no caso de morte do franqueado, a transferência ocorre por *ato involuntário*, isto é, por *saisine* ou transmissão automática dos direitos que compõem o patrimônio da herança aos herdeiros (CC/1916, art. 1.572; CC/2002, art. 1.784); logo, não prevalece o *intuitu personae*, assim como na alienação fiduciária e no *leasing* (nº 27.1 do Cap. III, e nº 23.1 do Cap. IV).

---

[444] Adalberto Simão Filho, *Franchising*, 1997, p. 128-33.

Portanto, a continuidade depende apenas do interesse dos herdeiros, inventariando-se os respectivos bens, como estabelecimento formatado, produtos, etc., procedendo-se à substituição subjetiva *ex vi legis*.

23.1.2. *Do franqueador*. Em caso de morte do franqueado, não prevalece o *intuitu personae*, assim como em relação ao franqueado.

Assim como em relação ao franqueado, também o franqueador pode ser empresário individual e pessoa natural (nº 15.2.1 *supra*); logo, operando-se a sucessão *ex vi legis* por motivo de seu falecimento, a não-prevalência do *intuitu personae* vale também face ao franqueador. Quer dizer, a morte do franqueador não é motivo para, por si só, o franqueado considerar findo o contrato se houver interesse de algum herdeiro na continuidade, caso em que procede-se à substituição subjetiva.

23.2. *Por falência ou insolvência civil*. Consideração inicial; do franqueado; do franqueador.

23.2.1. *Consideração inicial*. Quando empresários (individuais ou coletivos), franqueado e franqueador, salvo exceção legal, ficam sujeitos à *falência e recuperações judicial e extrajudicial*, e quando não-empresários (individuais ou coletivos), salvo exceção legal, ficam sujeitos à *insolvência civil*.

Como vimos (nº 15.2.1 *supra*), o *franqueador* tanto pode ser *empresário* individual (firma) ou coletivo (sociedade empresária), vale dizer *atividades empresariais*, quanto pode ser *não-empresário* individual (pessoa natural) ou coletivo (sociedade simples), vale dizer *atividades não-empresariais*, isto é, de natureza científica, literária ou artística, o mesmo acontecendo relativamente ao *franqueado*.

Sabidamente, os empresários individuais ou coletivos, salvo exceção legal, ficam sujeitos à *falência e recuperações judicial e extrajudicial* (Lei 11.101/05, arts. 1º e 2º), enquanto os não-empresários individuais ou coletivos, salvo exceção legal, ficam sujeitos à *insolvência civil* (CPC, arts. 748 e 786).

23.2.2. *Do franqueado*. Cláusula que institui a possibilidade de rompimento; quando a quebra repercute e quando não repercute no contrato; habilitação e classificação do crédito.

23.2.2-A. *Cláusula que institui a possibilidade de rompimento*. Em princípio, é lícita. A ilicitude acontece quando autoriza o rompimento pelo só fato da falência ou insolvência civil.

Em princípio, a cláusula que institui a possibilidade de resolução por motivo de falência ou insolvência do franqueado é lícita. A ilicitude acontece quando autoriza o rompimento pelo só fato da falência ou insolvência civil, sem repercutir negativamente de modo objetivo sobre o contrato.

23.2.2-B. *Quando a quebra repercute e quando não repercute no contrato*. A cláusula que autoriza a outra parte romper o contrato pelo só fato da falência ou insolvência é abusiva e ilegal. Cabe ao administrador a escolha de lhe dar ou não seguimento. Ressalva-se o direito de romper quando o fato gerar conseqüências econômicas negativas sobre o contrato. Isso ocorrendo, e não havendo garantia suficiente de adimplência, nada obsta que, então, por *justo motivo*, haja rompimento.

A cláusula que institui a possibilidade de uma das partes romper o contrato pelo só fato de ter a outra decretada a falência ou insolvência civil é abusiva e ilegal.

394 *Irineu Mariani*

No que tange à *abusividade*, se por um lado a cláusula que estabelece conseqüência sobre o contrato por motivos exteriores ou alheios a ele não é, por si só, abusiva, por outro deve existir um liame objetivo, uma repercussão de natureza econômica negativa sobre o contrato, no sentido de colocar em risco a sua continuidade, gerando insegurança futura à outra parte. É admissível, por exemplo, no caso de o devedor sofrer notório abalo em seu estado (CC/02, arts. 477 e 590), a exigência de garantia ou reforço, podendo até, por isso, chegar-se ao rompimento. No entanto, por dizer respeito a situações excepcionais, a cláusula merece interpretação restritiva.

Por isso, a cláusula é admitida apenas quando o fato gera conseqüências econômicas negativas, colocando objetivamente em risco a adimplência, e não houver oferecimento de garantia suficiente.

É o que acontece na falência e insolvência (vulgar *falência civil*). É abusiva a cláusula que autoriza o rompimento do contrato pelo só fato da quebra, sem que tal faça, *per se*, periclitar a adimplência e a segurança de que necessita a outra parte para prosseguir.

No que tange à *ilegalidade*, dispõe o art. 117 e §§ da Lei 11.101/05 (regula a recuperação judicial, a extrajudicial e a falência do empresário e da sociedade empresária), repetindo, em teor, o que dispunha o art. 43, *caput*, do DL 7.661/45, que a falência não resolve os contratos bilaterais, os quais "podem ser cumpridos pelo administrador judicial se o cumprimento reduzir ou evitar o aumento do passivo da massa falida ou for necessário à manutenção e preservação de seus ativos, mediante autorização do Comitê", cabendo ao contratante, conforme o § 1º, apenas "interpelar o administrador judicial, no prazo de até 90 (noventa) dias, contado da assinatura do termo de sua nomeação, para que, dentro de 10 (dez) dias, declare se cumpre ou não o contrato."

É ensinamento de Requião: "... os contratos bilaterais não se resolvem pela falência e podem ser executados pelo síndico (atualmente *administrador*), se achar de conveniência para a massa. Assim, se o síndico considerar inconveniente seu cumprimento para os interesses da massa, pode denunciá-lo".[445]

E se assim é na falência e na insolvência, com mais forte razão diferente não pode ser quando existir apenas *estado de recuperação* judicial ou extrajudicial (ex-concordata), inclusive porque é um direito; logo, o regular exercício não pode prejudicar o exercente.

Compete, pois, à respectiva Massa, dentro das recomendações legais, escolher entre dar, ou não, seguimento ao contrato, daí por que a cláusula que institui a resolução contratual pelo só fato da falência ou insolvência é ilegal.

É evidente que a supressão do direito de romper o contrato face à faculdade legal de a Massa cumpri-lo, existe na proporção em que a falência ou a insolvência não o afetar objetivamente, gerando-lhe conseqüências econômicas negativas, colocando em risco a sua continuidade. Isso ocorrendo, e não havendo garantias suficientes, nada obsta que, então, por *justo motivo*, e não pelo só fato da falência ou insolvência, a outra parte considere rompido o contrato.

Imaginemos a suspensão das vendas pelo franqueador, considerando resolvido o contrato, porque o franqueado, por exemplo, instaurou *estado de recuperação*. Aí mesmo é que não conseguirá se recuperar.

23.2.2-C. *Habilitação e classificação do crédito.* **Deve ser habilitado na classe dos quirografários.**

---

[445] Rubens Requião, *Curso de Direito Falimentar*, 6ª ed., 1981, vol. I, p. 160, nº 140.

Havendo crédito pendente, ao franqueador cabe habilitá-lo na forma da lei, na classe dos quirografários, o que dispunha o parágrafo único do art. 43 do DL 7.661/45 e dispõe atualmente o § 2º do art. 117 da Lei 11.101/05.

Assim como na alienação fiduciária (nº 31.4 do Cap. III), e também no *leasing* (nº 27.2 do Cap. IV), tem-se que também no *franchising* não é admissível, para contornar a classe de quirografário, a instituição de *garantia real*, noutro ajuste, do crédito decorrente do contrato.

23.2.3. *Do franqueador*. A falência ou insolvência civil do franqueador devasta a rede.

A falência do franqueador, ou, quando for o caso, a insolvência civil, atinge todos os franqueados, pois devasta a rede. Por isso, às vezes, convém alguma ajuda ou compreensão destes para evitar a quebra daquele.

23.3. *Por resolução decorrente de inadimplência*. Mora para fins de resolução do contrato; mora para fins de execução do contrato.

Tornando-se inadimplente qualquer das partes, vale dizer, havendo infração contratual, tem a outra duas opções: a *execução do contrato*, se cabível, ou a *resolução*.

23.3.1. *Mora para fins de resolução do contrato*. Consideração inicial; ineficácia da mora automática e necessidade de notificação; requisitos formais da notificação; requisitos substanciais da notificação.

23.3.1-A. *Consideração inicial*. Como princípio geral, a infração resolve o contrato. Se a obrigação tem dia definido para ser adimplida, ocorre mora *ex re* (vigora o princípio *dies interpellat pro homine*); se não tiver, ocorre mora *ex persona*, impondo-se prévia notificação.

Como regra, a mora acontece de modo automático pelo simples inadimplemento da obrigação. Não pago o preço ou não recebido o objeto no tempo, lugar e forma que a lei ou a convenção estabelece, ou não cumprido qualquer outro encargo, o devedor entra em mora (CC/1916, arts. 955 e 960; CC/2002, arts. 394 e 397). É o princípio *dies interpellat pro homine*, isto é, o termo, o prazo, a data certa estabelecida interpela a parte devedora em nome da parte credora. Vem daí a mora *ex re* (o devedor tem dia sabido para cumprir a obrigação), contrapondo-se com a mora *ex persona* (o devedor não tem dia sabido para cumprir a obrigação).

Também como regra, toda infração gera resolução contratual. Isso não precisa clausular. É inerente a todo contrato. É o *pacto comissório tácito* ou *cláusula resolutiva tácita* (CC/1916, art. 1.092, parágrafo único; CC/2002, art. 475). Todavia, há de igual modo o *pacto comissório expresso* ou *cláusula resolutiva expressa*, ou *cláusula compromissória* ou *lex commissoria*, vale dizer, é pactuado explicitamente que a infração extingue o contrato.

Commissorius, de *committere*, do latim, explica De Plácido e Silva, em *Vocabulário Jurídico*, significa poder conferido a alguém para que proceda conforme está estipulado. Se constar expressamente no contrato: *(a)* autoriza uma parte a proceder *unilateralmente* quando a outra não cumpre as respectivas obrigações, sendo que – continua – pode se manifestar em cláusula que autoriza o credor a se *apoderar* do bem em caráter definitivo; e *(b)* também pode se manifestar em cláusula que o *desfaz* de pleno direito.

Pois bem, diz o art. 474 do CC/02 que a cláusula resolutiva ou resolutória expressa "opera de pleno direito", isto é, o contrato deixa de existir, e que a resolutiva ou resolutória tácita "depende de interpelação judicial." *Interpelare*, do latim, significa *dirigir a palavra, intimar a respeito de certos fatos*. Tratando-se de constituir o devedor em

396   *Irineu Mariani*

mora, tem o mesmo sentido de *notificação* e *intimação*, como ensina De Plácido e Silva em *Vocabulário Jurídico*.

23.3.1-B. *Ineficácia da mora automática e necessidade de notificação.* Às vezes, face à gravidade da conseqüência, a lei, mesmo havendo *cláusula resolutiva expressa*, condiciona a eficácia da mora *ex re* à prévia notificação. No *franchising*, a Lei 8.955/94 é omissa. Porém, como o efeito da mora é tão grave quanto na alienação fiduciária em garantia e no *leasing*, deve-se ter como necessária a prévia notificação quando uma das partes, por motivo de infringência, objetivar a resolução contratual.

Uma é a *mora comum* ou normal, por exemplo, no que tange ao *débito* do franqueado por motivo da participação do franqueador sobre as vendas (*royalties*), como vimos (nº 19.3 *supra*), quando não há o repasse no dia combinado, mora essa existente e eficaz desde logo, e outra é a *mora especial* ou qualificada no que tange à *resolução* do contrato. Ambas são *ex re*, portanto existem desde logo, como vimos no item anterior, mas a *especial*, embora existente, não vigora, não é eficaz, sendo para tanto necessária notificação, mesmo havendo cláusula resolutiva expressa.

Ocupa-nos, aqui, o tema relativo à *mora especial* ou qualificada, a que objetiva pôr fim ao contrato.

Com efeito, embora a convenção expressa de resolução contratual de pleno direito, há situações em que as conseqüências são de gravidade tal que a lei, por exceção, condiciona a eficácia da mora *ex re* à prévia notificação. O objetivo é preservar o contrato. *Notificare*, do latim, significa *dar a saber, noticiar, avisar* a pessoa de alguma coisa ou fato de seu interesse, ensina De Plácido e Silva em *Vocabulário Jurídico*.

Cuida-se de cautela histórica nas relações jurídicas continuativas, como é o caso do *franchising*, baseada no *princípio da preservação dos contratos*, o que justifica a advertência para fins de emenda. Por exemplo, na promessa de compra e venda objeto de loteamento (DL 58/1937, art. 14; Lei 6.766/79, art. 32), nos financiamentos da casa própria via Sistema Financeiro da Habitação (Lei 5.741/71, art. 2º, IV), também na compra e venda com reserva de domínio, por meio do protesto do título, se o vendedor quiser desde logo opter liminar (CPC, art. 1.071, *caput*), o mesmo ocorrendo com a alienação fiduciária (nº 28.2 do Cap. III), e também no *leasing*, inclusive mobiliário, a despeito de, assim como no *franchising*, de igual modo não haver lei (nº 24.2 do Cap. IV).

Também no *franchising* – e especificamente quando envolve infração cometida pelo franqueado – a conseqüência da resolução é tão grave quanto o é para o devedor-fiduciante e o arrendatário naqueles contratos.

Assim como no *leasing*, o fato de inexistir previsão legal específica nem regulamentar não impediu a jurisprudência de consagrar a necessidade de prévia notificação, assim também deve-se entender no *franchising* porque – reitera-se – as conseqüências são tão graves quanto, senão ainda mais graves, pois não atinge um bem específico, mas paraliza um empreendimento econômico, gerando efeitos sociais profundos, inclusive na questão do emprego.

Assim, ao invés da aparência, a notificação é exigida, não porque a mora seja *ex persona*, e sim porque, apesar de *ex re*, não é eficaz antes dela por causa da pretensão de resolver o contrato.

23.3.1-C. *Requisitos formais da notificação.* A notificação tanto pode ser judicial, quanto extrajudicial por qualquer modo formal; basta que

seja hábil a atingir o objetivo de cientificar o devedor. Ainda, não precisa ser pessoal; basta que seja entregue no endereço do devedor. Se ninguém for encontrado, resta o edital.

Toda forma de notificação é válida, judicial ou extrajudicial, esta pelo Cartório de Registro de Títulos e Documentos, pelo Correio, com aviso de recepção, ou entrega pelo próprio franqueador, mediante recibo. Ainda, para a presunção de que atingiu o objetivo de cientificar o franqueado e, sendo o caso, também o franqueador, basta que a notificação seja recebida por alguém no endereço por ele indicado. E se ninguém é encontrado, por exemplo, se o franqueado simplesmente abandona o local e desaparece sem deixar endereço, autoriza o aviso por edital.

Eis o aforismo jurídico: salvo exigência legal, não é necessária notificação pessoal. Quer isso dizer que a exigência da pessoalidade deve ser expressa, como acontece, por exemplo, na alienação fiduciária de bens imóveis (Lei 9.514/97, art. 26, § 3º). Observe-se que até mesmo nas citações judiciais nem sempre a pessoalidade é imprescindível, como na execução fiscal (Lei 6.830/80, art. 8º, II). Portanto, não há motivo para a rigorosa exigência da notificação pessoal, inclusive porque, em tais situações, trata-se de simples advertência de algo que o devedor já sabe (mora *ex re*).

Assim, importa é a segurança de que o ato atingiu a finalidade de avisar formalmente o franqueado ou, sendo o caso, o franqueador.

É pertinente invocar orientação do STJ de que, na alienação fiduciária de bens móveis – que autoriza se faça o mesmo no *franchising* – não é necessária a notificação pessoal do devedor para o efeito de constituição em mora, sendo suficiente que tenha sido entregue no endereço correto.[446 447 448]

23.3.1-D. *Requisitos substanciais da notificação.* **Tratando-se de débito, é prescindível constar o *valor do débito*, sendo imprescindível, sim, constar o *prazo para purgar a mora*.**

Relativamente ao *valor do débito*, quando for o motivo da notificação, é prescindível que nela conste.

Como vimos no item anterior, a notificação premonitória diz com simples notícia, aviso, lembrança, advertência de algo que a parte já sabe, pois envolve mora *ex re*. Portanto, quando for o motivo da notificação, salvo norma expressa, não é imprescindível constar o *valor do débito*, junto com outros detalhamentos como às vezes é dito, como se fosse uma citação judicial, em que é necessário entregar cópia da petição. Basta *lembrar* ao franqueado de que no dia tal venceu a prestação tal. Aliás, no caso específico do *franchising* nem teria o franqueador como apresentar um valor, visto que os elementos de cálculo (volume de operações) estão em poder do franqueado.

De qualquer modo não é demasia invocar a Súmula 245 do STJ relativa à alienação fiduciária, de seguinte dicção: "A notificação destinada a comprovar a mora nas dívidas garantidas por alienação fiduciária dispensa a indicação do valor do débito."

Relativamente ao prazo *para purgar a mora*, há três aspectos a analisar: *(a)* a necessidade de que conste prazo; *(b)* a definição do prazo; e *(c)* a conseqüência do descumprimento.

---

446 STJ, Resp. nº 557411-DF, 3ª T., Rel. Min. Menezes Direito, em 28-6-04, DJU de 11-10-04, p. 316.

447 STJ, Resp. nº 275324-MG, 4ª T., Rel. Min. Barros Monteiro, em 22-6-04, DJU de 18-10-04, p. 280.

448 STJ, Resp. nº 536733-MG, 3ª T., Rel. Min. Menezes Direito, em 9-12-03, DJU de 22-3-04, p. 299.

Quanto à *necessidade de que conste prazo*, se a notificação é necessária para a eficácia da mora, óbvio que pressupõe certo prazo para que o franqueado possa evitá-la, regularizando a situação. Não há sentido notificar para simplesmente dizer ao franqueado que, no mesmo instante consumou-se a *mora*, e que, portanto, o contrato não mais existe, e que, por isso, deve imediatamente paralizar as atividades. A notificação não ocorre para dizer que o contrato *está findo*, e sim que *findará* se, em determinado prazo, o débito, quando for o motivo da notificação, não for pago. A razão de ser da notificação nas relações jurídicas continuativas, consoante já exposto (n° 23.3.1-B *supra*), é exatamente o de oportunizar que o devedor evite a consumação da mora, com isso preservando o contrato.

Quanto à *definição do prazo*, no *leasing* mobiliário, como vimos (n° 24.4.2-A do Cap. IV), o parâmetro é o protesto de título, que *deve* ser feito na reserva de domínio, se o vendedor quiser requerer medida liminar (CC, art. 1.071, *caput*), e *pode* ser feito na alienação fiduciária (DL 911, art. 2°, § 2°).

Então, seguindo o paradigma, e considerando que no protesto de título o devedor dispõe de *três dias úteis*, contados a partir da intimação pelo Cartório, para adotar as devidas providências, sob pena de o ato ser lavrado (Lei 9.492/97, art. 12 c/c o art. 20 e este c/c o art. 19), adota-se-o no *franchising*.

Quanto à *conseqüencia do descumprimento*, assim como na citação judicial a ausência do prazo para defesa (CPC, art. 225, VI) torna ineficaz o ato para tal fim, e a referência a prazo inferior não reduz o assegurado em lei, assim também na notificação premonitória. A omissão quanto ao requisito substancial do prazo torna-a írrita, e a referência a prazo inferior não reduz o legalmente garantido.

23.3.2. *Mora para fins de execução do contrato*. Consideração inicial; cobrança da dívida pelo franqueador com ou sem resolução do contrato; inexistência do direito de purgar a mora em juízo.

23.3.2-A. *Consideração inicial*. Se a pretensão é *executar o contrato*, a mora *ex re* existe e vigora desde logo.

Como já referido (n° 23.3.1-B *supra*), se a pretensão é resolver o contrato, a notificação é imprescindível, pois, a despeito de a mora *ex re* existir, ela não é eficaz.

No entanto, se a pretensão é executar o contrato, por exemplo, o *débito* do franqueado por motivo da participação do franqueador sobre as vendas (*royalties*), como vimos (n° 19.3 *supra*), quando não há o repasse no dia combinado, a mora para tal fim existe e é eficaz desde logo. Isso vale também a outros aspectos, e a ambas as partes, quando possível a execução específica e houver prazo certo, por exemplo, execução específica na circunstância de o franqueado encontrar-se na situação de *consumidor atípico* (n° 21.2 *supra*).

23.3.2-B. *Cobrança da dívida pelo franqueador com ou sem resolução do contrato*. Primeiro, o franqueador tem o direito natural de, em vez de resolver o contrato, apenas cobrar a dívida; *segundo*, na resolução, o franqueador pode cobrar até quando o franqueado deixou de operar a franquia; *terceiro*, o contrato, com duas testemunhas, e o demonstrativo da evolução do débito, aperfeiçoam título executivo extrajudicial; *quarto*, não é admissível o franqueador emitir duplicada, salvo para serviços, devidamente contratados e cobrados autonomamente.

Em *primeiro lugar*, há reconhecer ao credor-franqueador o direito natural de, conforme juízo de conveniência e oportunidade, em vez da resolução do contrato, optar apenas pela cobrança, por exemplo, a participação sobre as vendas (*royalties*),

CONTRATOS EMPRESARIAIS

como vimos (n° 19.3 *supra*), até porque a cobrança é ato normal, enquanto a resolução é extraordinário, inclusive indo de encontro ao *princípio da preservação dos contratos*.

Em *segundo*, se a opção inicial foi pela cobrança, o franqueador não pode, ao depois, alterá-la para a resolução com base na mesma dívida, porém, se a opção inicial foi pela resolução, por óbvio não está impedido de cobrar do franqueado até quando este deixou efetivamente de operar a franquia.

Em *terceiro*, o contrato, com duas testemunhas, mesmo que instrumentais (n° 16.5 *supra*), mais o demonstrativo da evolução do débito, aperfeiçoam título executivo extrajudicial (CPC, art. 585, II, c/c o art. 614, II), como decidiu o ex-2° TACivSP envolvendo *leasing*.[449] Na pior hipótese, cabível a ação monitória (CPC, art. 1.102-*A*).

Efetivamente, uma dívida não deixa de ser líquida e certa – *certa* quanto à existência e *líquida* ou determinada quanto ao objeto – se a apuração depender de simples cálculo aritmético, conforme resulta da combinação do art. 585, II, com o art. 614, II, do CPC. Eventual erro de cálculo não descaracteriza a liquidez. Se foi além do devido, basta excluir o *majus*; se ficou aquém, não é possível acrescer o *minus* porque ultrapassa o pedido.

Em *quarto lugar*, assim como no *leasing* (n° 28.1.5 do Cap. IV), não é admissível o franqueador emitir duplicada para a cobrança, pois a dívida não se refere a compra e venda de mercadorias nem a prestação serviços (Lei 5.474/68, arts. 1°, 20 e 22), salvo para serviços devidamente contratados e cobrados autonomamente (n° 19.4 *supra*).

> **23.3.2-C. *Inexistência do direito de purgar a mora em juízo*. Considerando que, face ao *objeto* do contrato de *franchising*, uma vez consumada a resolução do contrato, o franqueador não depende de atividade satisfativa do franqueado, quer dizer, não precisa ajuizar processo algum, também não existe a possibilidade de purgação em juízo. Alerta-se que eventuais bens alugados constituem contrato autônomo face ao de *franchising*. O objeto do contrato de aluguel é estranho ao de *franchising*.**

Como vimos, tanto na alienação fiduciária mobiliária (n° 29.2 do Cap. III), quanto no *leasing* mobiliário (n° 25.2 do Cap. IV), há direito de o devedor-fiduciante e do arrendatário, respectivamente, purgarem a mora em juízo para o fim de revigorar o contrato.

Não há tal possibilidade no caso do *franchising*, pois, face ao *objeto* do contrato, uma vez consumada a resolução pela caracterização da *mora especial*, o franqueador não depende de atividade satisfativa do franqueado, ao invés do que acontece na alienação fiduciária e no *leasing* relativamente à entrega do bem, isto é, do *objeto* do contrato, originando processos para recuperá-lo, nos quais é reconhecido o direito de purgar a mora. No *franchising* isso não ocorre. Para que a resolução do contrato de franquia se concretize no mundo dos fatos, o franqueado nada precisa fazer quanto ao respectivo objeto. É desnecessaria atividade satisfativa do franqueado.

A fim de prevenir dúvidas, cumpre salientar que os bens eventualmente alugados pelo franqueador ao franqueado, como enseja o art. 3°, VIII, *b*, da Lei 8.955/94 (equipamentos e ponto comercial), não integram o objeto do contrato de *franchising*, e sim de contrato autônomo, regido pela legislação específica. Por outra: o objeto do contrato de aluguel é estranho ao de *franchising*; logo, não há como purgar a mora de

---

[449] Ex-2° TACivSP, RT 790, p. 329.

um contrato de *franchising*, por exemplo, numa ação de despejo ou reintegratória de posse cujo objeto é outro contrato.

Ao franqueado, em caso de irregularidade da notificação ou algum outro motivo capaz de se contrapor ao franqueador, cabe ajuizar demanda específica, postulando quem sabe medida liminar de antecipação de efeitos da tutela, mantendo-se o contrato para evitar prejuízos irreparáveis ou de difícil reparação.

24. *Parte tributária. Franchising* e IR; *franchising* e ISS.

24.1. *Franchising* e IR. É dedutível, como despesa operacional para fins de apuração de lucro real, tudo o que o art. 3º, VIII, *a*, da Lei 8.955/94, confere a natureza jurídica de *royalties*.

Relativamente ao Imposto sobre a Renda, o art. 5º da Lei 8.955 foi vetado. Tinha a seguinte redação: "As despesas de *royalties*, de publicidade, de aluguel de marca, de utilização pelo uso da marca, de sistema de know-how e quaisquer outras pagas periodicamente ao franqueador serão consideradas *despesa operacional dedutível para fins de apuração de lucro real* do franqueado ou de empresa que o franqueado constitua para operar a franquia, observando-se o disposto no art. 7º da Lei nº 4.506, de 30-11-64, e legislação superveniente."

A justificativa do veto foi de que o assunto já era regulado pela legislação do imposto de renda, especificamente pelo art. 71 da Lei 4.506/64, que dispõe acerca da matéria relativa à dedução de despesas com *royalties*.

Cabem, porém, três observações.

A *primeira* de que o art. 5º era mais amplo. Abrangia a dedução, para fins de apuração do *lucro real*, não apenas dos *royalties*, mas também, por exemplo, das despesas pagas pelo franqueado ao franqueador a título de publicidade. Por conseguinte, se o veto ocorreu porque relativamente aos *royalties*, já havia previsão legal, deveria ter sido restrito a estes. Mas não o foi.

A *segunda* de que, tendo sido vetado integralmente o art. 5º, restou como natureza jurídica de *royalties*, por força do art. 3º, VIII, *a*, da Lei 8.955/94, conforme já salientado (nº 19.3 *supra*), toda remuneração paga pelo franqueado ao franqueador "pelo uso do sistema, da marca ou em troca dos serviços efetivamente prestados," o que oscila entre 5% e 10% sobre o volume de vendas ou faturamento.

A *terceira* observação de que, face ao veto, o Fisco Federal continua com o Parecer Normativo CST nº 143/75, que não reconhece a dedução de absolutamente nada. Nem mesmo reconhece que o *franchising* envolve pagamento de *royalties*. Eis a ementa: "É indedutível como custo ou despesa operacional a remuneração fixa ou calculada de forma percentual sobre as vendas, paga ou creditada por uma empresa a outra, que lhe supre de estoques, e, eventualmente, também lhe provê de publicidade, organização e métodos de vendas."

No item 7 consta: "Jamais as despesas da espécie se caracterizam como *royalties* ou despesas de assistência (técnica ou administrativa), pois esta compreende serviços de consultoria e/ou assessoramento envolvendo conhecimentos especializados de quem os presta, em cada campo de ação, enquanto que aqueles são devidos pela exploração de marcas de indústria e comércio, ou nome comercial, e patentes de invenção, processos e fórmulas de fabricação. A remuneração enfocada também não poderá ser considerada comissão, por não ter a natureza desse tipo de dispêndio."

E o item 8: "Finalmente, a prestação de serviços de publicidade, organização, métodos de vendas, etc., no caso em análise, seria apenas uma decorrência do pacto principal, estabelecido entre as contratantes, caracterizando-se tal atividade mais

CONTRATOS EMPRESARIAIS

como manifestação dos interesses da empresa supridora das mercadorias, do que, propriamente, da empresa suprida."

Porém, quanto aos *royalties*, agora está na Lei (art. 3º, VIII, *a*). Pelo menos em relação aos valores que a lei considera *royalties*, a dedução é legal.

24.2. *Franchising* e ISS. Pelo prisma do franqueador; pelo prisma do franqueado.

Constitucionalmente, o imposto sobre serviços de qualquer natureza consta no art. 156, III, da CF/88, cabendo à Lei Complementar Federal defini-los, entenda-se, listá-los.

A análise deve ser feita pelo prisma do franqueador e do franqueado.

24.2.1. *Pelo prisma do franqueador*. O objeto da relação jurídica franqueador-franqueado não envolve prestação de serviços não-vinculados ou como atividade-fim, mas vinculados ou como atividade-meio. Ademais, a Lei 8.955/94 confere à participação do franqueador no volume de vendas ou no faturamento do franqueado a natureza jurídica de *royalties*, portanto contraprestação por investimento, e não por serviços.

Há duas situações distintas a considerar, ambas tendo por objeto a relação jurídica franqueador-franqueado.

A *primeira* diz com o item 48 da Lista Anexa à LC 56/86, que passou para o item 10.04 da Lista Anexa à LC 116, de 31-7-03, com o acréscimo do *leasing*. Eis a redação: "Agenciamento, corretagem ou intermediação de contratos de arrendamento mercantil (*leasing*), de franquia (*franchising*) e de faturização (*factoring*)."

Observe-se que a incidência ocorre sobre o *agenciamento*, *corretagem* ou *intermediação* de contratos de *leasing*, de *franchising* e de *factoring*, e não sobre os serviços objeto dos mencionados contratos.

Considerando que muitos Municípios passaram a entender que havia *serviço de aproximação*, começaram a tributar com ISS, originando peleia judicial, pacificada no sentido da inexistência de tal serviço.

A *segunda* situação diz com o item 17.08 da Lista Anexa à LC 116/03, que inclui o *franchising* como espécie do gênero "Serviços de apoio técnico, administrativo, jurídico, contábil, comercial e congêneres."

No entanto, há considerar o chamado *princípio da preponderância* consagrado no art. 8º, §§ 1º e 2º, do DL 406/68, e mantido no art. 1º, § 2º, da LC 116/03, ou seja, deve-se distinguir o que é serviço *atividade-fim* e serviço *atividade-meio*.

Não basta, pois, constar na lista. É preciso verificar se a *prestação de serviços* – fato gerador do ISS – ocorre como atividade-fim, isto é, se eles são prestados autonomamente, e não como serviços dependentes, vinculados ou como atividade-meio.

Acerca dos serviços vinculados ou atividade-meio, não custa lembrar a celeuma havida no passado envolvendo o ISS e o ICMS relativamente aos bares e restaurantes, culminando com a Súmula 169 do STJ, *verbis*: "O fornecimento de mercadorias com a simultânea prestação de serviços em bares, restaurantes e estabelecimentos similares constitui fato gerador do ICMS a incidir sobre o valor total da operação."

No caso do *franchising*, como vimos (nº 19 *supra*): *(a)* no que tange ao valor que o franqueador cobra do franqueado a título de publicidade e outras despesas, trata-se de ressarcimento (repasse) por aquilo que ele pagou, por exemplo, à agência de publicidade por serviços por esta prestados; e *(b)* no que tange ao uso do sistema, da marca ou troca dos serviços efetivamente prestados, resultando uma participação entre 5% e 10% sobre o volume de vendas ou faturamento, o art. 3º, VIII, *a*, da Lei 8.955/94, confere a natureza jurídica de *royalties*, portanto contraprestação por investimento, e não por serviços.

Assim, salvo situação concreta que refoge da normalidade, ainda que o franqueador preste serviços de assistência, orientação, etc., inclusive os objeto de cobrança autônoma, não há serviço destacado como *atividade-fim*, e sim apenas como *atividade-meio*, integrante do próprio contrato, vale dizer, a participação nas vendas ou faturamento do franqueado, portanto contraprestação por investimento, e não por serviços.

24.2.2. *Pelo prisma do franqueado*. Se o serviço objeto do contrato está sujeito ao ISS, o franqueado deve pagá-lo, assim como seria pago pelo franqueador se prestado pessoalmente. Tributa-se o serviço objeto da franquia, e não a franquia.

Não há confundir *objeto da relação jurídica* entre franqueador-franqueado, com *objeto do contrato* de franquia empresarial.

Quer dizer: se o objeto do contrato não for, por exemplo, o comércio de produtos, e sim a prestação de serviços, e se tais serviços estão sujeitos ao ISS, o franqueado deve pagá-lo, assim como seria pago pelo franqueador se prestado pessoalmente, sendo credor obviamente o Município onde acontece a efetiva prestação, o que raramente coincide com o da sede do franqueador.

Por exemplo, os serviços de correios e telégrafos estão sujeitos ao ISS (item 26.01 da Lista Anexa à LC 116/03); logo, os franqueados devem pagá-lo, conforme já decidiu o TJRS, *verbis*: "O item 26.01 é diferente porque fato gerador não é o eventual serviço envolvendo a *franquia* em si (relação jurídica entre franqueadora e franqueada), mas o serviço objeto da franquia; não o serviço *franqueado*, mas o *serviço*, independentemente de quem seja o prestador".[450] Tributa-se o *serviço* objeto da franquia, e não a *franquia*; tributa-se porque serviço, e não porque franquia.

---

[450] TJRS, 1ª Câmara, ap. cív. 70006357412, Rel. Des. Irineu Mariani, em 15-12-04.

BIBLIOGRAFIA

ABRÃO, Nélson. *Da franquia comercial*. São Paulo: RT, 1984.

ALVES, José Carlos Moreira. *Da Alienação Fiduciária em Garantia*. 3ª ed., Rio de Janeiro: Forense, 1987.

ALVES, Vílson Rodrigues. *Alienação Fiduciária*. São Paulo: BH Editora e Distribuidora de Livros Ltda., 2006.

ALVIM, Arruda. *A Função Social dos Contratos*. Revista dos Tribunais nº 815.

ARAÚJO, Justino Magno e SARTORELLI, Renato Sandreschi. *Leasing*. São Paulo: Saraiva, 1999.

BENJO, Celso. *O Leasing na sistemática jurídica nacional e internacional*. Revista Forense nº 274.

BERTUCELLI, Antônio. *Factoring – Noções elementares da nova técnica de financiamento às empresas*. Revista Forense nº 288.

BEVILÁQUA, Clóvis. *Código Civil Comentado*. Edição histórica. Rio de Janeiro: Rio.

BEZERRA FILHO, Manoel Justino. Revista dos Tribunais nº 918.

BRITO, Maria Helena. *O Factoring Internacional e a Convenção de Unidroit*. Portugal: Cosmos, 1998.

BULGARELLI, Waldírio. *Contratos Mercantis*. 10ª ed., São Paulo: Atlas, 1998.

CANON, Walter B, *apud* Edward J. Murray. *Motivação e Emoção*. Fahr Editores.

CARMO, Eduardo de Sousa. *Endosso sem garantia e o factoring*. Revista de Direito Mercantil nº 71.

CARVALHOSA, Modesto. *Apostila do Seminário Nacional de Contratos*. Belo Horizonte, 1978.

COELHO, Fábio Ulhoa. *Curso de Direito Comercial*. 6ª ed., São Paulo: Saraiva, 2002.

———. *Manual de Direito Comercial*. 6ª ed., São Paulo: Saraiva, 1995.

COMPARATO, Fábio Konder. *Factoring*. Revista de Direito Mercantil nº 6 e nº 249.

COSTA, Mário Júlio de Almeida. *Alienação fiduciária em garantia e aquisição da casa própria*. Revista dos Tribunais nº 512, 1978.

CRETELLA JÚNIOR, José. *Comentários à Constituição de 1988*. São Paulo: Universitária, 1989.

DELGADO, José Augusto. *A caracterização do leasing e seus efeitos jurídicos*. Revita Forense nº 269.

DINIZ, Maria Helena. *Código Civil Anotado*. São Paulo: Saraiva, 1995.

———. *Tratado teórico e prático dos contratos*. 4ª ed., São Paulo: Saraiva.

DONINI, Antônio Carlos. RT nº 802 e RT nº 810.

DUTRA, Itamar. *Leasing – Perdas e Danos*. Mato Grosso do Sul: Solivros, 1997.

FERREIRA, Carlos Renato de Azevedo. *Factoring*. Cadernos de Direito Econômico, 2, Centro de Estudos Superiores – COAD e RT nº 672.

GOMES, Orlando. *Contratos*. 8ª ed., Rio de Janeiro: Forense, 1981.

GOMES, Thaíssa Garcia. *Princípios Contratuais*. Revista dos Tribunais nº 838.

LEÃO, José Francisco Lopes Miranda. *Leasing – Arrendamento Financeiro*. 2ª ed., São Paulo: Malheiros Editores.

LEITE, Luiz Lemos. *Factoring no Brasil*. São Paulo: Atlas, 1994.

LEONIS, Jacobo. *O contrato de factoring*. Revista dos Tribunais nº 254.

LUCCA, Newton. *A faturização no direito brasileiro*. São Paulo: RT, 1986.

LUZ, Aramy Dornelles. *Negócios Jurídicos Bancários*. São Paulo: RT, 1986.

MANCUSO, Rodolfo Camargo. *Leasing*. 3ª ed., São Paulo: RT, 2002.

MARTINS, Fran. *Contratos e Obrigações Comerciais*. Rio de Janeiro: Forense, 1990.

——. *Curso de Direito Comercial*. 28ª ed., Rio de Janeiro: Forense, 2002.

——. *O contrato de factoring e sua introdução no direito brasileiro*. Revista Forense nº 262.

MELO, Claudineu de. *Contrato de Distribuição*. São Paulo: Saraiva, 1987.

MAXIMILIANO, Carlos. *Hermenêutica e Aplicação do Direito*. 9ª ed., Rio de Janeiro: Forense, 1981.

MENDONÇA, Carvalho de. *Tratado de Direito Comercial*. Vol. I.

MIRANDA. Pontes de. *Tratado de Direito Privado*. 3ª ed., São Paulo: RT, 1984.

MITIDIERO, Nei Pires. *Comentários ao Código dee Trânsito Brasileiro*. Rio de Janeiro: Forense, 2004.

MONTEIRO, Washington de Barros. *Curso de Direito Civil*. São Paulo: Saraiva, 1982.

NERY JÚNIOR, Nélson. *Vícios do Ato Jurídico e Reserva Mental*. São Paulo: RT, 1983.

OLIVEIRA, Celso Marcelo de. *Alienação Fiduciária em Garantia*. Campinas-SP: LZN, 2003.

OLIVEIRA, Marcelo Ribeiro de. *Prisão Civil na Alienação Fiduciária em Garantia*. Curitiba: Juruá, 2000.

OVIEDO, José Maria Martin. *El leasing ante el Derecho Español*. Derecho Financiero, Madri, 1971.

PEREIRA, Caio Mário da Silva. *A nova tipologia contratual no direito brasileiro*. Revista Forense nº 281.

RASMUSSEN, Wue Waldemar. *Forfaiting e Factoring*. Aduaneiras, 1986.

REALE, Miguel. *Visão Geral do Novo Código Civil*. Revista dos Tribunais nº 808.

REQUIÃO, Rubens. *Curso de Direito Comercial*. 23ª ed., São Paulo: Saraiva, 2003.

——. *Curso de Direito Falimentar*. São Paulo: Saraiva, 1981.

RESTIFFE NETO, Paulo. *Garantia Fiduciária*. 2ª ed., São Pulo: RT, 1975.

RIBEIRO, Mônica Alves Costa. *A Prisão Civil na Alienação Fiduciária*. Rio de Janeiro: Forense, 2003.

RIZZARDO, Arnaldo. *Factorin*. São Paulo: RT, 1997.

——. *Leasing – Arrendamento Mercantil*. 2ª ed., São Paulo: RT, 1996.

RODRIGUES, Sílvio. *Direito Civil*. 11ª e 12ª ed., São Paulo: Saraiva, 1981.

SÁ, Gonçalo Ivens da Cunha. *O Factoring e a Nova Constituição*. Revista de Direito Mercantil nº 73.

SALAMACHA, Consuelo Taques Ferreira. *O Factoring como instrumento de auxílio às pequenas e médias empresas*. RT nº 822.

SALOMÃO FILHO, Calixto. *Função social da propriedade: primeiras anotações*. Revista dos Tribunais nº 823.

SANTOS, J. M. de Carvalho. *Código Civil Brasileiro Interpretado*. 8ª ed., São Paulo: Freitas Bastos, 1964.

SILVA, Lucilva Pereira da. *Julgados de Alienação Fiduciária*. Bauru-SP: Edipro, 1993.

SIMÃO FILHO, Adalberto. *Franchising*. 2ª ed., São Paulo: Atlas, 1997.

TERRA, Marcelo. *Alienação Fiduciária de Imóvel em Garantia*. Porto Alegre: Safe, 1998.

VERÇOSA, Haroldo de Medeiros Duclerc. *Foraiting*. Revista Forense nº 323.

WALD, Arnoldo. *Curso de Direito Civil*. São Paulo: RT, 1991.

WEDEKIND, Bernhard Wilred. *Prática, Processo e Jurisprudência. Alienação Fiduciária*. Curitiba: Juruá, vol. 10, 1976.

TÁBUA SISTEMÁTICA DAS MATÉRIAS

DO AUTOR AO LEITOR 9

SUMÁRIO 11

Capítulo I – GENERALIDADES 13

1. Nome 13
2. Ato jurídico 13
3. Origem quanto à forma 13
4. Origem quanto ao conteúdo 13
5. Requisitos 14
   5.1. Requisitos gerais 14
   5.2. Requisitos especiais 14
6. Definição 14
7. Classificação conforme a técnica empresarial 14
   7.1. Grupo dos agentes compradores 15
   7.2. Grupo dos agentes não-compradores 15
   7.3. Grupo dos agentes compradores com cessão de marcas e patentes 15
   7.4. Grupo dos agentes financeiros 15
8. Espécies de contratos empresariais 15
9. Regime jurídico 16
10. Inadimplência 16
11. Aplicação difusa do Código de Defesa do Consumidor 16
    11.1. Fornecedor 17
    11.2. Consumidor 17
    11.3. Relação de consumo 18
12. Funções dos contratos 19
    12.1. Função social 19
    12.1.1. Tipos legais abertos 19
    12.1.2. Papel do intérprete 20
    12.1.3. Conteúdo da expressão 21
    12.1.3-A. Consideração inicial 21
    12.1.3-B. Pelo prisma do motivo social de o contrato existir 22
    12.1.3-C. Pelo prisma das partes 23
    12.2. Função ética 25
    12.3. Função econômica 25

Capítulo II – COMPRA E VENDA EMPRESARIAL 26

1. Espécies de compra e venda 26
2. Finalidade 28
3. Classificação como ato comercial *latu sensu* 28
4. Regime jurídico 28
5. Elementos do contrato 28
   5.1. Partes (requisito subjetivo) e empresariedade ou comercialidade 28
   5.2. Objeto (requisito objetivo) 29
   5.2.1. Bens móveis e semoventes 29
   5.2.2. Bens imóveis 30
   5.2.3. Coisas futuras 31
   5.3. Preço 32
   5.3.1. Preços estimado e praticado e o fenômeno da reificação 32
   5.3.2. Preço livre 33
   5.3.3. Mecanismos de controle pelo Poder Público 33
6. Condições 33
   6.1. Moeda 33
   6.2. Modo de pagamento 33
   6.3. Juros 34
   6.3.1. Diferenças necessárias 34
   6.3.2. Juros moratórios ou de mora 35
   6.3.2-A. Quanto ao objetivo 35
   6.3.2-B. Quanto à taxa 35
   6.3.3. Juros compensatórios ou reais 35
   6.3.3-A. Quanto ao objetivo 35
   6.3.3-B. Quanto à taxa 36
   6.3.4. Capitalização dos juros 37
7. Consumação do contrato 38
8. Espécies diferenciadas de contratos quanto à consumação 38
   8.1. Venda por amostra 38
   8.2. Venda a contento 39
   8.3. Venda em consignação 39

9. Espécies de contratos quanto à forma de execução 39
   9.1. De execução imediata 39
   9.2. De execução diferida 39
   9.3. De execução continuada 39
10. Obrigações do vendedor 39
   10.1. Transferir o domínio 40
   10.2. Responder por vícios redibitórios 40
   10.3. Responder pela evicção 40
   10.4. Pagar as despesas da tradição 41
11. Obrigações do comprador 41
   11.1. Pagar o preço 41
   11.2. Receber a mercadoria 41
12. Inadimplência 41
   12.1. Do vendedor 41
   12.1.1. Situações comuns em que pode ocorrer inadimplência 41
   12.1.2. Com relação de consumo 42
   12.1.3. Sem relação de consumo 42
   12.2. Do comprador 43
   12.2.1. Quanto ao preço 43
   12.2.2. Quanto ao não-recebimento do bem 43
13. Mora 44

Capítulo III – ALIENAÇÃO FIDUCIÁRIA EM GARANTIA MOBILIÁRIA (COMUM E ESPECIAL) E IMOBILIÁRIA 45

1. Alienação fiduciária em garantia no concerto dos contratos empresariais 45
2. Negócio fiduciário 45
   2.1. Alienação fiduciária 45
   2.2. Alienação fiduciária em garantia 46
   2.3. Cessão fiduciária de crédito 47
3. Raízes históricas do negócio fiduciário 47
   3.1. No direito romano 47
   3.2. No direito germânico 48
4. Evolução histórica do negócio fiduciário no direito brasileiro 49
   4.1. Consideração inicial 49
   4.2. Posição do CC/1916 49
   4.3. Transferência fiduciária de propriedade em garantia 50
   4.3.1. Transferência fiduciária da propriedade de móvel 50
   4.3.1-A. Pelo prisma da Lei 4.728/65, DL 911/69 e Lei 10.931/04 50
   4.3.1-B. Pelo prisma do CC/2002 51
   4.3.2. Transferência fiduciária da propriedade de imóvel 51
   4.4. Cessão fiduciária de crédito 52

5. Justificativa para a sua instituição 52
   5.1. Motivos da crítica 52
   5.2. Motivos da necessidade 53
6. Semelhanças e diferenças com outros institutos 55
   6.1. Com a propriedade resolúvel 55
   6.2. Com o fideicomisso 56
   6.3. Com a reserva de domínio 56
   6.4. Com a retrovenda 56
   6.5. Com os institutos de garantia real sobre bens alheios que mais se aproximam 57
   6.5.1. Consideração inicial 57
   6.5.2. Diferenças gerais 57
   6.5.3. Diferenças específicas 57
   6.5.3-A. Com o penhor 57
   6.5.3-B. Com a hipoteca 57
   6.5.3-C. Com a anticrese 58
   6.6. Com o *trust receipt* 58
   6.7. Com o *chattel mortgage* 59
7. Idéia básica 59
8. Conceitos 60
   8.1. Consideração inicial 60
   8.2. Conceito legal de alienação fiduciária em garantia como instituto jurídico 60
   8.3. Conceito doutrinário de contrato de alienação fiduciária em garantia 62
9. Alienação fiduciária em garantia e negócio simulado 63
10. Alienação fiduciária em garantia e negócio indireto 64
11. Alienação fiduciária em garantia e CDC 64
12. Direito de propriedade 65
   12.1. Propriedade plena 66
   12.2. Propriedade resolúvel 66
   12.3. Propriedade fiduciária 67
   12.3.1. Espécie do gênero garantia real 67
   12.3.2. Constituição pelo registro do contrato 68
   12.3.2-A. Bem móvel e especialidade quanto aos veículos 68
   12.3.2-B. Bem imóvel e cessão fiduciária de crédito imobiliário 69
13. Natureza jurídica da alienação fiduciária em garantia como negócio 70
14. Natureza jurídica do contrato 70
15. Funções do contrato 71
   15.1. Função social 71
   15.2. Função ética 71
   15.3. Função econômica 72
16. Consumação do contrato 72
17. Características gerais do contrato 72

17.1. Forma 72

17.2. Estrutura 72

17.3. Comutatividade 72

17.4. Onerosidade 73

17.5. Relação jurídica continuativa 73

17.6. Liberdade 73

17.7. Cessão dos direitos contratuais (*intuitu pecuniae*) 73

18. Declinação dos requisitos essenciais dos contratos 73

18.1. Requisitos comuns dos contratos mobiliários e imobiliários 74

18.2. Requisitos específicos dos contratos imobiliários 75

19. Partes (requisito subjetivo) 75

19.1. Relativamente aos móveis 75

19.1.1. Distinção 75

19.1.2. Alienação fiduciária em garantia especial 75

19.1.3. Alienação fiduciária em garantia comum 77

19.2. Relativamente aos imóveis 77

20. Objeto (requisito objetivo) e identificação 78

20.1. Relativamente aos móveis 78

20.1.1. Quanto ao objeto 78

20.1.1-A. Na alienação fiduciária em garantia especial 78

20.1.1-B. Na alienação fiduciária em garantia comum 80

20.1.2. Quanto à identificação 80

20.1.3. Quanto à acessão intelectual ou por ficção legal de bem móvel 80

20.2. Relativamente aos imóveis 82

20.2.1. Quanto ao objeto 82

20.2.2. Quanto à identificação 83

20.3. Bens que já pertencem ao devedor-fiduciante 83

20.3.1. Quanto aos móveis 83

20.3.2. Quanto aos imóveis 84

20.4. Bens cuja propriedade é adquirida posteriormente 84

20.5. Venda ou dação em garantia de bem alienado fiduciariamente. 86

21. Transferência da propriedade fiduciária 86

22. Valor da dívida, prazo do financiamento e periodicidade das prestações 86

23. Valor do objeto da garantia 87

24. Posse e direitos de uso e fruição do bem pelo fiduciante 87

25. Prazo do contrato; prestação; multas; juros; outros encargos; discriminação das rubricas e dos valores 88

25.1. Prazo do contrato 88

25.1.1. Na alienação fiduciária de bens móveis 88

25.1.2. Na alienação fiduciária de bens imóveis 88

25.2. Prestação 89

25.2.1. Quanto à periodicidade 89

25.2.2. Quanto ao valor básico 89

25.3. Multas 89

25.3.1. Licitude da previsão 90

25.3.2. Multa moratória ou sancionatória 90

25.3.2-A. Quanto ao objetivo 90

25.3.2-B. Quanto ao valor 90

25.3.3. Multa compensatória ou ressarcitória 90

25.3.3-A. Quanto ao objetivo 91

25.3.3-B. Quanto ao valor 91

25.4. Juros 92

25.4.1. Juros moratórios ou de mora 92

25.4.1-A. Quanto ao objetivo 92

25.4.1-B. Quanto à taxa 92

25.4.2. Juros compensatórios ou reais 92

25.4.2-A. Quanto ao objetivo 93

25.4.2-B. Quanto à taxa 93

25.4.3. Capitalização dos juros 95

25.5. Outros encargos 95

25.5.1. Consideração inicial 95

25.5.2. Atualização monetária do capital investido 96

25.5.3. Comissão de permanência 96

25.5.4. Encargos previstos e não-previstos em lei 97

25.6. Discriminação das rubricas e dos valores 97

26. Requisitos específicos do contrato de alienação fiduciária de imóvel 98

26.1. Valor do imóvel e critério de revisão para eventual leilão 98

26.2. Narrativa dos procedimentos do leilão 98

26.3. Prazo de carência para a cientificação da mora 99

26.4. Seguro de vida e de invalidez permanente pelo fiduciante 99

27. Término antecipado do contrato 99

27.1. Por morte do devedor-fiduciante 100

27.2. Por falência ou insolvência do devedor-fiduciante 100

27.2.1. Cláusula que institui a possibilidade de rompimento 100

27.2.1-A. Consideração inicial 100

27.2.1-B. Quando a quebra repercute e quando não repercute no contrato 100

27.2.2. Lei que institui o direito de restituição 102

27.3. Por resolução decorrente de inadimplência do devedor-fiduciante 102

28. Mora para fins de resolução do contrato por inadimplência do devedor-fiduciante 103

28.1. Consideração inicial 103

28.2. Ineficácia da mora automática e necessidade de notificação 103

28.3. Requisitos formais da notificação 104

28.3.1. Bens móveis 104

28.3.2. Bens imóveis 105

28.4. Requisitos substanciais da notificação 106

28.4.1. Prescindibilidade do valor do débito 106

28.4.1-A. Bens móveis 106

28.4.1-B. Bens imóveis 106

28.4.2. Imprescindibilidade do prazo para purgar a mora 107

28.4.2-A. Bens móveis 107

28.4.2-B. Bens imóveis 108

29. Purgação da mora na alienação fiduciária de bens móveis 108

29.1. Purgação extrajudicial (alienações fiduciárias especial e comum) 108

29.1.1. Direito e objetivo da purgação 108

29.1.2. Prazo para purgar 108

29.1.3. Parcialidade da dívida pendente (vencida até a data do pagamento) 109

29.2. Purgação judicial 110

29.2.1. Na alienação fiduciária em garantia especial 110

29.2.1-A. Prazo para requerer e purgar a mora 110

29.2.1-B. Integralidade da dívida pendente (vencida e vincenda) 111

29.2.1-C. Honorários advocatícios e despesas processuais 114

29.2.2. Na alienação fiduciária em garantia comum 115

29.2.2-A. Quanto ao direito de purgar a mora 115

29.2.2-B. Quanto ao prazo para requerer e purgar 115

29.2.2-C. Quanto ao vencimento antecipado 116

29.2.2-D. Quanto aos honorários advocatícios e despesas processuais 116

29.3. Purgação da mora pela massa falida ou insolvente 116

30. Purgação da mora na alienação fiduciária de imóvel 116

30.1. Admissibilidade da purgação extrajudicial na fase da notificação 116

30.2. Inadmissibilidade da purgação na fase da venda 117

30.3. Inadmissibilidade da purgação na fase de processo judicial 118

30.4. Purgação da mora pela massa falida ou insolvente 119

31. Inadimplência pela massa falida ou insolvente 119

31.1. Contrato de bem móvel ou imóvel 119

31.2. Contrato de cessão fiduciária de direitos e de títulos de crédito 120

31.3. Direito de restituição 120

31.3.1. Pelo fato da falência ou insolvência 120

31.3.2. Por arrecadação do bem pela Massa 121

31.4. Habilitação e classificação do crédito na falência ou insolvência 121

32. Opções do credor-fiduciário ante a mora do devedor-fiduciante 121

33. Execução do contrato e remédio jurídico-processual 122

33.1. Incompatibilidade com processo que busca a resolução do contrato 122

33.2. Cobrança da dívida 122

33.2.1. Direito natural do credor-fiduciário 122

33.2.2. Cobrança da parcialidade da dívida pendente 123

33.2.3. Cobrança da integralidade da dívida pendente 123

33.2.3-A. Quanto ao vencimento antecipado 123

33.2.3-B. Quanto aos juros 124

33.3. Processo de execução 125

33.4. Executados 125

34. Resolução do contrato e remédios jurídico-processuais 126

34.1. Consideração inicial 126

34.2. Processos cabíveis 126

34.3. Incompatibilidade com processo que busca a execução do contrato 126

35. Processos cabíveis na alienação fiduciária especial 126

35.1. Ação de busca e apreensão 126

35.1.1. Espécies de ação de busca e apreensão 126

35.1.2. Caráter privativo e natureza satisfativa ou tutelar 127

35.1.3. Foro de eleição 127

35.1.4. Legitimidades ativa e passiva 128

35.1.4-A. Credor-fiduciário (autor) 128

35.1.4-B. Devedor-fiduciante (réu) 128

35.1.4-C. Coobrigados (avalista, fiador e terceiro interessado) 128

35.1.5. Medida liminar (constitucionalidade) 129

35.1.6. Conversão em ação de depósito 132

35.1.7. Limitação da matéria de defesa relativa ao mérito (constitucionalidade) 132

35.1.7-A. Consideração inicial 132

Irineu Mariani

35.1.7-B. Compreensão da garantia constitucional da ampla defesa 133

35.1.7-C. Princípio da pertinência da defesa face ao objeto do processo 134

35.1.8. Natureza jurídica da sentença e efeito da apelação 135

35.1.9. Multa quando improcedente a busca e apreensão e o bem já tiver sido alienado 135

35.1.9-A. Consideração inicial 136

35.1.9-B. Natureza jurídica da multa prevista no § 6º 136

35.1.9-C. Interpretação do § 7º 138

35.1.9-D. Multa do § 6º e coobrigados que pagam a integralidade da dívida pendente 139

35.1.10. Direito de cumular purgação da mora e contestação do valor 139

35.2. Ação de depósito 140

35.2.1. Constitucionalidade da prisão 140

35.2.2. Objetivo da prisão e local do cumprimento 142

35.2.3. Sentido da expressão "equivalente em dinheiro" 142

35.2.3-A. Fórmula "menor de dois" 142

35.2.3-B. Valor do débito *stricto sensu* para o fim específico 142

35.3. Ação de reintegração de posse 144

35.3.1. Possibilidade 144

35.3.2. Coobrigados (avalista, fiador e terceiro interessado) 144

35.3.3. Direito de cumular purgação da mora e contestação do valor 145

35.3.4. Multa quando improcedente a reintegratória e o bem já tiver sido alienado 145

36. Processos cabíveis na alienação fiduciária comum 145

36.1. Ação de reintegração de posse 146

36.1.1. Consideração inicial 146

36.1.2. Coobrigados (avalista, fiador e terceiro) 146

36.1.3. Direito de cumular purgação da mora e contestação do valor 146

36.2. Ação de depósito 147

36.2.1. Cabimento 147

36.2.2. Direito de cumular purgação da mora e contestação do valor 147

36.3. Multa quando improcedente o pedido e o bem já tiver sido alienado 147

37. Processo cabível na alienação fiduciária de imóvel 148

38. Ação revisional e influência nas ações relativas à resolução do contrato 148

39. Pacto comissório quanto à propriedade (caráter definitivo) 149

39.1. Consideração inicial 149

39.2. Na alienação fiduciária comum 150

39.3. Na alienação fiduciária especial 150

39.4. Na alienação fiduciária de imóvel 151

39.5. Na cessão fiduciária de crédito 152

39.6. Dação em pagamento 152

40. Venda do bem 153

40.1. Na alienação fiduciária de bens móveis 153

40.1.1. Pressuposto para a venda (necessidade da posse direta) 153

40.1.1-A. Na alienação fiduciária especial 153

40.1.1-B. Na alienação fiduciária comum 155

40.1.2. Venda judicial 155

40.1.3. Venda extrajudicial 156

40.1.4. Cobrança de eventual saldo devedor 156

40.1.4-A. Quanto ao direito de cobrar o saldo 157

40.1.4-B. Quanto aos responsáveis pelo saldo 157

40.1.4-C. Quanto ao processo cabível 158

40.1.5. Entrega de eventual saldo ao fiduciante 160

40.2. Na alienação fiduciária de bens imóveis 160

40.2.1. Pressuposto para a venda (desnecessidade da posse direta) 160

40.2.2. Venda judicial ou extrajudicial 161

40.2.2-A. Leilão público (gênero) 161

40.2.2-B. Procedimentos 161

40.2.2-C. Prazo ao fiduciário entregar eventual saldo ao fiduciante 162

40.2.2-D. Conseqüência do insucesso do leilão 162

40.2.2-E. Constitucionalidade da execução extrajudicial 163

40.2.3. Taxa de ocupação do imóvel desde o leilão até a entrega 163

40.2.4. Responsabilidade pelos encargos relativos ao imóvel até a entrega 164

40.2.5. Situação do imóvel ocupado 165

40.2.5-A. Autor-fiduciário, réu-fiduciante e prazo à desocupação 165

40.2.5-B. Autor-fiduciário, réu-locatário e prazos à denúncia e à desocupação 166

40.2.5-C. Autor-novo dono, réu-fiduciante e prazo à desocupação 168

40.2.5-D. Autor-novo dono, réu-locatário e prazos ao ajuizamento e à desocupação 168

41. Destino das prestações pagas pelo fiduciante quando ocorre a resolução contratual 169

42. Impenhorabilidade do bem alienado fiduciariamente 170

CONTRATOS EMPRESARIAIS

411

43. Substituição do bem alienado fiduciariamente 170

44. Benfeitorias nos casos de resolução contratual 171

44.1. Consideração inicial 171

44.2. Na alienação fiduciária especial de bens móveis 172

44.2.1. Quanto ao direito de indenização (inexistência) 172

44.2.2. Quanto ao direito de levantamento (possibilidade) 174

44.2.2-A. Quando há omissão do contrato 174

44.2.2-B. Quando não há omissão do contrato 174

44.3. Na alienação fiduciária comum de bens móveis 174

44.4. Na alienação fiduciária de bens imóveis 175

45. Responsabilidade do fiduciante face ao fiduciário relativamente ao bem 176

45.1. Responsabilidade do fiduciante como depositário 176

45.1.1. Consideração inicial 176

45.1.2. Características comuns dos casos fortuitos e de força maior 176

45.1.2-A. Fato necessário 177

45.1.2-B. Inevitabilidade, irresistibilidade ou invencibilidade 177

45.1.2-C. Excludência da responsabilidade 177

45.1.3. Características individuais dos casos fortuitos e de força maior 178

45.1.3-A. Forças físicas naturais ou não-inteligentes e não-naturais ou inteligentes 178

45.1.3-B. Previsibilidade e imprevisibilidade 179

45.1.4. Excludentes do depositário quanto aos prejuízos 180

45.1.5. Excludentes do fiduciante enquanto depositário 181

45.2. Responsabilidade do fiduciante como possuidor direto 182

45.3. Subsistência das obrigações do contrato de financiamento 182

46. Responsabilidade relativamente a terceiros 182

46.1. Quanto ao fiduciante 183

46.2. Quanto ao fiduciário 183

47. Parte tributária 184

47.1. Sobre a a propriedade 184

47.1.1. Na alienação fiduciária de bens móveis 184

47.1.2. Na alienação fiduciária de bens imóveis 184

47.2. Sobre a transmissão ou circulação da propriedade 185

47.2.1. Na alienação fiduciária de bens móveis 185

47.2.2. Na alienação fiduciária de bens imóveis 186

Capítulo IV – *LEASING* MOBILIÁRIO E IMOBILIÁRIO – ARRENDAMENTO EMPRESARIAL 187

1. *Leasing* no concerto dos contratos empresariais 187

2. Noção histórica 187

3. Vocábulo 188

4. Expansão 188

5. Fatores da expansão 188

6. Distinções necessárias 189

6.1. Noções preliminares 189

6.2. Locação e arrendamento 189

6.3. Locação e arrendamento de um lado, e arrendamento empresarial (*leasing*) de outro 189

7. Espécies 190

7.1. *Leasing* operacional 190

7.2. *Leasing* financeiro 190

7.3. *Lease-back* 190

7.4. *Self-leasing* 191

7.5. *Leasing dummy corporation* 192

7.6. *Leasing* internacional 192

7.7. *Leasing* imobiliário 192

8. Origens do contrato 192

9. Idéia básica 193

10. Conceito e tipicidade 193

11. Funções do contrato 194

11.1. Função social 194

11.2. Função ética 195

11.3. Função econômica 195

12. Vantagem e desvantagem 195

13. Contratos empresariais afins 196

13.1. Alienação fiduciária em garantia 196

13.2. Compra e venda com reserva de domínio 196

14. Partes (requisito subjetivo) 196

14.1. Relativamente ao *leasing* mobiliário 196

14.1.1. Quanto ao arrendante 197

14.1.2. Quanto ao arrendatário 197

14.2. Relativamente ao *leasing* imobiliário 198

14.2.1. Quanto ao arrendante 198

14.2.2. Quanto ao arrendatário 199

15. Objeto (requisito objetivo) 199

15.1. Relativamente aos bens móveis 199

Irineu Mariani

15.2. Relativamente aos bens imóveis 200
16. Natureza jurídica do contrato 200
17. Formação do contrato 201
17.1. Fase preliminar e outros pactos 201
17.2. Fase contratual e consumação 201
18. Características gerais do contrato 202
18.1. Forma 202
18.2. Estrutura 202
18.3. Comutatividade 202
18.4. Onerosidade 202
18.5. Relação jurídica continuativa 202
18.6. Liberdade 202
18.7. Cessão dos direitos contratuais (*intuitu personae*) 202
19. Cláusulas 203
19.1. Cláusulas obrigatórias 203
19.1.1. No *leasing* mobiliário 203
19.1.1-A. Descrição do bem 203
19.1.1-B. Prazo do contrato 203
19.1.1-C. Periodicidade das contraprestações 204
19.1.1-D. Renovação do contrato, devolução ou aquisição do bem 204
19.1.1-E. Valor da contraprestação 205
19.1.1-F. Atualização monetária, multas, juros, encargos especiais, outros encargos, discriminação das rubricas e dos valores 205
19.1.1-G. Cláusula de variação cambial (bem adquirido com recursos do exterior) 205
19.1.2. No *leasing* imobiliário 205
19.1.2-A. Consideração inicial (legislação aplicável) 205
19.1.2-B. Identificação do bem 207
19.1.2-C. Prazo do contrato 207
19.1.2-D. Periodicidade da contraprestação 208
19.1.2-E. Valor básico da contraprestação 208
19.1.2-F. Renovação do contrato, devolução ou aquisição do imóvel 208
19.1.2-G. Atualização monetária, multas, juros, encargos especiais, outros encargos, discriminação das rubricas e dos valores 208
19.2. Cláusulas facultativas 208
20. Valor depreciado e valor conservado 208
20.1. No *leasing* mobiliário 208
20.2. No *leasing* imobiliário (inaplicabilidade do critério) 209
21. Valor residual (VR) 210
21.1. No *leasing* mobiliário 210
21.1.1. Origem qualitativa do Valor Residual 210

21.1.2. Sistemas para a definição quantitativa do Valor Residual 211
21.1.2-A. Identificação dos sistemas 211
21.1.2-B. Valor Residual Contábil 212
21.1.2-C. Valor Residual de Mercado 212
21.1.3. Fato gerador da obrigação de pagar o Valor Residual 213
21.1.4. Garantia do Valor Residual e conseqüência prática da não-opção de compra 213
21.1.5. Incompatibilidade da garantia do Valor Residual com a lei e o *leasing* como instituto 214
21.1.5-A. Instituição da garantia 214
21.1.5-B. Inaplicabilidade da garantia no Valor Residual de Mercado 214
21.1.5-C. Inadmissibilidade legal da garantia no Valor Residual Contábil 215
21.1.6. Cobrança antecipada do Valor Residual e descaracterização do *leasing* 217
21.1.7. Quitação antecipada 219
21.2. No *leasing* imobiliário 220
22. Contraprestação 221
22.1. Natureza jurídica 221
22.2. Objetivo 221
22.3. Rubricas (partes) da contraprestação 222
22.3.1. Parte básica ou fixa no *leasing* mobiliário 222
22.3.2. Parte básica ou fixa no *leasing* imobiliário 224
22.3.2-A. Consideração inicial 224
22.3.2-B. Valor máximo da contraprestação e prazo mínimo do contrato 224
22.3.3. Parte variável 226
22.4. Atualização monetária do capital investido 227
22.5. Multas 228
22.5.1. Licitude da previsão 228
22.5.2. Multa moratória ou sancionatória 228
22.5.2-A. Quanto ao objetivo 228
22.5.2-B. Quanto ao valor 228
22.5.3. Multa compensatória ou ressarcitória 229
22.5.3-A. Quanto ao objetivo 229
22.5.3-B. Quanto ao valor 230
22.6. Juros 230
22.6.1. Juros moratórios ou de mora 230
22.6.1-A. Quanto ao objetivo 230
22.6.1-B. Quanto à taxa 230
22.6.2. Juros compensatórios ou reais 231
22.6.2-A. Quanto ao objetivo 231
22.6.2-B. Quanto à taxa 231

CONTRATOS EMPRESARIAIS

413

22.6.3. Base de cálculo dos juros compensatórios 234

22.6.4. Sistemas de cobrança dos juros (taxa média e exclusão gradativa do capital já pago) 236

22.6.5. Formas usuais de cobrança 236

22.6.6. Capitalização dos juros 237

22.7. Encargos especiais (bem não adquirido com recursos próprios) 238

22.8. Outros encargos 239

22.9. Discriminação das rubricas e dos valores 239

23. Término antecipado do contrato 239

23.1. Por morte do arrendatário 239

23.2. Por falência ou insolvência do arrendatário 240

23.2.1. Cláusula que institui a possibilidade de rompimento 240

23.2.1-A. Consideração inicial 240

23.2.1-B. Quando a quebra repercute e quando não repercute no contrato 240

23.2.2. Direito de restituição 242

23.2.2-A. Pelo só fato da falência ou insolvência 242

23.2.2-B. Por arrecadação do bem pela Massa 242

23.3. Por resolução decorrente de inadimpência do arrendatário 243

24. Mora para fins de resolução do contrato por inadimplência do arrendatário 243

24.1. Consideração inicial 243

24.2. Ineficácia da mora automática e necessidade de notificação 244

24.3. Requisitos formais da notificação 245

24.3.1. No *leasing* mobiliário 245

24.3.2. No *leasing* imobiliário 246

24.4. Requisitos substanciais da notificação 247

24.4.1. Prescindibilidade do valor do débito 247

24.4.1-A. No *leasing* mobiliário 247

24.4.1-B. No *leasing* imobiliário 248

24.4.2. Imprescindibilidade do prazo para purgar a mora 248

24.4.2-A. No *leasing* mobiliário 248

24.4.2-B. No *leasing* imobiliário 249

25. Purgação da mora no *leasing* mobiliário 249

25.1. Purgação extrajudicial 249

25.1.1. Direito e objetivo da purgação 249

25.1.2. Prazo para purgar 250

25.1.3. Dívida vencida até a data do pagamento 250

25.2. Purgação judicial 250

25.2.1. Possibilidade 250

25.2.2. Prazo para requerer e purgar a mora 251

25.2.3. Dívida vencida até a data do pagamento 251

25.2.4. Honorários advocatícios e despesas processuais 252

25.2.5. Direito de cumular purgação da mora e contestação do valor 252

25.3. Purgação da mora pela massa falida ou insolvente 253

26. Purgação da mora no *leasing* imobiliário 253

26.1. Admissibilidade da purgação na fase extrajudicial 253

26.2. Inadmissibilidade da purgação na fase de processo judicial 253

26.3. Purgação da mora pela massa falida ou insolvente 254

27. Inadimplência pela massa falida ou insolvente 255

27.1. Resolução do contrato 255

27.2. Habilitação e classificação do crédito 255

28. Opções do arrendante face à mora do arrendatário 255

28.1. Cobrança da dívida com ou sem resolução do contrato 255

28.1.1. Direito natural do arrendante de apenas cobrar 255

28.1.2. Dívida vencida com ou sem resolução contratual 256

28.1.3. Inexistência de incompatibilidade entre as demandas que objetivam o bem e a dívida 256

28.1.4. Processo de execução 256

28.1.5. Emissão de duplicata para cobrar contraprestação 257

28.1.6. Executados 257

28.2. Resolução do contrato (demanda cabível) 257

28.2.1. No *leasing* mobiliário 257

28.2.1-A. Ação de reintegração de posse e medida liminar 257

28.2.1-B. Parte passiva 258

28.2.1-C. Direito de cumular purgação da mora e contestação do valor 258

28.2.1-D. Multa quando improcedente a reintegratória e o bem já tiver sido alienado 259

28.2.2. No *leasing* imobiliário 259

28.2.2-A. Ação de reintegração de posse 259

28.2.2-B. Autor-arrendante, réu-arrendatário e prazo à desocupação 260

28.2.2-C. Autor-arrendante, réu-locatário e prazos à denúncia e à desocupação 260

28.2.2-D. Autor-novo dono, réu-arrendatário e prazo à desocupação 261

28.2.2-E. Autor-novo dono, réu-locatário e prazos ao ajuizamento e à desocupação 261

28.2.2-F. Taxa de ocupação do arrendatário ao arrendante ou novo dono 262

28.2.2-G. Aluguel do locatário ao arrendante ou novo dono 262

28.2.2-H. Responsabilidade pelos encargos relativos ao imóvel até a entrega 263

28.2.3. Cobrança das contraprestações vencidas na reintegração de posse (inadmissibilidade) 263

29. Função das contraprestações quando há resolução contratual e não há opção de compra 263

30. Conversão das contraprestações vincendas em perdas e danos 264

31. Penhora dos direitos contratuais do arrendatário 265

32. Benfeitorias nos casos de resolução contratual ou de não-opção de compra 265

32.1. Consideração inicial 265

32.2. No *leasing* mobiliário 266

32.2.1. Quanto ao direito de indenização (inexistência) 266

32.2.2. Quanto ao direito de levantamento (possibilidade) 267

32.2.2-A. Quando há omissão do contrato 267

32.2.2-B. Quando não há omissão do contrato 267

32.3. No *leasing* imobiliário 268

33. Substituição do bem arrendado 268

33.1. Por conveniência do arrendatário 268

33.2. Por sinistro (responsabilidade do arrendatário face ao arrendante relativamente ao bem) 269

33.2.1. Consideração inicial 269

33.2.2. Características comuns dos casos fortuitos e de força maior 269

33.2.2-A. Fato necessário 269

33.2.2-B. Inevitabilidade, irresistibilidade ou invencibilidade 270

33.2.2-C. Excludência da responsabilidade 270

33.2.3. Características individuais dos casos fortuitos e de força maior 271

33.2.3-A. Forças físicas naturais ou não-inteligentes e não-naturais ou inteligentes 271

33.2.3-B. Previsibilidade e imprevisibilidade 272

33.2.4. Sinistro da espécie acessão intelectual ou por ficção legal (inadmissibilidade) 273

33.2.5. Sinistro da espécie furto (danos ou desaparecimento) 273

33.2.6. Sinistros de outras espécies (danos ou desaparecimento) 274

34. Responsabilidade relativamente a terceiros 274

34.1. Quanto ao arrendatário 274

34.2. Quanto ao arrendante 275

34.2.1. Consideração inicial 275

34.2.2. Inexistência de norma excludente 276

34.2.3. Caráter prevalente durante a execução do contrato 276

34.2.4. Responsabilidade pela teoria do proveito econômico ou por atividade de risco 276

35. Responsabilidade pelas infrações de trânsito 277

36. *Leasing* e CDC 279

37. Opção de compra e recusa do arrendante 280

38. *Leasing* e variação cambial 280

38.1. Legalidade da vinculação 280

38.2. Pressuposto para a revisão 281

38.2.1. Teoria da imprevisão 281

38.2.2. Teoria da revisão da base objetiva 282

39. Parte tributária 282

39.1 *Leasing* e ISS 282

39.1.1. Fato gerador 282

39.1.2. Base de cálculo 284

39.1.3. Local da prestação do serviço (Município credor) 284

39.2. *Leasing* e IPVA 286

39.3. *Leasing* e ITBI *inter vivos* 287

Capítulo V – *FACTORING* – FOMENTO EMPRESARIAL 288

1. *Factoring* no concerto dos contratos empresariais 288

2. Noção histórica 288

3. Vocábulo 289

4. Expansão 290

4.1. No mundo 290

4.2. No Brasil 291

5. Fatores da expansão 292

5.1. Fator histórico 292

5.2. Fatores contemporâneos 292

5.2.1. Mercado-alvo 292

5.2.2. Procedimento sumário 294

5.2.3. Serviços de gestão relativos ao crédito 294

6. Atividades típicas (abrangência da atividade factoringária) 295

6.1. Consideração inicial 295

6.2. Atividade do faturizador na área dos serviços 295

6.2.1. Serviços comuns ou convencionais 295

6.2.1-A. Serviços de análise de risco 296

CONTRATOS EMPRESARIAIS

415

6.2.1-B. Serviços de cobrança 297
6.2.2. Serviços especiais ou diferenciados 297
6.3. Atividade do faturizador na área da assistência 298
6.3.1. Assistência financeira 298
6.3.2. Assistência não-financeira 298
6.4. Atividade do faturizador na área da cobertura de riscos 299
6.5. Definição das espécies de *factoring* a partir das espécies de atividades 299
7. Espécies básicas de *factoring* 301
7.1. Com antecipação ou convencional 301
7.2. Sem antecipação ou *maturity* 302
7.3. *Trustee* 302
7.4. Matéria-prima 304
7.5. Internacional (*import-export factoring*) 305
8. Semelhanças e diferenças com outros contratos empresariais 307
8.1. Comissão mercantil 307
8.2. Desconto bancário 308
8.3. Abertura de crédito (crédito rotativo) 308
8.4. Seguro de crédito 309
8.5. Mútuo 309
8.6. *Forfaiting* 310
9. Idéia básica 312
10. Conceitos 312
10.1. Consideração inicial 312
10.2. Contrato atípico 313
10.3. Conceito legal provisório 313
10.4. Conceito doutrinário 315
11. Funções do contrato 316
11.1. Função social 317
11.2. Função ética 317
11.3. Função econômica 317
12. Vantagens e desvantagens 318
12.1. Ao faturizador 318
12.2. Ao faturizado 319
12.2.1. Vantagens 319
12.2.2. Desvantagens 320
13. Natureza jurídica do contrato 322
14. Características gerais do contrato 322
14.1. Forma 322
14.2. Estrutura 323
14.3. Comutatividade 323
14.4. Onerosidade 323
14.5. *Intuitu personae* 323
14.6. Liberdade 323
15. Partes e objeto do contrato 323
15.1. Quanto às partes (requisito subjetivo) 323

15.1.1. Relativamente ao faturizador 323
15.1.2. Relativamente ao faturizado 324
15.2. Quanto ao objeto (requisito objetivo) 324
16. Formação e execução do contrato (sistemas individual e coletivo) 325
17. Não-coincidência com a atividade bancária 326
18. Uso do vocábulo "banco" no nome empresarial 327
19. Registro no Conselho Regional de Administração 327
20. Formas de recebimento do crédito pelo faturizador 328
20.1. Com transferência do crédito (cessão e endosso translativo) 328
20.1.1. Por cessão 329
20.1.2. Por endosso translativo 329
20.2. Sem transferência do crédito (endosso-mandato) 329
21. Relação entre faturizador e faturizado quanto ao direito de regresso 330
21.1. Responsabilidade pactuável 330
21.2. Responsabilidade pela inadimplência e/ou insolvência do devedor 331
21.2.1. Assumida pelo faturizado na cessão de crédito 331
21.2.2. Assumida pelo faturizador no endosso translativo de crédito 331
21.2.2-A. Consideração inicial 331
21.2.2-B. Na duplicata 331
21.2.2-C. No cheque pós-datado 334
21.3. Responsabilidade pela existência do crédito 335
21.3.1. Responsabilidade assumida pelo faturizador por eventuais vícios 335
21.3.1-A. Consideração inicial 335
21.3.1-B. Na cessão 335
21.3.1-C. No endosso translativo 336
21.3.2. Responsabilidade não assumida pelo faturizador e ciência dos vícios 336
22. Relação entre faturizado-faturizador e demandado quanto às exceções 337
22.1. Consideração inicial 337
22.2. Exceções gerais 338
22.3. Exceções pessoais na cessão de crédito 339
22.4. Exceções pessoais no endosso translativo de crédito 339
22.4.1. Consideração inicial 340
22.4.2. Características gerais e especiais dos títulos de crédito 340
22.4.3. Exceções pessoais na duplicata 341
22.4.4. Exceções pessoais no cheque 342

23. Interpretação da cessão e do endosso como institutos auxiliares do *factoring* 342
24. Notificação do devedor 343
24.1. Na cessão de crédito 343
24.2. No endosso translativo de crédito 344
25. Fontes de receita do faturizador 345
26. Comissões do faturizador 346
26.1. Denominação 346
26.2. Comissão de serviços 346
26.2.1. Natureza jurídica 346
26.2.2. Por serviços comuns ou convencionais 347
26.2.3. Por serviços especiais ou diferenciados 347
26.2.4. Valor da comissão 347
26.2.5. Base de cálculo 348
26.3. Comissão de assistência 348
26.3.1. Natureza jurídica 348
26.3.2. Por assistência financeira 349
26.3.2-A. Juros moratórios ou de mora (objetivo e taxa) 349
26.3.2-B. Juros compensatórios ou reais (objetivo e taxa) 349
26.3.2-C. Capitalização dos juros 352
26.3.2-D. Atualização monetária do capital investido 352
26.3.2-E. Ressarcimento de custos operacionais 353
26.3.3. Por assistência não-financeira 353
26.4. Comissão de risco 353
26.4.1. Natureza jurídica 353
26.4.2. Riscos objeto da cobertura 354
26.4.3. Valor da comissão 354
26.5. Discriminação das rubricas e dos valores 355
27. Sistemas de cobrança e de pagamento na assistência financeira 355
27.1. Cobrança pelo faturizador segundo o valor de face ou por dentro 355
27.2. Pagamento ao faturizado à vista ou parceladamente 356
28. *Factoring* e CDC 356
29. Parte tributária 357
29.1. *Factoring* e ISS 357
29.1.1. Fato gerador 357
29.1.2. Base de cálculo 358
29.1.3. Local da prestação do serviço (Município credor) 358
29.2. *Factoring* e IOF 360
29.3. *Factoring* e IR 360

Capítulo VI – *FRANCHISING* – FRANQUIA EMPRESARIAL 361

1. *Franchising* no concerto dos contratos empresariais 361
2. Noção histórica 361
3. Vocábulo 361
4. Expansão 362
5. Aspectos do formato 362
5.1. Consideração inicial 362
5.2. Forma visual dos estabelecimentos (*engeneering*) 363
5.3. Forma de administrar os estabelecimentos (*management*) 363
5.4. Forma de produção e/ou distribuição de bens e de prestação de serviços (*marketing*) 363
6. Idéia básica 364
7. Conceitos 364
7.1. Consideração inicial 364
7.2. Conceito legal 364
7.3. Conceito doutrinário 365
8. Elementos estruturais do sistema *franchising* 366
8.1. Produção e/ou distribuição de bens e de prestação de serviços 366
8.2. Colaboração recíproca 367
8.3. Preço 367
8.4. Cessão de direito de uso de marca ou patente 367
8.5. Independência entre franqueado e franqueador 367
8.6. Métodos e assistências técnico-administrativas permanentes 367
8.7. Território 368
8.8. Exclusividade e semi-exclusividade quanto ao território 369
8.9. Exclusividade e semi-exclusividade quanto aos produtos e à comercialização 370
9. Espécies de *franchise* 370
9.1. Quanto ao conteúdo (tipo de atividade) 370
9.1.1. De serviços 370
9.1.2. De produção 371
9.1.3. De distribuição 371
9.1.4. De indústria 371
9.2. Quanto à forma (estruturação prática) 371
9.2.1. Pura ou mista 371
9.2.2. Subfranquia ou *master* 371
9.2.3. De desenvolvimento de área (*development franchise*) 372
9.2.4. Multifranchise 372
9.2.5. Multimarcas 372
9.2.6. Córner 372

9.2.7. Associativa 372

9.2.8. Financeira 372

9.2.9. De nova instalação 373

9.2.10. De conversão 373

9.2.11. Itinerante 373

10. Semelhanças e diferenças com outros contratos empresariais 373

10.1. Compra e venda empresarial 373

10.2. Licença para exploração de marcas ou patentes 373

10.3. Mandato mercantil 373

10.4. Comissão mercantil 374

10.5. Concessão mercantil 374

10.6. Representante comercial 375

11. Funções do contrato 375

11.1. Função social 375

11.2. Função ética 376

11.3. Função econômica 376

12. Vantagens e desvantagens 376

12.1. Ao franqueador 376

12.1.1. Vantagens 376

12.1.1-A. Expansão da rede e novos mercados a pequeno custo 376

12.1.1-B. Efeito multiplicador 377

12.1.1-C. Redução do custo dos produtos 377

12.1.1-D. Ausência de relação empregatícia 377

12.1.1-E. Redução de custos operacionais 377

12.1.2. Desvantagens 377

12.1.2-A. Indisciplina do franqueado 377

12.1.2-B. Incompetência do franqueado 378

12.1.2-C. Violação do formato 378

12.2. Ao franqueado 378

12.2.1. Vantagens 378

12.2.1-A. Êxito praticamente assegurado 378

12.2.1-B. Dispensa de prévia experiência 378

12.2.2. Desvantagens 379

12.2.2-A. Inexistência de autonomia empresarial 379

12.2.2-B. Controles interno e externo 379

12.2.2-C. Limitação a produtos e serviços do franqueador ou de quem este indicar 379

12.2.2-D. Desamparo na falência ou insolvência civil 379

12.3. Ao consumidor 379

12.3.1. Vantagens 379

12.3.1-A. Aumento de opções de consumo 379

12.3.1-B. Dispensa de pesquisa 380

12.3.2. Desvantagem 380

13. Natureza jurídica 380

14. Características gerais do contrato 380

14.1. Forma 380

14.2. Estrutura 381

14.3. Comutatividade 381

14.4. Onerosidade 381

14.5. Relação jurídica continuativa 381

14.6. *Intuitu personae* 381

14.7. Liberdade 381

15. Partes e objeto do contrato 381

15.1. Consideração inicial (classificação *ex vi legis* do contrato) 381

15.2. Quanto às partes (requisitos subjetivos) 382

15.2.1. Relativamente ao franqueador 382

15.2.2. Relativamente ao franqueado 383

15.3. Quanto ao objeto (requisito objetivo) 383

16. Formação do contrato 383

16.1. Pré-*franchise* 383

16.2. Prazo à entrega da Circular de Oferta de Franquia e anulabilidade 383

16.3. Linguagem clara e acessível da Circular de Oferta de Franquia 384

16.4. Efeito vinculante da Circular de Oferta de Franquia 384

16.5. Testemunhas presenciais e validade independentemente de registro 385

17. Alterações unilaterais pelo franqueador 385

17.1. Normas de funcionalidade ou de política empresarial 385

17.2. Normas que agravam as condições do franqueado 386

18. Posição jurídica e mercadológica do franqueado 386

19. Preço 387

19.1. Consideração inicial 387

19.2. Taxa de filiação ou de franquia 387

19.3. Pagamento sobre as vendas (*royalties*) 387

19.4. Pagamentos a títulos diversos 388

19.5. Discriminação das rubricas e dos valores 388

20. Cláusula de exclusividade e monopólio privado de mercado ou abuso de poder econômico 388

20.1. Consideração inicial 388

20.2. Cláusula protetiva do interesse de ambas as partes 389

20.3. Outro casos na legislação 389

20.4. Direito inerente à propriedade industrial 389

20.5. Monopólio privado de marca 390

21. *Franchising* e CDC 390

21.1. Consideração inicial 390

21.2. Relação entre franqueador e franqueado 391

21.3. Relação franqueador-franqueado e consumidores dos produtos e serviços 391

22. Responsabilidade civil por danos causados a terceiros 392

23. Término antecipado do contrato 393

23.1. Por falecimento 393

23.1.1. Do franqueado 393

23.1.2. Do franqueador 394

23.2. Por falência ou insolvência civil 394

23.2.1. Consideração inicial 394

23.2.2. Do franqueado 394

23.2.2-A. Cláusula que institui a possibilidade de rompimento 394

23.2.2-B. Quando a quebra repercute e quando não repercute no contrato 394

23.2.2-C. Habilitação e classificação do crédito 395

23.2.3. Do franqueador 396

23.3. Por resolução decorrente de inadimplência 396

23.3.1. Mora para fins de resolução do contrato 396

23.3.1-A. Consideração inicial 396

23.3.1-B. Ineficácia da mora automática e necessidade de notificação 397

23.3.1-C. Requisitos formais da notificação 397

23.3.1-D. Requisitos substanciais da notificação 398

23.3.2. Mora para fins de execução do contrato 399

23.3.2-A. Consideração inicial 399

23.3.2-B. Cobrança da dívida pelo franquedor com ou sem resolução do contrato 399

23.3.2-C. Inexistência do direito de purgar a mora em juízo 400

24. Parte tributária 401

24.1. *Franchising* e IR 401

24.2. *Franchising* e ISS 402

24.2.1. Pelo prisma do franqueador 402

24.2.2. Pelo prisma do franqueado 403

Bibliografia 405

www.graficametropole.com.br
comercial@graficametropole.com.br
tel./fax + 55 (51) 3318.6355